DIÁSPORA AFRICANA NA ÍNDIA

FUNDAÇÃO EDITORA DA UNESP

Presidente do Conselho Curador
Mário Sérgio Vasconcelos

Diretor-Presidente / Publisher
Jézio Hernani Bomfim Gutierre

Superintendente Administrativo e Financeiro
William de Souza Agostinho

Conselho Editorial Acadêmico
Luís Antônio Francisco de Souza
Marcelo dos Santos Pereira
Patricia Porchat Pereira da Silva Knudsen
Paulo Celso Moura
Ricardo D'Elia Matheus
Sandra Aparecida Ferreira
Tatiana Noronha de Souza
Trajano Sardenberg
Valéria dos Santos Guimarães

Editores-Adjuntos
Anderson Nobara
Leandro Rodrigues

ANDREAS HOFBAUER

Diáspora africana na Índia
Sobre castas, raças e lutas

2ª edição revista

editora
unesp

© 2024 Editora Unesp

Direitos de publicação reservados à:
Fundação Editora da Unesp (FEU)
Praça da Sé, 108
01001-900 – São Paulo – SP
Tel.: (0xx11) 3242-7171
Fax: (0xx11) 3242-7172
www.editoraunesp.com.br
www.livrariaunesp.com.br
atendimento.editora@unesp.br

Dados Internacionais de Catalogação na Publicação (CIP) de acordo com ISBD
Elaborado por Odilio Hilario Moreira Junior – CRB-8/9949

H697d
Hofbauer, Andreas
    Diáspora africana na Índia: sobre castas, raças e lutas / Andreas Hofbauer.
– 2.ed. revista – São Paulo: Editora Unesp, 2024.

    Inclui bibliografia.
    ISBN: 978-65-5711-241-0

    1. História da África.   2. Diáspora africana.   I. Título.

2024-1069   CDD 960
                                                                                   CDU 94(6)

Editora afiliada:

Para Raquel
e/und
in memoriam
meiner Eltern,
Johanna und Josef Hofbauer

Agradecimentos

Muitas pessoas e instituições contribuíram direta ou indiretamente para a feitura deste livro, incialmente concebido como tese de livre-docência. Destaque seja dado, em primeiro lugar, às seguintes personagens, sem as quais a pesquisa na Índia não teria sido possível: entre os diversos tipos de apoio que tive entre os siddis de toda a região de Uttara Kannada, não tenho como não expressar um obrigado muito especial a Ramnath Subba Siddi, Mohan Ganapati Siddi, Sheela Narayan Siddi, Praveen Ghadi e Manwel Louis Siddi Souz. Eles foram os meus guias principais; introduziram-me à e na vida siddi e me ensinaram muito do que sei hoje sobre costumes e valores, mas também sobre as adversidades e os desafios que esta população vem enfrentando. Outro apoio logístico importante recebi da Universidade de Dharwad (Karnatak University), nomeadamente do professor Shaukath Azim, do departamento de Sociologia, que tem incentivado minhas pesquisas desde o nosso primeiro contato em 2013. Quero agradecer também à professora Helene Basu (Universität Münster) que, como supervisora do meu projeto de pós-doutorado e profunda conhecedora da história e cultura dos sidis de Gujarate, me deu instruções e dicas muito valiosas para os preparos da minha primeira pesquisa de campo. Agradeço ainda a Cláudio Costa Pinheiro por ter aberto portas em minha primeira chegada a Goa.

No Brasil, pude contar com o apoio institucional dos meus colegas de departamento, que igualmente deram suporte às minhas pesquisas, que têm envolvido ausências periódicas, mesmo quando eram exigidas adequações administrativas. Obrigado pela postura solidária. Gostaria de agradecer enfaticamente também aos(às) alunos(as) do Grupo de Estudos e Pesquisa Enfoques Antropológicos (GEA), que constituiu para mim, nos últimos anos, um importante fórum de discussão acadêmica.

Meus agradecimentos sinceros vão também à Capes e ao CNPq, cujos auxílios foram fundamentais para a execução do meu projeto de pesquisa. Tanto o financiamento do estágio pós-doutoral pela Capes quanto o auxílio de pesquisa concedido pelo CNPq deram-me ótimas condições para que eu pudesse realizar os estudos e, desta forma, elaborar e concluir este livro.

Quero agradecer ainda a Léa Tosold e Rebeca Kritsch o auxílio com o vernáculo. *Meine besondere Dankbarkeit, die jedoch nicht in Worte zu fassen ist, gilt meinen Eltern, die meine Studien immer unterstützten und leider vor der Fertigstellung dieser Arbeit verstarben.* Minha profunda gratidão vai igualmente à minha companheira Raquel. Não somente pela revisão da maior parte do livro. Por tudo.

SUMÁRIO

Apresentação: Os focos e debates do livro 11

Capítulo I: De habshis, escravidões, religiões e cores 23

    I.1. Os habshis e a expansão muçulmana no Decão 27

    I.2. Escravidão e cor no islã e no "hinduísmo" 39

    I.3. O "glorioso" Malik Ambar 53

    I.4. A "Goa dourada": desdobramentos de uma in(ter)venção colonial 65

    I.5. Escravidão africana na Índia portuguesa 82

Capítulo II: De castas, raças e tribos: contextos e discursos 101

    II.1. Construindo os fundamentos de um saber colonial 109

    II.2. Saber colonial e processo de *nation-building* 116

    II.3. Orientalismo e a biologização das diferenças humanas 128

    II.4. Mahatma Gandhi e B. R. Ambedkar: dois projetos, muitas disputas 136

    II.5. G. S. Ghurye e a cultura hindu como instrumento de unidade nacional 154

    II.6. Mais uma vez, casta e raça 160

Capítulo III: Os siddis de Karnataka 179

    Parte 1: Adversidades e peculiaridades da vida siddi 179

    III.1. Posições e disputas acadêmicas em destaque 179

    III.2. Dos desafios do campo de pesquisa 185

10 ANDREAS HOFBAUER

III.3. Sobre as origens dos siddis, condições de vida e diferenças linguísticas e religiosas   190

III.4. Diferenças e desigualdades: o olhar dos siddis   206

III.5. Religião, poder e hierarquias   221

III.6. Crenças e cultos, cruzando fronteiras e transformando relações hierárquicas   239

III.7. Focando a situação das mulheres   248

Parte 2: Lutas contra discriminação, reformulações identitárias   251

III.8. A luta pela conquista do *status* de *Scheduled Tribe*   251

III.9. África: símbolo, inspiração e agenciamento   271

III.10. Formar-se fora das comunidades siddis e combater a discriminação   281

III.11. O impacto do enaltecimento das africanidades: reorientando vivências e percepções das diferenças   294

III.11.a. Os casamentos e as velhas linhas divisórias   295

III.11.b. A força integrativa do *damam*   312

Capítulo IV: Sobre diásporas, racismos e castismos   335

IV.1. A ideia da "diáspora africana" e os siddis   335

IV.2. Debates sobre desigualdades e inferiorizações: horizontes nacionais *versus* horizontes afrodiaspóricos globais   356

IV.3. Discutindo paralelismos: raça e racismo em perspectiva comparada   363

IV.4. Em busca da superação de essencialismos e discursivismos   378

Bibliografia   395

Apresentação:
Os focos e debates do livro

A ideia para este trabalho começou a germinar após uma primeira viagem turística para a Índia em 2010. O contato direto, embora superficial, com a confusão do trânsito – com suas orquestras de buzinas – nas metrópoles, a beleza dos templos que exalam introspecção e equilíbrio, a miséria absoluta exposta em corpos mutilados por doenças infecciosas em quase cada esquina e, ao mesmo tempo, a aparente paz social junto às ondas de cheiros e cores que parecem espelhar-se por sobre todos os espaços, teve impacto forte sobre mim. Foram sobretudo as múltiplas forças culturais e religiosas tão presentes e explícitas na vida cotidiana – as quais me pareciam muito diferentes dos padrões culturais e religiosos hegemônicos nos mundos brasileiro e europeu – que geraram em mim a curiosidade e a vontade de saber mais sobre aquele país.

Foi nesse contexto que me deparei com relatos sobre a presença de afrodescendentes por lá. Nunca tinha ouvido falar de descendentes de africanos na Índia. Fiquei pasmo. Mais tarde, descobri uma "justificativa" para esta minha ignorância. Os próprios indianos não sabem, na sua grande maioria, da existência deste grupo; e até para grande parte dos estudiosos de temáticas afrodiaspóricas o assunto siddi é algo não, ou muito pouco, conhecido.

Venho trabalhando há anos sobre vários aspectos da "questão do negro", sobretudo no Brasil. Desde minha primeira tese, defendida na Áustria, tenho definido o tema "a questão do negro" de forma ampla. Entendo que é fundamental analisarmos conjuntamente, e não de forma separada, a história do pensamento sobre o que é e sobre o que deve ser entendido como negro (afrodescendente) e tudo aquilo que vem sendo analisado, sobretudo na tradição antropológica, como manifestações culturais e religiosas de populações negras (afrodescendentes). Para não me tornar refém dos lastros históricos de conceitos – acima de tudo, de conceitos paradigmáticos, tais como raça, cultura, identidade – que foram desenvolvidos ao longo da história do Ocidente para "abordar" (classificar, compreender, julgar) distintos aspectos da diversidade humana, passei a usar o termo *diferença* como espécie de metacategoria. Assim, por exemplo, raça, cultura e identidade podem ser pensadas e analisadas como "modos" (propostas) de conceber (aspectos das) diferenças humanas, levando em consideração que cada um destes conceitos tem sido objeto de disputas históricas, no que diz respeito ao seu alcance e seu conteúdo.

Desenvolvi esta perspectiva porque sentia, no debate brasileiro, uma oposição analítica que se configurava como entrave teórico-conceitual para minhas perguntas e dúvidas. Se, de um lado, a corrente de matriz sociológica (Sociologia das Relações Raciais) tem conseguido – baseando-se numa concepção essencializada da categoria *raça* (frequentemente por meio da naturalização das noções de negro e branco) – desenvolver análises preciosas sobre a discriminação racial, ignorando, ao mesmo tempo, os mundos simbólicos e as práticas culturais e religiosas dos denominados "negros"; de outro lado, a tradição antropológica tem desenvolvido – baseando-se numa concepção igualmente essencializada, neste caso, da cultura – valiosos estudos sobre as práticas e o mundo simbólico criados e recriados por populações caracterizadas como negros, embora pouco tenha se interessado pelo fenômeno da discriminação (cf. Hofbauer, 2006a).

Com o decorrer do tempo, inspirado pela crítica pós-colonial, fui percebendo que essa "divisão de trabalho analítico" deve-se, em certa medida, a premissas básicas que orientaram a constituição das duas disciplinas acadêmicas: Sociologia e Antropologia. Se a sociologia nasceu como uma ciência comprometida com os ideais do projeto da modernidade (perceptível, por exemplo, em recortes clássicos que focam o fenômeno da estrutura de classes e estratificação social e abordam-no a partir de valores como os da igualdade e liberdade individual), a antropologia especializou-se em estudar aquelas sociedades que, supostamente, (ainda) não foram atingidas pela lógica societal da modernidade ocidental, consolidando assim uma tradição acadêmica entendida frequentemente como estudos do "outro'" e/ou da "alteridade". Deste modo, a antropologia clássica acabou também endossando e reforçando a ideia (que está, inclusive, por detrás da mencionada separação disciplinar, característica do projeto moderno) que secciona o mundo em distintas partes cognoscíveis e criando uma oposição entre Ocidente e não Ocidente (o "resto do mundo", na dicção de Hall) – uma construção dicotômica que estudiosos pós-coloniais como Gilroy e Hall desmascaram como um dos mecanismos discursivos que visam assegurar relações de dominação e subjugação (Hofbauer, 2017, p.43).

Para fugir desta cilada de ordem teórico-conceitual, e por que não dizer também ideológica, tributária da divisão disciplinar, e ainda para responder às pertinentes críticas pós-coloniais, comecei a operar com o par conceitual "diferença e desigualdade", buscando, desta maneira, integrar os lados fortes tanto da antropologia quanto da sociologia. Persegui, assim, o objetivo de explorar o repertório clássico criado pela antropologia, visando a uma melhor compreensão das diversidades e diferenças humanas, mas sem correr o risco de "ficar preso" a concepções hegemônicas locais acerca de assimetrias sociais e formas de discriminações. Foi com base nestas reflexões que busquei reler fenômenos como o "branqueamento" no Brasil e as relações entre discursos sobre "o negro" e práticas discriminatórias e antidiscriminatórias na história do candomblé.

Diante da minha "descoberta", a da existência de afrodescendentes na Índia contemporânea, logo surgiram uma série de curiosidades, perguntas e dúvidas que passaram a ocupar minhas reflexões. Para além das questões básicas referentes à ida dos africanos à Índia, às rotas do tráfico de escravos e às práticas de escravidão no local, perguntei-me desde o início como se deu a "inserção" de populações descendentes de africanos numa sociedade que é conhecidamente marcada pelo sistema das castas. *Como ter-se-iam relacionado casta e "raça" ("negro") ao longo do processo histórico? De que maneira estes dois fatores têm contribuído para a remodelação das vidas e vivências destas populações na Índia, e de que maneira têm contribuído para processos de inferiorização e eventuais lutas contra a discriminação?*

Era claro que, se quisesse permanecer fiel às minhas reflexões conceituais e críticas, não podia tratar nem casta nem raça como categorias a-históricas, mas teria de abordá-las como fatores (marcadores de diferença) que – nos processos de inclusão e exclusão – são afirmados, disputados ou até questionados e transformados pelos próprios sujeitos que os põem em ação. Tive enorme curiosidade de conhecer uma das comunidades siddis

14   ANDREAS HOFBAUER

(ou sidis),[1] e pressenti que tentar entender "o caso dos sid(d)is" seria um grande desafio acadêmico, que poderia ajudar-me também a avançar nas minhas indagações teórico-conceituais sobre diferença e desigualdade e, deste modo, trazer contribuições e inspirações para estudos sobre afrodescendentes em outros lugares do mundo, inclusive no Brasil.

Nas minhas leituras preparatórias para a pesquisa, encontrei referências a dois congressos que me chamaram a atenção e aprofundaram meus questionamentos e curiosidades conceituais. Em 2006, entre os dias 10 e 14 de janeiro, ocorreu em Pangim, capital de Goa, a I Conferência sobre Diáspora Africana, organizada pela Unesco, em terras asiáticas,[2] que contou com a presença de cerca de oitenta estudiosos de diferentes partes do mundo e com a participação de alguns representantes sid(d)is (dos estados de Gujarate e Karnataka, e da cidade de Hyderabad). Curiosamente, na apresentação principal (*keynote lecture*) da conferência, Gwyn Campbell, originário de Madagascar e historiador renomado da Universidade McGill (Montreal), pôs em xeque o próprio nome do evento – "diáspora africana" –, uma vez que, segundo ele, tenderia a impor o padrão desenvolvido nas Américas a uma realidade substancialmente diferente.

Em sua fala, apresentou uma série de argumentos para sustentar a tese de que a dispersão de africanos no Oceano Índico não deve ser vista como uma extensão do "modelo atlântico", mas precisa ser analisada "nos seus próprios termos". A presença de africanos na Ásia é mais antiga do que nas Américas; nem todos os africanos foram para a região como cativos, de maneira que estaríamos diante de um fenômeno mais complexo cuja compreensão não se reduz ao par conceitual branco *versus* negro. O tráfico de escravos envolveu navios menores: teve início antes daqueles transportes que levariam mais de 12 milhões de escravos ao Novo Mundo e perdurou por mais tempo (até o século XX) do que no mundo transatlântico; mesmo assim transportou à Índia "somente" cerca de um quarto do núme-

---

1 Dependendo das regiões, usam-se diferentes escritas para as populações afrodescendentes (cf. Capítulo I).
2 A Conferência ficou conhecida também como Tadia Conference, uma vez que a organização do evento era incumbida à associação The African Diaspora in India (Tadia), uma rede de estudiosos formada em 2003 por Jean-Pierre Angenot e Shihan de Silva Jayasuriya. No ano de 2000, dois pesquisadores, Catlin-Jairazbhoy e Alpers, já tinham organizado um encontro acadêmico semelhante em Rajpipla (Gujarate). Foi nesses dois eventos também que representantes sid(d)is de diferentes regiões da Índia se encontraram pela primeira vez.

ro de escravizados transportado pelo tráfico atlântico para as Américas (cf., por exemplo, as estimativas de Lovejoy, 1983, apud Jayasuriya; Angenot, 2008, p.61).

O uso de escravos em massa em grandes plantações ou minas – que constituía o modelo escravista nas Américas, onde praticamente todo o processo produtivo se baseava em mão de obra escrava – era raro em Índia; predominavam os escravos domésticos, que tinham também a função de conferir relevo à importância social e ao poder de seu dono em público. Assim, diferentemente do tráfico transatlântico, no qual cerca de dois terços dos escravizados eram masculinos, no Oceano Índico a relação de gênero entre os cativos teria sido a inversa: dois terços eram mulheres (Campbell, 2008b, p.21-9).

Ponto central, e mais polêmico, na exposição de Campbell foram duas outras constatações: o historiador defendeu a ideia de que o tráfico de escravos na região do Oceano Índico foi *color-blind* (cego às diferenças de cor/raça) e que a maioria esmagadora dos descendentes de africanos na Índia contemporânea não teria uma "consciência diaspórica". Em textos publicados posteriormente, o autor reafirma e aprofunda esta sua posição. Na medida em que sempre houve na Índia, diferentemente das Américas, além de escravizados africanos, também cativos de outras proveniências, a figura do escravo nunca teria se tornado sinônimo de africano ou de negro (Campbell, 2008c, p.41); nem o dono de escravo podia ser identificado pela cor de pele ou pelo pertencimento a uma religião específica. Ao longo dos séculos, teria ocorrido um processo de integração e assimilação (ao e no sistema das castas) que explica por que os descendentes não se veem hoje como africanos (Campbell, 2008b, p.41). A maioria dos africanos que acabava fixando-se na Índia demonstra uma "tendência a integrar-se na sociedade local e a reivindicar para si uma identidade local" (ibid., p.42).[3]

---

3 Escreve Campbell (2008b, p.42): "outros estudiosos ressaltam a complexidade histórica do Mundo do Oceano Índico [IOW – Indian Ocean World] e a inaplicabilidade de um modelo essencialista ou atlântico. No IOW, as pessoas de ascendência africana demonstraram uma tendência esmagadora de integração na sociedade local e reivindicam para si uma identidade local. De fato, os membros das comunidades contemporâneas na Ásia de ascendência reconhecidamente africana não têm consciência de uma pátria [*homeland*] africana; a grande maioria afirma uma identidade local e não africana, e não demonstra nenhum interesse em 'retornar' à África. Assim, os critérios para uma diáspora africana não existem".

16   ANDREAS HOFBAUER

Ao recorrer a uma definição elaborada pelo historiador norte-americano Wilson (1997),[4] Campbell procura mostrar que nenhum dos critérios definidores formulados por esse estudioso se aplica *stricto sensu* ao Mundo do Oceano Índico. Para ele,

> a história de africanos na Ásia é predominantemente uma história de integração diante da qual se despiram [*shed*] de sua identidade africana e adotaram uma identidade asiática local. A existência, em alguns grupos, de alguns traços culturais "africanos" não altera de maneira alguma esta realidade histórica fundamental".[5] (Campbell, 2008b, p.41)

Teriam sido estudiosos, sobretudo, afro-americanos – que Campbell costuma chamar de "essencialistas" – os primeiros a introduzir no debate uma noção de "diáspora de vitimados" (*victim diaspora*).[6] Para Campbell (2008a, p.18), estes "essencialistas" acadêmicos (como Prashad, Alpers, Rashidi e Obeng), mais até do que as autoridades britânicas, seriam a força determinante na criação de uma identidade africana para asiáticos com ascendência africana. Antes do recente interesse da parte destes *Diaspora scholars*, "os indianos sidis tinham pouca consciência de serem 'africanos' ou de uma causa pan-sidi", escreve o historiador (id., 2008b, p.49)[7] e

---

4 No fundo, trata-se de um catálogo de seis características básicas que condizem com os critérios estabelecidos por W. Safran, importante referência para os estudos sobre diáspora (cf. Capítulo IV): deslocamento de um lugar de origem [*homeland*] para duas ou mais regiões periféricas ou estranhas; formação de "uma comunidade no exílio relativamente estável" ´; rejeição social pela e alienação da sociedade localmente dominante; consciência real ou imaginada de um lugar de origem e de uma herança comuns e da injustiça sofrida pelo deslocamento de lá; esforços para manter laços com esta terra de origem e nela melhorar a vida; o desejo de um retorno permanente a esta *homeland* (Safran apud Campbell, 2008c, p.37).

5 Todas as traduções de obras citadas são do autor.

6 O conceito *diáspora de vitimados* (*victim diaspora*) é uma das cinco subcategorias elencadas por Cohen na sua tipologia do fenômeno "diáspora" (cf. tb. Capítulo IV). Para Campbell, a disseminação da ideia da *victim diaspora* no contexto do Mundo do Oceano Índico teve início com o livro *The African Presence in Asia: Consequences of the East African Slave Trade*, publicado pelo eminente estudioso afro-americano Harris, em 1971, que, aliás, enviou um artigo para a Conferência de Goa. Campbell chegou a acusar a Unesco de promover esta visão tida por ele como essencialista, na medida em que seu *Slave Route Project to the Indian Ocean World* foca exclusivamente a história e a experiência de negros africanos.

7 "Até o recente interesse demonstrado por 'estudiosos da diáspora', os sidis indianos possuíam pouca consciência de serem 'africanos' ou de uma causa pan-sidi. A tendência esma-

demonstra preocupações com as consequências sociopolíticas dessa perspectiva acadêmica que se apresenta ao mesmo tempo como estratégia de empoderamento.

Campbell entende que os sidis acharam seu nicho no complexo sistema de castas e tribos da sociedade indiana, a partir do qual, lutariam por melhorias. A redução da identidade dos sidis a uma "diáspora global de vitimados africanos" (global African victim diaspora), enfatizando sua proveniência estrangeira e escrava, não só constitui uma distorção histórica, mas provoca riscos concretos. O fato de apresentar os sidis como uma comunidade estranha à sociedade indiana pode dificultar os esforços integracionistas e acentuar fricções com comunidades vizinhas (Campbell, 2008b, p.42).

Alguns depoimentos dos próprios sidis, que a cineasta e pesquisadora Shroff, nascida em Bombaim e radicada nos Estados Unidos, gravou e apresentou durante o congresso em Goa, parecem dar sustentação à linha de argumentação de Campbell. Em entrevista concedida à produtora do vídeo, um motorista de ônibus sidi comenta:

> Somos indianos e africanos – você vê, os indianos chamam-nos de africanos e nós dizemos que somos indianos. Hoje em dia, nossa maneira de viver, nossos costumes são indianos, certo? Não são lá da África, certo? Toda nossa maneira de viver, nossos costumes e parentes, tudo está na Índia. Não temos nada a ver com a África. (Shroff, 2004, p.171)

No videodocumentário Vozes dos sidis (Voices of the Sidis) (2005), gravado por Shroff em Gujarate e Mumbai, diversos sidis expressaram certa estranheza diante das perguntas dos intelectuais: uma mulher sidi residente em Mumbai afirma não ter tempo para pensar sobre a África, uma vez que trabalha doze horas por dia; outros deixaram claro que não gostam de ser identificados como africanos, porque "como negros" teriam menores chances de conseguir um emprego (apud Van Kessel, 2011, p.2-3). Durante apresentação no congresso, a documentarista chegou a levantar a seguinte pergunta retórica: "estaríamos nós, intelectuais, construindo uma identi-

---

gadora dos afro-asiáticos de buscar uma identidade asiática local é contrária ao desejo dos 'estudiosos da diáspora' de despertar uma consciência da diáspora afro-asiática" (Campbell, 2008c, p.49).

dade sidi, impondo-lhes uma identidade africana, enquanto eles mesmos talvez tenham diferentes questões?" (apud Van Kessel, 2006, p.463).

A grande maioria das intervenções de representantes dos sid(d)is presentes à conferência tampouco divergiu das vozes captadas por Shroff em seu vídeo. No seu relato sobre o evento, a historiadora holandesa Van Kessel (2006) conta que houve quem demonstrasse certo interesse nas discussões sobre a questão da origem (*roots*) e sobre o tema das diásporas africanas, mas a maior preocupação dos sid(d)is dizia respeito à situação socioeconômica do grupo. A pergunta "Será que nos será dado desenvolvimento?" (*"Will we be given development?"*) resume tal atitude (ibid., p.462). A luta dos sid(d)is se concentra, em muitas regiões, na elaboração de estratégias que visam conquistar o reconhecimento estatal como *Scheduled Tribes* – já que este *status* legal assegura, entre outros benefícios, cotas para empregos na administração pública, acesso privilegiado à educação, subsídios habitacionais e auxílios-moradia.

Outra perspectiva que ilumina outro aspecto da "inserção" dos sid(d) is na sociedade indiana foi introduzida por Margaret Alva em seu discurso de abertura do congresso. Este membro do então poderoso Partido do Congresso (Congress Party), que nasceu numa família cristã em Mangalore (principal cidade portuária do estado de Karnataka) e tem como língua materna o konkani (idioma falado por dois subgrupos siddis), começou a sensibilizar-se com as péssimas condições de vida dos siddis de Karnataka e envolveu-se na luta pela conquista de direitos específicos a partir do momento (em 1979) em que entrou em contato com três jesuítas que então lá trabalhavam em missão (Van Kessel, 2011).

Alva, que teria papel central no reconhecimento dos siddis como uma *Scheduled Tribe* (cf. Capítulo III), chamou a atenção para as formas de inferiorização que estes grupos vêm sofrendo. Neste contexto, salientou que a Índia é, sim, uma sociedade ciosa da cor (*colour-conscious*); com esta afirmação não apenas apontava para um nexo entre este fenômeno generalizado na sociedade indiana e a discriminação sofrida pelos siddis, mas criava implicitamente também uma oposição às análises históricas de Campbell. Para ilustrar a afirmação, lembrou as atitudes e preocupações das avós indianas na hora do nascimento de um dos seus netos: quando uma das suas filhas está prestes a dar à luz, disse Alva, a primeira pergunta delas seria se o novo membro da família será menino ou menina; e a segunda, logo a seguir: "terá pele clara?" (apud Van Kessel, 2011, p.2).

A oposição explícita à abordagem apresentada pelo palestrante principal veio, no entanto, de estudiosos e ativistas afro-americanos. Incomodados com a terminologia usada por aqueles cientistas que acentuavam um padrão indiano próprio, insistiram numa outra maneira de olhar para a situação dos chamados *sid(d)is*, caracterizando-os, acima de tudo, como um grupo racial. Autores como Obeng não negam que alguns siddis de Karnataka – que prefere denominar *African Indians* – "enxergam sua identidade pela lógica das castas e de classe e reproduzem e até reforçam, assim, aspectos importantes da lógica dominante da formação de fronteiras e de estratificação" (Obeng, 2008, p.241), contudo, chamam a atenção para um núcleo comum de experiência que uniria todas as populações afrodescendentes, para além das diferenças locais e trajetórias históricas distintas.

É por isso também que Obeng vem criticando o fato de os burocratas governamentais e os acadêmicos classificarem os siddis de Karnataka, devido a seus nomes hindus, muçulmanos ou portugueses, como grupos religiosos, negando, desta forma, "sua identidade étnica ou sociocultural" (ibid., p.41). Estudiosos e ativistas afro-americanos presentes no congresso em Goa ressaltaram a "experiência negra comum" ao chamar a atenção para a situação socioeconômica precária e, sobretudo, para os estereótipos negativos – "bêbados preguiçosos, não adequados para o trabalho intelectual, mas potencialmente protagonistas em atividades esportivas, na dança e na música" – que a maior parte dos sid(d)is enfrenta, e reivindicaram que as análises tivessem como ponto de partida a mesma experiência discriminatória compartilhada por todos os negros diaspóricos (Van Kessel, 2006, p.462).

Esta linha de argumentação contém pontos em comum com os discursos e análises dos representantes dalits, que, na já famosa III Conferência Mundial contra o Racismo, Discriminação Racial, Xenofobia e Intolerâncias Correlatas (2001), buscavam uma condenação internacional das diversas formas de discriminação sofridas por aqueles indianos que continuam sendo identificados como "intocáveis" (dalits). Para muitos analistas, a atuação dos delegados dalits nesse grande evento representou uma nova tentativa, dentro de uma longa tradição de luta dos dalits, de identificar castismo com racismo.

A principal estratégia argumentativa da elite dalit, que tinha se organizado, já em 1998, em torno da Campanha Nacional sobre os Direitos

Humanos Dalit (CNDHD), foi tentar convencer os delegados de que a discriminação decorrente da instituição de casta é comparável ao fenômeno da discriminação racial. Se a conferência de Durban (2001) ficou na memória da militância negra brasileira como um marco importante no caminho da luta pelo reconhecimento da discriminação racial no Brasil e pela implementação de uma política pública contra o racismo (ações afirmativas), os representantes dalits sofreram, naquele momento, mais uma derrota: o objetivo de incluir a discriminação por castas nos documentos finais da conferência não foi alcançado. "Venceu" o discurso dos representantes do governo indiano que insistiram na tese de que raça e casta são fenômenos substancialmente diferentes (cf. Capítulo II).

Ao tomar conhecimento dos debates nestes dois congressos internacionais, minhas perguntas e dúvidas aumentaram: chamou a atenção, evidentemente, o fato de que, nos discursos dos (representantes) sid(d)is, referências à raça, ao racismo e à África pareciam estar ausentes ou ter pouca importância, enquanto nos discursos da elite dalit já havia uma longa tradição de equiparar casta a raça e castismo a racismo. *Como entender essa situação que me parecia, a princípio, contraditória?*

As linhas de argumentação do congresso de Goa soavam-me, de certo modo, familiares e me remetiam às oposições teórico-conceituais que conhecia do debate brasileiro: análises de inspiração culturalista freyriana que apontam para a existência de um padrão cultural nativo e procuram, desta forma, explicar as diferenças e desigualdades locais de um lado, *versus* estudos associados à Sociologia das Relações Raciais (inspiradas nas obras de F. Fernandes) de outro, que partem, em termos metodológicos, da existência de dois grupos antagônicos (brancos e negros), com o objetivo de avaliar as desigualdades e discriminações sofridas pelo grupo inferiorizado. O mesmo incômodo sentido com esses dois essencialismos opostos, que têm dominado o debate brasileiro, senti frente às primeiras leituras das análises e relatos sobre a vida dos sid(d)is. Atrevi-me a apostar que a aplicação e o aprofundamento das minhas reflexões teórico-conceituais anteriores sobre diferença e desigualdade (cf. Capítulo IV), já testadas no caso brasileiro e no caso de imigrantes cabo-verdianos em Lisboa (Hofbauer, 2011), poderiam trazer uma compreensão mais acurada sobre os processos de inclusão e exclusão vivenciados pelos sid(d)is. Denominei um dos primeiros projetos de pesquisa sobre os afrodescendentes na Índia "Os siddis de Karnataka:

diáspora africana ou parte integrante do sistema de castas indiano?"; mas tinha para mim, como meta principal, superar esta dicotomia analítica.

Meus estudos ganharam intensidade no âmbito de um estágio pós--doutoral (2013/2014) supervisionado por umas das poucas especialistas no assunto. Helene Basu, antropóloga alemã que ensina na Universidade de Münster, fez um trabalho primoroso nas décadas de 1980 e 1990 sobre os sidis de Gujarate. Três fatores me incentivaram a escolher os siddis de Karnataka como objeto das minhas pesquisas: (i) o nexo direto de, pelo menos, parte desta população com a história da expansão colonial portuguesa (há indícios claros de que os ancestrais dos siddis de Karnataka contemporâneos foram escravos dos portugueses que se fixaram em Goa); (ii) a divisão interna da população siddi em três religiões – católicos, muçulmanos e hindus –, o que constituía um desafio extra para uma análise que se propõe a estudar diferenças e desigualdades; (iii) há poucos trabalhos acadêmicos sobre a segunda maior comunidade afrodescendente em Índia.

Em 2013 e 2014, passei, pela primeira vez, longos períodos na região habitada pelos siddis. Os retornos ao campo nos anos de 2016, 2017 e 2018 permitiram-me retomar velhos contatos, conhecer novas pessoas, visitar outras aldeias e descobrir novas facetas da vida dos siddis. A pesquisa de campo constitui, certamente, base fundamental deste livro. Estudos bibliográficos em diversos arquivos – Pangim (Goa), Dhwarad (Karnataka) e Lisboa – ajudaram-me a completar minha visão da temática que me propus abordar.

O objetivo deste trabalho não foi, evidentemente, elaborar uma monografia – no estilo clássico – que se propõe "dar conta" de todos os aspectos da vida dos siddis de Karnataka; minha intenção é menos pretensiosa e tem foco mais "específico": procurei seguir o eixo analítico já aplicado em outras pesquisas por meio do qual procuro entender de que maneira processos de inclusão e exclusão têm afetado a vida das pessoas, neste caso, a dos siddis: como diferença e desigualdade se manifestam na vivência dos siddis; quais as estratégias de combate às desigualdades este grupo tem desenvolvido; e de que maneira estas estratégias têm repercutido não somente sobre as formas de inferiorização, mas também sobre os processos de diferenciação como um todo.

Para poder focar este tema central (Capítulo III) tornou-se necessário colocar a questão num quadro analítico maior que inclui, entre outros assuntos, questões referentes à história dos afrodescendentes na Índia, concepções sobre o negro e branco que vêm sendo reafirmadas e também reformuladas ao longo dos séculos na região (Capítulo I), além de um aprofundamento da emergência e das transformações das noções de casta e raça na Índia (Capítulo II).

Capítulo I
De habshis, escravidões, religiões e cores

Na Índia atual, vivem indivíduos e grupos cujos ancestrais vieram da África. As estimativas a respeito do número total variam bastante (de algumas dezenas de milhares a 250 mil);[1] este fato deve-se, de um lado, tanto à falta de pesquisas empíricas precisas como à de dados estatísticos oficiais, e, de outro, à conhecida problemática que envolve procedimentos de classificação e identificação. Atualmente, o termo mais usado para marcar e destacar um laço identitário com a África é *sid(d)i*.[2] Existem duas grandes comunidades de sid(d)is no país: uma vive em Gujarate, a outra no noroeste

---

1 Não há números exatos sobre a população sid(d)i. As estimativas podem variar bastante: entre 25 mil e 60 mil a 70 mil sidis no estado de Gujarate; e entre 25 mil e 40 mil em Karnataka. De qualquer forma, a população sid(d)i não deve chegar a 0,05% da população indiana. O número de 250 mil, apresentado por Lodhi (1992, p.83), destoa da maioria das estimativas. Este cálculo pode talvez ser explicado pelo fato de que existem muitos descendentes de sid(d)is que preferem não se identificar como tais. Nos seus estudos sobre os siddis de Hyderabad, Yimene (2004) fala de mais de 3 mil siddis residentes na cidade; já Basu (2003, p.223) apresentou uma estimativa de que cerca de quatrocentos sidis residem em Mumbai.

2 Existem diferentes formas de escrita – sidi, siddi (ou hoje menos comum, siddhi) – que se explicam também por diferenças regionais e pela diversidade linguística interna do grupo. Sidi é a grafia preferida para descrever os descendentes dos africanos em Gujarate; já em Karnataka costuma-se utilizar atualmente a grafia siddi (no Paquistão, por sua vez, predomina a variante sheedi). A maioria dos autores acredita que o termo *sid(d)i* surgiu como uma derivação da palavra árabe *sayyid*, que era e ainda é usada como termo de respeito e reverência no norte da África (cf. Basu, 1995, p.58). Associado geralmente a pessoas que seriam descendentes do profeta Maomé, *sayyid* (em árabe, سيد) significa "senhor feudal" ou ainda mestre; sidi (سيدي) seria, então, resultado de uma contração de sayyidī, "meu mestre". Mais recentemente, Lodhi (apud Prasad, 2005, p.103) apontou para outra possível derivação etimológica: do termo árabe *saydi*, que significa "prisioneiro de guerra ou cativo" (cf. Ali, 2016, p.9).

de Karnataka; um terceiro grupo menor vive num bairro (AC Guards) da cidade Hyderabad (Telangana, antigamente pertencente ao estado de Andhra Pradesh); e há ainda algumas centenas de sidis espalhados em Mumbai (Maharashtra), em Bengala Ocidental,[3] nos ex-territórios portugueses de Damão, Diu e Goa e, provavelmente, em um ou outro estado, como Kerala. Outras comunidades na região do Oceano Índico encontram-se em Sri Lanka, nas ilhas Maldivas e no sul do Paquistão, mais especificamente nas partes meridionais das províncias Baluchistão e Sindh,[4] onde vive a maior de todas as populações afrodescendentes.

Há muita divergência entre aqueles que se dizem sid(d)is. Eles não apenas residem em diferentes regiões – alguns vivem em pequenas comunidades afastadas, em florestas, outros em espaços urbanos –, mas falam também línguas diferentes: gujarati, marati, kannada, konkani, sindhi, makrani e um dialeto de balúchi. Além disso, há também divergências religiosas marcantes entre eles: islã sunita, sufismo, catolicismo e hinduísmo são as influências mais presentes (cf. Lodhi, 1992, p.1). Assim, aqueles que vivem em Gujarate falam a língua local gujarati, dizem-se muçulmanos e cultuam Bava Gor (Baba Ghor), um santo que integra reminiscências africanas com tradições sufistas e hinduístas. Já os siddis de Karnataka dividem-se em três subgrupos – católicos, hindus e muçulmanos – e possuem línguas maternas diferentes (konkani e urdu).

Apesar de, atualmente, alguns líderes sid(d)is buscarem obter informações e estabelecer os primeiros contatos entre os diferentes grupos, até pouco tempo atrás, a grande maioria dos sid(d)is não sabia da existência de outros descendentes africanos em distintos estados da Índia. Esta situação tem a ver, evidentemente, com processos históricos que trouxeram, em diferentes épocas, grupos africanos distintos a diferentes regiões do país. Não só isso, o *status* social dos africanos podia variar bastante (desde livres ou "escravos de elite",[5]

---

3 A historiadora e antropóloga Bhatt (2018, p.44) menciona uma pequena comunidade sidi no distrito de Bankura, situada a menos de 100 quilômetros ao oeste de Calcutá onde vivem, de acordo com o último censo (2011), 1.602 sidis.

4 Há estimativas que dizem que um quarto da população do litoral Makran (sul do Baluchistão) teria ascendência africana. Em Karachi, existem três bairros cujos habitantes são majoritariamente sidis (Bhatt, 2018, p.45). Outras estimativas falam em 250 mil sidis residentes no litoral do Paquistão, incluindo o golfo de Omã (Paracha, 2018).

5 Sobre o conceito e a importância histórica da chamada *escravidão de elite* (*elite slavery*), cf. Bano (1998) e Miura e Philips (2000). Veja também as análises da Seção I.1.

até cativos comuns), fato que repercutiu sobre as relações entre estes e a população local.

Hoje, a maior parte dos si(d)is contemporâneos continua vivendo em situação de miséria extrema. Há quem argumente que são vistos e tratados como mais um dos milhares de castas inferiores pelos grupos vizinhos e que têm desenvolvido formas de sociabilidade que tendem, de certo modo, a reproduzir a lógica das castas, inclusive, no que toca às estratégias de defender o coletivo e de impulsionar sua ascensão dentro da hierarquia social mais ampla (cf. Capítulo II). Veremos (Capítulo III) que, na atualidade, a discussão acadêmica referente à "presença africana" na Índia é marcada por uma polarização de posições que se baseiam em avaliações diferentes do processo histórico: à perspectiva tradicional, defendida pela maioria dos(as) pesquisadores(as) indianos(as), que argumenta ter havido assimilação total dos sid(d)is à cultura indiana, opõem-se alguns estudos mais recentes que procuram mostrar que os descendentes africanos se mantiveram relativamente isolados durante séculos, o que lhes teria permitido preservar, em boa medida, suas tradições. Inspirados em projetos políticos e analíticos pan-africanistas, autores como Pashington Obeng argumentam que as formas de discriminação sofridas pelos afrodescendentes na Índia são comparáveis àquelas às quais as populações afrodiaspóricas do mundo inteiro foram submetidas; deste modo, Obeng procura trazer à tona as relações que existiriam entre os *African Indians* ("afro-indianos") e outros africanos diaspóricos que, de acordo com o estudioso de origem ganesa, foram omitidas e reprimidas pela historiografia oficial.[6]

Comentamos na "Apresentação" que estudiosos, como G. Campbell, criticam esta visão por considerarem-na uma projeção do modelo do tráfico atlântico (*victim diaspora*) ao Mundo do Oceano Índico, no qual o fenômeno da escravidão teria se desenvolvido de forma substancialmente diferente. Campbell rejeita, inclusive, o uso do termo *diáspora*[7] *africana* para

---

6 Para Obeng (2007, p.2, 205), os siddis fazem parte de uma "cultura global de diáspora africana" ou ainda de uma "comunidade transnacional". Segundo o pesquisador (ibid., p.2): "Meu trabalho explora como podemos entender melhor a história e a identidade dos afro-indianos, baseando-nos em conceptualizações que os situam na cultura global da diáspora africana".

7 Sobre o conceito *diáspora*, cf. Safran (1991), Clifford (1994), Tölölyan (1996), Dufoix (2016 cf. Capítulo IV, Seção IV.1.

o contexto indiano que, de acordo com o historiador, teria promovido um processo de integração que se expressaria, entre outros, na ausência de uma "consciência diaspórica": memória de uma *homeland* comum, da injustiça relacionada com a separação da terra dos seus ancestrais etc. (cf. Campbell, 2008b, p.29-30).[8]

Não se trata aqui de julgar quem tem razão; quero, sim, chamar a atenção para o fato de que ambas as avaliações operam com categorias-chave de análises substancialistas e tendencialmente generalizantes – diáspora, raça (negro-africana) e cultura (indiana) – que sugerem inspirações no e adaptações do "nacionalismo metodológico".[9] Localizo por detrás desses essencialismos conceituais uma questão teórica séria e mais profunda: como lidar não somente com diferenças mas também com desigualdades sem deixar de reconhecer, ao mesmo tempo, histórias e cosmovisões particulares. Procurarei argumentar a seguir que, para ganharmos uma visão mais nuançada desta problemática, vale a pena direcionar o olhar para os modos como, no contexto da escravidão africana na Índia, marcadores de diferença fundamentais, tais como cor/raça e casta, foram, por meio das ações e discursos de diversos agentes sociais, construídos, disputados e, em alguns casos, questionados, "superados" ou ignorados.

---

8 Escreve Campbell (2008b, p.29-30): "A maioria dos estudiosos da África e da diáspora afro--americana defende que os asiáticos de ascendência africana fazem parte da diáspora africana. Esta é uma suposição implícita de vários dos colaboradores deste volume [o livro *India in Africa, Africa in India: Indian Ocean Cosmopolitanisms*, organizado por J. C. Hawley] que falam de 'afro-asiáticos' e 'afro-indianos' como os homólogos na Ásia de 'afro-americanos'. Entretanto, raramente examinam se os asiáticos de origem africana atendem aos critérios geralmente aceitos para aquela diáspora, resumidos da seguinte forma: a) deslocamento de uma pátria original para duas ou mais regiões periféricas ou estrangeiras; b) não assimilação resultando na formação de uma 'comunidade relativamente estável no exílio' (Wilson, 1997, p.118) caracterizada pela alienação e isolamento da sociedade dominante; c) o desenvolvimento de uma 'consciência' diaspórica compreendendo a consciência e memória contínuas (reais ou imaginárias) de uma pátria comum e sua herança e a injustiça de sua remoção da mesma, com esforços conscientes para manter os vínculos com a pátria e contribuir para a melhoria da vida na pátria e um desejo de, um dia, retornar para lá se fixar".

9 Wimmer e Schiller (2002, p.302-3) cunharam a expressão e explicaram suas modalidades de aparição, definindo-a conceitualmente nos seguintes termos: "Designamos como nacionalismo metodológico a suposição de que a nação/estado/sociedade é a forma social e política natural do mundo moderno. [...] As estruturas e programas epistêmicos das principais ciências sociais [*mainstream social sciences*] têm sido intimamente ligados à e moldados pela experiência da formação moderna de nação-estado".

I.1. Os habshis e a expansão muçulmana no Decão[10]

Usar escravos em pequena escala no âmbito doméstico e como forma de pagamento[11] era uma prática conhecida já no período védico. Existem ainda poucos estudos sobre a escravidão na Índia pré-colonial. As informações mais contundentes derivam de textos legais, os quais devem, de acordo com o historiador alemão Mann (2012), ser entendidos como reflexo de concepções típico-ideais dos proprietários de cativos acerca de sua relação com escravizados. Assim, os tratados Arthaśāstra (século IV a.C.), Narada (século III a.C.) e Manusmṛti (século II a.C.) fixavam, acima de tudo, os diferentes tipos de escravo e a origem – as supostas "causas legítimas" – da escravização.[12] O texto escrito pelo letrado Narada definia, entre outras coisas, que os "escravizados" (*dāsa*; em sânscrito, दास) não tinham o direito de comprar nenhuma propriedade; no entanto, podiam, com o consentimento do senhor, acumular dinheiro que recebiam por serviços prestados; podiam também depor num processo jurídico diante de uma corte, exceto se fosse contra o seu proprietário. Aparentemente, não se impunha, nesse momento, aos dāsas restrições de comensalidade. No que diz respeito às tarefas de casa, Narada diferenciava, porém, entre trabalhos puros e impuros; a exe-

---

10 O termo *Decão* (em inglês, *Deccan*) provém das palavras sânscrita दक्षिण (*dakṣiṇa*) e hindi दक्खिन (*dakkhin*) para "sul" e refere-se à parte sul – "o coração" – da Península Indiana. O Decão é um vasto planalto, que conforma a maior parte do centro-sul da Índia, encontra-se ao sul da Planície Indo-Gangética e é limitado a oeste pelos Gates Ocidentais, a leste pelos Gates Orientais e ao sul pelos Montes Víndias.

11 O fato de governantes indianos terem emitido leis de acordo com as quais os escravizados não podiam ser punidos sem uma razão séria e tinham de ser tratados com consideração e piedade (édito promulgado pelo imperador Ashoka) fez com que a escravidão indiana antiga tenha sido descrita frequentemente como uma forma de escravidão mais suave (Souza, 2008, p.168; Pinto, J., 1992, p.5, 2008, p.139).

12 Arthaśāstra indicou nove tipos de servo/escravo (dāsa), Narada registrou quinze diferentes razões que podiam estar na origem de escravizações; já o Manusmṛti fala de sete categorias de escravo: prisioneiro de guerra, filho de escrava, pessoa vendida, pessoa doada, pessoa herdada, compensação de pena severa, "escravo de arroz" (Mann, 2012, p.78). Ao analisar esses documentos, o historiador alemão Mann não deixa de fazer um alerta: na época pré-colonial existiram não apenas diferentes formas de escravidão, mas também outras maneiras de dependência e exploração. Estas relações complexas não podem ser entendidas adequadamente a partir de uma oposição maniqueísta entre trabalho assalariado livre e trabalho escravo não-livre. Mann (ibid., p.102, 168) destaca o fato de que, mesmo no período do colonialismo britânico, a população local usava o termo sânscrito "*sri*" – honra, glamour, riqueza, prosperidade – para "traduzir" a noção iluminista-ocidental de "liberdade".

cução dos ulteriores – por exemplo, limpeza dos banheiros – cabia exclusivamente aos cativos. Havia ainda amplo consenso entre os mentores destas normas legais de que os brâmanes não podiam ser escravizados, exceto em casos de crimes extremos. Para Mann (2012, p.79), este fato dá-nos uma "boa pista" a respeito da autoria desses tratados.

A importação de escravos provenientes do outro lado do Oceano Índico remonta, no mínimo, ao século III, quando árabes começaram a levar africanos a portos fortificados (Sopara, Kalyan, Chaul e Pal) situados no litoral konkan – região que se estende entre os estados indianos atuais de Maharashtra, Goa e Karnataka (Campbell, 2008b, p.22). A partir do século VI, estabeleceu-se um comércio regular, inclusive de escravizados, entre o nordeste do continente africano e o oeste da Península Indiana, que seria controlado por comerciantes árabes até o século XVI. É também importante lembrar que a escravização envolveu frequentemente múltiplos deslocamentos; sobretudo nos primórdios do tráfico de escravos, o cativo passava geralmente por diversos portos do Mar Vermelho e do Golfo Pérsico antes de ser levado à Índia (Bhatt, 2018, p.109).[13] Sabe-se também que nem todos os africanos que aportaram na Índia chegaram como cativos, principalmente em períodos que antecederam a consolidação do tráfico de escravos. Graças aos ventos periódicos – as monções – na região, que possibilitam a passagem via Oceano Índico (do litoral leste africano ao litoral oeste indiano) em pequenos veleiros (*dhows*), existem trocas comerciais entre africanos e indianos desde tempos imemoriais.

Aparentemente já havia (desde a segunda parte do terceiro milênio antes de Cristo) alguns contatos entre a civilização do vale do Indo e a região entre os rios Eufrates e Nilo. O primeiro registro histórico que se refere a um comércio regular entre diversos pontos das costas africanas e indianas foi feito por um mercador egípcio, provavelmente escrito no século I: no texto "Periplus Maris Erythraei" encontram-se também algumas referências a um

---

13 Posteriormente, portugueses dominaram o tráfico de escravos da região e, mais tarde, holandeses e ingleses tiveram participação importante nesta atividade comercial. Com base nos estudos de Lovejoy, Collins (2008, p.61) calcula que, entre os anos de 800 e 1900, 2.918.000 de cativos da África Oriental chegaram a portos no litoral indiano. Zeuske (2018, p.183) cita outra estimativa para a Índia de meados do século XIX (1841): a existência de 8 a 9 milhões de escravos. Este número inclui, além dos cativos locais, escravizados das mais diversas proveniências.

número, porém, pequeno de escravizados que teriam embarcado em portos do continente africano. Em Mangalore, sul do subcontinente indiano, arqueólogos encontraram há algumas décadas várias moedas que tinham sido cunhadas no século IV no reino de Axum (atual Etiópia),[14] fato que comprova a intensificação das relações mercantis naquele momento (Bhatt, 2018, p.7-14).[15] Aos poucos, a antiquíssima rede de comércio, que ligava regiões a nordeste do Mar Vermelho com o sul da Etiópia, foi se estendendo para a costa suaíli[16] (*bilad al-zanj*,[17] para os árabes) – que abrange os atuais países Quênia, Tanzânia e o norte de Moçambique –, onde se estabeleceram não apenas mercadores árabes (acima de tudo, omanis), mas também indianos (sobretudo gujaratis).[18]

---

14 No auge de sua expansão (século IV), o império de Axum abrangia a atual Etiópia, o sul do Egito e parte da Península Arábica (o sul do Iêmen atual); seu maior porto era Adúlis (na atual Eritreia).

15 Oka e Kusimba mencionam uma série de bens preciosos (ébano, ouro) e cereais (sorgo) que foram levados da África à Índia. Chamam a atenção para estudos etnobotânicos que comprovaram a existência de baobás de cerca de 1.000 anos no litoral oeste da Índia, o que seria indício de que a presença de africanos na região remonta a épocas anteriores ao medievo: "Pesquisas ao longo da costa oeste da Índia revelaram uma relação similar entre as árvores baobás e os povoados. Baobás com mais de 800 anos foram registrados na costa, bem como baobás mortos que datam do último primeiro milênio, indicando que os africanos viviam na costa, em seus próprios povoados ou em povoados assimilados maiores, bem antes do início do período medieval" (Oka; Kusimba, 2008, p.207-8).

16 Suaíli é uma língua do tronco linguístico bantu que emergiu a partir das interações entre grupos africanos locais residentes no litoral leste do continente e mercadores – na sua maioria árabes – que vinham do mar e estabeleciam contatos duradouros com as populações locais. Atualmente, suaíli é língua oficial dos países Tanzânia, Quênia, Burundi e Ruanda; no total, entre 5 a 10 milhões de pessoas têm o suaíli como língua materna; além disso, é falado ainda, frequentemente como segunda língua, em partes do Moçambique, na República do Congo, no Burundi, na Somália e no Omã.

17 Zanj era o nome (talvez de origem chinesa) usado pelos árabes para designar os africanos que viviam nessa região (*bilad* significa "terra"). O nome "zanj" (زنج) sobrevive até hoje em diversos topônimos: Zanzibar (Tanzânia), Zanjabad, Zanjian (Golfo Pérsico), Deh-Zanj (região de Baluchistão), al-Zinji (Hadramaute) são indícios de que nestes lugares chegaram e se fixaram africanos (a maioria provavelmente escravizada) do litoral leste daquele continente.

18 Diversos autores chamam a atenção para a importância da influência do sultanato de Omã na região desde o século XVII (Mann, 2012, p.125); pesquisas mais recentes apontam para o envolvimento direto de alguns grupos locais no tráfico de escravos entre os séculos XVI e XVIII (Vernant, 2009, p.39). Há consenso de que as intervenções coloniais portuguesas instigaram conflitos internos entre populações locais (yao, maravi e macua), os quais fomentaram processos de escravização e alimentaram o tráfico de escravos – teria sido a partir desse contexto que os próprios macuas começaram a engajar-se na venda de cativos (Mann, 2012, p.127).

A expansão do islã está na raiz da criação de uma extensa rede marítima importante, a qual complementaria a velha rota da seda, e fez surgir o que Campbell chamou de "economia global do mundo do Oceano Índico"; o estabelecimento de uma área "pacificada" para o comércio – a *pax islamica* – impulsionou também a emergência daquilo que o historiador holandês Wink (1990) denominou "mundo indo-islâmico" e teve, inclusive, fortes impactos sobre todo o leste do continente africano (Campbell, 2008b, p.43-9). Mais tarde ainda, com as intervenções coloniais de poderes europeus (portugueses, holandeses, ingleses e franceses), o Oceano Índico foi conectado a uma rede de produção mercantil-capitalista, fato que intensificou fortemente o tráfico de escravos e remoldou também o emprego de mão de obra na região (Campbell, 2008a, p.43, 48-9, 82).[19]

Concentremo-nos primeiro no período da expansão do Islã, durante o qual se disseminaram também os diferentes usos de mão de obra escrava, tão comuns no mundo islâmico, no subcontinente indiano. Trabalhando como marinheiros,[20] guarda-costas, guardas de harém, soldados, escravos domésticos, amas e músicos, os cativos cumpriram, também na Índia, diversas funções sociais, econômicas e políticas importantes. Especialmente nas cortes e em famílias nobres e abastadas, a posse de serventes e criados simbolizava, acima de tudo, *status* elevado e poder. Já o uso de trabalho escravo em massa, na lavoura (plantações) ou em minas, era praticamente

---

19 Papel importante na consolidação desta rede de comércio tiveram também comerciantes indianos, muitos deles originários de Gujarate; não poucos – os chamados *banias* ou *vanias*, e a partir do século XIX, os *bhatias* – acabavam se radicando no continente africano de onde organizavam os transportes de mercadorias, inclusive, de escravos.
Em 1500, Pedro Álvares Cabral, quando aportou em Malindi (atual Quênia), contratou alguns marujos de Gujarate que deveriam guiá-lo para a Índia. No século XVII, a cidade de Muscat contava com grande número de *banias*. Um século mais tarde, a presença destes mercadores já era muito comum em toda a chamada *costa suaíli*. Lá, cidades (portos) como Kilwa Kisiwani, Zanzibar, Sofala e, no século XIX, Quelimane, se tornavam centros de comércio. De acordo com o viajante Burton (final do século XIX), quatro quintos dos comerciantes da importante ilha de Zanzibar eram originários da Índia. O oficial da marinha real britânica Colomb estimou que de lá entre 10 mil e 20 mil escravos teriam embarcado anualmente para serem levados a outros portos, inclusive, portos da Índia (cf. Bhatt, 2018, p.19-28).
20 Diversos relatos do medievo fazem referência ao papel importante dos africanos como habilidosos navegadores, destacando sua competência em cuidar da segurança das embarcações. Cf. o comentário do grande viajante Ibn Batuta (século XIV) depois de ter atravessado o Oceano Índico num navio com "cinquenta arqueiros e cinquenta guerreiros abissínios que são os senhores do mar": "Sempre que há um deles apenas a bordo, os piratas hindus e os infiéis evitam atacá-lo" (apud Oka; Kusimba, 2008, p.208; Bhatt, 2018, p.27). Ibn Batuta viajou ao longo de todo o litoral oeste indiano, desde Gujarate até o atual Sri Lanka.

desconhecido;[21] este fato explicaria, segundo alguns autores, que, diferentemente do caso do Novo Mundo, na região do Oceano Índico predominavam escravizados do sexo feminino. Já comentamos que o fato de terem trabalhado, ao lado dos escravos africanos, cativos de diversas outras proveniências e, portanto, pessoas com diferentes tonalidades de cor de pele e com diferentes fenótipos levou o historiador Campbell a caracterizar este tráfico de *color-blind* (cego às diferenças de cor/raça), criando assim mais uma oposição entre as experiências escravagistas no mundo do Oceano Índico e aquele que foi atingido pelo tráfico transatlântico.[22]

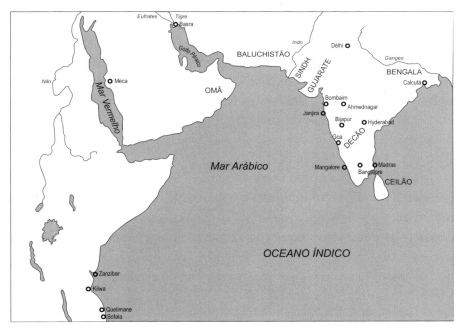

Mapa 1: A Índia e a região do Oceano Índico

---

21 Uma das poucas exceções no mundo islamizado, onde escravizados foram empregados em massa – para tirar sal de grandes áreas perto de Basra, com o objetivo de preparar o terreno para plantações –, terminou em retumbante fracasso: resultou numa grande revolta, em que a cidade de Basra foi parcialmente destruída, e em seguida na instauração daquilo que alguns chamam a primeira comunidade *maroon* (termo usado em inglês para quilombo) da história documentada (século IX). Há quem argumente (Davis, 1984, p.7) que esta rebelião causou grande choque para o mundo muçulmano e teria desestimulado experimentos que usassem escravos em larga escala (como ocorreria posteriormente no Novo Mundo).

22 Este estudioso acredita ainda que os escravos africanos sempre constituíram uma minoria, provavelmente em toda a região do Oceano Índico (Campbell, 2008b, p.21).

32 ANDREAS HOFBAUER

Uma função exercida por africanos levados à Índia destaca-se não somente pelo fato de ser desconhecida no Novo Mundo, mas também pela importância histórica que ganhou na região do Decão: trata-se dos chamados *escravos de elite*, que atuavam, principalmente, no serviço militar. Se este tipo de escravo foi usado também na Roma Antiga e na China Antiga, foi no mundo muçulmano que a figura do soldado-escravo de elite ganhou maior fama.

A demanda por esta forma de escravidão estaria vinculada, acima de tudo, a uma formação sociopolítica peculiar que predominava nos califados e sultanatos muçulmanos. Em contexto no qual a estabilidade do sistema político se mostrava fragilizada devido a rivalidades e disputas entre os membros das patrilinhagens dominantes, os soberanos apostavam no apoio de soldados-escravos como a melhor garantia para consolidar o poder (Oka; Kusimba, 2008, p.206). Numa sociedade em que o parentesco definia todos os direitos, privilégios e deveres sociais, tropas de escravizados, que careciam de vínculos de parentesco, podiam tornar-se os seguidores mais leais do soberano, já que a sobrevida dos subordinados dependia da do seu dono (Eaton, 2006b, p.120).[23]

No mundo muçulmano, a instituição da "escravidão de elite" aparece, pela primeira vez, no Iraque atual (no século IX, o califado abássida). Posteriormente, ganhou destaque em diversos outros contextos relacionados a histórias de expansão e conquistas do mundo muçulmano: como parte da infraestrutura militar, administrativa e política, os escravos de elite tornaram-se peça-chave nos processos de *state-building* (Oka; Kusimba, 2008, p.205).[24] A antropóloga alemã H. Basu (2003, p.229), pioneira nos estudos sobre os sidis de Gujarate, atribui o surgimento da figura do soldado-escravo

---

23 Eaton (2006, p.120) analisa esta questão da seguinte maneira: "Uma solução para este problema [perigo de derrubada do poder consolidado] podia ser encontrada no recrutamento de soldados que não somente eram desconectados de seus próprios parentes natais, mas eram 'outsiders' totais ao Estado e à sociedade [onde seriam inseridos] – circunstâncias que, em princípio, garantiam sua lealdade política". Para sustentar a ideia, Eaton cita um estudioso persa do século IX (Nizam al-Mulk), que tinha refletido sobre a importância política desse escravo: "Um escravo obediente é melhor que trezentos filhos; se os últimos desejam a morte do pai, o primeiro deseja a glória de seu mestre" (apud ibid.).

24 *Mamluk, ghulam* ou *kul* são alguns nomes dados aos escravos de elite que atuaram, por exemplo, no Egito (século XIII) e no califado de Sokoto, atual Nigéria (século XIX). No Decão (Índia), as palavras árabe – *ghulam* – e persa – *banda* – para cativo eram os nomes mais usados para designar este tipo de escravo (Eaton, 2006b, 120).

africano na Índia a uma convergência de três fatores: as noções muçulmanas de escravidão; a história da conquista e do *state-building* muçulmano no sul da Ásia; e, finalmente, as condições socioeconômicas locais predominantes, que prescindiam de mão de obra escrava para organizar o processo produtivo. De acordo com essa leitura, a presença dos chamados *habshis*[25] na Índia, desde a fundação dos primeiros reinos muçulmanos no século XIII, indicaria, portanto, que a escravidão medieval na Índia não se originou de falta de mão de obra local, mas estava relacionada à fundação e organização de estados muçulmanos na região (Basu, 2003, p.232).

Basu (1995, p.43) sublinha, consequentemente, o fato de, diferentemente do Novo Mundo, terem existido na Índia escravizados de proveniência africana cujo *status* não era marcado nem pela pobreza material, nem pela falta de prestígio social e de poder. Como veremos mais adiante, os habshis foram incumbidos, em diversas situações, não somente de comandar exércitos e marinhas e controlar territórios. Por vezes, alguns representantes deste grupo conseguiram conquistar posição de poder e de destaque; e houve casos em que, de certo modo, usurparam o poder constituído e proclamaram-se governantes.

Se boa parte dos pesquisadores vê uma relação quase intrínseca entre o islã (em expansão) e o fenômeno da escravidão de elite – por exemplo, Daniel Pipes (apud Basu, 2003, p.229), que afirma não existir outra civilização que tenha desenvolvido um sistema de escravidão militar tão especializado –, há quem se recuse a entender este fenômeno como uma instituição especificamente muçulmana. Os fatores sociais que Eaton (2006b, p.20,

---

25 Habshi provém da palavra *hab(a)sh* (حبش), usada pelos árabes para designar cativos provenientes da Abissínia (Al-Habsh, الحبش). Al-hab(a)sh referia-se a uma região no Chifre da África que corresponde aproximadamente aos países atuais de Eritreia e Etiópia e era habitada por grupos também chamados de abissínios. Há quem acredite que o termo tem, de fato, origem egípcia. Em alguns hieróglifos históricos, os habitantes do Punt (provavelmente a região que contempla a atual Somália e parte da Etiópia) eram descritos como *khebsi*. Habshi poderia ser, portanto, derivação da palavra egípcia antiga *khebsi*, argumentam Yimene (2004, p.121) e Bhatt (2018, p.8).

Na Índia, a palavra *habshi* seria amplamente usada a partir do final do século XV (antes da disseminação do conceito *sid[d]i*); em pouco tempo, com a ampliação das atividades de escravização no continente africano, habshi viria a designar todos os africanos e seus descendentes (Basu, 2003, p.25-6; Oka; Kusimba, 2008, p.210). De modo geral, os habitantes da Abissínia tinham tez mais clara e, não raramente, o cabelo mais liso do que os africanos que seriam trazidos pelos portugueses da região de Moçambique.

34 ANDREAS HOFBAUER

130) cita como responsáveis pelo surgimento desta instituição social são, porém, praticamente os mesmos: condições social e politicamente instáveis, autoridades aristocratas frágeis, além de conflitos e instabilidades fronteiriços.[26]

Num estudo pioneiro, intitulado *The African Presence in Asia* (1971), Joseph Harris, historiador norte-americano e um dos primeiros mentores dos "estudos afrodiaspóricos" (cf. Capítulo IV, Seção IV.1), chamou a atenção para diversos grupos e personagens importantes na história da Índia que eram africanos ou descendentes destes. Harris conta, por exemplo, que já no processo de consolidação do mais antigo sultanato, o de Délhi (século XIII), houve participação de forças militares africanas: as tropas que conquistaram a cidade foram compostas, em boa medida, por soldados-escravos, entre os quais se encontravam, além de uma maioria de guerreiros de origem turca, um contingente de origem africana. Um habshi, Jamal-ud--din Yaqut, ganhou fama pelo fato de ter sido escolhido pela rainha Raziya (a primeira e única governante feminina do sultanato) para ser o mestre dos estábulos reais; a crescente intimidade entre os dois provocou a ira do pai da rainha e de outros nobres turcos que resolveram matar o habshi (Harris, 1971, p.78). Mas foi no reino de Bengala da segunda metade do século XV que um número maior de habshis ocupou cargos altos na administração. Cerca de 8 mil soldados africanos faziam parte do exército do rei Rukn-ud--din Barbak Shah. Mais de uma vez os escravos de elite africanos – entre os quais, alguns eunucos – envolveram-se em intrigas palacianas e tornaram-se governantes. Foi assim que, em 1490, o habshi Sidi Badr usurpou o trono e se coroou rei. Permaneceu apenas três anos no poder, até quando os oponentes revidaram e acabaram com a presença dos africanos no reino de Bengala: o rei habshi foi assassinado e todos os africanos foram obrigados a deixar o reino. Acredita-se que parte deles migrou para Gujarate, outra, para a região mais ao sul, o Decão (Harris, 1971, p.79-80; Jayasuriya, 2009, p.68; Chauhan, 1995, p.3; Hambly, 1974, p.127).

De acordo com o orientalista John Burton-Page, encontrava-se estacionada, em meados do século XVI no sultanato de Gujarate (mais especificamente, na cidade Ahmadabad), uma tropa de cerca de 5 mil soldados

---

26 O historiador André Wink é enfático em afirmar que "a escravidão de elite sempre foi um fenômeno da fronteira" (apud Eaton, 2006b, 120).

habshis.[27] É desta época também o primeiro registro referente ao culto ao santo Bava Gor (Baba Ghor), que se tornaria referência simbólica fundamental para os sidis contemporâneos da região. No seu livro *Uma história árabe de Gujarate* (1540?), o historiador ad-Dabir, que atuou sob a patronagem de um aristocrata habshi, fez referência a um santuário dedicado a esse santo muçulmano que, segundo o relato, foi visitado e reverenciado por um sultão no ano de 1452 (apud Basu, 1995, p.43-4).

Há duas narrativas mitológicas relacionadas à figura de Bava Gor, que é descrito, nas duas versões, como um abissínio (habshi ou sidi). A primeira, preferida atualmente pelos hindus locais que trabalham nas históricas minas de ágata, estabelece uma ligação com as minas de pedras preciosas (ágata) que, pelo menos desde o século XV, são talhadas por artesãos (antigamente, produzia-se sobretudo contas para o *tesbih* – تسبيح, rosário muçulmano – e cabos para armas) e foram, durante muito tempo, comercializadas para Arábia e África. Nesta primeira versão, Bava Gor[28] é lembrado como inventor do talho em pedras e como um asceta ou um faquir itinerante (Kenoyer; Bhan, 2004, p.56, 59-60). A segunda, preferida pelos sidis contemporâneos que se veem como muçulmanos, apresenta Bava Gor como um líder militar habshi que veio com um irmão e uma irmã para a Índia, com a missão de combater o demônio. De acordo com Basu, que elaborou o primeiro estudo importante sobre os sidis de Gujarate, não existe continuidade direta entre os habshis históricos e as comunidades sidis da atualidade (os últimos teriam sido trazidos como escravos comuns somente no século XIX); mesmo assim, o santuário (*dargah*)[29] de Bava Gor tornou-se

---

27 Segundo Bhatt (2018, p.27, 36), exércitos compostos por africanos já existiram em Gujarate no mínimo desde o século XIII. Quando o imperador mogol, Akbar, conquistou Gujarate, teve de enfrentar uma tropa de setecentos habshis que fazia parte da cavalaria local de 12 mil homens.

28 *Bavagor*: também é o nome dado a um tipo de pérola trabalhada.

29 *Dargah* (do persa درگه, usado também em urdu): santuário muçulmano construído por cima do túmulo de uma figura religiosa reverenciada, geralmente um santo sufi. Bhatt (2018, p.61) levanta a hipótese de que as raízes dos cultos em torno dos túmulos de santos sufis estariam no Antigo Egito, mais especificamente, nas ideias religiosas acerca das almas partidas: para manter a imortalidade no "outro mundo", o corpo físico teria de ser preservado num túmulo. Esta concepção estaria viva, inclusive, entre os sidis quando eles se reúnem em torno de um *dargah*, acreditando que a alma (espírito) do santo reside na ou próximo ao santuário e que sua bênção pode ajudar os vivos a superar diversos obstáculos que enfrentam em suas vidas.

36 ANDREAS HOFBAUER

a maior referência identitária dos grupos contemporâneos, que desenvolveram em torno do culto a este santo sua forma de religiosidade que integra
não somente aspectos do sufismo, mas também tradições hinduístas (Basu
2003, p.234, 236). É também a figura do santo Bava Gor (chamado ainda
de Gori Pir)[30] que permite aos sidis reivindicar descendência direta de Bilāl
ibn Rabāh al-Habashī (ou Bilal al-Habshi), um ex-escravo africano que
foi escolhido por Maomé para ser o primeiro *muezim* (مؤذن),[31] aquele que
chama os fiéis para as orações diárias.

Nos seus estudos, Basu mostra, entre outras coisas, como este importante culto, que até a década de 1980 reunia pessoas de diversos grupos socior-
religiosos em torno da crença na força de um santo sidi-muçulmano (Gori
Pir), passou por um processo que vem impondo uma forma de religiosidade
que exclui não-muçulmanos e marginaliza os sidis, os protagonistas originários desta tradição. Se o santuário era inicialmente procurado pelos pobres
e marginalizados – hindus de castas inferiorizadas, mas também pessoas
da tribo bhil, muçulmanos e até alguns parsis –, atualmente boa parte dos
frequentadores é constituída de muçulmanos de classe média baixa urbana
que fazem peregrinações ao santuário, localizado no topo de um morro
(Gori Pir Hill) situado numa área florestal, no sul do estado de Gujarate.
Ocorreu não somente um processo de homogeneização da clientela; os sí-
tios sagrados (o próprio *dargah*) foram "modernizados", isto é, adaptados a
um padrão mais explicitamente muçulmano (o santuário foi murado e encontra-se hoje dentro de um monumento coberto por uma abóbada e ladea-
do por minaretes), e os sidis, como sacerdotes principais, acabaram sendo,
de certo modo, desautorizados a atuar em rituais em homenagem a Bava
Gor. Basu mostra como diversas fronteiras foram redefinidas e se tornaram
menos permeáveis (para aprofundar o tema dos sidis contemporâneos em
Gujarate, cf. Basu, 1995, 2003, 2008).[32]

---

30 *Pir* (em persa, پیر, significa literalmente ancião): título de um mestre sufi ou guia espiritual.
No sufismo, o papel do *pir* é o de guiar e instruir os seus discípulos no caminho sufi.

31 *Muezim*: provém da palavra árabe *mu'aḏḏin* (مؤذن), "aquele que chama para a prece".

32 Para Basu, os cultos "tradicionais" em torno de Gori Pir controlados pelos próprios sidis
constituíam o resultado de reinterpretações de diversas crenças e ideias não somente do
grupo dominante na região (muçulmanos), mas também dos vizinhos e empregadores dos
sidis que pertenciam a outras comunidades (bhils, hindus, parsis). Desta forma, teria sido
criado um padrão religioso. A antropóloga chega à conclusão de que um santuário, que atraía

Já no Decão, a presença dos habshis estava diretamente vinculada à situação política, que se mostrava cada vez mais instável. Em 1347, o governador da província de Daulatabad, Hasan Bahman Shah, declarou independência do sultanato de Délhi, fundando o reino Bahmani. Os antropólogos Oka e Kusimba (2008, p.209) citam a crescente discriminação no sultanato de Délhi, dominado por turcos, afegãos e persas, como um dos fatores responsáveis pela migração de habshis do norte ao sul e ao oeste do subcontinente a partir do final do século XIV. Foram, porém, os conflitos entre dois grupos dominantes na região do Decão a causa principal pela qual a presença de soldados habshis aumentou fortemente na segunda parte do século XV. Aos decanis, compostos por descendentes da Ásia central e por hindus[33] convertidos ao islã, opunham-se os chamados *afaqis*,[34] imigrantes mais recentes, oriundos sobretudo da Pérsia, além de grupos menores da Península Arábica e alguns turcos. Os últimos, chamados frequentemente também de "estrangeiros" ou "ocidentais" (*gharib*), eram majoritariamente xiitas e cultivavam, aparentemente, um sentimento de superioridade em relação aos nativos indianos e africanos.

O envolvimento de habshis, sunitas na sua maioria, nestas disputas em que se aliaram geralmente aos decanis, acelerou ainda mais o processo de desintegração do sultanato Bahmani, que se dividiu em seguida em cinco estados sucessores: Ahmadnagar (1496-1636), Bijapur (1489-1686), Bidar (1504-1619), Berar (1510-1574) e Golconda (1543-1687) (Eaton, 2006a, p.53; Baptiste; McLeod; Robbins, 2006, p.33; Oka; Kusimba, 2008, p.212). As disputas, as guerras e intrigas continuaram, de maneira que, segundo Walker (2006, p.235), o contexto sociopolítico no Decão, entre

---

pessoas de diferentes grupos e *backgrounds* religiosos e possuía potencial de resistência, foi se transformando, por meio da propagação de um islã mais urbano e ortodoxo, num lugar de peregrinação muçulmana que acabou marginalizando os rituais sidis (Basu, 2004, p.61-83). Uma decisão judicial de fevereiro de 2020 em prol dos sidis, determinando-os como únicos beneficiários do santuário, promete mudar esta situação (cf. Péquignot, 2020, p.7).

33 Peter van der Veer (2001, p.26) explica que o termo hindu é derivado da palavra sânscrita *sindhu*, que se referia a populações que viviam nas proximidades do rio Indo. *Al-Hind* (الهند) é um termo árabe antigo usado por muçulmanos que passavam a viver no mesmo local. *Hindu* seria, portanto, uma palavra usada por *outsiders* para referir-se a essa região e a sua população.

34 *Afaqi* (آفاقي): refere-se, a princípio, aos peregrinos que residem fora dos limites que demarcam a área de peregrinação em torno de Meca.

os séculos XV e XVII, criou uma "demanda insaciável por mão de obra militar".[35] A importância de soldados-escravos de elite de origem africana cresceu ainda mais e, em alguns reinos, os habshis se tornaram governantes de fato.

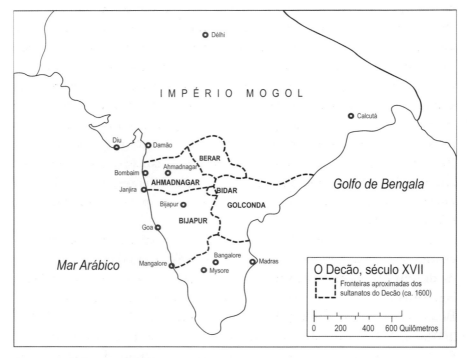

Mapa 2: Sultanatos no Decão no século XVII

Antes de aprofundar, ao exemplo da história de Malik Ambar, a maneira como os marcadores de diferença cor/raça e casta foram articulados e vivenciados no contexto da escravidão de elite no Decão, tentarei argumentar que associações entre cor/fenótipo e (des)igualdade e as disputas em torno das suas delimitações e (re)definições têm histórias de longa duração dentro das duas forças religioso-culturais predominantes na região – islã e "hinduísmo". Elas podem ser entendidas como uma espécie de pano de

---

35 Mann (apud Zeuske, 2018, p.183) estipula, para o século XVII, a presença de 10 mil a 60 mil soldados habshis na região do Decão.

fundo, ou melhor, como uma referência fundamental – em termos de experiências e ideias – para os processos de inclusão e exclusão que se desenvolveram no Decão.

I.2. Escravidão e cor no islã e no "hinduísmo"

Possuir escravos era uma prática comum em todas as sociedades da Antiguidade na região do Mediterrâneo e na Península Arábica, onde o islã surgiu. Não é de se estranhar, portanto, que tal como os livros sagrados dos judeus e dos cristãos, o Alcorão tampouco punha em xeque a legitimidade da posse de cativos. É sabido também que a primeira rede de tráfico de escravos de longa distância foi criada por comerciantes árabe-muçulmanos e que foi por meio dela que grandes quantidades de africanos de regiões ao sul do Saara chegaram, a partir do século XI, ao norte da África e, inclusive, à Península Ibérica. Segundo a ortodoxia islâmica, a única maneira legítima de escravizar alguém era numa guerra contra um inimigo de fé. *Kufr* (كفر, descrença) "funcionava", portanto, não somente como o critério principal de inclusão e exclusão, mas, além disso, como justificativa primordial de escravização (*kāfir*, كافر, era o nome mais comum dado aos "infiéis" ou "ímpios", ou ainda "gentios"). Há algumas passagens no Alcorão que fazem referência à maneira adequada de tratar uma pessoa escravizada: estimulava-se, por exemplo, o costume de criar uma menina escrava, educá-la, libertá-la e depois casá-la – tal prática era descrita como uma atitude generosa e nobre (O Alcorão, 4:25).[36]

A maioria dos cativos na Península Arábica trabalhava em serviços domésticos – muitas escravas eram ainda concubinas. Escravos serviam também como soldados e, em muitas regiões, havia grande número de eunucos que ocupavam o posto de guardiães dos haréns. Já comentamos o surgimento dos escravos de elite (a partir do século IX) que atuavam, por

---

36 Diz-se que o próprio Maomé libertou cem cativos da "tribo" de Banu Mustaliq para prestigiar Juwayriyya, uma bonita mulher desse grupo, que o profeta desposou. Libertar um escravo era considerado ato digno e piedoso. O privilégio da liberdade, contudo, deveria recair apenas sobre escravos crentes, especialmente sobre os que acompanhassem o senhor numa viagem a Meca (*hajj*) (Gordon, 1989, p.39).

40 ANDREAS HOFBAUER

vezes, como conselheiros políticos importantes. No entanto, relativamente poucos escravos trabalhavam na agricultura, fato que levou Phillips (1995, p.67) a concluir que a maior parte dos escravizados no mundo islâmico cumpria funções não-produtivas (cf. Finley, 1977, p.77).

As condições para recrutar escravos na África revelaram-se mais propícias do que na Ásia e na Europa, onde os árabes tiveram de confrontar-se com reinos poderosos. O escravo africano tornou-se o mais barato e começava a predominar nas terras arábicas; ao mesmo tempo, não aconteceu, no mundo islâmico, uma equiparação total entre "escravo" (*'abd*, عبد) e "negro", como ocorreria posteriormente no contexto do tráfico triangular (Hofbauer 2006a, p.52-3). Existiam diversas denominações para populações africanas; nos documentos árabes mais antigos, era comum o uso do termo *habash* (حبش) para falar dos povos que residiam na região da Abissínia, além de *sudán* ("negro")[37] para designar, de forma genérica, todos os habitantes ao sul do Saara.

Não há dúvida de que atitudes discriminatórias contra pessoas originárias de regiões mais ao sul da Península Arábica remontam a períodos pré-islâmicos (cf. Rotter, 1967, p.168). Quando Maomé começou a mobilizar pessoas e a estabelecer novas leis de convivência, diferenciações entre pessoas de acordo com proveniências e cores de pele não deviam, porém, atrapalhar o projeto de consolidar a "comunidade islâmica" (*umma*, أمة). O fato de o profeta ter escolhido Bilāl ibn Rabāh al-Habashī como o "primeiro *muezim* do islã" pode ser visto como um argumento a favor desta tese.

E embora seja possível perceber em muitas das fontes árabes medievais uma tendência a se menosprezar certas características físicas, é importante ressaltar que a utilização das cores "branco" e "negro" (claro/escuro) estava inserida num contexto religioso-moral. Já o livro sagrado do Alcorão ligava, em diversas suras, a cor escura não somente a sentimentos de tristeza, mas também ao mal e à falta de fé, enquanto associa(va) o branco ao bom, ao divino e à verdadeira fé. Há também várias referências em importantes

---

37 *Aswad* (singular, أسود), em árabe: negro/preto; o plural é *sud* (adjetivo) e *sudán* (substantivo, سودان). O termo *bilád as-Sudán* significava, portanto, algo como "terra de negros". Rotter (1967, p.21) e Lewis (1971, p.9) chamam a atenção para o fato de que, em certos contextos, a palavra *sudán* ("negros") podia referir-se também a indianos e chineses (por exemplo, nas obras de Jáhiz e 'Amcháti).

DIÁSPORA AFRICANA NA ÍNDIA   **41**

textos árabe-muçulmanos nos quais a conversão é descrita como um ato que transforma – "embranquece" – os corpos dos anteriormente infiéis.[38]

Processos de exclusão mais rígidos e sentimentos de desprezo exacerbado parecem ter surgido apenas com o movimento expansionista do mundo islâmico, quando ocorreu, de acordo com Bernard Lewis (1971, p.9), uma fixação dos termos de cor (*fixing of color terms*), a partir da qual a cor branca seria atribuída exclusivamente aos árabes, persas, turcos, gregos e outros povos europeus. Passou-se a reservar a cor negra – com nítida conotação pejorativa – para os povos ao sul do Saara.

De suma importância para as transformações nas práticas escravistas, executadas por povos muçulmanos e, posteriormente, por cristãos seria uma reinterpretação daquele trecho do Velho Testamento em que a palavra "escravo" aparece pela primeira vez (Gênesis, IX). A maldição de Noé – que condenou Canaã, filho de Cam, por causa de um comportamento imoral, a ser "o último dos servos dos seus irmãos!" – vinculava culpa e imoralidade ao fenômeno da escravidão; no entanto, não relacionava os filhos de Noé a grupos humanos ou características fenotípicas específicas. Foi em escritos exegéticos rabínicos (provavelmente do século V ou VI d.C.) que, pela primeira vez, os descendentes de Cam foram classificados, genericamente, como "negros"[39] (Jordan, 1968, p.18); e não demoraria muito até que os árabes muçulmanos assumissem esta leitura do Velho

---

38 Assim, o Juízo Final é descrito no Alcorão (capítulo III, versículo 106) como o dia em que alguns rostos se tornarão brancos (*tabyaddu*, radiantes) e outros negros (*taswaddu*, carrancudos) – na tradução portuguesa, de Mansour Challita, são usados os termos "radiante" e "carrancudo". Rotter (1967, p.168) chama a atenção para o fato de que as cores citadas são metonímias para alegria e tristeza. Embranquecer como recompensa aparece como tema recorrente na literatura medieval muçulmana (cf. textos do letrado palestino Tabaráni [século X] e do poeta sírio al-Ma´arri [século XI], citados por Rotter – ibid., p.103, 180).

39 Nas construções genealógicas dos letrados do século X – por exemplo, Tábari (839-923) –, havia, entre os descendentes de Cam, uma maioria de povos não muçulmanos de pele escura (zanj, zagawa, nubas), mas também alguns de pele mais clara (berberes, coptas); já os abissínios eram menos frequentemente citados como descendentes diretos de Canaã (filho de Cam) (Rotter, 1967, p.144). À parte as divergências, havia forte tendência de ligar os descendentes de Cam à cor que expressava imoralidade e falta de fé.

Generalizações desse tipo já estão presentes em Tábari, para quem "Cam gerou todos os negros e crespos, Iefét todos aqueles com rostos largos e olhos pequenos e Shem todos com rostos e cabelos bonitos; Noé jogou em Cam uma maldição: que o cabelo de seus descendentes não ultrapassasse as orelhas e que, sempre que encontrassem com os descendentes de Shem, se transformassem em escravos deles" (apud Rotter, 1967, p.147).

42 ANDREAS HOFBAUER

Testamento (texto considerado sagrado para os três grandes monoteísmos que surgiram no Oriente Médio). Esta reinterpretação popular, que associa culpa, escravidão e cor negra, tornar-se-ia o principal suporte ideológico que permitia justificar a escravização de povos já islamizados, "burlando", assim, a ortodoxia muçulmana que proibia a escravização de irmãos de fé. A partir do século XIV, este discurso ganhou grande importância no contexto da expansão do islã na África Ocidental, embora não sem gerar polêmicas e conflitos (Rotter 1967, p.51-2).

A rapidez com a qual o islã se disseminou, inclusive na África, pode ser explicada por diversos fatores, entre os quais dois merecem destaque: a conversão abria a possibilidade de participar das redes de comércio cada vez mais extensas do *dar-al-islám* (دار الإسلام, literalmente, "casa da submissão"); e, de outro lado, assegurava a proteção contra as *razias* que resultavam geralmente na escravização das populações locais não muçulmanas. Em diversos momentos, revelou-se, porém, que este preceito – proibição de escravizar irmãos de fé – não era respeitado no caso de africanos já convertidos, fato que provocou longos debates e fez letrados africanos levantarem sua voz. Assim, no final do século XIV, o rei islamizado de Bornu (hoje parte do norte da Nigéria) protestou, numa carta dirigida ao sultão do Egito *mamlúk* az-Zahir Barquq, contra a escravização de irmãos de fé de seu reino. Em 1615, Ahmad Baba (1556-1627), berbere de nascimento, apresentou um tratado (*Mi'ráj*), no qual havia diversos argumentos contra a caça indiscriminada de escravos nos reinos islamizados da África Ocidental. De acordo com este letrado de Timbuktu, pessoas convertidas ao islã por vontade própria não podiam ser escravizadas, independentemente de sua ascendência, fossem eles filhos de Cam ou não. Baba reivindicava ser imprescindível indagar a fé da pessoa antes de decidir sobre a sua escravização e lembrava, nesse contexto, as críticas que Ibn Khaldún, eminente pensador do século XIV, tinha feito sobre o uso indevido da maldição de Noé (Rotter, 1967, p.19, 44-51; Gordon, 1989, p.32-3).

A origem da escravidão é a descrença, e os kafirs negros são como os cristãos, só que são majus, pagãos. Os muçulmanos dentre eles, como os povos de Kano, Katsina, Bornu, Gobir e todos os de Songai, são muçulmanos, e não devem tornar-se posse. Mas alguns deles cometem transgressões contra outros injustamente por meio da invasão, como fazem os árabes, os beduínos, que violam a lei em relação aos muçulmanos livres, e vendem-nos injustamente, e assim não é legal possuir nenhum deles. [...] Quando se souber de alguém que veio destes países, ele deve ser libertado diretamente e ter sua liberdade reconhecida. (Ahmed Baba apud Blackburn, 1997, p.81).

Na sua obra monumental, *Muqaddimah (Os prolegômenos da obra história ria universal)* de 1377, Ibn Khaldún, que atuou tanto na corte de Fez quanto na de Granada, buscou apresentar explicações abrangentes para as causas por trás das diferentes formas de vida em sociedade. Diferenças físicas e comportamentais entre os seres humanos eram atribuídas, acima de tudo, a forças da natureza (clima, geografia). Influenciado pelo pensamento aristotélico e seguindo métodos racionais meticulosos, o letrado desenvolveu uma teoria climática que dividia o mundo em diferentes zonas às quais correspondiam seres humanos com características específicas. Baseando-se nestas teses, Ibn Khaldún opôs-se com veemência à ideia corrente, defendida pelos chamados *genealogistas*, que explicava a cor negra de certos povos como uma consequência da maldição de Noé.[40] Essas considerações não impediam, porém, este pensador de conceber os africanos como seres próximos do "estado animalesco", como escravos *par excellence* (Hofbauer, 2006c, p.62).[41] As explicações hegemônicas das diferenças humanas e do fenômeno da escravidão no medievo muçulmano revelaram, portanto, tendências a uma naturalização dos argumentos. De um lado, ganhava

---

40 Na sua argumentação, Ibn Khaldún fez questão de lembrar que o Velho Testamento, que se refere à maldição, não faz nenhuma referência à cor negra: "A maldição não diz mais do que os descendentes de Cam deviam ser escravos dos descendentes de seus irmãos. Atribuir a cor escura dos negros a Cam revela desconhecimento da verdadeira natureza do calor e do frio e da influência que exercem sobre o clima e sobre as criaturas que nascem nele. A pele negra comum aos habitantes da primeira e segunda zonas é resultado da composição do ar no qual vivem e que sofre a influência do calor excessivo do sul. [...] As pessoas passam por verões muito severos e suas peles tornam-se negras por causa do calor excessivo" (Ibn Khaldún, 1989, p.59-60).

41 As reflexões de Ibn Khaldún (apud Lewis, 1971, p.38) que justificam implicitamente a escravização de povos africanos já não buscam apoiar-se num livro sagrado, mas reatualizam, de certo modo, a concepção aristotélica da "escravidão natural": "O único povo que aceita escravidão são os negros [*sudán*], o que se deve ao seu baixo grau de humanidade e à sua proximidade com o estágio animalesco. Outras pessoas que aceitam o *status* de escravo fazem-no como um meio de atingir uma posição elevada ou ainda poder ou riqueza, como ocorre com os turcos mamelucos [*mamlúk*] no leste e com os francos e galegos que entram no serviço do Estado [na Espanha]".

44 ANDREAS HOFBAUER

força a compreensão de que a ortodoxia religiosa expressar-se-ia também nos corpos humanos e, de outro, surgia um pensamento que começava a construir um mundo natural que podia ser explicado sem ter de recorrer aos livros sagrados (Hofbauer, 2006c, p.49-65). Sabemos também que ambas as visões seriam retomadas, posteriormente, no mundo cristão-ocidental, o qual "radicalizaria" ainda mais o processo de naturalização da concepção do mundo.

Pesquisas acadêmicas sobre as relações entre as tradições hinduístas e a valorização e desvalorização de cores e características fenotípicas são ainda mais raras do que estudos correspondentes sobre o mundo muçulmano. Antes de entrar no mérito da questão, é preciso constatar que há uma longa e complexa polêmica em torno da própria conceituação e da delimitação do fenômeno que deve ou não ser chamado de *hinduísmo* e que tem a ver, de um lado, com a enorme diversidade das práticas e das crenças e, de outro lado, com o papel que a intervenção colonial teve na reformulação das tradições. Sem pretender explorar toda a amplitude desta polêmica, resumo aqui apenas os argumentos principais que se opõem neste debate (o tema será retomado e aprofundado no Capítulo II).

De um lado, leituras inspiradas em premissas pós-coloniais salientam o fato de que o próprio conceito de hinduísmo surgiu na primeira metade do século XIX e ganhou força no contexto do colonialismo britânico. Argumenta-se que a noção de religião seria uma construção social ocidental que se consolidou na época do Iluminismo.[42] O próprio conceito de religião

---

42 A leitura pós-colonial pode apoiar-se na constatação de que a ortodoxia cristã (e muçulmana) reconheceu, durante muito tempo, somente outros monoteísmos como "religiões". Já Tambiah (1990) tinha chamado a atenção para etapas importantes na construção do conceito *religião* ao longo da história do Ocidente. Destacou o momento quando, nos primórdios da cristandade, se estabeleceu uma relação entre a ideia de religião e a existência de uma comunidade organizada na forma de uma igreja. No medievo, a palavra *crença* importava mais do que *religio* (este termo estava associado, acima de tudo, à vida monástica), já na época do Iluminismo, a concepção da religião ligava-se cada vez mais a aspectos cognitivos, intelectuais e doutrinários: religião tornava-se um sistema (supostamente coerente) de ideias (cf. a definição clássica do evolucionista Tylor). A partir desta concepção racionalista de religião, que postulava a existência de um único deus como expressão da verdade e do moralmente certo, práticas ritualísticas em que os seres humanos procuram, para seu próprio benefício, manter relações de troca com uma multiplicidade de divindades que compartilham com os humanos qualidades positivas e negativas, foram qualificadas e inferiorizadas como pagãs ou mágicas: eram vistas como uma ofensa àquele ideal doutrinário que buscava separar o

DIÁSPORA AFRICANA NA ÍNDIA **45**

refletiria e fortaleceria o poder epistemológico colonial relacionado a processos de homogeneização, à criação de binarismos (tais como, secular e religioso) e à implementação de instituições sociopolíticas peculiares (tais como o Estado nacional, o mundo dos direitos e a consolidação de uma economia de mercado) (cf. autores como King, 2010, p.97; Fitzgerald, 2010, p.131). Peter Van der Veer (2001, p.26), que incorpora às suas reflexões questionamentos pós-coloniais sem perder de vista perguntas e temas antropológicos clássicos, entende também que a intervenção colonial fez com que diferentes e heterogêneas ideias e práticas religiosas fossem condensadas e homogeneizadas e, posteriormente, cunhadas *hinduísmo*. Desta forma, o *hinduísmo* poderia ser, sim, entendido como uma "construção colonial". Ao mesmo tempo, o antropólogo holandês não deixa de chamar a atenção para o fato de que, nesse processo, os esforços locais para posicionar-se como um movimento religioso próprio diante da religião do colonizador (cristianismo) contribuíram para consolidar a "invenção" do hinduísmo[43] (cf. Varela; Dhawan, 2015, p.60).

Do outro lado, temos pesquisadores que buscam mostrar que, já antes da vinda dos britânicos (no mínimo, no final do século XIV), teria existido, entre a população local, uma "identidade religiosa hindu" (*religious identity as Hindus*) (Lorenzen, 2010, p.37). Teria sido no contexto da confrontação com o avanço dos mogóis (muçulmanos) que cresceu, no meio das populações locais, o sentimento de que compartilhavam um mesmo repertório de

---

bem do mal e não permitia associar características consideradas maléficas ao mundo divino (Tambiah, 1990, p.8-10). Consequentemente, também a cosmovisão tradicional na Índia e as respectivas práticas ritualísticas eram encaixadas na categoria *paganismo*.

43 No seu livro *Imperial Encounters*, Van der Veer (2001, p.67) procura mostrar os nexos entre os esforços sistemáticos dos colonizados de constituir-se como um movimento opositor aos processos de evangelização e a "criação" do hinduísmo como uma religião. "Afirma-se frequentemente que não existe algo como o hinduísmo, mas sim uma grande variedade de práticas heterogêneas de natureza devocional e ritual, bem como escolas metafísicas que só foram interligados pelo termo estrangeiro *hinduísmo* no início do século XIX. Tal afirmação contém muita verdade, mas menos verdadeira é a afirmação de o hinduísmo ser um caso excepcional a este respeito, como argumentam vários autores. O mesmo pode ser dito sobre o islã e o budismo ou, de forma comparável, sobre aquela estranha categoria 'religiões tribais'. É importante perceber que a própria religião é uma categoria moderna que é aplicada tanto ao cristianismo quanto ao hinduísmo. A diferença, porém – e isto continua sendo crucial – é que o cristianismo, pelo menos desde Kant, é retratado como a religião racional da modernidade ocidental, enquanto o hinduísmo é mistificado como sabedoria oriental ou irracionalismo. É no campo da interação histórica estabelecida pela expansão imperial que a categoria da religião se torna significativa" (ibid., p.26-7).

46 ANDREAS HOFBAUER

ideias religiosas, costumes e rituais (ibid., p.37; Oddie, 2010, p.51). Este conjunto de crenças e práticas é descrito atualmente por alguns como panteísta: argumenta-se que existem fortes tendências que expressam a ideia de que deus é idêntico ao universo e imanente ao mundo. Mas há também aqueles que usam termos como politeísmo e monoteísmo para se referir ao fundamento religioso daquilo que entendem como hinduísmo.

A despeito de todas estas divergências entre os especialistas, parece-me, sim, factível destacar algumas características importantes para nosso tema que, de uma ou outra maneira, se encontram entrelaçadas e parecem frequentemente confundir-se com a história do hinduísmo. Veremos que elas giram, necessariamente, em torno da instituição das castas e de suas relações com outros critérios para classificar grupos humanos (cf. Capítulo II). Assim, há certo consenso entre os pesquisadores de que os textos bramânicos fundacionais, reunidos no Rig Veda – escrito provavelmente entre 1500-1300 a.C. (cf. Goody, 2011, p.191) –, fixaram uma diferenciação social fundamental: os quatro varnas (literalmente, cores) teriam surgido a partir de um "ser originário" (*purusha*)[44] sacrificado pelos deuses para poder criar o universo. Da sua cabeça, teriam surgido os brâmanes ou sacerdotes; dos braços, os xátrias (reis e guerreiros); das coxas, os vaixás (comerciantes e proprietários de terra); e dos seus pés, os sudras, ou seja, os serviçais, artesãos e trabalhadores. Os três primeiros varnas eram considerados *arya* (puros) e habilitados a participar dos rituais védicos; já os sudras, vistos como *não arya*, eram excluídos dos ritos.[45] Para Gail Omvedt (2003, p.2), estas noções antigas dos varnas não correspondiam à descrição da sociedade tal como então funcionava, mas constituíam muito mais uma projeção de sociedade ideal, uma desejada pelos brâmanes, a qual, de acordo com esta intelectual-ativista nascida nos Estados Unidos, competiu, durante séculos, com outros projetos societais (como os budistas). Embora seja possível encontrar referências à valorização de cores claras no Rig Veda,

---

44 *Purusha*: descrito e imaginado como uma espécie de "gigante primevo".

45 No que diz respeito à noção da "intocabilidade" (*asprishya*), a maioria dos pesquisadores acredita que esta prática de exclusão e segregação social teria sido desenvolvida somente a partir do século V. Zelliot (2010) menciona relatos de viajantes chineses que, nesse período, constataram que açougueiros, pescadores e lixeiros eram obrigados a viver fora das cidades, o que, para o pesquisador, confirma a hipótese de que ocupação, e não descendência, estaria na base do fenômeno da intocabilidade.

não existe uma prova cabal de que a escolha do termo sânscrito *varna* (em devanágari, वर्ण) tivesse como objetivo principal identificar e justificar o pertencimento a determinadas castas por meio de classificações de grupos humanos em termos de cor de pele. Há diversas passagens, porém, no Rig Veda que valorizam a brancura e depreciam a cor negra,[46] criando, portanto, uma oposição de cores (Hofbauer, 2015, p.156-7). Tal como ocorreu no mundo muçulmano e no mundo cristão ocidental, este simbolismo agia talvez como uma codificação da luta do bem contra o mal. Para o sociólogo indiano Dipankar Gupta (2013, p.71-2), a referência à cor clara ("branca") nos textos védicos pode ter expressado a visão dos *arianos* (migrantes vindos do noroeste) frente à conquista de uma nova terra: entendiam a si mesmos como "portadores de luz" (*carriers of light*), ansiosos por expulsar "a escuridão e a ignorância" que, na sua perspectiva, teria imperado na época pré-ariana.[47]

Posteriormente, os discursos de cientistas britânicos coloniais consolidaram a associação entre, de um lado, os arianos brancos e a casta dos brâmanes, e, de outro, uma população originária de tez mais escura e as castas inferiores e/ou a civilização dravidiana (cf. Capítulo II). Também a oposição entre arya e dāsa (ou dasyu), documentada nos textos mitológicos, ganha novas conotações. No Rig Veda, dāsa designava todos aqueles que seguiam uma religião diferente daquela dos arianos; e o *status* de infiel (ignorante das práticas religiosas tidas como certas e verdadeiras) justificava, aparentemente, sua escravização. Desta forma, dāsa significava em sânscrito algo como servo (escravo) e selvagem (bárbaro). Na releitura de linguistas europeus, como Max Müller, o termo *dāsa* seria associado de maneira

---

46 Trautmann (1997, p.207) lembra uma história da mitologia purânica em que aparece um demônio (*asura*) denominado "o negro", de quem Indra retirou "a pele negra".

47 Gupta chama a atenção para o fato de que a palavra *varna* usada nos Vedas não era necessariamente uma referência à "cor de pele": podia ter significado simplesmente "ordem". Os quatro varnas descreveriam, assim, uma sociedade estratificada em quatro "ordens" (as versões mais antigas descreviam a existência de somente dois varnas – arya e dāsa ou dasyu –; sendo que o primeiro grupo aparecia subdividido em três). Cada um dos grupos possuía uma bandeirola que representava as diferentes fases do sol ao longo de um dia: o vermelho associado aos xátrias indicaria o nascer do sol; o branco dos brâmanes, o sol ao meio-dia; o amarelo dos vaixás, o sol ao leste; e, finalmente, o azul dos sudras, o pôr do sol (Gupta, 2013, p.71-2). Gupta (ibid., p.72) critica neste contexto aqueles que recorrem aos textos védicos para atribuir às castas origens raciais e acrescenta o seguinte questionamento: "Por que muitos de nós defendem uma teoria de duas raças e não de quatro?" (cf. Hofbauer, 2015, p.156).

explícita à população supostamente originária do subcontinente indiano. Foi por meio dessas teses que a equiparação entre populações de cor de pele escura e *status* de inferioridade social ganharia uma roupagem científica. Veremos ainda (Capítulo II) que autores como Müller foram também fundamentais para fundir a noção de casta com a de raça, contribuindo, assim, para enrijecer as fronteiras entre os grupos que povoavam a Índia.

Paralelamente às discussões em torno do tema do hinduísmo, estabeleceu-se um longo e importante debate sobre o papel histórico das castas na Índia, no qual podemos também reencontrar os argumentos que têm marcado a discussão sobre as formas de religiosidade local. De um lado, temos autores que defendem a ideia de que existe, desde tempos imemoriais, algo como um substrato cultural indiano (hindu); de outro lado, temos análises centradas numa perspectiva pós-colonial que atribuem às intervenções coloniais, juntamente aos discursos hegemônicos (tanto dos administradores coloniais quanto dos cientistas ocidentais), a responsabilidade pela implementação das castas como um amplo sistema social a partir do século XIX. Há também aqueles estudiosos que buscam assumir uma posição intermediária. O antropólogo britânico Fuller, por exemplo, escreve na sua contribuição "Caste", para *The Oxford India Companion to Sociology and Social Anthropology* (2003, p.481): "Claramente, o domínio britânico não criou o sistema hierárquico de castas e a ideologia bramânica que o legitimou, mas deu ao sistema uma centralidade e inflexibilidade que não tinha tido antes".[48]

Análises sociológicas recentes têm criticado, inclusive, o fato de que os estudos acadêmicos clássicos sobre o tema foram corresponsáveis pela transformação do sistema de castas no "símbolo central da Índia". Gupta acusa Louis Dumont de ter reproduzido, no seu clássico *Homo hierarchicus*, uma interpretação específica do sistema de castas – a dos brâmanes – e de ter, desta forma, contribuído para disseminar uma visão uniforme e estática da ordenação das castas. Ao mesmo tempo, a análise do sociólogo indiano não nega a existência de uma espécie de padrão cultural específi-

---

48 De forma semelhante, a antropóloga indiana Carol Upadhya (2002, p.30) entende que a imagem da sociedade indiana contemporânea não emergiu como mera invenção de estudiosos britânicos: para ela, esta interpretação foi "produzida dialogicamente" com participação ativa (*interaction*) de sábios (*pandits*) brâmanes que serviam aos britânicos como informantes – dado que explicaria, aliás, por que os brâmanes foram ocupando lugar central na ordem social desenhada pelos chamados *orientalistas*.

co. Ao chamar a atenção para o fato de este "modelo" ser frequentemente contestado pelas jatis[49] (subcastas), Gupta (2000, p.68, 80) demonstra que não existe uma, mas sim diversas noções de ordenação hierárquica (*multiple hierarchies*) que convivem numa relação de competição.[50] "No passado, quando a economia era controlada por oligarquias rurais e pequenos potentados, a hierarquia reinante era a ordenada pela casta superior da região. As outras castas tinham de consentir ou enfrentar consequências brutais", escreve Gupta (2013, p.77). No entanto, o modelo hierárquico imposto pelas castas superiores nunca teria imperado sem questionamentos. Dessa forma, constata, "sempre que [as castas inferiores/'intocáveis'] conseguem melhorar sua situação econômica, livram-se de seu *status* anterior de casta e avançam" (ibid., p.82).[51] Nenhuma casta aceitaria ser menos pura do que outra. Posições subalternas são explicadas nos mitos de origem geralmente por meio de referências a guerras perdidas, chicanas ou a atos de ludíbrio de outros; nunca são atribuídas a comportamentos impuros do próprio grupo (ibid., p.77). Gupta (2000, p.4; 2013, p.77) mostra, portanto, que é comum as narrativas das castas inferiores negarem que sua substância natural seja de "material inferior" ou "menos pura"; ocorre, não raramente, que elas façam referência a um passado glorioso e atribuam sua situação atual inferiorizada a atos de traição ou infortúnios históricos. Haveria, segundo o sociólogo, somente dois consensos em torno da concepção das castas: acredita-se que elas têm como base diferentes "substâncias naturais" que não devem ser misturadas; e consente-se, também, a respeito da necessidade de se estabelecer uma hierarquia entre elas. A ênfase recairia sobre a afirmação da diferença, da relação hierárquica entre os grupos e sobre o princípio da endogamia.

---

49 Jati aponta para os milhares de grupos endogâmicos locais tradicionalmente associados a profissões particulares. A palavra sânscrita *jāti* (जाति, substantivo feminino) deriva do particípio passado *jāta* (जात) que significa tanto nascido, criado (por meio do nascimento), crescido quanto emergido e da raiz verbal *jan* (जन) que aponta para o ato de gerar, nascer.

50 O antropólogo britânico Fuller (2003, p.485) analisa este ponto: "a ideologia bramânica não é compartilhada por todos os grupos e categorias sociais. Não existe uma ideologia de casta uniforme e, de maneira geral, não há nenhuma ideologia uniforme de hierarquia e de desigualdade social, porque as diferentes unidades sociais possuem ideologias e valores distintos".

51 A possibilidade de mobilidade interna no sistema de castas leva Gupta (2013, p.81) a afirmar ainda que "casta enquanto categoria não é tão imutável quanto raça". A diferenciação entre casta e raça, de acordo com este sociólogo indiano, será tratada, com mais detalhe a seguir.

50   ANDREAS HOFBAUER

Já o antropólogo indiano André Béteille, que também não deixa de reconhecer uma força intrínseca ao sistema de castas, destaca outra dimensão interessante que diz respeito à "absorção de elementos étnicos exteriores à sociedade hindu". Para o renomado pesquisador, o crescimento e desenvolvimento da sociedade hindu se deu predominantemente por meio da "adição de novos blocos" – uma lógica que teria permitido aos "blocos" (grupos) preservarem sua identidade e certa autonomia. A descrição de Béteille aponta, portanto, para um processo social institucionalizado que possibilita a comunidades alheias continuar cultivando suas identidades sociorreligiosas, ao mesmo tempo que incorporam traços importantes do funcionamento da sociedade indiana. "Nenhuma comunidade estranha pôde, de fato, funcionar como parte da sociedade indiana sem adquirir algumas das características estruturais das castas", conclui Béteille (1967, p.445).[52] No Capítulo II, o debate sobre as relações entre casta, cor/fenótipo e religião no contexto do processo de *nation-building* será retomado e aprofundado.

Da mesma maneira que entendo ser importante traçar algumas linhas gerais das "tradições" muçulmanas, hindus e cristãs frente ao tema "diferença e desigualdade", seria oportuno também analisar a questão junto àquelas populações que chegaram da África à Índia, isto é, devemos avaliar práticas de inclusão e exclusão e se, ou até que ponto, estas são permeadas por determinados critérios e concepções de cores/fenótipos. As dificuldades da empreitada são, evidentemente, enormes. Em primeiro lugar, sabemos que os africanos que foram traficados à Índia vieram de muitos lugares diferentes (de praticamente toda a extensão da África Oriental, desde a atual Etiópia até Moçambique), sendo que possuíam tradições culturais, línguas e religiões, por vezes, bem distintas.

Outro problema é, certamente, também a falta de documentos e a carência de estudos aprofundados sobre o tema.[53] Não há como negar que

---

52 "Nenhuma comunidade formada por 'estrangeiros' poderia, de fato, funcionar como parte da sociedade indiana sem adquirir algumas das características estruturais das castas" (Béteille, 1967, p.455). Para enfatizar a força social do sistema de castas, Béteille lembra que praticamente todos os movimentos históricos reformistas que buscaram superar a lógica segregacionista e hierarquizante das castas acabavam transformando-se em mais uma casta (o exemplo mais contundente seriam os lingayats do sul da Índia) (ibid.).

53 Diferentemente do islã, hinduísmo e cristianismo, não temos, no caso dos contextos africanos ágrafos, textos elaborados pelos próprios protagonistas da tradição. Além disso, as fontes documentais de viajantes e cientistas são raras e, na sua maioria, de épocas relativamente

existem semelhanças em termos de tradições de organização social e de formas de religiosidade, por exemplo, entre os povos bantus, sobretudo se os comparamos com as organizações sociais, políticas e religiosas propagadas pelos colonizadores ocidentais e também com aquelas levadas à África pelo islã. Fenômenos como agrafia, crenças em ancestrais, múltiplos espíritos ou divindades, frequentemente associados(as) a forças da natureza, são algumas peculiaridades que também estão relacionadas a organizações sociais e políticas específicas (cf. Goody, 1977, 1986, 1987).

Um dos efeitos das poucas características mencionadas é, aparentemente, certa maleabilidade e flexibilidade nos processos de inclusão e exclusão que têm se manifestado, em diversos lugares (inclusive, nas diásporas afro-americanas), como forças dinâmicas por meio das quais os agentes sociais associam e combinam modos de pensar, símbolos e objetos até então desconhecidos, criando assim novas formas e ideias, sem que – diferentemente dos monoteísmos baseados em livros sagrados – tais transformações provoquem preocupação com a defesa de uma verdade absoluta. Talvez este seja o "padrão" central comum a várias formas de cosmovisão africanas, se é que usar o termo *padrão* já não é de todo inapropriado para falar destes processos dinâmicos. Neste sentido, sabemos que se torna extremamente difícil, e muitas vezes até inadequado, tentarmos definir – como no contexto religioso afro-brasileiro – quais elementos são de origem africana e quais não o são. Acredito que seja possível e faça sentido apontar para algumas tendências e influências que têm certa profundidade histórica; no entanto, sabemos também que as trocas e reinterpretações têm sido múltiplas e contínuas: ocorreram e continuam ocorrendo de acordo com posicionamentos e interesses dos agentes sociais. O mencionado "padrão" (ou "lógica") que marca a cosmovisão e a organização sociopolítica de certas "tradições africanas" contribuiu, certamente, para intensificar a dinâmica. É esta maleabilidade também que possibilita que "elementos estranhos" (que vêm de outro lugar) possam ser facilmente apropriados e incorporados, contribuindo para retroalimentar a força da própria "tradição".

No que diz respeito a diferenciações concernentes à cor e ao fenótipo, devemos lembrar mais uma vez que, antes da colonização europeia, as po-

---

recentes (em comparação com os documentos históricos referentes ao mundo muçulmano, hinduísta e cristão).

pulações que viviam no continente africano não se sentiam, evidentemente, como um "grupo uno", como "africanos" ou "negros". Valorizações de cores e fenótipos precisariam ser pesquisados caso a caso. Um dos poucos trabalhos sobre o assunto, escrito por um pesquisador alemão, aponta para o fato de que em vários lugares da África as cores claras são também frequentemente valorizadas. É difícil avaliar hoje até que ponto este fato se deve exclusivamente à intervenção colonial (se, por exemplo, o uso de cremes branqueadores por mulheres africanas na atualidade é mera reprodução de um ideal colonial). Formado em filosofia e ciências da comunicação, Böckelmann analisou alguns mitos de diversas regiões da África (Mali, Congo e Quênia) e registrou associações recorrentes entre falhas humanas/atos de desleixo e a cor negra de um lado, e entre felicidade/sucesso e a cor branca de outro. Um mito contado entre os jaga (imbangala), que no século XVII viviam na região do Congo e Angola, afirmava que no início dos tempos todos os seres humanos eram brancos e, devido ao rompimento de uma proibição divina, alguns grupos teriam se tornado negros (Böckelmann, 1998, p.355). Na medida em que as fontes usadas pelo autor não são bem documentadas, permanece a suspeita de que essas narrativas possam ser reflexos diretos da ideologia colonial.

Num estudo comparativo intercultural, a antropóloga alemã Beer (2002, p.15-9) aponta para uma questão pertinente quando constata que existe carência de pesquisas antropológicas que buscam avaliar possíveis relações entre marcadores corporais e processos de diferenciação e inferiorização fora do contexto ocidental. Ela levanta a hipótese de que o impacto do holocausto e o comprometimento de muitos antropólogos com o combate aos preconceitos na sua própria sociedade deve ter induzido os cientistas (ocidentais) a evitar tais temáticas. Beer localiza aqui uma espécie de culpa pós-colonial.

Nos seus estudos comparativos (efetuados nas Filipinas, Papua-Nova Guiné e China), Beer chega à conclusão de que diferenças corporais têm papel importante em muitas sociedades para criar e justificar categorizações e classificações sociais, inclusive, para estabelecer hierarquias em termos de *status*. As características mais valorizadas, detectadas por Beer, são: primeiro, "estatura alta" (tamanho), frequentemente vista como sinal de força; e, em segundo lugar, "cor de pele clara". A pesquisadora chama, porém, a atenção para o fato de que existem diversas exceções e que a tez clara ser mais prestigiada numa determinada sociedade não significa necessariamente que a cor de pele dos europeus seja avaliada sempre de forma positiva. Beer lembra, neste contexto, as anotações de Malinowski, em que o famoso antropólogo afirmava que sua cor de pele não agradava muito os trobriandeses: os nativos teriam feito comentários não muito elogiosos sobre sua pele "cheia de manchas" e a comparavam com a dos albinos (ibid., p.7-10). A antropóloga ainda ressalta que a tez dos europeus podia ser percebida de formas diferentes: não raramente, teria sido vista como avermelhada, semitransparente ou não homogênea (ibid., p.360). Desde Durkheim e Mauss (1903), somos alertados para possíveis nexos entre sistemas de classificação e sistemas de organização social; desde Boas (2004 [1889]) sabemos que percepções de sons e cores são moldados por "filtros culturais".

I.3. O "glorioso" Malik Ambar

"Não existe nenhum registro, na história, de outro escravo africano que tenha atingido igual posição [elevada] como aquela por ele alcançada" (apud Harris, 1971, p.98), lê-se nas memórias[54] (1612) do imperador mogol Jahangir, que em vida esforçou-se obstinadamente, porém, sem sucesso, a derrotar Malik Ambar. A história de Malik Ambar é um exemplo privilegiado para aprofundarmos a reflexão sobre a escravidão africana "de elite" na Índia.[55] Os documentos existentes e os estudos já efetuados permitem-nos avaliar o jogo de poder em que figuras como Malik Ambar estavam inseridas, e que importância os fatores "fenótipo" e "cor" tinham para a construção de alianças e a inserção dos africanos na sociedade local. De acordo com as investigações do historiador norte-americano Eaton, Malik Ambar deve ter nascido em 1548, no sul da atual Etiópia, tendo

---

54 A parte final das memórias foi concluída por Muhammad Hadi, após a morte de Jahangir. Para biografia da vida de Malik Ambar, cf. Omar (2016).

55 Outra figura importante na mesma região foi o habshi Ikhlas Khan (?-1656) que atuou sob o sultão Muhamad Adil Shah II (1601-1656) de Bijapur. Ikhlas Khan, no auge do reino de Bijapur, assumiu a função de *wazir* que, semelhante à história de Malik Ambar, o tornou o governante "de fato" (Bhatt, 2018, p.37). Há diversas pinturas e, inclusive, retratos de Ikhlas Khan que documentam sua posição social e política de destaque.

54 ANDREAS HOFBAUER

recebido o nome de Chapu. Vendido diversas vezes, chegou a Bagdá, onde um renomado traficante de escravos não somente o converteu ao islã, mas se preocupou também com sua educação e lhe deu um novo nome, Ambar (Ali, O., 2016, p.8). Contrariando a ortodoxia muçulmana, a conversão não alterou seu *status* de escravo, de maneira que seria vendido mais uma vez, porém, por um preço mais elevado. O novo dono, que comprou Ambar com centenas de outros habshis por volta de 1570, era o *peshwa* (espécie de primeiro-ministro) do sultanato de Ahmadnagar, Chengiz Khan, ele próprio um habshi e ex-escravo (Eaton, 2006b, p.116).

Após o falecimento de Chengiz Khan (1574/1575), Ambar parece ter ganhado a liberdade e casou-se.[56] A seguir, deixou Ahmadnagar para oferecer seus serviços ao sultão do reino vizinho, Bijapur, que lhe atribuiu o comando sobre um pequeno contingente de tropas e conferiu-lhe o título de *Malik* (ملك, literalmente rei). Reclamando da falta de apoio, voltou, com 150 cavaleiros leais, a Ahmadnagar, onde serviria a outro comandante habshi, Abhang Khan. A morte do sultão de Ahmadnagar em 1595 tinha acirrado o conflito entre afaqis e decanis, aumentando a instabilidade no Decão, o que, por sua vez, incentivou ainda mais os mogóis a "se engajarem" na região, buscando incorporar os reinos decanis ao seu império. Em 1600, o forte de Ahmadnagar sucumbiu aos ataques das tropas mogóis. Foi neste momento que Malik Ambar deu os primeiros passos decisivos para se tornar um líder poderoso na região. Ele começou a organizar um pequeno contingente de militares expulsos da cidade que, em pouco tempo, cresceu, tornando-se um exército de 7 mil homens. Usando seu prestígio e sua influência junto à nobreza local, Malik Ambar conseguiu apontar um filho de apenas 20 anos da família real de Bijapur como futuro governante do sultanato de Ahmadnagar reconstituído. Para vincular o novo sultão, Murtaza Nizam Shah II, mais fortemente a si, Malik Ambar casou sua própria filha com o jovem. O comerciante de tecidos holandês Pieter van den Broecke, que se encontrou com Malik Ambar em 1617, comenta nas suas anotações

---

56 Acredita-se que foi a viúva do falecido *peshwa* que concedeu a Ambar a liberdade. Há apenas uma referência histórica à manumissão de Malik Ambar, notada por um *outsider* cultural, o comerciante holandês Van den Broecke. Chama a atenção a ausência generalizada de registros de alforrias de habshis que prestavam serviços a senhores decanis. Eaton (2006a, p.61) vê neste fato indício de um tipo de sociabilidade que permitia, e até previa, a possibilidade da metamorfose de um escravo em senhor.

que o habshi assumiu o papel de servir ao rei no combate ao Grande Mogol sob a condição de sua filha vir a ser rainha.[57] O casamento abriu caminho para Malik Ambar se tornar o personagem não apenas militar mas também político mais importante do sultanato que ele ajudou a restaurar, posição que seria consolidada pelo título de *peshwa*, que o líder habshi conferiu a si próprio. A construção de alianças via casamento era prática comum entre as famílias nobres da Índia. Chama, porém, a atenção o fato de um ex-escravo habshi, livre havia cerca de 25 anos, ter conseguido estabelecer alianças matrimoniais com membros de uma família real (Eaton, 2006b, p.125). O poder de Malik Ambar continuava crescendo e, em 1610, conseguiu expulsar definitivamente os mogóis do forte de Ahmadnagar, e mais tarde mudou a capital do reino para Daulatabad.[58]

Ao mesmo tempo, surgiram também os primeiros conflitos e intrigas domésticos. O sultão Murtaza II, agora com cerca de 30 anos de idade, não se contentava mais com o papel de marionete dócil e começou a intrometer-se em assuntos de Estado que Ambar considerava de seu domínio exclusivo. Além disso, estourou uma briga familiar entre a mulher mais velha e a mais nova do sultão, que era filha de Malik Ambar. Van den Broecke, que durante quase dez anos exerceu a função de supervisor da Companhia das Índias Orientais Holandesas, registrou no seu relato histórico que uma mulher persa branca (*een witte Parsianse vrouwe*), de um casamento mais antigo, repreendeu a coesposa mais jovem, chamando-a de concubina[59] e

---

57 Segundo Van den Broecke (apud Ali, O., 2016, p.20): "ele estaria disposto a servir contra o Grande Mogol e tornar-se o eterno vassalo do rei, sob a condição de que o rei esquecesse o passado e concordasse em casar-se com a filha de Mellick, tornando-a assim rainha".

58 Malik Ambar não hesitava impor medidas cruéis para eliminar seus inimigos; ao mesmo tempo foi vítima de diversas tentativas de assassinato. O viajante italiano Pietro della Valle atribuiu o fato de Ambar sair ileso dos múltiplos ataques a habilidades mágicas, mais especificamente, àquilo que chamou de "trabalhos de encantamento" (*opere d'incantesimi*) e a supostas relações com o diabo: acusou Malik Ambar de ter cometido "as mais horríveis atrocidades e crueldades, de ter matado centenas de crianças, filhos de seus escravos, tendo os oferecido como sacrifício ao demônio por ele invocado" (Della Valle, 1843, p.588-9; Ali, O., 2016, p.70, 123).

59 Bhatt chama, com razão, a atenção para o fato de haver pouquíssimos estudos sobre mulheres habshis que, sabe-se, também assumiram papéis políticos importantes junto às cortes dos imperadores indianos. Por exemplo, o *nawab* Wajid Ali Shah, o último rei de Oudh (situado no atual estado de Uttar Pradesh), manteve uma guarda feminina pessoal que usava uniformes especiais. Em 1843, casou-se com a africana Yasmin Mahal que aparece, inclusive, em diversas pinturas da época (Bhatt, 2018, p.106).

de *mera cafre*[60] (*maer een caferinne*), tendo ainda difamado o próprio Malik Ambar como um antigo "rebelado contra o rei" (sultão). Quando Ambar soube do ocorrido, mandou envenenar o sultão intrometido e sua esposa briguenta para logo depois entronizar o filho de ambos que tinha, na altura, 5 anos de idade. Van den Broecke (apud Ali, O., 2016, p.120) comentou: "O citado Melick Ambahaar é agora o governador de todo o país, sob o pretexto de o rei ser muito jovem".

Ao consolidar sua posição como governante do sultanato de Ahmadnagar, Ambar conseguiu, de um lado, aumentar a presença de africanos, inclusive em posições de destaque, e, de outro, estabelecer redes, sobretudo, conjugais com as elites locais. Eaton (2006b, p.126) salienta o fato de Ambar ter casado também um dos seus filhos com a filha de um dos nobres mais poderosos de Bijapur, o habshi Yaqut Khan: "Aqui vemos redes de etíopes livres engajados em relações matrimoniais interestaduais em um nível imediatamente abaixo do das casas dinásticas, ao mesmo tempo imitando o padrão de casamentos interdinásticos praticados por aquelas casas". Ambar nomeava habshis para comandar os numerosos fortes que existiam no planalto do Decão e fez uma aliança com outro poderio consolidado no litoral, os siddis que governavam a ilha Janjira: o regente de Ahmadnagar escolheu consequentemente a marinha de guerra de Janjira como seu "esquadrão naval", e não as forças navais dos maratas,[61] com os quais também cooperava. Inspirado por teses pan-africanistas e afrodiaspóricas, Harris (1971, p.123) destaca as escolhas tanto dos governantes siddis de Janjira

---

60 *Cafre*: termo árabe, era, e ainda é, usado por muçulmanos para se referir a qualquer infiel (cf. "kufr", كفر, ausência de fé verdadeira; "kāfir", كافر, infiel). O fato de a ortodoxia muçulmana proibir a escravização de irmãos de fé fazia que *cafre* se tornasse frequentemente sinônimo de escravo; o termo seria amplamente usado por traficantes árabes que atuavam na África Oriental (região povoada por falantes da língua suaíli) e na região do Oceano Índico, e entrou, em pouco tempo, no vocabulário de línguas indo-europeias (Camões usou o termo *cafres*, no plural, em *Os Lusíadas*, em 1572). O fato de a lenda de Noé ter criado um argumento para burlar a ortodoxia (como comentado anteriormente) fez que, em muitas regiões, o elemento "cor de pele escura"/"proveniência africana" se fundisse com a noção de infiel e com a condição escrava. *Cafre/kaffir* se tornou um termo extremamente pejorativo, por exemplo, na África do Sul, onde assumiu papel de um *racial term* dentro de uma ideologia racial explícita.

61 População local que, sob a liderança de Shivaji, fundou um grande reino (1674-1818) que se tornou rival importante dos sultanatos do Decão e dos mogóis, os quais, após a morte de Malik Ambar, seguiram avançando sobre a região em direção ao sul.

quanto de Ambar, que apontariam para o fortalecimento de uma "identidade [racial] africana": "Uma vez no poder, os líderes africanos nomearam africanos para cargos-chave na administração e organizaram e mantiveram uma guarda africana. Malik Ambar provavelmente se considerava como o criador de uma dinastia africana no Decão". Ao mesmo tempo, Harris admite que "a aliança de Malik Ambar com os siddis de Janjira não parece ter sido baseada em nenhuma ideologia de solidariedade negra ou africana, mas foi mais provavelmente um esforço para fortalecer sua posição contra os mogóis. Embora o fator de identidade fosse provavelmente importante, não era primário" (ibid., p.125).

O viajante inglês William Finch surpreendeu-se com o grande número de africanos que compunham o exército controlado por Malik Ambar: "cerca de dez mil de sua própria casta [no original: *cost*], todos soldados corajosos, e cerca de quarenta mil decanis" (apud Eaton, 2006a, p.57). O termo *decanis* mencionado por Finch deve referir-se a guerreiros maratas que foram incorporados às tropas de Ambar. Chama também a atenção o fato de o viajante europeu ter anotado a palavra *cost* (casta) neste contexto; temos aqui talvez um indício de que, já naquele momento, "casta" se tornara um termo genérico cujo uso podia ser estendido, inclusive, para designar uma população que não tinha origem indiana. É sabido que este vocábulo foi introduzido pelos portugueses na sociedade goesa para nomear a formação específica de grupos dentro da hierarquia social local que era marcada pelo princípio da endogamia vinculado à divisão de trabalho. Veremos que na Índia a palavra "casta" se consolidou como o termo mais usado para referir-se aos varnas e às jatis e assumiu importância ímpar a partir das intervenções coloniais.

O historiador Eaton (2006b, p.128) destaca também o fato de Ambar ter recrutado vários líderes maratas para seus serviços e ter integrado enormes contingentes maratas às suas tropas, o que teria transformado as ações políticas e diplomáticas do seu sultanato num "empreendimento habshi-marata" (*Habshi-Maratha enterprise*). Os registros de Van den Broecke revelam que Malik Ambar contava, na sua guerra contra os mogóis, com o apoio dos "reis" (sultães) de Golconda, Bijapur e Baligatte: "isto significa que ele tem todos os anos mais de 80 mil homens de cavalaria em seu exército, que ele deve manter continuamente unidos por causa do Grande Mogul, que muitas vezes lança ataques pesados" (apud Ali, O., 2016, p.121). E o viajante

58 ANDREAS HOFBAUER

holandês mencionou no seu relato ainda outro detalhe interessante com o qual quis enfatizar a influência e o poder que Malik Ambar exerceu naquele momento: "havia muitos portugueses a seu serviço, os quais tinham se convertido – todos – ao islã" (ibid., p.121).

A vida na corte parece ter seguido, em boa medida, os modelos tidos como "cultos" à época, fato que deve ter influenciado tanto a vida dos habshis quanto a dos maratas. A língua oficial era o persa, embora árabe e marata tenham sido usados também. Sabe-se que Malik Ambar não somente incentivou a presença de letrados e poetas árabes e persas na corte, mas se preocupou também com o ensino da população, o que o levou a instaurar diversas escolas em seu reino.[62] Um grande número de edificações e obras artísticas apontam para uma forte influência da "cultura persianizada" e da "visão estética persa" sobre o sultanato (Eaton, 2006b, p.63; Harris, 1971, p.96).[63] Malik Ambar mandou construir fortes, palácios, mesquitas e também dutos subterrâneos para o abastecimento de água; como ou-

---

62 No período em que Ikhlas Khan "governava" em Bijapur, floresciam as atividades artísticas; poetas, artistas e arquitetos da Ásia Central, Turquia e da Abissínia atuaram na cidade. Foram construídas importantes edificações, como o impressionante mausoléu Ibrahim Rauza (1627) cujo idealizador parece ter sido um eunuco etíope (Malik Sandal). Em Gujarate, destacam-se os monumentos arquitetônicos da cidade de Ahmadabad, sobretudo a mesquita Sidi Saiyyed, que foi erguida por um nobre habshi, Shaykh Sayyid al-Habshi Sultani, durante o reino do sultão Muzaffar III (1572-1573). Numa das suas fachadas externas, encontra-se uma janela famosa (Sidi Saiyyed Jali), esculpida em pedra e que mostra árvores e folhagens entrelaçadas (Bhatt, 2018, p.72-92).

63 Há quem defenda que o governo de Malik Ambar tenha contribuído para um clima de tolerância religiosa. Sem indicar fontes precisas, Harris (1971, p.96) e Shamshad Ali (2015, p.44) afirmam que Ambar patrocinou festas hindus e fundou igrejas, e mesmo assim permaneceu fiel à fé muçulmana. S. Ali destaca ainda o desenvolvimento de um amplo sistema de irrigação dos campos associado à implementação de uma reforma agrária que previa nova divisão das terras – medidas que estariam na origem da popularidade que Ambar conquistou na região. Ao identificar evidente preferência por cores claras nas sociedades muçulmanas e hindus (descrevendo-as como "hostis" frente a africanos), S. Ali (ibid.) não tem dúvida de que "a africanidade de Ambar foi aquilo que lhe deu grande apoio da parte das castas inferiores, independentemente das suas religiões". Harris e S. Ali mencionam ainda um detalhe da arquitetura que proliferou na era de Ambar: a maioria dos prédios públicos, além de uma importante mesquita e o próprio túmulo de Malik Ambar foram feitos numa pedra de cor preta. Para Harris e S. Ali, a escolha da pedra pode não ter sido mero acaso. Seria um indício de que Ambar era "sensível à sua herança e cor africanas" (Harris, 1971, p.97), ou como formula S. Ali (2015, p.43): "Ambar estava realmente consciente do preconceito de cor que existia ao seu redor e ele usou a pedra negra [black] para reforçar a dignidade em sua africanidade e sua pele negra [black]".

tros habshis em posição de governantes, contratava e patrocinava artistas: assim, surgiram uma série de quadros que representam figuras eminentes como o próprio Malik Ambar e Ikhlas Khan (cf. Alderman, 2006).

Eaton acredita que "o caráter africano" do restaurado sultanato de Ahmadnagar teria instigado os mogóis, descritos pelo pesquisador norte--americano como *race-conscious* (conscientes da raça), a aumentar ainda mais seus esforços para aniquilar Malik Ambar e anexar o seu reino. Obcecado por esta ideia, mas incapaz de vencer o líder habshi no campo de batalha, Jahangir cuspiu ódio. As diversas denominações ofensivas e maldições pronunciadas pelo imperador mogol deixam claro que o fenótipo e a cor de pele de Ambar eram usados por Jahangir como "argumento" para "denegrir" a imagem do rival (Eaton, 2006b, p.127): "Ambar, o de rosto negro" (*black-faced*); "Ambar, o de sina escura" (*dark fate*); "o[s] rebelde[s] da sorte negra" (*black-fortune*) são algumas das expressões anotadas, entre 1612 e 1620, nas memórias de Jahangir.

Um retrato, encomendado por Jahangir por volta de 1616, é testemunho da obsessão do imperador em derrotar seu arqui-inimigo e do desprezo que tinha para com o governante de Ahmadnagar. A pintura, de autoria do renomado mogol Abu'l-Hasan, mostra Jahangir em pé, em cima de um globo, como "conquistador do mundo",[64] apontando um arco e flecha para a cabeça cortada e espetada de Malik Ambar, esta rodeada por uma coruja viva e outra morta. É um quadro cheio de simbolismos que, na leitura de Eaton, associa o imperador à luz e à justiça, enquanto a imagem de Ambar expressaria noite, escuridão e usurpação. A legenda em persa diz: "A cabeça do usurpador da cor da noite tornou-se a casa da coruja". Em seguida: "sua flecha mortal livrou o mundo de Ambar, a coruja que fugiu da luz"[65] (Eaton, 2006a, p.58).

---

64 Jahangir, em persa (جهانگیر), significa "conquistador do mundo".

65 A coruja como prenúncio de infortúnio e morte é representação simbólica muito disseminada; ao posicionar a coruja neste quadro, o mentor desta peça artística quis, aparentemente, comunicar essa ideia emblemática. Na tradição hindu, a coruja é associada também à morte e ainda a atividades secretas. Ao mesmo tempo, aparece como *vahana* (वाहन, literalmente, aquilo que carrega ou empurra), um ser, geralmente um animal ou uma entidade mítica, usado por uma divindade hindu como uma espécie de veículo. A muito popular deusa da riqueza e prosperidade, Lakshmi, tem a coruja como um dos seus três *vahanas* (as duas outras são o elefante e a flor de lótus): diz-se que a coruja é um alerta contra desconfiança e egoísmo.

60 ANDREAS HOFBAUER

Para Eaton (ibid., p.59), as palavras e as imagens produzidas neste quadro apontam para uma oposição que vai além de um conflito de interesses entre dois líderes locais: revela a tensão mais profunda entre "os afaqis de cor de pele mais clara – personificados no próprio Jahangir – e os decanis mais escuros, especialmente os habshis – personificados em Malik Ambar". "É significativo que a escuridão, especialmente a cor preta, domine o pensamento de Jahangir sobre Malik Ambar", escreve Eaton (2006b, p.127). O estudioso atribui, portanto, à elite mogol (*ruling class*) "arrogância racial", um forte sentimento de *pedigree* e uma noção de aristocracia hereditária que não eram comuns no Decão antes da expansão do império mogol (id., 2006a, p.61).[66]

A visão de Jahangir a respeito de Ambar não era, porém, a única existente na corte. Mu'tamad Khan, que terminou de escrever as memórias do imperador após este ter ficado seriamente doente, comentou a morte – natural – de Ambar com palavras de admiração e até certos elogios: "este Ambar era um escravo, mas um homem muito capaz [...]. Em matéria de guerra, no comando militar, em assuntos judiciais e na administração, não conheceu rival ou igual". Khan dá destaque especial ao domínio excepcional de técnicas predatórias de guerra (*guerrilla warfare*) que "na linguagem dos decanis eram chamadas de *bargi-giri*" e reconhece: "a história não registra nenhum outro exemplo de escravo abissínio chegando a tal eminência" (apud Eaton, 2006b, p.127; cf. Eaton, 2006a, p.60; Ali, O., 2016, p.125).[67]

Dez anos depois da morte de Malik Ambar, em 1636, o sultanato de Ahmadnagar sucumbiu finalmente às pressões ininterruptas dos mogóis, que

---

66 A antropóloga Bayly (2001 [1999], p.104) enfatiza também o papel dos mogóis na disseminação da valorização e classificação de grupos humanos segundo o critério "cor de pele": "Foram os mogóis que desenvolveram a técnica de classificar os indianos pela cor da pele para que os prepostos pudessem registrar descrições padronizadas de criminosos, rebeldes e outros causadores de problemas. Este sistema, que classifica as pessoas como sendo de tez clara, 'da cor do trigo' (médio) ou escura, foi diretamente integrado à prática da polícia colonial; foi mantido mesmo após a adoção da impressão digital, e permaneceu em uso até o período pós-independência".

67 Segundo Eaton (2006b, p.128): "Se o próprio Jahangir viu Ambar através de uma lente racial tingida pelo chauvinismo iraniano ou da Ásia Central, Mu'tamad Khan o viu através da lente da pura habilidade e das conquistas práticas". Para o historiador, tal divergência – entre dois homens letrados muçulmanos – serve também como prova para contestar as teses que defendem que a civilização islâmica teria nutrido, desde seus primórdios (século VIII ou IX), uma visão depreciativa, racialmente motivada, em relação a africanos negros ("*a racially motivated bias against black Africans*") (ibid.).

dividiram o território conquistado com o sultão de Bijapur. Este fato teve como consequência também o desaparecimento de escravos de elite habshis no Decão. Por quê? A razão principal, segundo Eaton, foi o fato de que os mogóis não costumavam recrutar escravos militares estrangeiros para seu exército. Desta forma, implodiu, de maneira abrupta, o sistema de patronagem que existia na região havia vários séculos e que trazia constantemente soldados da África ao Decão. Eaton argumenta ainda que, diferentemente da escravidão promovida por europeus (portugueses e ingleses) na Índia, a escravidão de elite propiciava não somente a criação de laços estreitos entre senhores e cativos, mas também uma lenta, porém completa, metamorfose de escravo em senhor, de "estrangeiro sem vínculos de parentesco" (*kinless alien*) em "chefe de clã nativo" (*native householder*). Baseando-se no historiador israelense Dror Ze'evi, especialista em estudos do Império Otomano, Eaton (2006b, p.129) afirma que o fato de senhores e escravos terem convivido nos mesmos espaços, partilhando a mesma comida etc., teria feito com que "escravos militares se tornassem não somente parentes fictícios dos seus senhores, mas começassem a sê-lo, de fato, mesmo antes de sua emancipação". A mudança de *status* paulatina e "silenciosa" explicaria, aliás, também, por que existem tão poucos registros de atos formais de alforria no Decão. E haveria ainda outro fator que teria impulsionado tais transformações: na medida em que havia uma falta notável de mulheres escravas africanas no Decão (mais um detalhe que diverge da escravidão implantada pelos portugueses em Goa), os homens africanos e seus filhos casavam-se predominantemente com mulheres locais.[68]

A história dos habshis no Decão revela uma série de peculiaridades relativas ao tratamento de soldados escravos africanos no período que acabamos de analisar. É inegável que alguns habshis – por exemplo, Malik Ambar – tenham conseguido atingir posições elevadas de poder. É inegável também

---

68 O processo de absorção condiz com o padrão de estratégias de casamento da nobreza da região e pode ser observado, por exemplo, nos descendentes dos governantes da ilha Janjira. Sua aparência física não deixa mais transparecer nenhuma marca das características fenotípicas dos siddis históricos. Ocorreu um processo que, nas Américas, seria chamado de branqueamento físico. Basu (2001, p.262) analisa o "desaparecimento" dos habshis históricos: "aqueles habshis que faziam parte da nobreza muçulmana não constituíam uma unidade étnica ou social separada que sobrevivesse à desintegração dos sistemas muçulmanos de poder e escravidão. Ao contrário, os nobres habshis (ou sidis) fundiram-se com a elite muçulmana dos antigos governantes".

que os fatores "cor de pele escura" e fenótipos associados a populações do continente africano tenham "funcionado" como marcadores de diferença e tenham sido, frequentemente, usados como "argumentos" para inferiorizar pessoas portadoras de tais características. Há indícios de que populações de tez mais clara, que se viam como descendentes de persas e turcos, faziam, mais enfaticamente, uso desse "critério". As estratégias de líderes como Malik Ambar de se impor nesse contexto demonstram também a sensibilidade dos habshis diante do sistema de patronagem e dos mecanismos de inclusão e exclusão vinculados ao marcador de diferença cor/fenótipo. Para muitos havia, aparentemente, a possibilidade de se casar com mulheres nativas, fato que não põe em xeque a existência de certos padrões hegemônicos que valorizavam e desvalorizavam determinadas cores e fenótipos. Ao mesmo tempo, indica que o limiar entre habshis e não-habshis não era concebido como uma fronteira rígida e totalmente insuperável (nos moldes da concepção clássica das castas, que impediria intercasamentos); o *status* elevado de alguns habshis possibilitava a convivência com as elites locais, e parece ter facilitado, em última instância, sua "absorção" junto à população local.

O caso de Malik Ambar é provavelmente o mais importante e conhecido. Há, no entanto, vários outros exemplos sobre os quais poderíamos nos debruçar para ajudar a iluminar nossa questão. Um desses casos, o dos regentes siddis de Janjira, merece menção especial em virtude de seus desdobramentos para a reflexão aqui levada a cabo. Pode-se dizer sem grande margem de erro que um dos ápices do poder habshi na Índia foi a tomada da ilha de Janjira (palavra provavelmente derivada do árabe para ilha, جزيرة, *jazira*) por um grupo de africanos que, a partir desta ilha-fortaleza, desenvolveu um jogo extremamente habilidoso de alianças com os mogóis, os maratas e, inclusive, com os ingleses e portugueses. Diz a lenda que, em 1489, um africano da Abissínia disfarçado de comerciante conseguiu permissão dos governantes da ilha para lá aportar com trezentas caixas que supostamente continham bens mercantis valiosos. Uma vez dentro das muralhas do forte, as caixas "abriram-se" e delas saíram soldados africanos que teriam rendido os governantes e todos aqueles que lá viviam (cf. Bhatt, 2018, p.50). Documentado é o fato de o sultão ter indicado, em 1618, como *thanedar* (governante local) Siddi Surur I, o qual fundaria uma dinastia de governantes siddis que reinava em Janjira e que duraria 330 anos (Jasdanwalla, 2006, p.179). Aqui, em Janjira, o nome siddi viria a ser associado à família real.

Janjira tornou-se potência regional que manteve o domínio político e militar sobre uma faixa litorânea importante da região (mais de 800 km^2) durante séculos. Oka e Kusimba (2008, p.224) chamam a atenção para o fato de a força militar dos siddis de Janjira ter freado significativamente o avanço dos poderes coloniais europeus no litoral ocidental (entre Gujarate e o norte de Konkan), cuja presença na região se restringiu, até 1757, ao controle de alguns entrepostos. No início do século XVIII, os siddis aproveitaram o colapso do Império Mogol para transformar sua estrutura política: de uma oligarquia de escravos de elite, passariam a se organizar como uma monarquia independente. Perto do fim deste mesmo século, sofreram, porém, com a intervenção colonial britânica, tornando-se cada vez mais dependentes dos ingleses que, em 1834, mudaram o *status* de Janjira para um protetorado (ibid., p.221). Foi com a integração compulsória de todos os reinos à Índia independente que o último *nawab* (governador) Siddi Mohamad Khan III (1914-1972) teve de abdicar (em 1948), perdendo o poder que tinha restado à sua dinastia.

Para o historiador local Chitnis (2009), os siddis que conquistaram Janjira eram abissínios que teriam servido inicialmente em Bijapur, no sultanato bahmani. Em seu livro, *History of Janjira State*, o autor faz questão de descrever sua aparência física: "As características físicas [*features*] dos siddis são as dos abissínios e não as dos negroides. A maior parte dos siddis do século XIX era de cor de trigo, tinha narizes altos e retos e lábios finos. Eles eram mais robustos que os muçulmanos konkani. Os siddis eram parentes do *nawab* e herdaram concessões de terras estatais ou estavam recebendo subsídios. O número de siddis em Janjira, de acordo com o censo de 1881, era de 281".[69] (ibid., p.48). Da população total de 76.371 pessoas que viviam no reino de Janjira, o qual incluía uma faixa litorânea de cerca de 100 quilômetros, 80,93% eram hindus e 18,21% muçulmanos (entre eles, a família dos *nawabs* e seus descendentes), além de um pequeno grupo (590 pessoas) de Bene-Israel,[70] 47 cristãos e dois parsis (ibid., p.46). A pesqui-

---

69 De acordo com Harris (1971, p.80), o censo de 1872 contou 258 siddis e registrou uma população total de 1.700 pessoas residentes na ilha de Janjira.

70 Os Bene-Israel (literalmente, "filhos de Israel") são um grupo histórico de judeus residente na Índia (vivem, além do Decão, nas cidades Pune, Mumbai, Calcutá, Délhi e Ahmadabad) que se dizem descendentes dos judeus que escaparam da perseguição na Galileia no século II a.C. Bhattacharjee (2012, p.111) aponta para as boas relações históricas entre muçulmanos

64 ANDREAS HOFBAUER

sadora indiana Bhattacharjee (2012, p.108) cita os dados do último censo antes da Independência do país, do ano de 1941, que registrou uma população de 103.557 pessoas das quais 82% eram hindus e 17% muçulmanos (200 a 300 deles, parte da família real siddi) e algumas centenas de Bene-Israel.

O historiador canadense McLeod (2008) fez um estudo sobre os descendentes dos governantes de Janjira. Ele chama a atenção para o fato de tratar-se de um pequeno grupo, mais bem descrito como uma família extensa do que propriamente como uma comunidade (McLeod conseguiu localizar descendentes de duas famílias reais). Na medida em que a estratégia de casamento dos *nawabs* seguiu o padrão dos outros habshis, buscando, para fortalecer seu poder, criar alianças com famílias reais hindus e famílias muçulmanas locais de elite, a aparência física dos descendentes contemporâneos não se distingue (nem sua tez, nem seu cabelo) da das populações indianas vizinhas (em alguns retratos históricos e atuais, a cor de pele de diversos *nawabs* é, inclusive, mais clara do que a da maioria dos indianos desta região (cf. Jasdanwalla; McLeod; Bhandare, 2006, p.194-5). Eles sempre fizeram parte da elite cosmopolita da região e orgulham-se de sua história, afirma McLeod; ao mesmo tempo, teriam também plena consciência de sua ascendência africana.[71] O autor localizou neste grupo três planos de identificação que se sobrepõem: a nobreza indiana, as classes altas muçulmanas do sul da Ásia e, mais recentemente, também, a categoria dos siddis, a qual representa todos os afrodescendentes da Índia e países próximos. Em tempos não tão remotos, os siddis de Janjira teriam rejeitado qualquer identificação com outras comunidades siddis no interior da Índia, mas essa situação parece estar mudando, acrescenta McLeod: dois membros da família dos *nawabs* estiveram presentes na histórica conferência sobre "diáspora africana em terras asiáticas" em Goa (McLeod, 2008, p.255, 268-9).

---

e Bene-Israel na Índia. A estudiosa indiana chama a atenção para o fato de que no final do século XIX, entre 1891 e 1896, um Bene-Israel de nome Shalom Bapuji Israel ocupou o cargo de *karbhari* (primeiro-ministro) em Janjira.

71 McLeod (2008, p.269) conclui sua reflexão sobre processos identitários da elite de Janjira: "nas famílias Janjira e Sachin, os africanos que alcançaram o poder no Decão no século XVII preservaram uma identidade distinta até o presente, através da qual eles podem ser considerados uma comunidade afro-indiana diaspóricas [...]. Ao mesmo tempo, sua integração nas comunidades dos principados indianos e muçulmanos de classe alta faz deles, em certo sentido, indianos de ascendência africana (ao lado de parceiros de casamento com outra ancestralidade não indiana) e também pertencentes ao mundo cultural cosmopolita do Oceano Índico que os produziu em primeiro lugar".

Já a antropóloga francesa Péquignot salienta a enorme distância social que continua existindo entre os descendentes das famílias reais dos estados históricos de Janjira e Sachin, reino minúsculo fundado em 1791 também pela dinastia siddi de Janjira cerca de 50 km ao norte de Mumbai, e as populações sid(d)is nos interiores de Gujarate e Karnataka. Numa entrevista concedida à pesquisadora em 2018, o atual *nawab* de Sachin reconheceu que a interações com os sidis de Gujarate são muito limitadas. Ele lembrou que seus ancestrais costumavam se casar com outros muçulmanos locais, de modo que as feições dos membros de sua família foram mudando. "Se alguém [dos "sidis comuns"] me visse, diria: 'você não é um sidi, de forma alguma'" (apud Péquignot, 2020, p.4). Ao sublinhar o fato de descender de uma família real (*ruling family*), o *nawab* Sidi Mohammad Reza Khan buscava ainda explicar não somente o abismo econômico e educacional entre pessoas pertencentes à sua linhagem e os "sidis comuns" de cor de pele escura, mas também o fato de não haver entre eles casamentos.

I.4. A "Goa dourada": desdobramentos de uma in(ter)venção colonial

No início do século XVI, tinha ocorrido, na margem sudeste dos sultanatos Bahmani, outra invasão que embaralhou ainda mais o jogo de poder na região. Foi o momento em que os primeiros navios portugueses apareceram na Índia em busca da realização do sonho de estabelecer uma rota segura – via marítima – que desse aos lusitanos acesso às especiarias, aos têxteis e a tantas outras mercadorias cobiçadas ali produzidas. Não tardou até que os portugueses começassem, a partir de 1505, a instalar entrepostos também neste subcontinente. Fundamental para a criação e consolidação do que viria a ser chamado de *Estado da Índia* foi a conquista de Goa (Gumanta), um dos portos mais importantes na região, controlado naquele momento por Yusuf Adil Shah – conhecido também como Adil Khan ou ainda Hildacão (1490-1510) –, fundador do sultanato de Bijapur e da dinastia Adil Shahi.

A tomada da cidade, ordenada pelo governador Afonso de Albuquerque em 1510, foi um evento extremamente sangrento: durou quatro dias e, de acordo com o filho do governador, custou a vida de cerca de 6 mil "mouros". As descrições do filho de Albuquerque (anotadas nos "Comentários de Afonso de Albuquerque", 1557) podem ser lidas como mais um capítulo da longa "história oficial" do combate da cristandade contra o avanço do islã, dessa vez, em terras indianas. Albuquerque tinha ordenado aos seus soldados para saquear a cidade e liquidar os habitantes muçulmanos de Goa – "que corressem toda a ilha, os Mouros, mulheres e meninos que achassem, trouxessem todos à espada e não dessem vida a ninguém" (apud Loureiro, 1991, p.173). Os sobreviventes seriam presos e postos numa mesquita que seria incendiada a seguir; os túmulos dos arqui-inimigos muçulmanos foram destruídos e suas pedras aproveitadas para a construção de fortificações da cidade (ibid., p.174).

Enquanto a população muçulmana da cidade era encarada com desprezo e tratada com intransigência, os "gentios" eram poupados. Como estes últimos tinham, aparentemente, sofrido repressão sob o domínio de Adil Khan, vários deles decidiram apoiar os soldados portugueses, colaborando na batalha e na expulsão dos muçulmanos de Goa.

Uma vez libertada definitivamente do domínio do sultão de Bijapur, Goa seria escolhida para vir a ser o centro logístico da intervenção portuguesa na Ásia: a administração política e eclesiástica de todas as possessões lusas desde Moçambique até Timor e Macau seria organizada a partir daqui. Em pouco tempo, Goa tornar-se-ia uma cidade pujante. A enorme importância atribuída pela Coroa portuguesa a Goa refletiu-se não somente no fato de que os governadores recebiam o título de vice-rei, mas também na dimensão e opulência da catedral goesa, que seria considerada o maior edifício construído por portugueses na Ásia.[72] O segundo vice-rei logo percebeu que, para poder defender os interesses portugueses na região, era preciso consolidar certa "presença portuguesa" e criar bases firmes para tornar possível a convivência com a população local.

---

72 A catedral de Goa é, de fato, maior do que a de Lisboa. Termos como Goa Dourada ou Lisboa do Oriente ou ainda Roma do Oriente são indício da importância atribuída pelos portugueses à construção desta cidade na Ásia. A população na região foi aumentando e, em meados do século XVIII, o número de pessoas residentes nas chamadas *Velhas Conquistas* deve ter ultrapassado a marca de 200 mil – Matos (2017, p.642) indica 213.058 residentes em Goa em 1776. A maioria da população continuava sendo composta de indianos. De acordo com um censo feito no primeiro quartel do século XVII, citado por P. D. Xavier (2010, p.47), teriam vivido somente na cidade de Goa naquele momento cerca de 60 mil cristãos e 100 mil não cristãos.

DIÁSPORA AFRICANA NA ÍNDIA **67**

Essas preocupações parecem ter guiado as decisões políticas intervencionistas assumidas pelo Leão dos Mares, ou César do Oriente, como Afonso de Albuquerque era também intitulado. Chama a atenção que, imediatamente depois da conquista de Goa, Albuquerque pôs-se a promover casamentos de seus soldados com mulheres da região. Havia, porém, uma preferência declarada em relação às escolhidas: acima de tudo, elas deveriam ter a tez clara. Até as viúvas dos muçulmanos mortos na batalha histórica de Goa eram citadas como alvo preferido de casamento. Devido a suas características físicas, elas pareciam ao vice-rei esposas mais favoráveis do que a maioria das mulheres da população hindu local: um dos objetivos era garantir uma prole mais clara. É claro que, para casar-se com um homem português, as viúvas muçulmanas tinham de abandonar sua religião e converter-se ao catolicismo.[73] Numa carta escrita apenas um mês depois da reconquista da Goa (22/12/1510), o vice-rei explicita sua posição ao rei, comunicando-lhe que já havia realizado 450 casamentos:

> Aqui se tomaram algumas mouras, mulheres alvas e de bom parecer, e alguns homens limpos e de bem quiseram casar com elas e ficar aqui nesta terra, e me pediram fazenda, e eu os casei com elas e lhes dei o casamento ordenado de Vossa Alteza, e a cada um seu cavalo e casas e terras e gado, aquilo que arrazoadamente me parecia bem. [...] Eu nunca tive devoção de casar homens com estas mulheres malabares,[74] porque são negras e mulheres corruptas em seu viver por seus costumes; e as mulheres que foram mouras, são alvas e castas e retraídas em suas casas e no modo de seu viver, como os mouros desta terra têm por costume, e as mulheres de brâmanes e filhas deles também são castas mulheres e de bom viver, e são alvas e de boa presença.[75] (apud Avelar, 2012, p.39)

---

73 P. D. Xavier (2010, p.36) descreve a situação das mulheres muçulmanas daquela época: "Elas foram convertidas e casadas quer gostassem ou não. Se objetassem, poderiam ser condenadas à morte ou vendidas como escravas. Não havia praticamente nenhuma escolha entre a Cruz e a Espada. No entanto, uma vez convertidas e casadas com cidadãos portugueses, estavam mais ou menos seguras. Muitas preferiam a Cruz à Espada".

74 Malabar refere-se à região litorânea que se estende de Mangalore (ao sul de Goa) até o extremo sul do subcontinente indiano.

75 A percepção dos brâmanes como "alvos" e "brancos" era um fenômeno muito disseminado, o que pode ser comprovado pelas palavras do comerciante Domingues Pais, que residia em Goa em 1520: "Eles todos são casados, e tem mui formosas mulheres e são mulheres muito recolhidas, e saem mui poucas vezes fora de casa. As mulheres são brancas, e a casta destes brâmanes são os mais brancos homens e melhores que há na terra, posto que da outra gente

No entanto, aparentemente, um número crescente de casamentos não seguia as recomendações de Albuquerque. Em 1524, D. Henrique de Menezes, capitão de Goa, alertava para o fato de não poder o rei confiar nos portugueses que residiam em Goa, usando como argumento que estes seriam "todos ou a mor parte casados com negras que levam à igreja com cabelo muy humtado" (apud Boxer, 1988, p.66; cf. Xavier, A. B., 2007, p.96). Não eram poucos os que associavam a falta de mulheres lusitanas a comportamentos sexuais indesejados na cidade. Em 1546, D. João III reagiu a essa situação e mandou que se escolhessem órfãs e desvalidas portuguesas com o objetivo de enviá-las à Índia, onde deveriam casar-se com homens portugueses. Cada uma levava como dote um cargo na administração do Estado. Até 1595, desembarcaram em Goa, anualmente, em média entre 5 e 15 jovens em idade de se casar, quantidade que não era suficiente para mudar substancialmente a composição "étnico-racial" da população de Goa (Avelar, 2012, p.60).

No século XVII, o governo local voltou a empenhar-se, de diversas formas, em promover casamentos, desta vez, entre portugueses e filhas de brâmanes. Em 1641, o Senado de Goa sugeriu ao rei incentivar tais uniões usando como argumento "para se virem a povoar aquelas partes de gente branca" (ibid., p.43); e, ao propor a implementação de um decreto, o Senado escreveu: "nenhum brâmane ou xátria ou membro de qualquer outra casta rica ou que tenha propriedades" deveria casar suas filhas com um homem que não fosse português (apud Avelar, 2012, p.45). O rei respondeu com alvarás que davam respaldo aos anseios dos senadores.

Havia aparentemente dois objetivos por trás da sugestão de "casamentos mistos": buscava-se, em primeiro lugar, um estímulo econômico e o enriquecimento da elite portuguesa (de acordo com as normas patrilineares reconhecidas por ambas as partes, o casamento implicava que as propriedades da filha de um brâmane passavam para a mão do marido português); além disso, promovia-se não somente a conversão das filhas dos sacerdotes hindus, mas esperava-se, aparentemente, que tal política pavimentasse também o caminho para criar e consolidar gerações futuras com cor de pele clara (Avelar, 2012, p.43-6).

---

também haja homens brancos ao comum" (apud Loureiro, 1991, p.186). Associações entre a cor branca e a casta dos brâmanes têm longa tradição e ganharam força com a elaboração da chamada *teoria da invasão ariana*, no século XIX (cf. Capítulo II).

DIÁSPORA AFRICANA NA ÍNDIA   **69**

Se, sob o reinado de D. Manuel I, os governantes portugueses em Goa buscavam evitar conflitos mais severos com a elite local, inclusive com os brâmanes, que eram também sacerdotes máximos, seu sucessor, o rei D. João III, empenhou-se em implementar o Estado Português na Índia, fazendo uso da força sempre que achasse necessário. Consequência direta dessa política foi o envio de ordens religiosas (franciscanos, dominicanos e posteriormente jesuítas) a Goa; outra, a perseguição de todas as formas religiosas vistas como "pagãs". Em 1540, o vice-rei ordenou a destruição de todos os templos não cristãos em Goa (frequentemente, eram construídas capelas ou igrejas nos seus lugares);[76] seis anos mais tarde, foram proibidas todas as "festas gentílicas" no território controlado pela administração portuguesa (ibid., p.62-3).

O avanço do espírito da Contrarreforma na Europa e especialmente na Península Ibérica trouxe, à Índia, a recém-fundada Companhia de Jesus, que lá aportou em 1542, e assumiu papel de liderança teológico-política (entre outras coisas, dirigiram o Seminário da Santa Fé, destinado ao ensino do clero local, e fundaram o Colégio São Paulo, um dos principais centros de irradiação do catolicismo em toda a Ásia). O ímpeto missionário incorporado por sacerdotes apaixonados, como Francisco Xavier,[77] manifestou-se também em batismos em massa e, finalmente, na instauração da Inquisição; as instituições religiosas cada vez mais influentes na organização social e política do Estado Português criaram, desta forma, enorme pressão sobre a população local, dando-lhe, basicamente, duas opções: converter-se ou fugir (ibid., p.69).

Desde o início, as relações entre as ordens religiosas e a elite local, sobretudo os brâmanes, foram tensas. Sendo os sacerdotes máximos dos hindus

---

76 Em 1549, o governador proibiu a construção de mesquitas e templos hinduístas no território português (Pinto, J., 1992, p.67). De Souza (1979: 91) estima que somente nas províncias de Bardês, Tiswadi e Salcete (as chamadas *Velhas Conquistas*), 900 templos hindus foram destruídos. Em meados do século XVI, menos de um quinto da população local era batizada; um século depois, dois terços seriam considerados cristãos pela administração colonial (Subrahmanyam, 2012, p.242).

77 Francisco Xavier foi literalmente um jesuíta de primeira hora. Estudou juntamente com Inácio Loyola em Paris antes de ser apontado para liderar a missão da Companhia de Jesus em Goa. Ficou famoso por ter convertido milhares de nativos (gabou-se de ter batizado 912 pessoas em apenas três dias) e foi figura-chave na instauração da Inquisição em Goa (sua solicitação fez o rei implementá-la em 1560) (Avelar, 2012, p.64, 81). Devido à sua importância para a evangelização na Ásia, foi santificado já em 1622.

70 ANDREAS HOFBAUER

tradicionalmente homens membros da casta dos brâmanes, estes eram vistos, num primeiro momento, como os principais inimigos do projeto católico de evangelização. Se Francisco Xavier não escondeu seu desprezo em relação aos pagãos indianos em geral, sua visão dos brâmanes foi ainda mais devastadora. Ao qualificar a população local como "negros", Francisco Xavier fez um julgamento moral que estabeleceu uma associação entre características humanas vis e práticas religiosas consideradas pagãs, como pode ser verificado no trecho: "los de esta tierra son negros, paresciéndoles bien su color, dizen que es negro, e así los más de los ídolos son negros; úntanlos muchas vezes con aceite: feden tanto, que es cosa de espanto: son tan feos, que en verlos espantan" (apud Avelar, 2012, p.79). Num outro trecho das *Epistolae S. Francisci Xaverii aliaque eius scripta*, o jesuíta refere-se aos indianos como "gente muy bárbara y ignorante" para destacar no meio deles o grupo dos brâmanes, que considerava "a gente mais perversa do mundo" (ibid., p.79).

Com o decorrer do tempo, a relação com os brâmanes mudou e se tornou mais ambígua. A conversão dos brâmanes começou a ser vista como chave para o sucesso da evangelização na região, na medida em que, avaliava-se, a adesão dos sacerdotes máximos ao catolicismo podia estimular as pessoas ao seu redor a seguirem seu exemplo (Xavier, P. D., 2010, p.45). A criação de um clero local foi, desde muito cedo, um tema acaloradamente discutido: na hierarquia do clero goês, a oposição à ordenação de indianos comuns era forte. Com a implantação gradual do estatuto de pureza de sangue nas instituições eclesiásticas,[78] aumentaram ainda mais as vozes que queriam vetar às castas inferiores o acesso às ordens sacras. E, finalmente, em 1606, o V Concílio Provincial de Goa determinou que só "os filhos brâmanes [...] ou outras castas reputadas por nobres" podiam ingressar no ministério da Igreja (apud Faria, 2007a, p.33). Uma justificativa importante para esta política baseava-se no argumento de que a população local não aceitaria um padre nascido numa casta inferior.

Posteriormente, pode-se perceber que diversos elementos da divisão de castas foram, de certo modo, incorporados às práticas religiosas católicas em Goa, o que levou o historiador indiano P. D. Xavier (2010, p.44)

---

78 A partir de 1558, os franciscanos vetaram a entrada de Cristãos Novos em sua ordem (Xavier, A. B., 2012, p.133).

a afirmar que, com medidas como essas, a Igreja "acabou sucumbindo ao sistema de casta". De fato, estabeleceu-se, por exemplo, que os sudras (castas inferiores) e os "intocáveis" se sentariam nos últimos bancos nas igrejas, enquanto as castas superiores ocupariam as primeiras fileiras; e houve casos em que foram rezadas missas separadas para brâmanes, xátrias e para as castas inferiores etc. (Srinivasan, 2012, p.69). P. D. Xavier (2010, p.44) menciona, inclusive, propostas que visavam permitir aos conversos das castas superiores o uso do "cordão sagrado" (elemento essencial do rito de passagem dos meninos pertencentes a uma das castas superiores) se a ele amarrarem uma cruz. A historiadora Sheela Srinivasan (2012, p.69) relata que certos brâmanes convertidos insistiram em que a hóstia fosse entregue pelo padre num pequeno pedaço de pau a fim de evitar contato físico e, dessa forma, prevenir uma possível "contaminação", o que indica a força de noções hinduístas, tais como a da pureza e da intocabilidade. Ao mesmo tempo, aqueles brâmanes convertidos e ordenados padres enfrentaram diversos obstáculos nas instituições da Igreja, fato que os impossibilitava de ocupar posições mais elevadas na hierarquia eclesiástica.[79]

Os comentários da elite portuguesa sobre as populações locais revelam os valores e ideais que marcavam a avaliação das diferenças na Índia. Sem dúvida, o pertencimento ou não à religião cristã era o critério primordial. Distinções em termos de cor/fenótipo, cujas explicações tinham de ser ajustadas às verdades bíblicas, "funcionavam" como outro forte argumento. Entendia-se, aparentemente, que valores morais e religiosos se expressavam diretamente nos corpos humanos. Vimos que Albuquerque associava, de um lado, "mulheres alvas" à qualidade de "casta", de "bom viver" e de "bom parecer", enquanto a "negrura" em outros corpos era usada por ele para explicar o caráter "corrupt[o] em seu viver por seus costumes" (Avelar, 2010, p.39). Se o branco representava o bem, o bonito, a inocência, o puro e o divino, o negro era associado ao moralmente condenável, ao mal, às trevas,

---

79 Assim, a maior parte dos indianos (e dos poucos africanos) que se formou no Seminário de Santa Sé (fundado em 1541) foi ordenada padre secular; raros foram os admitidos como membros do clero regular (Faria, 2007a, p.33). Mesmo que houvesse um ou outro bispo que os encorajava ou protegia, avalia Boxer (1981, p.27), a opinião das autoridades coloniais portuguesas pesou quase sempre contra o clero local: "Tanto as autoridades seculares como eclesiásticas concordavam, de modo geral, que o clero brâmane deveria ser mantido numa posição subalterna".

ao diabólico e à culpa. Além disso, a reinterpretação do Velho Testamento (Gênesis, capítulo IX), que, como vimos, criava um nexo entre a condição de escravo e a cor negra, começaria a ter certa importância, também em Goa.

Estes critérios básicos conviviam e se mesclavam com aspirações de pureza que seguiam, em princípio, um ideário moral-religioso, o qual, no entanto, foi incorporando cada vez mais explicações naturalizadas das diferenças e das desigualdades, como as leis de pureza de sangue implementadas na Península Ibérica já tinham demonstrado. Diversos autores já apontaram para o fato de que aquelas noções de pureza, que serviam para justificar a exclusão de conversos (judeus, muçulmanos), foram adaptadas à situação local e tiveram seu reflexo na construção da hierarquia social de matriz lusitana em Goa. No topo da pirâmide havia os *reinóis* – brancos católicos nascidos em Portugal – seguidos pelos *casados* que, por sua vez, se subdividiam em três grupos: aos mais respeitados *castiços* (em tese, nascidos na Ásia de pais portugueses), opunham-se os *mestiços* (descendentes de pais portugueses e indianos) e os *mulatos* (descendentes de pais portugueses e africanos) (cf. Xavier, P. D., 2010, p.34-7).[80]

As disputas internas às instituições religiosas cristãs e em torno de acesso a cargos políticos envolveram basicamente três grupos: os *reinóis*; os *casados*; e os que pertenciam à casta dos brâmanes. Os discursos, que visavam enaltecer um grupo em detrimento de outro com o objetivo de reivindicar o acesso a posições elevadas na hierarquia eclesiástica, mobilizavam diversos argumentos. Referência fundamental e recorrente era, mais uma vez, a defesa de uma ideia de pureza (expressa em categorias como nobreza, nação e casta); esta podia ser conjugada com outras explicações dadas à suposta superioridade de uns em relação a outros: surgiram justificativas que invocavam noções como "mérito pessoal", descendência genealógica, e, menos frequentemente, "teses climáticas".

Para desqualificar os conversos da elite local e excluí-los de cargos altos na hierarquia, era comum os portugueses (sobretudo os que nasceram em Goa) recorrerem ao argumento do "sangue maculado", bem como ao da "tez escura"; os brâmanes, por sua parte, invocavam o mesmo critério para acusar os *casados* de pertencerem a um grupo "de sangue misturado e de descendência negra" e, portanto, de serem de uma "qualidade infe-

---

80 Sobre os termos *castiço* e *mestiço* e seus usos, cf. Ângela Barreto Xavier (2007, p.93 ss.).

rior" (Xavier, A. B., 2012, p.134, 136) – uma estratégia discursiva que podia apoiar-se também num conjunto de valores hindus que justificava a constituição e delimitação de grupos de descendência, aos quais os portugueses deram o nome de *castas*.[81] Em diversos textos, Ângela Barreto Xavier (2012; 2015) analisa detalhadamente como nas disputas de poder em Goa – entre portugueses e seus descendentes (*casados*), de um lado, e a elite local (brâmanes), de outro – duas noções de pureza "dialogavam", competiam e se fortaleciam mutuamente. Examinando as estratégias discursivas de líderes de diversas castas, a historiadora portuguesa chega à seguinte conclusão: "Em todas essas disputas em torno de supremacia, os grupos defendiam a antiguidade de suas linhagens (muitas vezes alistando genealogias), sua endogamia e, muitas vezes, a brancura [*fairness*] de sua pele, reivindicando a descendência direta dos velhos varnas já presentes na

---

81 A. B. Xavier (2012, p.143) resume a relação entre casta e pureza de sangue, construída e remodelada pelo poder colonial português, da seguinte maneira: "Se o conceito de pureza de sangue teve uma história particular na configuração da sociedade goesa, o mesmo pode ser dito, por razões diferentes, sobre o conceito de casta. A palavra portuguesa 'casta' era principalmente usada, no contexto indiano, para identificar grupos sociais nos quais a endogamia era vinculada à transmissão de profissões. Em pouco tempo, a lógica das castas produziu denominações para vários e diversos grupos sociais, denominações que se tornariam conceitos tanto descritivos quanto prescritivos, munindo a gramática imperial (primeiramente, a portuguesa e, posteriormente, a britânica) de diferenciação com um novo objeto de discurso. Nesse sentido puramente discursivo, foram os portugueses que inventaram a casta indiana. Além disso, a difusão da palavra 'casta' como um instrumento de identificação das formas indianas de agrupamento deu-se paralelamente à crescente presença da pureza de sangue no reino de Portugal". Para Francisco Bethencourt, Duarte Barbosa, que atuou como feitor do rei português na costa de Malabar entre 1512 e 1515, foi o primeiro a descrever "o sistema de castas em termos europeus". O historiador português chama a atenção para o fato de que o oficial da Coroa lusitana repetiu em todas as suas descrições das castas o elemento "evitação": "pessoas honradas não tocavam, sob pena de morte" grupos considerados inferiores, "mantendo-se grande distância entre estes e aqueles, para evitar a mistura de uma casta com outra" (apud Bethencourt, 2018, p.168). Posteriormente, cronistas como João de Barros (1552) e Damião de Góis (1566), mas também o poeta Camões (1572), usaram o termo "casta" já de forma sistemática e teriam contribuído, desta forma, para a disseminação da palavra e do significado que lhe atribuíram: muitas das características "detectadas" pelos personagens históricos – tais como a rigidez das fronteiras profissionais, noções de pureza que se expressavam inclusive em costumes e tabus alimentares – foram explicadas como consequências de atitudes supersticiosas e preconceituosas (ibid., p.168-70). O antropólogo John Monteiro (2001, p.17, 22) chamou a atenção para o fato de o senhor de engenho Gabriel Sousa de Soares ter usado, no seu *Memorial e Declaração das Grandezas da Bahia de Todos os Santos, de sua fertilidade e das notáveis partes que tem* (1587), o termo "casta" para se referir aos Tapuia como a mais antiga "casta de gentio"; o antropólogo comenta ainda que o colono português era leitor de relatos de época que vinham da Índia.

74 ANDREAS HOFBAUER

literatura védica: brâmanes, xátrias, banyas e sudras. Em outras palavras, não apenas a endogamia, mas também a cor desempenhou um papel na Índia pré-colonial e colonial" (Xavier, A. B., 2012, p.129).

Chama ainda a atenção o fato de que, em alguns documentos portugueses que foram produzidos nesse contexto, os conceitos *raça* e *casta* aparecem como palavras intercambiáveis.[82] Ambos eram usados como termos genéricos para comentar e descrever diferenças humanas numa sociedade fortemente hierarquizada, em que o pertencimento a linhagens, grupos religiosos e profissionais conferia prestígio e impunha fronteiras sociais. Tanto a raça[83] quanto a casta apontavam para a importância da manutenção

---

82 Segundo o Conselho de Goa (1567): "Em algumas partes desta província (de Goa), os Gentoos [sic] dividem-se em diferentes raças ou castas de maior ou menor dignidade, mantendo cristãos como sendo de grau inferior e cultivando isso de forma tão supersticiosa que ninguém de casta superior pode comer ou beber com aqueles pertencentes a uma casta inferior" (apud Loomba, 2009, p.513). Aliás, também no Brasil, era bastante comum até meados do século XIX que letrados (viajantes, cientistas e religiosos) usassem raça e casta como sinônimos quando falavam das diferenças entre negros, índios e brancos (cf. Hofbauer, 2015, p.162; Francisco Soares Franco, 1821). Até a consolidação de concepções entendidas como científicas a respeito das chamadas *raças humanas*, diversos conceitos apareciam nos discursos que comentavam diferenças humanas. Na obra *Dar nome ao novo*, o historiador brasileiro Eduardo França Paiva (2015) destaca seis "grandes categorias de distinção" – qualidade, casta, raça, nação, cor e condição – cujos usos careciam de critérios rigorosos e cujos significados se sobrepunham com frequência. O *Diccionario da língua brasileira*, de Luiz Maria da Silva Pinto, publicado em 1832, explica o termo *raça* com a palavra *casta*, e o verbete *casta* traz a seguinte equiparação: "geração antigamente. Raça, falando de animaes e falando de plantas, etc. espécie" (Pinto, L. M. S., 1832, p.211, 889). Durante muito tempo, a palavra *casta* continuou sendo usada esporadicamente como uma espécie de sinônimo ou substituto de grupo/raça humano(a). O inglês Koster (1942, p.510), que permaneceu no Brasil entre os anos 1809 e 1815, fazia diversos comentários sobre as "castas mestiçadas" no país; no final do século XIX, o *Diário da Bahia* condenava o fato de os "batucajés" promovidos no Engenho Velho atraírem uma "multidão de toda a casta" (apud Rodrigues, 1977, p.240) e, Clóvis Moura (1981, p.250), em *Rebeliões da senzala*, de 1959, ao opor o quilombola rebelde ao "escravo passivo", apontava para posicionamentos diferentes, "na casta dos escravos", diante do regime escravista. Já na América hispânica, especialmente no México, o termo *casta* era mais disseminado. A famosa série de dezesseis quadros de Luis de Mena (México) de meados do século XVIII, que mostra dezesseis diferentes "castas" ou "tipos de mestiços", revelam também concepções de mestiçagem anteriores às atreladas a noções biologizadas de raça que começavam a impor-se um século mais tarde (cf., por exemplo, Lewis, L., 2012). E em Cuba *casta* servia, inclusive, para caracterizar e diferenciar populações de origem africana: "casta Congo", "casta Mina", "casta Mandinga", "casta Ybo" são expressões corriqueiras encontradas pelo historiador alemão Zeuske (2011) em documentos de venda de cativos da década de 1830.

83 O uso do termo *raça* para destacar uma "linhagem pura" de famílias nobres e da realeza no medievo foi documentado por diversos estudiosos da história do racismo (cf. Hannaford,

da "pureza grupal", que englobava, de acordo com o pensamento hegemônico à época, tanto aspectos religiosos quanto atributos físico-corporais.

Os *casados* dominaram a maior parte dos ofícios da administração imperial até final do século XVI, quando começaram a sentir pressões não somente dos *reinóis* – que contavam com o apoio direto do rei –, mas viam sua posição também gradualmente ameaçada pelas elites locais convertidas ao cristianismo (Xavier, A. B., 2007, p.91). É neste contexto que o franciscano Miguel da Purificação elabora sua *Relação defensiva dos filhos da Índia Oriental* (1640), na qual defende que os "filhos da Índia" possuem todas as condições – são dotados de notáveis méritos, cultivados nas letras, têm amor à pátria, possuem sangue limpo e virtudes – para assumir qualquer cargo de governança na burocracia estatal e nas instituições eclesiásticas. Purificação (1640, p.31) deixa claro que são os portugueses nascidos na Ásia que ele defende, e não o clero indiano: "qual é o meu intento e não dos naturais Indianos". O frei reclama explicitamente do fato de ele e tantos outros filhos de pai e mãe portugueses nascidos na Índia serem chamados de "negros" pelos colegas que vieram de Portugal, com o objetivo de diminui-los.[84] Faz questão de afirmar enfaticamente que seus conterrâneos por-

---

1996, p.155). Mais recentemente, Max Hering Torres, um dos organizadores da notável coletânea intitulada *Race and Blood in the Iberian World* (2012) sobre nosso tema, atribuiu a força que o discurso sobre a pureza de sangue ganhou na Península Ibérica ao fato de que, em meados do século XVI, a noção de raça – que já tinha sido utilizada para destacar grupos de descendência – se tornava sinônimo de linhagem maculada. Consequentemente, a ideia de "cristão verdadeiro" teria sido ampliada pela compreensão de que a ortodoxia religiosa se expressaria também nos corpos humanos (Torres, 2012, p.18-20). Para Torres (ibid., p.11), este deslocamento foi apenas o início de uma transformação discursiva profunda: de acordo com o historiador colombiano, no Novo Mundo, o "antijudaísmo racial" desenvolvido na Península Ibérica "transformou-se em estratégia de racialização, na medida em que codificava relações sociais numa forma hierárquica por meio de símbolos corporais e culturais". Nem todos os cientistas concordam com essa leitura. Chaves (2012, p.50-1), outra autora da coletânea mencionada, destaca que o critério de pureza de sangue não parece ter tido grande importância no discurso dos letrados hispânicos que, no início da colonização, refletiam sobre a diferença entre colonizadores e escravos negros. Eles teriam se orientado pelo critério de "civilidade" para criar e justificar classificações hierárquicas. Nos meus estudos, tenho chamado a atenção para ideários de branco e de negro fundamentados em Escrituras Sagradas, mais especificamente, para reinterpretações do Gênesis (cap.IX) que serviriam como justificativa para escravizar populações concebidas como negras (cf. Hofbauer, 2006c, p.42-9).

84 Um dos argumentos usados contra os nascidos em Goa dizia que eles tinham sido amamentados por amas (*ayhas*) indianas, o que teria contaminado o sangue e o caráter dos primeiros para o resto de suas vidas (Boxer, 1988, p.67). A opinião degradante da elite europeia em relação aos descendentes de portugueses já nascidos na Índia encontra-se também nos co-

76 ANDREAS HOFBAUER

tugueses são "tão brancos como os filhos de Portugal" (apud Faria, 2007b, 3); não são "negros, como diz a parte contraria; nem ainda mistiços, senão bem nacidos, de madres, e padres Portuguezes, e nobres per geração" (apud Xavier, A. B., 2007, p.104). Vejamos mais de perto o discurso em defesa dos descendentes dos portugueses:

> Respondendo a primeira razaõ digo, que os filhos de India naõ saõ negros: E a razão he, porque saõ filhos de Portuguezes, e Portuguezas, e saõ brancos como os filhos de Portugal; e muitos de pais nobilíssimos, ilustres, e fidalgos, os quais naõ se cazaõ na India senaõ com molheres nobilíssimas, e fidalgas, como he patente em a India, a assi saõ bem nascidos, a adornados de muitas, e boas partes, virtudes, letras, e de muita habilidade, e agudos entendimento [...] E naõ podendo negar esses Portuguezes, serem esses filhos da India de pais Portuguezes, dizem, que saõ mistiços: pois por parte da mãy saõ negros. Ao que respondo, que ao principio do descobrimento, e propagação da Índia, pudera essa razão militar: porque se casáraõ os Portugezes com alguas molheres naturais Indianas da casta dos Bramanes, que saõ dos mais nobres, que ha entre os Indianos, como dizem, Diogo de Couto, Ecad. I. Bairros, e outros Autores. (Purificação, 1640, p.36)

O frei franciscano reconheceu, portanto, que nos primórdios da colonização lusa houve casamentos mistos; enfatiza, porém, que essas uniões se deram somente com mulheres da casta dos brâmanes, que "são dos mais nobres" da Índia. Como havia intenso fluxo migratório de portugueses, não era comum encontrar um nobre português que tivesse entre seus ancestrais alguma ascendência indiana. Desta forma, Purificação (ibid., p.36) conclui

---

mentários de um padre italiano que visitou Goa em meados do século XVII: "Se falamos dos que nasceram na Índia de pais portugueses, reconhece-se serem ainda piores. Os da terra, os pretos, são tidos como inadmissíveis ou inqualificáveis para oficiar nas ordens sacras" (carta de frei Pietro Avitabile, 31/12/1645 apud Boxer, 1988, p.68). Para entender a maneira como os *reinóis* se autocompreendiam, A. B. Xavier lembra a atitude do influente teólogo Jerónimo Osório, bispo de Silves. Este conjugava a ideia de nobreza com o pertencimento à cristandade e a fatores de ordem genealógica (vinculava nobreza a uma "preminência de raça" que, por sua vez, seria resultado de um "berço e criação em pátria ilustra"). Para o bispo de Silves, e aparentemente para muitos *reinóis*, "os mais nobres eram aqueles que combinavam a nobreza civil antiga (nascimento em boa pátria e duma família nobre) com a antiguidade da sua pertença à comunidade cristã" (Xavier, A. B., 2007, p.100-1).

DIÁSPORA AFRICANA NA ÍNDIA **77**

que nascer na Índia não podia ser nenhum impedimento à ordenação; além disso, o rigor dos estatutos da Ordem de São Francisco quanto à admissão ao sacerdócio, que se pautava pelos critérios da pureza de sangue ("porque os que procedem de mouros, ou gentios modernos dentro no quarto grao não pode ser religioso"), garantiria que nenhum franciscano ordenado na Índia fosse mestiço ou negro (cf. Faria, 2011, p.35-6). Argumentos como este revelam que a referência a cor (e, é claro, a mistura) tinha ganhado peso enorme no jogo da diferenciação e hierarquização; tanto que houve quem (o cronista e geógrafo português António Bocarro, por exemplo) diferenciasse entre "casados brancos" e "casados negros" (cf. Xavier, A. B., 2007, p.93).

É interessante observar na defesa apresentada por Purificação que o frei não buscava rejeitar o argumento "negro" como critério válido para justificar uma relação hierárquica entre grupos humanos; ele preocupava-se, ao contrário, em dar uma explicação para a origem do fenômeno – "negrura" – que preservasse os descendentes dos primeiros colonizadores (grupo que representava) da vinculação a esta categoria pejorativa e discriminatória. A questão era, segundo A. B. Xavier (ibid., p.104), encontrar uma linha de argumentação que garantisse a primazia dos *casados* face aos *reinóis*, sem enfraquecer sua posição diante dos brâmanes e de outras castas superiores: "O ser negro, ou mistiço, não rezulta da terra, ou lugar donde se nasçe, senão da mistura da geração: e tendo eles esta mistura de negros, bem se segue que se pode dizer semelhantes, que são negros, ou mistiços", escreve Purificação (apud Xavier, A. B., 2007, p.104).[85]

---

85 Em sua viagem a Roma e Madri (1639), onde buscava apoio para as ideias expostas no tratado (*Relação defensiva*), Purificação fez-se acompanhar por um "indiano" que ele descreve como "moreno", aparentemente também com o objetivo de ilustrar sua tese referente às diferenças entre *casados* e "indianos nativos"; fez ainda questão de imprimir seu retrato no frontispício de sua obra, produzindo, desta forma, mais um argumento – visual – que buscava convencer o leitor das suas afirmações (Faria, 2011, p.40; Xavier, A. B., 2007, p.105).
A argumentação do frei não era, porém, coerente e linear em todos os pontos. Não negava, por exemplo, que o Oriente fosse, em princípio, um "lugar inferior" em relação ao Ocidente. Mas, em vez de, neste ponto, concordar com teses climáticas e geográficas, Purificação apressa-se em acrescentar que este fato não afetaria os autóctones "porque nascem em o Oriente, onde o Sol nasce, e participam mais da virtude, e claridade dos raios de Sol". Mais do que isso: o franciscano atribui ao Oriente um novo valor bíblico, na medida em que situa nele o Jardim do Éden, o lugar escolhido por Deus para criar a humanidade. Frei Miguel explica ainda que o motivo da criação de Adão no Oriente teria constituído em "mostrar, e declarar, que os filhos do Oriente desse lugar tão inferior, são mui capazes de governo [...]

78 ANDREAS HOFBAUER

Com estas palavras, Purificação opunha-se também a argumentos climáticos presentes em alguns discursos que tinham o potencial de preterir os *casados*. O importante médico e botânico português, Garcia de Orta (residente em Goa entre 1543 e 1563), considerava, por exemplo, que o clima da região podia provocar a degenerescência dos corpos e a produção de determinados fluidos e odores. Teses climáticas apareciam também nas entrelinhas de outros escritos de missionários (portugueses e italianos) que atribuíam a decadência nos costumes ao calor tropical e à força dos astros.[86]

A. B. Xavier (2007, p.106 ss.) chama a atenção para o fato de que tanto constelações celestiais (ideias que remontavam a Ptolomeu) quanto o calor tropical eram usados como um recurso argumentativo por aqueles que buscavam discriminar os descendentes de portugueses. Já no final do século XVI, o holandês Linschoten tinha apontado para um processo de transformação que atingiria os portugueses e seus descendentes na colônia portuguesa em Índia. Num prazo de apenas três gerações, suas características físicas se igualariam às dos nativos locais, julgava o comerciante-cronista holandês sem, porém, explicar a razão desta metamorfose:

> As crianças nascidas na Índia de homens e mulheres portugueses, embora sejam um pouco diferentes na cor, porque tendem sempre para o amarelo. As crianças destes *castiços* são mais baças e totalmente *mestiças*, e as crianças dos *mestiços* são de cor e de feição iguais aos naturais da terra ou *decanins*, pelo que os descendentes de homens e mulheres portugueses, chegando ao terceiro grau, parecem ser indianos naturais na cor e na feição. (Linschoten, 1997 [1596], p.148)

---

não hão de ser excluídos das honras e dignidades", mas deveriam ser "igualados com a Eva formada em o Paraíso", ou seja, com os nascidos "em lugares superiores, sublimes, e honrosos" (apud Faria, 2011, p.39).

86 D. Duarte Nunes, primeiro-bispo enviado à Índia, advertiu o rei de que "todos Portuguezes mudão nessa terra a calidade, e Nação, e se fazem conformes á terra no modo de viver, que não querem senão seguir a sensualidade". O Visitador da Companhia de Jesus no Oriente, o italiano Alessandro Valignano, fez também uma avaliação negativa: "Con los continuos calores y mucha libertad, es muy contraria al spiritu, y tiene los cuerpos y espiritus muy debilitados y flacos de tal manera que con pequeño trabajo se ahoga el espiritu". E o historiador Diogo do Couto, crítico mordaz dos administradores de Goa, pergunta-se no seu *Diálogo do soldado prático*: "não sei que tem a Índia, e debaixo de que planeta está, que assi muda os pensamentos e desejos bons, que é pasmar" (apud Xavier, A. B., 2007, p.110).

Vários argumentos apresentados na *Relação defensiva*, acima de tudo, aquele que defendia a noção de pureza como critério determinante para a ocupação de posições elevadas na hierarquia social, podiam ser encontrados também nos discursos da elite dos brâmanes cristãos, os oponentes imediatos dos *casados*. Os brâmanes eram respeitados pelos colonizadores como elite local e ocupavam cargos de segundo escalão na Goa portuguesa (atuavam como mercadores, financistas, escrivães e advogados). Estes, por sua vez, reconheciam nos fidalgos *reinóis* comportamentos semelhantes aos seus, qualificados por ambos como nobres (por exemplo, a valorização da noção de pureza e da endogamia). Explica-se assim também que mulheres brâmanes cristãs desposavam portugueses vindos do reino, mas desdenhavam os que tinham nascido em terras indianas, afirma a historiadora portuguesa Ângela Barreto Xavier (2007, p.112).

Exemplar para a luta por melhor posicionamento dos brâmanes cristãos na ordem imperial é a história de Mateus de Castro. Nascido numa família convertida, formou-se no colégio franciscano dos Reis Magos em Bardês (distrito norte do atual estado de Goa), mas foi impedido de ingressar no colégio de São Boaventura, onde queria iniciar sua carreira eclesiástica.[87] O Arcebispo de Goa era, naquela altura, Cristóvão de Sá e Lisboa, um dos mais severos opositores da formação de um clero local. Diante desta situação, Mateus de Castro resolveu viajar a Roma (1625), onde se formou doutor em filosofia e teologia, e foi ordenado padre em 1631, tendo sido a seguir autorizado a regressar à Índia "com o poder de supervisionar as missões portuguesas e a conversão dos indianos" (Xavier, A. B.; Županov, 2015, p.22).

A estratégia de luta, que Castro começava a elaborar nesse momento, buscava explorar as tensões que se tornavam cada vez mais nítidas entre a política expansionista do Padroado Português e os interesses do Vaticano: era, no fundo, uma contenda em torno do protagonismo das missões na Ásia. Ambos os poderes almejavam consolidar sua influência no continente a partir do enclave de Goa. Ao se tornar missionário da recém-fundada Congregação de Propaganda Fide (1622), que estimulava a constituição de um clero indígena na Índia para opor-se ao controle exclusivamente português sobre as missões na região, Castro acreditava poder ganhar respaldo

---

87 A. B. Xavier (2012, p.134) suspeita que, em algum momento de sua formação, Mateus de Castro deve ter sido colega de Purificação.

80 ANDREAS HOFBAUER

para seus objetivos políticos: dignificar o clero brâmane local e conquistar posições de poder para o seu grupo dentro do regime colonial português. De volta à Índia, o vice-rei e o cabido da Sé não lhe permitiram, porém, exercer a função atribuída pelo Vaticano, sob a alegação de que a autorização papal teria sido obtida de maneira fraudulenta (Faria, 2007a, p.34, 36).

Na sequência, Castro esteve mais três vezes em Roma, munindo-se de novas autorizações e voltando com novos títulos e poderes jurisdicionais (bispo de Crisópolis *in partibus infidelium*; bispo da Etiópia).[88] Castro tornou-se uma personagem ilustre que conviveu em cortes tanto europeias (Roma, Madri e Lisboa) quanto indianas (Agra e Bijapur). Foi nomeado vigário apostólico de Bijapur, governada na época pelo sultão Muhammad Adil Shah II. Neste reino, conseguiu construir algumas igrejas e planejava fundar uma congregação de padres seculares. Embora Castro tenha tido o apoio explícito dos cardeais da Congregação da Propagande Fide em Roma, o projeto, que visava pôr em prática um velho objetivo seu – isto é, promover a ordenação de brâmanes –, esbarrou, mais uma vez, no veto do arcebispo de Goa (ibid., p.36). Foi neste contexto também que Mateus de Castro seria acusado de conspirar com Adil Shah II e os holandeses contra o Estado da Índia.

Marcado pelas derrotas consecutivas nas contendas com as autoridades civis e eclesiásticas do império português, Mateus de Castro resolveu escrever uma espécie de *memorandum*, intitulado "Espelho de Brâmane" (1653). Em diversos momentos do texto, o ilustre sacerdote brâmane reclama do tratamento que os portugueses têm dado à elite brâmane cristã em particular. Afirma que, em Goa, os brâmanes cristãos são "tratados muito pior do que o Turquo e o Persiano tratão os Christãos sogeitos". Recrimina especialmente os jesuítas que teriam chamado os brâmanes de "gente vil", dizendo que estes "não eram homens, mas piores do que cabras" (apud Xavier, A. B.; Županov, 2015, p.26). No seu contra-ataque, Castro apresenta sua visão dos portugueses moradores da colônia, pondo em xeque a pureza de descendência dos ulteriores. O padre brâmane acusa abertamente os oficiais portugueses que atuavam em Goa de serem, na sua grande maioria,

---

88 Após a nomeação, o jesuíta Afonso Mendes, maior antagonista de Castro, tornar-se-ia o patriarca da Etiópia; numa das controvérsias, referiu-se ao sacerdote brâmane como "esse preto de rabo ao léu" (apud Boxer, 1981, p.26).

frutos de casamentos com mulheres de castas inferiores e outras pessoas degradas: seriam "filhos de mulheres públicas de Goa, malabares, Bengalis e pretas" (ibid., p.27). Desta forma, o bispo de Crisópolis criou uma oposição entre portugueses decadentes e impuros de um lado, e brâmanes puros aos quais ele se refere como "gente nobre" ou "uma nação" – mas nunca como uma casta –, de outro.

As palavras de Castro não somente conjugam e manipulam, de forma habilidosa, duas noções de pureza (portuguesa e bramânica). Seu discurso apropria-se de e inverte as estratégias discursivas usadas pelos portugueses contra os indianos. Dá ainda um passo além: constrói um argumento dentro da lógica do discurso colonizador que lhe permite reivindicar uma posição superior à dos próprios colonizadores. Castro reivindica para seu grupo uma descendência direta do rei Mago Gaspar, que estava entre os primeiros a ter tido contato com o Cristo Salvador (Xavier, A. B., 2012, p.136). Com este recurso retórico, Castro fundiu, mais uma vez, noções como pureza, nobreza e descendência, e construiu uma linhagem cristã imemorial dos brâmanes que seria mais antiga do que a dos Cristãos Velhos de Portugal.[89]

Percebe-se, portanto, nas palavras de Mateus de Castro, o esforço para criar uma linha de argumentação que lhe permitisse reivindicar a redistribuição do poder em Goa, refutando qualquer motivo para preterir o grupo ao qual ele próprio pertencia; este "empoderamento" não tinha, evidentemente, como objetivo pôr em xeque a ordem imperial constituída. Neste aspecto, o discurso dos "porta-vozes" dos *casados* e os de outras castas superiores não se distinguiam, conclui a historiadora brasileira Faria (2007b, p.7).

---

89 Os brâmanes cristãos estavam envolvidos ainda em outras disputas, como a com a subcasta dos *chardós* (pertencente aos xátrias). Líderes deste grupo, como João da Cunha Jacques, argumentavam que os *chardós* estavam aptos a assumir qualquer cargo de liderança no Estado da Índia. No manuscrito *Espada de David contra o Golias do Brahmanismo*, escrito na primeira década do século XVIII), este sacerdote da igreja de Santo Estêvão buscava comprovar que os brâmanes não teriam descendência nobre: não seriam descendentes do Rei Mago Gaspar. Se os brâmanes não passariam de pescadores, os *chardós* seriam nobres verdadeiros, da linhagem dos reis Rajput (Faria, 2007b, p.6). Outro vigário da casta dos *chardós*, Leonardo Paes, vinculou os Rajput Kshatryias (xátrias) a Sem, filho de Noé, para opor esta descendência nobre à dos brâmanes, que descenderiam dos judeus tidos como responsáveis pela morte de Jesus (ibid.).

I.5. Escravidão africana na Índia portuguesa

Com a instalação dos portugueses na Índia, cresceu visivelmente a presença de escravizados provenientes daquelas partes da África Oriental que estavam sob controle lusitano. A escravidão já era, como comentamos, uma realidade na região. Sob o governo português, aumentou o fluxo do tráfico, e Goa se tornou importante local de passagem para o comércio de escravos: não apenas se comprava dos mais diversos lugares do mundo, mas vendia--se também cativos para fora.

A maior parte dos comerciantes de escravos eram portugueses cristãos residentes em Goa, mas havia também um ou outro hindu envolvido neste negócio. A historiadora indiana Jeanette Pinto (1992, p.130), que escreveu o primeiro livro mais abrangente sobre "escravidão na Índia portuguesa", lembra que existiam em Goa casas de comércio hindus onde se podiam comprar diversos "artigos comercializados [importados]", entre os quais também escravos.[90] A princípio, o fenômeno da escravidão não impunha um problema moral-religioso à grande maioria da elite portuguesa desta época, já que a Bíblia fazia também diversas referências à existência de seres humanos escravizados. Como no Brasil, clérigos importantes, como Francisco Xavier, não demonstravam nenhuma rejeição à escravidão em si, desde que os cativos fossem adquiridos "de forma justa" (cf. os debates eclesiásticos sobre a chamada *guerra justa* em Hofbauer, 2006c, p.154-5). Ao contrário, vamos ver que nos conventos religiosos abundavam cativos de toda parte. O primeiro Concílio Provincial de Goa (1567) legitimou explicitamente a escravidão em cinco circunstâncias específicas: pessoas que nascem de um ventre escravo; pessoas "tomadas" em guerras justas; caso alguém venda a si próprio; ou seja vendido pelos seus pais; e, por último, se um crime cometido exige, como punição, a escravização do delinquente (cf. Faria, 2020, p.13).

---

90 Entre os comerciantes locais, os vanias de Gujarate e os brâmanes saraswat tiveram um papel de destaque. O pesquisador indiano Chauhan (1995, p.239) cita até um africano (siddi) hindu que teria participado ativamente do tráfico de escravos. Bassavya tinha sido autorizado pelos portugueses, em 1712, a fazer viagens com seu navio entre Goa e o Congo. Podia trazer cativos, desde que não fossem cristãos. De acordo com Celsa Pinto (1994, p.167), na virada do século XVIII, entre 28 mercadores envolvidos no comércio de escravos entre Goa e Macau, havia somente um hindu; todos os outros traficantes eram cristãos.

Tal como no Brasil, a escravidão seria vista pelos jesuítas, que, em pouco tempo, tomaram dos franciscanos o lugar de liderança religiosa, como meio de garantir a prosperidade na colônia. De modo semelhante à situação da colônia nas Américas, em Goa também a Companhia de Jesus assumiu o papel de controlar e inibir excessos no trato dos escravizados, solicitando aos senhores moderação na aplicação dos castigos; houve religiosos que, em alguns casos, cuidaram pessoalmente de escravizados doentes e fustigados.

Entendia-se que as populações nativas convertidas eram compostas por cristãos incompletos que precisavam ser guiados e tutelados. Assim, em 1532, foi criado o cargo de Pai dos Cristãos cuja função principal era acompanhar o processo de cristianização e dar assistência aos convertidos. Numa sociedade em que boa parte dos conversos eram escravos, uma das suas tarefas importantes se tornaria mediar os conflitos entre senhores e cativos: o Pai dos Cristãos era responsável pelo registro dos escravizados (quantos anos de serviço eram obrigados a servir) e, sobretudo, pela fiscalização da legalidade dos processos de escravização.

No seu estudo minucioso sobre as cartas de alforria redigidas pelos Pais dos Cristãos jesuítas no período entre 1682 e 1700, Patrícia Souza de Faria (2020, p.12) chama a atenção para o uso das categorias *moço(a)* e também *bicho(a)* no lugar de *escravo*. De acordo com a historiadora, a palavra *moço* – a categoria mais usada – aponta não somente para a menoridade de grande parte dos escravizados, mas também para certa ambiguidade nas relações de poder que cercavam o estatuto de escravo. As cartas de alforria destacavam com frequência os "benefícios" concedidos pelo senhor: o fato de este ter "criado" o(a) escravizado(a) – um terço do grupo pesquisado por Faria tinha entre 5 e 14 anos – e de ter-lhe dado os ensinamentos religiosos, ou ainda de ter-lhe ensinado um ofício ou até concedido dotes de casamento. O paternalismo cristão pregado pelos Pais dos Cristãos assentava-se, de acordo com Faria (ibid., p.20), na ideia das "obrigações mútuas" entre senhores e escravizados: supunha-se que o senhor provia aos escravos o necessário para sua sobrevivência; em contrapartida, os cativos tinham a obrigação de recompensá-lo com seu trabalho, sua obediência e sua lealdade. Uma atitude semelhante esperava-se também dos filhos, das mulheres e de pessoas formalmente livres que viviam, na mesma casa, sob a proteção do senhor. Desta forma, conclui Faria (ibid., p.23), "os bens espirituais e materiais supostamente oferecidos pelos senhores justificavam a manutenção de

84 ANDREAS HOFBAUER

homens e mulheres, infantes ou adultos, que na prática poderiam estar vivendo como cativos, mesmo em situações em que não estavam obrigados por nenhum 'justo título de cativeiro'".

O discurso justificatório, que se baseava em reinterpretações do Gênesis (cap.IX) e tinha ganhado importância política, pela primeira vez, no contexto da expansão do islã na África, podia ser ouvido também na Índia Portuguesa. No entanto, em Goa, diferentemente do Brasil, "negro" nunca se tornaria sinônimo de escravo. Um fator foi, certamente, a dimensão menor do fenômeno da escravidão no Estado Português da Índia; outro, a presença de escravos das mais diversas proveniências que possuíam cores de pele e fenótipos diferentes. A maior parte era, de fato, de origem africana, vinha de Moçambique (entre os quais se destacavam os *macuas*) e de outras possessões portuguesas da África Oriental. A maioria dos cativos foi transportada diretamente do litoral africano para Goa, alguns escravos africanos chegaram, no entanto, via Surat, Damão, Diu ou Bombaim (Pinto, C., 1994, p.167). Mas havia também cativos indianos (*canarins*),[91] nascidos na região, ou trazidos de outras terras, como Bengala, Assam e Malabar. Aportavam em Goa ainda escravizados da Pérsia, do Ceilão, da Península Malaia, de Macau e da China, como também partiam dali cativos locais para portos da Arábia, do Egito, da Pérsia, do Brasil e de Portugal (Xavier, P. D., 2010, p.101; Pinto, J., 1992, p.37; Souza, 2004, p.46).

Existia, em Goa, um leilão de escravizados que ocorria todos os dias, exceto domingos e feriados, na chamada *Praça de Leilão da Rua Direita*, onde funcionava um dos maiores mercados da cidade. Lá, encontravam-se comerciantes do mundo inteiro. Além de "muitos gêneros e nações de *cativos*, homens e mulheres, novos e velhos, que lá são vendidos quotidianamente, como entre nós os animais", reparou Linschoten (1997 [1596], p.148) no final do século XVI, estavam à venda também "cavalos árabes, todo o gênero de especiarias e drogas, gomas cheirosas e materiais semelhantes, tapetes finos e lindos, e mil curiosidades de Cambaia, Sinde, Bengala, China, etc., o que é uma maravilha de contemplar". Nitidamente impressionado com o cenário observado, outro europeu, o viajante francês François Pyrard de Laval

---

91 *Canarim*: termo que os portugueses davam à população local que era e continua sendo chamada na Índia também como *konkani*. Além de Goa, este grupo também habita as partes litorâneas dos estados vizinhos, Maharasthra e Karnataka.

(apud Pinto, J., 1992, p.45), que esteve em Goa entre 1608 e 1610, destacou a prática de expor as escravas femininas nuas, aparentemente com o objetivo de conseguir um preço mais vantajoso nas vendas das cativas: "mais deploráveis eram os leilões de escravos, onde meninas bonitas e elegantes foram vendidas. As escravas eram realmente exibidas nuas para que trouxessem um preço melhor e as garotas kaffir de Moçambique eram na verdade as mais procuradas".[92] Ao mesmo tempo, Laval (apud Bhatt, 2018, p.114) não deixou de comentar, em tom de repugnância, que os corpos dos africanos "fediam" de tal modo que era "impossível aproximar-se deles".

Quem não quisesse comprar escravos no mercado local, escreve J. Pinto (1992, p.44), podia fazer encomendas. Sobretudo na virada do final do século XVIII para início do século XIX, tornou-se comum fazer pedidos junto aos Mhamais (*Mhamai Record House*), uma família de comerciantes famosa de Goa que dominou, durante várias décadas, o comércio – inclusive de escravos – em grande parte do Oceano Índico (Mann, 2012, p.129). Em cartas, os compradores especificavam, em detalhes, as características dos cativos que queriam adquirir: "jovens do sexo masculino, todos com boa saúde e sem defeitos. Custem o que custarem, quero dois machos escravos e duas jovens fêmeas graciosas" (carta de 1777); ou: "um jovem kaffir preto do melhor tipo. Idade por volta dos 19 anos, sabendo um pouco de português, inteligente e já tendo, se possível, alguma prática em fazer comida, para o que ele será usado". O solicitante fazia ainda questão de anotar que o escravo não deveria ter "aparência desagradável" (*unpleasant appearance*) e, acima de tudo, não ter "cheiro insuportável" (*specially that he does not smell unbearably*) (carta de 1778 apud Pinto, J., 1992, p.38). Outra carta, de 1788, documentada pela historiadora de origem paquistanesa Celsa Pinto (1994, p.166), pede a compra de um "um jovem kaffir, entre 18 e 20 anos", pelo qual o comprador estava disposto a pagar 190 réis: "o kaffir tem que ser inteligente, confiável e capaz de conversar em português, ele tem que ser limpo e livre de odores e um que possa ser empregado na cozinha".

---

92 Vários viajantes e cronistas, tais como Linschoten, Mocquet, Bernier e Laval, eram críticos abertos do mercado de escravos: mostraram-se chocados com as cenas que viram e condenaram-nas como degradantes e humilhantes. Seus escritos relatam que as escravas eram frequentemente expostas nuas na Rua Direita e as moças, que eram vendidas como virgens, tinham de se submeter a um exame de virgindade executado por mulheres mais velhas (Xavier, P. D., 2010, p.108; Pinto, J., 1992, p.44).

86 ANDREAS HOFBAUER

O tipo de escravidão que se estabeleceu em Goa tinha diversos pontos em comum com a do Brasil. Mas havia também divergência. Na medida em que não foi implantada ali uma economia voltada para exportação – baseada na exploração do plantio de cana-de-açúcar ou de minas de diamantes e ouro –, que sustentava o funcionamento do tráfico triangular, a escravidão africana no Estado Português da Índia não ganhou a mesma importância econômica que no Brasil, pois envolveu um número bem menor de escravizados. Em nenhum momento, a quantidade de escravos importados da África parece ter ultrapassado 10% da população total. A pesquisadora indiana Shanti Sadiq Ali (1996, p.205) calcula que no final do século XVII viviam cerca de 20 mil escravizados – dos quais um quarto "mulatos" – em Goa (cifra que corresponde, *grosso modo*, a 10% da população). Já o historiador português Matos (2017, p.644) indica para um século mais tarde, no ano de 1800, somente 1,4% de cativo. De todo modo, os números são relativamente baixos, e é por isso também que a historiadora brasileira Faria (2020, p.3) faz questão de salientar que, em Goa, a escravidão não era a forma de trabalho predominante; para além dela, havia outros "estatutos de subalternidade".

Não existem números confiáveis de escravos transportados da África ao Estado Português da Índia;[93] também os relatos de época transmitem avaliações e impressões divergentes e não sempre coerentes. Um relatório confeccionado por jesuítas em 1571 afirmava que não eram poucos residentes em Goa que possuíam entre 15 e 50 escravas. De acordo com Linschoten (1997, p.152), que passou seis anos na Índia portuguesa (1581-1586) onde

---

[93] Há quem (Rudy Bauss) avalie que entre 1770 e 1830, a cada ano, de 200 a 250 cativos teriam chegado de Moçambique aos territórios controlados pelos portugueses na Índia (Goa, Damão e Diu); já Pedro Machado estima para o mesmo período a chegada de 125 escravos anualmente (apud Allen, 2014, p.9). O tamanho destes contingentes de escravos não teria sofrido nenhuma alteração substancial nos séculos XVIII e XIX. Allen calcula que, no ano de 1719, 2.153 escravos viviam na cidade de Goa; em 1810, este número teria declinado para 1.410 (ibid., p.9).

Baseando-se nos estudos de P. Lovejoy, Collins (apud Jayasuriya; Angenot, 2008, p.61) estima que o tráfico de escravos no Oceano Índico (isto é, o tráfico promovido não somente pelos portugueses, mas também, acima de tudo, por árabes e ingleses, além de holandeses e franceses) teria transportado da África Oriental para a Índia, no período de 800 a 1900, um total de 2.918.000 escravos (entre 800 e 1600: 1.600.000 cativos; entre 1601 e 1800: 300.000; entre 1801 e 1900: 492.000). Este número equivale a cerca de um terço dos escravos traficados no comércio transatlântico.

atuou como secretário do arcebispo de Goa, o frei Vicente da Fonseca, os portugueses e seus descendentes tinham "normalmente [...] cinco, seis, dez, vinte, ou pouco mais ou menos, escravos e escravas ao seu serviço, conforme a sua posição e qualidade". Em 1635, o cronista Bocarro julgava que cada um dos cerca de oitocentos moradores mantinha, no mínimo, dois escravos (Souza, 2008, p.170, 174). Num trabalho recente, o historiador P. D. Xavier apresenta as seguintes estimativas para a década de 1640: cerca de 10 escravos teriam trabalhado, em média, para cada família de *casados*; advogados contariam com aproximadamente 80 cativos;[94] já senhoras nobres e ricas podiam possuir 300 e mais escravas. Números elevados de cativos eram encontrados também nas instituições eclesiásticas.

A maioria dos poucos estudiosos que se debruçaram sobre o fenômeno da escravidão africana na Índia portuguesa sublinha o valor simbólico da figura do escravo, na medida em que conferia ao seu dono um ar aristocrata. "A posse de escravos era um símbolo de *status*, e o *status* social de uma pessoa dependia do número de escravos que ela possuía", escreve J. Pinto (1992, p.128), apontando para uma série de hábitos da elite goesa cuja função principal parecia ser uma demonstração pública de poder. "Os nobres e as senhoras de estratos superiores sempre se deslocaram em palanquins carregados por quatro escravos masculinos na companhia de várias escravas em seda, que os seguiram", analisa o pesquisador indiano Chauhan (1995, p.231), resumindo as observações feitas pelo viajante Pyrard de Laval.[95] Também Linschoten (1997, p.152) fez descrições detalhadas das saídas pomposas dos fidalgos: andavam "pelas ruas muito lentamente e com grande orgulho e presunção, com um escravo que lhes suporta um grande sombreiro ou toldo à frente e por cima da cabeça, para evitar que sejam tocados

---

94 Esta estimativa sugere que, naquele momento, viviam cerca de 8.000 escravizados na cidade de Goa.

95 De forma parecida, P. D. Xavier (2010, p.48) escreve: "a classe dos mercadores tinha magníficas mansões com um número de escravos às suas ordens. Vestiam-se ostensivamente exibindo sua riqueza e movimentavam-se sempre em palanquins ou andores". Ostentar poder demonstrando a posse de escravizados era uma estratégia usada ainda no século XIX, como é documentado por José Nicolau da Fonseca (apud Pinto, J., 1992, p.84) que descreveu, em 1837, uma saída de uma senhora goesa pomposamente vestida: "um dos criados de escravos traz um tapete rico, outro, duas almofadas caras, um terceiro um presente de porcelana, um quarto, uma caixa de veludo contendo um livro, um lenço e outras coisas necessárias, um quinto um colchão fino e bonito, e um sexto um abanador, etc., para uso da amante".

pelo sol ou pela chuva".[96] Descrições como esta levaram o historiador P. D. Xavier (2010, p.101, 103) a comparar o comportamento dos fidalgos portugueses ao dos nobres muçulmanos que consideravam, igualmente, "trabalho" [manual] "abaixo de sua dignidade".

O escravo não tinha, então, somente a função de simbolizar *status* e poder; sua força de trabalho constituía, também na Índia, fonte de criação de riquezas, como já constatara Pyrard de Laval no início do século XVII. As posses e os bens acumulados pelos portugueses em Goa seriam consequência direta do trabalho duro executado pelos seus escravos, escreve o viajante, não sem acusar os portugueses de preguiça, lascívia, luxúria e outros defeitos morais que ele relacionava com a exploração de mão de obra escrava (Laval apud Pinto, J., 1992, p.130). Linschoten (1997, p.149) avalia também que muitos "se sustentam dos seus escravos e escravas", e conclui: "Os portugueses e *mestiços*, na Índia, não trabalham, ou fazem-no muito raramente. [...], embora haja alguns artesãos, como chapeleiros, sapateiros, seleiros e tanoeiros". E opõe à vida dos portugueses a penosa sina dos escravos africanos, quando escreve: "De Moçambique, eles [os portugueses] levam para a Índia, ouro, âmbar, madeira de ébano, marfim e muitos escravos, tanto homens como mulheres, que são levados para lá porque são os mouros mais fortes de todos os países do Leste, para executar os trabalhos mais sujos e mais duros, nos quais só eles são usados" (Linschoten, 2004, p.18). Também Pyrard de Laval (apud Chauhan, 1995, p.231) chamou

---

96 O relato de Linschoten (1997, p.152) continua nos seguintes termos: "Do mesmo modo têm, na época das chuvas, um moço que anda atrás deles com um sobretudo comprido de escarlate ou de um outro tecido, para o vestir ao senhor quando chove. E antes do meio-dia, o moço leva-lhe sempre atrás uma almofadinha de couro ou veludo, para se ajoelhar na igreja a ouvir a missa. Os mais deles também se fazem levar a espada atrás por um escravo ou moço, para não lhes pesar no andar nem lhes tolher a dignidade".

Descrições muito parecidas eram feitas por viajantes que passavam em Portugal. O humanista flamengo Clenardo, que viveu em Portugal de 1533 a 1538, surpreendeu-se com a grande quantidade de escravos e o uso deles nas cidades portuguesas da época. Num tom sarcástico e de desaprovação, Clenardo (apud Cerejeira, 1949, p.288) registrou uma cena que observou em Évora, quando um senhor nobre se pôs a montar o cavalo: "dois [escravos] caminham adiante; o terceiro leva o chapéu; o quarto o capote, não adregue de chover, o quinto pega na rédea da cavalgadura; o sexto é para segurar os sapatos de seda; o sétimo traz uma escova para limpar de pelos o fato; o oitavo um pano para enxugar o suor da besta, enquanto o amo ouve missa ou conversa com algum amigo; o nono apresenta-lhe o pente, se tem de ir cumprimentar alguém de importância, não vá ele aparecer com a cabeleira por pentear".

a atenção para as condições severas que os escravizados enfrentavam em Goa: "Apesar de trabalharem como animais em fazendas e fazerem todo tipo de trabalho doméstico [*sundry mean work*], eles eram alimentados com um prato de arroz uma vez por dia, e mesmo por uma pequena ofensa, eles costumavam ser açoitados até a morte".

Os escravos desempenhavam as mais diversas funções: cumpriam tarefas no âmbito doméstico, executavam para seus senhores serviços nas ruas, alguns (relativamente poucos) trabalhavam nas roças dos seus donos. Havia ainda aqueles que eram artesãos: curtidores, sapateiros, padeiros, tecelões, coureadores ou destiladores de álcool. Já as escravas de sexo feminino eram usadas, acima de tudo, como servas domésticas: eram cozinheiras, lavadeiras, costureiras, por exemplo. Faziam bordados e preparavam doces e leguminosas em conservas que vendiam pelas ruas. Outro papel importante era o das amas, sem falar do das prostitutas e concubinas – chamadas por Pyrard de Laval de "morenas" (Xavier, P. D., 2010, p.103-4). As relações sexuais frequentes entre senhores e escravizadas sempre foram assunto polêmico e provocaram frequentes lições de moral por parte dos clérigos.[97] P. D. Xavier comenta que algumas mães obrigaram suas cativas a ter relações sexuais com seus filhos, uma vez que avaliavam que seria mais adequado "portar-se mal dentro de casa" do que fora dela. Como no mundo muçulmano e no Brasil, na Índia portuguesa havia também dizeres que expressavam a visão que muitos senhores tinham em relação às escravas: "comprar uma mulher khurasani para seu trabalho, uma mulher hindu para cuidar dos filhos, uma mulher persa para o prazer e uma transoxiniana para dar umas surras como aviso [*warning*] para as outras três" (apud Xavier, P. D., 2010, p.108, 110).

As palavras de Linschoten são, mais uma vez, ilustrativas, dando-nos uma ideia de como era o cotidiano de uma escrava na virada do século XVI:

---

97 Poucos anos depois da conquista de Goa, os clérigos começaram a repreender, de diversas formas, o que entendiam como vida imoral e pecados carnais (Pinto, J., 1992, p.52, 68). Por volta de 1700, o jesuíta brasileiro, nascido na ilha de Itaparica, Francisco de Souza alertou para a grande quantidade de prostitutas escravas em Goa e acusou os portugueses, sobretudo os soldados, de excessos sexuais, inclusive, com mulheres nativas (ibid., p.52). O abade francês Carré, que, numa viagem ao Oriente, visitou também Goa entre 1672 e 1674, mostrou-se chocado com os hábitos sexuais da elite local. Segundo ele, havia muitos portugueses que mantinham verdadeiros haréns de escravas em casa e costumavam ter relações sexuais com três, quatro ou mais delas (ibid., p.52, 85).

As escravas fazem todo o género de conservas e de frutas indianas cristalizadas e muitas coisas bonitas de costura, rendas e malhas. Depois, mandam as mais novas e formosas pela cidade fora, para vender esses produtos, lindamente vestidas e enfeitadas, para que o desejo e a formosura das escravas atraiam os compradores, que antes procuram o conforto e uso das escravas, e a satisfação da sua volúpia, do que desejam as conservas, frutas cristalizadas ou peças de costura. E elas nunca recusam e fazem disso o seu negócio quotidiano. E com os lucros que os escravos e escravas assim trazem para casa todos os dias, os senhores podem-nos sustentar amplamente. (Linschoten, 1997, p.149)

Não era raro que os escravos sofressem nas mãos dos senhores. Como no Brasil, os maus-tratos expressavam-se de diversas formas, desde duros castigos até atos sádicos que podiam levar à morte dos cativos.[98] Como nas Américas, ameaças e execuções de punições eram formas de controle senhorial. As descrições de P. D. Xavier (2010, p.106) indicam que os escravos eram não somente açoitados, mas podiam ser também mutilados e aleijados, e as cicatrizes provocadas pelas torturas eram, por vezes, tratadas com sal ou vinagre. O mesmo historiador relata casos em que esposas ciumentas se vingaram dos *affaires* amorosos dos maridos com suas escravas: em 1695, a mulher de um senhor português não somente matou a escrava com a qual seu esposo mantinha relações sexuais, mas preparou para o marido uma refeição com a carne da amante. Houve ainda diversos outros episódios em que esposas enciumadas chicotearam as escravas até a morte para depois enterrarem os corpos no quintal (Pinto, J., 1992, p.59).

Quase todos os relatos históricos escritos por viajantes e cronistas[99] faziam referência, em tom de crítica, aos vícios, à ociosidade, aos hábitos corruptos que vinham a seus olhos tomando conta da sociedade goesa, e entendiam que havia um nexo entre a "decadência moral" detectada e a manutenção de escravos. Desde muito cedo, alguns clérigos começaram a denunciar as diversas "imoralidades" que observavam entre os moradores

---

98 Poucos anos após a tomada de Goa, alguns padres acusaram os senhores de matar seus cativos em atos de cólera e de enterrá-los em suas casas ou quintais. D. Manuel reagiu (em 1515) a esta denúncia, ordenando cavar uma vala onde os corpos deveriam ser depositados e cobertos com cal para acelerar sua decomposição (Pinto, J., 1992, p.91).

99 P. D. Xavier cita explicitamente os nomes de Linschoten, Pyrard de Laval, Mandelslo, Tavernier, Bernier, Philip Baldaeus, Ralph Ficht e John Fryer como cronistas que registraram o declínio moral na Goa portuguesa (Xavier, P. D., 2010, p.111).

portugueses, inclusive, os maus-tratos dispensados aos escravizados. Para combater tais abusos, enviaram cartas ao rei, condenando a crueldade dos senhores e solicitando providências.

Em 1599, o rei de Portugal respondeu com um decreto que impôs penas para aqueles que torturavam e maltratavam seus escravos e sugeriu a libertação de escravos vítimas de exageros cometidos pelo senhor.[100] Mesmo assim, a situação parece não ter mudado, fato que levou o Senado de Goa a emitir, em 1618, uma ordem que reiterava o conteúdo do decreto real e determinava ainda que escravos adoentados não poderiam ser abandonados pelos senhores (Pinto, J., 1992, p.59, 135). Ao mesmo tempo, os frades do Convento de São Domingos pregavam contra as maldades constatadas, o que instigou, aparentemente, vários cativos a abandonarem seus donos e a buscarem asilo num dos conventos tidos como lares onde os escravos eram mais bem tratados. O efeito das pregações não agradou, evidentemente, a elite da cidade, de maneira que, em pouco tempo, os frades sentiram-se obrigados a moderar o tom de seus discursos.

De forma semelhante, os Pais dos Cristãos – cujas funções principais eram supervisionar o projeto da missão na região, isto é, preocupar-se com o ensino do Evangelho, vigiar a conversão dos nativos e cuidar dos novos cristãos pobres – se envolveram em ações caritativas que provocaram ten-

---

100 J. Pinto transcreve partes do decreto do rei, emitido em 1599: "Eu, o Rei, faço saber a todos […] Sou informado sobre torturas cruéis às quais os escravos e cativos são submetidos na cidade de Goa, e em outras cidades, fortalezas e lugares das Índias Portuárias, e sobre muitos escravos que morrem durante ou após tais crueldades, e sobre seus senhores que tentam esconder tais atos maus enterrando as vítimas dentro das casas e nos espaços em torno delas. Desejo pôr um fim a tais casos de homicídios e torturas desumanas e quero que os culpados sejam punidos como merecem. Assim, ordeno a meu Vice-Rei na Índia e a seus sucessores que realizem inquéritos judiciais todos os anos sobre o comportamento dos proprietários de escravos. Estes inquéritos serão conduzidos em Goa pelo Chanceler do Supremo Tribunal, e em outras cidades e fortalezas por seus respectivos juízes da Coroa". E continua: "Quando os culpados forem detectados, as providências devem ser tomadas contra eles... ninguém, seja homem ou mulher, ficará impune. O Vice-Rei deve observar diligentemente se os juízes encarregados desta tarefa as executam sem negligência ou frouxidão. Ordeno também que meus funcionários da justiça, quando informados sobre qualquer escravo sendo maltratado, ou submetido a tormentos insuportáveis e vergonhosos, analisem o assunto e procedam de forma sumária: Os escravos maltratados podem ser retirados da casa de seus senhores. Os senhores podem ser obrigados a contribuir para a manutenção dos escravos retirados até que uma decisão final seja tomada no caso, se o senhor deve perder seu direito sobre o escravo ou se ele pode tê-lo de volta" (Cartas de Alforria aos Escravos, MS, 860, HAG, 26/01/1599 apud Pinto, J., 1992, p.56).

sões com o vice-rei e a elite local. Houve momentos em que o Pai de Cristão – os "olhos e ouvidos" do rei (ibid., p.75) – não somente se preocupou com as enfermidades dos escravizados ou com o ensino de algum ofício, mas empenhou-se também em libertar escravos visivelmente maltratados. Casos como estes eram sentidos pela elite goesa como intervenções indevidas em assuntos essenciais à manutenção da ordem social. Eles traziam também à tona certas divergências que existiam entre a posição do rei de Portugal e do clero, de um lado, e os interesses dos senhores, donos de escravos, de outro.

Se os conventos das ordens religiosas ganhavam fama de refúgios de escravos, locais onde cativos em apuros buscavam proteção, é fato também que lá estes executavam trabalhos considerados "indignos". Havia uma grande quantidade de escravos em instituições eclesiásticas, como demonstram as seguintes estimativas feitas por P. D. Xavier (2010, p.106) para a década de 1640: na Santa Casa de Misericórdia, teriam trabalhado cerca de 200; no famoso Colégio São Paulo, cerca de 200; no Convento de Santa Mônica, 120. Ao comentar a inauguração do Convento de Santa Mônica, quando 18 viúvas foram admitidas, T. Souza (2008, p.174-5) destaca o caso de uma delas, Filipa Ferreira, que teria levado para a vida monástica nada menos do que 200 escravas.

Além de muitas semelhanças entre as formas de escravidão na Índia portuguesa e as praticadas no Brasil, existiram também algumas diferenças marcantes, afora aquelas já mencionadas (diversas proveniências dos escravos, falta de uma economia baseada em monoculturas ou na exploração de minas de pedras preciosas que impulsionou a manutenção de escravos em massa usados para consolidar um modo de produção voltado para a exportação). A maior parte delas está relacionada à proximidade e à convivência conflituosa com o mundo muçulmano e hindu à volta. Diversos decretos e alvarás foram emitidos para controlar a relação entre cristãos e muçulmanos no que diz respeito à posse de cativos. Em 1559, o rei de Portugal ordenou que escravos que quisessem converter-se ao cristianismo deveriam ser libertados dos seus donos não-cristãos. O primeiro Concílio Provincial já se mostrara preocupado em implementar a velha lei canônica que proibia os "infiéis" de comprar, possuir ou vender escravos cristãos. Os dois primeiros Concílios (1567 e 1575) citaram casos em que escravos cristãos (abissínios, armênios e caldeus) foram levados por negociantes muçulmanos ao mercado de Goa. Determinaram que, neste caso, os escravizados deveriam ser libertados imediatamente. O mercador não receberia nenhuma indenização e o escravo poderia ser revendido (a um senhor cristão), sendo que seu preço não deveria exceder 12 cruzados (Xavier, P. D., 2010, p.112, 115). Além disso, o primeiro Concílio interditou aos capitães portugueses transportar escravos capturados por muçulmanos; caso infringissem esta ordem, teriam de pagar uma multa de 50 pardãos (ibid., p.113).

O embate com o mundo muçulmano levou o papa Pio IV, em 1563, a dar um incentivo especial àqueles senhores cristãos que se fixassem nas terras conquistadas e se envolvessem no projeto da conversão. Eles podiam contar com a absolvição de seus pecados (indulgência), caso conseguissem salvar a alma de um "escravo pagão" para a cristandade.[101] "Só se pode imaginar o entusiasmo dos senhores de escravos para converter seus escravos ao cristianismo para ganhar a absolvição de todos os seus pecados para sempre", comenta o historiador P. D. Xavier (ibid., p.111) a respeito do incentivo papal.[102]

Por fim, existiam ainda disputas que envolviam o domínio e o controle sobre os escravos que tentavam fugir de um território dominado pelos cristãos para outro sob a legislação muçulmana, ou vice-versa. As fugas contínuas ao reino de Ahmadnagar e de Bijapur fizeram os vice-reis celebrarem grande número de pactos com os respectivos governantes muçulmanos. Um primeiro acordo, selado com o Nizam Shah em 1537, determinou que os escravos portugueses que conseguissem escapar para o reino vizinho

---

101 J. Pinto (1992, p.71) registrou um caso em que um habitante de Goa indagou se podia ganhar a absolvição de seus pecados se pagasse 20 pardãos a um hindu para que este se tornasse cristão. Embora a resposta tenha sido negativa, o episódio demonstra de que maneira alguns senhores buscavam aplicar e adaptar o mencionado documento canônico aos seus interesses particulares.

102 Aparentemente, existiu na Goa portuguesa uma maneira diferente (em relação ao que ocorria no Brasil) de tratar os filhos das escravas que se aproximava do modo com o qual os muçulmanos lidavam com a questão. O viajante Pyrard de Laval comentou, com certa surpresa, que havia na Índia portuguesa um costume segundo o qual o senhor que tivesse filho com uma escrava reconhecia a paternidade do menino e libertava a escrava (Pinto, J., 1992, p.86; Xavier, P. D., 2010, p.107). Tal atitude se distanciaria do preceito clássico romano *partus sequitur ventrem*, que vigorava também no Brasil. Não sabemos se as constatações de Pyrard são fruto de certa generalização, e se houve, de fato, alguma influência dos preceitos muçulmanos. Certo é que o Alcorão considera livre o filho de um homem muçulmano com uma escrava. Além disso, uma mulher escrava que dava ao seu senhor um filho, não podia ser mais vendida; e quando morria o senhor, ela ganhava a liberdade (cf. Rotter, 1967, p.27, 76).

94 ANDREAS HOFBAUER

deviam ser devolvidos imediatamente; caso contrário, os ex-donos seriam indenizados.[103] Acordo semelhante foi estabelecido em 1548 entre D. Garcia de Sá e Ibrahim Adil Shah de Bijapur: o governador concordou que os cativos portugueses que haviam se refugiado em Bijapur pudessem ser vendidos após terem sido convertidos ao islã, e os rendimentos das vendas seriam repassados aos ex-donos portugueses; já aqueles que não quisessem assumir a fé islâmica, tinham de ser devolvidos (Chauhan, 1995, p.42-3; Pinto, J., 1992, p.116).

O historiador Chauhan arriscou-se ainda a apresentar uma interpretação para as frequentes fugas de escravos de Goa para reinos governados por muçulmanos. Em primeiro lugar, o autor entende que, nos domínios muçulmanos, os escravos africanos eram tratados geralmente "muito melhor" (*in a far better way*) que "seus irmãos" na Índia portuguesa. Em segundo, destaca diversas possibilidades de atuação (*several employment prospects*) que os escravizados tinham sob o regime muçulmano, lembrando, mais uma vez, o uso de cativos no âmbito da marinha e dos exércitos, "em que seus antecessores já demonstraram, com méritos comprovados, sua superioridade" (Chauhan, 1995, p.43).

Como em todo lugar onde há escravidão, em Goa os escravizados também reagiram à opressão e às violências e elaboraram diversas formas de resistência – muitas delas idênticas às estratégias de luta escrava que conhecemos do Novo Mundo. Há relatos não somente sobre fingimento de doenças, renitência na execução de tarefas e atos de sabotagem, mas também muitas denúncias sobre roubos, assaltos e homicídios que teriam sido cometidos. Os escravos vingavam-se após o anoitecer, escreve P. D. Xavier (2010, p.115): os cronistas reclamavam reiteradamente que as ruas de Goa à noite eram extremamente inseguras para qualquer viajante. E de acordo com Chauhan (1995, p.232), começou a ser promovido um mercado noturno, onde os escravos vendiam todo tipo de artigos roubados a preços módicos. As autoridades não tardaram, evidentemente, a reagir: buscavam, por meio da emissão de diversas leis, controlar os ataques cometidos por escravizados. Em 1586, um decreto proibiu aos cativos o porte de bambus, paus e varas, exceto quando acompanhavam seus senhores (Chauhan,

---

103 Dois anos depois, estabeleceu-se que os escravos fugidos às terras vizinhas deviam ser libertados e aqueles que não se convertiaḿ à religião do respectivo governante, devolvidos.

1995, p.235; Xavier, P. D., 2010, p.115). Uma transgressão desta ordem era punida com multas pesadas, com açoites junto ao pelourinho e com prisão de vinte dias. Se o ataque ocorresse contra um senhor português, o escravo infrator seria exilado, isto é, enviado para trabalhar nas galés por um período de doze anos (Chauhan, 1995, p.235). Há também registros de acordo com os quais agressões contra portugueses (tentativas de golpes) foram punidas com a amputação do braço com o qual o escravo executou o ataque (Pinto, J., 1992, p.58). Proibiu-se também que escravos negros acima de 15 anos atravessassem, após as 19 horas, o rio Mandovi que banha Goa (Xavier, P. D., 1993, p.100). As penas severas não conseguiram, porém, impedir que os escravos tentassem fugir de Goa, o que atormentava profundamente os senhores e parece ter levado as autoridades a construir um muro com torres de vigilância em torno da cidade (Pinto, J., 1992, p.85). Para enfrentar a fuga de escravos, a administração de Goa assinou, como vimos, acordos com os governantes muçulmanos vizinhos e, além disso, organizava também, como no Brasil, caças aos fugitivos no interior, para as quais usava-se, inclusive, cães farejadores (*slave retrievers*) (cf. Souza, 2004, p.44). Chauhan (1995, p.231) aponta o fato de que a cor de pele e as "feições negroides" revelavam facilmente a "identidade" dos escravos africanos fugidos como a causa principal pela qual "muitos deles não tinham outra opção a não ser esconder-se na mata fechada". Foi esta circunstância, esta estratégia de resistência que parece ter dado origem às comunidades siddis existentes no interior até hoje, no atual estado de Karnataka.

As diversas formas de luta dos escravos contribuíram, certamente, para desestabilizar o regime escravista. Mas, como no Brasil, ocorreram também processos de outra ordem que abalaram a vida e o poderio local: transformações políticas e econômicas começaram, num primeiro momento, a inibir o tráfico e, num segundo momento, a pressionar os senhores a libertarem seus cativos. Em 1810, o Tratado Anglo-Português de Amizade e Aliança reconheceu o direito dos portugueses de manterem o tráfico, mas restringiu-o aos domínios controlados pelo rei de Portugal. Em 1836, foi decretado o fim do tráfico de escravos em todos os domínios portugueses (Pinto, C., 1994, p.170). Já o Tratado Anglo-Português de 1842 buscou criminalizar o transporte de cativos em alto-mar e implementou as chamadas *comissões mistas*, encarregadas de fiscalizar os navios (Pinto, J., 1992, p.120-3).[104] Da mesma maneira como ocorreu no Brasil, as medidas não surtiram efeito, como bem demonstra, por exemplo, o fato de em 1849 um funcionário português ter sido contratado com a missão de controlar o litoral de Goa e combater o tráfico ilegal.

Os senhores locais resistiram de diversas maneiras contra essas medidas. O historiador norte-americano Walker analisou os acontecimentos em torno do Registro de Escravos de 1855 e chegou à conclusão de que, apesar de a Coroa ter ordenado um levantamento sobre a quantidade de cativos no Estado Português da Índia, houve uma recusa quase generalizada dos senhores de registrar seus escravos.[105] O mencionado censo assinalaria a existência de somente 134 escravos. Chama a atenção o fato de a maioria das folhas dos volumes especialmente confeccionados para este censo terem ficado vazias.[106] Para Walker (2004, p.69-77), este dado é indício de que os senhores temiam que os registros pudessem ser usados pelas autoridades para libertar os escravos, e/ou pudessem instigar os cativos a pressionar pela sua alforria. Os senhores teriam feito o seguinte cálculo: seria mais vantajoso isolar os escravizados das instâncias burocráticas e omitir ao Estado informações, apostando que, desta forma, as autoridades teriam mais dificuldades para executar políticas emancipatórias.[107] De modo semelhan-

---

104 Walker (2004, p.64) menciona ainda dois tratados anteriores que tiveram objetivos semelhantes: o Anglo-Portuguese Anti-Slavery Treaty, em 1818, e o Portuguese Royal Edict, em 1836.

105 A razão imediata que levou a Coroa a ordenar esse levantamento foi um incidente que envolveu uma ação realizada pelas comissões mistas britânicas: a libertação de cinco meninos escravos contrabandeados e a prisão do capitão português do navio, que aliás contou com o apoio de diversos senhores e constrangeu o governo português de tal maneira, que este se sentiu obrigado a tomar uma medida concreta para demonstrar que se preocupava com a prática da escravidão em Goa.

106 T. Souza (2004, p.47) apresenta alguns números que demonstram o declínio gradual da população escrava em Goa. A pequena quantidade de escravizados citada pelo historiador pode surpreender; vale lembrar também que, como mostrou Walker, os senhores buscavam não revelar o número efetivo dos escravos possuídos – 1719: 2.153; 1808: 1.410; 1839: 578; 1855: 100.

107 O acontecimento relatado por Walker lembra a reação dos senhores de escravos no Brasil diante das opções que a Lei de Ventre Livre (1871) lhes colocava: receber uma indenização por criança escrava alforriada ou renunciar à indenização e usufruir dos serviços dos cativos até os 21 anos. Muitos não deixaram de conceder a liberdade àqueles escravos que julgavam que a "mereciam", por meio da emissão de uma "carta de alforria", isto é, por uma ação particular (25 mil num prazo de nove anos); mas, na sua grande maioria, os donos de escravos abriram mão das indenizações oferecidas. Grande parte dos senhores dificultava, aparente-

te à história no Brasil, o fenômeno da escravidão em Goa foi, aos poucos, se extinguindo.[108] Se a supressão da escravização de chineses ocorreu já em 1758, a importação de escravos africanos continuaria ainda durante longas décadas. Em 1818, o rei de Portugal proibiu a importação de escravos de portos africanos situados ao norte do Equador. Em 1869, a Coroa portuguesa declarou a abolição da escravatura em todos os seus territórios; sabe-se, no entanto, que durante cerca de duas décadas ainda continuariam aportando alguns navios clandestinos nas praias de Goa (Xavier, P. D., 2010, p.119).

Por último, gostaria de chamar a atenção – sem ter a pretensão de aprofundar o tema – para diferentes avaliações feitas pelos autores no que diz respeito ao fenômeno da escravidão na Índia portuguesa. Existe, entre os pesquisadores, uma divergência semelhante aos debates no Brasil no que toca ao peso do "fator racial" na exploração escrava. A maioria dos pesquisadores indianos segue hoje as críticas do historiador britânico Charles Boxer, que, em 1963, com a publicação de *Relações raciais no Império colonial português: 1415-1825*, provocou um primeiro forte abalo nas teses do lusotropicalismo freyriano. Nesta obra, questiona profundamente a ideia de "tolerância racial e a ausência (relativa) do racismo da qual os portugue-

---

mente, também no Brasil, o registro de seus escravos para que não pudesse ser executada a libertação por meio do fundo especialmente criado para a emancipação (que, nesse mesmo período, alforriara apenas 4.438 cativos). Era, também no caso do Brasil, uma forma de os senhores demonstrarem sua resistência à intromissão do Estado nas relações senhor-escravo: uma forma de resistência à burocratização das relações políticas e sociais, a qual, implicitamente, para eles, significava também perda de poder (Hofbauer, 2006c, p.191).

108 De acordo com Lobo (1984, p.85), entre 1854 e 1856, entraram 134 africanos, vindos de Moçambique, nos portos de Goa. Tal como no Brasil, os britânicos empenharam-se em abolir o tráfico de escravos na Índia. Diversas leis (1811: The Bengal Regulation; 1813: The Bombay Regulation) foram emitidas para regulamentar o tráfico e, finalmente, em 1843, foi totalmente abolido nos territórios britânicos. Em 1860, o código penal tornou a posse de escravizados na Índia britânica uma "ofensa criminal".

Capítulo à parte é a história ainda pouco pesquisada dos chamados *Bombay Africans*. Tal como no tráfico transatlântico, os britânicos começaram a caçar, após a proibição do tráfico, navios que transportavam escravos; entregavam-nos a uma instituição cristã (Church Missionary Society) em Bombay onde sobretudo os mais jovens recebiam, tal como em Serra Leoa, formação escolar religiosa. Alguns deles foram posteriormente enviados à África (Frere Town, na cidade de Mombaça), onde assumiram papéis sociais, políticos e religiosos: uns atuaram como missionários, outros tornaram-se guias de exploradores importantes, tais como Livingston. Outros ainda se empenharam em campanhas abolicionistas e foram os responsáveis pela implementação da primeira imprensa no Quênia (Bhatt, 2018, p.93-9).

ses de hoje se vangloriam tão orgulhosamente" (Boxer, 1988 [1963], p.84) e atribui, em certa medida, esta visão à "diferença entre teoria e prática" quando conclui: "O que é certo é que a discriminação racial a favor dos portugueses nascidos na Europa, se nem sempre aceite na teoria, era larga e continuadamente exercida na prática pela grande maioria dos vice-reis e governadores ultramarinos" (ibid., p.72, 84).[109] De forma parecida, o historiador indiano contemporâneo P. D. Xavier constata que a sociedade lusa em Goa era marcada por traços fortes de discriminação racial, embora os portugueses tenham afirmado frequentemente que não seriam sensíveis a diferenças raciais (Xavier, P. D., 2010, p.32, 37). Ao analisar as práticas inquisitoriais, Srinivasan (2012, p.52) ressalta, igualmente, os "preconceitos raciais profundos" (*deep rooted racial prejudice*) que estariam presentes na Índia portuguesa desde seus primórdios.

Já J. Pinto, que escreveu a primeira obra sobre a escravidão africana em Goa, segue uma linha mais freyriana. Ela defende a ideia de que "a razão [da escravidão] era puramente econômica, não racial – não tinha nada a ver com a cor do trabalhador, mas com o custo da mão de obra" (Pinto, J., 1992, p.36). Afirma que as relações eram, em geral, "socialmente cordiais" (*socially cordial*) e que os portugueses teriam sido os primeiros a buscar se bronzear, o que demonstraria sua forte simpatia pela cor de pele tropical: "parece que os portugueses foram os primeiros a procurar bronzear suas peles [*tan their skins*] e, ao fazê-lo, mostraram seu intenso gosto pela cor da pele tropical" (ibid., p.106). Também admite, no entanto, que a afirmação de que os portugueses desconheciam a linha de cor (*colour bar*) pode ser um exagero, mas não deixa de acrescentar que "há provas suficientes para mostrar que eles [os portugueses] eram, na prática, mais liberais do que outros europeus". E conclui em tom categórico que a Coroa portuguesa não tinha nenhuma política coerente frente à "linha de cor"; teria sido a religião e não a cor que vigorou como critério principal da cidadania portuguesa (ibid., p.129).[110]

---

109 Boxer (1988, p.72) continua: "A correspondência de sucessivos vice-reis de Goa está cheia de queixas contra a suposta ou real inferioridade física e moral dos mestiços quando comparados com os portugueses natos e criados na Europa. Sempre que possível, portugueses brancos eram colocados nos postos de chefia militares e governamentais, tal como o eram nos altos cargos eclesiásticos, e os mestiços e os de sangue misto tinham que desempenhar posições secundárias".

110 Ao lembrar que, na Índia portuguesa, o escravo africano assumia frequentemente também a função de *prestige servant* e, no caso das mulheres, de doméstica e amante, J. Pinto (1992,

No meu modo de ver a questão, cada uma das análises aponta para importantes aspectos das relações escravistas que se desenvolveram em Goa; ao mesmo tempo, nenhuma delas parece-me satisfatória, na medida em que tendem a simplificar o tema "diferença e desigualdade". Tanto Boxer e seus seguidores, quanto J. Pinto naturalizam diferenças, uma vez que, no primeiro caso, apresentam-se raças como categorias a-históricas e, no segundo, projeta-se a ideia de um *ethos* da cultura lusitana que supostamente determina o comportamento de todos os portugueses de forma homogênea e independentemente do momento histórico e dos interesses particulares. Parece-me mais frutífero, para a compreensão do fenômeno em questão e abordá-lo em toda sua complexidade, elaborar uma perspectiva que foque tanto as relações de poder estruturais quanto as noções paradigmáticas que têm o potencial de orientar a cognição e ação dos sujeitos, sem ao mesmo tempo perder a sensibilidade para com a agência dos sujeitos que elaboram estratégias dentro do cenário estruturado, contribuindo assim para reafirmar suas bases ou, por vezes, para transformá-las.

Desta forma, sugiro concebermos as cores de pele e as características fenotípicas como marcadores de diferença usados pelos agentes sociais no jogo de poder. A percepção e a interpretação deles não devem ser entendidas como procedimento acultural ou a-histórico; no nosso caso, os mencionados marcadores de diferença, que têm potencial de funcionar como critérios de inclusão e exclusão, podiam ser moldados por outros importantes critérios usados para avaliar diferenças humanas, tais como: pertencimento a uma comunidade religiosa, teses sobre a força dos climas e dos astros, noções de pureza e de nobreza ligadas à defesa do pertencimento a uma determinada casta ou a certa linhagem, ou ainda a crença que relaciona os descendentes de Cam ao surgimento do fenômeno da escravidão. Todos esses fatores funcionavam frequentemente como referências importantes às quais os agentes podiam recorrer para posicionar-se nos processos de inclusão e exclusão. Dependendo dos interesses dos sujeitos, surgiriam, assim,

---

p.126) arrisca-se a afirmar que o tratamento de escravos em Goa foi talvez mais suave (*perhaps milder*) do que o tratamento dispensado aos cativos que trabalhavam nas plantações do mundo ocidental. Já o conterrâneo e também historiador P. D. Xavier (2010, p.110) não poupa os colonizadores portugueses e põe em xeque sua suposta benevolência: "Os portugueses eram cruéis por natureza. Torturavam seus escravos até que confessassem seu crime. Espancavam livremente os escravos com o chicote e não se continham".

convergências, oposições ou sobreposições entre os critérios citados em que um podia, inclusive, ser expresso ou reinterpretado por meio de outro.

Tentei mostrar que uma análise deste tipo fornece um arcabouço teórico--conceitual mais apropriado para explicarmos por que muitos discursos portugueses usavam o mesmo termo – *negro* – para falar, num primeiro momento, tanto dos nativos indianos quanto dos escravos africanos. Acredito que esta abordagem dá pistas e interpretações mais nuançadas sobre as disputas entre os *casados* e a elite indiana em torno daquilo que seria "preto" e "impuro", e permite analisar assimetrias e discriminações, sem reduzir os diversos aspectos das relações de poder e os variados discursos e posicionamentos a "relações entre raças" que supostamente transcendem contextos históricos e culturais específicos. Consegue explanar a margem estreita de manobra que sobrava aos escravizados africanos diante dos discursos justificatórios de inclusão e exclusão hegemônicos – já que, no caso deles, todos os critérios citados podiam ser mobilizados contra eles e fundidos para criar um único argumento poderoso –, sem ao mesmo tempo tornar os escravizados objetos passivos de um sistema socioeconômico imperante. E permite, finalmente, incluir, em todas estas análises, reflexões sobre dimensões cognitivas e "padrões culturais", tratando-os, porém, como uma espécie de "estrutura na história e enquanto história" ou "estruturas estruturantes" (Sahlins, Bourdieu), evitando, desta maneira, a "armadilha" de procurarmos um *ethos* específico numa "esfera própria" supostamente não atingida por processos históricos, políticos e econômicos.

Capítulo II
De castas, raças e tribos:
contextos e discursos

Adentrar o mundo dos siddis contemporâneos residentes no norte do estado de Karnataka e seu contexto requer um exercício prévio: tematizar o impacto da intervenção colonial britânica sobre as categorias mais fundamentais de identificação social. Esta abordagem torna-se necessária na medida em que muitos problemas enfrentados pelos grupos que lutam hoje contra discriminações e por direitos específicos remontam a políticas elaboradas por administradores e cientistas coloniais e às que têm como objetivo a superação dos efeitos nefastos do colonialismo britânico.

A maioria dos pesquisadores atualmente entende que o colonialismo britânico contribuiu, de forma decisiva, para (re)modelar o fenômeno social das castas e redimensionar sua importância social, embora haja, evidentemente, divergências no que diz respeito à avaliação do peso e do teor dessa intervenção. A polarização no debate se dá entre concepções substancialistas, segundo as quais existe algo como um substrato cultural indiano (hindu) que tem garantido certa continuidade nos processos históricos, e análises de teor desconstrutivista, que atribuem à ação colonial e aos discursos hegemônicos ("episteme colonial")[1] a responsabilidade pela enorme relevância social que as castas ganharam na Índia.

---

1 Levando em conta ideias fundamentais de Foucault acerca do conceito de episteme, pesquisadores(as) associados(as) aos estudos pós- e decoloniais vêm operando com a noção de "episteme colonial" a fim de chamar a atenção para as diversas formas de imposição, violência e destruição intrínsecas ao processo da colonização europeia, cujos efeitos perdurariam até hoje. Spivak (1988), Chakrabarty (2000) e Patel (2013) são apenas três dos(as) renomados(as) estudiosos(as) indianos(as) que têm analisado aspectos importantes da "episteme colonial" no contexto indiano.

102 ANDREAS HOFBAUER

Incorporando as premissas básicas das críticas pós-coloniais, Nicholas Dirks tenta mostrar que, na Índia pré-colonial, havia uma pluralidade de "unidades de identidade social". Segundo o antropólogo norte-americano,

> Comunidades de templos, grupos territoriais, segmentos de linhagens, unidades familiares, cortejos reais, subcastas de guerreiros, "pequenos" reinos, grupos ocupacionais de referência, associações agrícolas ou comerciais, redes de devoção e comunidades sectárias, inclusive sociedades cabalísticas sacerdotais, eram apenas algumas das unidades significativas de identificação, todas elas em diversos momentos muito mais importantes que qualquer metonímia uniforme de agrupamentos de "casta" endogâmicos. Casta foi apenas uma categoria entre muitas outras. (Dirks, 2001, p.13)

Dirks (ibid., p.76-9) lembra ainda outro detalhe que já tinha sido descrito pelo antropólogo indiano Appadurai (1974, p.258): sobretudo no sul da Índia, havia, em épocas pré-coloniais, uma forma não hierárquica, e sim horizontal de organizar as castas. Eram diferenciadas em dois grupos – *right hand* e *left hand* – e as classificações podiam variar e sofrer alterações de acordo com períodos e regiões específicas.

Teriam sido, acima de tudo, métodos de classificação administrativa coloniais, como censos, que fizeram com que a casta se tornasse categoria essencial de diferenciação social, mas isto não teria ocorrido antes do século XIX. Dirks (2001, p.15) avalia que a transformação das castas em categoria social dominante foi fundamental para a manutenção da ordem social na medida em que auxiliava e legitimava o exercício do poder colonial. O pesquisador não deixa dúvida de que o surgimento de novas formas de sociabilidade devia-se à intervenção colonial britânica na região:

> O colonialismo produziu na Índia novas formas de sociedade que têm sido vistas como tradicionais; a própria casta como a conhecemos hoje não é uma sobrevivência residual de uma Índia antiga, mas uma forma especificamente colonial (isto é, um substituto) da sociedade civil que tanto justificou quanto deu suporte a uma visão orientalista. (Ibid., p.60)

Já a antropóloga britânica Susan Bayly (2001) vê relação entre o declínio paulatino do reino dos mogóis e o fortalecimento das identidades de castas.

O vácuo de poder teria propiciado o surgimento de entidades dinásticas cujas elites teriam se apoiado em certas formas de saber e organização local, usando-as como instrumento de dominação. Conhecimentos antigos manifestos em textos sagrados teriam assumido assim papel fundamental nos processos de reorganização social e política, na medida em que, ao longo do século XVIII, os sacerdotes brâmanes – guardiães dos escritos sagrados e desde há muito tempo organizados na estrutura de castas – ganharam cada vez mais influência em diversas cortes. É contra argumentações deste tipo que Dirks lança farpas, uma vez que, segundo ele, atribuem aos próprios colonizados a responsabilidade pelo enrijecimento de um sistema sociopolítico extremamente hierárquico e explorador. Para o autor, tais considerações dariam excessivo relevo a um estado quase anárquico surgido após a implosão do Estado mogol e à subsequente – suposta – fraqueza e instabilidade do domínio britânico, para, a seguir, destacar a participação ativa e decisiva não apenas das elites, mas de boa parte da população indiana nas transformações do fenômeno social das castas (*Indian agency*). Em vez de focar nos efeitos das intervenções coloniais, a tendência seria a de culpabilizar a própria população local pela radicalização e pelo aprofundamento das relações hierárquicas e, consequentemente, das desigualdades sociais (Dirks, 2001, p.310).[2] Bayly (2001 [1999], p.11, 366, 373), por sua vez, critica enfaticamente as interpretações que, ao explicar as transformações sociopolíticas, ignoram as tradições locais e creditam o surgimento de um sistema de castas uniforme a ficções orientalistas e discursos coloniais essencializantes: a Índia não veio a "comportar-se como uma sociedade de

---

2 Neste contexto, Dirks critica, acima de tudo, a Escola de História de Cambridge e cita especialmente Christopher Bayly – marido já falecido de Susan Bayly – como representante mais importante desta interpretação da história indiana: "Repetidamente somos informados da fraqueza da Inglaterra, como 'a fantasia orientalista inundou as lacunas deixadas pelo declínio da informação pragmática', como o conhecimento se baseava na ignorância fundamental, que os estereótipos vieram da experiência europeia em vez de uma tentativa deliberada de criar um Oriente estereotipado, que o conhecimento não era apenas não confiável, instável e ambíguo, mas virtual e totalmente dependente de fontes indianas. Culpe a vítima novamente! [...]. Quando Bayly afirma que o conhecimento colonial estava 'longe de ser um monólito derivado das necessidades do poder', ele está reafirmando sua convicção de que o Estado colonial era fraco, atordoado e confuso. E mais uma vez a agência indiana – simultaneamente decisiva, não confiável e incognoscível – emerge triunfante através da flácida superestrutura do domínio colonial, um tributo ao heroico papel indígena na formação do império britânico" (Dirks, 2001, p.310).

castas 'tradicional' porque os europeus assim a perceberam e construíram".
Para a pesquisadora, casta se transformou em "uma força dinâmica na vida
e no pensamento indianos", pois "ela [a casta] tornou-se parte daquilo que
as pessoas fazem e dizem em qualquer momento sobre as convenções e valores que definem como sendo da 'sociedade de casta'" (ibid., p.7).[3]

Ambas as abordagens trazem contribuições importantes para o debate
e, por isso, vou aproveitá-las aqui no sentido de criar duas perspectivas,
ou melhor, dois tipos de foco, sobre uma mesma problemática: a constituição, reformulação e redimensionamento das castas na Índia. Se análises
de teor pós-colonial, como a de Dirks, iluminam, em primeiro lugar, o
papel dos discursos hegemônicos nos diversos processos transformadores
provocados pela intervenção colonial britânica, trabalhos como o de Bayly
trazem mais detalhes sobre as práticas e os costumes locais. Quero lembrar
ainda outra posição, de certo modo intermediária entre Bayly e Dirks,
cujas ponderações também podem servir como valiosa referência analítica.
Num livro sobre religião e modernidade na Índia, em que o tema "casta"
aparece também como referência constante, Peter van der Veer defende um
procedimento metodológico que denomina *interactional history*: seguindo
a proposta do antropólogo holandês, na análise deve-se focar não somente
as interações históricas que se desenrolam nos diversos jogos de poder, mas
também as categorias-chave por meio das quais estes processos são analisados;[4] nas palavras do autor, "atenção especial devia ser dada a 'molduras

---

3 Bayly (2001, p.373) não nega o papel da intervenção britânica nas transformações que afeta-
ram a concepção e a dimensão social das castas: "muitas dessas mudanças foram reforçadas
pelo Estado colonial através de seus exercícios gigantescos de investigação etnográfica e
coleta de dados". No entanto, seria inadequado em sua visão julgarmos "que a Índia passou
a se parecer ou se comportar como uma sociedade de castas 'tradicional' porque os europeus
a perceberam e a tornaram assim".

4 Van der Veer tenta mostrar, portanto, como noções modernas de religião, raça e casta foram
construídas ao longo do processo de formação dos Estados-Nação – processo que não pode
ser pensado sem as múltiplas interações, encontros e desencontros entre colonizadores e
colonizados. A própria concepção da modernidade é, para ele, portanto, também, produto
de uma história global e não deve ser pensada como originada unicamente das ideias e
projetos iluministas europeus. Ao criticar perspectivas eurocêntricas acerca da história da
modernidade (inclusive, a de C. Taylor), Van der Veer (2001, p.160) termina seu livro com as
seguintes palavras: "As origens da modernidade não podem ser localizadas exclusivamente
na civilização ocidental; elas devem ser procuradas na confusão de encontros em que begums
[título de mulheres aristocratas] indianos, convertidos hindus e, mais tarde, Universalistas
Teosóficos estão todos presentes".

estruturantes' [*frameworks*] que emergem nessas interações e se tornam categorias historiográficas inquestionadas" (Van der Veer, 2001, p.11).

Há um consenso entre os diversos autores (inclusive Dirks e Bayly) de que, na Índia pós-mogol, grande parte da população ainda não organizava suas vidas segundo "princípios" de casta (jati e varna), e que as fronteiras entre grupos de *status* eram mais fluidas e ambíguas do que viriam a ser a partir do final do século XIX. As normas de casta existentes foram aplicadas, de acordo com Bayly, mais como "pontos de referência" a serem negociados e ajustados aos respectivos contextos, e menos como um dogma inquestionável (*one-dimensional absolute*): "Neste período, [...] as fronteiras entre 'puro' e 'impuro', limpo e sujo, 'casta' e 'tribo' e até entre hindu e muçulmano eram ainda muito menos claramente definidas na vida cotidiana do que seria o caso depois", escreve Bayly (2001, p.96). Lentos processos de transformação induziriam uma disseminação do fenômeno social das castas sobre praticamente todo o subcontinente, que seria acompanhada por um enrijecimento das fronteiras grupais e uma espécie de universalização dos hábitos e práticas sociais entendidos pelos próprios agentes sociais como característicos de cada um dos "grupos-castas". A partir do estabelecimento da Companhia da Índia Oriental (East India Company) na região, as pressões sobre as elites e proprietários de terra locais constituíram, certamente, um impulso fundamental neste processo. Sobretudo a partir de 1820, administradores ligados à Companhia passaram a exigir tributos cada vez mais altos de um número crescente de pessoas. Teria sido neste contexto que grupos de ascendência nobre e proprietários de terra ligados a castas superiores (*twice-born patricians*) começaram a representar-se como defensores de princípios dhármicos (*dharmic standards*):[5] incorporaram valores e hábitos fixados em diversos textos sagrados – desde convenções rigorosas de casamento até regras de comensalidade e, acima de tudo, um amplo sistema classificatório que divide as coisas e as ações humanas entre puras e impuras (poluídas) – que, a princípio, caracterizavam

---

5 *Dharma* é um conceito complexo que tem longa história no subcontinente indiano. O conceito já foi traduzido como lei, religião e prática, entre outros. Fundamentalmente, diz respeito a princípios básicos da convivência humana que visam a manutenção da harmonia e justiça sociais e, neste sentido, também, a comportamentos corretos e apropriados (cf. neste capítulo usos particulares do conceito de dharma por líderes indianos políticos e intelectuais indianos).

106 ANDREAS HOFBAUER

a vida dos brâmanes. Bayly (2001, p.201, 205) argumenta que, juntamente com a crescente influência política dos brâmanes nos reinos locais, foram se espalhando também os *princípios dhármicos* no subcontinente indiano.

As pressões por tributos, que trouxeram instabilidade e insegurança para as elites rurais locais, repercutiram sobre a autorrepresentação e os comportamentos dos grupos: preocupados com a manutenção de seu *status* e de suas vantagens econômicas, teriam deixado de definir sua posição social elevada com base em suas propriedades rurais e assimilaram agora valores e hábitos dhármicos, oriundos de saberes manifestos em escritos sagrados dos brâmanes. À medida que tais normativas impunham os critérios de pureza e poluição (impureza) também sobre as relações sociais, as elites rurais agora "convertidas" tendiam, cada vez mais, a tratar os diversos grupos social e economicamente desfavorecidos (sem posse de terra), e também as chamadas *tribos*, como "intocáveis", exigindo deles a execução de trabalhos considerados "inferiores" e "impuros". Nas palavras de Bayly (2001, p.206):

> Famílias feudais que antes tinham definido seu honroso status acima de tudo em termos de direitos à posse de terra [...] agora reforçavam demandas de serviços e tributos ao impor códigos de servilidade ritualística a um crescente grupo de camponeses sem terra e a antigos meeiros "tribais", os quais não tinham sido associados aos removedores de poluição "intocáveis".[6]

O acirramento da exploração provocou, amiúde, reações entre os grupos que seriam identificados agora como castas inferiores ou intocáveis. Bayly aponta, nesse contexto, para outra questão que considera importante: as formas de resistência, geralmente, não punham em xeque a lógica de castas

---

6 Nas "Conclusões", Bayly (2001, p.371-2) resume: "O que realmente ocorreu foi que, sob as políticas desfavoráveis do exército britânico e de assentamento de terras, grande número de patrícios *twice-born* experimentou inseguranças sem precedentes. Essas pessoas, portanto, voltaram-se cada vez mais para a linguagem e os usos de pureza e de poluição, numa tentativa de subordinar os chamados *servos de campo* [*field servants*] e outros grupos de trabalhadores que até então não tinham sido incluídos na categoria dos impuros removedores de tudo que era tido como sujo e poluído [*unclean pollution removers*]. Em alguns, embora não em todos os casos, essas mudanças foram reforçadas por leis coloniais específicas de casta e práticas administrativas, e também pelos preceitos de crenças sectárias populares que ensinavam conformidade com as normas sóbrias de uma ordem moral dhármica 'civilizada'".

que estava se impondo. Ao contrário, a maioria dos grupos aderiu às convenções de pureza e hierarquia, buscando adaptá-las à sua realidade para, dessa forma, conquistar vantagens no jogo de poder local:

> Com algumas notáveis exceções, os grupos que tentavam rebater estas pressões faziam-no invocando suas próprias versões da lógica jati e varna. Foi este o contexto no qual as experiências modernas das hierarquias de casta e uma barreira de poluição que permeia tudo se instaurou em âmbitos que até então tinham sido somente parcialmente bramanizados. (Bayly, 2001, p.207)

Percebe-se que também essa linha de argumentação aponta não apenas para um, mas para múltiplos fatores que teriam sido responsáveis pela remodelação e transformação do fenômeno das castas na Índia. Porém, peso maior do que em outras análises – como a de Dirks – é atribuído a saberes locais, sobretudo à existência de um grande *corpus* de escritos sagrados. Bayly procura mostrar que as leituras e releituras desses textos ganharam papel fundamental nas disputas entre elites locais e colonizadores britânicos, sobretudo a partir da segunda parte do século XIX. Não negando o impacto dos discursos coloniais orientalistas, que assumiriam *status* de verdades científicas, a antropóloga dá também relevo às vozes da elite local, que, geralmente formada em instituições de ensino britânicas, recorria aos saberes locais com o objetivo de elaborar estratégias para se opor ao colonizador. A análise de Bayly sugere, ao mesmo tempo, que as teses elaboradas pela maioria dos líderes do final do século XIX até a Independência do país continuavam, de certo modo, presas ao saber colonial e, ao ajustá-lo aos seus interesses, acabaram, inclusive, contribuindo para "substancializar" a noção das castas.

Há consenso de que a grande revolta de 1857, conhecida também como Sepoy Mutiny e Indian Rebellion, que começou como um levante de militares indianos (*sepoy*) e depois se voltou contra o domínio da East India Company, foi um marco para a história de toda a região.[7] A Coroa britânica

---

7 Houve diversas causas para a revolta que se espalhou pelo norte da Índia: uma, entre outras, pode ter sido os mencionados tributos exorbitantes que a Companhia vinha exigindo dos proprietários de terra. Dirks (2001, p.131) cita, como outro fator, conflitos em torno do tema das castas: oficiais britânicos teriam chamado a atenção para o fato de que a casta como princípio de organização social seria totalmente incompatível com a disciplina militar.

reagiu à revolta com a dissolução da East India Company e impôs o "governo direto", o chamado *Raj britânico*, sobre a Índia. Como consequência direta dessa medida, a administração colonial começou a investir na produção de um conhecimento mais sistematizado sobre as populações locais: entendia-se que obter informações mais seguras era necessário para melhor administrar e controlar a colônia. Dirks (2001, p.221) vê nesta atitude o início de um processo de antropologização do conhecimento, que cumpria não somente objetivos estritamente administrativos, mas que assumiu, com o tempo, um papel muito mais abrangente. Com a organização de amplos estudos censitários no final do século XIX, promovidos por administradores-antropólogos, a antropologia deixou de ser um mero instrumento burocrático-administrativo para se transformar num saber que marcou profundamente o pensamento da administração colonial (*administrative episteme*). Os primeiros tijolos para a construção de um saber colonial já teriam sido colocados, de acordo com essa leitura pós-colonial, pelos estudos chamados *orientalistas*, sobretudo pelas pesquisas nas áreas da linguística e da religião, a partir do final do século XVIII (Hofbauer, 2017).

A constatação de Van der Veer de que as pesquisas voltadas para questões filológicas davam, aos poucos, lugar aos estudos marcados pela ciência da biologia complementam as reflexões de Dirks. Van der Veer considera igualmente a Grande Rebelião e, também, as descobertas de Darwin como marcos históricos importantes a partir dos quais a "ciência da raça" conquistava não somente prestígio acadêmico; suas "verdades" passaram a substituir as da religião cristã, inclusive para serem usadas como o mais importante "marcador de diferença colonial" (Van der Veer, 2001, p.135).

Ao mesmo tempo, o antropólogo holandês vê nitidamente mais imbricamento do que Dirks na relação entre saber local e saber colonial. Chama a atenção para o fato de que, já no final do século XVII – portanto, bem antes de os chamados *orientalistas* iniciarem sua busca pelos "textos originários" da postulada civilização indo-europeia –, Neelakantha Chaturdhara, um letrado brâmane de Maharashtra, coletava e consultava cópias da epopeia Mahabharata de diferentes partes da Índia para comentá-las, indicando a melhor leitura. "De certa maneira", conclui Van der Veer (2001, p.122), "a filologia orientalista foi simplesmente sucessora da filologia bramânica".

II.1. Construindo os fundamentos de um saber colonial

A análise de Bayly (2001), por sua vez, destaca que, na segunda metade do século XIX, o fenômeno das castas começava a ser visto, tanto por letrados indianos classificados de *modernisers* quanto por teóricos europeus, como a característica definidora do que estava sendo construído como povo ("raça"), cultura e religião hindu. Havia consenso entre a elite indiana no que dizia respeito à grande importância social das castas. No entanto, os caracterizados por Bayly (ibid., p.154) como *nation-builders* discordavam profundamente sobre o papel que as castas deviam ter numa futura nação independente: "[eles] estavam profundamente divididos sobre se as castas eram boas ou más para o hindu moderno, e se suas solidariedades podiam ser remodeladas, transformando-as num elemento vinculante de um imperativo nacional unificador".

Vários desses autodenominados "reformistas" acompanhavam de perto as teorias contemporâneas desenvolvidas no Ocidente por antropólogos, filólogos e biólogos (inclusive os estudos sobre eugenia), e as teses de influentes orientalistas, tais como as de W. Jones e M. Müller, não deixaram de ter reflexos sobre o que os "reformistas" pensavam sobre a Índia. Ao mesmo tempo, notamos que diversas reinterpretações locais no contexto das lutas anticoloniais contribuíram, fundamentalmente, para remodelar o fenômeno das castas. No fundo, se desenrolou um amplo debate entre intelectuais britânicos e indianos sobre a relação entre nação, religião e casta: como entender e como lidar com as diferenças e as desigualdades dentro do território indiano, de um lado, e como tratar a mesma questão concernente à relação entre colonizador e colonizado, de outro lado.

Uma "descoberta" importante para as discussões foi a do filólogo *sir* William Jones (1746-1794), jurista britânico que atuou na Suprema Corte de Calcutá no final do século XVIII.[8] Seus estudos filológicos revelaram

---

8 O historiador Mann (2012, p.191) descreve Jones como um representante típico da elite britânica que buscava apresentar-se como filantrópica e, ao mesmo tempo, fazia questão de manter distância das populações humildes. A atitude deste jurista-filólogo orientalista diante a questão da escravidão revelava esta ambiguidade: em público, Jones pronunciava-se a favor da Abolição da escravidão; no entanto, na sua casa trabalhavam alguns escravos domésticos. Jones chegou a justificar este fato, dizendo que se tratava de criados auxiliares que ele teria salvado da miséria e da morte.

semelhanças notáveis entre o sânscrito, o grego e o latim, e sugeriram que as três línguas têm uma origem comum (cf. Jones, 1807). A existência de um tronco linguístico – indo-europeu, como viria a ser chamado posteriormente –, que unia a maior parte das línguas europeias com a maioria das línguas faladas na Índia, intrigou por muito tempo inúmeros cientistas europeus. Mudou, de certo modo, o olhar sobre a relação entre a civilização europeia e as populações indianas, uma vez que muitos cientistas europeus já partiam da premissa de que existia uma congruência entre línguas e raças humanas. A detecção desse nexo provocou sentimentos de identificação e aproximação, mas não sem que a posição de superioridade diante dos "irmãos indianos" fosse reafirmada. A identificação de um segundo tronco linguístico – as línguas dravidianas – no sul da Índia abriu o caminho para fundamentar uma teoria civilizatória indiana que se baseava no encontro entre duas raças. Foram, acima de tudo, os estudos de Friedrich Max Müller que contribuíram para o aprofundamento e aperfeiçoamento dessas teses.

O objetivo de estudar sânscrito era inicialmente outro: Jones queria fornecer à administração colonial acesso a uma compilação de textos antigos (Manusmṛti, em devanágari, मनुस्मृति), que, de acordo com suas convicções, representavam um código de leis de tempos passados. A ideia era reconstituir uma espécie de *Ur-Text* (texto-primevo) e aplicá-lo como "lei local", sem ter de depender da interpretação dos *pandits* (letrados hindus) (Cohn, 1996, p.29).[9] Assim, o jurista-filólogo pôs-se a estudar sânscrito e conseguiu traduzir o Manusmṛti (*Institutes of Hindu Law or the Ordinances of Manu*, 1794, também chamado posteriormente de Lei de Manu), produzindo um trabalho intelectual que marcou época. Uma vez traduzido o compilado de textos que remontam provavelmente a um período entre os

---

9 Segundo Cohn (1996, p.30), "Jones queria fornecer aos tribunais ingleses na Índia, [...] uma base segura sobre a qual eles poderiam proferir decisões em consonância com uma versão 'verdadeira' ou 'pura' da lei hindu. Então os pandits, brâmanes e 'advogados' indianos, acreditava Jones, doravante não poderiam 'interpretar a lei Hindoo como quisessem, e poderiam fazer [vereditos] em um ritmo razoável, quando não a encontrassem pronta [não existia]'". O antropólogo britânico Pinney (2008, p.384) chama a atenção para o fato de que Cohn já alertava nos seus estudos – antes de Edward Said – para o impacto das investigações de cientistas britânicos e dos censos (sistematização de práticas culturais indianas) sobre as concepções de mundo locais, na medida em que contribuíam para formalizar processos identitários de uma nova maneira. Lembra também que Dirks foi aluno de Cohn e mostra como o pensamento do primeiro é tributário da obra do segundo.

séculos II a.C. e III d.C., a administração colonial passou a ter em mãos a ansiada referência jurídica, à qual se reportava, de fato, como "lei hindu".

Uma parte significativa dos escritos gira em torno do conceito de dharma, que já foi traduzido de diversas maneiras: como lei, religião e prática, por exemplo (cf. a nota 5 deste capítulo). As diversas passagens do Manusmṛti contêm orientações e comentários (por vezes até contraditórios) sobre questões de ordem moral, comportamentos de homens e mulheres, deveres individuais (ciclo de vida) e grupais ("lógica" dos varnas), e sobre temas como as guerras ("justas") e o ideal da não violência (*ahimsa*). Da mesma forma como nos escritos sagrados dos Vedas,[10] mais antigos do que o Manusmṛti, as castas aparecem como referência fundamental nas explicações a respeito dos diferentes hábitos e tarefas humanas. Pesquisas mais recentes (por exemplo, Thapar, 2002) entendem que o Manusmṛti representava, originalmente, um conjunto de textos ritualísticos que se dirigiam, acima de tudo, aos brâmanes e xátrias, os quais, nas releituras de letrados britânicos e, subsequentemente, de indianos reformistas, assumiram características de um código de leis.

Cerca de um século após a revelação do Manusmṛti ao mundo ocidental, o importante filólogo alemão radicado na Inglaterra, Max Müller (1823-1900), providenciou, com a ajuda financeira da East India Company (entre 1849 e 1874),[11] a tradução do Rig Veda (em devanágari, ऋग्वेद),[12] que –

---

10 Os Vedas (em sânscrito, *veda* – वेद –, sabedoria, conhecimento e visão) são um corpo de textos religiosos que é composto de quatro escrituras: o Rig Veda, o Yajur Veda, o Sama Veda e o Atharva Veda.

11 A autoria desta obra seria questionada. Müller, aparentemente, contratou para a tradução outro filólogo alemão cujo nome não ficou conhecido. A obra traduzida seria levada como um dos presentes valorosos à Índia pelo Príncipe de Gales, quando fez à colônia uma visita de seis meses (1875-1876).

12 Rig Veda (*ṛgveda*) é uma composição de duas palavras sânscritas: *ṛc* ("louvor", "brilho") e *veda* ("conhecimento"). A datação do texto é incerta. Há quem acredite que tenha sido elaborado entre 1500 e 1300 a.C. no Punjab. Thapar (2002, p.101) chama a atenção para o fato de que "os hinos foram memorizados de maneira meticulosa e transmitidos oralmente durante muitos séculos antes de serem escritos", e que os textos épicos indianos "não eram necessariamente registrados num ponto preciso do tempo": teriam sido editados e completados, não tendo uma fonte de datação única. Jack Goody (2011, p.193) argumenta que esta literatura védica se tornou a base da religião (que seria chamado de hinduísmo), da ciência e da educação. Para Goody, o fato de os épicos terem sido transmitidos oralmente durante muito tempo antes de terem ganhado uma forma fixa fez com que surgissem inevitavelmente diversas versões. A introdução da escrita, associada desde sempre aos brâmanes, guardiães

assim esperava o cientista – daria acesso aos fundamentos não apenas da teologia do povo hindu, mas do fenômeno da religião em si. Ensinando filologia desde 1850 na Universidade de Oxford (em 1868 assumiu a primeira cátedra de ciência e filologia comparativa), Müller passou a dedicar-se cada vez mais aos estudos da religião, tornando-se fundador das ciências comparadas da religião. Suas pesquisas integravam e fundiam análises linguísticas e estudos da religião com preocupações que posteriormente se institucionalizariam como ciência da antropologia. Müller entendia que existe algo como uma verdade transcendente que se manifesta nas mais diversas religiões. O cristianismo seria a forma de religião mais desenvolvida; no entanto, o estudioso deixava claro que todas as religiões possuem elementos do fenômeno religioso. As reflexões de Müller conjugavam ideias sobre forças transformadoras evolucionárias com concepções românticas a respeito de processos de declínio e de decadência que se expressariam nos fenômenos socioculturais e seriam capazes de alterar seu estado originário.

Ao analisar o pensamento de Müller, Van der Veer constata que a "ciência da religião", tal como concebida pelo pesquisador teuto-britânico, seguia princípios metodológicos da filologia: procurava detectar os elementos essenciais da religião e os princípios das mudanças históricas que estariam por trás do fenômeno em questão.[13] Esse raciocínio teria levado Müller a estudar o Rig Veda, tido como o conjunto de textos sagrados fundacionais da religiosidade hindu (para Müller, os escritos mais antigos do mundo), para captar a suposta essência do fenômeno religioso (Van der Veer, 2001, p.111). Naquele momento, não havia nenhuma compilação do Rig Veda disponível na Índia. É um costume secular que jovens brâmanes aprendam

---

máximos do saber sagrado, teria possibilitado a fixação das narrativas épicas na língua sagrada sânscrito. Embora as escolas dos templos tenham tido foco na ortodoxia brâmane, afirma Goody (ibid., p.197), "houve uma expansão da crença [de diversas crenças] que toda religião politeísta contém [tende a produzir] e certo grau de heterodoxia, pois a religião continuou a incorporar variantes ao longo do tempo [...]". Neste sentido, o antropólogo britânico conclui que o hinduísmo nunca foi uma religião teologicamente prescritiva, tal como as religiões abraâmicas. E as reflexões de Thapar, nas quais Goody busca sustentação, complementam este raciocínio: "a religião na história indiana antiga não é uma força monolítica [...] a ideia de uma religião de Estado estava ausente" (apud Goody, 2011, p.196).

13 Van der Veer (2002, p.112) arrisca-se até a fazer uma comparação com o pensamento de Lévi-Strauss na medida em que Müller também teria buscado elementos universais com a ajuda de modelos linguísticos. A grande diferença era, porém, o fato de Müller ter desenvolvido suas ideias antes da revolução que ocorreu na linguística a partir da obra de Saussure.

a memorizar partes da obra, inscrevendo o conhecimento por meio de técnicas mnemônicas em seus corpos – a recitação védica, como conhecimento incorporado, continua sendo uma prática viva na Índia e é desta forma que os conhecimentos passam de geração para geração. Empenhado na execução do seu trabalho, o próprio Müller registrou o "susto" que hindus ortodoxos levaram quando perceberam que empreitada "um europeu bárbaro estava concluindo" (Van der Veer, 2001, p.117).

Müller construiria suas teses principais a partir das interpretações do termo *arya*, que em sânscrito significa "homem nobre e honrado" e, no Rig Veda, designa os primeiros três (dos quatro) varnas: os brâmanes, os xátrias e os vaixás; excluídos deste *status* eram os sudras e os dasyus (ou dāsas), estes últimos entendidos como "inimigos" ou "escravos". Inspirado pelas revelações de Jones, Müller via nos aryas os fundadores de um tronco linguístico (das línguas indo-europeias) cujo local de residência originário se situava na Ásia central, e usaria o termo *arianos* (e também "raça ariana" e "raça de um povo") para se referir a tal "grupo primevo". O pesquisador justificou sua escolha da seguinte maneira:

> Uma vez que uma filologia comparativa rastreou o nome arya da Índia até a Europa, revelando-o como o título original assumido pelos arianos antes de terem deixado seu lar comum, é normal que ele [o nome] deve ser escolhido como o termo técnico para a família de línguas que antigamente tinham sido designados indo-germânicas, indo-europeias, caucasianas ou jafetitas. (apud Van der Veer, 2001, p.138)

Müller não tinha dúvida de que os arianos eram gente branca e civilizada que, em determinado momento da história, dividiu-se em dois ramos. Um, descrito como mais ativo e combativo, migrou para a Europa, onde teria criado também a ideia de nação; os arianos do sul, mais passivos e meditativos, teriam migrado para o Irã e para a Índia, onde se defrontaram com uma população de cor de pele escura – os dasyus – que acabaria sendo subjugada pelo povo mais avançado em termos civilizatórios (Thapar, 1996, p.5). As explanações subsequentes de Müller (1855, p.29) apontavam para uma proximidade, se não união, entre hindus (indianos) e britânicos (europeus), como quando declarou, em 1855, que o mesmo sangue que corre nas veias de um soldado inglês corre nas veias do bengalês escuro. Ao mesmo tempo, o pesquisador não deixava de registrar a existência de um desnível civilizatório. Na medida em que não negava à população originária a capacidade de civilizar-se, Müller construiu também um discurso que permitia justificar o projeto colonizador britânico na região. Ou seja, as suas análises conseguiam conjugar a constatação de uma inferioridade com a de um potencial civilizatório tal qual o dos arianos do norte:

> é curioso vermos como os descendentes [ingleses] da mesma raça [ariana], à qual os primeiros conquistadores e senhores da Índia pertenciam, voltam, depois de terem levado a cabo o desenvolvimento nórdico da raça jafetita, à sua terra primordial para cumprir o trabalho glorioso da civilização que seus irmãos arianos tinham deixado inacabado. (Müller, 1847, p.349)

O tema da conquista, ligado ao ato de subjugar e civilizar, ganha ainda mais importância na tese acerca da chamada *invasão ariana* na Índia, que marcou profundamente as discussões não somente sobre as diferenças étnico-raciais e linguísticas, mas, como veremos, também sobre a constituição e a origem das castas no país. Baseando-se no Rig Veda, Müller postulou que a tribo dos arianos, com seus guerreiros e cavalos, teria se deslocado para invadir as planícies. O avanço dos arianos – identificados agora geralmente com os brâmanes – resultou na submissão das populações locais, colocando-as diante de duas alternativas: ou seriam empurradas para as montanhas (o que teria dado origem às tribos residentes nas montanhas) ou seriam incorporadas ao sistema social dos varnas como sudras (uma casta que não merecia o título de arya). Sobre as consequências para a população indígena – caracterizada pelo autor como "negra" –, Müller (ibid., p.348) escreveu: "Geralmente constatamos que é o destino da raça negra, quando posta em contato hostil com a raça jafetita, ser destruída e aniquilada ou ser colocada no estado de escravidão e degradação do qual ela somente se recupera, caso isto ocorra, por meio de um lento processo de assimilação". Desta forma, apresentou uma teoria de duas raças entre as quais teria havido momentos de mistura e exclusão mútuas: a dos arianos, de tez clara e falante de línguas derivadas do sânscrito, teria invadido as terras de uma segunda raça, mais escura, que se encontrava num estágio inferior de civilização e pertencia ao tronco linguístico dravidiano.

DIÁSPORA AFRICANA NA ÍNDIA   **115**

No fim de sua vida, Müller aparentemente fazia um esforço para se distanciar de certos "exageros" de suas teses, reconhecendo que é impossível constatar uma congruência entre raça e língua – ele chamou a atenção para o fato de haver grande número de brâmanes no Decão que fala línguas dravidianas (Trautmann, 1997, p.196). Em 1888 escreveu:

> Eu afirmei diversas vezes que se eu digo ariano [*Aryas*] não me refiro nem a sangue, nem a ossos ou cabelo ou crânios; refiro-me simplesmente àqueles que falam uma língua ariana. A mesma coisa se aplica aos hindus, gregos, romanos, germânicos, celtas e eslavos. Quando falo deles, refiro-me a características não anatômicas. Os escandinavos de olhos azuis e cabelo claro podem ter sido conquistadores ou conquistados, eles podem ter adotado a língua de seus senhores escuros ou de seus súditos ou vice-versa. Falo de nada além de suas línguas quando os chamo de hindus, gregos, romanos, germânicos, celtas e eslavos; e neste sentido e apenas neste sentido digo que até o hindu mais preto representa um estágio da fala e do pensamento arianos mais antigo [anterior] do que os escandinavos mais claros. [...] Para mim, um etnólogo que fala da raça, do sangue, dos olhos e cabelo arianos é um pecador tão grande quanto um linguista que fala de um dicionário dolicocefálico ou de uma gramática braquicefálica. (Müller, 1888, p.120)[14]

Podemos afirmar que a maneira como Müller pensava a constituição de grupos humanos (raças) não reflete as teses do determinismo biológico "cristalino" que guiaram as reflexões e explicações de outros cientistas, como Risley, a respeito das diferenças entre as castas indianas. No entanto, suas conclusões sobre a relação entre língua, religião e civilização evidenciam em diversos momentos que argumentos filológicos se mesclam e,

---

14 Cf. trecho de uma palestra de Müller, proferida em 1872: "A Ciência da Língua e a Ciência do Homem não podem, pelo menos por enquanto, ser separadas, e muitos mal-entendidos, muitas controvérsias, teriam sido evitados, se os estudiosos não tivessem tentado tirar conclusões da linguagem para o sangue, ou do sangue para a linguagem. Quando cada uma destas ciências tiver realizado independentemente sua própria classificação de homens e línguas, então, e somente então, será hora de comparar seus resultados; mesmo assim devo repetir o que já disse muitas vezes antes, seria tão errado falar de sangue ariano quanto de gramática dolicofálica" ("Speech before the University of Stassbourg", 1872 apud Chaudhuri, 1974, p.313). Thapar (1996, p.6) chama a atenção para o fato de que, embora Müller tivesse criticado a fusão entre termos linguísticos e raciais no final da vida, como fica explícito na citação transcrita, sua obra contribuiu em última instância para a construção da noção de "raça indiana".

116 ANDREAS HOFBAUER

muitas vezes, cedem lugar a ideias emprestadas da biologia, uma ciência que se torna cada vez mais poderosa a partir de meados do século XIX.[15] O conjunto dessas teses, baseadas em fundamentações por vezes ambíguas e até contraditórias, teria enorme repercussão tanto entre cientistas europeus quanto entre pensadores e "reformistas" políticos indianos.

De acordo com a antropóloga indiana Carol Upadhya, as traduções dos textos sagrados e sua popularização influenciaram profundamente a maneira como a elite indiana emergente começava a modelar sua visão a respeito da história e das tradições culturais locais. O desenvolvimento de uma consciência nacionalista recebeu forte impulso na década de 1860, a partir da publicação dos escritos de Müller; a disseminação do termo *arya*, tal como concebido pelo filólogo, deixou "uma forte marca na consciência coletiva das camadas superiores da sociedade indiana" (Upadhya, 2002, p.33-4).[16] Se a elaboração da "teoria ariana" é atribuída, em primeiro lugar, aos chamados *orientalistas* de origem europeia, Upadhya (ibid., p.34) credita sua popularização, sobretudo no meio da classe média, ao fato de tal teoria ter sido apropriada por uma ideologia nacionalista: "enquanto a teoria ariana emergiu do orientalismo, sua disseminação e sucesso ao colonizar a consciência da classe média instruída podem ser atribuídos à sua apropriação por parte da ideologia nacionalista".

II.2. Saber colonial e processo de *nation-building*

Ideias acerca da existência de um povo/raça hindu milenar podiam ser facilmente apropriadas para sustentar projetos que visavam construir

---

15 Para alguns autores, como Upadhya, a obra de Müller foi decisiva não somente para popularizar a teoria da invasão ariana, mas também para transformar categorias-chave – como *indo-ariano* e *dravidiano*, que inicialmente teriam tido uma conotação preponderantemente linguística – em categorias raciais: "A teoria da invasão ariana foi popularizada por Max Müller, que converteu as categorias linguísticas originais de 'Indo-ariano' e 'Dravidiano' em categorias raciais" (Upadhya, 2002, p.32).

16 "A identidade indiana-ariana tornou-se um componente importante da consciência histórica do século XIX; era especialmente atraente para as novas classes médias emergentes, bem como para as castas superiores que consolidaram sua posição dominante sob o domínio britânico e que podiam se identificar com os arianos como os portadores de uma civilização avançada na Índia" (ibid., p.34).

uma nação propriamente "indiana" (*Bharat*, भारत). Diversos discursos nacionalistas indianos do século XIX equipararam arya a hindu e hindu a indiano; outros associaram o conceito de arya (आर्य) apenas às castas superiores, especialmente aos brâmanes; ou ainda às populações do norte da Índia, falantes da língua hindi (ibid., p.35).[17] A ideia de ter existido em tempos remotos uma era dourada, como descrita nos Vedas, que teria sido interrompida duas vezes – num primeiro momento, pelo estabelecimento de um reino muçulmano (mogóis) e, posteriormente, pelo poder colonial britânico –, alimentou a elaboração de discursos nativistas e nacionalistas que reivindicaram a restauração da alegada ordem antiga.

Dentre os muitos sábios indianos que investiram em releituras dos antigos textos em sânscrito para delas tirar ensinamentos não apenas sobre assuntos de ordem estritamente ética, mas também sobre a história e a constituição dos grupos humanos residentes na Índia e suas diferenças em relação ao povo colonizador, dois se destacaram: Dayananda Saraswati (1824-1883) e Swami Vivekananda (1863-1902). Ambos pregavam o retorno a uma ética que entendiam ser fundamentada nos Vedas e em outros textos antigos escritos em sânscrito, como as Vedanta (Upanishads) e Bhagavad Gita (Mahabharata).

Em sintonia com o pensamento de Müller, Dayananda Saraswati e Swami Vivekananda entendiam que esses escritos sagrados continham conhecimentos e verdades últimas que teriam sido perdidos ou distorcidos com o decorrer do tempo. Ambos passaram longos anos perambulando pela Índia como ascéticos. Ambos se opuseram à hegemonia ritualística dos brâmanes, e não apenas pregavam o abandono das populares práticas de "idolatria" (uso ritualístico de imagens) e de diversas formas de oferendas (incluindo sacrifícios de animais), como também criticavam diferentes formas de desigualdades, como o tratamento discriminatório das mulheres e as inferiorizações justificadas pelo pertencimento a determinada casta. Além disso, ambos criaram organizações que visavam unir aspirações religiosas com a realização de projetos sociais, educativos e filantrópicos. Dayananda

---

17 A identificação de uma suposta população indígena com os dāsas e dasyus dos textos védicos, que teriam sido os inimigos dos aryas, tornou-se igualmente muito popular – cf. a obra *Vedic Index of Names and Subjects* de Macdonell e Keith, 1912, citada por Trautmann (1997, p.206).

118 ANDREAS HOFBAUER

fundou em Bombaim, em 1875, a Arya Samaj (Sociedade dos Arianos),[18] que se empenhou, por exemplo, em construir grande número de escolas; já Vivekananda fundou, em 1897, a Ordem Ramakrishna.

Nos seus escritos, Dayananda e Vivekananda atribuíram os textos védicos à civilização mais antiga do mundo: proclamaram que a religião védica continha verdades universais que deveriam ser recuperadas não somente para o povo hindu, mas para o mundo inteiro. Assim, insistiam enfaticamente que os manuscritos antigos (especialmente os Vedas) deviam ser vistos como a origem e a fonte de toda moralidade, inclusive cristã,[19] e que neles já podia se encontrar, mesmo que de forma velada ou prefigurada, todas as descobertas científicas contemporâneas (cf. Van der Veer, 2001, p.81). Chama a atenção, nesse contexto, o esforço que os dois pensadores faziam para embasar suas reflexões em argumentos tidos, na época, como científicos. Sobretudo Vivekananda não tinha dúvida de que a religião se baseava na razão (ibid., p.74).

Ao assumir uma linha de argumentação racional-cientificista que visava conquistar o respeito e a aceitação das tradições locais, inclusive da parte de intelectuais, religiosos e autoridades não indianas, pensadores como Dayananda e Vivekananda acabaram contribuindo para constituir a própria ideia de que existe uma religião hindu. De acordo com eles, essa forma de religiosidade une – ou melhor, deveria unir – todos os descendentes daqueles que escreveram os textos védicos. Percebe-se que o discurso elaborado pelos dois pensadores não apenas valorizava as tradições locais diante do colonizador, mas apontava também para a criação de um espírito de união anticolonial. O que estava em questão era integrar, se não fundir, as noções de Estado, nação e religião. Dayananda foi um dos primeiros a reivindicar o autogoverno (*swaraj*) para os indianos, usando este termo pela primeira vez

---

18 O projeto sociorreligioso proposto por Dayananda apresentou alguns elementos "radicais". Um dos objetivos era purificar a ordem social hindu: no topo do esquema moral almejado estariam aqueles que atingem a maior pureza espiritual. Se este ideal punha em xeque o princípio hereditário que assegurava uma posição de destaque aos brâmanes, o modelo de Dayananda não rompia, no entanto, com o princípio hierárquico. Continuava reconhecendo os símbolos identitários dos varnas, inclusive, o cordão sagrado (*yajnopavita*) que diferenciava aqueles que pertenciam aos três varnas superiores (*twice-born*) dos sudras e intocáveis (Bayly, 2001, p.70).

19 Disseminou-se a ideia de que o próprio Cristo seria originário da Índia, mais especificamente uma encarnação de Krishna (apud Van der Veer, 2001, p.158).

em 1876, ao declarar que seria "um dever religioso" de os indianos se livrarem dos europeus e de todo o mal relacionado a eles. Ideias como estas foram aprofundas posteriormente por importantes nacionalistas hindus, como Bal Gangadhar Tilak (1856-1920) e Vinayak Damodar Savarkar (1883-1966), autor do livro *Hindutva: Who is a Hindu?* (1928) – originalmente publicado como *Essentials of Hindutva* (1923) –, o qual se tornaria uma espécie de manifesto do nacionalismo hindu.

De acordo com Van der Veer, Vivekananda foi provavelmente o primeiro indiano a desenvolver e a divulgar a concepção de uma espiritualidade especificamente hindu. Nos seus discursos, não questionava a tese de Müller e de outros orientalistas, segundo a qual existiriam, na Índia, duas raças (arianos e não arianos); ele usava também frequentemente o termo *raça hindu* e atribuía sua "vitalidade" aos ideais religiosos arianos (Vivekananda, 2006, p.777). Contribuiu de maneira fundamental para sistematizar diferentes tradições e saberes indianos, tornando-os acessíveis a um público ocidental (ou ocidentalizado) mais amplo. Ao cumprir esta tarefa, destacou a espiritualidade como característica central da religiosidade hindu,[20] que na visão de Vivekananda seria, em termos éticos, superior ao materialismo ocidental, o qual foi levado para a Índia por britânicos agressivos e arrogantes (Van der Veer, 2001, p.47). Se esse discurso visa consolidar a ideia de que o hinduísmo constitui a religião de um povo específico, contém, ao mesmo tempo, forte toque nacionalista que deslegitima a ocupação britânica com argumentos morais.

Van der Veer lembra que a noção de religião, tal qual vinha sendo elaborada por importantes filósofos ocidentais como Kant, espelhava-se no modelo da religiosidade cristã, monoteísta, supostamente racional, e estava em sintonia com os ideais da modernidade ocidental.[21] Comparações com crenças e ritos não ocidentais, como aqueles encontrados na Índia, visavam fundamentar a própria ideia de religião, diferenciando-a de práticas descritas como mágicas, místicas e irracionais, atribuídas aos colonizados

---

20 Van der Veer (2001, p.73) ressalta ainda a importância de Vivekananda na disseminação do yoga que, para este pensador, é elemento central da espiritualidade hindu. Vivekananda entendia o yoga como uma ciência indiana da supraconsciência.

21 Cf. as reflexões que Tambiah, em *Magic, Science and Religion, and the Scope of Rationality* (1990), e T. Asad, em "The Construction of Religion as an Anthropological Category" (1993) desenvolveram sobre o conceito *religião*.

(ibid., p.26). O antropólogo holandês demonstra que a reivindicação de Vivekananda do *status* de religião racional para o hinduísmo estava em plena concordância com os argumentos científicos da época; ele aponta para os diálogos intensos entre adeptos europeus da teosofia (Blavatsky, Besant) e pensadores e religiosos indianos e chama a atenção para o fato de que o espiritismo, que contava entre os seus seguidores com diversos cientistas de renome (como Alfred Russel Wallace), era considerado parte integrante do mundo científico (ibid., p.80).

Vivekananda era, além de religioso, um homem letrado, um intelectual que conquistou respeito no Ocidente. Tinha formação acadêmica (completou o bacharelado em artes em 1884) e dedicou-se ao estudo de vários filósofos europeus (Hume, Kant, Hegel, entre outros). Entusiasmou-se com as teses evolucionistas e chegou a traduzir uma obra de Herbert Spencer (*Education*, 1861) para o bengali. Para além dos seus estudos da literatura sânscrita (sobretudo Vendanta), dialogou intensamente com o mundo acadêmico ocidental. Passou dois anos dando palestras nos Estados Unidos (e também na Inglaterra); recebeu, inclusive, convites para assumir cátedras em filosofia oriental (Universidade de Harvard, e uma posição similar na Universidade de Columbia), os quais declinou em razão da opção forte pela vida monástica.

Em 1893, Vivekananda representou a Índia no Parlamento Mundial de Religiões (no Instituto de Arte) em Chicago, onde sua palestra sobre o "hinduísmo" fez enorme sucesso. Ao se apresentar como representante da "mais antiga ordem de monges do mundo" – a ordem védica dos monges medicantes (*Sannyasins*) –, se disse orgulhoso de pertencer àquela religião que ensinou ao mundo tanto tolerância quanto aceitação universal (apud Van der Veer, 2001, p.73) para, como em outras ocasiões, propagar os princípios e valores supostamente transcendentais do hinduísmo. A maneira como Vivekananda construiu a noção de espiritualidade hindu, em conexão com uma postura nitidamente anticolonialista, teve repercussões tanto fora do país quanto na Índia, onde marcaria futuras gerações de pensadores, desde Savarkar até Gandhi e Nehru.

Se é possível ouvir críticas ao rebaixamento das castas inferiores nos discursos nacionalistas de Dayananda e Vivekananda, não há neles, contudo, uma rejeição do ordenamento dos varnas em si. Ao contrário, as divisões védicas são mencionadas frequentemente como um ideal a ser restaurado.

DIÁSPORA AFRICANA NA ÍNDIA   **121**

Havia a compreensão de que ocorreu um processo de decadência que teria levado à formação de milhares de jatis não conformes com as verdades védicas.[22] Para os dois pensadores, essas divisões não tinham ligação direta com o hinduísmo. "O sistema de casta nada tem a ver com religião", escreve Vivekananda (2006, p.2.053) em 1894. Ou ainda: "Um homem da casta mais alta e um homem da mais baixa podem se tornar monges na Índia, e as duas castas se tornam iguais. Na religião não há casta; a casta é simplesmente uma instituição social" (ibid., p.27)

De modo geral, o posicionamento de Vivekananda diante do tema "casta" era mais ambíguo do que o de Dayananda. O primeiro, que pertencia à casta dos Kayastha,[23] não somente acreditava ser possível distinguir os membros das castas pelas suas características físicas,[24] mas também via a formação de castas como uma espécie de ordem natural que permitia aos seres humanos organizar os diferentes trabalhos por meio da especialização profissional. Problemas mais sérios teriam surgido onde tal diferenciação veio acompanhada de desprezo e discriminação. Em determinados momentos – como durante uma palestra em Oakland, 1900 –, Vivekananda (ibid., p.2.070) admite, que "[casta possui seu] lado mau, [mas] seus benefícios superam suas desvantagens". "A casta é boa", reitera o autor no texto "Vedanta in its Application to Indian Life": ela "é a única maneira natural para resolver as coisas da vida. Os homens têm de criar grupos e não existe a possibilidade de livrar-se disto. Para onde você for, haverá castas. Mas isto não significa que deva haver aqueles privilégios" (ibid., p.801).

---

22 "Temos que redividir toda a população hindu, agrupando-a sob as quatro castas principais, de brâmanes, xátrias, vaixás e sudras, como antigamente. As inúmeras subdivisões modernas dos brâmanes que os dividem em tantas castas, por assim dizer, devem ser abolidas, e uma única casta brâmane deve ser formada, unindo todas elas. Cada uma das três castas restantes também terá de ser reunida, de forma similar, em grupos únicos, como era o caso nos tempos védicos" (Vivekananda, 2006, p.1.390).

23 Havia grande controvérsia no que dizia respeito ao "encaixe" dos Kayastha, tradicionalmente escritores (homens das letras), no esquema dos varnas. Houve quem defendesse que fossem brâmanes, outros classificavam-nos como sudras. Mais frequentemente eram vistos como vaixás.

24 "Cada casta tornou-se, por assim dizer, um elemento racial separado. Se um homem vive o suficiente na Índia, ele será capaz de dizer pelas características a que casta o homem pertence. Então, entre as castas, as maneiras e os costumes são diferentes. E todas elas são exclusivas; ou seja, se encontram socialmente, mas não comem ou bebem juntas, nem casam entre si. Nessas coisas, elas permanecem separadas. Poderiam encontrar-se e ser amigas umas das outras, mas aí acaba" ("Lecture: Women of India", 1900 apud Vivekananda, 2006, p.1.985).

122   ANDREAS HOFBAUER

Tanto Vivekananda quanto Dayananda criticaram o fenômeno da hereditariedade das jatis com o argumento de que tal prática não encontrava sustentação nos textos sagrados.[25] Dayananda afirmava que na era dourada védica as crianças teriam sido integradas aos varnas de acordo com suas qualificações individuais e propõe o retorno a esse sistema, preservando os preceitos endogâmicos em prol da manutenção da integridade dos varnas. Na sua mais importante obra, *The Light of Truth*, de 1875, escreve:

> Classes de todas as pessoas deviam ser determinadas de acordo com suas qualificações, seus méritos e caráter [...] e de acordo com o fato de serem homens ou mulheres. Elas deviam também casar-se com pessoas de sua mesma classe, a saber, um brâmane com uma mulher brâmane; um xátria com uma mulher xátria: um vaixá com uma mulher vaixá, um sudra com uma mulher sudra. Se isto ocorrer e apenas quando isto acontecer, as pessoas cumprirão fielmente o dever de sua respectiva classe e assegurarão, deste modo, a harmonia perfeita. (Saraswati, 1984 [1875], p.67-8)

Para Dayananda, um brâmane de família ortodoxa de Gujarate, os arianos védicos eram uma espécie de grupo humano primevo ao qual os Vedas tinham sido revelados por Deus e cuja língua – o sânscrito – era a mãe de todas as demais (Jaffrelot, 2010, p.59).

O cientista político francês Christophe Jaffrelot avalia que a confrontação da *intelligentsia* indiana com a presença colonial ocidental teria desencadeado um processo específico de reforma cultural. De um lado, as ideias reformistas de pensadores como Dayananda reforçavam o mito de uma era dourada védica e contribuíam, de maneira fundamental, para reerguer a autoestima dos colonizados; de outro lado, legitimavam os varnas ancestrais, mas não deixavam de reivindicar que neles fossem enxertados alguns valores individuais (por exemplo, a valorização da ideia do mérito individual). Inspirando-se em diversos elementos do modelo de religião do colonizador para promover suas reformulações religiosas, esta geração de reformistas

---

25 "A ocupação de um homem é hereditária: um carpinteiro nasce um carpinteiro; um ourives, um ourives; um operário, um operário; e um sacerdote, um sacerdote. Mas este é um mal social relativamente moderno, uma vez que existe há apenas cerca de mil anos" (Vivekananda, 2006, p.2.053).

DIÁSPORA AFRICANA NA ÍNDIA **123**

teve papel central na remodelagem de tradições locais, solidificando o que viria a ser denominado "hinduísmo".

"Sincretismo estratégico" é o termo proposto por Jaffrelot para essa "postura ideológica" de Dayananda: o retorno proposto aos Vedas poderia ser lido, portanto, como uma descoberta consciente e estratégica daqueles elementos nos textos sagrados que eram julgados propícios para fazer frente à influência ocidental; a tais escolhas se acrescentaria uma forte vontade de reformar a sociedade por meio da assimilação de certos valores ocidentais que não entrassem em choque com o equilíbrio cultural hindu (ibid., p.58).[26]

Jaffrelot chama ainda a atenção para o fato de que o discurso de Dayananda já continha todos os elementos-chave daquilo que viria a constituir-se como nacionalismo hindu: um passado glorioso, uma língua prestigiosa e uma terra histórica. "Aqui, a formação de uma tradição por meio da invenção de uma Idade de Ouro parece ser a formulação natural de uma ideologia pré-nacionalista", conclui o cientista político (ibid., p.57). Desta visão nativista, também fazia parte a demonização do islã e dos muçulmanos. A obra *The Light of Truth*, de Dayananda, apresenta diversos trechos extremamente depreciativos acerca das tradições muçulmanas. Ele não somente nega que o Alcorão contenha a palavra de Deus, como descreve os adeptos do islã como seres imorais, agressivos e ignorantes – "Muçulmanos pilhando e saqueando templos hindus" e "Muçulmanos são a incorporação da intolerância religiosa e da ignorância" são dois subtítulos da obra de Dayananda Saraswati (1984, p.253, 442).

Para o cientista político indiano Partha Chatterjee, as narrativas nacionalistas que começaram a ser elaboradas a partir do final do século XIX faziam menção aos muçulmanos somente para explicar a decadência e cor-

---

26 C. Upadhya (2000, p.3; 2002, p.30), por sua vez, argumenta que a ideia de que a sociedade contemporânea se apresenta como uma forma degenerada de um passado glorioso foi articulada não somente por orientalistas dos séculos XVIII e XIX à procura das origens da civilização indo-europeia (ideário iluminista, presente também entre difusionistas, que acreditavam na existência de civilizações altamente desenvolvidas em tempos muito remotos). Ela foi também fortemente alimentada por noções bramânicas muito antigas acerca de estágios de desenvolvimento pelos quais o mundo passaria. A obra Mahabharata já descreve essas transformações: a última etapa, uma era das trevas (negrura), cheia de vícios (*kali yuga*), opõe-se à origem, a era das virtudes e da verdade (*satya yuga*), um período em que a terra era governada por brâmanes e habitada por homens justos – haveria ainda duas eras intermediárias que são chamadas de *treta yuga* (era prateada) e *dwapara yuga* (era do bronze).

124 ANDREAS HOFBAUER

rupção da sociedade hindu. Referindo-se a eles como invasores, assassinos, saqueadores e destruidores, o discurso hindu-nacionalista consolidaria a ideia de que os muçulmanos invadiram o território hindu e subjugaram sua população, e que uma lenta regeneração de um suposto período áureo só se tornou possível a partir do desmantelamento do governo muçulmano pelas forças coloniais britânicas (cf. Van der Veer, 2001, p.126-27).[27]

Ideias parecidas com as de Dayananda foram articuladas por Jogendra Nath Bhattacharya (1850-1899), que publicou uma das primeiras obras antropológicas indianas, *Hindu Castes and Sects* (1896). Formado pela Universidade de Calcutá e também *pandit* (estudioso brâmane, profundo conhecedor de sânscrito), contribuiu para fundamentar ideias nacionalistas hindus, elaborando um leque de argumentos em defesa do sistema de castas. Para Bhattacharya, a instituição dos varnas trouxe muitos benefícios aos habitantes do subcontinente: não apenas os uniu, fornecendo-lhes ideais valorosos, mas sua lógica teria possibilitado também a assimilação de hordas estrangeiras que invadiram as terras dos hindus. O ideal bramânico teria conseguido transformar os descendentes dos "cantores védicos aria-nos" numa "única raça" (*one race under the name of Brahmans*) (Bhattachar-ya, 1896, p.7). *Varna* como princípio de organização social seria como uma "corrente dourada" (*golden chain*) que os hindus colocaram voluntariamen-te em torno de seus pescoços, conectando-se, dessa forma, a valores nobres e louváveis.[28] Esse sistema seria, portanto, fonte do espírito de solidarie-dade e de ideais espirituais que uniram, há muito, as diferentes "raças" e "clãs" que vieram viver na Índia. Para Bhattacharya, esses mesmos valores inspiraram também os líderes da histórica rebelião de 1857, que desafiou o domínio colonial britânico (Bayly, 2001, p.164-65).

Outra avaliação positiva e afirmativa do sistema de castas pode ser lida no livro *History of Caste in India* (1909-1911), escrito por Shridhar Venka-

---

27 "A ideia da singularidade da história nacional levou inevitavelmente a uma única fonte da tradição indiana, ou seja, a antiga civilização hindu. O islã aparece aqui ou como a história da conquista estrangeira ou como um elemento domesticado da vida popular cotidiana. A herança clássica do islã permanece externa à história indiana" (Chatterjee, P., 1993, p.113; cf. tb. Van der Veer, 2001, p.127). O livro *Essentials of Hindutva* (1923) – e sua reedição *Hindutva: Who is a Hindu?*, de 1928 –, de Savarkar pode ser entendido como a expressão máxima desse discurso.

28 No original: "willingly placed on their necks, and which has fixed them to only that which is noble and praiseworthy" (Bhattacharya, 1896, p.8).

tesh Ketkar (1884-1937),[29] que se doutorou em ciência política, no início do século XX, na Universidade de Cornell, Estados Unidos. Nascido numa família de brâmanes, Ketkar entendia que o posicionamento entre todas as castas era determinado pelo princípio de pureza e impureza (poluição) e que todo o sistema – a divisão em castas – se baseava, em última instância, numa lei divina: "a teoria subjacente foi que as leis que definem o *status* de casta são fixas e conhecidas. Elas são dadas pelos deuses" (Ketkar, 1909-1911, v.I, p.22). Se compreendida corretamente, a doutrina dos quatro varnas era "uma doutrina muito saudável para qualquer povo" (ibid., v.II, p.XXV). Como outros reformistas nacionalistas, Ketkar se mostrou preocupado com o fato de "o país ter caído nas mãos de 'bárbaros sem-castas'" (apud Dirks, 2001, p.245).

O intelectual indiano se opôs enfaticamente à equiparação entre raça e casta, tal como era propagada por cientistas britânicos como Risley. Para ele, todas as populações – exceto os bengaleses e algumas tribos do nordeste do país – pertenciam a um único tronco, à raça caucasiana. Na medida em que associava tanto os arianos quanto os dravidianos a uma mesma origem racial, essa visão colocou em xeque a teoria da invasão ariana.

> Se tomarmos a palavra "raça" no seu sentido lato, não acredito que exista uma relação muito grande entre casta e raça. É verdade que em algumas regiões as castas superiores são de descendência ariana e as castas inferiores de descendência dravidiana, mas isto não é algo universal. A tribo conquistadora será de casta superior, não importa se ela é uma tribo "ariana" ou "dravidiana"; as tribos conquistadas podem também ser da raça ariana, mas continuam sendo uma casta inferior, já que se trata de uma tribo conquistada. (Ketkar, 1909-1911, v.I, p.170)

Ketkar (ibid., p.79-80) rejeitou expressamente a interpretação do termo *arya* como uma raça de invasores que teria reduzido a população autóctone à servidão. Os descendentes das tribos invasoras teriam esquecido sua proveniência e viam-se como grupo autóctone, como pessoas de qualidades e valores nobres; o termo *arya* teria assumido um caráter sagrado e seria

---

29 A obra de Ketkar se tornou referência fundamental para todos os estudos posteriores sobre as castas na Índia e influenciou pensadores como o sociólogo Ghurye.

126 ANDREAS HOFBAUER

usado mais como uma espécie de título para denominar esse grupo desta-
cado (*properly qualified people*). Ketkar fez ainda uma crítica explícita aos
cientistas britânicos por terem introduzido uma linha racial no sistema dos
varnas. Para o cientista social, tal avaliação era não somente um erro lamen-
tável, o problema maior eram as consequências para a convivência entre as
populações que habitavam a Índia e para a construção de uma nova nação.[30]

Se já era possível ouvir críticas aos brâmanes e ao rebaixamento das castas inferiores e dos intocáveis nos discursos protonacionalistas de Dayananda e Vivekananda – este último se pronunciava contra privilégios, mas não
contra o sistema de castas –, a postura antibrâmanes e pró-intocáveis, no
entanto, ganhou forma de programa político nas reivindicações dos que fundaram as primeiras organizações voltadas para a conquista de direitos dos
sudras e dos intocáveis. Já a partir da década de 1850, Jyotirao Phule (1827-
1890), nascido numa casta inferior e formado numa escola cristã (Scottish
Mission's High School),[31] começou a escrever tratados apaixonados contra o
domínio e os privilégios dos brâmanes. Ele e sua esposa se tornaram pionei-
ros na luta pela educação de mulheres. Preocupado com a falta de educação
em geral, e com a das mulheres das castas inferiores em especial, o pensador
e ativista social abriu a primeira escola para meninas na Índia, em 1848. Para
Dirks (2001, p.237), Phule foi talvez o primeiro a proclamar que a divisão da

---

30 "A descoberta, ou melhor, a invenção (pois é assim que devemos chamá-la), de linhas raciais
   no atual sistema varna da sociedade hindu, feitas por estudiosos europeus com base na literatura védica, merece severa condenação, não tanto por seus infelizes erros (que certamente
   são desculpáveis), mas pelas consequências que eles produziram na Índia. Os europeus nos
   disseram que os arianos e os dravidianos são duas raças diferentes. Eles nos dizem novamente
   que as raças que são grandemente diferenciadas não devem se misturar" (Ketkar, 1909-1911,
   v.I, p.78). Ketkar constatou que aqueles que tiveram uma educação britânica, demonstra-
   vam-se ainda mais preocupados com a demarcação de fronteiras entre as duas supostas raças:
   "Mas o hindu da educação britânica é bem diferente. Ouvindo as condições nos Estados
   Unidos, aqueles hindus que se julgam arianos, desejam demarcar-se claramente daqueles que
   pensam ser dravidianos" (ibid., p.78). E conclui com mais uma crítica às teses desenvolvidas
   por uma antropologia estrangeira e colonizadora: "Lamentarei muito, se um conhecimento
   superficial de uma etnologia semidesenvolvida e híbrida, e uma interpretação errada de documentos antigos, e uma tradição inventada, resultarem em aprofundar diferenças raciais e em
   tornar a futura consolidação e amalgamação da Índia mais difícil e distante" (ibid., p.79).
31 Phule pertencia à jati Mali associada à casta (varna) dos sudras; no entanto, sua família conseguiu adquirir alguns bens, destacando-se da grande maioria dos outros membros de sua
   casta. Bayly (2001, p.277) cita Phule e Ambedkar, grande líder dos intocáveis do século XX,
   como exemplos do fenômeno chamado de *creamy layer*: a formação de uma elite no meio das
   castas inferiores.

sociedade em castas era inaceitável para as castas inferiores. Phule desenvolveu diferentes estratégias para combater o estigma da intocabilidade (para demonstrar, em público, seu posicionamento, deu aos intocáveis acesso ao poço de água de sua própria casa): foi ele quem introduziu o termo *dalit* (दलित, em sânscrito, mas também em hindi e marati, significa quebrado, dividido, arrebentado e também oprimido) para designar os intocáveis; demoraria, no entanto, cerca de um século até que dalit se tornasse a "auto-denominação oficial" do movimento que representa este grupo.[32]

Em 1873, Phule fundou o movimento Satya Shodhak Samaj (Sociedade dos que Buscam a Verdade), com o objetivo de lutar, em nome das castas inferiores, contra as diferentes formas de exploração praticadas por brâmanes, que para ele eram os maiores responsáveis pela invenção e institucionalização do esquema das castas. Em sua argumentação, recorreu à tese da invasão ariana e a usou na defesa daqueles que, de acordo com ele, vinham sofrendo com a dominação dos "estrangeiros" invasores. Os dasyus e sudras mencionados nos textos bramânicos representavam a população indígena não ariana que teria sido transformada pelos brâmanes arianos em castas inferiores. Portanto, Phule declarava os intocáveis e os sudras contemporâneos – aos quais se referia ocasionalmente também como xátrias – os legítimos donos da Índia, reivindicando que fossem protegidos pelo governo de todas as formas de discriminação (Thapar, 1996, p.7).

Gopal Baba Walangkar (1840-1900), fundador da primeira revista dos intocáveis (*Vital Vidhvansak* [Abolicionista da Intocabilidade], 1888), reproduziu igualmente a ideia de que os intocáveis eram os habitantes originários da Índia. Walangkar ficou conhecido por organizar o movimento dos Mahar, um conjunto de castas inferiores no estado de Maharashtra, que décadas mais tarde constituiria também a base da atuação política do líder Ambedkar. O protesto se incendiou com a exclusão dos intocáveis dos serviços militares britânicos. Militar aposentado, Walangkar elaborou, no ano de 1894, uma petição na qual reivindicou, mais uma vez, o *status* de xátrias para todos os intocáveis e exigiu que o governo colonial voltasse a permitir que servissem o exército. A atitude de Walangkar, de Phule e de outros líderes de movimentos antibrâmane revela, mais uma vez, que

---

32 Foi o movimento dos Dalit Panther, na década de 1970, que contribuiu fundamentalmente para a disseminação do termo.

mesmo os que questionavam e combatiam as hierarquias de castas não deixavam, por meio de suas atuações políticas, de reproduzir parte da lógica societal repressora.

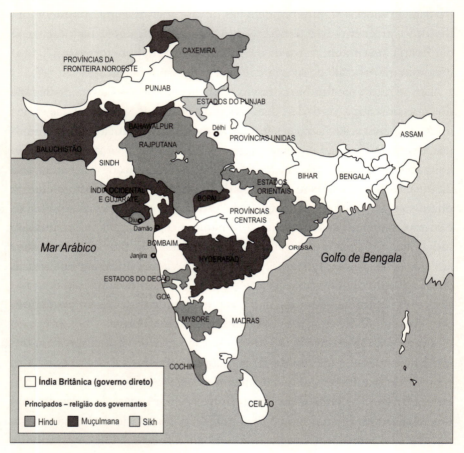

Mapa 3: A Índia sob o domínio colonial britânico

II.3. Orientalismo e a biologização das diferenças humanas

Nas últimas décadas do século XIX, o olhar dos administradores coloniais sobre a população indiana foi influenciado cada vez mais fortemente pelas máximas da ciência da biologia, que começava a dominar as teses ocidentais acerca das explicações sobre as diferenças e desigualdades no planeta. De modo geral, os primeiros administradores e letrados britânicos (chamados frequentemente de "orientalistas"), encarregados de compilar dados sobre as populações locais, usavam termos como casta, tribo, raça e seita de forma praticamente intercambiável para falar de "quase qualquer tipo de rede de associação por meio da qual indianos estabeleciam uma relação de lealdade" (Bayly, 2001, p.118).[33] Não havia critérios rigorosos para classificar as populações. Dependendo do funcionário ou letrado e do seu entendimento das categorias classificatórias, um mesmo grupo podia ser registrado como casta, tribo, raça, comunidade religiosa ou nação (ibid., p.103).

Uma figura central na Índia que contribuiu de maneira decisiva para fundir a noção de casta com a de raça foi o administrador-antropólogo Herbert Hope Risley (1851-1911). Formado em direito e história pela universidade de Oxford, Risley viajou para a Índia em 1873, com o intuito de se dedicar a estudos de teor antropológico. Em 1883, o governo bengalês convidou-o a elaborar um *survey* acerca das "tribos e castas" da província, trabalho que se tornou base importante para suas publicações posteriores.[34] A experiência bem-sucedida foi reconhecida pelas autoridades coloniais quando elegeram Risley *census commissioner*, encarregando-o de organizar o quarto censo decenal da Índia no ano de 1901. Não tardou muito para que Risley conquistasse respeito acadêmico tanto na colônia quanto "em casa". No mesmo ano em que concluiu o estudo censitário, foi convidado a assumir o cargo de "diretor de etnografia para a Índia" em Madras; após sua volta à Inglaterra, foi indicado "secretário permanente do departamento judicial" do chamado *India Office*, instituição importante na administração britânica, voltada para assuntos ultramarinos, e no mesmo ano de 1910 tornou-se presidente do Royal Anthropological Institute.

---

33 "Os compiladores dos primeiros volumes enciclopédicos anglófonos referentes a história, geografia, economia e administração [*gazetteers*] certamente não viam todos os indianos como sendo igualmente 'bramanizados' ou como castas, no sentido moderno. A maioria utilizava os termos casta, tribo, seita e nação de forma intercambiável" (Bayly, 2001, p.109). Dirks (2001, p.175) constata que, em meados do século XIX, os termos casta e tribo (*tribals*) eram usados quase como sinônimos – no original: "these terms were relatively interchangeable".

34 Em 1891, Risley publicou, além do artigo "The Study of Ethnology in India", os quatro volumes da obra *The Tribes and Castes of Bengal* que resumem os resultados do estudo efetuado em 1884. No livro, *The People of India* (1908), que incorpora resultados do estudo censitário de 1902, Risley aprofunda e amplia ainda mais seus estudos sobre a Índia.

130 ANDREAS HOFBAUER

A obra de Risley e todas as suas reflexões sobre a sociedade indiana se baseiam nos seus trabalhos censitários, que representaram grande desafio para ele e todos os responsáveis por levantamentos demográficos na Índia. Qual critério usar para lidar com tantas autodenominações diferentes? Casta (jati/varna) era uma categoria local disponível, mas o problema era aplicá-la como referência uniforme e segura para classificar todos os grupos que se faziam presentes no país. Houve tentativas de basear as classificações no critério "profissão"; Risley (1891a, 1891b) defendia, porém, a ideia de que as castas não deviam ser concebidas em termos de atividades profissionais – pois a realidade desmentiria frequentemente tal correspondência –, mas em termos de religião e raça.

Buscando um método científico para avaliar e ordenar a imensa diversidade que marca a sociedade indiana até hoje, Risley se inspirava nas teses sobre as raças humanas de dois importantes médicos-pesquisadores, Paul Broca e principalmente seu aluno Paul Topinard. Risley acreditava ter encontrado nos métodos antropométricos usados pelos colegas franceses, especialmente no índice nasal, o indicador científico apropriado para avaliar diferenças de castas. Em "The Study of Ethnology in India", Risley (1891a, p.259) explicita sua convicção:

A correspondência notável entre as gradações de tipo, como demonstrado por meio de certos índices e pela gradação de precedência [hierarquia] social, possibilita-nos concluir que a *comunidade da raça* [*community of race*] e não, como tem sido argumentado frequentemente, a *comunidade funcional* [*community of function*], é o princípio determinante verdadeiro, a verdadeira *causa causans* do sistema de casta.

Ou ainda, na obra *The People of India*:

Se tomarmos diversos grupos de castas de Bengala, Bihar e das províncias unidas de Agra e Oudh ou Madras, e as ordenarmos de acordo com o índice nasal médio de tal maneira que a casta com o nariz mais fino estará no topo e aquela com o mais grosseiro na base da lista, descobriremos que esta ordem corresponde substancialmente à ordem socialmente aceita. (Id., 1908, p.29)

Entusiasta da aplicação dos métodos antropométricos, inclusive de medição de crânios, em suas reflexões sobre os diversos grupos humanos,

DIÁSPORA AFRICANA NA ÍNDIA   131

Risley partia de concepções declaradamente biologizadas de raça. O antropólogo concebia a raça como "essência biológica", cuja existência e força não seria mais afetada, como haviam postulado seus antecessores, por fatores morais, religiosos ou questões ambientais, como clima e geografia. Tudo indica que Risley via seu trabalho na Índia como uma grande oportunidade para testar as teorias raciais tão em voga na Europa naquele momento. Nas palavras de Dirks (2001, p.214), para Risley, a "Índia foi o laboratório ideal para as teorias raciais". E, como escreve Bayly (2001, p.138), para esse cientista, raça era "o fator primordial na análise das castas".

A decisão de basear o sistema classificatório no modelo dos varnas estava em sintonia com as opiniões dos brâmanes sobre a ordem social (ideal) e ajudava Risley a encontrar uma explicação para as relações hierárquicas entre os grupos.[35] O cientista não tinha dúvida de que os dravidianos correspondiam às castas inferiores e representavam o tipo racial mais primitivo, enquanto os brâmanes seriam os representantes dos indo-arianos, o tipo racial mais avançado, de tez clara. Se Risley tinha certa facilidade em aplicar os critérios ao grupo dos brâmanes, o mesmo não ocorria com as demais castas. Mesmo que o material empírico sobre o qual as afirmações do pesquisador se pautavam tenha sido relativamente restrito – Risley chegou a definir o pertencimento racial de certos grupos a partir de medições de crânios de pouco mais de trinta indivíduos –, a crença inabalável nas teses raciais parecia dissolver qualquer dúvida do investigador (Dirks, 2001, p.221).[36]

Risley acreditava firmemente que as castas contemporâneas eram os representantes modernos dos varnas tal qual eram descritos nos textos védicos. Comentamos que Dirks busca mostrar como os orientalistas moldaram a própria noção de casta e contribuíram decisivamente para transformar sua importância social; mas mesmo este autor não nega o fato de que as teses

---

35 De acordo com Risley, era possível encontrar na população indiana vestígios de sete grandes tipos raciais: os mongoloides, os dravidianos, os indo-arianos, os turco-iranianos, os mongoloide-dravidianos, os arianos-dravidianos e os scito-dravidianos (*the Mongoloid, the Dravidian, the Indo-Aryan, the Turko-Iranian, the Mongolo-Dravidian, the Aryo-Dravidian, and the Scytho-Dravidian*). O cientista defendia a ideia de que esta divisão podia ser comprovada com medições antropométricas; ao mesmo tempo, admitia que seus próprios estudos apontavam, no máximo, para a existência de três grupos: os arianos, os mongoloides e os dravidianos (apud Bates, 1995, p.21).

36 Dirks chama a atenção para o fato de que houve quem questionasse, já à época, a possibilidade de encontrar um único critério que pudesse servir para elaborar uma classificação abrangente deste tipo: "não existe tal princípio", escreveu McIver, encarregado pela organização do censo (*Census Commissioner*) de Madras no ano de 1881 (apud Dirks, 2001, p.209).

de Risley carregavam marcas profundas do saber bramânico. Risley se referia, sempre que podia, ao Manusmṛti e a outros escritos guardados pelos brâmanes e organizou toda sua compreensão da estrutura de casta e das hierarquias a partir de preceitos bramânicos, tais como: a aceitação de água e comida, os deveres e obrigações dos grupos e sua proximidade ritualística em relação aos brâmanes.

Risley endossava também as linhas gerais da tese da invasão ariana,[37] acrescentando-lhe ainda um novo detalhe, que conquistaria as mentes das elites colonizadoras britânicas e indianas. Ele acreditava que, ao subjugar as populações indígenas indianas, os conquistadores arianos erigiram um regime de segregação entre arianos e não arianos: para assegurar a hegemonia teriam, portanto, inventado o sistema de castas, que na concepção de Risley era ao mesmo tempo um sistema de segregação racial. Mais do que isto, o antropólogo pensava ter encontrado no chamado *sentimento racial* (*race sentiment*) uma explicação científica para a atitude dos brâmanes, como fica claro quando escreve que o "princípio fundamental das castas indianas há de ser procurado na antipatia das raças superiores em relação às inferiores, ou seja, na dos arianos de cor de pele clara em relação aos dravidianos pretos" (Risley, 1891b, p.XXXVIII).[38]

---

37 "A teoria-padrão da formação do povo indiano é bem conhecida e não precisa ser elaborada em detalhes. Acredita-se que uma raça dolicocefálica alta e de pele clara, e presumivelmente de nariz afilado [*lepto-rhine*], a quem agora temos a autoridade do professor Sayce para chamar arianos, entrou na Índia pelo noroeste e lentamente abriu caminho, conquistando e colonizando os vales dos grandes rios. Em um estágio inicial de seu avanço, eles entraram em colisão com uma raça negra de nariz arrebitado, que foi parcialmente expulsa para o centro e sul da Índia, onde encontramos seus descendentes nos dias atuais, e parcialmente absorvida pelos conquistadores" (Risley, 1891a, p.249). Risley refere-se aqui aparentemente aos estudos de A. H. Sayce publicados sob o título "The Primitive Home of the Aryans" (1889).

38 Recentes estudos genéticos – que têm analisado a distribuição de marcadores mitocondriais e haplogrupos na população indiana – têm produzido dados que convergem com certas afirmações de Risley e, atualmente, agradam aos supremacistas hindus na medida em que fornecem argumentos que podem ser usados para sustentar suas versões (baseadas em leituras dos Vedas) a respeito da formação social indiana. As pesquisas apontam, entre outras coisas, para a existência de dois grandes blocos populacionais, um localizado mais ao norte (*Ancestral North Indians*) associado pelos estudiosos à grande região euro-ásia-oriente-médio, outro, aparentemente mais antigo, localizado no sul do subcontinente indiano (*Ancestral South Indians*), tendo como centro geográfico as Ilhas Andaman. Para além disso, descobriu-se que a maior concentração do haplogrupo R1a1 existe entre os brâmanes e a menor entre os sudras e dalits, o que, simplificando, significa, ainda de acordo com os geneticistas, que os primeiros têm maior proximidade genética com o grupo dos europeus do que os ulteriores (Bamshad, 2001; Kivisild, 2003; Solinas, 2020).

Para Risley, o "sentimento racial" não era, portanto, mera invenção de um "orgulho intolerante dos brâmanes". Tal sentimento seria "baseado num fato que os métodos científicos confirmam; ele tem moldado a complexa formação de grupos do sistema de castas e tem preservado o tipo ariano numa pureza relativamente grande em todo o norte da Índia" (Risley, 1891b). Para o antropólogo, a raça – mais especificamente o sentimento racial – era a chave para compreender o sistema de castas.[39] Seus textos apresentam ainda diversas passagens que reforçam a importância das castas para a manutenção da ordem social indiana e justificam a presença britânica na região. Risley constata que a força das "castas hindus" teria envolvido também as formas de sociabilidade da maioria dos muçulmanos e do pequeno grupo de cristãos residentes na Índia. Chega a se referir às "castas hindus" como o "cimento" que une a grande quantidade de grupos e garante a organicidade da sociedade indiana: "[elas] formam o cimento que mantém unidas a miríade de unidades da sociedade indiana" (Risley, 1908, p.278). A dissolução desse sistema podia, no entender do cientista, levar a uma situação caótica, que devia ser prevenida.[40] Avaliações como estas sugerem, portanto, que Risley via o sistema de castas também como um complemento necessário à autoridade governamental, como uma espécie de sociedade civil, segundo Dirks (2001, p.51), que garantiria a ordem no Estado colonial.

---

39 Martini mostra que as ideias de Risley em torno das noções de casta e de raça não eram unânimes. John Collinson Nesfield, por exemplo, apesar de não discordar da tese da invasão ariana, defendia a ideia de que casta e raça eram fenômenos distintos. As conquistas arianas não teriam tido nenhuma influência sobre o desenvolvimento das castas, mas teria ocorrido uma mistura entre grupos arianos e não arianos de maneira que seria impossível identificar diferenças físicas entre os grupos. "A grande maioria dos brâmanes não tem uma tez mais clara ou características mais finas ou melhores do que qualquer outra casta", constata Nesfield (apud Martini, 2008, p.14), contestando as concepções raciais de Risley. Este, por sua vez, desprezava as ideias de Nesfield e postulava, já antes da efetuação do censo, que os métodos exatos da antropometria calariam as vozes dos seus críticos.

40 "Para hindus, a casta hindu está ligada à sua religião, e sua observância é imposta pela autoridade dos sacerdotes; sua influência é notável sobre os costumes da maioria dos muçulmanos [Muhammadans] indianos; e se estende até mesmo às comunidades relativamente pequenas de cristãos. Assim, ela forma o cimento que une as inúmeras unidades da sociedade indiana. [...]. Se seu poder de coesão for retirado ou seus laços essenciais relaxados, é difícil ter uma ideia das prováveis consequências. Tal mudança seria mais do que uma revolução; assemelhar-se-ia à retirada de alguma força elementar como a gravitação ou a atração molecular. A ordem desapareceria e o caos sobreviria" (Risley, 1908, p.278).

134   ANDREAS HOFBAUER

Baseado em seus estudos antropométricos, Risley constatava ainda outra característica, diretamente ligada à força social das castas, que distinguiria a Índia da maioria das regiões do mundo. Diferentemente das nações europeias, onde os processos de fusão (*unrestricted crossing*) teriam criado tipos nacionais (*more or less definable national type*), na Índia a proibição tradicional dos intercasamentos teria impossibilitado a constituição de um tipo nacional indiano, de uma nação ou de uma nacionalidade (cf. Risley, 1908, p.26). Com esta leitura racial da história da Índia, o antropólogo construiu implicitamente mais um argumento contra movimentos nacionalistas e a favor do domínio colonial.

Risley não foi o primeiro a relacionar casta com raça, mas ele o fez de forma muito consciente e sistemática; o fato de ter sido responsável pela organização do censo foi sem dúvida fundamental para que suas teses – muitas delas elaboradas a partir dos estudos censitários – tivessem impacto bem maior do que estudos de outros cientistas. Firmava-se assim, na virada do século XIX para o século XX, um pensamento que compreendia a casta indiana como elemento essencial da sociabilidade nativa, que remontaria a diferenças de ordem biológico-racial. As práticas endogâmicas de muitos grupos ganhavam agora outra conotação: expressavam um mecanismo social que visava assegurar fronteiras raciais. E o modelo de estratificação das castas desenhado pelos brâmanes podia ser explicado e até medido com métodos científicos (antropométricos): Risley (1891a, p.253) não tinha dúvida de que o pertencimento a um grupo racial determinava o posicionamento dentro do sistema de castas.

Dirks (2001, p.220) atribui, portanto, a figuras como Risley a criação de um "imaginário antropológico" que teria passado a dominar o saber colonial e transformado o "saber antropológico" em "episteme administrativa": "Com Risley, a etnografia simultaneamente informou e escapou da esfera da arte de governar e, no final, desencadeou uma revolução política que os britânicos não podiam nem compreender nem controlar". Uma das reações "populares" imediatas aos estudos e censos coloniais foi registrada pelo *census commissioner* de Madras já em 1911:

> Havia uma visão generalizada em Bengala segundo a qual o censo não tinha como papel revelar o número de pessoas que pertencem à cada casta, mas fixar o *status* relativo das diferentes castas e lidar com questões da superioridade social. [...] O sentimento relacionado a esta questão era, em boa medida, o resultado

do fato de as castas terem sido classificadas no relatório do censo anterior de acordo com a hierarquia social. (apud Dirks, 2001, p.223)

O administrador baseava sua avaliação no fato de ter recebido centenas de pedidos de diferentes organizações de castas, cada qual solicitando mudanças na sua nomenclatura: ao apresentarem-se como pertencentes a um dos três primeiros varnas (*twice-born*),[41] reivindicavam uma posição mais elevada na ordem hierárquica.[42]

Para Bayly (2001, p.233), foi a partir do século XX que as castas começaram a ganhar "importância real" na vida da maioria dos indianos. Apresentando características não totalmente uniformes e, por vezes, certa fluidez, o fenômeno não tinha se consolidado ainda como um sistema todo-poderoso. Mas os ideais bramânicos da pureza e da evitação das impurezas tinham se disseminado amplamente e já eram prática vivenciada por muito mais indianos do que nos séculos anteriores. "Por volta dos anos 1930, os símbolos e solidariedades de casta já permeavam definitivamente a linguagem e a organização da vida política indiana" (ibid., p.244). Se pudemos encontrar, já no século XIX, ecos das teses ocidentais sobre as diferenças e desigualdades humanas e sobre a história e o presente da sociedade indiana, é nas reflexões daqueles religiosos, políticos e cientistas que pavimentaram o caminho para a Independência que essas influências (empréstimos e trocas) ficaram muito mais nítidas. A grande maioria deles se formou em instituições acadêmicas ocidentais e passou longos anos fora da Índia, e as discussões em torno das castas e do seu papel na nação a ser construída marcaram profundamente as estratégias de luta pela Independência e, com isso, a própria

---

41 *Dvija* (द्विज), em sânscrito: nascido duplamente (*twice-born*). Refere-se à ideia de que uma pessoa nasce, num primeiro momento, fisicamente, e, posteriormente, por meio de ritos de passagem em que é introduzida nos estudos védicos, uma segunda vez. *Twice-born* refere-se, assim, aos três primeiros varnas (brâmanes, xátrias e vaixás), uma vez que apenas eles podem passar pelos procedimentos iniciáticos.

42 Alguns movimentos antibramânicos incorporavam também o linguajar racial-biológico para constituir-se como grupo à parte e reivindicar direitos. Num *memorandum* entregue à Joint Parliament Commission na Grã-Bretanha, em 1919, insistiram na diferença racial que existiria entre eles e os brâmanes: "Seus costumes e modos são essencialmente diferentes, e mesmo em matéria de alimentação, as duas classes diferem muito. Seus interesses geralmente não são idênticos. Acima de tudo, existe a diferença fundamental que vai à raiz de todo o problema – *as duas populações [people] pertencem a duas raças diferentes*" (apud Béteille, 1967, p.458, grifo no original).

construção da sociedade pós-colonial. A seguir quero esboçar os argumentos mais importantes deste debate e apresentar seus principais mentores.

II.4. Mahatma Gandhi e B. R. Ambedkar: dois projetos, muitas disputas

Nascido numa família vaixá, Mohandas Karamchand Gandhi (1869-1948) preocupou-se desde muito cedo com a elaboração de uma estratégia que permitisse integrar tradições religiosas à luta contra os colonizadores. Exaltar um conjunto de valores diretamente associados por Gandhi à tradição hinduísta se revelaria uma técnica discursiva potente, capaz de mobilizar as massas em torno de um ideal percebido pela maioria como substancialmente diferente da concepção de mundo dos colonizadores. Formado em direito em Londres, Inglaterra, Gandhi passou mais de vinte anos na África do Sul, onde atuou como advogado em prol da minoria hindu, tornando-se líder na luta contra a discriminação e pela conquista de direitos.[43] Quando retornou à Índia, em 1915, já desfrutava de reputação internacional como importante nacionalista indiano.

---

43 Estudos mais recentes apontam para um lado "mais sombrio" do engajamento de Gandhi contra as discriminações vivenciadas pelos indianos residentes na África do Sul. No livro *The South African Gandhi: Stretcher-Bearer of Empire* (2016), Desai e Vahed comentam e analisam diversos depoimentos em que Gandhi critica o fato de seus "compatriotas" serem tratados da mesma forma como os africanos (isto é, sujeitos às políticas segregacionistas do país) e reivindica um distanciamento, tanto físico quanto social, dos nativos. Numa Carta Aberta ao Parlamento de Natal, datada de 19 de dezembro de 1893, o então advogado escreveu: "Atrevo-me a salientar que tanto os ingleses como os indianos provêm de um tronco comum, denominado indo-ariano. [...] Uma crença geral parece prevalecer na colônia de que os indianos são pouco melhores, se é que são, do que os selvagens ou os nativos da África. Até as crianças são ensinadas a acreditar dessa forma, com o resultado de que o indiano está sendo arrastado para a posição de um kaffir bruto [...] Os indianos não foram, e não são, de forma alguma inferiores aos seus irmãos anglo-saxões, se é me permitido usar a palavra, nos vários âmbitos da vida – industrial, intelectual, político etc." (apud Desai; Vahed, 2016, p.44). Num discurso proferido durante uma visita à Índia, especificamente Bombaim, em 1896, Gandhi atacou os brancos de Natal: seu desejo seria "degradar-nos ao nível de um bruto kaffir cuja ocupação é a caça, e cuja única ambição é juntar um certo número de gado para comprar uma esposa e depois passar a vida em indolência e nudez" (ibid., p.37). Já numa carta de 1904 expressou-se a favor da remoção dos kaffirs de um bairro pobre habitado por indianos: "sobre a mistura dos kaffirs com os indianos, devo confessar que sinto mais fortemente [rejeição]" (ibid., p.77). "Revelações" como estas provocaram, em anos recentes, ataques e, inclusive, remoções de estátuas de Gandhi em diversos países africanos, como África do Sul e Gana.

Foi na luta contra a discriminação da minoria indiana na África do Sul que Gandhi começou a desenvolver o método de resistência não violenta denominado *satyagraha*. Na Índia, as formas de desobediência civil seriam ampliadas, vindo a incorporar atos de jejum, greves, grandes marchas, boicotes de produtos importados da Grã-Bretanha e apelos para se vestir roupas feitas em casa com tecidos localmente produzidos (*khadi*). O próprio Gandhi deixou de usar "vestimentas ocidentais" e passou a fabricar no tear manual – que viria, aliás, a ser incorporado na bandeira da Índia independente – sua própria roupa. Dessa forma, quis incentivar os indianos a fazer o mesmo, revigorando a tradicional produção têxtil local que, devido às importações britânicas, tinha entrado em decadência. Gandhi se oporia a projetos de industrialização uma vez que apostava no desenvolvimento agrícola em pequena escala para consumo local – fortalecer a autossuficiência no âmbito das aldeias era o seu ideal:

> Minha ideia de aldeia *swaraj* [44] é a de uma república completa, independente de seus vizinhos, voltada para suas próprias necessidades vitais [...]. Assim, a primeira preocupação de cada aldeia será cultivar seus próprios alimentos e algodão para seus tecidos. (Gandhi, 1991, p.358-359)

No pensamento de Gandhi, podem ser percebidas influências de diversos pensadores e literatos ocidentais (Ruskin, Tolstói, Kropotkin), além de certos princípios básicos igualitários inspirados no cristianismo e no islã. No que diz respeito à elaboração das suas ideias filosóficas em torno do método *satyagraha*, que se baseava na não violência e numa espécie de "lei de sofrimento", o peso das tradições indianas – o budismo, o jainismo e, sobretudo, o hinduísmo – foi, sem dúvida, preponderante (Andrews, 1996).

Se olharmos para as ideias que Gandhi desenvolveria, a partir da década de 1920, sobre a sociedade indiana, percebemos que estas se inserem num tipo de pensamento inaugurado pelos primeiros protonacionalistas no final do século XIX. Tal como Vivekananda, Gandhi idealizava o sistema dos varnas e ressaltava a importância dos brâmanes, aos quais, dizia, os hindus deviam gratidão por terem cumprido o papel de guardiães da tradição. Num discurso proferido em Madras, em 1921, afirmou:

---

44 A tradução literal da palavra sânscrita *swaraj* (स्वराज) é *autogoverno*.

O hinduísmo deve, sem sombra de dúvida, tudo às grandes tradições que os brâmanes deixaram para o hinduísmo. Eles deixaram um legado para a Índia, para com o qual todo indiano, não importa a que varna ele possa pertencer, tem uma profunda dívida de gratidão [...]. Por isso, eu – um não brâmane – insisto em dizer que todos os não brâmanes a quem minha voz possa chegar, cometam um erro fundamental se acreditarem que podem melhorar sua posição ao atacar o bramanismo. (Gandhi, 1999, v.XXIII, p.18)

O sistema de castas teria salvado o hinduísmo da desagregação, afirma Gandhi num artigo publicado na revista *Young India*, em 1920. Naquele momento, ele defendia a hereditariedade e a endogamia como "lei eterna" que garantiria a perpetuação dos varnas e, dessa forma, a ordem social. Já o princípio da reencarnação serviria como uma espécie de corretor a fim de inibir comportamentos abusivos, na medida em que rebaixa, numa vida posterior, todos aqueles que infringem a ordem moral que o modelo supostamente propõe (Gandhi, 1999, v.XXII, p.67).

Ao aceitar a divisão em quatro unidades [os varnas], estou simplesmente aceitando as leis da Natureza, tomando como certo o que é inerente à natureza humana, e a lei da hereditariedade. Nascemos com alguns dos traços de nossos pais. O fato de um ser humano nascer apenas na espécie humana mostra que algumas características, ou seja, as castas, são determinadas pelo nascimento. (apud Bayly, 2001, p.252)

Nos discursos desse grande líder espiritual e político, podem ser notados, portanto, ecos de ideários evolucionistas e biologistas, típicos da virada do século XIX, mas também uma clara defesa do princípio de livre-arbítrio e, posteriormente, certas incorporações da crítica marxista. Se a visão de Gandhi acerca das castas passaria por transformações ao longo do tempo – por exemplo, na década de 1940, reviu sua condenação inicial de casamentos e comensalidade intercastas –, nunca deixou de diferenciar entre casta como sistema social, que para ele nada tinha a ver com o mundo religioso, e *varnashrama dharma*,[45] os verdadeiros princípios religiosos e morais oriundos dos Vedas e de outros escritos antigos.[46]

Essa diferenciação – que, para alguns críticos, não passa de uma separação questionável entre teoria e prática – permitia a Gandhi defender o sistema dos varnas em termos tanto éticos quanto econômicos. Para o pacifista, a "lei de varna" (*varnashrama dharma*) estabelecia os direitos e os deveres e ensinava cada um a seguir o "chamado" (*calling*) dos ancestrais. Todos os chamados – tarefas a serem executadas – seriam igualmente valorosos e teriam o mesmo *status*. O modelo de sociedade que Gandhi tinha em mente é o de uma união composta por várias e diferentes partes (castas), e que cada uma delas cumpre sua função em prol do funcionamento harmonioso do todo.

> Os chamados de um brâmane – professor espiritual – e de um catador são iguais, e seu devido desempenho recebe mérito igual diante de Deus, ao mesmo tempo em que parece trazer recompensa idêntica entre os homens. (Artigo publicado em 18 de julho de 1936, na revista *Harijan*, e republicado em Ambedkar, 1944, p.57)

E mais:

> Todas os varnas são iguais, pois a comunidade depende não menos de uma quanto de outra. Hoje, varna significa gradação de *status* alto ou baixo. É uma farsa horrenda do original. A lei de varna foi descoberta por nossos ancestrais por austeridades severas. Eles procuraram cumprir a lei da melhor maneira

---

45 *Varna-ashrama dharma* ou *varnashrama dharma* pode ser entendido como um saber védico que delineia e, de certo modo, fixa os objetivos da vida: define as divisões sociais (varna) e os estágios da vida humana (*ashrama*). *Ashrama* (em sânscrito, आश्रम, *āśrama*): sistema de quatro estágios da vida, pelos quais os homens hindus pertencentes às três castas superiores devem passar (as mulheres e os membros dos sudras e intocáveis estão excluídos desse sistema). Entende-se que cada varna e estágio de *ashrama* tem seu próprio *dharma* (धर्म, regras a serem respeitadas e deveres a serem cumpridos), e prega-se uma harmonização entre esses elementos que compõem uma ordem tida, em última instância, como sagrada e natural.

46 O fato de Gandhi ter atribuído grande importância à Bhagavadgita, que, a partir das releituras de reformistas hindus, tais como Tilak e Vivekananda, já tinha sido transformado em texto canônico, certamente contribuiu para que esta parte da epopeia de Mahabharatha se tornasse o texto clássico do nacionalismo hindu.

possível. Nós hoje a distorcemos e nos transformamos em motivo de chacota para o mundo. (Gandhi, 1934, p.261)

Se as pessoas seguissem esta "lei da vida", postulava Gandhi, a existência humana se tornaria facilmente suportável, a paz e a felicidade seriam instauradas; todos os confrontos e conflitos, a fome e a pobreza se dissolveriam; todos os problemas da população, inclusive doenças e sofrimentos, seriam resolvidos. Em outro contexto, Gandhi tinha usado esta sua avaliação para atacar o sistema repressor vigente na Índia: proclamou que a sociedade indiana derivava de princípios morais mais nobres (*varnashrama dharma*) do que as sociedades de classe ocidentais baseadas no materialismo capitalista. Afirma:

A beleza do sistema de castas é que ele não se baseia em distinções de riqueza [e] posses [...] [O] espírito por trás da casta não é de superioridade arrogante, é a classificação de um sistema diferente de autoformação [*self-culture*]. É o melhor ajuste possível de estabilidade social e de progresso.[47] (Gandhi, 1999, v.XXII, p.154)

Varnashrama dharma valorizaria a integração e a interdependência entre os grupos, não a exclusão ou a dominação. O problema é que ocorreram transformações históricas que teriam alterado os velhos princípios e introduzido as hierarquias e a discriminação. "A ideia de superioridade ou inferioridade se choca totalmente [com o *varnashrama dharma*]. [...] Todos os varnas são iguais, uma vez que a comunidade depende de todos eles da

---

47 Num artigo intitulado "The Law of Varna", publicado na revista *Young India*, Gandhi (1927, p.390-1) aprofunda a reflexão sobre os varnas: "Varna significa pré-determinação da escolha da profissão do homem. A lei de varna é que um homem deve seguir a profissão de seus ancestrais para ganhar seu sustento. Varna é, portanto, de certa forma a lei da hereditariedade. Varna não é algo que foi imposto aos hindus, mas os homens que são administradores de seu bem-estar descobriram a lei para eles. Não é uma invenção humana, mas uma lei imutável da natureza – a constatação de uma tendência que está sempre presente e atuando como a lei da gravitação de Newton. Assim como a lei da gravitação existia antes mesmo de ser descoberta, também existia a lei de varna [independentemente de ser denominada como tal por seres humanos]. Foi dado aos hindus descobrir essa lei. Com a descoberta e aplicação de certas leis da natureza, os ocidentais [*people of the West*] aumentaram facilmente seus bens materiais. Da mesma forma, os hindus, com a descoberta desta tendência social irresistível, foram capazes de alcançar no campo espiritual o que nenhuma outra nação do mundo conseguiu".

mesma forma" (apud Bayly, 2001, p.252). Mesmo nas décadas de 1930 e 1940, em seus debates calorosos com Ambedkar, quando já admitia mais abertamente imperfeições do modelo das castas, o líder pacifista insistiu em afirmar que a hierarquia associada às castas era resultado de uma degradação que nada tinha a ver com a religião em si:

> Casta não tem nada a ver com religião. É um costume cuja origem eu não conheço e não preciso conhecer para satisfazer minha fome espiritual. Mas sei que é prejudicial ao crescimento espiritual e nacional. *Varna* e *ashrama* são instituições que nada têm a ver com as castas.[48] (Gandhi, 1999, v.LXIX, p.226)

Às carências e diversas formas de exploração e humilhação que a maioria da população enfrentava, Gandhi respondeu, acima de tudo, com a proposta de revitalizar antigos valores morais e espirituais. Apostava na "conscientização" das castas superiores, apelando para que seus membros assumissem tarefas e trabalhos considerados "impuros" – como limpar banheiros – e tratassem os intocáveis como iguais. A organização Harijan Sevak Sangh (Servants of Untouchables Society), fundada por Gandhi em 1932, buscava envolver membros de castas consideradas "puras" e tinha como objetivo ensinar aos intocáveis[49] – os previstos "beneficiários" da organização – hábitos considerados "puros" (Bayly, 2001, p.250).

A luta maior de Gandhi voltou-se à eliminação do *status* da intocabilidade que, para ele, era um mal intolerável, uma "mácula horrível" para o hinduísmo, uma "afronta à religião e à humanidade"[50] (apud Bayly, 2001,

---

48 Cf. a nota 44 deste capítulo.

49 Segundo Bayly (2001, p.249), na década de 1920, os termos *intocável* e *intocabilidade* já tinham se disseminado amplamente e eram usados para denominar a "qualidade de impureza coletiva".

50 Nas discussões com Ambedkar, Gandhi usou o seguinte argumento: "A arrogância de um *status* superior por e de um Varna em relação a outro é uma negação da lei. E não há nada na lei de Varna que justifique a crença na intocabilidade" (artigo publicado na revista *Harijan* apud Omvedt, 2004, p.71). Num artigo publicado na revista *Young India* (14 jan. 1926), Gandhi volta-se contra o fenômeno da intocabilidade com as seguintes palavras: "Certamente, haverá julgamentos contra o hinduísmo se nós, como corpo, não nos levantarmos tal qual um homem contra essa atrocidade social e religiosa" (Gandhi, 1999, v.XXXIII, p.399). Oito anos mais tarde, caracterizou um terremoto em Bihar como resposta divina ao pecado da intocabilidade (Bayly, 2001, p.249).

142 ANDREAS HOFBAUER

p.24). Assim, o Mahatma[51] concentrava seus esforços no combate a todas as formas degradantes de exclusão sofridas pelos harijans[52] – termo cunhado e preferido por Gandhi para se referir aos intocáveis – do sistema dos varnas. Ele lutou até o fim de sua vida pela integração dos harijans a todas as esferas das práticas ritualísticas hinduístas (por exemplo, sua admissão nos templos); ao mesmo tempo, continuava defendendo os princípios supostamente eternos do *varnashrama dharma*[53] e contribuiu, dessa forma, para consolidar a ideia de que existe um substrato religioso-cultural hindu-indiano que teria atravessado milênios. A maneira como Gandhi olhava para o *varnashrama dharma* não deixa de apresentar semelhanças com as ideias antropológicas ocidentais do mesmo período acerca da constituição das culturas humanas: a ênfase recaía sobre características como integração orgânica, equilíbrio, coesão e homogeneidade internas.

O grande opositor de Gandhi nos debates políticos em torno da construção de uma nação independente, especialmente no que diz respeito à maneira de se lidar com a questão das castas, foi Bhimrao Ramji Ambedkar (1891-1956). O contraste entre suas imagens, eternizadas em centenas de milhares de estátuas em todo o país (inclusive em pequenas cidades nos interiores), não podia ser maior. Enquanto Gandhi é retratado com o tradicional pano amarrado na cintura (*dhoti*), segurando uma bengala,[54] Ambedkar é representado em terno e gravata, segurando um livro, a Constituição indiana. Se Gandhi era de uma casta superior, Ambedkar pertencia à jati *mahar*, um dos maiores subgrupos dos intocáveis em seu tempo. O fato de seus avós e pais terem executado serviços junto à administração colonial (East India Company e Exército indiano-britânico) colocou Ambedkar numa situação diferente daquela da grande maioria dos intocáveis, que não tinha a oportunidade de frequentar uma escola. Uma melhor situação eco-

---

51 Título atribuído a Gandhi que, em sânscrito, significa literalmente "a grande alma".

52 *Harijan* (हरिजन): literalmente, "pessoas [filhos] do Deus ['entidade suprema'] Hari [Vishnu]".

53 Cf. análise de Dirks (2001, p.234): "E, no entanto, Gandhi fez esforços para justificar sua interpretação das verdades antigas da Índia, fazendo referência a textos e tradições específicas, e em diferentes contextos defendeu os ideais de uma civilização indiana, que incluía a tutela bramânica e a diferenciação ocupacional, e sugeriu que a solução para a questão dos 'intocáveis' fosse a de incluir os 'harijans' no sistema de castas (como ele desejava incluí-los no hinduísmo e em suas práticas institucionais), em vez de excluí-los do sistema de castas ou dos templos".

54 Às vezes, ao lado da figura de Gandhi é posta uma roda de fiar.

nômica não alterou, porém, o *"status* de intocável". Ambedkar vivenciou diversas situações de segregação e enfrentou diferentes formas de inferiorização e humilhação já na escola – ele tinha de assistir às aulas do lado de fora da classe; não podia tocar no cântaro de água coletivo, de maneira que alguém tinha de jogar a água do alto para que ele pudesse matar a sede –; mesmo assim, soube agarrar "sua chance" e dedicou-se aos estudos.

Com a ajuda de bolsas de estudo (um dos benfeitores de Ambedkar foi o marajá de Baroda), Ambedkar completou dois doutorados em economia em duas das mais renomadas universidades do mundo – Universidade de Columbia (Nova York) e London School of Economics and Political Science –, além de ter recebido o título jurídico de *barrister-at-law* pela Gray's Inn (Londres). De volta à Índia em 1923, o primeiro intocável indiano com formação profissional ocidental, de acordo com Bayly (2001, p.257), almejou uma carreira de advogado em Baroda (Gujarate). Diante de constantes insultos e da enorme dificuldade em alugar um quarto por causa de seu *status* de intocável, resolveu fixar-se na então metrópole Bombaim, onde enfrentou novas adversidades. Trabalhava em universidades como *college lecturer*, buscava inserir-se na Suprema Corte e, empenhando-se cada vez mais em assuntos políticos, foi nomeado, em 1927, um dos dois representantes das chamadas *depressed*[55] *classes* no Conselho Legislativo (Dirks, 2001, p.266). Sua competência jurídica, fundada numa formação acadêmica extraordinária, juntamente com sua vocação política, faria com que, posteriormente, assumisse papéis-chave no cenário político da Índia independente: em 1947, foi convidado pelo primeiro-ministro Jawaharlal Nehru a assumir o cargo de ministro de justiça e, na função de Chairman of the Drafting Committee, se tornou o principal mentor da elaboração da Constituição indiana.[56]

Pouco tempo após sua volta da Inglaterra, Ambedkar ganhou fama e reconhecimento por suas diversas intervenções em prol dos intocáveis – fundou a Depressed Classes Federation em 1930, e doze anos depois se

---

55 De acordo com Bayly (2001, p.254), foi na década de 1920 que o termo *depressed* se consolidou como o conceito genérico mais usado pelos políticos e juristas (pertencentes a castas superiores) para se referir às castas inferiores e aos intocáveis.

56 Ambedkar foi o primeiro ocupante do cargo de ministro da justiça da Índia independente. Com a sua participação, a Constituição que entrou em vigor em 1950 teve pontos fundamentais: a criminalização da condição da "intocabilidade" (art. 17); e a discriminação por religião, raça, casta, sexo (art. 15).

144 ANDREAS HOFBAUER

tornou responsável pela refundação dessa associação sob outro nome, All-
-India Scheduled Caste Federation (Bayly, 2001, p.254). Algumas das suas
primeiras lutas foram organizar um movimento pelo acesso dos intocáveis
aos poços coletivos das aldeias e liderar um grupo que reivindicava o acesso
aos interiores dos templos hindus.

Logo depois, Ambedkar abandonou essa estratégia de luta inspirada
nos preceitos da *satyagraha*, uma vez que percebia que os objetivos perse-
guidos por tais mobilizações visavam, implicitamente, reafirmar, ou seja,
"validar" os hábitos e os valores das castas superiores. No fundo, essa análise crítica apontava para os efeitos de um princípio que, algumas décadas
depois, seria denominado pelo sociólogo Srinivas (1952, 1956) de "sanscritização".[57] Quais seriam as características desse fenômeno? Ambedkar
constatou que os inferiorizados tinham incorporado os valores bramânicos,
o que, na sua visão, não apenas contribuía para a manutenção da hierarquia
social, mas instigava também disputas e brigas entre as subcastas, inclusive
entre os diversos grupos dos intocáveis. Além disso, o que funcionava como
meta e medidor do posicionamento na hierarquia eram os valores máximos
definidos e propagados pela própria casta dos brâmanes.

Em 1948, Ambedkar escreve um livro especialmente dedicado à explicação da origem e das características dos intocáveis, *The Untouchables: Who
Were They and Why They Became Untouchables?*. Nele, Ambedkar opõe-se
à teoria da invasão ariana e a qualquer tese que busque explicar o fenômeno
da intocabilidade com argumentos biológico-raciais. Esta seria muito mais
o resultado de um conflito sociocultural cujas raízes podiam ser encontradas nos primórdios da história indiana. Esta história, assumidamente
hipotética, pode ser resumida da seguinte maneira: guerras tribais teriam
sido responsáveis pela desagregação de comunidades e pela emergência de
"pessoas arrebentadas" [*broken men*] que, em seguida, se dispersavam e se
sentiam obrigadas a oferecer seus serviços de guardiães e vigilantes a outras
comunidades, em troca de proteção e comida. A função social assumida

---

57 O cientista social Mysore Narasimhachar Srinivas (1916-1999), discípulo de Ghurye e
Evans-Pritchard, cunhou, na década de 1950, o conceito *sanscritização* e definiu-o da
seguinte maneira: "Uma casta baixa era capaz, em uma geração ou duas, de ascender a uma
posição mais alta na hierarquia ao adotar o vegetarianismo e a abstinência e ao sanscritizar
seu ritual e panteão. Em suma, assumir, na medida do possível, os costumes, ritos e crenças
dos brâmanes, e a adoção do modo de vida brâmane por uma casta inferior parece ter sido
frequente, embora teoricamente proibida" (Srinivas, 1952, p.30).

neste contexto e também o fato de elas não terem laços de parentesco com os aldeões que os recebiam teria sido a razão pela qual os *broken men* fixavam suas moradias fora dos lugarejos (Ambedkar, 2013 [1948], p.275-6). A explicação da transformação desses grupos em "intocáveis" está vinculada a outra hipótese do autor que afirma terem sido os *broken men* seguidores de Buda, que não respeitavam os brâmanes como sacerdotes máximos, além de continuarem a comer carne de vaca. Os brâmanes, inimigos do budismo, teriam reagido com desprezo, ódio e formas radicais de exclusão, impondo preceitos de endogamia, pureza, impureza e, com isso, também, o regime de intocabilidade (ibid., 315-7).

A introdução da ideia de que os intocáveis teriam sido budistas nos seus primórdios possibilitou a Ambedkar desenvolver uma parte importante de sua estratégia política: situar os intocáveis fora do mundo do hinduísmo e fornecer-lhes uma base de valores comum e anti-hierárquica. Visava, assim, criar um espírito de união entre os mais oprimidos, com o objetivo de desafiar a lógica de inferiorização e exclusão.

O historiador Cháirez-Garza (2018) levanta a hipótese de que esta linha de interpretação apresenta também importantes influências e adaptações das ideias de Franz Boas e de seus discípulos acerca da separação conceitual entre raças e culturas. De fato, Ambedkar estudou, entre 1913 e 1916, na Universidade de Columbia em Nova York e frequentou também aulas de antropologia com Alexander Goldenweiser, um dos primeiros orientandos de Boas.

Desde muito cedo, Ambedkar opunha-se àquelas abordagens – como a de Risley – que buscavam aproximar ou até mesmo equiparar a noção de casta à ideia de raça. Ele não negava semelhanças entre os efeitos do castismo e os do racismo para os inferiorizados, mas já no seu primeiro texto sobre o fenômeno das castas na Índia – apresentado num seminário dirigido por Goldenweiser na Universidade de Columbia, em 1916 – criticou enfaticamente a ideia de associar determinadas tonalidades de cor de pele às castas indianas e atribuiu essa visão a leituras ocidentais inadequadas, mais especificamente, a preconceitos de estudiosos europeus. Vinte anos mais tarde, escreveu:

> Afirmar que distinções de casta são na verdade distinções de raça [...] é uma perversão grosseira dos fatos. Que afinidade existe entre um brâmane do Pun-

146 ANDREAS HOFBAUER

jab e um brâmane de Madras? Que afinidade existe entre um intocável de Bengala e um intocável de Madras? O brâmane do Punjab é racialmente do mesmo tipo [*same stock*] que o *chamar* [*intocável*] do Punjab, e o brâmane de Madras é da mesma raça que o pária de Madras. O sistema de castas não delimita divisões raciais. O sistema de castas é uma divisão social de populações de uma mesma raça. (Ambedkar, 1944 [1936], p.23-4)

Semelhante a Boas, que aplicava métodos antropométricos para, em última instância, pôr em xeque os postulados deterministas das teorias raciais, Ambedkar remeteu-se a estudos comparativos de medições cranianas na Índia para argumentar que nem os intocáveis, nem os brâmanes, podem ser concebidos como grupos racialmente homogêneos (Ambedkar, 1948: 47, 48). De acordo com Cháirez-Garza (2018, p.295), Ambedkar via o sistema de castas, acima de tudo, como um fenômeno cultural, ao qual atribuía ainda forças psicológicas próprias, de modo similar ao que faziam importantes discípulos de Boas, tal como Ruth Benedict, Alexander Lesser e Gene Weltfish. "Todos os hindus estão vivendo em estado de escravidão mental [...]. Casta é um estado de espírito. É uma doença da mente. Os ensinamentos da religião hindu são a causa principal desta doença", disse Ambedkar (2021, p.13; 15) num discurso proferido em 1936 em Bombaim. E, em outro momento, escrevera: "A intocabilidade é uma forma indireta de escravidão [...]. É persistente porque é inconsciente. Das duas ordens, a intocabilidade é, sem dúvida, a pior" (2014 [1935], p.15). Ao sugerir que o sistema de castas exerce uma violência simbólica psicológica constante (Cháirez-Garza, 2018, p.296), Ambedkar aponta também para uma explicação do porquê era tão difícil os intocáveis se organizarem e acreditarem numa possível saída da situação em que se encontravam.

Em radical oposição ao pensamento de Gandhi, Ambedkar concebia as castas e as discriminações relacionadas a elas como um elemento integrante da religião dos hindus. As denúncias e os ataques voltavam-se, consequentemente, contra o hinduísmo em si e, especialmente, contra os brâmanes[58]

---

58 O "bramanismo" é o "veneno" que arruinou o hinduísmo, afirma Ambedkar (1944 [1936], p.52). Em outro momento, responsabiliza os brâmanes diretamente pela manutenção das desigualdades e pela repressão de qualquer esforço de superá-las: "Desigualdade é a doutrina oficial do bramanismo"; e "a supressão das classes inferiores que aspiram à igualdade foi considerada e realizada por eles sem remorso como seu dever imperativo [*bounden duty*]" (apud Rodrigues, 2006, p.109).

DIÁSPORA AFRICANA NA ÍNDIA   **147**

que, para Ambedkar, eram os que mais se beneficiavam dessa forma de sociabilidade.[59] Num importante texto escrito para uma palestra, "Annihilation of Caste" (1944 [1936]),[60] Ambedkar avalia que, para os adeptos do hinduísmo, as castas constituíam uma ordem sagrada que, em última instância, expressava um princípio divino. Sendo assim não haveria meio de reformar o sistema e, consequentemente, tornava-se necessário combater os fundamentos (os saberes articulados em forma de textos sagrados) que sustentavam o chamado *hinduísmo*. "Os hindus não abrem mão da sacralidade da ordem social. A casta tem uma base divina. Portanto, é preciso destruir a sacralidade e a divindade de que a casta está dotada. Em última análise, isto significa que você tem de destruir a autoridade dos *Shastras*[61] e dos *Vedas*" (Ambedkar, 1944 [1936]. p.43-4).

Essa atitude tinha levado Ambedkar, já em 1927, a queimar publicamente, diante de milhares de seguidores, uma cópia do Manusmṛti (Bayly, 2001, p.259),[62] num ato dramático que provocou a indignação de muitos reformistas hindus. O hinduísmo não passava, para Ambedkar, de um

---

59 Ambedkar (1979 [1916], p.10) entendia que as castas já existiam muito antes da escritura do Manusmṛti e que nenhum grupo em particular, nem os brâmanes, podia ser responsabilizado sozinho por seu surgimento (ibid.). Ele reconhecia, ainda, que não há nas escrituras antigas hindus nenhuma referência ao *status* da intocabilidade; este teria surgido com a dinastia hindu Gupta, no século XIV (apud Bayly, 2001, p.259). No seu primeiro texto sobre as castas na Índia ("Castes in India: Their Mechanism, Genesis and Development", apresentado, em 1916, num seminário de antropologia na Columbia University, coordenado por Goldenweiser), Ambedkar (1979 [1916], p.4, grifo do autor) destaca a importância da endogamia como característica principal deste fenômeno social: "A *endogamia é a única característica peculiar da casta*, e se conseguirmos mostrar como a endogamia é mantida, teremos praticamente provado a gênese e também o mecanismo de casta". Como entendia que teria ocorrido um processo de fusão entre diversas raças, tendo surgido, desta forma, uma unidade cultural, via nas castas um problema, uma divisão artificial da população em unidades fixas, promovidas pelo costume da endogamia: "As várias raças da Índia que ocupam territórios definidos têm mais ou menos se fundido e possuem unidade cultural, que é o único critério de uma população homogênea"; "Casta na Índia significa uma divisão [*chopping off*] artificial da população em unidades fixas e definidas, cada uma impedida de se fundir em outra pelo costume da endogamia" (ibidem).

60 "The Annihilation of Caste" foi escrito para um discurso que Ambedkar devia proferir num evento anual de um grupo hindu reformista em Lahore (1936). Como os organizadores do evento ficaram muito incomodados com o conteúdo do texto encaminhado pelo convidado (viam nele ofensas ao hinduísmo), e Ambedkar se recusou a fazer alterações, o convite foi retirado. Mais tarde, Ambedkar resolveu publicar o artigo.

61 *Shastra* (शास्त्र): palavra sânscrita que significa algo como preceito, regras, mas também manual, compêndio, livro ou tratado.

62 Ambedkar teria dito que o ato de pôr fogo no documento representava a aniquilação de um "símbolo da injustiça que nos tem esmagado [*crushed*] durante séculos" (apud Bayly, 2001,

148 ANDREAS HOFBAUER

acúmulo de preceitos, comandos e proibições, e carecia de uma sólida base ético-moral. Dessa forma, discordava radicalmente das interpretações de Gandhi acerca de conceitos como *varnashrama dharma*. Para ele, noções como dharma e varna minavam profundamente a sociabilidade que almejava construir, um modelo de sociedade baseado em muitos dos ideais da Revolução Francesa e em alguns ensinamentos da filosofia marxista. Desse ângulo, Ambedkar criticou o fato de que o sistema de castas "destrói" – isto é, não deixa florescer – o espírito público e cívico. Para os hindus, o público seria sua própria casta, e as responsabilidades individuais não ultrapassavam as fronteiras traçadas por esse sistema. Todas as virtudes e toda moralidade estariam determinadas pelo pertencimento a uma das milhares de castas e subcastas. E pior: Ambedkar (1944 [1936], p.55) constatava que o "bafo" das castas hindus já tinha se espalhado sobre todos os não-hindus que viviam na Índia e infectado, inclusive, os sikhs, os muçulmanos e os cristãos.

> O efeito da casta sobre a ética dos hindus é simplesmente deplorável. A casta matou o espírito público. A casta destruiu o senso de caridade pública. A casta tornou a opinião pública impossível. O público de um hindu é sua casta. Sua responsabilidade é apenas para com sua casta. Sua lealdade é restrita apenas à sua casta. A virtude tornou-se dominada por castas e a moralidade tornou-se vinculada a castas. Não há simpatia pelo merecedor. Não há apreciação do meritório. Não há caridade para com os necessitados. O sofrimento, como tal, não exige nenhuma resposta. Existe caridade, mas começa com a casta e termina com a casta. Há simpatia, mas não para com homens de outra casta. (Ibid., p.31)

Se Ambedkar compartilhava muitos dos objetivos do comunismo e foi, durante uma época, leitor assíduo de textos marxistas, com o decorrer do tempo tornou-se cada vez mais crítico desses escritos e das tentativas concretas de transformá-los em políticas de Estado. Incomodava-se com o fato de o marxismo ignorar as castas – ou de não as tratar adequadamente – no contexto indiano e com a subvalorização de aspectos morais e psicológicos.

---

p.259). O dia em que ele queimou o Manusmṛti (25 de dezembro) continua sendo celebrado anualmente por seus seguidores como Manusmṛti Dahan Din (Manusmriti Burning Day).

DIÁSPORA AFRICANA NA ÍNDIA **149**

Num discurso proferido no Congresso Mundial Budista em Katmandu (1956),[63] Ambedkar defendeu os ideais da Revolução Francesa e alertou, apontando a experiência da Revolução Russa, para o fato de que o projeto de construir a igualdade entre os seres humanos não poderia justificar o sacrifício dos valores de liberdade e fraternidade (Omvedt, 2004, p.152, 161). A solução estaria numa outra tradição indiana: o budismo.

> A Revolução Francesa foi bem-vinda por causa de seu *slogan*. Não conseguiu produzir igualdade. Saudamos a Revolução Russa, porque ela visa produzir igualdade. Mas nunca é demais enfatizar que, ao produzir igualdade, a sociedade não pode se dar ao luxo de sacrificar a fraternidade ou a liberdade. A igualdade não terá valor sem fraternidade ou liberdade. Parece que as três só podem coexistir se seguirmos o caminho do Buda. O comunismo pode dar uma parte, mas não todas. (Ambedkar, 1956, p.22)

Durante muito tempo, Ambedkar cogitou converter-se ao budismo. Dois meses antes de sua morte, ocorrida pouco depois do congresso em Katmandu, organizou um grande evento de conversão em massa, do qual participaram cerca de 500 mil seguidores intocáveis.[64]

Se na luta de Gandhi a recuperação de valores religiosos-culturais – e, a seu ver, a batalha contra a exclusão dos intocáveis – havia ganhado destaque a fim de enfrentar o colonialismo, o pensamento e as ações de Ambedkar orientavam-se muito mais por valores propagados como universais e comprometidos com os ideais da "modernidade" nos moldes ocidentais;[65] en-

---

63 Discurso publicado *post mortem* sob o título "Buddha or Marx".

64 Bayly (2001, p.282) chama a atenção para o fato de que o projeto de conversão ao budismo propagado por Ambedkar teve sucesso apenas limitado (em 1961, o censo registrou cerca de 3 milhões de indianos como *neo-Buddhist converts*). O budismo não se tornou fonte de inspiração da militância dalit. A maioria dos intocáveis (dalits) continua imbuída no mundo simbólico e nos preceitos hinduístas, embora haja também não poucos que se converteram ao cristianismo e ao islã.

65 Desde a década de 1930, Ambedkar via Gandhi como um defensor do *status quo* na Índia. Para ele, a rejeição de projetos de industrialização e o enaltecimento da vida tradicional nas aldeias não passava de uma postura romântica e conservadora, avessa às transformações sociais necessárias (Omvedt, 2004, p.159). A historiadora indiana Banerjee-Dube que se preocupa com o legado do colonialismo e busca desenvolver novas estratégias analíticas para superar os binarismos produzidos por ele, caracteriza Ambedkar como um modernizador e defensor de direitos individuais: "enquanto Ambedkar rejeitou e ridicularizou a noção de Gandhi do sistema de castas como uma divisão orgânica da sociedade onde cada casta

tretanto, vimos que, no fim de sua vida, Ambedkar buscou construir uma "ponte" entre as máximas da Revolução Francesa e os ensinamentos de Buda, ou seja, tradições cultural-religiosas enraizadas no subcontinente indiano.

Ao contrário de Gandhi, que tratava os intocáveis como hindus e via, portanto, com maus olhos conversões a outras religiões, Ambedkar defendia que os intocáveis consolidassem uma identidade própria fora do universo das castas hindus. Confiante nos princípios da jurisprudência ocidental, Ambedkar concebia o indivíduo como a unidade de referência para a construção de uma sociedade mais igualitária. Suas intervenções políticas em prol dos intocáveis perseguiam como objetivo a "emancipação", nos planos tanto individual quanto coletivo.

Ambos os líderes indianos divergiam, ainda, sobre importantes pontos acerca do futuro do país, inclusive sobre os projetos de desenvolvimento econômico. Gandhi prezava a aldeia como célula social e econômica do país, apostava no desenvolvimento da agricultura e questionava a implementação de grandes indústrias. Já Ambedkar, para quem a vida nas aldeias simbolizava atraso e opressão, era um fervoroso defensor da transformação da sociedade via industrialização.

Fundamental no entanto para a maneira como a Índia independente lidou com o tema "casta" foi um acordo entre Gandhi e Ambedkar, resultado de uma acirrada disputa em torno da proposta de Ambedkar de criar eleitorados separados para os intocáveis. Gandhi respondeu com uma greve de fome até a morte para protestar contra este projeto que, para ele, separaria os intocáveis para sempre da sociedade hindu.

O compromisso, firmado no pacto de Puna (1932), ordenava que houvesse um número fixo (proporcional) de assentos nas assembleias legislativas locais para representantes das chamadas *depressed classes*,[66] mas não eleitorados separados. Esta decisão gerou a base para a criação de amplos

---

era dependente da outra tornando o coletivo crucial, ele simultaneamente tentou construir uma identidade coletiva para os dalits e dar-lhes direitos individuais. Oscilava entre o 'igualitarismo comunitário' e o 'igualitarismo individualista' em seu esforço para forjar uma relação de igual *respeito* entre as comunidades [...]. A identidade coletiva da comunidade, no entanto, baseava-se na categorização colonial dos dalits como membros de castas denominadas 'oprimidas' [*depressed*] e, posteriormente, 'scheduled'" (Banerjee-Dube, 2014, p.523, grifo da autora).

66 Termo usado no Pacto de Puna (1932).

DIÁSPORA AFRICANA NA ÍNDIA **151**

registros e listas das *depressed classes*, que seriam chamadas a partir do Government India Act (1935)[67] de *Scheduled Castes* (SC) e *Scheduled Tribes* (ST). "Foi neste ponto", avalia Bayly (2001, p.262), "que as autoridades coloniais instauraram a intrincada maquinaria de listagens ou '*Scheduling*' para criar círculos eleitorais de acordo com as castas locais". A primeira listagem incluiu quase quatrocentos grupos de "intocáveis". O mecanismo de identificar castas consideradas inferiorizadas, registrando-as em listas específicas, com o objetivo de elaborar políticas públicas em seu favor, ganharia uma aplicação ainda bem maior na Índia pós-independência.

A Constituição, de 1950, para cuja elaboração Ambedkar deu contribuição fundamental,[68] aboliu o *status* da intocabilidade e baniu atos discriminatórias baseados em critérios como religião, raça, sexo e casta. Rezam os artigos 15 e 17 da Lei Maior Indiana:

> Nenhum cidadão estará sujeito, somente por motivos de religião, raça, casta, sexo [...] a qualquer impedimento, responsabilidade [*liability*], restrição ou condição com relação a – (a) acesso a lojas, restaurantes públicos, hotéis e locais de entretenimento público; ou (b) uso de poços, tanques, ghats[69] de banho, estradas e locais de resorts públicos mantidos [...] por fundos do Estado ou dedicados ao uso do público em geral. (India, 1977, parte III, art.15, p.7)

---

67 O Government India Act introduz o termo *Scheduled Caste* e define-o da seguinte maneira: "tais castas, raças ou tribos aparecem a Sua Majestade no Conselho para corresponder às classes de pessoas anteriormente conhecidas como 'as classes deprimidas' [*depressed*], como Sua Majestade no Conselho pode preferir" (apud Chatterjee, S., 1996, v.1, p.162). O decreto The Government of India (Scheduled Castes) Order, emitido em 1936, apresentou uma primeira lista de *Scheduled Castes*. Após a Independência, a Assembleia Constituinte atribuiu ao presidente da Índia o mandato para compilar listas de castas e tribos. A elaboração de novas listas ampliadas basear-se-ia em dois novos decretos: The Constitution (Scheduled Castes) Order (1950) e The Constitution (Scheduled Tribes) Order (1950). A lista refeita e ampliada registrava, em 1950, 1.108 *Scheduled Castes* e 744 *Scheduled Tribes*. Essas classificações servem até hoje de base para políticas de compensação.

68 Como primeiro-ministro da Justiça da Índia independente, Ambedkar teve papel importante na primeira Constituinte, como presidente do Comitê de Elaboração da Constituição, na qual se empenhou em fixar direitos individuais, opondo-se a propostas de transformar unidades coletivas (por exemplo, aldeias) em base para a legislação (cf. Berg, 2007, p.24).

69 A palavra *ghats* refere-se aqui a escadarias que dão acesso a um rio, um lago ou a qualquer tipo de represamento de água onde a população costuma se banhar e promover as cerimônias hinduístas de cremação.

A "Intocabilidade" é abolida e sua prática, sob qualquer forma, é proibida. A imposição de qualquer impedimento decorrente da "Intocabilidade" será uma ofensa punível de acordo com a lei. (Ibid., art.17, p.8)

Ao mesmo tempo, a Constituição reconheceu a existência de castas na medida em que alguns artigos incentivavam políticas de Estado focadas, visando melhorar a situação social e econômica de intocáveis e de grupos tribais e protegê-los de discriminações: "O Estado promoverá com especial cuidado os interesses educacionais e econômicos dos setores mais fracos da população e, em particular, das *Scheduled Castes* e das *Scheduled Tribes*, e os protegerá de injustiças sociais e de todas as formas de exploração" (ibid., parte IV, art.46, p.23). Para vários autores, entre os quais Bayly (2001, p.270), a linguagem legal pós-Independência preservou a "lógica essencializante" que tinha marcado o tratamento do problema da inferiorização e da discriminação na época colonial, uma vez que reafirmaria a existência de um modelo social baseado em subgrupos com fronteiras fixas, associando-os a um mundo cultural específico (hindu), o qual teria se espalhado, de forma homogênea, sobre toda a Índia.

A ancoragem de uma política em prol de grupos registrados em listas (*scheduled*) governamentais instigou o anseio de muitos deles de conquistar o *status* de *Scheduled Caste* ou *Scheduled Tribe* e, ao mesmo tempo, florescer relações clientelísticas e de patronagem entre castas inferiorizadas e políticos. A menção, na Magna Carta, a Outras Classes Atrasadas (OBC – Other Backward Classes) – categoria não claramente definida – descrita igualmente como "classes de cidadãos reprimidas ou atrasadas nos planos social e educativos" – *depressed* ou *socially and educationally backward classes of citizens* (cf. ibid., p.269)[70] – abriu a ainda mais grupos a possibilidade de pleitear benefícios estatais, tais como acesso a postos de trabalho em serviços públicos e vagas em universidades públicas. Se na década de 1950 cerca de 20% da população teve direito a subsídios (*reservation quotas*), dez

---

70 As dificuldades e ambiguidades que envolvem a aplicação desta categoria expressam-se, por exemplo, pelo fato de um mesmo grupo ter sido classificado no estado de Punjab como *backward*, e, portanto, merecedor de benefícios estatais, enquanto no estado vizinho de Uttar Pradesh foi qualificado como *forward* (Bayly, 2001, p.274). No Princely State of Mysore, o termo *backward classes* já era usado em 1918 (cf. Dirks, 2001, p.282).

DIÁSPORA AFRICANA NA ÍNDIA **153**

anos mais tarde esta porcentagem pulou para mais de 50%.[71] No estado de Mysore (atual Karnataka), a partir de 1921, os mais diversos grupos e comunidades, exceto o dos brâmanes, começaram a ser classificados como *backward*, o que fez com que, ao final da década de 1950, a classificação incluísse 90% da população – posteriormente, disputas jurídicas levariam a Corte Suprema a reduzir a porcentagem daqueles que têm direito a benefícios a 74% (cf. ibid., p.279-80).

A chamada *Mandal Commission*,[72] instituída pelo governo federal em 1978, apresentou, em 1980, um relatório que continha novas listas de OBC, SC e ST e novas recomendações para a aplicação de ações afirmativas. A ampliação dos critérios de identificação dos OBC resultou num notável crescimento deste grupo, representando agora 54,4% da população. A distribuição das cotas proposta pela comissão era: 27% OBC; e 22,5% ST e SC. No entanto, demorou dez anos até que um novo governo (Janata) proclamasse que implementaria as recomendações da comissão. Esta decisão, que foi tomada como resposta ao fortalecimento do partido nacionalista-hinduísta Bharatiya Janata Party e não deixava, portanto, de ter inspiração eleitoreira, provocou uma onda de protestos que marcou o início dos anos 1990: no norte do país, o repúdio à ampliação do sistema de cotas levou, inclusive, vários estudantes de castas superiores a cometerem autoimolação. Em 1992, a Corte Suprema resolveu limitar a porcentagem total dos beneficiários de ações afirmativas a 50%, pondo em xeque, desta forma, o uso de cotas muito altas que vigoravam em diversos estados, como em Karnataka (68%) (cf. ibid., p.301).[73]

A política de reserva de vagas tem se expandido desde a independência e ganhou, a partir da década de 1980, cada vez mais importância política, transformando-se, inclusive, em tema constante nas disputas eleitorais; também acirrou ainda mais o *processo de essencialização e politização das castas* que remonta, no mínimo, à época colonial, mais especificamente, à elabora-

---

71 Cerca de 32% da população (116 milhões de pessoas) teriam sido classificados como *backward*; 14% entrariam na categoria *Scheduled Castes*, e as chamadas *Scheduled Tribes* representariam 6% da população total (Bayly, 2001, p.289).

72 O nome dado a esta comissão deve-se ao seu presidente, o parlamentar Bindheshwari Prasad Mandal.

73 As recomendações da Comissão Mandal continuam sendo um tema extremamente controverso; sua implementação não se deu de modo uniforme em todo o país, mas seguiu ritmos diferentes nos 29 estados da União.

154 ANDREAS HOFBAUER

ção dos censos baseados em estudos antropológicos como os de Risley. Foi desta forma que, para Dirks (2001, p.3), as castas se consolidaram, tornando-se "símbolo central" da Índia, mesmo que a utilidade e validade moral do sistema de castas continue sendo calorosamente discutida no país.

II.5. G. S. Ghurye e a cultura hindu como instrumento de unidade nacional

Govind Sadashiv Ghurye (1893-1984), chamado por muitos "pai da sociologia indiana", já chamava a atenção para as consequências nefastas da política colonial para o sistema das castas indianas. Foi provavelmente o primeiro acadêmico a argumentar que a politização das castas não deveria ser entendida como a "transformação natural" de uma tradição local, e sim como efeito almejado pela política colonial britânica (Dirks, 2001, p.249). Ghurye teve uma excelente formação em estudos de sânscrito – estudou no Colégio Elphinstone, em Bombaim – antes de doutorar-se na Universidade de Cambridge, em 1922, sob a orientação de Rivers e, depois da morte deste, de Haddon. Durante 35 anos (1924-1959) ocupou o cargo de chefe do departamento de Sociologia da Universidade de Bombaim, onde formou boa parte da primeira geração dos cientistas sociais indianos que se tornariam referência na Índia. A maneira como abordava o tema da cultura e sua relação com o projeto nacional deixa patente sua formação antropológica.

Ghurye, em cujo pensamento confluíram ideias orientalistas, mas sobretudo ensinamentos difusionistas (Rivers) e fortes convicções nacionalistas (Upadhya, 2002, p.28), criticava especificamente e com veemência as teses de Risley acerca da suposta origem racial do sistema das castas. Seus estudos, associados à execução de censos – baseados no uso da antropometria –, teriam contribuído fundamentalmente para o fortalecimento do espírito das castas (*livening up of the caste-spirit*), acirrando e aprofundando, desta forma, as forças divisionistas na sociedade indiana (ibid., p.49).[74]

---

74 No seu livro clássico, *Caste and Race in India*, Ghurye (1932, p.160, apud Upadhya, 2000, p.22) reproduz as palavras críticas do superintendente do censo de 1921, Middleton: "A paixão do governo por rótulos e estereótipos levou a uma cristalização do sistema de castas, que, exceto entre as castas aristocráticas, era realmente muito fluido sob o domínio indígena". Ao rechaçar a proposta de Verrier Elwin, missionário e antropólogo inglês radicado na Índia,

DIÁSPORA AFRICANA NA ÍNDIA   **155**

Para Ghurye, as intensas misturas raciais ocorridas ao longo da história na Índia tornaram impossível uma identificação cristalina entre raça e casta, tal como Risley defendia. Ghurye constatou, por exemplo, que não raramente havia semelhanças físicas maiores entre brâmanes e outras castas numa determinada região do que entre os brâmanes de diferentes regiões (ibid., p.40). Ao assim reconhecer que o tipo físico não determina o posicionamento no sistema das castas,[75] as reflexões deste estudioso renomado apontam para uma diferenciação analítica, embora ainda incipiente, entre fatores biológicos de um lado, e fatores culturais de outro.

As reflexões de Ghurye tendem, portanto, a deslocar a explicação da origem das castas do reino da biologia para o mundo das culturas, sugerindo que a emergência dos fenômenos do bramanismo e das castas se devesse menos à migração física de brâmanes arianos, e muito mais a uma espécie de traço ou padrão cultural (*cultural trait*) que se teria disseminado por todo o subcontinente indiano. Nesta explicação percebem-se, claramente, inspirações em argumentações difusionistas, além da incorporação da concepção de cultura, tal como estava sendo desenvolvida pela antropologia naquele momento: as análises de Ghurye acerca da cultura e religião hindus, que salientavam características como harmonia, integração e coesão (focando o tema dos valores e crenças), ao mesmo tempo que evitavam reflexões sobre eventuais conflitos, dominação e desigualdades (desprezando questões de sobrevivência física e produção material), serviriam ainda para fortalecer um posicionamento nacionalista em oposição aos colonizadores britânicos de um lado, e aos muçulmanos, tidos como invasores inassimiláveis, de outro. Acreditando que a unidade nacional dependia de uma unidade cultural, o cientista social apostava na força integrativa da religiosidade hindu, que ele associava – como tantos outros – a um povo específico.

---

que advogava uma política de "proteção e isolamento temporário" para *tribals* (tribos) e propunha a codificação dos seus costumes, Ghurye (1959, p.171, apud Upadhya, 2000, p.25) defendeu a ideia de que a própria codificação contribui para fossilizar os grupos: "uma vez que os codificamos, os tornamos mais rígidos que a lei".

75 Ghurye não nega certas correspondências entre casta e determinados tipos físicos e atribui este fenômeno às práticas de endogamia e hipergamia impostas pelas tradições bramânicas que, no entanto, não teriam alterado, de forma mais profunda, os padrões físicos em todo o país. Assim, chega à conclusão de que "a prática bramânica de endogamia deve ter sido desenvolvida no Hindustão e daí transmitida como um traço cultural para as outras áreas, sem um grande influxo do tipo físico dos brâmanes hindustãos" (apud Upadhya, 2002, p.40).

156 ANDREAS HOFBAUER

Suas divergências em relação às teses de cientistas ligados ao regime colonial, como Risley, não o impediram, porém, de operar com categorias raciais e índices nasais e cefálicos (Ghurye, 1932, p.125 ss.); pode-se, inclusive, argumentar que sua obra deu contribuição fundamental para a reatualização de partes centrais das teses orientalistas. Tal como Risley, Ghurye (1932) defendia que os aryas teriam invadido o subcontinente indiano e subjugado uma população de cor de pele escura e com nariz achatado, os chamados *dāsas*. Ele próprio pertencente à casta dos brâmanes, via também uma relação direta entre os arianos e os brâmanes, que caracterizava como "líderes morais e legisladores dos arianos que buscavam manter seu sangue livre de qualquer mistura com classes inferiores" (ibid., p.117-8; cf. Upadhya, 2002, p.39).

O sistema das castas, que para o sociólogo indiano constituía elemento fundante do hinduísmo, teria sido essencial na história da Índia, na medida em que atuava como instrumento (*modus operandi*) por meio do qual as diversidades conseguiram ser acomodadas numa nova unidade[76] (Ghurye, 1932, p.65-6; cf. Upadhya, 2002, p.39). Ghurye via, no hinduísmo bramânico, um modelo aculturativo que permitia a integração de outros grupos (tribos não-hindus) ao sistema das castas por meio do fenômeno da assimilação (aculturação). Parte importante da história indiana teria sido marcada por estes processos.[77] O estudioso entendia que a maior parte das tribos já tinha absorvido os princípios básicos do hinduísmo (*hinduização*) e que a constatada *backwardness* de muitas delas devia-se, acima de tudo, a uma integração imperfeita e ainda não acabada. Ghurye referia-se às tribos também, consequentemente, como *backward Hindus* ou ainda "classes imperfeitamente integradas da sociedade hindu" (ibid., p.54) e questionava,

---

76 "Os indianos arianos, como posteriormente os hindus, não só toleraram crenças e práticas que não harmonizavam com suas doutrinas centrais, mas também assimilaram várias delas em seu próprio modo de viver. Parcialmente, pelo menos, no que diz respeito à organização social, o sistema de castas foi o *modus operandi* que acomodava a diversidade de crenças e práticas" (Ghurye, 1932, p.65-6).

77 Analisa Upadhya (2002, p.45): "A mesma visão do poder de absorção do hinduísmo explica seu argumento de que os tribais são 'hindus atrasados' [...]. Para Ghurye, assim como para os primeiros escritores orientalistas, a história social indiana é essencialmente a história da *hinduização* [*Hinduisation*] ou da assimilação de grupos não hindus na sociedade hindu". Upadhya também chama ainda a atenção para o fato de que Ghurye tendia a ignorar processos que são descritos na literatura antropológica como "sincretismo".

DIÁSPORA AFRICANA NA ÍNDIA **157**

inclusive, a própria distinção entre castas e tribos, atribuindo-a à política colonial (ibid., p.24, 26).[78]

O grande elemento perturbador para a união nacional eram, para Ghurye, os muçulmanos. O sociólogo compartilhava com tantos outros nacionalistas a visão de que os muçulmanos eram um corpo estranho na história e no território dos hindus e que sua cultura e religião seriam incompatíveis com as que supostamente remontavam aos tempos védicos. Os muçulmanos sempre teriam se recusado a se integrar à sociedade indiana e, por isso, constituiriam uma ameaça à união nacional que, na leitura de Ghurye, dependia de uma homogeneidade cultural (Upadhya, 2002, p.49).

Tal como Vivekananda, Gandhi e muitos outros pensadores que percebiam e defendiam um vínculo entre castas, hinduísmo e a construção de uma nova nação, Ghurye destacava também os elementos "interdependência" e "harmonia" no funcionamento ideal do sistema de castas indiano:

> A aceitação completa do sistema em suas linhas gerais pelos grupos que o compõem e sua interdependência social e econômica na aldeia não só impediu a organização autônoma dos grupos de dividir o sistema em unidades independentes, como também criou uma harmonia na vida cívica. É claro que esta harmonia não foi a harmonia de partes igualmente valorizadas, mas de unidades rigorosamente subordinadas umas às outras. (Ghurye, 1932, p.27; cf. Dirks, 2001, p.247)

Embora Ghurye fosse defensor da velha ordem dos varnas, um enrijecimento das fronteiras entre os grupos e subgrupos por meio da politização do fenômeno da estratificação social era visto por ele como uma ameaça

---

78 Ghurye acreditava ser necessário certo grau de tolerância para que pudesse ocorrer a ansiada integração social; ao mesmo tempo, opunha-se a projetos e movimentos que tinham como objetivo a conquista de autonomia regional para grupos minoritários. Viu também como um perigo o surgimento de "movimentos de revitalização [*revival*] entre alguns grupos tribais" (Upadhya, 2000, p.25; 2002, p.48). Para Ghurye (1959, p.207, apud Upadhya, 2000, p.24), as *tribals* (tribos) enfrentavam as mesmas dificuldades – "agiotas gananciosos, ignorância, políticas governamentais míopes e maquinaria legal ineficaz [...] o padrão típico encontrado em áreas tribais de exploração, alienação de terras e trabalho forçado" – que tantas outras castas hindus; e a solução para estes problemas estaria não em separatismo ou isolamento, mas no "fortalecimento dos laços das 'tribals' com outras 'backward classes' por meio de sua integração".

158 ANDREAS HOFBAUER

ao projeto nacional.[79] Assim, mostrava-se muito preocupado com o crescimento da animosidade entre as castas e com a disseminação de cada vez mais associações representativas. Ghurye não apenas via um nexo entre o fortalecimento de movimentos antibramânicos (sobretudo em Maharashtra e Madras) e a política colonial informada pelos resultados dos censos, mas chegou ainda a acusar os líderes da militância antribramânica de colaboracionismo com a administração colonial (Dirks, 2001, p.248, 250). Tendo em mente o projeto de consolidar a união nacional, Ghurye (apud Dirks, 2001, p.248) foi um dos primeiros a posicionar-se com fervor contra a política de reservas (cotas) que, para ele, "opunha-se aos critérios aceitos de nacionalidade e aos princípios orientadores da justiça social".

Cientistas sociais indianos contemporâneos de renome, como Veena Das e André Béteille, chamam também a atenção para o fato de que a política de reserva reproduziu a política colonial do *divide et impera*.[80] Eles divergem, porém, em relação às avaliações acerca das ações afirmativas. Se para Béteille pesa mais o fato de a política das reservas perpetuar o "odiado" sistema de castas, Veena Das reconhece, com todas as críticas que esta

---

79 Como Gandhi, Ghurye apostava em reformas do sistema de castas. Assim, acreditava que a dominação dos brâmanes, que ele não negava, podia ser combatida por meio de projetos educativos: o sacerdócio deveria ser reformulado e revitalizado por meio da formação de sacerdotes ilustrados, o que poria em xeque o monopólio dos brâmanes. De forma semelhante, os intocáveis deveriam ser educados e, desta forma, assimilados na sociedade hindu. Sua aposta, com a qual apoiava explicitamente as propostas políticas de Gandhi, era: se os intocáveis assumissem uma vivência que seguisse padrões mais puros e de moralidade mais elevada (*cleaner and moral living*), baseados nas narrativas épicas hindus, outros setores da sociedade hindu perceberiam que as profissões dos intocáveis poderiam ser executadas sem atribuir-lhes as tradicionais noções de impureza (Ghurye, 1973, p.320, apud Upadhya, 2000, p.21-2). Neste contexto, Ghurye fez um apelo para que os garis fossem ensinados a fazer seu trabalho sem entrar em contato direto com a sujeira. Posicionamentos como este levam Upadhya (2002, p.51) a avaliar: "o tipo de sociologia de Ghurye surge como uma elaboração que tem como base uma estreita ideologia nacionalista hindu/bramânica que defende a unidade cultural e a construção da nação em vez da emancipação ou igualdade política e econômica".

80 "As circunstâncias sob as quais as cotas de castas foram impostas no sul da Índia no auge do domínio colonial foram totalmente diferentes daquelas sob as quais se pretende institui-las hoje, após mais de quarenta anos de independência nacional. [...] Não será suficiente apagar de nossa memória coletiva o fato de que as cotas de castas, como os eleitorados comunais, foram invenções da época colonial", escreve Béteille no artigo "Caste and Reservations: Lessons of South Indian Experience", publicado em *The Hindu*, em 20 de outubro de 1990 (apud Dirks, 2001, p.289).

política merece, os ganhos sociais, econômicos e simbólicos que as ações afirmativas trazem para os inferiorizados.

As ambiguidades e as contradições intrínsecas de uma política que se baseia na categoria *casta* para superar discriminações vinculadas ao pertencimento a castas ganha também destaque nas ponderações de Dirks (2001), que admite que a noção de casta está comprometida, de certo modo, com "uma força retrógrada". No entanto, argumenta o antropólogo, no contexto indiano, tornou-se a categoria inevitável para definir minorias e, com isso, iniciar políticas de combate à desigualdade e à discriminação.[81] Sua defesa da política de ações afirmativas não deixa de apresentar certo pragmatismo e uma pitada de esperança na mobilização da sociedade em torno de valores civilizatórios mais nobres que consigam transcender as fronteiras entre as castas:

> Se Mandal trabalhou para provocar embaraço e contradição, não precisamos seguir o caminho das forças conservadoras que procuram apagar ou silenciar a casta (em nome da religião) como um local de identidade e poder. E por isso eu diria que a casta é a forma de comunidade que mais efetivamente ocupa o espaço da sociedade política proposta recentemente por Partha Chatterjee. (Dirks, 2001, p.295)

E adiante:

> A casta só pode ser abraçada ambivalentemente; embora seja impossível tratá-la como objeto de nostalgia, ela dificilmente pode ser o marcador de um presente satisfatório. Como a casta é um signo [*sign*] do passado, ela também é um veículo para a construção de um futuro diferente. (Ibid., p.314)

---

81 "Se a casta foi considerada como a categoria inevitável para definir as minorias que precisam de discriminação positiva, talvez seja igualmente inevitável que muitos tenham reagido a essas medidas condenando não apenas a politização da casta, mas também o reconhecimento tácito de que a casta [...] parece destinada a permanecer como fundamental na vida social e política da Índia" (Dirks, 2001, p.292). E: "uma história crítica do papel colonial na produção de castas não justifica o uso desta crítica para argumentar contra a casta exatamente no momento em que ela se torna o veículo para a mobilização de uma política de oposição" (ibid., p.314).

II.6. Mais uma vez, casta e raça

O debate sobre ações afirmativas continua vivo e polêmico. Discussões sobre a relação entre casta e raça ressurgem, de tempos em tempos, inclusive, em contextos que estimulam comparações transnacionais. Ao longo do tempo, estabeleceram-se diálogos importantes entre políticos, militantes e cientistas indianos e norte-americanos; nas reflexões comparativas acerca da situação dos negros norte-americanos e da das castas inferiores indianas os conceitos paradigmáticos *raça* e *casta* têm sido usados, disputados e remodelados mais uma vez. Pode-se perceber também que as abordagens em diversos estudos promovidos por organismos internacionais – como a Organização das Nações Unidas (ONU) e Organização das Nações Unidas para a Educação, a Ciência e a Cultura (Unesco – United Nations Educational, Scientific and Cultural Organization) – e a linguagem usada nos documentos emitidos por estas agências para combater discriminações têm refletido, em grande medida, experiências e modos de pensar que podem ser associados a tradições ocidentais. Há quem critique que o foco voltado a estes modos e padrões discriminatórios, descritos geralmente como "raciais" e "de racismo", tem contribuído para consolidar uma espécie de paradigma de entendimento de processos discriminatórios. Poderíamos ainda arriscar a levantar a hipótese de que a "internacionalização" do combate à discriminação e exploração tem tido impacto sobre a maneira como líderes de grupos inferiorizados do mundo inteiro procuram "reconhecimento" para seu grupo, e, mais especificamente, sobre o modo como buscam, nos fóruns internacionais, ajustar seus discursos sobre suas experiências discriminatórias às categorias e concepções que se tornaram hegemônicas.

Diálogos entre líderes políticos e intelectuais indianos e norte-americanos em torno dos temas casta, raça e, num primeiro momento, também escravidão remontam, no mínimo, ao final do século XIX e têm se articulado, frequentemente, de forma indireta. O já referido líder Phule, foi um dos primeiros a usar o termo *escravidão* para referir-se à situação das castas inferiores, comparando o sofrimento das pessoas pertencentes a esse grupo ao dos escravos norte-americanos – ideia aprofundada no seu livro *Escravidão*, publicado originalmente em 1873 em marati (*Gulāmagirī*, गुलामगिरी)

DIÁSPORA AFRICANA NA ÍNDIA   **161**

e, em 1885, traduzido para a língua inglesa.[82] A maneira como as categorias-chave eram usadas pelos militantes e pensadores de cada época revela, de forma clara, seus posicionamentos diante das formas de discriminação em cada uma das sociedades.

O historiador norte-americano Nico Slate (2011) mostra que, a partir do final do século XIX, comparações e analogias entre o sistema de castas na Índia e a escravidão nos Estados Unidos tornar-se-iam recorrentes em discursos tanto de intelectuais e políticos indianos quanto de pensadores norte-americanos, com o objetivo de criar um contraexemplo para situar sua crítica. Assim, o termo *casta* teria entrado nos debates norte-americanos no período anterior à Guerra Civil, quando os abolicionistas começavam a descrever a escravidão como uma ameaça aos valores do país. Ao aproximar a noção de casta à de raça, abolicionistas – como Frederick Douglass – buscavam criticar tanto a escravidão praticada no sul quanto o racismo vigente no norte do país (Immerwahr, 2007, p.277; cf. Hofbauer, 2015, p.164).

Já na Índia, figuras nacionalistas – como o literato Rabindranath Tagore (Thakur), em 1910 – e os políticos Subhash Chandra Bose e Lala Lajpat Rai – ambos em 1928 – usaram o exemplo do racismo norte-americano para defender o modelo de sociabilidade indiana. Para Thakur, o sistema de castas constituía uma alternativa mais benigna em relação ao segregacionismo dos Estados Unidos, já que possibilitava uma convivência sem grandes fricções entre diferentes grupos raciais.[83] Bose concordava com essa avaliação, embora admitisse falhas no projeto indiano de harmonização.[84] E Lajpat Rai chegou a pronunciar-se a favor da abolição das castas e a condenar a condição da intocabilidade, mas, mesmo assim, não deixou de afirmar que

---

82   "Os ancestrais originais dos brâmanes vieram aqui do Irã (que eram iranianos) e travaram uma guerra sangrenta contra os habitantes originais desta terra e os conquistaram e escravizaram. [...] Eles então acorrentaram as mãos e os pés dos escravos, hereditariamente, nesta fortaleza altamente artificial e iníqua do sistema de castas. Eles, portanto, têm torturado os infelizes (servos) escravos por tanto tempo, e estão se divertindo sem fim à custa desses escravos. Depois, o domínio britânico foi estabelecido na Índia" (Phule, 1991 [1885], p.84).

83   Para Thakur (apud Slate, 2011, p.65), o sistema de castas possibilitava às "raças com notáveis diferenças culturais e com características sociais e religiosas antagônicas viverem pacificamente lado a lado".

84   "A harmonização entre diferentes grupos étnicos era buscada por meio do Varnashrama Dharma. Mas hoje as condições mudaram e nós precisamos de uma síntese mais elaborada e mais científica" (apud Slate, 2011, p.66).

162 ANDREAS HOFBAUER

"o negro nos Estados Unidos é pior que um pária" (apud Slate, 2011, p.69; cf. Hofbauer, 2015, p.165).

Vimos que com a independência abriu-se, na Índia, a possibilidade de criar uma base legal para o tratamento das castas. O artigo 15 da Constituição de 1950 declarou ilegal qualquer discriminação baseada em pertencimento a casta; e vimos que, além disso, iniciou-se a implementação de um amplo sistema de ações afirmativas que buscava reequilibrar as desigualdades e discriminações sofridas pelos grupos inferiorizados (*Scheduled Tribes* e *Scheduled Castes*). Os questionamentos, após a Segunda Guerra Mundial, das chamadas *teorias raciais*, que hierarquizavam grupos humanos de acordo com critérios biológicos, teriam também reflexos sobre a maneira como cientistas e políticos repensaram a relação entre castas e raças. Documentos elaborados pela Unesco, como o Statement on Race (1950), que propôs a substituição do conceito de raça por *grupo étnico*, tiveram enorme divulgação e repercutiram fortemente entre os cientistas sociais, sobretudo no chamado *mundo ocidental*, mas também para além dele.

Nos discursos e escritos de Ambedkar, referências às condições de vida dos negros norte-americanos e às das castas indianas inferiores também eram frequentes. Suas avaliações baseavam-se, inclusive, em experiências pessoais dos tempos em que estudava nas proximidades do bairro novaiorquino no qual a chamada *Harlem Renaissance* estava emergindo. Pôde, portanto, observar pessoalmente os efeitos da política de segregação e as formas de discriminação sofridas pelos negros, fato que mais tarde deve tê-lo levado, numa carta dirigida a DuBois, em 1946, a comparar a situação dos negros nos Estados Unidos com a dos intocáveis na Índia.[85]

Mesmo que apontasse semelhanças entre o castismo indiano e o racismo norte-americano e sublinhasse, em comparações com judeus e negros, que os intocáveis seriam ainda mais maltratados, vimos que Ambedkar discordava veementemente da equiparação entre raça e casta, e rejeitava também a

---

85 "Eu era um estudioso do problema racial e li todos os seus escritos. Há tanta semelhança entre a condição dos intocáveis na Índia e a condição dos negros na América que o estudo da situação deste último grupo torna-se não somente natural, mas também necessário. Para mim, foi muito interessante ler que os negros da América tinham encaminhado uma petição à ONU. Os intocáveis na Índia estão pensando em seguir o mesmo exemplo" (Ambedkar apud Zelliot, 2010, p.4). Dois anos antes, Ambedkar (1944, p.7) havia feito uma comparação em que julgava a situação dos intocáveis pior do que a dos escravos americanos.

teoria da invasão ariana.[86] Já no seu primeiro texto sobre o tema, Ambedkar (1979 [1916], p.14) endossou a linha de argumentação de Ketkar (1909-1911), para quem o pertencimento racial nunca foi fator social importante na Índia, e o assunto só ganhou certa relevância à medida que estudiosos estrangeiros buscavam introduzir fronteiras raciais.[87] Esta interpretação deu também respaldo à argumentação deste eminente pensador e político, segundo o qual o problema das castas era, primordialmente, um problema social e precisava ser combatido com políticas que visassem implementar o ideal iluminista da igualdade entre todos os indivíduos.

Semelhanças e diferenças entre casta e raça tornaram-se também tema importante na sociologia clássica. Foi sobretudo nos Estados Unidos que, na primeira metade do século XX, surgiu um vivo debate acerca da relação entre casta, classe e raça. Para a chamada *Caste School*, iniciada pelo sociólogo Llyod Warner, o segregacionismo imposto pelas leis de Jim Crow estabeleceu uma sociedade que podia ser mais bem entendida em termos de castas. Tanto Warner (1936) quanto Dollard (1937) e Myrdal (1944) recorriam ao conceito para caracterizar as relações entre brancos e negros nos Estados Unidos, uma vez que concebiam casta como um grupo fixo e fechado que impedia seus membros de ultrapassarem as fronteiras. Posições contrárias seriam defendidas enfaticamente por três importantes sociólogos negros: Cox, Frazier e Johnson. De acordo com Oliver Cox (1948, p.360), as castas eram um fenômeno característico do sistema social hindu

---

86 Para rebater a tese da invasão ariana e as explicações raciais ligadas e ela, Ambedkar estuda os antigos textos sagrados e, no livro *Who were the Shudras?*, dedicado à memória do eminente líder histórico dalit Phule, chega à seguinte conclusão: os Vedas não fazem referência à existência de uma raça ariana; não há, nestes escritos, nenhum indício de que uma raça ariana teria conquistado supostos nativos (dāsas) da Índia ou que existiria uma diferença racial entre arianos e dāsas; ou ainda que os arianos possuíam uma tonalidade de cor de pele diferente daquela dos dāsas (2014 [1947], p. 85).

87 "Resumo agora os pontos principais da minha tese. Na minha opinião, tem havido vários erros cometidos pelos estudiosos das castas, que os têm enganado em suas investigações. Os estudantes europeus das castas enfatizaram indevidamente o papel da cor nesse sistema. Eles próprios impregnados por preconceitos de cor imaginaram muito prontamente que este seria o principal fator no problema das castas. Mas nada pode estar mais longe da verdade, e o dr. Ketkar está correto quando insiste que 'todos os príncipes, quer pertencessem à chamada *raça ariana*, quer à chamada *raça dravidiana*, eram aryas'. Se uma tribo ou uma família era racialmente ariana ou dravidiana, era uma questão que nunca incomodou o povo da Índia, até que estudiosos estrangeiros chegaram e começaram a traçar a linha. A cor da pele havia deixado de ser um assunto importante há muito tempo" (Ambedkar, 1979 [1916], p.14).

164 ANDREAS HOFBAUER

e constituíam uma forma de sociabilidade não patológica: "antigo, [...] não conflitivo, não patológico, [...] e estático".[88] Já o sistema social que divide e hierarquiza os seres humanos em raças era, para ele, consequência direta do capitalismo. Equiparar raça a casta equivalia, portanto, aos olhos de Cox, a minorar a natureza violenta e repressiva do racismo nos Estados Unidos.[89]

Dissociar raça de casta, conceber o sistema de castas como peculiaridade específica da sociedade indiana e, ao mesmo tempo, entender o racismo como um problema do mundo moderno ocidental tornou-se tendência crescente nos trabalhos acadêmicos a partir de meados do século XX. Louis Dumont, na sua obra seminal sobre o sistema de castas na Índia, *Homo hierarchicus*, publicado em 1966, relacionava o racismo com sociedades modernas nominalmente igualitárias nas quais perduravam desigualdades e hierarquias justificadas frequentemente com "argumentos biológicos".[90]

---

88 No artigo "Race and Caste: a Distinction", publicado em 1945, Cox deixou clara sua discordância em relação à Caste School.

89 Mais recentemente, o debate sobre a relação entre raça e casta foi reacendido nos Estados Unidos. Em *Caste: The Origins of Our Discontents*, que teve muita repercussão na grande mídia, a jornalista negra Isabel Wilkerson (2020, p.19) argumenta que a questão racial no país poderia ser mais bem entendida a partir de outro código subjacente, a casta: a raça seria o "agente visível da força invisível da casta"; "a casta é o osso; a raça, a pele". Aliás, também no Brasil, os especialistas debateram com fervor, durante longas décadas (até pelo menos os anos 1960), se a sociedade escravista brasileira podia ou não ser considerada um sistema de castas. Enquanto pesquisadores como Pierson e T. Azevedo negavam tal aproximação, cientistas ligados à sociologia das relações raciais – Florestan Fernandes, Octavio Ianni e Fernando Henrique Cardoso – definiam o "velho regime" como uma sociedade de castas.

90 Na *Homo hierarchicus* (1992 [1966]), Louis Dumont opõe o "princípio hierárquico", que organizaria a sociedade indiana, ao fenômeno do racismo, que estaria associado à modernidade. Dessa forma, não somente reforça as teses dos chamados *orientalistas*, que desde o século XVIII traçavam, por meio de suas análises e discursos, uma linha divisória clara entre o que entendiam ser o Oriente e o que seria o mundo ocidental, mas, com base numa análise estruturalista clássica, cria mais um argumento a favor de uma distinção entre desigualdades decorrentes de "uma lógica/ordem racial" e desigualdades ligadas ao sistema das castas: "o racismo é, tal como se reconhece amiúde, um fenômeno moderno [...]. A hipótese mais simples consiste, então, em supor que o racismo corresponde, sob uma forma nova, a uma função antiga. Tudo se passa como se ele representasse, na sociedade igualitária, um ressurgimento daquilo que se exprimia diferentemente, mais direta e naturalmente, na sociedade hierárquica. [...] Em suma, a proclamação da igualdade fez explodir um modo de distinção centrado no social, mas que misturava indistintamente aspectos sociais, culturais, físicos. O dualismo subjacente [Dumont entende que "somos herdeiros de uma religião e de uma filosofia dualista" que separa o espírito da matéria e a alma do corpo] conduzia, para reafirmar a desigualdade, a colocar na frente os aspectos físicos. Ao passo que na Índia a herança é um atributo do estatuto, o racismo atribui um estatuto à 'raça'" (Dumont, 1992 [1966], p.313-4). Críticas a esta abordagem podem ser encontradas nas obras de diversos cientistas

DIÁSPORA AFRICANA NA ÍNDIA   **165**

O pesquisador fazia questão de constatar que não existiam provas para uma origem racial das castas indianas. As práticas endogâmicas na Índia deviam-se, para Dumont, a um sistema de valor societal, e não a um suposto antagonismo entre dois grupos humanos. Somente se ignorarmos este fato, ressalta, é possível confundirmos discriminação racial com o sistema das castas (Dumont, 1992, p.308). A casta aparece, assim, como a instituição (símbolo) central da Índia. E mais do que isso: ao apresentar o princípio hierárquico como intrínseco ao sistema indiano de castas, o viés estruturalista de Dumont, que buscava detectar constantes fundamentais da civilização indiana, estabeleceu também uma oposição essencial entre a Índia – sociedade baseada na hierarquia[91] – e o Ocidente – sociedade baseada no individualismo.

A dissociação entre casta e raça, reivindicada em obras de um número crescente de intelectuais a partir da década de 1930, refletiu um processo em que a noção de casta se desprendeu, aos poucos, das "garras" do determinismo biológico. Estas mesmas vozes críticas tenderam, ao mesmo tempo, a relacionar essa noção a outra essência – a da cultura (cf., por exemplo, Ghurye e Gandhi) –, tratada, por vezes, como igualmente determinante. É inegável que as reconceituações e reflexões críticas tiveram impacto sobre a maneira como intelectuais e não-letrados olham hoje para o fenômeno das castas na Índia. Ao mesmo tempo, pode-se constatar que discursos que buscam relacionar suas diferenças a determinadas características físicas nunca desapareceram. É, inclusive, no meio da militância dalit que estas associações continuam tendo certa relevância social e política até hoje.

Foi logo após a independência que a projeção internacional do movimento pelos direitos civis nos Estados Unidos encorajou uma nova geração de líderes dalits a apostar, mais uma vez, no discurso da analogia entre casta e raça e a intensificar o diálogo com representantes do movimento negro norte-americano. Em 1959, durante uma visita à Índia, M. Luther King

---

indianos, tais como os sociólogos Béteille (1996) e Gupta (2000), ou ainda estudiosos como Chakrabarty (2000) e P. Chatterjee (1993), ligados aos *subaltern studies*.

91 O *status* canônico que as reflexões elaboradas em *Homo hierarchicus* ganharam contribuiu, certamente, para reatualizar e consolidar a interpretação de que as castas seriam um fenômeno originariamente indiano. Escreve Dumont (1992, p.271): "Somos, então, levados a ver o sistema de castas como uma instituição indiana que apresenta sua coerência plena e sua vitalidade no meio hindu, mas perseguindo sua existência, sob formas mais ou menos atenuadas, nos grupos ligados a outras religiões".

166   ANDREAS HOFBAUER

atestou grandes semelhanças entre o segregacionismo norte-americano e a intocabilidade, além de afirmar que o governo indiano teria avançado mais do que as autoridades norte-americanas no combate às discriminações (Prashad, 2000, p.197). Em 1972, representantes intelectualizados dos intocáveis formaram o movimento Dalit Panthers em Bombaim (atual Mumbai), expressando, dessa forma, solidariedade e sintonia política com a luta dos Black Panthers nos Estados Unidos[92] (cf. Hofbauer, 2015, p.167).

Posteriormente, em 1981, o jornalista indiano Vontibettu Thimmappa Rajshekar lançou a revista *Dalit Voice*, um dos maiores veículos de comunicação dos dalits até hoje e cuja linha editorial incorpora posições afrocentristas norte-americanas.[93] O editor da revista, que se define como "negro", reproduz, ao mesmo tempo que reatualiza, velhas teses raciais formuladas inicialmente no século XIX. Além de atribuir à África ("raça negra") a força civilizatória primordial, sustenta que Índia e África eram, originalmente, um único continente – consequentemente, argumenta Rajshekar, os fundadores das mais antigas civilizações na Índia (por exemplo, Harappa, no vale do Indo, entre 2200 e 1700 a.C.) eram populações negras. Afirma ainda que a invasão de tribos brancas (arianos) destruiu as civilizações negras (das quais descendem os dalits) e que os conquistadores impuseram um sistema social qualificado por ele como *apartheid* (cf. Hofbauer, 2015, p.167). Em 1979, publicou o livro intitulado *Apartheid in India*, posteriormente reeditado (1987) com o nome *Dalit: The Black Untouchables of India*, que continua sendo importante referência para simpatizantes de teses afrocentristas. Rajshekar vê a luta dos dalits como parte da luta de todos os negros diaspóricos, buscando apoio e solidariedade sobretudo nos Estados Unidos. Num artigo publicado na revista *Dalit Voice*, em 1987, expressa essa identificação: "Os afro-americanos têm de saber que sua luta de libertação não será

---

92 Encontra-se no manifesto dos Dalit Panthers (1973): "Até mesmo na América, um pequeno grupo de brancos reacionários está explorando os negros. O movimento Black Panther cresceu a fim de enfrentar a força da reação e acabar com esta exploração [...] Nós pretendemos manter uma relação estreita com esta luta" (apud Immerwahr, 2007, p.300).

93 Há diálogo e colaboração intensa com intelectuais afrocentristas norte-americanos, como Rashidi, historiador, ativista e autor de diversos artigos e livros, como *African Presence in Early Asia*, publicado em 1985. Vários intelectuais afrocentristas procuram, inclusive, mostrar que algumas importantes divindades hinduístas revelam uma proveniência africana. Há quem cite a etimologia de *krishna* (preto, escuro, em sânscrito) e o tipo de cabelo de shiva (identificado com os *dreadlocks*) como provas de uma descendência do continente africano.

completa enquanto seus irmãos e suas irmãs de sangue [*blood-brothers and sisters*], na Ásia distante, continuarem sofrendo" (apud Rashidi, 2008).

Pode-se perceber que a busca por sensibilizar a opinião pública mundial e fundamentar solidariedades e alianças internacionais reflete-se também nos discursos que os ativistas dalits vêm assumindo em foros internacionais, tais como a Conferência Mundial contra o Racismo, promovida pela ONU em Durban, em agosto de 2001. Para muitos analistas, a atuação dos 180 representantes dalits significou o apogeu de uma longa luta histórica que tem procurado identificar castismo com racismo. A estratégia da militância, que reivindicava a inclusão das castas nos documentos finais da conferência, visava convencer os delegados de que as discriminações decorrentes do sistema de castas são equivalentes à discriminação racial. A maior parte dos ativistas admitia que raça não é sinônimo de casta, mas ao mesmo tempo sublinhava as experiências discriminatórias compartilhadas, de maneira que castismo e racismo representariam, sim, formas comparáveis de violação de direitos humanos (Reddy, 2005, p.561).[94] A rejeição da argumentação fez com que ativistas chamassem a decisão da ONU de "etnocêntrica", e Louis (2001, p.1), intelectual indiano associado ao movimento dalit, reclamou que, ao não incluir o castismo nas resoluções finais, o organismo internacional demonstrou que sua concepção de racismo continua totalmente moldada pelo paradigma ocidental (cf. Hofbauer, 2015, p.168).

Do outro lado, os apoiadores do governo buscaram, evidentemente, desqualificar a base da argumentação dos militantes dalits. Para isto, concentravam-se em comprovar que raça e casta são fenômenos substancialmente diferentes, como ilustra um documento encaminhado pelo Ministério das Relações Exteriores:

---

94 O documento elaborado pela National Campaign on Dalit Human Rights, pela Human Rights Watch e International Dalit Solidarity Network para a Durban Review Conference, em Genebra, em 2009, formula a questão da seguinte maneira: "Casta pode não ser raça, mas isso não significa que não haja discriminação neste terreno [*on this ground*]. O argumento de que a discriminação baseada na casta não pode ser equiparada ao racismo não é razão para rejeitar a consideração desta grave violação dos direitos humanos por mecanismos relevantes da ONU" (International Dalit Solidarity Network et al., 2009, p.2).
A vinculação da questão à defesa dos direitos humanos não deixa de ser significativa: funcionava como mecanismo para constranger o governo ao caracterizá-lo como um obstáculo ao combate à discriminação. Para Reddy (2005, p.567), antropóloga de origem indiana, o termo "intocabilidade" (*untouchability*) ganhava, no discurso da militância, contornos de metonímia da injustiça no mundo, como uma forma de *apartheid* e um crime contra a humanidade.

A Índia deixou claro que *scheduled castes* e *scheduled tribes* não entram na esfera do Artigo 1 do CERD [The Committee on the Elimination of Racial Discrimination], uma vez que o termo "descendência" [*descent*] na Convenção está especificamente relacionado a descendência racial [*racial descent*], enquanto "casta" não é baseada em raça. (apud Berg, 2007, p.10)

Afirmavam ainda que a Constituição indiana proibia qualquer discriminação com base em castas, e que os diferentes governos introduziram, há muito, programas específicos que visavam à sua eliminação (por exemplo, por meio de ações afirmativas, como adoção de cotas). Abdullah, representante do governo, receberia respaldo de setores hindu-nacionalistas. R. Upadhyay (2001), por exemplo, levantou a acusação de que "a campanha agressiva" do movimento dalit fazia parte de uma agenda maior que visava "isolar as *Scheduled Castes* [dalits] e as *Scheduled Tribes*" da sociedade hindu. O autor chamou a atenção para a forte presença de cristãos nas ONGs dalits credenciadas em Durban (em parte, segundo ele, financiadas pela Teologia da Libertação), cujo objetivo último seria alienar os dalits do *mainstream* cultural do país. Upadhyay via na atuação de ONGs internacionais, portanto, uma ameaça ao patrimônio cultural indiano (cf. Hofbauer, 2015, p.168-9).

A posição governista podia ainda contar com o forte apoio de alguns importantes cientistas sociais indianos, especialistas no assunto das castas locais, como Dipankar Gupta e André Béteille.[95] Este último tinha cooperado inicialmente com a delegacia dalit, no entanto, ao longo dos prepa-

---

95 Béteille publicou diversos textos sobre castas e raça. Ele entende que o crescimento e desenvolvimento da sociedade hindu se deu grandemente por meio da "adição de novos blocos" – lógica que teria admitido aos blocos preservarem sua identidade e certa autonomia. Para chamar a atenção para a força social que as castas adquiriram na sociedade indiana, Béteille (1967, p.445) lembra que praticamente todos os movimentos históricos reformistas que buscaram superar a lógica segregacionista e hierarquizante das castas acabavam transformando-se em mais uma casta (o exemplo mais contundente seriam os lingayats do sul da Índia) (Béteille, 1967, p.445). Ao mesmo tempo, buscou diferenciar castas de tribos, mas teve de admitir sérias dificuldades na aplicação de uma linha divisória criteriosa. Elencou o modo de organização social, o isolamento geográfico e a língua como possíveis critérios, mas reconheceu, ao mesmo tempo, que as diferenças constatadas a partir destas características continuavam pequenas e seriam somente de grau. Para exemplificar a ambiguidade em qualquer tentativa de distinguir castas de tribos, Béteille (2005 [1987], p.133) cita a língua bengali, em que casta é traduzida como jati, enquanto a palavra para tribo é *upajati*, que pode significar também subcasta.

rativos para o Congresso, renunciou ao cargo de coordenador do National Committee on World Conference against Racism, assumindo uma posição de distanciamento, até, finalmente, declarar sua oposição em relação às reivindicações dos dalits por causa da mencionada estratégia que as lideranças assumiram. Autor de diversos trabalhos sobre casta e raça (por exemplo, 1965, 1990, 1996), Béteille mostrou-se chocado com o fato de que a ONU estaria prestes a reavivar o conceito *raça*. Resolveu escrever um artigo inflamado, intitulado "Race and Caste", no jornal *The Hindu*, no qual argumenta, entre outras coisas, que a intocabilidade é, sem dúvida, uma prática condenável, mas que isso não significaria que devêssemos concebê-la como forma de discriminação racial. E condena explicitamente o uso do conceito *raça*: "Não podemos jogar fora o conceito de raça pela porta de entrada, quando é mal utilizado (*misuse[d]*) para defender a superioridade social, e reintroduzi-lo pela porta dos fundos para mal utilizá-lo (*misuse*) em prol dos oprimidos". E o antropólogo termina o artigo com uma afirmação categórica: tratar casta como raça é "politicamente maldoso" e, o que é pior, "*nonsense* científico" (Béteille, 2001, p.1).

De forma parecida, o sociólogo indiano Dipankar Gupta, igualmente conhecido como opositor da equiparação entre castismo e racismo, manifestou-se contra os discursos dos líderes dalits: "Durante muito tempo os antropólogos e sociólogos sentiram que a tese 'casta é raça' estava morta e enterrada. É óbvio que não lhe foi dado um enterro suficientemente decente" (Gupta, 2013, p.69). Em diversos textos, Gupta tem se preocupado em destacar as diferenças sociológicas que ele concebe entre os dois conceitos. Diferentemente das castas, o regime social de raças estaria baseado numa única hierarquia reconhecida por todos (todas as raças), que se refletiria na existência de um *continuum* de cores. Esse fato provocaria, inclusive, o desejo, entre pessoas das "raças subordinadas", de fundir-se com "raças dominantes" – fenômeno denominado *passing* –, algo totalmente impensável no mundo das castas, de acordo com ele.[96] Para sublinhar a diferença entre

---

96 Gupta entende ainda que as "substâncias naturais" que constituiriam as castas são "imaginadas", ao contrário das diferenças raciais, que seriam mais óbvias ou, de fato, "biológicas". A ausência de marcadores biológicos evidentes, no caso das castas, explicaria, inclusive, a necessidade de ritualizar diversas práticas do cotidiano: "No caso da raça, uma diferença física específica é escolhida para comprovar, justificar e perpetuar desigualdades econômicas e sociais entre as pessoas. Mas, no caso das sociedades de castas, em que nenhuma diferença natural pode ser discernida a olho nu, imagina-se a existência de tais diferenças e

sistemas de castas e de raças, Gupta (2000, p.42) afirma que era possível e comum ver "um cozinheiro negro numa sociedade racista, mas não um harijan numa cozinha brâmane". Lembra também a presença das amas de leite negras nas casas dos proprietários de escravizados e comenta que tal convivência (contato) entre grupos superiores e inferiores seria totalmente impensável na Índia devido ao princípio da pureza e o medo de contaminação que fundamentam a lógica da constituição e reprodução das castas (id., 2013, p.73).

Se, por um lado, filhos de relacionamentos intercastas são expulsos do sistema, existiria, por outro lado, um lugar social, entre os dois polos raciais, para descendentes de uniões entre negros e brancos. Gupta chega portanto à conclusão de que casta e raça são fenômenos distintos e, por isso, as estratégias de combate a discriminações decorrentes desses dois sistemas (*politics of caste and race*) precisam também adequar-se a essas diferenças (cf. Hofbauer, 2015, p.160). O fato de não existir um "único princípio de hierarquização" faz com que os brâmanes não estejam posicionados sempre no topo da pirâmide social. Se as políticas públicas se concentrarem em combater somente a assimetria entre brâmanes e o resto dos grupos, diversas outras formas locais de hierarquização e exploração serão negligenciadas – por exemplo, as atrocidades cometidas pelo grupo dos yadavas[97] contra os intocáveis –, critica o sociólogo as diretrizes das recomendações da Comissão Mandal (Gupta, 2013, p.79).

Chama a atenção o fato de que as análises de Gupta e Béteille são extremamente cuidadosas quando insistem em historicizar e contextualizar a ideia de casta, mas tendem, ao mesmo tempo, a tratar a categoria *raça* como uma essência imutável e a-histórica. O fato de existir uma disputa em torno dos posicionamentos dentro da hierarquia das castas e a possibilidade de ascensão coletiva via processos descritos como sanscritização[98] levou Gupta (2013, p.81) a constatar que o sistema de castas seria, de certo modo, "mais flexível" que o das raças: "Casta não é, portanto, uma categoria tão

---

toma-se muito cuidado para que as substâncias que constituem cada casta não se mesclem com outras. Daí provêm as rebuscadas regras referentes à comensalidade entre castas ou aos casamentos intercastas" (Gupta, 2000, p.19).

97 Pequena parte da população indiana que se entende descendente de um rei legendário chamado *Yadu*. Entre os séculos XII e XIV existiu um reino no atual estado de Maharasthra que foi fundado por uma dinastia que se remeteu a esta figura mítica.

98 Cf. a nota 56 deste capítulo.

imutável quanto a raça" (Gupta, 2013, p.81). Diferentemente dos sistemas raciais, nos quais as ações afirmativas seriam basicamente políticas de compensação e redistribuição, na Índia, as políticas públicas poderiam basear-se na lógica de mobilidade interna e das múltiplas hierarquias do sistema de castas e investir na criação de condições que permitissem maior equilíbrio social entre os grupos (ibidem).

Há também aqueles que reclamam que generalizações simplistas da ideia de raça reduzem esta categoria à cor de pele e encobrem, assim, o fato de raça estar "embutida" na ideia e no sistema de casta. Em artigo dedicado a uma crítica ao discurso governamental na Conferência Mundial de Durban, a socióloga Purba Das (2014, p.279-80) defende que "a raça vive através da casta", "a raça vive através do sistema de castas".[99]

Ao basear-se em especialistas norte-americanos e sul-africanos em relação a "racismo", tais como Omi, Winant e D. Goldberg, que defendem uma concepção de raça "aberta e abrangente" e concebem o conceito como repertório amplo de significados culturais (Omi e Winant) que, em cada lugar (contexto político, econômico e histórico específico) assume formas diferentes (Goldberg), a linha de argumentação de P. Das tende a não relevar parâmetros epistemológicos distintos que possam manifestar-se em discursos sobre diferenças corporais e fenotípicas. Esta estudiosa radicada nos Estados Unidos não ignora as ponderações de Gupta acerca dos registros de cores nos Vedas, que relaciona a oposição entre claro/branco e escuro/preto à "iluminação" promovida pela sabedoria (atribuída aos arianos) de um lado, e à "escuridão" da ignorância que teria predominado antes da chegada dos invasores de outro (cf. Capítulo I, p.47).[100]

---

99 Chama a atenção que Wilkerson (2020, p.19), na sua análise do racismo nos Estados Unidos, detecta uma relação exatamente inversa entre raça e casta (raça como o "agente visível da força invisível da casta"; casta como "o osso", e raça como "a pele"). Este fato demonstra, mais uma vez, confusões em torno destas categorias-chave, devido, entre outras coisas, a concepções pré-formuladas estereotipadas dos termos (desconsiderando suas transformações históricas e as contínuas disputas em torno deles) e a usos primordialmente ideológicos.

100 De forma semelhante, Das (2014, p.271) interpreta os chamados *gunas* – espécie de qualidades e/ou virtudes fundamentais que estão presentes em todas as coisas e em todos os seres do mundo – de forma racializada. *Sattva guna* expressa dimensões como harmonia, equilíbrio, pureza, inteligência, o iluminado e o divino; *raja guna* aponta para qualidades, tais como paixão, agitação e dinamismo; e *tamas guna* representa desequilíbrio, caos, inércia, passividade, ignorância, impureza e escuridão. Embora os vários textos sagrados e as diferentes escolas da filosofia hindu façam referência às três *gunas*, Das menciona apenas duas e estabelece uma

No entanto, Das vê nas frases de Gupta uma confirmação de seu próprio argumento: elas comprovariam não somente um sentimento etnocêntrico e de superioridade no meio dos arianos conquistadores, mas, para além disso, revelariam as origens e os princípios da fundamentação de uma "hierarquia racial de cor na qual o branco ou a luz representa a superioridade" (Das, 2014, p.270). A socióloga localiza, portanto, já na época dos Vedas, um processo de essencialização e racialização das diferenças caracterizado por conotações quase-biológicas (*quasi-biological overtones*; ibid., p.271), que tomaria forma num antagonismo entre dois grupos: "brâmanes, pessoas de tez clara, de casta superior e não-brâmanes, pessoas de tez escura, de casta inferior" [*fair, upper-caste Brahmins and dark, lower-caste non-Brahmins*] (ibid.).

Consequentemente, critica duramente todos os que negam a associação entre casta e raça. Da mesma forma que as categorias raciais são essencializadas como imutáveis e hereditárias, e são vistas como atributos comportamentais quase-biológicos, afirma Das (ibid., p.271), as castas são igualmente essencializadas e racializadas com base em diferenças e identificadas por meio de caracterizações quase-biológicas, tais como claro/branco (*fair*) para casta superior, e escuro/preto (*dark*) para casta inferior. Os argumentos centrais que sustentam aqui a equiparação entre casta e raça são, portanto, os – supostamente – mesmos critérios usados para promover classificações sociais (de casta e raça) e, acima de tudo, os – supostamente – mesmos efeitos sociopolíticos produzidos pelos dois modelos sociais que se baseiam nestas classificações. Para Das, o sistema de castas indiano, que ela chama também de *caste racism*, promove igualmente a manutenção da hegemonia dos superiores e a perpetuação da opressão e exploração dos inferiorizados.

Outros fatores aos quais Gupta recorre para diferenciar o sistema indiano de castas de sistemas raciais e que, como mostra o pesquisador, regulamentam a vivência dentro das castas e a convivência entre elas – tais como a existência de "múltiplas hierarquias" e não de apenas uma ordem hierárquica, a expulsão (inclusive, no caso das castas inferiores) dos que mantêm relações sexuais ou casam com pessoas de outra casta (em oposição ao constatado "*continuum* de cores" entendido por Gupta como resultado

---

relação direta e racializada entre *sattva guna* e brâmanes "brancos" de um lado, e *tamas guna* e sudras "pretos" de outro.

DIÁSPORA AFRICANA NA ÍNDIA   **173**

de matrimônios entre representantes de grupos antagônicos), hábitos e restrições alimentares e comportamentais etc. – não são mencionados na análise de Das, já que, devido à escolha dos critérios e objetivos (foco) de análise, são, implicitamente, considerados como fenômenos sociais de menor importância. "A raça vive através da casta porque a essência de ser um dalit (uma pessoa quebrada) ou um membro de uma casta inferior (inferior à casta superior) é mantida através da própria aceitação e presença de um sistema de castas desigual na Índia" (Das, 2014, p.280). Chama a atenção o fato de, neste discurso, a raça – mas não a casta – tornar-se uma categoria universalizável (transnacional e transistórica) – podemos lembrar aqui que casta já foi um termo muito utilizado na Europa e no Novo Mundo, inclusive, para caracterizar populações africanas e seus descendentes. Levantamos a hipótese de que a priorização da raça e as novas tentativas de subordinar casta à raça presentes em diversos posicionamentos militantes e análises acadêmicas contemporâneas podem estar relacionadas, em última instância, à luta de certos grupos inferiorizados, que, pela sua força e pelo sucesso no combate à discriminação, conseguiram estabelecer e disseminar suas estratégias discursivas em fóruns transnacionais.[101]

Não é por acaso, portanto, que alguns analistas focam o contexto em que esta nova tentativa de ligar casta (castismo) a raça (racismo) vem ocorrendo, o qual, de acordo com eles, é marcado por motivações e objetivos diferentes dos que fizeram emergir discursos semelhantes na época colonial. O historiador Martini, por exemplo, chama a atenção para o fato de que a discriminação por castas não tem conseguido provocar nenhuma reação internacional de repúdio, enquanto situações discriminatórias reconhecidas como decorrentes do racismo vêm sendo denunciadas e criticadas constantemente em fóruns internacionais. O historiador acredita, inclusive, que a dissociação conceitual entre casta e raça e a concomitante associação das castas a um suposto padrão cultural específico a partir do final da época colonial tem facilitado, de certo modo, o aprofundamento das desigualdades

---

101 Esta hipótese será retomada no Capítulo IV. O fato de importantes correntes de pensamento, tais como o pós- e o decolonialismo, conceberem ligação direta entre modernidade, expansão colonial europeia e o(s) processo(s) de "racialização" para, ao mesmo tempo, desenvolverem uma crítica a esta episteme, vista como responsável por um novo patamar de exploração e inferiorização (cf., por exemplo, os textos de Gilroy e Quijano), pode ter contribuído também para fortalecer a tendência de universalizar o uso da categoria *raça* no discurso daqueles que lutam, sobretudo em níveis transnacionais, contra discriminações.

174 ANDREAS HOFBAUER

e discriminações na Índia. É neste contexto, e com o propósito de chamar a máxima atenção internacional, que esta nova equiparação entre casta e raça propagada pela elite dalit deve ser entendida (Martini, 2008, p.22).

Nem todos os analistas e cientistas concordam, evidentemente, com esta avaliação. Leituras de inspiração pós-colonial destacam ainda outras caraterísticas: Loomba, por exemplo, vê a Conferência de Durban como um caso que demonstra a maleabilidade das categorias *casta* e *raça*, as quais, para essa crítica literária indiana, operam como dois sistemas discursivos que se entrelaçam e interpenetram.

> A controvérsia de Durban nos lembra que tanto a raça quanto a casta são categorias altamente maleáveis, que historicamente têm sido utilizadas para reforçar as hierarquias sociais existentes e criar outras. Como raça, a casta se sobrepõe [*overlaps*] à, mas não é idêntica à classe, e ambas estão profundamente entrelaçadas com a opressão de gênero. [A compreensão de] ambas exige um envolvimento com questões de cultura e ideologia, assim como com questões de economia. (Loomba, 2009, p.515)

Para fortalecer sua linha de argumentação que põe em xeque uma separação conceitual límpida entre casta e raça, Loomba reproduz as ideias de Irene Silverblatt (apud Loomba, 2009, p.517) articuladas num estudo sobre o Peru colonial: "o que a divisão raça-casta esconde: que raça e casta não eram sistemas separados, mas interpenetrados. O pensamento racial nos ajuda a entender como raça e casta podem, como camaleões, transformar-se uma na outra [*slip in and out*]".

Todos estes debates em torno da Conferência Internacional de Durban revelam não somente quão difícil é fazer comparações entre formas de discriminação que ocorrem em diferentes contextos. Ilustram também o importante papel que categorias que nomeiam diferenças e desigualdades ganham nas disputas em torno do reconhecimento e da negação de atos discriminatórios e de injustiças sociais. Podemos também notar que a luta concreta dos intocáveis (dalits) mostra grande habilidade das lideranças em reagir a e ajustar suas autorrepresentações e seus discursos aos ideários de seus respectivos interlocutores, sejam eles possíveis aliados na luta, instituições governamentais ou organismos internacionais.

DIÁSPORA AFRICANA NA ÍNDIA **175**

Outro assunto que vem acompanhando as discussões em torno da relação entre casta e raça desde seus primórdios é a questão da cor. Encontramos as primeiras referências ao tema "cor" já nas interpretações dos textos védicos (cf. Capítulo I), nos quais a brancura é valorizada e associada a valores supremos, em oposição à cor negra usada para descrever o indesejado e moralmente condenável. De acordo com alguns estudiosos (por exemplo, Gupta), trata-se aqui talvez de uma codificação da luta do Bem contra o Mal que, na época em que foi escrito o Rig Veda, não expressaria ainda uma oposição entre características físicas próprias de dois povos diferentes (arianos *versus* dāsas/dasyus ou dravidianos).[102]

Um dos pouquíssimos cientistas indianos que se detêve em analisar "concepções hinduístas" em relação à valorização de cores/fenótipos é o antropólogo André Béteille. Ele não tem dúvida de que existe, na sociedade indiana, uma preferência generalizada por tonalidades de cor de pele mais claras,[103] embora seja difícil determinar de que maneira esta preferência influencia a ação social concreta.

---

102 Leituras inspiradas em teses pan-africanistas como a de Joseph Harris, no entanto, veem, até hoje, um nexo entre esse simbolismo e as cores de pele de duas populações entre as quais haveria hierarquização. Numa das primeiras obras que analisam "a presença africana" na Ásia, o pesquisador estadunidense faz também referências ao Rig Veda. Chama a atenção para aqueles hinos que prezam a "benevolente deusa Indra", apresentada, por ele, como "a especial campeã dos arianos", e enaltecem o empenho da divindade no combate e na expulsão dos chamados dasyus – "os de pele negra (*black skin*), as raças escuras (*darkhued races*), aquelas criaturas escuras (*darksome creatures*), os dasyus sem narizes [de narizes achatados] (*noseless* [*flat-nosed*])" –, os quais Harris (1971, p.116) associa à população dravidiana. Vimos que autores como Gupta questionam tal interpretação, que projeta uma oposição entre "arianos brancos" e "dravidianos escuros" (*negros*), e argumentam que o termo *dasyu* (dāsa) designava, inicialmente, todos os infiéis, ou seja, todos aqueles que não seguiam a religião dos arianos.
Gupta (2013, p.71) não apenas ressalta o fato de haver somente uma passagem no Rig Veda em que os dravidianos são descritos, supostamente, como "sem nariz e com lábios de touro" (*noseless and bull-lipped*); ele também questiona as próprias traduções das palavras originárias em sânscrito. Assim, *anas* poderia referir-se não a uma "pessoa sem nariz", mas a uma pessoa que não consegue articular-se bem (constituiria uma referência às línguas "estranhas" faladas pelos povos subjugados); já a expressão *bull-lipped* (talvez usada como metáfora) dificilmente teria sido uma caracterização pejorativa, dado que na Índia o touro sempre foi visto como um ser forte e determinado.

103 Cf. as constatações da importante congressista Margaret Alva na abertura da I Conferência sobre Diáspora Africana em Goa, em 2006 ("Apresentação", p.18).

176 ANDREAS HOFBAUER

> Embora as correlações postuladas por Risley possam ser insustentáveis do ponto de vista antropométrico, sem dúvida ele estava correto ao chamar a atenção para um fato importante – que na Índia, como em outros lugares, valores sociais elevados são associados a certos traços físicos. Entre aqueles que são mais valorizados, a cor de pele clara ocupa uma posição proeminente. (Béteille, 1967, p.451)

Para sustentar sua argumentação, chama a atenção para o fato de que em muitas línguas indianas as palavras *fair* (claro) e *beautiful* (bonito) são sinônimos e apresenta vários provérbios que sugerem uma fusão simbólica entre cor clara e posição social alta: "Nunca confie num brâmane de cor de pele escura (*dark*)"; "Não atravesse um rio com um brâmane de cor de pele escura ou com um Chamar [intocável] de cor de pele clara" (Béteille, 1967, p.451-2).[104] Estes "dizeres" revelam que existe um imaginário popular em que a figura do brâmane é concebida como uma pessoa com a tez "clara" (*fair*), com "nariz afilado" (*sharp-nosed*), além de "traços mais refinados" (*more refined features*) (Béteille, 1965, p.48; cf. Hofbauer, 2015, p.157).

Béteille detecta, ao mesmo tempo, diferenças regionais, mas não sem admitir certas correlações entre as castas e o quesito cor de pele.

> os habitantes dos estados do norte [...] são, em geral, mais claros que os dos estados do sul. [...] As pessoas pertencentes às castas inferiores do norte da Índia tendem a ser, no conjunto, mais escuros que os de algumas das castas mais altas do sul. [...] As pessoas das castas mais altas são geralmente mais claras que as harijans. [...] As castas não brâmanes tendem a ser, em geral, de pele escura. (Béteille, 1967, p.450-1)

Além disso, faz ainda referência aos concomitantes preconceitos: "De fato, muitos indianos do norte têm um preconceito vago contra os indianos do sul por causa de sua cor de pele escura" (ibid., p.450).

---

104 Ou ainda outra expressão usada no norte da Índia: "Um brâmane escuro, um Chuhra branco [*fair*], uma mulher com barba – esses três são contrários à natureza". Béteille conclui que no imaginário popular "o brâmane é considerado não apenas como [uma pessoa] branca [*fair*], mas também como alguém com nariz afilado, e alguém que possui, em geral, feições mais refinadas, o que, na Índia, 'tem alto valor social'" (apud Harris, 1971, p.116).

É no momento do casamento que a tonalidade de pele pode tornar-se um tema bastante relevante, ao lado de outros critérios, entre os quais o pertencimento a determinada casta e subcasta é, evidentemente, o principal. Para Béteille, é na escolha dos parceiros matrimoniais que a preferência por tonalidades de cores claras traduz-se mais diretamente em comportamento social. Tanto Béteille quanto Bayly registraram este fenômeno que pesa, acima de tudo, sobre as mulheres. O antropólogo indiano constata que uma filha com cor de pele escura (*dark*) torna-se frequentemente uma "carga" para sua família pela dificuldade que enfrentará para casá-la (Béteille, 1967, p.451; 1965, p.48). Já no caso do noivo, outras características, como riqueza, profissão e educação, podem ter importância bem maior. Bayly analisou anúncios de casamento em jornais da década de 1990 nos quais encontrou a valorização de pertencimentos a determinadas castas e de profissões, mas também uma procura por parceiras de pele clara. Veja os seguintes exemplos (apud Bayly, 2001, p.314-5):

Hindu Nadar de pele clara [*wheatish*] [...] garota bonita e magra de 25 anos [...] educação de alta nível, possuindo "*green card* dos EUA" [visto de residência permanente], solicitamos aliança de meninos radicados nos EUA de mente aberta da mesma casta. (*Hindu*, 24 dez. 1994, p.7)";

Procura-se – [...] noivo bem educado e bem colocado da comunidade Kalinga Vysya. Para uma garota Kalinga Vysya Telegu de Visakhapatnam. Qualificação [educacional]: mestrado em Aplicações Informáticas [...] Altura 162 cm. Idade: 24 [...], de boa aparência e clara [*wheatish*], empregada em uma Empresa de Software de Computador. Pai Professor Sênior [...] Swagotram: Mantrikula. Gotra [linhagem] Materno: Srivatsala (não nos importamos qual) [...]. (*Hindu*, 18 jan. 1997, p.11)

A preterição de mulheres de tez escura no "mercado de casamentos" foi um dos motivos que fez um grupo de mulheres fundar uma ONG que questionava o "ideal estético". Em 2009, mulheres de Chennai (capital do estado de Tamil Nadu, no sul da Índia), pertencentes ao grupo Women of Worth, lançaram uma campanha nacional cujo lema era "*dark is beautiful*". Num texto divulgado por esta ação, a autora denunciou o consumo de mais de 200 toneladas de "produtos branqueadores da pele" (*skin-whitening products*) apenas no ano de 2012, que teria rendido aos produtores mais de 400 milhões de dólares (Mahmood, 2013). "Branqueador (*whitening*), iluminador (*lightening*), alvejante (*brightening*), clareador (*clearing*), antipigmentação (*anti-pigmentation*)" são as qualidades atribuídas a esses cremes divulgados por estrelas da indústria cinematográfica indiana, a Bollywood, cuja performance nos comerciais insinua uma correlação entre o uso do produto e o sucesso em relações amorosas e no trabalho. No ano de 2010, a BBC publicou um artigo informando que o mercado desses itens tinha crescido 18% ao ano e superado, em muito, o consumo de Coca-Cola e o de chá (Ray, 2010; cf. tb. Hofbauer, 2015, p.158).

Tudo isso indica que a sociedade indiana é, há muito tempo, sensível a diferenças de cores (inclusive de pele) e tende a valorizar tonalidades mais claras como um ideal estético. Parece que tal "tradição" recebeu novos impulsos a partir do contato com o mundo ocidental, desde a ocupação colonial, e está, atualmente, recebendo novos estímulos e assumindo diferentes formas com a força imagética produzida e disseminada via televisão e as recentes mídias eletrônicas, entre as quais se destacam as redes sociais. Veremos no próximo capítulo que estas forças e ideais de representação têm encontrado também repercussão no meio das populações siddis.

Capítulo III
Os siddis de Karnataka

No interior do estado de Karnataka vivem, talvez há séculos,[1] em pequenas aldeias ou nas matas virgens da região, alguns milhares de afrodescendentes. O mais visível marcador da diferença dos siddis, que vêm sendo tratados por muitos indianos como uma casta inferior, é o cabelo crespo. Internamente, dividem-se em três grupos religiosos (cristãos, hindus e muçulmanos) que falam, inclusive, línguas diferentes. Tal como as demais castas, eles têm evitado, entre si, casamentos inter-religiosos. Mas também não são aceitos por seus irmãos de fé "não-siddis" como iguais, nem mesmo dentro dos seus templos. Entre os poucos estudos existentes sobre os siddis de Karnataka, podemos perceber uma polarização nas interpretações no que diz respeito ao tema da diferença e da desigualdade.

Parte 1: Adversidades e peculiaridades da vida siddi

III.1. Posições e disputas acadêmicas em destaque

A maior parte dos autores indianos enfatiza a integração dos siddis na sociedade regional e nacional para, desta forma, explicar tanto características

---

1 Não se sabe se a maior parte dos ancestrais dos siddis contemporâneos é descendente de escravizados que fugiram dos seus senhores ou se a comunidade se formou no momento da ou depois da abolição da escravidão em Goa. Há quem afirme (Lobo, 1984, p.4) que eles devem viver, ao menos, há cinco ou seis gerações (100 a 150 anos) na região. Já de acordo com Obeng (2007, p.50), o grupo reside na região há "vários séculos".

culturais quanto as discriminações sofridas pelo grupo. O primeiro trabalho de peso sobre o assunto (Palakshappa,1976) trata os siddis como mais uma casta inferior que teria incorporado integralmente "a cultura hindu". No *The Siddhis of North Kanara*, que se baseia numa pesquisa efetuada no início da década de 1960,[2] o qual continua sendo referência fundamental para os estudos sobre os siddis, Palakshappa (1976, p.III) busca, ao estilo das monografias clássicas, apresentar a totalidade da vida social e cultural do grupo: seria "a primeira [investigação] deste tipo sobre este povo". As análises (capítulos) sobre parentesco, sistemas econômico e político, religião e estrutura ritual trazem muitos detalhes etnográficos e ressaltam as semelhanças entre os siddis e seus vizinhos, as quais são explicadas pelo pesquisador, em última análise, como resultado de um processo de assimilação. "A assimilação dos Siddhis é dupla: primeiro, [em relação] à cultura hindu total da região e, em segundo lugar, [em relação] à estrutura social das várias religiões" (ibid., p.103).[3]

No início da década de 1980, o então jesuíta e estudante de antropologia Cyprian Henry Lobo, que posteriormente mudou seu nome para Kiran Kamal Prasad, sinalizando sua identificação com a cultura hindu, conviveu cerca de um ano com os siddis. Inspirado na "teologia da libertação" e aplicando métodos pedagógicos de Paulo Freire, Lobo empenhou-se em elaborar estratégias para combater a miséria e as péssimas condições de vida às quais a população era relegada e para unir e organizar os siddis para além das divisões religiosas internas – projeto que foi criticado e, em parte, explicitamente coibido pela hierarquia da ordem. Mesmo assim, conseguiu promover um *survey* entre os siddis com o objetivo de levantar dados que pudessem ser utilizados não somente para fins acadêmicos, mas também para objetivos políticos concretos. O relatório *Siddis in Karnataka: A Report Making Out a Case that They be Included in the List of Scheduled Tribes* (1984) foi feito com a intenção primeira de pressionar o governo a reconhecer os siddis como uma *Scheduled Tribe* (ST) e, desta forma, garantir a eles a possibilidade de ter acesso a subsídios governamentais (cf. Seção III.8).

---

2 A pesquisa de campo foi executada entre 1962 e 1964 e durou, no total, cerca de cinco meses. Palakshappa estudou nove povoados na região de Haliyal, onde analisou 264 casas.

3 Chama, inclusive, a atenção o fato de Palakshappa ter preferido os termos *Siddhi Muslims*, *Christian Muslims* e *Siddhi Hindus*, caracterizando o pertencimento religioso como fator identitário primordial. Apenas no caso do grupo dos hindus tratou – em algumas poucas ocasiões (Palakshappa, 1976, p.14-5) – o fator "religiosidade" como um adjetivo (*Hindu Siddhis*), subordinando-o ao pertencimento a um grupo identitário denominado *siddi*.

DIÁSPORA AFRICANA NA ÍNDIA   181

Num capítulo à parte, Lobo desenvolve uma reflexão sobre o conceito antropológico de tribo, procurando justificar sua aplicação ao grupo. No momento em que escrevia seu relatório, o governo parecia seguir as orientações apresentadas no *Handbook of Scheduled Castes and Scheduled Tribes* (editado em 1968) para definir o conceito de tribo.[4] O padre-antropólogo aponta os quatro critérios básicos estabelecidos no manual para a caracterização de uma *Scheduled Tribe*: origem tribal; maneira primitiva de viver; povoações situadas em áreas afastadas e de difícil acesso; e "atraso geral em todos os aspectos" (*general backwardness in all respects*) (Lobo, 1984, p.90).

Lobo buscava, portanto, comprovar a existência destas quatro características nas comunidades siddis.[5] Chama a atenção o fato de que nem a proveniência específica do grupo nem práticas culturais particulares serem usadas como argumento. Ao contrário, Lobo entende que, devido ao longo tempo em que os siddis residem na Índia e à opressão e discriminação, "eles não preservaram [*retained*] nada de sua cultura" (ibid., p.13). A condição de escravo doméstico os teria forçado a não "manter sua vida comunal". "Como resultado, eles foram obrigados a sacrificar sua cultura e língua e a aprender o idioma local para a comunicação e a cultura, a fim de dar sentido e organização à sua vida" (ibid., p.16). Assim, encontraríamos hoje entre eles as mesmas crenças em espíritos e ancestrais que são características de outros "grupos de castas baixas" e que, acrescenta Lobo, são típicas de qualquer grupo tribal; além disso, poder-se-ia constatar também que os siddis tomaram de empréstimo (*borrowed*) diversos rituais (*life cycle rituals*) das castas hindus dominantes, que são os grandes proprietários de terra (*landlords*) da região.[6]

---

4 Mesmo que a Constituição indiana não tenha definido claramente o que caracteriza as *Scheduled Tribes*, consolidaram-se, aos poucos, critérios que seriam fixados, pela primeira vez, pelo chamado *Lokur Committee* (1965, p.7): "Traços primitivos, cultura distinta [própria], isolamento geográfico, timidez no contato com a sociedade como um todo e atraso".

5 Lobo (1984, p.30) destaca o sistema político segmentário e as supostas relações igualitárias que ele entende como típicas de qualquer "tribo primitiva". O texto termina com as seguintes palavras: "Os siddis em Karnataka não são tão numerosos. São apenas cerca de 6 mil. Mas construir uma pequena parte marginalizada da humanidade e fortalecer e preservar sua identidade e, ao mesmo tempo, ajudá-la a se integrar na corrente principal [*mainstream*] da vida nacional só contribuirá para aumentar a diversidade e a riqueza que é a Índia" (ibid., p.102).

6 O único estudo de maior relevância executado na década de 1990, repete, em boa medida, as avaliações de Lobo. R. S. Hiremath segue as teses de Lobo quando sustenta que os siddis são profundamente influenciados pela religião e filosofia hinduístas, mesmo que sejam divididos em católicos, muçulmanos e hindus. Afirma também que teriam perdido sua cul-

182 ANDREAS HOFBAUER

Já Pashington Obeng, pesquisador ganês-norte-americano, discorda das análises dos colegas indianos, acusando-os de ter exagerado na importância atribuída ao fator "assimilação cultural". Autor dos estudos mais importantes da contemporaneidade a respeito dos siddis de Karnataka, especialista em estudos religiosos e professor aposentado do Departamento de Africana Studies no Wellesley College-Massachusetts, Obeng tem visitado a região com regularidade desde 1998. Escreveu diversos artigos sobre os siddis e, em 2007, publicou o livro *Shaping Membership, Defining Nation: The Cultural Politics of African Indians in South Asia*, no qual apresenta uma análise que se opõe explicitamente àquelas de Palakshappa e de Lobo: "este livro defende o oposto" (Obeng, 2007, p.205).

Ao discordar de abordagens que enfatizam a assimilação cultural e a divisão dos siddis em três grupos religiosos – cristãos, muçulmanos e hindus –,[7] Obeng busca trazer à tona relações e conexões que, de acordo com o autor, ligam os "afro-indianos" (*African Indians*) – termo que ele prefere à denominação "siddi" – à África e a outros mundos afrodiaspóricos. Procura comprovar que existe entre todos os siddis um núcleo cultural comum e faz comparações frequentes com fenômenos culturais da África bantu para revelar a africanidade "escondida" nas práticas culturais siddis. Não nega as muitas semelhanças culturais entre siddis e seus vizinhos, mas destaca "usos" diferentes de práticas e fenômenos que parecem ser idênticos.

Assim, Obeng (ibid., p.175) chama a atenção, por exemplo, para o fato de que os ancestrais siddis "vivem" dentro das casas, são alimentados ritualmente, atuam como guias, conselheiros etc. E explica que tal convivência

---

tura e sua língua original, que, de acordo com o autor, deve ter sido o suaíli. Assimilaram o animismo das "castas inferiores" (*lower castes*), aceitaram o sistema de castas e mais do que isto: reproduziriam hierarquias de casta na sua própria comunidade. Sua tese, defendida na Universidade de Karnataka (em Dharwad), termina, igualmente, com o apelo para que os siddis sejam vistos como *Indian Nationals*; defende que recebam do Estado o mesmo tratamento conferido a outras "tribos atrasadas" (*backward tribes*), lembrando que a Constituição indiana proíbe atos discriminatórios baseados em "raça, casta, credo, cor, religião" (Hiremath, 1993, p.206, 282, 289).

7 Escreve Obeng (2007, p.205-6): "tais noções limitadas de fronteiras espaciais e de pertencimento tendem a não abordar as ligações dos indianos africanas dentro de sua comunidade transnacional. [...] [tais trabalhos e rótulos acadêmicos] refletem uma conceituação que os apresenta como grupos isolados vivendo em clusters e não presta atenção à sua interconexão pan-espacial e metaespacial dentro de uma comunidade social global. [...] [Este trabalho] fornece, portanto, uma estrutura conceitual para compreender e promover os laços internos entre os africanos na Índia e as comunidades pan-africanas em todo o mundo".

DIÁSPORA AFRICANA NA ÍNDIA   **183**

entre ancestrais e vivos não existe nas castas hindus, mas é muito comum em grande parte da África.[8] Diferentemente dos não-siddis que buscam, por meio destes rituais, estabelecer uma separação entre o mundo dos vivos e dos mortos, os siddis não procuram distanciar-se do espírito do morto; para eles, a morte não seria fonte de uma poluição ritualística, mas uma – nova – incorporação do falecido no mundo dos seres vivos. Vejamos as palavras do próprio autor: "[…] Os afro-indianos usam atividades religiosas como comentário econômico e social e para reforçar a solidariedade entre si. […] Ao fazer esta distinção [divindade doméstica; divindade comunitária], eles demonstram sua engenhosidade no uso do léxico religioso local para articular sua fé e prática" (ibid., p.208-9). Estes trechos sugerem que o autor parte da ideia de uma comunidade siddi primordial que faria usos estratégicos de um repertório cultural alheio para manter seu grupo coeso. No entanto, não fica claro até que ponto tais usos seriam conscientes, sub- ou inconscientes – o autor tampouco diferencia visão de líderes da de "siddis comuns" –, ou se se trata, acima de tudo, de projeções vinculadas aos ideais político-identitários do autor.

Baseando-se nestes argumentos, questiona as abordagens que, segundo ele, explicam a inferiorização dos siddis unicamente por sua inserção subalterna na lógica indiana das castas para opor-lhes uma interpretação que tende a enfatizar o fator da discriminação por "raça". Nesta perspectiva, a raça ganha importância tanto como critério principal para explicar o fenômeno da inferiorização e discriminação quanto como referência fundamental para o projeto de construir uma "nova" identidade que consiga superar as divisórias religiosas internas do grupo. Obeng (2008, p.249) chega à conclusão de que os "afro-indianos" "criaram e preservaram aspectos de sua cultura e de sua religião" que têm contribuído para a afirmação de "sua identidade racial". Ele é explícito e enfático: assume que pretende, com seus estudos, dar impulso a futuras investigações sobre posicionamentos contra-hegemônicos de africanos diaspóricos que demonstrem que alianças podem ser forjadas em planos regionais, nacionais e globais.[9]

---

8 "A veneração ancestral, para os afro-indianos, expressa sua crença de que seus ancestrais mortos têm um papel ativo na vida dos vivos" (ibid., p.175).

9 Obeng continua muito engajado tanto nas suas atividades de pesquisa quanto no incentivo a projetos de teor político-social transformador. Tem financiado atividades que estimulam contatos e diálogos entre jovens siddis e negros norte-americanos, por exemplo, via doações de computadores a uma ONG siddi.

Se algumas das mudanças nas análises ocorridas ao longo de meio século de estudos sobre os siddis de Karnataka podem ser vistas como tributárias de reformulações teóricas e conceituais no campo da antropologia, e de transformações das vivências cotidianas, inclusive, no que diz respeito às relações entre os subgrupos siddis – a conquista do *status* de *Scheduled Tribe* teve peso especial na intensificação do convívio –, outras devem ter a ver com posicionamentos políticos dos analistas. Palakshappa enfatizava a integração dos siddis na cultura nacional; Lobo não discordou deste ponto, mas, ao reivindicar a implementação de políticas específicas contra a inferiorização, deu relevo ao "aspecto tribal" na organização social dos siddis, estratégia que lhe parecia mais viável do que insistir no fator "casta" para explicar a origem tanto da discriminação quanto da suposta coesão do grupo.

Por último, Obeng, socializado entre a África e os Estados Unidos, vê os siddis, acima de tudo, como mais uma diáspora africana, como um grupo que compartilha com tantos outros afrodescendentes não apenas tradições culturais, mas também experiências discriminatórias sofridas por causa do fenótipo, por causa de "sua raça". Se, para autores como Lobo, a referência fundamental, tanto em termos analíticos como políticos, é o Estado indiano, no caso de Obeng a crítica visa transcender planos nacionais e busca contribuir para estabelecer laços afrodiaspóricos supranacionais que possam, inclusive, servir como base para articular reivindicações em fóruns internacionais, como os da ONU.

Em todas essas abordagens esboçadas até agora, vale notar, podemos perceber fortes tendências a essencializações que remetem a concepções primordialistas de cultura, raça e/ou identidade e que avaliam significados culturais separadamente de disputas de poder. Se em Palakshappa as práticas culturais siddis são descritas como mera reprodução do sistema de casta indiana, em Lobo, a noção de tribo figura como referência estática e explicativa da organização social e cultural siddi; já a análise de Obeng busca revelar uma realidade "mais verdadeira", ao estilo da realidade numênica do kantismo, que se situaria atrás dos fenômenos aparentes e se explicaria, em boa parte, pelo fator "raça".

Nas minhas análises, apoiar-me-ei em perspectivas teóricas que permitam mostrar não apenas como tradições culturais são construídas ao longo de processos históricos, mas também que tanto sua persistência quanto sua transformação são permeadas por disputas de poder. Para elucidar esta dinâmica, inspiro-me, de um lado, em modelos teóricos oferecidos pela

DIÁSPORA AFRICANA NA ÍNDIA **185**

antropologia que conjugam a noção de sistema cultural ou estrutura (sociocultural) com usos particulares e estratégicos de partes do respectivo repertório ("tradição") sociocultural, fazendo com que tanto a cultura quanto a estrutura possam ser concebidas como categorias dinâmicas e mutáveis sem deixarem de ser estruturantes; de outro, em reflexões e orientações associadas aos estudos pós-coloniais que focam o impacto das estruturas político-econômicas e epistemes coloniais sobre processos de diferenciação e de discriminação (cf. Capítulo IV).

III.2. Dos desafios do campo de pesquisa

A base fundamental para este estudo são os trabalhos empíricos iniciados em 2013, no contexto de um estágio pós-doutoral no exterior. Além de estudos bibliográficos em Pangim (Goa) e Dharwad (Karnataka), passei longos meses na região dos siddis, desenvolvendo uma intensa pesquisa de campo, intercalados com passagens pela Alemanha, onde a investigação esteve baseada. Os estudos empíricos prosseguiram nos anos seguintes, com estadias de menor duração entre 2016 e 2018.

Durante minha primeira estadia na Índia, tive acesso a grande parte da bibliografia existente sobre a história e a situação atual dos siddis de Karnataka. Fiz estudos nas bibliotecas e nos arquivos de Pangim (State Library, Historical Archives, Xavier Centre for Historical Research), onde consegui encontrar, além de publicações recentes, importantes documentos e manuscritos (por exemplo, referentes à escravidão em Goa). Em outubro de 2013, complementei as pesquisas históricas em Lisboa. Trabalhei ainda intensamente, durante semanas, na biblioteca da Universidade de Karnataka, situada em Dharwad (cidade universitária mais próxima da região onde os siddis vivem),[10] onde encontrei doze estudos elaborados no início da década de 1960, quando professores do Departamento de Antropologia da universidade e dezessete alunos realizaram uma pesquisa de campo, com o intuito

---

10 O texto acadêmico mais antigo sobre os siddis de Karnataka que consegui localizar foi escrito por Roy Choudhury, de 1957. O curto artigo, intitulado "Anthropometry of Siddhis, the Negroid Population of North Kanara India", preocupa-se exclusivamente com aspectos da antropologia física: a pesquisa destaca as diferenças de cabelo de cem adultos masculinos analisados e classificados pelo autor (cabelo lanoso, encaracolado, tipo "grão de pimenta", cacheado, ondulado [*wooly, frizzly, pepper corn, curly, wavy hair*]), e chega à conclusão de

186 ANDREAS HOFBAUER

de fazer um primeiro mapeamento etnográfico sobre a população siddi. Durante um mês (de 7 de outubro a 3 de novembro de 1962), os estudantes acamparam com dois professores (L. K. Mahapatra e H. M. M. Siddayya) no povoado Sambrani e pesquisaram oito vilarejos da região: Sambrani, Bukkanakoppa, Kamatikoppa, Gundalli, Gudumurgi, Bhagavati, Gardolli e (Siddi)Wada.[11] Os estudos, apresentados como trabalhos de conclusão de curso ("dissertações"), focam, cada qual, um tópico específico (vida familiar, direito e justiça, diferenciação social etc.). Embora careçam de fundamentação teórica elaborada[12] e não tenham analisado o subgrupo hindu (que vive em outra região), constituem um rico material descritivo a ser ainda explorado, já que, aparentemente, foram ignorados por todos os trabalhos publicados até hoje. Para minhas análises, são pesquisas de suma importância, uma vez que permitem fazer avaliações sobre as transformações socioculturais ocorridas entre os anos 1960 e a década de 2010. Paralelamente aos estudos bibliográficos, estabeleci contatos com pesquisadores e professores da universidade que foram importantes para viabilizar a pesquisa empírica.

O sucesso do estudo de campo deve-se, porém, em boa parte, à convivência e ao apoio obtido da parte de jovens siddis, alguns deles, embora não todos, associados à ONG Siddi Jana Vikas Society. Estes jovens guiaram-me e levaram-me, em suas pequenas motonetas e motocicletas, às mais distantes aldeias, por vezes, de difícil acesso, hospedaram-me em casas de parentes e amigos e – o que foi de extrema importância – também traduziram as con-

---

que mais de 50% dos siddis possuem cabelo lanoso (*wooly hair*). A tradição da antropologia física voltada para a análise de diferenças morfobiológicas continua a ter espaço relativamente grande na antropologia da região. Sobre este tema, cf., por exemplo, os estudos de P. P. Pavate (1985) e P. Patil (1998), ambos ligados à Universidade de Karnataka.

11 Bukkanakoppa, Kamatikoppa, Gardolli e (Siddi)Wada são descritos como "povoados puramente siddis" (*purely Siddi settlements*); enquanto em outros povoados foram localizados, além de siddis, muçulmanos não-siddis, brâmanes, lingayats, maratas, kurubas e "intocáveis" (Chandrasekharaiah, 1963). Devido às línguas locais que são escritas ou em devanágari, árabe ou kannada (três sistemas de escrita diferentes), os nomes locais (transcrições dos termos para o alfabeto latino) variam, por vezes, consideravelmente de autor para autor. Os trabalhos foram orientados pelo professor K. Ishwaran da Universidade de Karnataka (cf. Desai, 1963, "Prefácio").

12 Os trabalhos são basicamente descritivos; em apenas algumas destas etnografias há referências bibliográficas no final do texto que se resumem a um ou outro autor do funcionalismo britânico (Radcliffe-Brown, Daryll Forde e Evans-Pritchard; em dois trabalhos encontram-se referências a trabalhos de Srinivas e Dumont). Na medida em que o inglês – língua usada nos textos acadêmicos na Índia – não era a língua materna dos autores, as construções das frases são, por vezes, um tanto tortuosas e contêm erros ortográficos e gramaticais; nas traduções das citações, mantenho, na medida do possível, esta peculiaridade dos textos.

versas e entrevistas com a maioria dos entrevistados que não falavam inglês.[13] A relação de amizade com este grupo foi fundamental para que eu pudesse realizar esta pesquisa, que pela peculiar localização da população, pela situação de extrema pobreza em que vive, por problemas de higiene e saúde e pela questão linguística complexa tem constituído um grande desafio para mim.

Ao todo conheci mais de quarenta aldeias, além de muitas casas isoladas habitadas por siddis hindus nas matas virgens dos Western Ghats (cadeia de montanhas no litoral leste do subcontinente indiano). Participei de festas e comemorações próprias de cada um dos subgrupos: por exemplo, a cerimônia dedicada aos *jante* (ancestrais familiares) junto aos siddis hindus; *Bakrid* (ou *Eid al-Adha*, "festa do sacrifício"), uma das mais importantes celebrações do calendário islâmico que lembra a disposição de Abraão de sacrificar seu próprio filho a Deus; Natal com os siddis cristãos. Participei também daquelas festas e eventos que se propõem a reunir todos os siddis, independentemente de seu pertencimento religioso, como o festival de Siddi Nas e as comemorações de dez anos da conquista do *status* de *Scheduled Tribe*.

Busquei – a partir de conversas sobre histórias de vida – entender melhor a maneira como os próprios siddis vivenciam a questão da diferença e da desigualdade. Várias conversas ocorreram em situações em que eu acompanhava o cotidiano do grupo, mas também, frequentemente, quando eu participei de uma das festas que costumam durar a noite toda, estendendo-se até o amanhecer – como a cerimônia de Natal numa aldeia siddi cristã –, ou quando presenciei eventos esportivos – por exemplo, uma competição de *kabaddi*, esporte praticado na Índia e em outros países do sudeste da Ásia –, ou ainda quando acompanhei uma das cerimônias de casamento que reuniu grande número de parentes e amigos durante dois ou três dias. Além das conversas informais, gravei, com autorização dos entrevistados, cerca de cinquenta diálogos mais formais, que seguiram um roteiro de entrevista semiestruturada. Brinquei com crianças; troquei ideias com adolescentes, jovens e idosos, com mulheres e homens, com siddis cristãos, hindus e muçulmanos. Além disso, tive ainda diversas conversas com não-siddis ("gente comum" que convive ou não com os siddis, além de estudiosos e intelectuais) sobre os siddis.

---

13 O inglês é a terceira língua ensinada nas escolas, e apenas os jovens que frequentam colégios fora de sua região têm a possibilidade de aprender o básico da língua inglesa, o que lhes permite conversar minimamente neste idioma.

Minhas observações são, assim, evidentemente, marcadas pela maneira como consegui "inserir-me" na comunidade siddi. Na medida em que não domino nenhuma das três línguas faladas na região,[14] o relacionamento amigável com diversas pessoas que conseguem expressar-se na língua inglesa foi a chave que me abriu as portas. A grande maioria deles são jovens que pertencem à primeira geração que conseguiu frequentar a escola primária na região, sair das aldeias e estudar em cidades mais distantes (por exemplo, Bangalore e Pune). A dificuldade na comunicação verbal com muitos siddis foi, de certo modo, compensada pelo intenso convívio e participação nas práticas cotidianas, as quais permitiram aguçar minha capacidade de observação; neste processo, os jovens escolarizados – *educated*, como eles próprios gostam de denominar-se – assumiram outro papel importante, na medida em que era com eles que eu podia comentar minhas experiências e debater as – não poucas – dúvidas que surgiam ao longo da pesquisa.

Outro "fator" que incidiu sobre minhas observações e registros foi certamente o fato de eu ter sido percebido e tratado geralmente, pelos meus interlocutores, como um homem branco heterossexual – sem dúvida, sou visto também, pela maioria dos indianos, como um ser ocidental – e, "portanto", cristão, mesmo que eu não seja praticante de nenhuma religião.

Na Índia, há uma divisão clara entre os papéis masculinos e femininos. Em diversas situações e contextos sociais, preserva-se, inclusive, separação espacial entre os dois gêneros. Nos ônibus, os bancos de frente são geralmente reservados às mulheres, os homens devem ocupar a parte traseira do veículo; de forma semelhante, nas igrejas católicas – e obviamente nas mesquitas[15] – as mulheres sentam-se de um lado e os homens do outro. Pude observar ainda separação semelhante – para mim surpreendente – nas salas de aula da Universidade de Karnataka. Entre os siddis, estas divisões são

---

14 Meus conhecimentos de hindi, que comecei a estudar em 2013 e me têm ajudado a interpretar melhor muitos conceitos e ideias (usados no cotidiano e nos textos acadêmicos), não são suficientes para ter uma conversa mais aprofundada. Além disso, a situação linguística na região é muito complexa: os siddis falam, como língua materna, uma variante do konkani ou uma variante do urdu, esta muito parecida com o hindi. Outra língua usada em contextos mais formais é o kannada; trata-se da língua oficial do estado, a qual é ensinada nas escolas e pertence a um tronco linguístico diferente daqueles idiomas "derivados" ou associados ao sânscrito (hindi, urdu, marati, konkani). Tratarei a diversidade e complexidade linguísticas entre os siddis ainda neste capítulo.

15 Nas mesquitas abertas ao acesso de mulheres, estas costumam posicionar-se nos fundos e nas partes laterais.

igualmente perceptíveis, embora possa haver diferenças no que diz respeito à sua rigidez de acordo com as gerações (nas mais velhas, os papéis sociais associados às diferenças de gênero são nitidamente mais demarcados do que entre os jovens *educated*) e de acordo com os pertencimentos religiosos (entre os siddis muçulmanos, a separação entre os mundos masculino e feminino, no que diz respeito aos espaços internos das casas, é ainda mais acentuada). Como consequência destas estruturas, o acesso ao mundo dos homens foi extremamente fácil para mim, e o convívio com eles muito mais intenso do que com as mulheres siddis, com as quais tive menor contato.

Os contatos e diálogos com os três subgrupos – cristãos, hindus, muçulmanos – tampouco se deram de forma igual, fato que, mais uma vez, tem a ver com diferenças estruturais no meio dos siddis. Por diversas razões, a proximidade entre cristãos e hindus, sobretudo entre os jovens, é bem maior e as relações destes dois grupos com os muçulmanos são frequentemente mais reservadas. Os muçulmanos apostam menos numa formação escolar formal dos seus filhos – é o grupo com as piores taxas de escolaridade e as mais altas porcentagens de analfabetismo –, de maneira que, em comparação com os cristãos e hindus, há menos jovens muçulmanos estudando em colégios fora da área siddi, onde é ensinada a língua inglesa; pouquíssimos entre eles se interessam por organizações políticas, tais como a ONG Siddi Jana Vikas Society, que busca desenvolver trabalhos sociais e educativos para toda a comunidade siddi, independentemente de seu pertencimento religioso.

A seguir, voltarei o foco para alguns aspectos das vivências e práticas socioculturais siddis, a fim de abordar temas que me permitam aprofundar as reflexões sobre diferença e desigualdade no contexto de sua história recente. A pesquisa revelará tanto permanências quanto transformações, estruturas estruturantes e agenciamentos conservadores e transformadores. A ideia central é mostrar como permanências e transformações são promovidas pelas ações e discursos dos agentes sociais num constante jogo de identificação e, portanto, de inclusão e exclusão, que envolve ao mesmo tempo, evidentemente, a articulação (reafirmação ou contestação) de relações de poder. Para fazer jus aos objetivos analíticos propostos, a abordagem apresentada oscilará entre partes mais descritivas e históricas e mergulhos etnográficos que pretendem explorar minha vivência junto aos siddis. Análises teóricas e conceituais pontuais devem contribuir para solidificar a coerência interna do texto.

190 ANDREAS HOFBAUER

III.3. Sobre as origens dos siddis, condições de vida e diferenças linguísticas e religiosas

A residência em áreas de difícil acesso e as questões identitárias têm dificultado levantamentos demográficos, de maneira que não existem números oficiais precisos sobre os siddis. O que há são estimativas e alguns poucos levantamentos parciais feitos por pesquisadores e entidades que atuam na região. Os dados apontam para um forte crescimento populacional, especialmente desde o início do novo milênio. Num dos primeiros estudos sobre os siddis, elaborado no início dos anos de 1960, Palakshappa (1976, p.2) indica que os distritos administrativos de Ankola, Yellapur e Haliyal possuem população de menos de 4 mil (3.164); Lobo (1984, p.17) refere-se, na década de 1980, a 5.578 siddis; nove anos mais tarde, Hiremath (1993, p.50)[16] reportava 7.223 siddis; estudo feito em 1998 e citado por Obeng (2004, p.122) indicou 14 mil. As últimas estimativas giram em torno de 25 mil pessoas. Durante muito tempo, os siddis cristãos constituíam a maior comunidade entre os afrodescendentes de Karnataka, seguidos pelos muçulmanos e os hindus. Uma estimativa de Camara (2004, p.102), publicada em 2004, indica a seguinte distribuição percentual: 45% católicos, 30% muçulmanos e 25% hindus.[17] Um estudo demográfico local conduzido no ano de 2023, que analisou três taluks (Mundgod, Yellapur, Haliyal) nos quais vive boa parte dos siddis, mostra que a comunidade muçulmana cresceu mais do que as outras duas.[18] A mudança das relações demográficas internas deve-se, em parte, à diminuição do número de nascimentos de filhos por família (na geração anterior, era comum um casal ter mais de quatro filhos), que pode ser percebida claramente entre os católicos e os hindus, mas é menos acentuada na comunidade muçulmana. No survey mencionado, a distribuição entre as comunidades religiosas se dá da seguinte forma: 40,3% muçulmanos, 33,48% cristãos, 26,22% hindus.

---

16 Hiremath (1993, p.172) afirma ter conseguido a informação da Association for Sidi Progress and Development in Karnataka, que teria feito um levantamento (entre 1988 e 1989) em 115 povoados. O autor refere-se ainda a um estudo censitário de 1931 realizado no norte do estado (North Kanara District), que indicava a existência de 2.244 siddis na região (ibid., p.66). O mais antigo registro que encontrei é do censo de 1901, citado pelo administrador colonial Enthoven (apud Lobo, 1984, p.4). As 12.848 pessoas registradas referem-se, porém, não apenas aos siddis de Karnataka, mas também aos de Gujarate e de Janjira.

17 A estimativa baseia-se em dados de um estudo feito pela Siddi Development Society (1999). Na amostra elaborada por Lobo (1984, p.40), que se baseava num grupo de 1.087 siddis, a relação entre os pertencimentos religiosos é: 41,9% católicos, 31,6% muçulmanos e 26,5% hindus.

18 O levantamento registrou 10.169 siddis residindo nos três taluks citados: Mundgod, Yellapur e Haliyal.

DIÁSPORA AFRICANA NA ÍNDIA 191

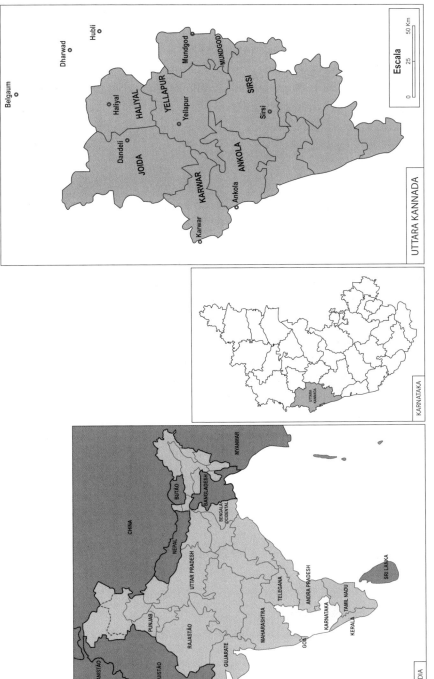

Mapa 4: Uttara Kannada: distrito do estado Karnataka onde vivem os siddis

192 ANDREAS HOFBAUER

A maior parte da população siddi do estado de Karnataka vive na província de Uttara Kannada, mais especificamente em seis *taluks* (distritos administrativos): Yellapur, Haliyal, Ankola, Joida (Supa), Mundgod e Sirsi. Há ainda grupos menores que residem nas províncias de Dharwad (*taluk* Khalghatgi) e Belgaum (Khanapur). A área habitada por siddis estende-se – entre os pontos mais a leste e as regiões mais a oeste – por mais de 100 quilômetros e pode ser dividida em duas zonas geográfico-climáticas diferentes. As terras mais próximas do litoral até a região de Yellapur (situadas nas encostas do Western Ghats) são montanhosas e ocupadas por densas matas tropicais que se mantêm verdes durante todo o ano. Já as terras em volta de Haliyal são mais planas, e a vegetação mostra-se bastante seca nos meses de estiagem (dezembro a abril).

Enquanto os siddis cristãos e siddis muçulmanos vivem majoritariamente em pequenas aldeias nas terras planas (na parte leste do "território siddi"), os siddis hindus vivem em casas isoladas nas matas fechadas da cadeia montanhosa que se estende entre Yellapur e a costa oeste do subcontinente indiano. Diversos autores, como Lobo (1984, p.27), acreditam que os siddis foram os primeiros habitantes da região e teriam aberto as primeiras clareiras na floresta para possibilitar o cultivo da terra e construir suas casas.[19] Muito mais tarde, quando já estavam bem estabelecidos em suas aldeias, outros grupos teriam chegado e, em muitos casos, teriam conseguido – por meio de grilagem – adquirir os títulos das terras cultivadas e habitadas por siddis.

Em muitas aldeias, parece ser o caso de que eles eram os colonos originais. Eles enfrentaram os animais selvagens e a malária mortal e penetraram as densas florestas, selecionaram um local conveniente para erguer casas, limparam um pedaço de terra e começaram o cultivo. Somente quando havia alguma habitação é que apareceram no local pessoas de outras comunidades e isso também em tempos muito recentes. Mas, em muitos casos, os que chegavam depois prosperaram melhor e se tornaram dominantes em termos da quantidade de terras que possuem, que adquiriram não apenas com trabalho duro,

---

19 Há indícios claros de que, pelo menos, em algumas regiões existiram civilizações antigas. Encontrei em uma floresta da região pedaços de pedras ornamentais talhadas que pareciam ser restos de um templo muito antigo.

mas principalmente com astúcia. Os siddis, de modo geral, continuam a ser pequenos agricultores e trabalhadores agrícolas. Há muitos casos em que os colonos siddis originais perderam suas terras para os que chegaram mais tarde, os havig brâmanes na área de Ankola, Sirsi e Yellapur e os Lingayats e Maratas na área de Haliyal e Mundgod. (Lobo, 1984, p.27-8)

Ouvi muitas histórias de diversos siddis que reclamam das práticas enganosas e violentas que os havig brâmanes (na região de Ankola, Sirsi e Yellapur) e os lingayats e maratas (em Haliyal e Mundgod) usaram para expulsar os siddis de suas terras. Sobretudo a geração mais velha teve de submeter-se a trabalho forçado (*bonded labour*) e suas vidas dependiam, até pouco tempo atrás, fortemente dos interesses dos proprietários de terras da região. Ainda hoje, boa parte dos siddis não tem a posse legal de suas terras.[20] Apenas alguns, principalmente os da região de Haliyal, tornaram-se donos de pequenos terrenos. Muitos outros, sobretudo siddis hindus, habitam "terras ocupadas" (*encroached land*) e as cultivam com permissão do Estado. A grande maioria dos siddis espera ansiosamente conseguir o direito à posse da terra que lhes foi prometido quando conquistaram o *status* de *Scheduled Tribe*.

O produto agrícola mais importante plantado pelos siddis, que constitui também seu alimento básico, é o arroz. Mas também milho, algodão e cana-de-açúcar podem ser encontrados em seus campos, sobretudo na região de Haliyal. Os siddis cultivam, além disso, em pequenas hortas perto das suas casas, algumas verduras e especiarias. Em toda a região crescem diversas frutas tropicais geralmente pouco valorizadas pelos moradores; no

---

20 Num dos estudos efetuados em nove povoados na região de Haliyal, em 1962 (pesquisa organizada pelo grupo da Universidade de Karnataka), Kusur (1963, p.IV) relata que, de 90 famílias, somente 42 eram proprietárias de algum pedaço de terra. Desai (1963, p.22), que participou da mesma investigação, afirma que, de um total de 465 siddis contatados, 190 eram *coolies* (trabalhadores braçais) sem-terra; de 96 famílias, apenas 57 eram proprietárias. Entre os 544 siddis agricultores estudados por Lobo (1984, p.28) no início da década de 1980, somente 329 tinham títulos de terra. Já Hiremath (1993, p.154) estimou que 60% dos siddis possuíam terreno, e o grupo restante cultivava, nas florestas, um pedaço de terra (*encroached land*). Numa conversa em 2018, um líder siddi julgava que somente 40% dos siddis seriam proprietários (a maior parte vivia no *taluk* Haliyal). Em tese, a conquista do *status Scheduled Tribe* abriu a possibilidade de reverter a situação legal referente às propriedades, mas são muitas as dificuldades para fazer valer este direito, de maneira que quase nenhum siddi conseguiu nem mesmo os dois "acres" previstos em lei.

entanto, bananas e abacaxis são, por vezes, plantados para a venda nas feiras de Yellapur ou Haliyal. Nos *taluks* de Ankola, Sirsi e Yellapur, cultiva-se também a palmeira-areca (*betel*), cuja noz tem propriedades estimulantes e medicinais e costuma ser mascada pelas populações locais com a folha de uma planta da família das piperáceas. Os siddis hindus fazem suas plantações nas matas fechadas logo atrás de suas casas, enquanto os campos dos siddis cristãos e muçulmanos encontram-se distantes das aldeias. Os siddis criam também alguns animais, tais como ovelhas, cabras, vacas e até búfalos. Às vezes, alguns destes animais convivem com os donos nas suas próprias casas – encontrei cabras e vacas dentro de casas siddis.

Um suplemento alimentar essencial foi garantido durante muito tempo pela caça de animais silvestres – cervos, ursos, lagartos e coelhos –, cuja proibição no ano de 1984[21] impôs mudanças de hábitos, inclusive alimentares. A pesca de peixes e caranguejos em rios e lagos – sobretudo na região entre Ankola e Yellapur – e a coleta de mel[22] constituem fontes importantes da alimentação siddi até hoje. A perda das terras, a proibição da caça para consumo próprio e a do corte de madeiras nobres, como a teca, para venda contribuíram, certamente, para o fato de que cada vez mais siddis se sentiram obrigados a migrar. Alguns passaram a trabalhar sazonalmente em regiões mais próximas (por exemplo, Goa) ou durante períodos mais longos em regiões (Rajastão e Punjab) e cidades indianas mais distantes (Bangalore e Mumbai). Outros migraram para fora da Índia, indo, por exemplo, para países da Península Arábica (Kuwait, Arábia Saudita, Omã

---

21 A lei Forest Act of India, de 1984, proibiu a caça de animais selvagens e a coleta de produtos florestais. Desta forma, a caça não apenas de grandes animais como cervos, mas também de macacos, pavões e coelhos, começou a ser punida (cf. Obeng, 2007, p.54).

22 Em 2018, tive a oportunidade de acompanhar a coleta durante uma semana. Feita nos meses de maio e junho (um pouco antes da intensificação das monções), a colheita de mel de abelhas selvagens exige muita habilidade e coragem, já que é preciso, após o anoitecer, depois de as abelhas se recolherem, subir nas árvores onde estão as colmeias – geralmente, a uma altura de mais de 20 metros (há quatro espécies de árvores em que as abelhas costumam fazer as colmeias: heddi, belsasara, satano e burla). Antes de subir, costuma-se fazer uma pequena reza e, após a coleta bem-sucedida, é oferecido o primeiro corte da colmeia à divindade associada à árvore. A produção de mel é um dos orgulhos dos siddis, e sua compra e venda é feita pela cooperativa Lamps (Large Area Multipurpose Cooperative Society), administrada pelos siddis. No ano de 2016, a cooperativa conseguiu vender 6,5 toneladas de mel; já em 2017 a produção foi somente de 2,5 toneladas.

ou Emirados Árabes),[23] os quais têm recebido muitos migrantes da Índia e do Paquistão nos últimos anos.

O historiador de arte, especialista em cultura iorubana, Henry John Drewal, que passou, entre 2001 e 2002, cerca de seis meses na Índia, aponta para as diversas pressões sobre as condições de vida dos siddis vinculadas às perdas das terras, aos desmatamentos e ao controle cada vez maior do Estado sobre as florestas:

> Agora, à medida que as florestas diminuem e as pressões populacionais trazem cada vez mais pessoas em busca de terra, e o governo exerce cada vez mais controle sobre as reservas florestais remanescentes (e ajuda em sua destruição com práticas corruptas), o siddis têm cada vez menos lugares para se esconder e prosperar. Cada vez mais, os siddis estão sendo roubados de suas terras cultivadas (já que nunca reivindicaram a posse legal das mesmas) e forçados a se tornarem trabalhadores assalariados para proprietários gananciosos nas áreas rurais, ou trabalhadores diurnos para patrões nas vilas e cidades. (Drewal, 2004, p.154)

Charles Camara (2004, p.108), antropólogo indiano e colaborador da ONG católica Caritas-Suécia, descreveu o cenário da seguinte maneira: "Antes da década de 1980, a floresta fornecia aos siddis a maior parte do que eles precisavam para se manter. Hoje, devido às restrições do Estado, eles têm de procurar outros caminhos para seu sustento e sobrevivência econômica".

Como já mencionado, os siddis cristãos e siddis muçulmanos costumam viver em pequenas aldeias, geralmente com 150 a 600 moradores. Há alguns povoados onde moram exclusivamente siddis cristãos – por exemplo, as aldeias Wada, Kamatikoppa, Jataka Hosur, Bukkinkoppa, Gadgera no *taluk* Haliyal; e as aldeias Bilki, Tottalgundi e Tavarkatta na região de

---

23 São sobretudo os homens que emigram temporariamente para os países árabes, e alguns vilarejos chegam a ficar desfalcados de homens. De acordo com R. Siddi, há aldeias em que mais da metade dos homens adultos saíram à procura de trabalho num dos países da Península Arábica (Cadernos de campo, 10/12/2013). De maneira geral, pode-se dizer que o fenômeno da emigração tem afetado mais os siddis das aldeias, ou seja, cristãos e muçulmanos, e menos os siddis hindus que, de acordo com meus interlocutores, se acostumaram a executar trabalhos para os brâmanes.

196 ANDREAS HOFBAUER

Yellapur –,[24] e alguns poucos habitados quase exclusivamente por siddis muçulmanos (Adike Hosur e Golehalli no *taluk* Haliyal, e Halligadde e Gudundoor em Yellapur).[25] Há também vilarejos onde predomina um dos dois grupos (cristão ou muçulmano). O povoado no qual vive o maior grupo de siddis é Tattigera, situado no *taluk* Haliyal, com mais de cem casas habitadas por siddis – todos muçulmanos –, além de mais de cem casas pertencentes a maratas.[26]

Não raramente podemos encontrar povoações – por exemplo, os vilarejos Bhagavati e Kirvati – que acolhem não somente siddis cristãos e siddis muçulmanos, mas também alguns não-siddis, frequentemente maratas. Nesses casos, pode-se perceber certa separação espacial, ou seja, os siddis pertencentes a uma mesma religião tendem a formar núcleos dentro de um mesmo povoado. As casas enfileiram-se geralmente nos dois lados de uma longa rua – a grande maioria delas até hoje não asfaltada – que forma o eixo da povoação (às vezes, há bifurcações e ruas laterais menores). Na década de 1960, praticamente a totalidade das moradias era construída com bambu e barro; o telhado era feito do caule e das folhas da planta do arroz. Ainda hoje há algumas construções deste tipo, sobretudo na região habitada pelos hindus, mas a tendência é substituir todas as velhas casas por novas, as quais os siddis procuram construir com subsídios de programas de auxílio estatais concedidos a pessoas reconhecidas como pertencentes a uma *Scheduled Tribe*.

As entradas das casas são marcadas frequentemente com sinais que indicam a filiação religiosa dos moradores: diversas fachadas de siddis cristãos são ornamentadas com grandes cruzes em relevo; já as portas de entrada de casas habitadas por muçulmanos podem ser embelezadas com cortinas coloridas que representam mesquitas ou outras referências religiosas islâmicas. Os siddis hindus seguem a tradição dos hindus: na frente das casas encontra-se, dentro de um recipiente de barro, uma planta sagrada –

---

24 Num artigo publicado em 2013, Kalyan (2013, p.3) indicou para Wada uma população total de 232 moradores. Bukkanakoppa, Kamatikoppa e Gudumurgi foram também citados, na década de 1960, como povoados habitados somente por siddis cristãos (Choukimat 1963, p.74).

25 Choukimat (1963, p.74) descreveu a aldeia Adaki-Hosur (sic) como "quase puramente" siddi muçulmana. Quando passei neste lugarejo em 2013, o quadro parecia inalterado: havia somente uma família de siddis cristãos, os outros moradores eram todos siddis muçulmanos.

26 Informação dada por um dos jovens líderes siddis hindus (Cadernos de campo, 11/04/2013).

manjericão-real ou basílico – dedicada à esposa de Vishnu, chamada *Tulsi* ou *Tulasi*.

A porta de entrada de uma moradia tradicional siddi leva-nos a uma grande sala que serve tanto para refeições quanto para dormir. Geralmente não encontramos camas, mesas ou cadeiras (em algumas casas pode haver uma ou outra cadeira plástica). As pessoas comem neste cômodo principal (normalmente o maior), sentadas no chão de terra batida. As mulheres costumam servir aos homens; usando grandes conchas, elas depositam sobre folhas de bananeira estendidas no chão o arroz e depois o *curry* (mistura ultrapicante que pode conter, além de *chilli* – pimenta malagueta –, verduras e, por vezes, um pedaço de carne, frequentemente de galinha). À noite, este mesmo espaço é usado para o descanso: os moradores da casa deitam-se sobre mantas de pano estendidas no chão. Nas paredes internas ou em nichos separados encontram-se, frequentemente, ao lado de fotos antigas de casamentos, imagens que fazem referência ao credo religioso da família. Nas casas dos católicos são os retratos de Cristo, da Virgem Maria ou de santos católicos.[27] Já nas casas dos siddis muçulmanos, são as fotografias da Caaba de Meca e/ou escritos sagrados em árabe retirados do Alcorão que, emoldurados, adornam a sala principal. As paredes internas das casas dos siddis hindus, por sua vez, costumam ter imagens das divindades hindus cultuadas pelos moradores cotidianamente; nelas, há também um lugar especial, um pedestal, onde dois cocos – símbolos dos ancestrais da casa – são guardados. Dependendo das condições econômicas da família, a casa pode ter um ou diversos outros cômodos (frequentemente tem de três a quatro). A cozinha é basicamente um fogão a lenha aberto que se encontra, em geral, no fundo da habitação; os banheiros ficam localizados atrás das casas.

Nas aldeias, não há água encanada; existem fontes coletivas normalmente localizadas numa das extremidades dos lugarejos. Na região de Haliyal,

---

27 Numa casa siddi cristã na aldeia Gargera pude observar, junto a uma imagem da Virgem Maria, o amuleto *nazar* (palavra árabe, نظر, que significa algo como visão, olhar, vigilância, atenção). A moradora da casa disse-me ter recebido este pingente, com círculos azuis e brancos feito de vidro – usado como proteção contra o mau-olhado –, de um amigo siddi que tinha voltado de um período de trabalho no Kuwait. Objetos deste tipo apontam para práticas religiosas "sincréticas" que tratarei, com mais detalhes, na Seção III.6. Kotrappa (1963, p.44) usava, no seu estudo *Health and Sanitation, Diseases and Their Treatment among the Siddis*, o termo *Najar Hole* para referir-se à ideia de *evil eye* (mau olhado) que afeta, diz ele, com mais frequência as crianças.

198   ANDREAS HOFBAUER

muitas aldeias foram conectadas à rede elétrica na década de 1980, quando foram construídas algumas estradas na região. Já as casas hindus conheceram a eletricidade mais recentemente, muitas delas somente a partir do início do novo milênio. No entanto, ainda existem habitações nas matas fechadas, no *taluk* Ankola, sem energia elétrica (por exemplo, Hebbargudda). De modo geral, o fornecimento de eletricidade continua pouco estável, havendo interrupções praticamente todos os dias.

Menos da metade das aldeias tem acesso a transporte público (ônibus). Muitos aldeões precisam andar mais de 2 quilômetros para chegar a um ponto de ônibus.[28] Carros são praticamente inexistentes nos povoados siddis;[29] geralmente, via empréstimos, os jovens buscam adquirir motos, mais adequadas para locomoção nos estreitos caminhos que cortam as florestas e conectam as aldeias.[30] Também não existem lojas; em alguns povoados maiores pode-se encontrar uma vendinha onde é possível comprar algumas miudezas. As cidades de Haliyal e Yellapur são hoje referências cada vez mais importantes para os siddis, os quais se tornaram mais móveis nas últimas décadas. Lá, podem adquirir mercadorias em feiras e lojas e, eventualmente, vender seus próprios produtos agrícolas. A importância destas pequenas cidades, com populações de cerca de 20 mil cada uma, é representada também na diferenciação geográfica popular que distingue as duas áreas povoadas pelos siddis: "o lado de Haliyal" e "o lado de Yellapur".[31]

---

28 A maioria das habitações afastadas e de difícil acesso encontra-se no taluk montanhoso de Ankola, como, Adrolli, Malagaum, Biorolli e Hoskere.

29 Apenas alguns poucos siddis mais ricos – 20 a 30 famílias – são proprietários de carros. Quando há cerimônias importantes que necessitam de veículo – por exemplo, casamento entre siddis cristãos, para levar os noivos à igreja –, os siddis alugam.

30 Além das motocicletas, uma outra inovação tecnológica ainda mais recente teve impacto, de certo modo, revolucionário para a comunicação e interação das pessoas que vivem no interior de Uttara Kannada. Os celulares, que começaram a ser usados na região por volta do ano de 2005, possibilitaram aos aldeões "conectar-se ao mundo", criar contatos e estabelecer canais de diálogo inimagináveis para a velha geração que, na sua maioria, desconhecia, até pouco tempo atrás, lugares e cidades situadas a 50 quilômetros de distância de suas casas. Para os jovens, o celular tornou-se prática cotidiana, já entre os mais velhos continua sendo pouco usado. O uso do celular facilitou – e muito – a comunicação entre as aldeias, intensificando as interações, inclusive, entre siddis de diferentes grupos religiosos e, para além disso, estabelecendo os primeiros contatos com grupos siddis que vivem em outros estados.

31 Mesmo que as duas cidades tenham ganhado mais importância na vida dos siddis, são ainda pouquíssimas as famílias siddis que residem nelas. A distância entre Haliyal e Yellapur é de menos de 50 quilômetros (há ônibus que circulam entre as duas cidades). Haliyal fica mais próxima de Dharwad (a cerca de 35 quilômetros), uma cidade universitária com mais de 600

As mencionadas diferenças linguísticas e religiosas tornaram-se também argumentos centrais nos debates sobre a proveniência dos siddis, já que nem as tradições orais nem os documentos históricos conhecidos até o momento têm fornecido informações robustas e confiáveis. A maioria dos siddis diz não saber de onde vieram seus ancestrais: os mais velhos sabem que vieram de um continente distante, mas nem a vida na África nem a vida como escravo de senhores cristãos portugueses (Goa) ou muçulmanos (Decão) faz parte das suas memórias e dos seus imaginários.[32] Apenas os siddis muçulmanos cultivam uma narrativa em que a referência à África assume papel com alguma importância. Palakshappa (1976, p.16) registrou o orgulho dos siddis muçulmanos que insistiam em dizer-se descendentes diretos de Maomé e em enaltecer "Babaghor [Bava Gor], um discípulo de Maomé" como seu "guru". Vimos no Capítulo I que o culto de Bava Gor teve origem em Gujarate, onde é cultuado como líder habshi importante que teria vindo para a Índia a fim de combater o demônio e disseminar a religião muçulmana.

O vínculo com a origem do islã é defendido num tom ainda mais enfático quando os siddis estabelecem uma relação genealógica direta com um dos primeiros seguidores de Maomé, Bilal ibn Rabah (ou Bilal al-Habshi), ex-escravo que foi escolhido pelo profeta para ser o primeiro muezim. Bilal al-Habshi, nascido no ano de 580 d.C. e criado em Meca, era filho de um árabe do clã Banu Jumah e de uma princesa da Abissínia, Hamama, e teria sido capturado e escravizado por árabes. Uma versão semelhante desta história ouvi de uma senhora siddi muçulmana de mais de 90 anos que afirmava que os siddis descendem de Abu Bakr Siddak Siddi Bilal, primeiro seguidor de Maomé, que tocava o tambor *damam* para divertir a população siddi (entrevista com H. B., Cadernos de campo, 04/01/2014). Essas nar-

---

mil habitantes; Yellapur, que se encontra a 75 quilômetros de Dharwad (situada no nordeste de Yellapur) e a mais de 70 quilômetros de Karwar, cidade mais próxima no litoral oeste, tem, de certo modo, característica ainda mais interiorana que Haliyal.

32 Lobo (1984, p.4) constatou que a memória dos siddis sobre eventuais migrações (*memory of migration*) não costuma ultrapassar as fronteiras de Karnataka. A grande maioria dos siddis cristãos e hindus não sabe explicar quando ou de onde seus antecedentes chegaram à região. Na aldeia Wada, duas mulheres contaram-me uma história curiosa que eu não tinha ouvido em outro lugar: a explicação resumida, em poucas palavras, dizia que "os ingleses" teriam levado dezesseis siddis à região para trabalho forçado em busca de ouro, mas que eles teriam conseguido fugir e, desta forma, fundado as primeiras aldeias siddis no noroeste do Karnataka (entrevista com A. B e Mi. S., Cadernos de campo, 08/10/2013).

rativas servem também como argumento para rebater a ideia de que este grupo de siddis é de "conversos" (foi convertido na Índia), o que justificaria, aos olhos de muitos muçulmanos não siddis, um tratamento desigual dentro da comunidade islâmica. "Eles sentem que não são conversos como os outros, mas são 'muçulmanos' desde o início", escreveu Palakshappa (1976, p.16). "Além disso, eles afirmam que 'Musalman Siddhi' é uma seção dentro da fé islâmica". A mesma explicação genealógica é usada pelos siddis muçulmanos para argumentar que os siddis cristãos e hindus são apóstatas, ou seja, teriam abandonado a religião muçulmana depois de sua chegada à Índia (cf. a seguir o debate sobre formas de discriminação).

A maioria dos autores afirma que os siddis cristãos e hindus falam uma variante do konkani, e que os muçulmanos teriam como língua materna o urdu, mas não há consenso. Há quem afirme que a língua falada por muçulmanos seja o hindi (e não urdu),[33] e diversos autores chamam a atenção para a influência da língua marati[34] (cf. Basavanthappa, 1963, p.VI; Dayanand, 1963, p.4). Em algumas áreas, como Sirsi, a língua oficial do estado de

---

33 Esta confusão pode ser explicada pelo fato de estas duas "línguas" serem muito parecidas. As diferenciações existentes estão ligadas, em boa medida, às disputas históricas entre hindus e muçulmanos (urdu tornou-se língua nacional do Paquistão; hindi é uma das línguas nacionais – a mais falada – da Índia). Ambas as línguas são, de certo modo, derivações de um dialeto falado na região de Délhi (khari boli); o urdu – escrito geralmente no alfabeto persa-árabe – incorporou mais palavras do persa e do árabe e passou a ser usada majoritariamente por pessoas islamizadas; já o hindi sofreu menos influência árabe e persa e costuma ser escrito em devanágari, praticamente a mesma escrita usada para o sânscrito. Se no império mogol o persa era usado e valorizado como língua culta, os colonizadores britânicos privilegiavam, nas cortes locais, nas escolas e em documentos oficiais, o urdu como língua de referência, de maneira que urdu tornava-se, juntamente ao inglês, língua oficial a partir de meados do século XIX. Com o fortalecimento de movimentos protonacionalistas hindus, esta predominância – no final do século XIX, existiam duas vezes mais jornais escritos em urdu do que em hindi – seria cada vez mais contestada. Houve linguistas que iniciaram um processo de purificação do hindi: buscaram eliminar elementos tidos como estranhos à origem da língua, substituindo-os por palavras e expressões de origem sânscrita. Sob a denominação "língua hindustani", Gandhi propôs, sem sucesso, uma espécie de reaproximação ou fusão entre o hindi e o urdu. Com a implementação da Constituição em 1950, o hindi tornar-se-ia segunda língua oficial ao lado do inglês, substituindo assim o urdu.

34 A relação entre marati e konkani, ou talvez melhor, a distinção entre as duas línguas era, durante bastante tempo, tema controverso entre os linguistas locais. No livro *Konkani – A Language: A History of the Konkani Marathi Controversy*, publicado em 1971, José Pereira defendeu que konkani devia ser visto como um dialeto do marati (*dialect of Maharashtra*). Apenas em 1975, o konkani foi reconhecido como língua independente, e em 1987 tornou-se, inclusive, língua oficial de Goa. Se marati é falado por mais de 70 milhões de habitantes, os falantes do konkani devem ser pouco mais de 7 milhões.

Karnataka, o kannada,[35] teria se "infiltrado" no konkani falado pelos siddis hindus que vivem na região. No que diz respeito ao konkani – língua principal falada no estado de Goa[36] – pode-se perceber ainda outras variações. Em primeiro lugar, os próprios siddis falam de uma diferença nada desprezível entre sua maneira de falar o konkani e aquela falada pelos goeses e por parte de uma comunidade cristã que vive em Mangalore (situado no litoral do estado de Karnataka). Além disso, aparentemente, também há diferenças dialetais sensíveis na própria comunidade siddi – respondendo às minhas indagações, explicaram-me que não apenas o sotaque mas também diversas expressões usadas "no lado de Haliyal" divergem do konkani falado no "lado de Yellapur" (aparentemente, a vertente do konkani falado na região de Haliyal sofreu mais influência do marati).[37]

Na década de 1960, a grande maioria dos siddis era iletrada; pouquíssimos jovens frequentavam regularmente a escola[38] onde se aprendia a língua

---

35 A língua kannada pertence ao tronco linguístico dravidiano e possui escrita própria diferente do devanágari e da escrita árabe (suas origens remontam, no mínimo, ao século VIII). O hindi, o konkani, o marati e o urdu fazem parte das línguas indo-arianas, um ramo das línguas indo-europeias; as três primeiras línguas são grafadas geralmente na escrita devanágari (que foi desenvolvida entre os séculos I a IV antes de Cristo), já o urdu costuma ser grafado em letras árabes.

36 A maior parte dos padres (muitos deles, da ordem dos jesuítas) enviados em missão para evangelizar os siddis é falante da língua konkani: são de Goa ou da cidade de Mangalore onde a minoria católica também tem konkani como sua língua materna. O konkani usado nas missas segue, até hoje, os padrões linguísticos usados nestes locais.

37 Numa das muitas conversas com R. Siddi, o jovem siddi hindu de 29 anos explicou-me que o konkani falado por seu grupo distingue-se tanto do falado em Goa quanto do usado pelos siddis cristãos em Haliyal. Disse que entende talvez somente 30% das conversas dos goeses, e que, não raramente, em conversa com siddis cristãos, estes dão risada dos termos usados por ele, mas deixou claro que não encontra dificuldades mais sérias para comunicar-se (Cadernos de campo, 13/10/2013).

38 Em diversas monografias que resultaram do projeto de estudo de 1962, os autores fazem referência à ausência dos siddis nas escolas: entre os 39 alunos de Bhagavati teria havido somente 11 crianças siddis (9 meninos e 2 meninas que, ainda assim, não assistiam regularmente às aulas); em Bukkanakoppa eram somente 6 (4 rapazes, 2 moças); em Wada, apenas 7 siddi meninos. Chama a atenção o fato de que em todas as aldeias o número de meninos era bem maior do que o das meninas (Desai, 1963, p.54; Kusur, 1963, p.24). Belliappa (1963, p.60) calcula que nem 25 crianças frequentavam regularmente a escola, e Lambi (1963, p.57) afirma que não há entre os siddis uma única pessoa que tenha completado a educação primária. No registro destas pesquisas havia escolas primárias apenas em Bhagavati, Wada (Siddivada) e Sambrani (ibid., p.57). Parece que a primeira escola no distrito foi inaugurada – exclusivamente para meninos – em 1956 (Belliappa, 1963, p.59). Perguntado por um dos pesquisadores, um professor local explicou a irregularidade com que as crianças siddis

202   ANDREAS HOFBAUER

oficial do estado de Karnataka, o kannada. Atualmente, os jovens aprendem, na escola e por meio das mídias, a comunicar-se na língua do estado, e muitos adquirem também conhecimentos básicos em hindi-urdu – ensinada como segunda língua nas escolas e usada por Bollywood, maior produtora de filmes e seriados na Índia. Enquanto as velhas gerações continuam tendo dificuldade em comunicar-se com pessoas que não pertencem ao seu grupo religioso, para a maioria dos jovens, sobretudo os *educated* que estudaram fora da área siddi, já não existe barreira linguística que impeça a comunicação. Os estudantes que frequentam uma das escolas das vilas de Haliyal ou Yellapur aprendem desde cedo a língua dos(as) colegas pelo mero convívio, passando a falar um "misto de línguas" entre si.

Esta complexidade linguística e religiosa inspirou diversos autores a levantar uma série de hipóteses acerca das origens das povoações siddis no noroeste do estado de Karnataka. Já num dos primeiros estudos feitos por estudantes da Universidade de Karnataka na década de 1960, aparecem indagações sobre este mistério. Uma história registrada por Phoolbhavi (1963, p.III) conta que o governo português, após assinado um acordo de paz com os britânicos, teria vendido todos os seus escravos soldados africanos (*Negro soldiers*) ao Nizam (regente muçulmano) de Hyderabad e a um rei (*Hindu King*) que governava o norte da região (Uttara Kannada) a partir da capital, instalada em Sambrani. Inicialmente, todos os siddis teriam sido cristãos e apenas num segundo momento parte deles teria se convertido ao islã ou ao hinduísmo, ou seja, à religião imposta pelos regentes. Outra narrativa colhida pelo autor fala de um naufrágio de vários navios portugueses, que transportavam "soldados negros" perto do porto de Karwar. Os africanos que se salvaram teriam corrido para o interior, mais especificamente para as florestas densas do noroeste de Karnataka.

Palakshappa também reproduz uma narrativa dos siddis muçulmanos, que se referia ao reino de Bijapur do século XVI como lugar de onde seus antecessores teriam chegado ao noroeste de Karnataka. Para sustentar esta versão, os siddis citam sobrenomes corriqueiros entre eles que, diziam,

---

assistiam às aulas pela falta de interesse e, sobretudo, pela necessidade de elas terem de ajudar os pais: "É época de colheita e seus pais não as mandam para a escola, e as crianças os ajudam no campo e também em casa" (apud Desai, 1963, p.54). Em 1984, Lobo (1984, p.17) indicou que apenas 9,6% siddis eram alfabetizados.

eram comuns em Bijapur: Naik, Halvaldar e Patel, por exemplo. Já os siddis cristãos seriam provenientes de Goa, onde teriam servido aos portugueses como escravos. Os siddis hindus, por sua vez, teriam sido levados por comerciantes árabes para a região, onde seriam vendidos (trocados por produtos locais) aos havig brâmanes.[39] Outra história reproduzida pelo mesmo autor afirma que o rei de Haina (situado no norte do estado, em Uttara Kannada) comprou de mercadores árabes um grupo de siddis que conseguiram fugir quando o reino foi conquistado pelo sultão de Mysore, Hyder Ali, na segunda metade do século XVIII (Palakshappa, 1976, p.11).

Lobo, por sua vez, relaciona a localização dos siddis no noroeste de Karnataka, região densamente arborizada e de difícil acesso, em primeiro lugar, com o tema "fuga" e libertação da condição escrava. Ao lembrar alguns momentos dos processos políticos e sociais que levaram à abolição da escravatura na Índia, constata que o tráfico e a posse de escravos foram finalmente proibidos com o código penal de 1860, para depois concluir: "Não há registro do que aconteceu com os escravos que foram libertados. Com exceção de um pequeno número, eles devem ter buscado abrigo nas regiões de mata do interior para levar uma vida independente" (Lobo, 1984, p.85). E afirma em outra passagem: "Depois de fugirem de Goa ou dos reinos vizinhos de governantes nativos, ou depois de serem libertados da escravidão, todos eles fizeram das florestas a sua terra natal" (ibid., p.27).

Chama a atenção o fato de que, nas indagações sobre a origem dos siddis, o argumento "língua" – que para Lobo (ibid., p.13) constitui "um importante meio para a transmissão da cultura" – ganha ainda mais força. Lobo – e diversos outros autores posteriores, por exemplo, Hiremath (1993, p.206) – acredita que a língua originária da maioria dos siddis teria sido o suaíli, falado em largas regiões do leste da África, e que os descendentes africanos teriam "perdido" sua língua materna com sua inserção e "integração" na Índia. Escreve Lobo (1984, p.14):

---

39 Ao mesmo tempo, Lobo (1984, p.15) chama a atenção para o fato de Palakshappa concordar que tanto os siddis hindus de Yellapur e Ankola quanto os siddis cristãos de Haliyal falam konkani, o que apontaria para uma origem comum. O próprio Palakshappa (1976, p.11) escreveu: "Uma explicação óbvia para isto [uso da língua konkani numa região onde muitos outros grupos falam kannada] é que devem ter vivido numa área onde o konkani era falado. Muitos dos siddis entrevistados informaram-me que têm parentes em Goa, onde se fala konkani. Assim, talvez este grupo tenha algo a ver com o tráfico de escravos em Goa dos períodos do início do século XVI ou do século XVII".

204   ANDREAS HOFBAUER

O fato de os siddis cristãos e hindus falarem o mesmo tipo de konkani e de eles não o terem tomado emprestado da população local atual no meio da qual vivem atualmente, aponta para a probabilidade de que eles devem ter aprendido a língua konkani quando estiveram juntos em algum lugar no passado, ou melhor, que os dois grupos devem ter tido um passado comum. Este passado comum remonta aos dias de escravidão em Goa.

O fato de muitos siddis cristãos possuírem nomes e sobrenomes de origem portuguesa é mais um indício de haver um nexo entre seus antecessores e a escravidão praticada por portugueses em Goa.[40] Lobo acredita ainda que os siddis hindus eram originalmente cristãos que, à medida que foram forçados a trabalhar para os brâmanes, tornando-se extremamente dependentes deles, teriam assimilado as práticas religiosas dos seus senhores. Para sustentar esta tese, Lobo (ibid., p.42) lembra que vários siddis hindus continuam usando nomes cristãos – por exemplo, Tamasya [Thomas], Santhan [St. Anne], Parshya [Francis])[41] e chama a atenção para o fato de a forma tradicional das cerimônias funerárias desses siddis hindus ter sido o sepultamento, que começara a ser substituído pela cremação[42] vinte anos

---

40 Lobo (1984, p.40) também ressalta que diversos siddis retiravam "Siddi" de seu nome para assumir sobrenomes portugueses, tais como Fernandes ou Dias, a fim de impor respeito e fugir de tratamentos depreciativos. Se em gerações anteriores, os nomes eram indícios mais claros de pertencimentos religiosos, atualmente os nomes hindus tornaram-se, de certo modo, populares e existem não poucos siddis cristãos que assumiram nomes hindus. Já entre os muçulmanos, continua forte a tradição que busca preservar a origem árabe.
Há pesquisadores que afirmam que as mulheres siddis cristãs não possuíam nomes cristãos e usam este "fato" como argumento para sustentar a hipótese de que foram os homens escravos portugueses que fugiram para o interior, onde teriam tomado mulheres hindus como suas esposas (cf. Belliappa, 1963, p.77).

41 Muitos siddis cristãos têm até hoje nomes de origem cristão-portuguesa (por exemplo, Alfonsa, Anita, Aurela, Clara, Domgi, Elisa, Estela, Juliana, Katrin, Mary, Melissa, Milagreen, Priscila, Sofia, Sonia, Valentine; Ambrose, Alex, Antonio, Augustin, Baston [Bastao], Bendit, Caetan, Diyog, Doming, Francis, Joseph, Manwel, Nelson, Simon, Stepan. Também sobrenomes de origem portuguesa (por exemplo, Dias, Fernandes, [de] Souz[a]) são ainda usados, embora vários tenham sido substituídos recentemente pelo sobrenome Siddi.

42 Palakshappa (1973, p.16-7) já tinha reparado este fenômeno: "Entre eles [Siddhi Hindus] alguns enterram os mortos e alguns os cremam. A cremação é uma forma recente de eliminação dos mortos e parece ter sido sugerida por um sacerdote havig brâmane". Em outra passagem: "Entre os hindus siddis [Siddhi Hindus], alguns informantes me disseram, uma tendência para cremar seus mortos já começou. Segundo um informante, isso se deve à influência dos havig brâmanes, que aconselharam alguns deles que a cremação é boa e que as

DIÁSPORA AFRICANA NA ÍNDIA   **205**

antes da chegada do pesquisador na região. Lobo (ibid., p.41) conclui este seu raciocínio com as seguintes palavras:

> Em relação aos siddis cristãos e hindus, é mais provável que eles formaram um único grupo ou pelo menos tiveram um passado comum em Goa. Era um procedimento normal no comércio de escravos português batizar os escravos de ascendência negroide nas costas africanas pouco antes de embarcarem em navios para serem vendidos na Índia, nas Índias Ocidentais ou nas Américas. Quando vieram morar nas florestas de Karnataka, alguns deles passaram a se considerar hindus após terem vivido por gerações em áreas habitadas por hindus.

No que diz respeito à explicação da proveniência dos siddis muçulmanos, o pertencimento religioso torna-se argumento principal. Lobo reconhece que é difícil determinar onde os siddis muçulmanos aprenderam a língua urdu, mas afirma enfaticamente que eles já professavam a fé islâmica antes de chegar à Índia e acredita, consequentemente, que teriam adquirido a língua urdu ao conviver com irmãos de fé: "Uma vez trazidos para a Índia, eles aprenderam a língua de seus correligionários" (ibid., p.15). Já Hiremath (1993, p.206), que em muitas partes de sua tese segue e até transcreve fielmente as explicações de Lobo e as de Palakshappa, acredita terem sido todos os siddis originalmente muçulmanos e que os cristãos e hindus seriam, consequentemente, conversos; e arrisca afirmar que as conversões ocorreram no século XVII.

Há ainda outras polêmicas acerca de "mudança de credo" e pertencimentos religiosos. Lobo observou que alguns dos seus interlocutores afirmaram que os siddis muçulmanos foram um dia católicos que se converteram ao islã por causa de esta religião não se opor à poligamia. O autor duvida de que este fenômeno tivesse envolvido mais de alguns poucos casos e reafirma sua posição segundo a qual os siddis muçulmanos não seriam conversos (Lobo, 1984, p.41). Esta e outras dúvidas e divergências nas avaliações dos costumes e tradições siddis foram registradas já nos primeiros estudos sobre o tema – Desai (1963, p.6), por exemplo, acreditava serem

---

cinzas se deixadas no 'rio Bedthi' chegariam a Gokarna, um centro de peregrinação, e que o defunto iria alcançar o céu" (ibid., p.99).

os siddis muçulmanos conversos –, e devem-se provavelmente a mais de um fator. Em primeiro lugar, há de se admitir que existem, de fato, diferenças culturais não desprezíveis (geografia, língua e religião tratados anteriormente) e que nenhuma pesquisa foi capaz de abranger todas as áreas habitadas por siddis. Em segundo, as narrativas dos siddis referentes à sua história e às práticas culturais podem variar bastante, inclusive, em função das disputas que existem entre os subgrupos. Em terceiro lugar, há também certa dinâmica e maleabilidade nos próprios processos culturais que contribuem para reformulações e questionamentos de fronteiras e hábitos e que constituem mais um dado que põe em xeque qualquer tentativa acadêmica de "definir" claramente filiações religiosas e linguísticas.

Outro foco e, portanto, outro posicionamento no debate foi introduzido pelas análises mais recentes de Obeng. À medida que este pesquisador busca salientar os nexos entre a história e o destino de todos os descendentes que foram retirados à força do continente africano, o tema "escravidão" e o da "resistência às formas históricas e contemporâneas de exploração e discriminação" ganham destaque nas reflexões sobre a localização das comunidades siddis. "As áreas florestais nos Western Ghats tornaram-se o santuário para os antepassados dos afro-indianos quando fugiram da escravidão, da exploração e de outras formas de abuso", escreve Obeng (2007, p.50). De um lado, chama a atenção para formas semelhantes de resistência desenvolvidas por afrodescendentes no mundo inteiro; de outro, faz, em diversos momentos, comparações entre práticas socioculturais siddis e tradições dos bantus do sudeste da África. Se os autores indianos olham, em primeiro lugar, para grupos vizinhos e o Estado indiano para avaliarem as diferenças essenciais entre siddis e não-siddis, Obeng tem como referência analítica principal as sociedades africanas e as experiências afrodiaspóricas.

III.4. Diferenças e desigualdades: o olhar dos siddis

A seguir pretendo concentrar-me nas relações entre diferença e desigualdade, debatendo como os siddis lidam com os processos de inclusão e exclusão e, acima de tudo, como enfrentam algumas diferenças concebidas como injustas e discriminatórias. O tema central desta seção é, portanto, como as diferenças são construídas e percebidas pelos siddis: como tradições e critérios de inclusão e exclusão são afirmadas ou contestadas e, eventualmente, transformadas por meio de ações e discursos.

Tradicionalmente, as populações vizinhas na região olham para os descendentes africanos residentes em Karnataka como um único grupo – "os siddis" – e tratam-no como uma casta inferior. Não há dúvida de que, nesta categorização, características fenotípicas (inclusive, cor/raça) servem como marcadores de diferença. Ao mesmo tempo, pode-se observar que os próprios siddis costumam ver-se, na hierarquia das castas, como superiores a alguns grupos locais associados geralmente à categoria de "intocáveis". Para poder avaliar de forma mais acurada as relações entre fenótipo e hierarquias sociais é importante chamar a atenção para outros contextos e fatores. A maioria da população no norte de Karnataka tem pele escura, de maneira que os siddis não costumam usar a cor da pele como principal marcador de diferença; em primeiro lugar, diferenciam pessoas com cabelo encaracolado (*curly hair, girgit baal*)[43] de pessoas com cabelo liso e comprido (*long hair, lamba baal*).[44] Em segundo lugar, é importante levar em consideração o fato de existirem grupos que historicamente têm sido tratados pelos siddis como inferiores e que eles têm reconhecido, por meio de hábitos cotidianos, seu *status* social inferiorizado em relação aos siddis. Desai (1963, p.7) cita os grupos Holeyas e Kurubas como inferiores na escala social.[45] Dayanand, outro participante da pesquisa realizada pela Universidade de Karnataka em 1962, registrou o fato de os intocáveis não poderem entrar numa casa habitada por siddis, e destaca: "Os siddis nunca bebem água ou comem alimentos oferecidos por um intocável. Os intocáveis serviam aos siddis tanto quanto aos hindus de casta alta" (Dayanand, 1963, p.3). Lobo (1984, p.33) concorda com esta avaliação quando escreve que "via de regra, os siddis olham para os intocáveis e outros grupos marginalizados com desprezo e se consideram superiores a eles". Não permitiam aos dalits pisarem nas

---

43 *Giragit*: गिरगिट, em hindi: camaleão.

44 *Lamba baal*: लम्बे बाल, em hindi.

45 Um dos meus interlocutores referiu-se, numa conversa com outro grupo, que os siddis consideram inferiores na hierarquia das castas os bangi – população com cor de pele bem escura cuja atividade principal é limpar os banheiros na cidade (*toilet cleaners*) –, que estariam "abaixo dos siddis". Mas o jovem siddi admitiu também que nem todos os bangi concordariam com esta classificação.

suas casas ou comer com eles, usando como um dos argumentos o fato de os intocáveis consumirem carniça (id., 2006, p.219).[46]

Se uma pessoa for identificada como intocável, os siddis continuam não permitindo que ela entre em suas habitações. Interessante também é o fato de os siddis não costumarem recorrer a nenhum termo genérico – intocável, harijan ou dalit – para caracterizar os grupos considerados desta forma; usam simplesmente o nome do(s) grupo(s) – por exemplo, marancho ou mar, na região de Yellapur (Cadernos de Campo, 05/06/2018). É preciso reconhecer ainda que há, em todas as castas e subcastas (jatis), pessoas com diferentes tonalidades de cor. Embora seja inegável que entre os brâmanes a ocorrência de pessoas com tez mais clara é mais frequente do que nas castas inferiorizadas, e que entre os intocáveis a quantidade de pessoas com cor de pele escura é notável (cf. Capítulo II), existem, nos grupos de hierarquia social abaixo dos siddis, pessoas com cor de pele mais claras do que a da maioria dos siddis. São realidades como estas que têm o potencial de pôr em xeque associações demasiadamente estreitas e lineares entre casta e raça, ou ainda entre castismo e racismo, como ocorrem tanto nas reflexões de certa elite dalit (cf. Capítulo II) quanto em trabalhos sobre os siddis orientados por teses pan-africanistas ou afrocentristas. Reconhecer a complexidade e as diferentes facetas do mundo empírico não significa negar a influência de fatores como cor e raça nos processos de inclusão e exclusão. Aliás, o fato de os siddis poderem ser facilmente identificados pelas suas características fenotípicas deve ter sido – tal como no caso de diversos grupos quilombolas no Novo Mundo – uma das razões pela qual resolveram fugir para o interior. No entanto, para afastarmos o perigo de naturalizações e essencializações, é preciso tratarmos categorias como cores e raças como marcadores de diferença, como ideias socioculturais cujas fronteiras e significados sociopolíticos são construídos e disputados pelos próprios agentes sociais.

---

46 "Eles [os siddis] consideram as castas superiores e os correligionários não siddis como superiores a eles, enquanto não permitem que os dalits entrem em suas casas ou comam com eles. Eles consideram os dalits baixos [de *status* baixo] porque lidam com carniça e comem carne de vaca" (Lobo, 2008, p.219). Quando eu quis entender melhor o que distingue os siddis dos chamados *intocáveis*, um jovem siddi hindu referiu-se às tarefas concebidas como impuras: os intocáveis lidam com fezes (limpam banheiros) e com cadáveres de animais, algo que os siddis não fazem (Caderno de campo, 13/05/2016). Diferentemente de uma geração atrás, no entanto, quando os grupos eram facilmente identificados pela vestimenta, costumes alimentares, linguagem, braceletes, tatuagens etc., hoje a identificação já não ocorre necessariamente "à primeira vista".

DIÁSPORA AFRICANA NA ÍNDIA **209**

A seguir, serão tratadas as formas de desigualdades que os siddis enfrentam atualmente. Ouvi muitas reclamações sobre discriminações e maus-tratos, causados por grupos não-siddis que se entendem como superiores na hierarquia das castas. Observa-se que a penetração da lógica das castas nas duas grandes religiões monoteístas (cf. Capítulo I) fez, inclusive, com que tanto os siddis cristãos quanto os siddis muçulmanos viessem a ser tratados como não-iguais pelos seus respectivos irmãos de fé. No item III.11., no qual serão abordadas as relações entre os três subgrupos siddis, mostrarei que, em determinados momentos, avaliações de superioridade e inferioridade são também acrescidas – geralmente de forma implícita – às diferenças religiosas existentes entre eles.

Praticamente todos os meus interlocutores acima dos 45 anos de idade contam histórias de vida de extrema dureza. Os jovens siddis, que me auxiliavam nas conversas, usavam invariavelmente o termo *slave* (escravo) para traduzir, para a língua inglesa, duas modalidades de *bonded labour* que eram correntes na região até pouco tempo atrás. Distinguiam-se dois tipos de trabalhadores servis: tanto o *maneyalu* quanto o *jitadalu* (ou *palagar*) prestavam serviços e executavam trabalhos não remunerados devido a uma relação de dependência extrema de uma pessoa de uma casta superior, geralmente justificada por supostas dívidas. Enquanto o *maneyalu* majoritariamente trabalhava nas casas dos brâmanes (região de Yellapur) ou dos lingayats ou maratas (Haliyal), o *jitadalu* trabalhava nas roças dos proprietários de terra. Muitas vezes, meninos de 6, 7 anos eram mandados pelo pai para a casa de um brâmane, com o qual se estabelecia um acordo:[47] o filho ficava trabalhando para o "senhor" durante 3, 4, 10 ou até mais anos e, em troca, a

---

47 Escreve Palakshappa (1976, p.21): "Cada família siddhi [sic] está ligada de uma maneira ou de outra a uma família [*household*] de 'havig brâmanes'. Eles estão ligados como arrendatários ou simplesmente como empregados domésticos [*household servants*]". Na região de Yellapur era comum os brâmanes buscarem atrair uma família siddi com promessas de pagamentos em comida – como meio quilo de arroz por dia – e uma quantia ínfima de dinheiro – duas rúpias por dia, por exemplo –; frequentemente, quando, depois de um período de trabalho, o mesmo brâmane diminuía os pagamentos, a família resolvia deixar o local e recomeçava a trabalhar para outro proprietário de terra (brâmane). A hospedagem dava-se geralmente numa espécie de cabana que contava com um telhado feito de folhas da planta de arroz ou banana, mas que carecia de paredes laterais (Cadernos de campo, 05/06/2018). Duas gerações atrás, ainda havia o "sistema" *palgar*, outra forma de servidão extrema em que a pessoa era obrigada a executar serviços para a família de um brâmane sem remuneração e sem mesmo ter tido contraído dívidas.

família livrava-se das dívidas e, às vezes, até recebia anualmente uma quantidade pequena de algum produto agrícola. Não era incomum também que toda uma família se submetesse a uma situação de "escravidão".

O que levava os siddis a se subjugarem a uma relação tão degradante eram quase sempre dívidas contraídas (ouvi também casos em que os pais decidiram entregar um dos seus filhos pela incapacidade de alimentá-lo). Endividamento não raramente era resultado de negociações fraudulentas em que os brâmanes exploravam, de um lado, sua posição hierárquica elevada e, de outro, a falta de educação formal dos siddis – o que dificultava conseguir apoio nas instituições legais, por sua vez muito frágeis, agravando ainda mais a situação dos siddis.

No lugarejo Adike Hosur, um siddi muçulmano na casa dos 50 anos contou-me que ele tinha 6 anos quando seu pai o mandou à casa de um marata. Lá ficou trabalhando, ao lado de dois outros jovens siddis, durante treze anos; sua família recebia duas sacas (cada uma de 100 quilos) de arroz por ano. Ele fez questão de dizer que possuía apenas um par de roupas: um calção e uma camisa, ambos de linho. Não podia se abrigar, mesmo quando chovia. Era obrigado a dormir fora da casa e não lhe davam nenhuma manta para cobrir seu corpo durante as noites. "Éramos tratados como cachorros", disse M. T., sem esconder sua mágoa. Também relatou detalhadamente como os "escravos siddis" recebiam a comida dos seus "donos", descrição que escutaria diversas vezes da boca de outros siddis: do alto, para não entrarem em contato com o seu corpo, os donos da casa jogavam pedaços da comida que sobrava do dia anterior (*night-food*) num prato de alumínio que ele segurava na mão; para beber, forneciam-lhe um vaso de barro para que ele buscasse a água numa fonte da aldeia. Vários siddis fizeram questão de me contar que seus "senhores" pegavam um púcaro e, do alto, deixavam jorrar a água diretamente para suas bocas abertas. O trabalho de M. T. era duro e exaustivo – uma das suas tarefas era, por exemplo, transportar, numa cesta posta sobre a cabeça, esterco de vaca (*cow dung*), o que na Índia vem sendo usado, especialmente por hindus, para limpar ritualmente as casas. Havia pouco descanso e qualquer "erro" podia ser punido com castigos corporais (entrevista, Cadernos de campo, 10/10/2013).

As lembranças de infância de H. B., a senhora siddi muçulmana que dizia estar com mais de 90 anos de idade, são marcadas, igualmente, por sofrimentos. Longamente comentou as dificuldades que ela e sua família

DIÁSPORA AFRICANA NA ÍNDIA   211

tinham de enfrentar para conseguir se alimentar minimante. Comiam o que era possível encontrar.[48] Nem arroz, nem cebola, nem chá eram acessíveis, já que era preciso ter algum dinheiro para adquiri-los. Um tipo local de painço (*ragi*), além do redondo e achatado pão tradicional *roti*, constituía a base de sua alimentação; do *ragi* era possível fazer também uma espécie de suco, explicou-me a senhora. Não era incomum naquele tempo que as famílias fizessem somente duas refeições ou até apenas uma ao dia. Com 7 anos de idade, teve de começar a trabalhar e foi obrigada a cuidar do gado de uma família marata; naquelas condições não havia, evidentemente, tempo para que H. B. pudesse frequentar a escola (entrevista, Cadernos de campo, 04/01/2014).

A velha geração mal saía da sua aldeia e, desta forma, ficava bastante isolada.[49] J. F. Siddi de Dodkoppa, de 55 anos, conheceu Haliyal, que fica a cerca de 25 quilômetros de sua casa, apenas aos 20 anos de idade: "Era como se fosse um outro país", comentou suas impressões, quando começou a frequentar as feiras da vila (entrevista, Cadernos de campo, 10/10/2013). Em Haliyal, os siddis eram hostilizados, às vezes de maneira cruel: "As pessoas olhavam para nós como se fôssemos animais escapados do zoológico", relembra S. T. Siddi, um senhor de 53 anos (entrevista, Cadernos de campo, 03/01/2014). Algumas pessoas chegavam a cuspir na direção dos siddis, sinalizando que eles não eram bem-vindos na cidade e que deviam permanecer nas suas casas, na floresta. De forma semelhante, duas senhores de Wada, uma de 50 e outra de 66 anos de idade, contaram-me que não tinham conhecimento da existência de Yellapur (a menos de 50 quilômetros de sua aldeia) até trinta anos atrás. Em muitos relatos, estava presente o pavor que os siddis tinham do contato com pessoas de fora, especialmente quando se tratava de autoridades ou representantes do poder estatal. Quando um uniforme cáqui aparecia na aldeia, as duas senhoras disseram, todo mundo fugia e se recolhia com medo (Cadernos de campo, 08/12/2013).

---

48 Numa das dissertações da Universidade de Karnataka, Belliappa (1963, p.61) refere-se à fome crônica entre os siddis e afirma ser esta a causa principal das taxas elevadas de morte nesta população. Na sua tese, Hiremath (1993, p.160) estimou que um terço da população siddi vivia sob a linha de pobreza.

49 Basavanthappa (1963, p.23-4) percebeu que os jovens trouxeram algumas inovações das suas visitas a Haliyal, mas avaliou também que mesmo esses contatos eram bastante esporádicos e superficiais: "Os jovens siddis agora estão sendo influenciados pelos modos de vida urbanos [...] [Eles estão] gradualmente trazendo ideias urbanas para o povoado. No entanto, o contato com o mundo externo que os siddis têm é muito limitado [*meager*]".

212 ANDREAS HOFBAUER

Diversos estudantes que compunham o time de antropólogos da Universidade de Karnataka, em 1962, fizeram menção às dificuldades que enfrentaram ao buscar se aproximar dos siddis: Choukimat (1963, p.6) não apenas mencionou um forte sentimento de desconfiança, mas chamou a atenção também para o fato de que havia, entre os siddis, o medo de os pesquisadores serem agentes do Estado. Os siddis tinham ouvido falar da "agressão da China ao território indiano" e temiam que "a gente da cidade" tivesse vindo recrutar, à força, os homens para servirem na guerra.[50]

Hoje, escravidão por dívida já pode ser considerado um assunto do passado, mesmo que as condições de vida continuem muito difíceis. As transformações que vêm ocorrendo, mesmo que num ritmo lento, se devem em parte, como veremos, à luta dos siddis para obterem o *status* de *Scheduled Tribe* em 2003. Numa das conversas durante as longas cerimônias de um casamento, um velho líder siddi contou-me, com certo orgulho, que a primeira entidade política dos siddis (AKSDA – All Karnataka Sidi Development Association) organizou uma das ações pioneiras para libertar pessoas em *bonded labourer*, e lembrou as fortes resistências dos brâmanes contra esta mobilização (Cadernos de campo, 07/06/2017). Atualmente, a dependência em relação aos proprietários de terra não é mais tão direta e brutal como há trinta anos, embora muitos siddis, mesmo que possuam um pequeno pedaço de terra, ainda precisem temporariamente trabalhar para brâmanes ou lingayats.

Com a conquista de certa independência em relação aos *landlords* e as restrições impostas pelo Estado sobre o uso e exploração das áreas florestais, iniciou-se um ciclo de migrações, já que a falta de emprego formal nos *taluks* habitados por siddis se tornava crônica (a única indústria da região, na década de 1960, que contratava siddis para cortar bambu era uma fábrica de papel localizada na pequena cidade de Dandeli). A partir da década de 1990, muitos siddis passaram a buscar trabalho em Goa, onde passavam longos períodos, deixando muitas aldeias desfalcadas de mão de obra masculina. A maioria dos migrantes sazonais eram, e continuam sendo, homens

---

50 No dia 20 de outubro de 1962 estourou um conflito bélico na fronteira entre a Índia e a China; a guerra durou cerca de um mês e terminou com a vitória chinesa, mas não teve implicações substanciais para as delimitações territoriais. Tal como Choukimat, Basavanthappa (1963, p.IX) registrou o medo da população: "eles pensavam que os pesquisadores fossem agentes do governo que tinham ido lá para recrutar pessoas para o exército. Os siddis cristãos não respondiam de forma alguma [*did not respond at all*], até que seu Pai [*Father*] (o padre) foi trazido de Haliyal e lhes disse para cooperar com os pesquisadores".

jovens que assumiam qualquer trabalho pesado, sobretudo na construção civil. Já as mulheres que vão trabalhar fora das aldeias executam geralmente serviços domésticos.[51]

Com o decorrer do tempo, o raio dos destinos migratórios ampliou-se e passou a incluir, além de grandes cidades indianas mais distantes como Bangalore e Mumbai, também países da Península Arábica. É cada vez mais comum que adolescentes siddis, ao final da escola primária, saiam de sua aldeia e continuem seus estudos em outra cidade (geralmente Haliyal e Yellapur, mas também Karwar, Bangalore). Os contatos com outros mundos e a maior mobilidade, sobretudo se comparada com a realidade da geração anterior, tiveram fortes impactos sobre a vida dos siddis, inclusive no que diz respeito à maneira como lidam com questões ligadas à diferença e à desigualdade.

Todos os meus interlocutores da velha geração, sem exceção, reclamavam fortemente da condição de vida que levavam, em especial do tratamento recebido tanto dos brâmanes e lingayats, para os quais eram obrigados a trabalhar, quanto dos membros de outras castas superiores. A fala de um senhor siddi hindu, com mais de 60 anos, quando entrevistado por Charles Camara, explicita bem diversas faces das desigualdades e discriminações sentidas pelos siddis veteranos:

> Várias vezes fui humilhado em escritórios do governo. Tive de esperar do lado de fora do prédio, enquanto outras pessoas puderam se sentar na sala de espera. Às vezes, eu tinha que esperar o dia inteiro porque outros tinham preferência. Posso contar vários exemplos de quando os siddis foram enganados em lojas e nos ônibus. Nas mercearias, era costume dar a nós siddis uma quantidade menor de arroz ou açúcar. Se alguma vez ousássemos reclamar, não podíamos fazer compras naquela loja novamente; isso era muito difícil, pois havia apenas uma loja na área. Nos ônibus, se um siddi estivesse sentado, ele tinha que se levantar e dar o assento a qualquer outra pessoa de casta [superior]

---

51 Goa continua sendo o local onde vive e trabalha a maior comunidade siddi fora da "sua área de moradia tradicional". Um dos fatores que deve atrair os siddis a migrar para Goa é a proximidade linguística (a maior parte da população de Goa fala konkani). Um líder siddi estimou que lá morariam mais de mil siddis; já em Bangalore, cidade economicamente mais pujante de Karnataka, não devem residir mais de duzentos siddis (Cadernos de campo, 13/06/2018).

214 ANDREAS HOFBAUER

[...] Esses dias eram horríveis; me faz chorar só de pensar.[52] (apud Camara, 2004, p.105)

Estes e muitos outros comentários que registrei durante minha pesquisa revelam que os siddis não eram tratados pelos membros de castas superiores de forma substancialmente diferente do que os intocáveis, mesmo que os siddis se sentissem superiores a estes grupos. Eles eram impedidos de entrar nas casas dos brâmanes e de outros grupos que tinham conquistado o *status* de casta superior. Rejeição e comportamentos humilhantes não são coisas de um passado remoto; podem ocorrer ainda hoje. Contaram-me que os brâmanes da região de Yellapur continuam a recusar-se a recebê-los dentro das suas habitações, ou, caso um siddi venha a sentar-se em uma casa ou na frente dela, obrigam-no a limpar o lugar com esterco de vaca (Cadernos de campo, 07/06/2017). Uma das muitas histórias discriminatórias relatadas por siddis muçulmanos revela a face tragicômica que a tomada de consciência de inferiorização e a estratégia de subvertê-la podia assumir. Entre risos e sorrisos, lembrando a época de quando eram crianças, os irmãos M. T. e I. T., de Adike-Hosur, contaram um episódio que envolvia os filhos de um professor brâmane de Ankola, enviado para a escola da região. Segundo o relato, o professor não tinha problemas em ter contato físico com as crianças siddis, mas seus filhos seguiam outro padrão de comportamento. Ao descobrirem que os filhos do professor corriam para casa para se lavar toda vez que encostavam nos jovens siddis, criaram uma espécie de brincadeira que os divertia visivelmente (ibid., 10 out. 2013).

Em situações de conflitos, os siddis eram e continuam sendo afrontados com xingamentos e insultos, tais como *siddi ka bara buddhi*[53] (os siddis não

---

52 Outro entrevistado de Camara, um siddi muçulmano, afirma que alguns restaurantes fechavam as portas aos siddis (os donos não os deixavam aproximar) e que, nas casas de chá, havia xícaras separadas que os siddis tinham de lavar e guardar separadamente (apud Camara, 2004, p.105). Já um dos estudiosos da pesquisa de 1962, constatou – numa casa de chá em Sambrani – que esta prática atingia um grupo de intocáveis (*holeyas*), mas não os siddis (Lambi, 1963, p.55).

53 Lobo (1984, p.33) explica o significado: "não se pode confiar num siddi, já que este mudaria sua opinião a cada nova sugestão que lhe é feita". Drewal (2004, p.154) cogita que estas caracterizações atribuídas aos siddis podem apontar para uma conduta que remete, em última instância, a uma estratégia de sobrevivência, de subterfúgio e de resistência; para este pesquisador, estas atitudes se assemelham a técnicas e estratégias de sobrevivência desenvolvidas por afrodescendentes no Novo Mundo. Vários estudantes da turma da Universidade

DIÁSPORA AFRICANA NA ÍNDIA **215**

são pessoas confiáveis) ou *ana garikaru*[54] (incivilizados). Muitas outras palavras e expressões ofensivas fazem alusões a características fenotípicas, às quais são atribuídas significados degradantes. A lista destas ofensas é grande: *kala*, em hindi/urdu (काला; ﻝﺎﻛ) designa a cor preta (negra) – palavra similar, *kale* (काळे) é usada também em konkani –; *manga* (ಮಂಗ), em kannada, macaco; ou ainda em língua inglesa *black monkey, monkey-face, gorilla, chimpanzee, West-Indies*. Termos que se referem ao cabelo encaracolado – *gungur baal*;[55] *gungur kūdalu*;[56] *girgit baal*; *gungur kes(h)a*[57] – também podem, dependendo do contexto e do tom em que são pronunciados, ofender os siddis. Em Goa, eles ouvem ainda outras palavras depreciativas, como *hamprea* e *kapri*.[58]

O próprio nome siddi era tido, durante muito tempo, como um termo extremamente ofensivo. Ouvi comentários sobre reações violentas quando aldeões, que tinham ido fazer compras na feira de Haliyal, foram atingidos com o xingamento "siddi". Apenas com o decorrer do tempo, sobretudo no contexto da luta pelo *status* de *Scheduled Tribe*, o termo passou a ser usado para estimular um processo de identificação coletiva, buscando unir os três subgrupos. Assumir siddi como sobrenome, substituindo antigos sobre-

---

de Karnataka registraram, em 1963, que a população local referia-se aos siddis como "preguiçosos e despreocupados" (*lazy and carefree*). Palakshappa chega, de certo modo, a defender os siddis ao afirmar que os vizinhos não teriam compreendido seus valores. Para ele, os siddis trabalham, sim, duramente, executam qualquer tipo de trabalho, mas valorizam especialmente o cultivo da terra. Ficam contentes quando conseguem satisfazer as necessidades momentâneas e não se apavoram com o amanhã. Esta sua "natureza despreocupada" (*carefree nature*) teria criado a impressão de que os siddis são preguiçosos e desatentos – "trabalhadores preguiçosos, desatentos e indiferentes" (Palakshappa, 1976, p.58-9). Houve ainda outras "avaliações" e comentários da população local sobre os siddis que são ainda mais drásticas. Phoolbhavi (1963, p.III) escutou de um chamado "informante" que os siddis seriam "uma população negroide" que leva uma vida canibalesca (*cannibalic life*) na mata e que raptavam e sequestravam homens e mulheres dos lugarejos vizinhos. Também Kotrappa (1963, p.2) registrou a acusação de que os ancestrais dos siddis teriam praticado canibalismo.

54 Quando R. Siddi me explicou este termo (da língua kannada) ofensivo fez questão de acrescentar que, de certo modo, os agressores, ao usarem esta expressão, reconhecem que os siddis são pessoas fortes que vivem na floresta e que, devido à vida dura que lá levam, teriam adquirido sua força: *ana garikaru* seria, portanto, substancialmente diferente de "intocável" (Cadernos de campo, 12/06/2017).

55 *Gunguru*, em konkani e kannada: encaracolado; em hindi, *ghungharaale* (घुंघराले). *Baal* (बाल), em hindi/urdu: cabelo.

56 *Kūdalu* (ಕೂದಲು), em kannada: cabelo.

57 *Kesha*, em kannada (ಕೇಶ): cabelo. Praticamente a mesma palavra, *kesa* (केस), é usada também em konkani.

58 *Kapri*: provavelmente uma corruptela de *cafre*.

nomes[59] começava a ser visto até como uma precondição para conseguir os benefícios previstos em lei. No entanto, dependendo da maneira como o termo é usado, por quem e em que contexto, "siddi", ainda hoje, pode – tal como o conceito *negro* no Brasil – ser entendido como ofensivo.

Não apenas os mais velhos, mas siddis de todas as idades têm histórias sobre atos de preterição e discriminação. Resumo aqui apenas algumas delas que me parecem mais comuns. Ma. S., um jovem siddi de 30 anos da aldeia Wada, contou-me alguns momentos difíceis da sua infância, quando possuía apenas uma calça sem botão, que era obrigado a segurar com uma das mãos para ela não cair. Na escola, sentava-se no fundo da sala com as outras crianças siddis. Não havia carteiras para elas, de maneira que eram obrigadas a aprender a escrever literalmente no chão. Os professores nunca se aproximavam da turma do fundo, nem verificavam se ela escrevia corretamente, já que acreditavam – e deixavam claro para os pequenos – que crianças de castas inferiores não eram capazes de seguir o que os professores ensinavam (entrevista, Cadernos de campo, 03/01/2014).

Vários líderes siddis se queixavam do fato de os brâmanes terem disseminado a ideia de que os siddis não deveriam frequentar a escola. Siddis eram vistos como *unteachable* – ou seja, incapazes de aprender – disse-me um padre que atuou na região durante o primeiro ano da minha pesquisa (Cadernos de campo, 29/03/2013). Outro professor, da região de Haliyal, conhecido como grande proprietário de terra, mandava as crianças siddis irem para seus campos afugentar os pássaros e outros animais que pudessem estragar a semeadura. Caso não o fizessem, disse-me uma jovem siddi de menos de 30 anos, o professor ameaçava reprová-los. S. K., hindu de 29 anos, relatou que na sua escola havia, além de siddis, crianças brâmanes. Ninguém chegava perto dos meninos e meninas siddis, o que fez S. K. sentir-se não apenas mal, mas, como revelou, sentir-se também culpada por seu sofrimento pessoal, questionando o que acreditava ser seu destino: "Por que nasci negra? Por que não nasci brâmane?". "E os professores, como reagiram a esta situação?", indaguei. Alguns até se esforçavam para nos ajudar, respondeu S. K., mas outros nos evitavam também (entrevista, Cadernos de campo, 11/10/2013).

---

59 Por exemplo, o nome de Santos Lawrence Fernandes foi substituído por Santos Lawrence Siddi.

S. Siddi, cristã e de Doddakoppa, era obrigada pelo pai a cuidar do gado que pastava num pedaço de terra da família. Se por um lado era impossibilitada de ir à escola, por outro, aprendeu a correr rápido, uma habilidade que, posteriormente, abriu-lhe caminhos. Com 26 anos, tornou-se uma das várias atletas siddis que ganharam prêmios em competições locais e, inclusive, nacionais (veremos que o esporte tem se tornado importante estratégia na luta por reconhecimento social e contra inferiorização do grupo). S. Siddi foi escolhida para estudar numa escola fomentadora de desportes em Dharwad, onde enfrentou graves problemas de comunicação, já que não tinha frequentado nenhuma escola até então e não sabia nem o básico do idioma kannada, língua oficial do estado e a mais falada em Dharwad (Cadernos de campo, 09/12/2013).[60] So. G., outra moça siddi enviada para estudar na mesma cidade e que morou na mesma casa estudantil, destacou no seu relato os primeiros contatos que teve com os colegas de escola. Com 19 anos, ficou muito perturbada quando os alunos, em vez de olharem para a lousa na frente da sala, viravam-se para ela, fitando-a com um olhar indagativo: "De onde ela era?" "O que esta africana faz aqui?". Até hoje, a grande maioria dos moradores de Dharwad não tem ideia de que a menos de 40 quilômetros de distância existe uma comunidade siddi. Para So. G. foi um choque ter de conviver com esta realidade, o que contribuiu para ela ter demorado para conseguir fazer amizades neste novo ambiente (entrevista, Cadernos de campo, 28/12/2013).

Paralelamente às diferentes formas de preterição e discriminação, ocorreram diversos casos de abusos sexuais. I. D., originária de Dharwad, chegou no início da década de 1980 à área siddi, mais especificamente à aldeia Mainalli, onde desenvolveu com padres jesuítas, durante quase duas décadas, diversos trabalhos sociais. Era um mundo paupérrimo, não havia nada na região, diz, nem eletricidade, nem água encanada, nem escola: "Vivíamos como animais na floresta. Somente com a fé em Deus" (entrevista, Cadernos de campo, 04/10/2013). Os homens das castas superiores violentavam as mulheres siddis, conta I. D., que trabalha hoje em ONGs comprometidas com o combate à violência contra a mulher. Eles obrigavam as moças siddis a dormirem com eles sob a ameaça de não dar trabalho à

---

60 Atualmente, S. Siddi trabalha numa estação de trem em Mumbai. Como muitos atletas siddis, ela conseguiu um emprego junto à Companhia Ferroviária estatal depois de ter sofrido uma lesão muscular, em 2009, quando foi obrigada a abandonar as competições.

218 ANDREAS HOFBAUER

família dela. Não raramente, os maridos das mulheres violentadas tinham conhecimento dos abusos, mas não podiam fazer nada. E houve também casos em que meninos siddis foram abusados por mulheres de castas superiores. I. D. destacou um episódio em que uma professora de 23 anos forçava um aluno siddi, de 15, a ter relações sexuais com ela; caso se recusasse, a professora ameaçava reprová-lo.

Encontrei também muitas moças que trabalharam, durante longos anos, em casas de família como babás. Era comum famílias de Goa, muitas vezes cristãs e falantes da língua konkani, buscarem na região de Haliyal uma menina siddi para levá-la a Pangim (capital do estado) ou Mumbai (capital de Maharashtra). As meninas tinham muitas vezes menos de 10 anos, e via de regra não mais do que 13 anos, quando eram obrigadas a deixar sua família.[61] Prometia-se aos pais que a nova família cuidaria da filha, inclusive, no que dizia respeito à educação escolar. Em alguns casos, a promessa foi cumprida; em muitos outros, não. Diversas meninas foram maltratadas, e há relatos de estupros e até de mortes.

A. S., originária de Wada, aos 9 anos de idade foi morar com uma família goesa em Mumbai, onde permaneceu até os 16 anos.[62] Ela cuidava dos filhos do casal, e frequentou a escola, onde aprendeu o básico da língua inglesa; deu-se bastante bem e só tem elogios para a sua "segunda mãe", a quem se refere como "uma senhora simpática" (*a nice lady*). Já nas ruas da metrópole, A. S. teve de enfrentar muitas adversidades por causa de seus traços físicos: "Eles riam de mim, tiravam sarro, encaravam-me, chamavam-me de macaca [*monkey*]". Embora tivesse concluído o colégio, não conseguiu encontrar um emprego digno. Quando encontrei A. S. em Wada, ela disse-me que queria investir na sua formação, fazer um curso de *design* de moda e, depois, se casar. Estava noiva de N. Siddi, um jovem siddi da mesma aldeia, que ela havia reencontrado, depois de muitos anos, durante

---

61 Além disso, tem sido comum as filhas mais velhas assumirem o papel de babá na sua própria casa. N. B. Siddi, de 58 anos, contou que, quando tinha 7 anos, teve de tomar conta da recém-nascida irmã para que sua mãe pudesse trabalhar na casa de uma família brâmane. Ela gostava de estudar, mas foi obrigada a abandonar a escola: "a vida acabou para mim" foi o comentário de N. B. Siddi, ao lembrar-se dessa situação (entrevista, Cadernos de campo, 12/10/2013).

62 Desde a década de 1980, houve diversas iniciativas governamentais e elaboração de leis que visavam abolir o trabalho infantil na Índia. Este fato não significa, porém, que o trabalho feito por crianças tenha deixado de ser uma realidade.

suas últimas férias em Wada. N. Siddi, formado num bom colégio de Pune, e ela pretendiam encontrar trabalho em Mumbai ou em outra grande cidade (entrevista, Cadernos de campo, 26/12/2013).[63] Pouco mais de um ano após esta entrevista, A. S. e N. Siddi de fato se casaram. Hoje, vivem em Pune e têm dois filhos.

Duas outras moças, apenas um pouco mais velhas que A. S., ambas cristãs, não tiveram tanta sorte com as famílias para as quais trabalharam. N. C. Siddi viveu dois anos em Mumbai – no oitavo andar de um prédio de onde mal saía, pois tinha de cuidar de um recém-nascido (ibid., 12/10/2013). Já K., que trabalhou para uma família em Mumbai, não reclamou do casal, mas eles tampouco deixaram-na estudar, apesar de terem inicialmente prometido. Ambas voltaram para casa, porque suas mães adoeceram e cabia às moças cuidarem delas. K. pretendia retornar logo a Mumbai, já que sua mãe tinha se recuperado, mas teria de encontrar outra família para trabalhar como babá ou doméstica. Questionei se não haveria outra possibilidade de emprego. A resposta negativa deixava claro que a falta de formação a impedia, por enquanto, de pensar em uma alternativa. Mesmo assim, K. mantém vivo um sonho que poderia mudar sua vida: em algum momento se casar (ibid., 10/06/2017).

Vimos que os siddis têm sido identificados, na própria região, como uma espécie de casta inferior que tem características físicas específicas; fora de seu meio, são obrigados a relacionar-se com pessoas que desconhecem totalmente o fato de existirem, há séculos, populações afrodescendentes na Índia. Costumam ser confundidos com imigrantes africanos de primeira geração, e essas experiências são frequentemente duras e humilhantes.

P. G., um siddi cristão de 25 anos de idade nascido em Wada, planejou, em 2013, trabalhar por, pelo menos, um ano numa rede norte-americana de *fast food*, no Kuwait.[64] Vários amigos dele tinham feito coisas semelhantes naquele país ou numa das nações vizinhas daquele país. O plano era jun-

---

63 N. Siddi, de 23 anos, conseguiu, depois de concluir os estudos no colégio, um emprego numa loja de produtos eletrônicos em Mumbai. Ele também me contou vários episódios de discriminação. A que mais o marcou aconteceu no dia da sua formatura, quando todos os alunos, menos ele, foram chamados para tirar o retrato oficial da turma. N. Siddi era o único siddi da classe.

64 Dois anos depois de P. G. ter começado a trabalhar no Kuwait, reencontrei-o bem mais magro na sua aldeia, onde ele estava de férias. No Kuwait, a vida era só trabalhar e dormir, disse-me. No início da estadia ficou doente várias vezes, até pensou em desistir e voltar, mas

tar dinheiro para que pudesse, ao retornar, financiar seu casamento e o de sua irmã, e ainda abrir um pequeno restaurante de *fast food* em Haliyal. Para poder assinar o contrato e cumprir todas as formalidades trabalhistas, inclusive exames médicos, P. G. teve de viajar a Goa. Lá aconteceu um imprevisto que o deixou amedrontado.

Dias antes de sua chegada, um nigeriano residente em Goa, acusado de envolvimento com o tráfico de droga, tinha sido encontrado morto em Calicute, famosa cidade praiana. O episódio, que provocou revolta entre os poucos nigerianos que vivem na região, era mais uma amostra das relações cada vez mais tensas entre a população local e a pequena comunidade de imigrantes nigerianos em Goa. Em resposta aos acontecimentos, os políticos goeses não escondiam seus preconceitos e atitudes fortemente discriminatórias. Um ministro local, Dayanand Mandrekar, do partido hindu nacionalista BJP (Bharatiya Janata Party), disse, por exemplo, que os "nigerianos são como um câncer"; um deputado do mesmo partido comparou os africanos a "animais selvagens" (Ghosh, 2013); e Michael Lobo, também membro do parlamento local, declarou que "98% dos nigerianos e africanos residentes em Goa estão envolvidos com drogas [...]. Eles vêm para cá com o pretexto de turismo ou estudos" (Vidyut, 2013). Um amigo, em cuja casa P. G. se hospedou, avisou o jovem siddi do clima hostil que tinha tomado conta de Goa. "Não vá para este lado", "evite esta região", teria instruído o amigo goês. P. G. assustou-se; resolveu colocar um capuz sobre a cabeça para encobrir o cabelo e o rosto, e logo após ter concluído as formalidades trabalhistas, foi à rodoviária e pegou o ônibus para voltar para casa.

Os siddis podem também enfrentar situações ambíguas e até certo ponto curiosas quando as pessoas não têm conhecimento de que eles podem ser cidadãos indianos. Quase todos os siddis que viajaram para alguma região fora de Uttara Kannada já passaram por constrangimentos em que algum grupo de indianos começava a fazer comentários sobre suas características físicas – indianos não-siddis não imaginam que os siddis possam entender hindi ou outra língua local. As situações podem ser as mais diversas, extremamente embaraçosas ou ainda estranhamente inusitadas: podem envolver desde ofensas e discriminações verbais até comportamentos corteses e ati-

---

conseguiu recuperar-se e, aos poucos, acostumar-se ao ritmo de vida que seu contrato exigia (Cadernos de campo, 21/04/2018).

DIÁSPORA AFRICANA NA ÍNDIA **221**

tudes simpáticas frente a um suposto turista exótico que veio de tão longe visitar a Índia.[65] Em tom de brincadeira, N. Siddi revelou que, mais de uma vez, assumiu a "identidade africana" suposta pelo interlocutor (Cadernos de campo, 06/05/2016).

Às vezes, estes (des)encontros podem ser cansativos e exigir muita paciência dos siddis. Um dos episódios mais esdrúxulos que ouvi é o seguinte: R. Siddi, um dos meus interlocutores principais, um siddi *educated*, embarcaria em um voo no aeroporto em Délhi, mas foi barrado porque os funcionários da empresa aérea não acreditavam que os mais de dez documentos apresentados (todos emitidos pelo governo indiano) fossem autênticos. R. Siddi teve de acompanhar, durante horas, as longas conversas dos funcionários que, em hindi – língua que ele domina –, questionavam a veracidade da sua documentação – "temos aqui um africano que se finge de indiano" –, até ser finalmente liberado para embarcar em outro avião – já que o voo para o qual tinha comprado a passagem já partira (Cadernos de campo, 12/06/2017).

Diante disso, não é de surpreender a história que me contaram sobre outro jovem siddi que vive há alguns anos em Mumbai e se aborrecia com os constantes questionamentos acerca de sua proveniência (ibid., 28/12/2013). Um dia resolveu que, doravante, se apresentaria como "estudante africano"; desta maneira, teria encontrado uma estratégia eficaz para abortar os "interrogatórios" e, ao mesmo tempo, zombar dos inquiridores. Segundo o relato, apenas quando este amigo é confrontado pelas autoridades locais, ele abre mão de sua "brincadeira" e assume sua identidade siddi. Trata-se, evidentemente, de uma atitude fora do padrão; e o próprio siddi sabe que este seu posicionamento não "resolve" nem sua questão identitária nem o problema da inferiorização.

III.5. Religião, poder e hierarquias

Vimos que as pessoas residentes próximas às regiões siddis os têm identificado como um único grupo, e que este processo de identificação é orientado por concepções e valores referentes ao sistema de casta e por critérios

---

65 De acordo com So. G., ser identificada como africana, como turista exótica, pode até ter uma ou outra vantagem; acredita que foi por isso que, uma vez, numa viagem de trem abarrotado de gente, lhe foi oferecido um assento (entrevista, Cadernos de campo, 28/12/2013).

222 ANDREAS HOFBAUER

fenotípicos. Vimos também que casta e fenótipo agem não somente como marcadores de diferença, mas servem como "argumentos" usados para justificar a inferiorização do grupo. Existem ainda outros processos e critérios de diferenciação e hierarquização. Comentamos que há, na população, distinções internas nada desprezíveis, para além de pequenas diferenças sociais (por exemplo, o fato de alguns siddis possuírem pequenas propriedades de terra). O vínculo dos siddis com o cristianismo, com o islã ou com o chamado *hinduísmo* cria identificações e solidariedades com não-siddis que professam o mesmo credo. Veremos, porém, que os siddis não são tratados como iguais dentro dos grupos religiosos aos quais "aderiram". Num segundo momento, serão debatidas as relações *intra-siddis*, ou seja, entre siddis que "pertencem" a religiões distintas. Buscarei analisar, ao longo desta discussão, as lentas transformações nos processos de identificação e hierarquização que vêm ocorrendo desde os primeiros registros da década de 1960.

Na tradição religiosa hinduísta, o zelo da "doutrina" e a execução dos rituais mais importantes são atribuídos exclusivamente aos brâmanes: pré-condição para tornar-se sacerdote máximo é, portanto, pertencer a esta casta. Qualquer hindu pode cultuar suas divindades individualmente em casa sem interferência de algum especialista religioso; no entanto, para cerimônias de purificação e ritos de passagem, como casamento e funeral, é preciso – assim manda a tradição – chamar um sacerdote brâmane. São eles que, ao longo de várias décadas de formação teológica, estudam os textos védicos e aprendem a recitar os mantras em sânscrito.

Como o sistema de castas indiano não prevê que uma pessoa de uma casta inferior possa um dia assumir este cargo religioso supremo, os hindus de castas inferiores dependem dos brâmanes para praticar partes centrais da sua religiosidade. No caso dos siddis hindus de Karnataka, a relação de dependência dá-se especificamente com os havig brâmanes,[66] que são também os grandes proprietários de terra da região de Yellapur. Falaram-me, no entanto, que há não muito tempo diversos rituais foram efetuados sem o aval da casta superior e apenas mais recentemente se tornou "moda" convidar brâmanes[67] para os casamentos, com o intuito de conferir importância a

---

66 Existem ainda subgrupos na casta dos havig brâmanes da região. Apenas os homens da jati Bhat podem tornar-se sacerdotes máximos (Cadernos de campo, 05/05/2016).

67 Alguns siddis atribuem o "modismo na região" a seriados de TV produzidos no norte da Índia (Punjab), que mostram luxuosos casamentos com a presença de brâmanes. Os brâma-

esta cerimônia (ibid., 06/06/2018). Já alguns jovens siddis *educated*, críticos ao poder dos brâmanes, propagam, como ato político, promover todos os rituais sem a presença dos sacerdotes máximos.

No caso do cristianismo e do islã, a situação é diferente. São religiões monoteístas cujas doutrinas pregam a igualdade entre todos os seres humanos, sendo esta, inclusive, um dos ideais que tem motivado indianos de castas inferiores a se converter a uma dessas duas religiões. Desde muito cedo, porém, os "conversos" foram vistos com certa suspeita. Diversos mecanismos e hábitos chegaram a ser criados para impor barreiras e distanciamentos entre aqueles e os supostos não conversos, como também entre conversos de castas superiores e aqueles de castas inferiores. Assim, a lógica das castas não apenas penetrou o catolicismo desde a chegada dos portugueses a Goa (cf. Capítulo I, Seção I.4) e acompanhou a consolidação do cristianismo na Índia, mas também se fez presente na comunidade muçulmana (cf. Capítulo I, Seção I.1). O fato de que, na Índia, a pergunta "qual é sua casta?" pode ser uma maneira de indagar sobre o pertencimento religioso da pessoa é mais um indício da força que o sistema de castas vem exercendo neste país.

Vários autores das históricas dissertações escritas em 1963 referiram-se a uma ordem hierárquica de quatro subcastas dentro do grupo muçulmano, e afirmaram que os siddis pertenciam à mais baixa, a dos *shek* (ou *shaik*).[68] Um dos argumentos usados para a inferiorização dos siddis referia-se aos hábitos alimentares. De acordo com Lambi e Basavanthappa, os muçulmanos não-siddis justificavam seu sentimento de superioridade pelo fato de os siddis comerem – além de porcos, carne tida como impura – animais mortos encontrados na floresta, que não teriam, portanto, sido abatidos de acordo com a lei islâmica. A não-igualdade entre muçulmanos não-siddis e siddis muçulmanos têm se expressado em diversos costumes de evitação.

Os registros feitos pelos estudiosos de Dharwad variam e, às vezes, se contradizem, o que pode apontar para diferenças locais, interpretações individuais ou ainda para dissensos, da parte dos pesquisadores, acerca da avaliação e compreensão dos hábitos investigados. Desai (1963, p.7) comenta

---

nes contratados para celebrar o casamento recebem por volta de 2 mil rupias (cerca de 900 reais, na época da pesquisa).

68 Os outros três grupos superiores eram Sayyad (Said), Moghal (Maghal) e Pathan (Pathana) (cf. Chandrasekharaiah, 1963, p.33; Phoolbhavi, 1963, p.3).

que os muçulmanos não deixavam entrar um correligionário siddi na parte sagrada de suas casas. Outros autores negam qualquer interdição deste tipo. A maioria afirma que os muçulmanos não-siddis não se incomodavam de fazer uma refeição junto a um siddi muçulmano. Já Lobo (1984, p.33), na década de 1980, diz ter percebido que, em Mundgod, Haliyal e Kalghatgi, "não havia comensalidade" (*there is no interdining*) entre os dois grupos. Praticamente todos os autores comentam que muçulmanos não-siddis costumavam, via de regra, recusar casamentos com siddis muçulmanos. É interessante notar que dois pesquisadores da "expedição de 1962" fazem também menção a fatores fenotípicos: "Entre os muçulmanos não-siddis, embora haja comensalidade e outras interações sociais, há uma ligeira abominação [...] em relação aos siddis muçulmanos para casamentos mistos, por causa de seus fatores raciais como a cor preta, o cabelo encaracolado e o nariz arrebitado [*their racial factors like black colour, curly hair and snub-nose*]", escreve Desai (1963, p.7). Já Choukimat (1963, p.67) sublinha como critério, mais uma vez, a ingestão de comidas tidas como "inferiores" – "A dieta siddi muçulmana é inferior e eles comem caranguejo, que é considerado um alimento muito inferior" –, mas sem negar a importância do "fator racial":

> Os muçulmanos não siddis pensam que são superiores aos siddis muçulmanos. Consideram a inferioridade com base nos fatores [...] cabelo, cor e hábitos impuros [*unclean*] [...]. Eles comem juntos, cooperam um com o outro nos casamentos e em outras cerimônias. Os complexos rituais são os mesmos. Mesmo assim, casamentos entre eles são muito raros. [...] No plano religioso não há diferenciação, mas no cotidiano eles têm consciência da diferença, principalmente no fator racial. (ibid.)

Phoolbhavi (1963, p.3) cita um interlocutor de Sambrani segundo o qual os muçulmanos não-siddis teriam começado a estar mais dispostos a "ceder suas filhas a siddis muçulmanos" e menciona dois casos excepcionais de intercasamentos.[69]

---

69 "O pesquisador encontrou dois casos em que siddis muçulmanos se casaram com a filha de um muçulmano", disse Phoolbhavi (1963, p.3). Vinte anos mais tarde, Lobo (1984, p.34) afirmou que "há casos de homens siddis casando-se com moças muçulmanas não-siddis. No entanto, não há nenhum caso até agora de um muçulmano não-siddi se casar com uma mulher siddi".

DIÁSPORA AFRICANA NA ÍNDIA   225

Mesmo sendo preteridos pelos irmãos de fé em diversos momentos, muitos siddis muçulmanos viam-se, primeiramente, como muçulmanos (a suposta descendência do grupo de Bava Gor ou de Bilal al-Habshi é usada por alguns como argumento principal), sobretudo quando confrontados com siddis de outros credos. Tanto Palakshappa quanto Lobo registraram, nesta população, resistências à denominação "siddi". Numa ocorrência, um homem chamado por Palakshappa de "siddi" não respondeu ao pesquisador – reação que foi interpretada pelo interlocutor principal que acompanhava Palakshappa tanto como uma expressão do orgulho de ser muçulmano quanto como uma rejeição à identificação como "siddi".[70] Lobo (1984, p.40) comentou, de forma semelhante, o fato de dois lugarejos se recusarem a participar do estudo: "Ouvi dos membros de um dos povoados que eles não gostariam de ser chamados de siddis, mas sim de Mussalmans [sic]. Eles pensam que é uma desonra considerá-los como qualquer outra categoria que não seja a de muçulmanos".[71] Ao mesmo tempo, há muçulmanos não-siddis que discordam e se opõem a esta autodenominação, como demonstra um episódio documentado por Obeng. Ao entrevistar, numa feira de Mundgod, duas mulheres que se identificaram como siddis muçulmanas, dois moradores locais muçulmanos que escutaram casualmente a conversa se intrometeram. Com voz repreendedora dirigiram-se às mulheres, dizendo que elas não deviam se chamar de siddis muçulmanas, mas somente de siddis (Obeng, 2007, p.39).[72]

---

70 "O muçulmano siddhi [*Siddhi Muslim* – sic] tem orgulho de ser identificado como 'Musalman Siddhi' [sic] em vez de Siddhi. Uma vez, durante o trabalho de campo, dirigi-me a um 'Siddhi Musalman' como 'Siddhi' e ele não respondeu. O informante que estava comigo me disse que eles não querem ser chamados apenas de 'Siddhi', mas de 'Musalman Siddhi'. Eles sentem que são 'Musalman' primeiro e 'Siddhi' depois. Isso também é verdade para os outros dois grupos religiosos" (Palakshappa, 1976, p.15).

71 Continua Lobo (1984, p.40): "Eu estava conversando com uma senhora muçulmana siddi. Ela estava indo para outro povoado onde só havia siddis muçulmanos. Eu perguntei a ela sobre os siddis naquele lugarejo. Ela inicialmente negou que houvesse siddis, mas apenas muçulmanos. Mais tarde, porém, ela entendeu a que me referia e começou a falar sobre os siddis naquela aldeia". Diferentemente da situação entre os hindus e cristãos, pode-se constatar, entre os muçulmanos, maior resistência à substituição dos seus sobrenomes por "Siddi".

72 "Na feira de Mundgod em julho de 2004, entrevistei três mulheres indianas africanas. Na entrevista, perguntei a elas como se definiam. Quando disseram que se referiam a si mesmas como siddis muçulmanas, alguns homens indianos não-africanos [*non-African Indian men*] que escutaram nossa conversa disseram que as mulheres não deveriam se chamar de siddis muçulmanas. Em vez disso, elas deveriam se chamar de siddis. Após algumas indagações, descobri que os homens eram muçulmanos de Mundgod e sua atitude tinha o sabor de

226 ANDREAS HOFBAUER

Disputas em torno do pertencimento ou não à comunidade muçulmana têm sido permeadas também pelas visões sobre as próprias práticas ritualísticas. Os estudos de 1962 registraram uma grande gama de cultos e ritos executados por pessoas que se diziam muçulmanas que fugiam, nitidamente, daquilo que se pode chamar de ortodoxia islâmica. Entre eles, encontramos cultos a diversos santos muçulmanos (*pirs*), como a Bava Gor e a Siddi Rehman.

Não existiam mulás siddis, e os líderes religiosos locais não eram formados na leitura do Alcorão. "Não há um único siddi muçulmano que seja bem versado nas escrituras do Alcorão ['Kuran']", escreve Choukimat (1963, p.16). Os mulás que têm atuado na localidade são não-siddis provenientes, muitas vezes, de outros estados – por exemplo, Bihar –, e têm se preocupado desde muito cedo com a ortodoxia da fé. Mais recentemente, o fortalecimento de tendências fundamentalistas no islã teve também repercussões na área siddi. Alguns mulás ligados ao movimento Tablighi Jamaat,[73] que tem como um dos objetivos restaurar a "verdadeira fé" e, portanto, eliminar qualquer prática religiosa tida como desvio dos ensinamentos de Maomé, começaram a combater, ainda com mais força, as muitas tradições religiosas locais não ortodoxas. Ouvi diversas críticas às interferências desses mulás. Muitos siddis sentem-nas como uma espécie de vigilância e controle das suas vidas e perda de autonomia sobre suas tradições (entrevista com liderança siddi muçulmana, L. K., de Golehalli, Cadernos de campo, 11/04/2013). Pode-se constatar que os ataques dos mulás às expressões populares do islã têm atingido especialmente as mulheres. Nos rituais dedicados a Bava Gor, por exemplo, elas costumam participar ativamente e podem entrar em contato direto com o santo.[74] Na nossa conversa,

---

rejeição àquelas mulheres indianas africanas que se identificavam como siddis muçulmanas. Este é outro exemplo de como alguns segmentos da sociedade indiana optam por chamar os afro-indianos apenas como siddis, que é um rótulo local para as castas mais baixas, bem como para pessoas desfavorecidas" (Obeng, 2007, p.39).

73 O movimento Tablighi Jamaat foi fundado por Muhammad Ilyas Kandhlawi perto de Délhi em 1927, e começou a expandir-se a partir da década de 1950. Busca fortalecer e purificar a fé dos muçulmanos e, acima de tudo, combater práticas religiosas associadas ao hinduísmo a fim de "reagir" contra seu avanço, incentivado também por líderes e partidos políticos nacionalistas hindus.

74 Ao comentar as cerimônias em torno de outro santo muçulmano popular na região, Mahbub Subhani, Obeng (2007, p.107) salienta também a presença e importância das mulheres durante os ritos: "Em Kendelgeri, as mulheres não podem entrar no *sanctum sanctorum* do

DIÁSPORA AFRICANA NA ÍNDIA **227**

H. B., a senhora muçulmana de Sambrani, não apenas acusou os mulás *tablighi* de destruir toda a tradição em torno do santuário (*chilla;*[75] *dargah*) de Bava Gor, a quem ela se refere como um deus, como também reclamou da maneira como estes mulás tratavam as mulheres. "Não gosto das rezas destes mulás", disse. "Eles não respeitam as mulheres. Mas são as mulheres que dão à luz as crianças; portanto, elas também têm de ser respeitadas, e não apenas os homens" (entrevista, Cadernos de campo, 04/01/2014).[76]

Mas também há, evidentemente, aqueles que seguem as orientações dos letrados e, por consequência, se distanciam dos cultos aos santos muçulmanos e de outras festas que consideram pagãs. A confrontação com sacerdotes supremos do islã que vêm de cidades por vezes longínquas para as aldeias a fim de ensinar sua versão do islã surtiu outro efeito, que vem ganhando importância à medida que os siddis ampliam suas redes de contato e desenvolvem "estratégias de empoderamento": alguns siddis muçulmanos começaram a apostar na formação religiosa de seus filhos; mandam-nos para escolas de Alcorão em cidades como Bijapur (conhecida como centro da teologia islâmica), onde eles passam longos anos estudando com o objetivo de se tornar mulá. Segundo informação de um jovem líder siddi hindu, já há um mulá siddi atuando em Gundundoor (Cadernos de campo, 06/06/2018).

Não há dúvida de que, entre os cristãos, tenha se estabelecido uma hierarquização semelhante. Os primeiros estudos já falavam da recusa dos

---

dargah, mas podem preparar oferendas para serem entregues no *dargah* pelos homens. Por meio dessas ofertas, algumas pessoas receberam bênçãos de Mahbub Subhani".

75 *Chillas*: espécie de "santuários satélites" que buscam evocar a presença do santo por meio de uma réplica material do *dargah* principal. No dia a dia, o termo *dargah* – santuário construído sobre o túmulo do santo – é usado para os "santuários satélites".

76 Vários pesquisadores da turma antropológica de 1962 apontaram ainda para outra diferença entre muçulmanos não-siddis e muçulmanos siddis. Os primeiros praticavam casamentos entre primos paralelos, mas proibiam uniões entre primos cruzados. Já entre os siddis, a situação era inversa. Casamentos entre primos paralelos não eram permitidos, e casamentos entre primos cruzados ocorriam com frequência; um siddi muçulmano chegou a dizer a Chandrasekharaiah (1963, p.40) que o casamento entre primos cruzados era a forma preferencial na sua comunidade (cf. Kusur, 1963, p.3; Lambi, 1963, p.35; Phoolbhavi, 1963, p.3). Palakshappa (1976, p.16) cita esta divergência – além das diferenças fenotípicas – como um dos argumentos de os muçulmanos se recusarem a casar-se com siddis muçulmanos. Já entre os siddis cristãos, casamentos tanto entre primos cruzados quanto entre primos paralelos teriam sido fortemente reprimidos pela Igreja (Chandrasekharaiah, 1963, p.42, Basavanthappa, 1963, p.VII; Nijagomnnavar, 2008, p.42); somente casamentos entre primos de terceiro grau eram permitidos (Kashinat, 1963, p.15).

cristãos não-siddis em se casar com cristãos siddis – "os cristãos não siddis não dão suas filhas a siddis cristãos, nem aceitam as filhas deles, mas eles comem juntos" (Phoolbhavi, 1963, p.4)[77] – e deixam claro que havia, no fundo, muito pouco contato entre eles. Na igreja católica em Haliyal (Milagri [sic] Church), por muito tempo a única que existia na região, os siddis que tinham caminhado até lá para assistir à missa dominical permaneciam na última fileira, para manter certo distanciamento entre eles e os outros fiéis. "Diz-se que mesmo na Igreja Haliyal os siddis têm de ficar em pé [*are made to stand*] nos fundos [da Igreja] e há um espaço entre eles no momento da oração", escreveu Lambi (1963, p.56). Até a década de 1980, as aldeias recebiam visitas do padre, que residia em Haliyal, somente uma vez por ano, quando o sacerdote levava água benta para abençoar os fiéis e suas casas. Mais tarde, foram instaladas as primeiras igrejas na área siddi, e hoje há presença constante de dois a quatro padres na região (Gardolli e Bukkankoppa).[78]

Preocupados com a pregação da "verdadeira fé", os missionários esforçavam-se desde muito cedo em combater o que entendiam como crenças animistas, "bruxaria" etc. Além disso, faziam de tudo para impedir possíveis conversões a outras religiões, bem como casamentos de católicos com pessoas não-cristãs. Qualquer comportamento desviante era perseguido com métodos disciplinares muito severos. Uma função fundamental no sistema de controle e vigilância que os missionários buscavam implantar em cada aldeia era exercida pelo chamado *buddhivanta*. Lambi descreve o *buddhivanta* como um líder dos siddis cristãos que representa as pessoas diante da Igreja. A escolha era feita pelo padre local em consulta com a população, e deveria levar em conta diversas qualidades, tais como "caráter

---

77 "Há casos de intercasamentos entre muçulmanos e siddis muçulmanos, mas não entre cristãos e siddis cristãos", compara Chandrasekharaiah (1963, p.V) a relação entre os dois subgrupos com seus respectivos irmãos de fé. Já Lobo arriscou-se a afirmar que o "desprezo" que os muçulmanos não-siddis sentem frente aos seus irmãos de fé siddis é maior do que a rejeição expressa pelos cristãos não-siddis frente aos siddis do mesmo credo: "Os siddis cristãos não são vistos com tanto desprezo por seus correligionários não siddis em Haliyal, Yellapur e Mundgod" (Lobo, 1984, p.34).

78 De acordo com padre H., a primeira igreja foi construída em Wada por volta de 1988 e a segunda, em Gardolli no início do milênio. Inicialmente, toda a missão tinha sido organizada por jesuítas em Goa, mas com a construção de igrejas, alguns poucos padres começaram a viver com os siddis e a intensificar o trabalho missionário a partir das aldeias Gardolli e Bukkankoppa (Caderno de campo, 27/03/2013).

DIÁSPORA AFRICANA NA ÍNDIA **229**

pessoal e coragem", além de "condições econômicas".[79] Uma das obrigações do *buddhivanta* era comunicar ao padre qualquer comportamento que ferisse o que os clérigos ensinavam ser a boa conduta cristã.[80] Este dever inspirou Choukimat (1963, p.61) a classificar o *buddhivanta* como "agente da Igreja".[81] De modo geral, pode-se constatar que os padres e mulás têm se

---

79 "Buddhivanta: líder dos siddis cristãos que representa a população perante a igreja. Ele é nomeado pelo pai [*father*] de uma igreja em consulta com a população. Condições econômicas, caráter pessoal, vigor são levados em consideração na seleção" (Lambi, 1963, p.52). Ou ainda: "O Buddhivant entre os siddis cristãos é escolhido em parte com base na terra que possui e em parte com base nas características pessoais" (ibid., p.VII).

80 Kashinat (1963) relata diversas circunstâncias consideradas imorais em que os padres intervieram para "restabelecer a ordem" de acordo com os princípios morais católicos. Várias situações referiam-se a "relações sexuais ilícitas", casos de adultério e de incesto, por exemplo, o caso ocorrido, em Kamtikoppa, em que um jovem siddi teve relações sexuais com a esposa do seu irmão falecido e que provocou forte reação da comunidade. O *buddhivanta* informou o padre que, por sua vez, enviou uma carta, determinando a expulsão do casal da comunidade. "[O fato] foi revelado e a comunidade os excomungou. [Na sequência] eles viveram fora da comunidade. Não lhes era permitido trazer água do poço da aldeia e todas as pessoas evitavam falar com eles. Ambos morreram mais tarde por alguma doença, e os aldeões concluíram que era o castigo dado por Deus", escreve Kashinat (1963, p.38). Num outro caso, os anciãos de um lugarejo siddi denunciaram que o *buddhivanta*, casado, vivia com uma outra viúva, e o padre ordenou que o *buddhivanta* se separasse da mulher. Diante da recusa, o padre o expulsou da comunidade; mas dois anos depois, com o falecimento da mulher do *buddhivanta*, ele casou-se com a viúva na igreja. O padre impôs-lhe uma multa de 20 rúpias, termina o relato de Kashinat (ibid. p.44), sugerindo assim que com o pagamento da multa a "situação embaraçosa" pôde ser finalmente resolvida. Num terceiro caso, uma mulher, que foi constatado que era adúltera, tentou fugir sem sucesso do seu marido, que a castigou com uma surra de vara; no dia seguinte, ela fugiu novamente, desta vez, para a casa de sua mãe. O fim da história é formulado pelo autor com as seguintes palavras: "Padri [*sic*] a trouxe para a igreja com força. Ele contou a ela todos os princípios morais do Cristianismo. Na manhã seguinte, ela fugiu da igreja. Sempre que padri ia à aldeia, ela ia embora para a outra aldeia por medo" (ibid., p.43).

81 Escreve Basavanthappa (1963, p.6): "O padre visita as aldeias siddis uma vez por ano e verifica se houve algum comportamento irreligioso [*irriligious* (sic)] ou não cristão [*un-Christian way of behaviour*]. Enquanto ele percorre as aldeias, o buddiwanta [*sic*] da aldeia que está sendo visitada tem de tomar as providências necessárias para a estadia do padre. O buddiwanta, além disso, tem de arrecadar dinheiro da população e entregá-lo ao padre. O padre ouve as representações, conduz inquéritos sobre os delitos e pune os malfeitores"; "O buddiwanta leva as pessoas à igreja da aldeia para rezar aos domingos. [...]. O buddiwanta informa a população sobre a programação da visita do padre". Se Choukimat (1963, p.61) não deixa de salientar que o buddhivanta não exerce nenhuma função de especialista ritualístico – "Quando o Pai [*Father*] da Igreja deseja informar os siddis cristãos, ele os informa através do buddivant [sic]. No entanto, ele [o buddhivanta] não é um especialista em rituais" –, Palakshappa (1976, p.63) refere-se a situações em que ele podia, sim, substituir o padre: "Entre os cristãos siddhis, se o padre não puder comparecer

230 ANDREAS HOFBAUER

preocupado com os comportamentos e hábitos das "suas comunidades de fé" de forma mais explícita e direta do que os brâmanes, que exercem muito mais uma influência indireta, na medida em que têm servido tradicionalmente como modelo para as castas inferiores (cf. a questão da sanscritização, Capítulo II, nota 56). Entretanto, não obstante pesadas punições para comportamentos considerados imorais, tais como multas (pagamentos em dinheiro), castigos corporais e até expulsão da comunidade, a evangelização não teve extensão e sucesso almejados pelos padres. O jesuíta-antropólogo Lobo constatou, na década de 1980, que o cristianismo vivido pelos siddis tendia a se reduzir a uma questão de formalidades:

> Mesmo hoje, a adesão ao cristianismo é apenas uma questão de formalidades, como o batismo de uma criança ou o casamento de um casal de acordo com as prescrições da Igreja. [...] Os siddis católicos têm devoção a Jesus, Maria e à Cruz. Estes são invocados em todos os seus rituais e atividades importantes. Suas danças e canções começam com uma invocação da fórmula de fazer o sinal da cruz. Mas seja qual for a diferença na afiliação religiosa formal, todos os siddis mostram fortes crenças no animismo e nos espíritos ancestrais, [que são] as atitudes religiosas típicas de um grupo tribal. (Lobo, 1984, p.43)

Numa conversa com um dos padres que trabalhava e vivia, em 2013, no vilarejo Gardolli, escutei avaliações semelhantes, articuladas, porém, em tom de desaprovação. Padre H. dizia que os siddis procuravam a igreja somente para batismos, casamentos e funerais. Resistiam a incorporar os "verdadeiros valores" cristãos e continuavam divinizando pedras, plantas, animais, enfim, qualquer elemento da natureza (Cadernos de campo, 27/03/2013).[82] Além disso, pude observar, em diversos momentos, como

---

ao funeral de uma pessoa falecida no povoado, então o buddhivanta assume esse papel. Entre os muçulmanos siddhis, o 'buddhivanta' também atua como 'mulá' e, portanto, ele celebra as cerimônias de casamento, circuncisão, nascimento e morte". Palakshappa (ibid.) destaca a importância local do buddhivanta, quando afirma que qualquer visitante deve, quando quer entrar em contato com uma aldeia siddi, dirigir-se ao buddhivanta local: "Na verdade, sem a cooperação ativa do 'buddhivanta' de cada povoado, meu trabalho de campo não teria sido possível. Como os povoados são pequenos e há contatos primários, ele está sempre atento ao que se passa dentro do povoado".

82 Práticas culturais hoje revalorizadas pelos líderes siddis tampouco recebem apreço pela maioria dos padres. Quando, numa despedida do padre, informei que iria assistir a uma

DIÁSPORA AFRICANA NA ÍNDIA **231**

cruzes e imagens e estatuetas de Cristo e de Maria são adornados com guirlandas de flores – às vezes também são ofertados incensos e bananas –, da mesma forma como as divindades hindus são enfeitadas pelos seus seguidores.[83]

Os estudos da equipe da Universidade de Karnataka de 1962, sobretudo o trabalho *Rituals and Beliefs*, de Choukimat, apontam para a existência de um grande espectro de crenças e ritos que dificilmente podem ser associados ao cristianismo ou ao islã. Várias dessas práticas religiosas estão vivas ainda hoje; outras continuam sendo praticadas somente pelos siddis hindus e por alguns siddis cristãos e muçulmanos, mas não abertamente; outras já não são conhecidas, especialmente, entre os jovens siddis.

A repressão da Igreja e dos vários representantes da "ortodoxia islâmica" aos costumes e práticas tratados como "pagãos" tem longa história que ainda não terminou. Palakshappa (1976, p.76) relata o caso de um padre que castigou fisicamente um siddi por este ter executado um ritual para os ancestrais (*Hiriyaru pooja*), observando que episódios como este revelam o conflito entre a fé cristã e o "sistema de crenças siddi".[84] Na minha pesquisa de campo, ouvi histórias semelhantes sobre o uso de violência física como "método de doutrinação". Um jovem siddi de 24 anos contou-me que o bedel batia nele e em seus colegas siddis quando descobria que um deles se aproximara de um templo hindu ou chegara a aceitar uma oferenda sagrada (*prasad*) (Cadernos de campo, 11/04/2013). É evidente que os siddis elaboraram estratégias contra as repressões e autoritarismos: dissimular e esconder têm sido as táticas mais comuns e, de certo modo,

---

espécie de performance em que um grupo de siddis apresentaria músicas acompanhadas pelo tambor *damam*, o comentário "isso é apenas batucada" (*this is just drumming*) deixou transparecer o posicionamento do padre frente a esta tradição.

83 Hiremath (1993, p.178) escreve sobre a fé dos siddis cristãos: "Poucos cristãos vão à igreja aos domingos e eles não são religiosos [*religious minded*]. As imagens e as estatuetas dos santos cristãos e a cruz são adoradas no estilo hindu, pois eles são influenciados pela cultura hindu". A palavra *kurish* usada pelos siddis para referir-se à cruz cristã parece ser uma corruptela do termo português *cruz*. Nos comentários de alguns autores (por exemplo, Choukimat, 1963, p.50), *kurish* assume ares da divindade máxima dos cristãos: "Os cristãos oferecem oração à divindade Kurish [sic] (Cristo) antes de ir para a cama".

84 "Em um dos povoados, um informante me disse que o padre espancou uma pessoa por executar o 'hiriyaru pooja'. O padre chegou ao povoado sem avisar e notou quem o [*pooja*] fazia. Assim, pode-se visualizar um conflito entre a fé cristã e o sistema de crença siddhi" (Palakshappa, 1976, p.76).

232 ANDREAS HOFBAUER

também eficazes.[85] Um caso registrado por Choukimat (1963, p.61), que revela alguns aspectos dos saberes mágico-religiosos de uma devota de Yellamma residente em Bukkanakoppa, é bem ilustrativo. Yellamma é uma divindade hindu muito conhecida na região que tem seu templo principal no distrito de Belgaum e é cultuada somente por mulheres, geralmente das castas inferiores. A devota mencionada por Choukimat, uma siddi cristã de 25 anos, atuava também como adivinha. Suas práticas ritualísticas, que envolviam inclusive a incorporação da divindade Yellamma, eram aparentemente bastante conhecidas e valorizadas, de maneira que havia entre seus "clientes", além de siddis cristãos, também siddis muçulmanos. De acordo com o pesquisador, a devota-adivinha cultuava diariamente a divindade, representada por uma pequena figura de prata colocada numa vasilha de cobre com penas de pavão. No entanto, ela escondia a representação da divindade sempre que o padre se aproximava da aldeia. Se não é difícil encontrar atualmente devotas de Yellamma entre os siddis hindus, o mesmo já não pode ser dito sobre os siddis cristãos.[86]

---

85 Os pesquisadores da Universidade de Karnataka registraram o medo que a população local tinha de falar sobre suas crenças e práticas religiosas não aprovadas pelos padres e mulás: "Outra dificuldade que enfrentamos foi a do domínio [stronghold] dos chefes religiosos [religious heads] sobre essas pessoas. Elas tinham medo de dar informações sobre o culto às divindades locais, por causa do medo de seus chefes religiosos" (Kotrappa, 1963, p.15).

86 Choukimat (1963, p.59) refere-se ainda a uma espécie de adivinho [fore-teller] de Kiruwatti que era chamado de ghadi e que incorporava, nas suas sessões de adivinhação, um espírito (saint) denominado Satu Saida. Práticas de adivinhação continuam vivas entre os siddis até o presente. Hoje, existem, aparentemente, duas técnicas oraculares: uma usa grãos de arroz, a outra, búzios, chamados de kaudis (palavra hindi da qual derivou a designação kauri [cowrie], que se espalhou com a exportação de búzios das ilhas maldívias, tornando-se "meio de pagamento" desde a Índia até a África Ocidental, aonde chegaram no século XIV); ambas as formas são "jogadas" numa tábua de madeira. Consultei um adivinho que vive numa barraca muito precária um pouco afastada de uma aldeia siddi cristã. Ele diz ser de uma família tradicional de ghadis (adivinhos) e que pratica o mani (nome dado tanto ao jogo de adivinhação quanto à tábua oracular) com grãos de arroz. Entre seus clientes, encontram-se não somente siddis das três religiões, mas também pessoas de fora da comunidade, inclusive, das pequenas cidades em volta. Apesar de todos os siddis parecerem saber da existência dos adivinhos, a prática de adivinhação, que envolve a habilidade de comunicar-se com espíritos, continua sendo uma tradição combatida pelos padres e mulás. Quando, numa visita posterior à comunidade, levei entre as muitas reproduções de fotografias que tinha lá tirado dois retratos que mostravam o ghadi com seu mani, meus jovens interlocutores logo me avisaram para não mostrá-las em público. Sobretudo o padre não devia ver estas fotografias (Cadernos de campo, 15/12/2013).

Choukimat registrou uma grande quantidade de representações de divindades hindus (Lakshmi, Hanuman, Ganesha etc.) nas oito comunidades habitadas por siddis cristãos e siddis muçulmanos que o grupo de estudantes pesquisou. Nem todas "sobreviveram" até os dias atuais, mas algumas continuam expostas e visíveis a céu aberto, mesmo numa aldeia como Gardolli, onde a Igreja se instalou no início de 2000 – dois padres vivem na casa paroquial. É o caso da divindade Jatting[87] (Choukimat, 1963, p.21; Belliappa, 1963, p.15), representada por uma pedra que se encontra na entrada da aldeia, ao pé de uma árvore tida como sagrada (*Banni tree*), e que, segundo a crença local, protege os aldeões de epidemias. Jatting continua lá, tal como descrito por Choukimat, com ferros em forma de tridentes ornamentados com as tradicionais guirlandas de flores indianas e pequenos sinos.

Outra tradição religiosa muito viva na década de 1960 na região de Haliyal, e por isso destacada por diversos pesquisadores, é o culto aos ancestrais (*hiriyaru* ou *jante*). Palakshappa descreve longamente a cerimônia anual em que dois cocos não descascados são colocados num pedestal e decorados com flores dentro da casa-sede (*ghar*)[88] dos ancestrais de uma família, cujo cuidado cabe ao agnado mais velho. Um dos cocos representa os ancestrais masculinos da casa; o outro, os femininos. A troca anual dos frutos é acompanhada por rituais (*poojas*) que envolvem, entre outras práticas, o sacrifício de galinhas. O autor constatou que esses ritos dedicados aos ancestrais eram muito disseminados entre diversos outros grupos (hindus) da região, mas chama a atenção para uma diferença: a relação entre os membros vivos e os espíritos dos mortos não teria o mesmo significado para os siddis. "As castas hindus locais não desejam ou esperam que os pais mortos voltem após a morte como espíritos e residam na casa" (Palakshappa, 1976,

---

87 Choukimat traduz *jatti[ng]*, palavra kannada, como homem forte ou lutador de luta livre), e explica: Gardolli era conhecida pela fama de seus habitantes, homens habilidosos e vitoriosos no esporte da luta livre (*wrestling*). Encontrei diversos siddis que se orgulhavam deste passado; vi fotos de homens em pose de lutadores nas paredes internas das casas. Luta livre ainda é um esporte valorizado entre os siddis, mas parece ter perdido terreno em relação ao atletismo. Os cultos a divindades hindus eram também disseminados em aldeias habitadas por siddis muçulmanos. Em Adaki Hosur, que Choukimat (1963, p.25) descreve como um "povoado siddi puramente muçulmano" a deusa Dyamava era invocada – como em praticamente todas as aldeias da região – antes do período da colheita.

88 *Ghar*, em hindi/urdu, (घर; ـگھر): lar.

234 ANDREAS HOFBAUER

p.73-4).[89] A relação mais íntima e contínua que os siddis cultivam com os espíritos dos mortos seria, inclusive, lembrada por Obeng (2007, p.176-80) como um dos argumentos para defender a ideia de que, por trás de formas ritualísticas aparentemente hinduístas, pode-se encontrar tradições culturais que remetem à África.

Já na leitura de Palakshappa (1976, p.76), a essência da cerimônia dos siddis é hinduísta:[90] "Os siddhis muçulmanos e cristãos, embora sigam suas respectivas religiões, ainda assim, em sua devoção real a 'Hiriyaru', são hindus". Haveria, sim, diferença entre as práticas dos siddis hindus e as executadas por siddis cristãos e muçulmanos. Enquanto os primeiros seguem o rito com todas as "performances bramânicas" ('Brahmanic' performances), os ulteriores o fazem "de forma mais simplificada" (very briefly). Palakshappa constatou que, no lugar dos cocos, os siddis cristãos acendiam velas diariamente[91] e os siddis muçulmanos queimavam, às sextas-feiras, incenso em lugares reservados aos ancestrais dentro de casa. Esta diferença é atribuída pelo autor à intervenção de padres e mulás e, consequentemente, ao medo dos siddis dos castigos aplicados pelas autoridades religiosas. Palakshappa (ibid.) registrou também formas de resistência mais explícitas da parte dos siddis, referindo-se aos siddis cristãos que continuavam promovendo os *Hiriyaru poojas*, mas aparentemente de forma escondida. Ao mesmo tempo,

---

89 E continua: "Se os espíritos se instalassem, seria considerado um sinal de que um desastre se abateria sobre a casa. Neste caso, todos os esforços são feitos para enviar os 'espíritos' para fora de casa. Em forte contraste a isto, o 'siddhi' acredita firmemente que os pais mortos virão e permanecerão na casa, pois este é o seu dever. Se não o fizerem, então todos os esforços serão feitos para persuadi-los a vir" (Palakshappa, 1976, p.74). Já Lobo (1984, p.37) escreve: "Uma família inclui não apenas os membros vivos, mas também os antepassados falecidos. Para eles, são feitas oferendas de comida e vela [*light*] em todas as ocasiões cerimoniais da família em lembrança grata e com orações suplicantes e uma vez por ano. À parte dos laços das relações de parentesco, a família constitui a unidade final, cuidando dos aspectos econômicos da vida e orientando as atividades econômicas de seus membros. Os siddis traçam sua descendência na linha masculina".

90 Ao avaliar as "variações de culto", Lambi (1963, p.35) chega a uma conclusão semelhante quando afirma que "podemos reconhecê-los como siddis somente por suas características físicas, mas não por suas tradições e costumes".

91 Belliappa (1963, p.79) apresenta curto relato do ritual anual de ancestrais, numa casa de siddis cristãos em Bhagavati, em que os velhos cocos são substituídos por novos: "Carne cozida e licor do campo são oferecidos e as pessoas das castas [*caste people*] são festejadas. O culto diário ao coco consiste em oferecer flores, movendo uma lamparina acesa na sua frente. Ela é colocada na frente de toda a comida cozida da casa. Eles têm um grande respeito pelos deuses da aldeia e pelos espíritos locais".

chegou à conclusão de que diante do poder dos padres sobre as comunidades, os siddis cristãos não tinham alternativa: embora, de certo modo, contrariados, estariam aos poucos abrindo mão do *Hiriyaru Pooja*.[92]

Nas minhas andanças pelas aldeias siddis vi nas casas hindus, em nichos ou quartos separados, os "cocos-ancestrais" e assisti a um dos *poojas* em homenagem aos mortos da casa que compreendia diversas oferendas, incluindo o sacrifício de galinhas. Já na comunidade dos siddis cristãos e muçulmanos a situação é diferente. Vários dizem que ouviram falar destes rituais, outros parecem praticá-los, mas não gostam de tocar no assunto; alguns siddis cristãos mais idosos relataram ter deixado de praticar estes rituais algumas décadas atrás:[93] várias mulheres siddis cristãs que tinham trabalhado em casa de hindus (maratas) explicaram-me que os empregadores as aconselhavam a promover certos ritos, caso contrário algum infortúnio podia abater-se sobre elas; muitos jovens parecem, de fato, desconhecer os rituais relacionados aos ancestrais representados pelos cocos. Há também aqueles, mais velhos, que sorriem, apontam para a cruz pendurada no pescoço ou fazem uma referência a Alá quando indagados sobre o tema, para depois responder que, como bons cristãos ou muçulmanos, não podem acreditar numa coisa tão profana. Um siddi cristão disse-me que sabia que os hindus cultuam seus ancestrais em forma de cocos, mas se ele o fizesse, as pessoas zombariam dele. E encontrei também muçulmanos que admitem reverenciar seus ancestrais com a queima de incensos.

Estes exemplos mostram que não há e nunca houve, aparentemente, uniformidade de crenças religiosas entre os siddis. Revelam também a força impositiva exercida por líderes religiosos cristãos, muçulmanos e brâmanes sobre o que cada um dos especialistas ritualísticos entende ser "seu grupo

---

92 "A única diferença entre os muçulmanos siddhi [sic] e cristãos siddhi, por um lado, e hindus siddhi, por outro, é que os últimos observam este culto com todas as 'performances bramânicas' [*'Brahmanic' performances*], enquanto os primeiros o observam 'de forma mais simplificada' [*very briefly*], devido ao medo de seus chefes religiosos que se opõem a tais crenças 'animistas'. Estes chefes consideram isso um desvio da fé fundamental [*main faith*]. Especialmente, os cristãos siddhi não fazem isso abertamente [...] Os cristãos siddhi se ressentem disso, mas eles sentem que não têm alternativa a não ser se conformar mais com a prática cristã. Eles estão ligados ao cristianismo de muitas maneiras e relutam em abandoná-lo. Ao contrário, eles estão lentamente abandonando sua prática do 'hiriyaru pooja'" (Palakshappa, 1976, p.76).

93 A. B., uma anciã de Wada, disse-me que praticava este ritual na sua casa até quinze anos atrás (Cadernos de campo, 15/10/2013).

de fiéis". Já na década de 1960, os pesquisadores Kotrappa e Choukimat chamaram a atenção para este fato. Ao refletir sobre as dificuldades enfrentadas pelos primeiros programas de implantação de projetos de saneamento e saúde (1957), Kotrappa (1963, p.91) afirma que "os líderes religiosos [religious heads] desempenham um papel dominante na vida do povo siddi" e que "inversamente, os siddis [...] dependem desses líderes-chefes religiosos para guiá-los [for their guidance]". O pesquisador faz acusações pesadas quando assevera que os líderes religiosos dificultam as transformações sociais que ele julgava necessárias: "As autoridades religiosas têm medo de mudanças [...]. Elas também são céticas em relação aos funcionários do sistema estatal de assistência social. As autoridades religiosas também têm negligenciado o bem-estar do povo siddi, como dar-lhes educação, cuidar de sua saúde e saneamento" (ibid., p.92). Choukimat não é menos crítico quando chama a atenção para o poder das autoridades religiosas não apenas sobre assuntos estritamente religiosos, mas também sobre o dia a dia: "Pode-se dizer que não existe uma única pessoa cujos assuntos seculares tenham escapado completamente das garras desses especialistas. [...] Se por acaso um indivíduo escapar de suas garras, será banido [outcasted] e tratado como traidor da organização religiosa. Mesmo os parentes deixarão de cooperar com esta pessoa [...]" (Choukimat, 1963, p.63).

Um aspecto importante no projeto evangelizador e disciplinador das autoridades religiosas dizia respeito ao controle das relações dos fiéis, sobretudo para inibir contatos[94] e, acima de tudo, relações matrimoniais com pessoas de outros credos. De fato, casamentos entre subgrupos de credos diferentes foi durante muito tempo algo quase inimaginável para os siddis, e qualquer relacionamento fora do grupo religioso era sujeito a represálias:[95] "Bastava lançar um olhar sobre um moço hindu", disse A. B., siddi cristã de 66 anos de Wada, "e nós jovens moças levávamos uma boa surra" (entrevista, Cadernos de campo, 08/10/2013). Este quadro endogâmico

---

94 Os comentários dos pesquisadores da turma antropológica deixam claro que os padres cristãos buscavam inibir qualquer contato dos siddis cristãos com outros grupos religiosos: "Pois o Pai (padre em Haliyal) os puniria se soubesse que os siddis cristãos mantêm contato íntimo com não cristãos, especialmente para fins religiosos" (Basavanthappa, 1963, p.25).

95 Lambi (1963, p.41) fala de "uma ausência total de casamentos" entre siddis muçulmanos e siddis cristãos. Afirma que, nas sete aldeias pesquisadas, não encontrou nenhum caso: "nem mesmo um único caso de casamento entre siddis muçulmanos e siddis cristãos".

DIÁSPORA AFRICANA NA ÍNDIA **237**

deve ter induzido Kashinat (1963, p.12) a fazer a seguinte interpretação: "A casta também é muito importante na seleção da noiva e do noivo. Não se deve permitir casar fora de sua própria casta. Isso significa que os siddis muçulmanos não permitem o casamento com siddis não muçulmanos. É o mesmo com siddis cristãos". Havia também casos excepcionais, histórias de amor que envolviam siddis de diferentes religiões que eram, evidentemente, muito combatidos pelos padres e mulás. Kashinat afirma que esses relacionamentos podiam ser admitidos, mas somente se houvesse conversão. Via de regra, a mulher tinha de se converter à religião do homem. Caso contrário, as pessoas das duas comunidades deixavam de comunicar-se com o casal e de fazer refeições com ele.[96] O autor cita o caso de Gusteem, um siddi cristão que se juntou com uma viúva muçulmana, e elenca algumas das consequências deste rompimento de tabu: "Ambos não têm [mais] lugar na comunidade. Ele está proibido de entrar na igreja. Ela também não tem lugar entre os siddis muçulmanos. Ela está proibida pelas pessoas de sua casta de entrar na cozinha" (Kashinat, 1963, p.14).[97]

Durante minhas estadias junto aos siddis, ouvi muitas queixas sobre a atitude dos padres nas comunidades. Em diversos momentos, pude sentir a força coercitiva que os religiosos ainda continuam exercendo, mesmo que os métodos de evangelização sejam atualmente menos violentos do que na década de 1960. Não obstante as críticas frequentes, quase ninguém se atreve a não comparecer aos cultos centrais do catolicismo, como as missas da Páscoa ou de Natal, que não deixam de ser também momentos de coesão e coerção. No ano de 2013 acompanhei, em Gardolli, durante a pregação

---

96 "Isso é permitido, mas a pessoa deve se converter à outra casta antes de se casar. Caso contrário, a igreja e a mesquita não permitem o casamento. Os líderes religiosos não comparecerão à cerimônia de casamento. Sem cerimônia, não há casamento em seu sentido mais pleno. Eles podem ser privados de seu direito de falar com as pessoas da comunidade. Eles não participarão em cerimônias de casamento ou festivais. Eles não poderão comer com os membros da comunidade" (Kashinat, 1963, p.14).

97 Kashinat (1963, p.44-5) conta dois outros casos. No primeiro, duas mulheres – uma muçulmana, outra hindu – que conviviam com siddis cristãos, foram obrigadas a converter-se ao catolicismo em um prazo de um ano e, enquanto isso, nem elas, nem seus companheiros cristãos podiam pisar na igreja – "[o padre] ordenou à população que não permitisse que essas pessoas entrassem na igreja para rezar". No segundo caso, uma siddi cristã iniciou um relacionamento amoroso com um homem de uma casta hindu inferior; o buddhivanta relatou a ocorrência ao padre que exigiu a conversão do homem ao cristianismo; após a conversão, o casamento foi celebrado na igreja.

na missa da Páscoa, que incluía o batismo de oito bebês, como o padre, sentado num pequeno pódio numa cadeira com ares de trono, testava o conhecimento bíblico dos aldeões. Fazia perguntas que as pessoas tinham de responder corretamente em público, sob o risco de serem ridicularizadas (Cadernos de campo, 27/03/2013). O fato de alguns siddis terem conseguido formar-se nas instituições eclesiásticas católicas – há dois padres siddis (mas nenhum deles atua na região) e, recentemente, uma moça de Gardolli entrou numa ordem religiosa – pode talvez indicar o início de uma nova fase na relação entre Igreja Católica e população siddi.

De qualquer modo, pode-se constatar que a lógica das castas atingiu não apenas as relações dos siddis com os vizinhos não-siddis, mas afetou também a convivência entre os subgrupos. É inegável que neste processo as autoridades religiosas tenham tido papel central; ao mesmo tempo, é perceptível que o modelo de casta como organização da convivência em comunidade vem sendo produzido e reproduzido pela própria população. O comentário da anciã muçulmana H. B. de Sambrani sobre mudanças mais recentes no que diz respeito às relações entre os subgrupos siddis é bastante ilustrativo: "Nós, siddis, pertencentes a diferentes religiões, somos todos amigos. Mas não deve haver 'relações' [de sangue] entre nós. Isso não é bom. A casta [à qual pertencemos] é a mesma. Mas uns seguem Jesus, outros Maomé e outros são hindus" (entrevista, Cadernos de campo, 04/01/2014).

Não apenas as atitudes e punições impostas pelos padres e mulás, mas também os comportamentos e discursos usados pelos próprios subgrupos siddis para se diferenciar de siddis de outros credos, contribuíram para enrijecer as fronteiras e fortalecer o princípio da endogamia. Considero que esses comportamentos podem ser entendidos também como consequência da força da lógica das castas, que penetrou a sociabilidade local. "Assim, há pouca interação social entre siddis muçulmanos e siddis hindus, como também entre siddis cristãos e siddis hindus. [...] os siddis se tornaram mais ou menos um grupo de castas. Esses grupos são grupos fechados. O siddi muçulmano típico não janta com um siddi cristão e vice-versa", analisa Dayanand (1963, p.3). Diversos pesquisadores registraram ainda, na década de 1960, que os siddis muçulmanos se sentiam superiores aos siddis cristãos e hindus. Uma razão para isso pode ser a já mencionada narrativa sobre a origem do grupo, que o liga a Bava Gor e/ou a Bilal al-Habshi, e que defende, portanto, que os siddis muçulmanos seriam o grupo originário, enquanto os dois outros grupos siddis seriam apóstatas. Os estudantes de Dharwad chamaram a atenção para outro argumento usado pelos siddis muçulmanos naquela época: "Os siddis muçulmanos consideram os siddis cristãos como inferiores porque estes últimos comem porco e animais mortos", escreve Lambi (1963, p.54).[98] Ao explicar este fenômeno ao leitor, o autor lembra tanto as prescrições do islã, que exigem que o abate seja efetuado por um fiel instruído e acompanhado por rezas, quanto uma ideia associada às tradições das castas: comer a carne de animais selvagens é sinal de inferioridade social na Índia (ibid., p.56). Percebe-se aqui uma conjugação e, de certo modo, uma fusão de argumentos e comportamentos que visam manter e consolidar fronteiras religiosas, de um lado, e a lógica das castas, de outro.

A reivindicação dos muçulmanos acerca de sua posição social superior à dos siddis cristãos não deixou de ser contestada pelos cristãos, esclarece Lambi. De qualquer forma, as evidências empíricas relatadas pelos pesquisadores em 1963 apontam para uma tendência de hierarquização entre os grupos que pode ser interpretada como incorporação de mais um elemento do padrão local das castas.[99] Não me parece, portanto, nem um acaso nem um despropósito total o fato de um dos pesquisadores ter se referido, em todo o seu trabalho, aos subgrupos religiosos siddis como castas: ele tratava os grupos que estudou como "Muslim Siddi Caste" e "Christian Siddi Caste" (Basavanthappa, 1963, p.18 ss.).

III.6. Crenças e cultos, cruzando fronteiras e transformando relações hierárquicas

Se por um lado as forças de enclausuramento, de segregação e até de tendências à hierarquização fazem inegavelmente parte da história das rela-

---

98 Cf. Basavanthappa (1963, p.9): "Os siddis muçulmanos consideram-se superiores aos outros siddis porque estes comem animais mortos encontrados nas florestas. Isso quer dizer que eles não recebem a carne santificada pelo sacerdote. Os siddis muçulmanos não comem carne, a menos que seja santificada. O mulá deve estar lá cantando palavras sagradas enquanto o respectivo animal está sendo abatido".

99 Na Seção III.11, aprofundarei o tema das relações hierárquicas entre os três subgrupos, levando em consideração a lenta transformação nos padrões de casamento nos dias atuais.

240 ANDREAS HOFBAUER

ções entre os subgrupos siddis, por outro, existem também, desde muito cedo, momentos e espaços que permitem, e até estimulam, a convivência entre eles. Os relatos dos pesquisadores da Universidade de Karnataka revelam que foram, acima de tudo, eventos relacionados à "religiosidade popular" que proporcionaram "certa subversão" da lógica das castas e do segregacionismo vigiado pelas autoridades religiosas. Lambi também constatava que a interação entre os três subgrupos era muito limitada, e atribuía aos "sistemas religiosos distintos" o fato de os siddis se conceberem como grupos separados ("sentimento de pertencimento a um grupo separado"). "É apenas em ocasiões importantes como festivais que eles se reúnem", afirma Lambi (1963, p.39).[100] O pesquisador chamou a atenção para um ponto que fazia com que, em determinados momentos, partes dos dois grupos se aproximassem; ambos respeitavam certas tradições hindus e reverenciavam algumas divindades desta tradição: "Os siddis cristãos e siddis muçulmanos, embora difiram em suas crenças religiosas, têm atitudes sagradas em relação aos templos hindus e deuses" (ibid., p.43).

Em Bhagavati, por exemplo, onde os siddis muçulmanos e siddis cristãos viviam fisicamente separados, destacou Lambi (ibid., p.7), os dois grupos encontravam-se e juntavam-se para rezar num templo hindu, em busca de proteção contra doenças: "Dizem que no ano passado, quando a cólera atacou as aldeias vizinhas, os cristãos e muçulmanos foram juntos ao templo de Siddapa e rezaram para que a divindade protegesse a aldeia da doença. Exemplos como este são encontrados entre siddis". Já Choukimat (1963, p.15-6) relata que em Sambrani tanto siddis muçulmanos quanto cristãos costumavam fazer oferendas à divindade guardiã e protetora da aldeia. Gramavata era invocada para proteger a população de epidemias e para atender os pedidos dos siddis.[101] Lobo (1984, p.43) constata, na década de 1980, que

---

100 "Mesmo em Bhagavati, onde os siddis muçulmanos e cristãos são mais ou menos iguais em número, a interação é muito limitada entre eles" (Lambi, 1963, p.39). E: "É muito difícil descobrir o sentimento de pertença entre os siddis à medida que eles estão completamente sob diferentes forças religiosas" (ibid., p.58). De forma semelhante, Palakshappa (1976, p.104) faz a seguinte avaliação na conclusão de seu trabalho: "Todos os três grupos seguem rigorosamente [*punctually*] a maioria dos rituais e cerimônias das respectivas religiões. Essa participação em rituais e cerimônias religiosas particulares está levando a uma identificação mais forte com as religiões, e um correspondente enfraquecimento da identidade siddhi como tal".

101 "[Gramadevata é] considerada a divindade mais poderosa. Se sua invocação for negligenciada, acredita-se que a aldeia será atacada por doenças epidêmicas, como cólera, sarampo e

todos os siddis, independentemente de suas "filiações religiosas formais", cultivavam fortes crenças em espíritos benignos e malignos. Qualquer doença podia ser atribuída à ação de espíritos; o termo *gali hodeyuvudu* (literalmente "afetado pelo vento") expressava o fenômeno de ser tomado por um espírito maligno. Casos de doenças contagiosas eram vistos geralmente como consequência da ira da divindade protetora da aldeia, e os aldeões reagiam com oferendas de flores e sacrifícios de galinhas para acalmá-la.

Há também, além de rituais hindus, festas associadas a práticas religiosas muçulmanas não ortodoxas que até hoje são frequentadas por todos os subgrupos siddis e, inclusive, por outras populações não-siddis vizinhas. Um destes festivais populares ocorre em volta do *dargah* de Siddi Rehman, um dos vários santuários de santos muçulmanos que atrai pessoas de diversos credos. A narrativa mítica em torno de Siddi Rehman está vinculada à história de Sambrani. A versão mais conhecida conta que, no século XVII, o rei de Swadi decidiu construir um açude e encarregou Siddi Rehman da execução do projeto. Depois de longo período de duros trabalhos de escavação, o açude encheu-se de água, e Rehman celebrou o feito com seus trabalhadores com música e dança. Resolveu ir pessoalmente ao rei para dar a boa notícia. Diante dele, ressaltou a intensidade do fluxo da água dizendo que a água jorrava com tanta força como fluía o leite do peito da rainha. O rei ficou enfurecido com a comparação e mandou enterrar Siddi Rehman vivo. Os pedidos de misericórdia dos ministros e cortesões de nada adiantaram, e a ordem do rei foi executada.

Para a população local, que desde a finalização da obra usufrui da água do açude, Siddi Rehman tornou-se um santo. Ao pé do seu santuário (construído por Rajasab Husainsab Sheikh há mais de duzentos anos), a popu-

---

varíola. Existem duas estátuas de madeira, mostrando-a sentada em um cavalo e um tigre, vestindo um sari. A coisa mais peculiar a ser notada aqui é que encontramos caixinhas de prata (que são usadas pelos lingayats para guardar seu Deus) no pescoço dessas divindades, das quais podemos inferir que, em algum momento, nesta aldeia a casta dos lingayat foi dominante ou foi o grupo que governou esta aldeia. Essas divindades são lindamente coloridas e ornamentadas, e espantosamente decoradas. Tanto os siddis muçulmanos quanto os siddis cristãos oferecem a esta Deusa pelo cumprimento de seus desejos, muito provavelmente as pulseiras são dadas quando as doenças das crianças são curadas sempre que os possíveis caminhos falharam. O sacerdote do templo é da casta marata [*Maratha by caste*] e vem de Gundalli. Ele recebe arroz durante a colheita daquelas pessoas que têm terras" (Choukimat, 1963, p.15-6).

242 ANDREAS HOFBAUER

lação organiza regularmente grandes festas (*urs*) em homenagem ao morto, as quais envolvem sacrifícios de animais (cabras) e procissões com música e dança (cf. Belliappa, 1963, p.44; Hiremath, 1993, p.186-8; Obeng, 2007, p.113-4). "O túmulo de Siddi Rehaman [sic] em Sambrani é um local de peregrinação para hindus, muçulmanos e cristãos. Acredita-se que, ao cultuar Siddi Rehman, os desejos de cada um serão realizados", escreve Hiremath (1993, p.187). De acordo com Choukimat (1963, p.13), a crença popular atribuía a este santo muçulmano (*pir*) o poder de trazer chuva. Este autor sublinhou igualmente que não apenas os siddis muçulmanos, mas também os siddis cristãos, reverenciavam com muita devoção Siddi Rehman, ao qual Choukimat se refere, aliás, como Deus. Atualmente, Siddi Rehman continua sendo cultuado não somente por muçulmanos, mas também por siddis de todos os credos que se locomovem de suas aldeias para Sambrani quando são promovidas as grandes festas em sua homenagem (cf., por exemplo, Obeng, 2007, p.95-100).

De forma parecida, no popular festival muçulmano Muharram, celebrado também por muçulmanos que se consideram ortodoxos (a festa ocorre no primeiro mês do calendário islâmico[102]), comparecem frequentemente grupos vizinhos, inclusive de siddis cristãos. Estes podem participar das danças e das partes musicais dos rituais, mas, como explica Lambi (1963, p.46), não lhes é permitido tocar no que é sagrado aos muçulmanos. Não-muçulmanos também são impedidos de se juntar à procissão ou de entrar na mesquita.[103] Phoolbhavi (1963, p.23) chamou a atenção para a celebração do Muharram em Kamatikoppa, uma aldeia onde viviam somente siddis cristãos. A população organizava anualmente a festa em volta da mesquita do local.[104] Para a celebração, os siddis cristãos contratavam um mulá de

---

102 *Muharram* é nome dado ao primeiro mês no calendário muçulmano, que é lunar (o primeiro dia deste mês é chamado de *al-hijra*). Em árabe, *muharram* [محرم] significa "proibido" e indica a proibição de guerras neste período. O Muharram lembra a fuga de Maomé de Meca a Medina (622) e é considerado, pelos muçulmanos, como o segundo mês mais sagrado depois do Ramadã.

103 "No festival Moharam dos siddis muçulmanos, siddis cristãos também participam. Mas não lhes é permitido carregar ou tocar os símbolos do Deus muçulmano nem na procissão nem na mesquita. Eles participam apenas das apresentações [*performances*] de dança e de música "(Lambi, 1963, p.46).

104 A existência da mesquita é indício de que em algum momento devem ter residido muçulmanos na aldeia.

DIÁSPORA AFRICANA NA ÍNDIA   **243**

Gundolli que permanecia em Kamatikoppa durante os cinco dias do festival, executando as cerimônias. Phoolbhavi registrou que os siddis do lugarejo não abriam mão da comemoração de Muharram, mesmo tendo sido alertados pelo padre de que não deveriam mais fazê-la.[105] Embora esta data seja celebrada por todos os "muçulmanos ortodoxos", não é incomum até hoje que, durante o Muharram, ocorram nas aldeias habitadas por siddis fenômenos religiosos que são geralmente associadas à tradição sufi. Obeng (2004, p.134) comenta que, numa destas festas em Gunjavatti, diversos homens siddis foram possuídos por espíritos e que estes, ao se manifestarem nos corpos humanos, solicitaram à comunidade que o *dargah* dedicado ao *pir* Mahbub al-Subhani[106] fosse reformado.

Y. Sikand, especialista indiano em estudos islâmicos, lembra-nos de um fato histórico importante que pode nos ajudar a entender, pelo menos em parte, constelações de práticas religiosas complexas como aquelas que vêm ocorrendo em torno dos *dargahs* de Siddi Rehman e de Mahbub al--Subhani: a região do Decão, e com isto o norte do estado atual de Karnataka, foi governada durante séculos por reinos muçulmanos (cf. Capítulo I), e teria sido neste contexto que se estabeleceu um convívio religioso entre tradições hindus (ainda não na forma de uma ideologia hinduísta) e muçulmanas. Teria sido por meio do "agenciamento dos sufis que o islã se espalhou em Karnataka" – uma forma de tradição muçulmana que se organizava sobretudo em torno dos cultos aos santos muçulmanos, explica Sikand (2004, p.168). Principalmente as castas inferiores e os intocáveis teriam se reunido com muçulmanos (entre eles, muitos conversos) em torno dos diversos *dargahs* existentes na região, e cultuavam lado a lado os *pirs*. Escreve Sikand:

---

105 Escreve Phoolbhavi (1963, p.23): "Eles decoram a mesquita. O mulá virá de Gundolli e mora aqui por 5 dias para celebrar o festival. [...] o padri [sic] instruiu esses siddis cristãos a não celebrarem este festival. E cada família siddi cristã dará 3 pacotes de arroz a este mulá, todos os anos". Além deste festival associado à tradição muçulmana, os siddis cristãos eram também devotos da divindade Dyamava. De acordo com Phoolbhavi, havia um templo dedicado a ela sob a responsabilidade de um marata residente de Kamatikoppa. Os siddis cristãos costumavam ofertar cocos e vegetais a Dyamava e, escreve Phoolbhavi (ibid., p.24), procuravam o sacerdote que lhes recebia, cantava mantras e lhes dava cinzas como *prasad* (oferenda) que, assim acreditavam os siddis, tinham o poder de cura. "Embora os siddis não tenham permissão para entrar no templo, eles têm fé nesta Deusa", conclui o pesquisador (ibid.).

106 Mahbub al-Subhani é o nome popular de Abdul Qadir Jilani, letrado, jurista e fundador da ordem sufi Qadiri; nascido na Pérsia, atuou em Bagdá no século XI.

Essas figuras e os santuários e cultos associados a elas representam uma poderosa tradição popular que remonta a uma época em que as noções de comunidades monolíticas 'hindu' e 'muçulmanas' ainda não existiam, e as fronteiras que separavam uma comunidade da outra ainda estavam confusas e pouco claras. Essas figuras parecem ter desempenhado um papel central em reunir pessoas de várias castas, tanto hindus quanto muçulmanos, em torno de um culto comum num universo cultural compartilhado, e também desempenharam um papel importante na conversão de comunidades não muçulmanas ao islã. (Sikand, 2004, p.168)

O que pode ter atraído as castas inferiores a participar destes cultos, acredita Sikand, é o fato de elas terem sido frequentemente impedidas de entrar nos templos hindus; além disso, muitos hindus parecem ter visto os *pirs* como encarnações (avatares) de divindades hindus. Teria sido no período pós-independência, especialmente a partir da década de 1980, que os praticantes começaram a sentir pressões cada vez mais fortes por parte de grupos ortodoxos e fundamentalistas – tanto hindus (movimento Hindutva) quanto muçulmanos (Tablighi Jamat) – para se definir claramente como seguidores de apenas uma das religiões. O autor salienta que o recente aumento das hostilidades mútuas instigadas por movimentos de "purificação religiosa" tem provocado, em diversos lugares, redefinições das tradições.

Até hoje continuam existindo, na região habitada pelos siddis, diversas formas de religiosidade que põem em xeque classificações rígidas, tais como hindu, cristão ou muçulmano, e que apontam para "lógicas paralelas" capazes de criar outras maneiras de pertencimento religioso, isto é, induzir processos paralelos de inclusão e exclusão. Numa das minhas muitas andanças com siddis na região de Yellapur conheci a aldeia Tottalgundi. Lá, encontrei uma senhora que se dizia siddi cristã, zeladora de um grande espaço sagrado, que possui todas as características de um *dargah* de tradição sufi. Ao lado de um espaço aberto e cimentado, onde há uma árvore sagrada e um pequeno túmulo protegido por uma cerca pintada de verde, fica o santuário propriamente dito. Dentro dele, encontra-se o túmulo do santo Dudnana, coberto com uma manta vermelha e ornamentado com imagens do santo e da Grande Mesquita de Meca, além de guirlandas de flores amarelas. Dudnana é um santo muçulmano (*pir*) que a sacerdotisa,

DIÁSPORA AFRICANA NA ÍNDIA **245**

que vive neste pequeno povoado siddi cristão, incorpora nos dias de festa. Trata-se de uma tradição de longa data; o siddi hindu que me acompanhava lembrava-se dos seus dias de infância, quando visitava o lugar com seus pais. Dudnana continua sendo procurado por muçulmanos, cristãos e hindus, provavelmente porque fala – numa "língua estranha" que precisa ser traduzida – diretamente com aqueles que procuram ajuda e conselhos (Cadernos de campo, 05/05/2016).

Infelizmente não consegui assistir a uma cerimônia que envolve a manifestação do espírito Dudnana. Mas tive a oportunidade de presenciar um ritual que, igualmente, conjuga, mistura e rearticula não apenas signos e significados religiosos, mas subverte, de certo modo, também alguns padrões hegemônicos de convivência entre as populações locais. Em viagem com outro acompanhante siddi hindu, paramos em Tegnalli (perto da vila de Haliyal). Nesta aldeia vivem cerca de vinte famílias siddis muçulmanas e quatro famílias harijan (termo preferido pelo meu interlocutor para designar dalits),[107] além de uma maioria de hindus maratas. Lá, havia um casal que se dizia siddi muçulmano e é conhecido como especialista religioso. Os dois estavam se preparando para uma festa em homenagem à divindade hindu Shri Marikamba. Em sua casa, guardavam a imagem da divindade ao lado de duas menores (Mukkamma, Bistamamma) e de outros objetos sagrados, sinos e incensos, além de uma pequena placa com letras árabes, provavelmente um verso copiado do Alcorão. Havia também uma grande pedra redonda, uma mó, que o senhor C. B. usava para fins oraculares e consultas (no nosso caso, recorreu à mó para entrar em contato com o espírito da casa e, desta forma, responder à minha pergunta se podia tirar fotos durante a cerimônia).

Durante a festa, no dia seguinte, as divindades enfeitadas com guirlandas de flores brancas e amarelas foram expostas em cima de um pequeno pódio, montado dentro de uma espécie de cabana. Elas receberam, como oferendas, cocos secos e bananas. No chão, diante do santuário instalado diretamente na frente da casa de C. B., encontrava-se uma imagem de Yellamma. A cerimônia continuou com a transposição da imagem de Shri Marikamba para uma espécie de palanquim (*doli*) que, carregado por dois siddis muçulmanos, saiu em procissão da qual participaram, além de siddis,

---

107 O termo *dalit* não é usado pelos siddis que vivem nas aldeias.

246 ANDREAS HOFBAUER

devotas de Yellamma não-siddis. O cortejo passou por toda a aldeia, entrou em dois templos hindus (num deles, C. B. incorporou a divindade Shri Marikamba enquanto sua esposa recebia um espírito ancestral) e, depois de passar sobre um campo com brasas estendidas, voltou para o local de partida. A chegada do cortejo foi anunciada por um harijan com um toque de tambor. Quando a procissão passava pela rua principal, os aldeões, a maioria maratas, saíam das casas. As mulheres, inclinando o corpo e com a cabeça baixa em sinal de reverência, aproximavam-se com grandes púcaros e derramavam água nos pés descalços daqueles que carregavam a divinda- de. Meu companheiro de viagem, o siddi hindu M. Siddi, cofundador de uma ONG preocupada com o "desenvolvimento das comunidades siddi", comentou a cena com as seguintes palavras: "Veja como aqui os maratas [que, para ele, indiscutivelmente, ocupam posição acima dos siddis na hie- rarquia das castas] estão fazendo um gesto de reconhecimento da força dos espíritos siddis" (Cadernos de campo, 11/04/2013).

No fim da tarde, reencontramos, em frente à casa de C. B., de onde a procissão tinha saído, um jovem muçulmano de Golehalli com o qual já tínhamos conversado de manhã. A. J. estudava numa escola de Alcorão em Bijapur e estava passando as férias em sua aldeia. Diferentemente dos siddis muçulmanos de Tegnalli, usava roupas longas e brancas e um quepe *kufi* branco. Tinha ficado o dia todo dentro da casa de parentes e preferiu, aparentemente, não participar da festa que envolveu quase todo o lugarejo. A. J., que pretende voltar para casa após seus estudos em Bijapur, ficou animado quando mostrei interesse em conhecer sua aldeia, e levou-nos a Golehalli, onde vivem mais de 60 famílias maratas, 5 famílias harijan e 45 famílias siddis muçulmanas.

Lá, conheci a Madrasa Sayyadina Bilal Habshi, onde treze meninos, todos vestidos de branco e com quepes *kufi*, mostraram-me, com orgulho, suas apostilas e cadernos de leitura árabe. O nome desta escola de Alcorão, uma das poucas na região, já indica um desejo de se vincular diretamente a Maomé e seu primeiro muezim, ex-escravo e descendente de um árabe e de uma abissínia. Conversando com as pessoas que encontrei em volta da mesquita – não me foi permitido entrar no lugar sagrado –, tive a impres- são de que a identificação com o islã significava para muitos moradores algo diferente do que significava para a maioria dos siddis muçulmanos em Tegnalli. Parecia-me que todo o local era marcado por uma tradição muçulmana "ortodoxa". No entanto, quando indaguei sobre a existência de outros templos e outras tradições religiosas, fui levado por alguns aldeões a um santuário que diziam ser dedicado ao *pir* Bava Gor (Cadernos de campo, 11/04/2013).[108] Posteriormente M. Siddi, o jovem líder siddi hindu de 27 anos, explicou-me que existem *dargahs* (*chillas*) dedicados a Bava Gor também em outras aldeias (por exemplo, Manvinkoppa), e que esta tradição ritualística está "em mãos" de uma família particular – os Muzawar –, que trata Bava Gor como uma espécie de divindade familiar (Cadernos de campo, 13/06/2018).

---

108 Obeng fala da existência de santuários dedicados a Bava Gor em Mavin Koppa e Tatvanagi. O primeiro ainda não devia existir em 1993, quando Hiremath fez sua pesquisa na região (nas minhas conversas ouvi falar de outros *dargahs* em homenagem a Bava Gor, por exemplo, em Sambrani). Obeng (2007, p.115) dá a entender que o culto a Bava Gor chegou às aldeias por meio de migrantes siddis que passaram algum tempo em Mumbai: "A comunidade de Mavin Kopp atribui a difusão do conhecimento religioso sobre Bava Gor, com sua ênfase na africanidade [*Africanness*], a Hussein Siddi que trabalhou na construção em Bombaim [Mumbai] por cerca de três anos"; no entanto, tanto Belliappa quanto Palakshappa tinham registrado, já na década de 1960, referências a Bava Gor nas comunidades siddis. Ao constatar que somente alguns poucos siddis muçulmanos possuem certo conhecimento do Alcorão, Belliappa (1963, p.59) escreve: "Seu principal objeto de culto é Babaghor, um santo abissínio e grande comerciante". E Palakshappa (1976, p.15-6) afirma: "eles dizem que são os descendentes diretos de 'Mohammed' e seu guru é 'Babaghor', um discípulo de Mohammed". Nas análises de Obeng, a africanidade da tradição religiosa em torno da figura de Bava Gor ganha destaque, ao mostrar que em Tatvanagi havia uma distinção clara entre os cultos a Mahbub Subhani, que eram abertos ao público, e os a Bava Gor, que seriam exclusivamente para *African Indians*. "Nenhuma sombra de nenhum indiano não-africano [*non-African Indian*] deve cair sobre o *dargah* – os lingayats e outros brâmanes não devem se aproximar do *dargah* de Bava Gor. [...] O santo não aceita oferenda de comida de pessoas com cabelo comprido [*long-haired people*]", disse-lhe o líder Sulshani Siddi (Obeng, 2007, p.115). De forma semelhante, em Mavin Koppa a pessoa que recebeu Obeng que estava em companhia do pesquisador Hiremath, informou-lhes que o *dargah* de Bava Gor só podia ser visitado por siddis ou, segundo Obeng, por *Africans*: "Abubakarsab Siddi afirma que Bava Gor [...] pertence apenas aos africanos. Apontando para mim, Abubakarsab disse que Bava Gor pertence a ele e a mim, mas não a meu companheiro, dr. Hiremath, um estudioso indiano não africano, que me levou àquela aldeia" (ibid., p.116). Abubakarsab Siddi fez ainda questão de frisar que a mesquita da aldeia e o *dargah* de Mabhub Subhani contaram com subsídios da administração local, já o *dargah* de Bava Gor foi construído exclusivamente com o dinheiro da comunidade. Além disso, Obeng menciona outra experiência curiosa que teve ao longo da viagem: quando os dois pesquisadores visitaram, em Tategeri, um *dargah* dedicado a um ancestral siddi, Adam Desai, o colega indiano, foi picado por uma abelha. A explicação dada para este fenômeno pelos siddis locais foi que nenhum não-siddi podia pisar no *sanctum sanctorum*, e que a picada teria sido uma punição pela transgressão (ibid., p.115).

III.7. Focando a situação das mulheres

Antes de tratar da luta dos siddis contra discriminação e por direitos, quero abordar, ainda que de forma panorâmica, outra dimensão importante do tema "diferença e desigualdade" na vida dos siddis. Embora não seja foco deste estudo (também pela minha inserção e pela maneira local de lidar com o tema "gênero"), chamo a atenção para alguns aspectos centrais da situação das mulheres. Já os primeiros estudos da década de 1960 caracterizaram os três subgrupos siddis como uma sociedade patrilinear,[109] patrilocal[110] e patriarcal, que, neste aspecto, não se diferenciavam das demais populações (cf., por exemplo, Kusur, 1963, p.1). Há um forte sentimento de superioridade masculina entre os siddis, escreve Lobo (1984, p.38):

> Os homens são considerados como tendo um status superior ao das mulheres. O marido tem uma autoridade máxima e até mesmo arbitrária sobre a esposa. Cabe somente ao chefe da família decidir questões relacionadas à família e somente ele pode tomar parte nas reuniões da comunidade. As mulheres, exceto aquelas que são chefes de família, não têm voz nessas reuniões, nem podem participar delas. Elas são consideradas como não tendo nenhuma habilidade ou capacidade de deliberar e decidir questões.

Os trabalhos dos jovens pesquisadores da Universidade de Karnataka trazem alguns registros interessantes acerca da atitude dos homens em relação às mulheres. Especialmente na comunidade siddi muçulmana, os homens proclamavam abertamente sua superioridade. Em conversa com o pesquisador Lambi (1963, p.18) sobre a condição feminina, um siddi muçulmano, morador de Bhagavati, fez o seguinte comentário: "Ela é um fardo para o lar. Ela é uma serva do homem e claramente inferior a ele. Ela é tão ignorante quanto uma ovelha. O homem não deve consultá-la para nada".[111]

---

109 Segundo Chandrasekharaiah (1963, p.XI), o princípio da patrilinearidade foi reforçado pela tradição do culto aos ancestrais da família do marido.

110 Escreve Kusur (1963, p.2): "após o casamento, a filha de uma família vai para a casa do marido e passa a residir naquela casa, e pelo casamento perde sua filiação à família de orientação, mas passa a pertencer à família de procriação".

111 As mulheres não costumavam sair da sua aldeia; esperava-se que ficassem em casa, escreve Lambi (1963, p.19) e acrescenta mais uma fala de um siddi muçulmano: "a gleba dela é tão pequena quanto uma cozinha. O recinto do homem é tão grande quanto o mundo".

DIÁSPORA AFRICANA NA ÍNDIA   **249**

O mesmo sentimento de superioridade podia ser encontrado entre os homens siddis cristãos, escreve Lambi (ibid. p.19), mesmo que estes não tivessem opinião tão desfavorável sobre elas.[112]

O fato de as moças, após o casamento, mudarem-se para a casa do pai do marido e passarem a trabalhar para outra patrilinhagem (outra unidade de trabalho) pode ser considerado um dos motivos pela preferência por nascimento de bebês do sexo masculino e da consequente desvalorização das mulheres, muito marcante em praticamente toda a sociedade indiana.[113] Nos primeiros momentos na casa do pai do marido, a recém-casada leva uma vida extremamente subordinada, informam-nos os escritos da turma antropológica de 1962. "Ela vive sempre sob a autoridade de sua sogra. [...] ela enfrenta muitas dificuldades na casa, pois sua conduta será rigorosamente escrutinada. Espera-se que ela seja humilde e respeitosa, que trabalhe duro e, na verdade, que seja a serva geral da casa",[114] analisa Kashinat (1963, p.19) que, como outros pesquisadores da turma, observou conflitos recorrentes entre noras e sogras – "Normalmente as brigas ocorrem entre sogra e nora ou com as irmãs solteiras do marido" (ibid., p.18). Apenas

---

112 Desai (1963, p.20) registrou a inferioridade das mulheres em atividades religiosas: "as mulheres entre os siddis têm *status* inferior ao dos homens nas atividades sociorreligiosas. De acordo com nossos informantes, as mulheres são inferiores por causa de sua impureza [*impurity*]. Entre os siddis muçulmanos, apenas mulheres idosas que pararam de menstruar ou meninas [...] são chamadas para limpar a mesquita e lavar sua soleira todas as manhãs". A ideia da impureza associada ao sangue menstrual faz também que as mulheres siddis não possam, até hoje, entrar nas cozinhas e, portanto, não possam preparar a refeição para seus familiares, durante o período menstrual; nesses dias, qualquer contato físico com elas deve ser evitado. Veja as observações de Palakshappa (1976, p.79): "A impureza ritual está ligada também ao curso menstrual das mulheres. As mulheres durante o período mensal [*monthly period*] não são permitidas dentro de casa até que se submetam aos ritos purificatórios". Continua o autor: "Poderíamos, assim, definir 'pureza' como uma aptidão para uma segura e eficaz realização dos rituais [...] enquanto impureza, inversamente, uma inaptidão, e constitui também um perigo ritual". E: "É um fato [...] que esses conceitos de 'pureza' e 'impureza' são uma característica marcante da estrutura social hindu. Na sociedade hindu não existe apenas a 'pureza e impureza' dos indivíduos, mas também a impureza dos grupos (castas e famílias)" (ibid., p.81). Se para Palakshappa, estas regras derivam diretamente da tradição hindu, outras origens (outras influências culturais) não podem ser totalmente excluídas, já que concepções de pureza e impureza existem em muitos lugares do mundo.

113 A grande diferença numérica entre homens e mulheres – na Índia há cerca de 63 milhões menos mulheres do que homens (dados oficiais do governo indiano de janeiro de 2018: cf. *The Guardian*, 30 jan. 2018) – pode ser lida como um indício da prática ainda bastante disseminada de infanticídio feminino.

114 Kashinat (1963, p.19) continua: "Ela deve ficar quieta e deve comer somente depois que todos os membros terminaram suas refeições. Seu papel está completamente fundido com o de sua sogra."

quando o jovem casal conseguia construir sua própria casa e, sobretudo, quando a esposa dava à luz o primeiro filho masculino, o *status* da mulher na nova patrilinhagem finalmente mudava: ela ganhava mais liberdade e tornava-se dona da (nova) casa, avalia Kashinat (ibid., p.19). Caso não conseguisse dar à luz e fosse julgada infértil, a mulher se deparava com atitudes de desapreço dentro e fora de sua família, e era proibida de entrar em qualquer templo religioso e de participar de grandes cerimônias públicas, como casamentos (Kusur, 1963, p.21).

Em qualquer atividade social, tanto as que envolviam trabalho no campo e as tarefas domésticas quanto as efetuadas durante rituais religiosos, era e continua sendo perceptível uma rigorosa divisão de trabalho. "Um homem que executa o trabalho da mulher é visto com desprezo e desdém não só pelos homens, mas também pelas mulheres. E uma mulher que executa o trabalho de um homem é ridicularizada" (Lambi, 1963, p.20). Os homens trabalhavam geralmente fora; já as mulheres dentro e em torno da casa. As mulheres eram e continuam sendo as primeiras a levantar-se, já que eram (são) obrigadas a preparar o café da manhã, e as últimas a se deitar.[115] Elas servem a comida aos homens e comem somente depois que eles terminam a refeição.

Os interlocutores dos antropólogos da Universidade de Karnataka entendiam que o homem era autoridade suprema na família e devia, inclusive, "controlar sua esposa": "eles dizem que é dever do marido controlar sua esposa" (Kashinat, 1963, p.38). Era (e ainda é) frequente mulheres indianas (as siddis não são exceção) sofrerem violência física dentro de casa. Casos de adultério cometidos por mulheres podiam provocar reações extremas dos maridos siddis: "O adultério por parte da esposa é considerado uma ofensa mais grave. Seu marido pode espancá-la e frequentemente o faz" (ibid., p.21). Em situações de conflitos sérios, o único refúgio possível era geralmente a casa do pai cujas portas costumavam ficar sempre abertas para suas filhas, mesmo quando já eram casadas (Chandrasekharaiah, 1963, p.8). A mulher siddi casada não tinha direitos sobre nenhuma propriedade a não ser sobre o dote (*mohar*, para os muçulmanos) que ela recebia na hora do casamento e que servia como uma espécie de seguro no caso da morte do

---

115 Kashinat (1963, p.46): "É ela que se levanta de manhã cedo e vai para a cama tarde da noite. Enquanto o homem, embora seja o principal ganha-pão da família, encontra-se mais ocupado apenas fora do âmbito familiar".

marido[116] ou em caso de divórcio (permitido, na época, no islã, mas proibido para os cristãos).

Mesmo que a sociedade indiana tenha começado a debater a discriminação e a violência contra a mulher, as mudanças que podem ser percebidas, sobretudo no interior do país, são ainda diminutas. A maioria continua trabalhando como *coolies*, trabalhadoras temporárias, executando trabalhos na lavoura ou algum serviço doméstico. Continuam recebendo salários menores pelo mesmo serviço executado por um homem. Se um homem siddi *coolie* recebe entre 160 e 200 rúpias por dia, disse-me uma freira em missão desde 1996 num convento da aldeia Mainalli, uma mulher ganha apenas 80 a 100 rúpias. E acrescentou em tom de crítica e reprovação: "Elas trabalham ainda mais duro e melhor que os homens" (Cadernos de campo, 01/01/2014). Apenas as moças e as mulheres que conseguem estudar em escolas fora da área siddi e investir numa formação profissional têm alguma chance de escapar um pouco dos padrões de dominação masculina; esta assimetria de poder nas relações de gênero continua muita acentuada e bem estabelecida não apenas nas aldeias e vilas próximas, mas também, talvez de forma mais amena, em cidades maiores e mais distantes. A aquisição de novos saberes e de qualificações profissionais dão às mulheres ferramentas para negociarem e, talvez, questionarem e desafiarem as mais diversas diferenciações, imposições, discriminações e humilhações. Mas não há, evidentemente, garantia de sucesso. Além disso, questionamentos da hegemonia masculina podem provocar conflitos em família e levar a fortes tensões entre gerações: por exemplo, se uma filha resistir à escolha do seu futuro marido pelo pai (testemunhei uma situação na aldeia Wada, e comentarei na Parte 2 deste capítulo).

Parte 2: Lutas contra discriminação, reformulações identitárias

III.8. A luta pela conquista do *status* de *Scheduled Tribe*

No dia 1 de janeiro de 2003 os siddis foram incluídos na lista de *Scheduled Tribe* (ST), o que lhes garante, em tese, o acesso a direitos específicos,

---

116 Os bens do falecido eram distribuídos entre seus filhos.

tais como: recebimento de cesta básica; financiamentos para a construção de casas; bolsas de estudo (ou isenção de taxas em colégios e universidades); cotas para cargos no serviço público (administrativo); direito à posse de terra (um dos mais importantes pontos no caso dos siddis).

Se até pouco tempo atrás muitos siddis não recebiam sequer cestas básicas, atualmente quase a totalidade da população possui o *ration card*, que dá direito aos benefícios alimentares.[117] No que diz respeito aos empregos públicos e à posse de terra, a situação é bem mais complicada. A lei prevê dois "acres" – 0,8 hectare – de terra para cada família; o governo, no entanto, não possui terras nesta região e não existe nenhum programa de desapropriação. Para poder redistribuir, o Estado precisaria comprar alguns terrenos (que seguem geralmente nas mãos dos brâmanes e maratas). No entanto, como os órgãos oficiais oferecem preços abaixo do valor do mercado, o programa de redistribuição tornou-se na prática inócuo – um líder siddi disse-me conhecer apenas quatro famílias que receberam terras por meio do programa governamental. De forma semelhante, conseguir emprego público também é tarefa difícil para um siddi, pois a comprovação de qualificações costuma não ser suficiente. Para poder ter acesso a um emprego num órgão do serviço público indiano é quase sempre necessário, no processo seletivo, pagar para algum funcionário (Cadernos de campo, 05/06/2018). As quantias exigidas costumam ser elevadas, de maneira que as chances dos siddis são mínimas em comparação com as dos membros de outros grupos *Scheduled Tribes* que são economicamente mais bem providos (no estado de Karnataka existem mais de cinquenta STs). De qualquer modo, o *status* ST pode ser visto como uma conquista resultante de longa luta dos siddis que vinculava o combate a desigualdades e discriminações à reivindicação de contemplar a população siddi com os benefícios de programas de políticas públicas que têm como objetivo melhorar a situação socioeconômica dos grupos inferiorizados.

A seguir, volto meu olhar para as etapas principais que levaram à conquista do *status*: analisarei as diversas formas de agência, alianças sociopolíticas, ideias e discursos que foram articulados nesse processo. Acima de tudo, interessa-me evidenciar continuidades e descontinuidades no que diz

---

117 Cada família tem direito a 20 quilos de arroz, 1 quilo de lentilha e 1,5 quilo de açúcar que podem ser adquiridos em instalações do Estado em Haliyal ou Yellapur a preços bem reduzidos.

respeito às diferenças e às desigualdades: como diferenças e desigualdades são percebidas, construídas ou desconstruídas, contestadas ou até mesmo superadas pela população local. Continuarei, portanto, estudando processos de inclusão e exclusão, agora no contexto da conquista de direitos específicos. Buscarei avaliar se e de que maneira as tradições locais de incluir e excluir – de identificar e identificar-se – têm afetado a luta política, bem como se e até que ponto têm sido afetadas ou transformadas pelas estratégias políticas dos líderes e pelas conquistas no plano institucional-legal. Veremos que a luta pela inclusão em programas de ação afirmativa teve vários impactos sobre a vida dos siddis: ocorreram ressignificações de tradições e surgiram até novas formas de autorrepresentação.

Desde muito cedo, a forte influência dos sacerdotes supremos religiosos não-siddis (padres, mulás, brâmanes) sobre a vida dos siddis foi percebida, tanto por líderes locais quanto por agentes externos, como um obstáculo para a organização da luta política e para a implementação de políticas públicas que pudessem atingir toda a população. Os agentes do poder público começaram a se sensibilizar com a situação dos siddis na década de 1950 – mas, num primeiro momento, somente com um dos três subgrupos. Palakshappa (1976, p.14) comenta que, em 1953, a chamada *Backward Class Commission* incluiu os siddis hindus na categoria de "classes atrasadas" [*backward classes*]; já os siddis católicos e muçulmanos foram classificados, no relatório da comissão, como "classes adiantadas" [*forward classes*]. Essa distinção teria sido feita com base nos diferentes credos, sugere Palakshappa.

Os primeiros impulsos claros visando à mobilização dos siddis com o objetivo de transformar a situação de extrema pobreza e exploração social e econômica dessa população que pude identificar ocorreram no final da década de 1950 e início da de 1960. Num curto parágrafo da sua tese, Hiremath (1993, p.172) refere-se à tentativa de dr. Dinakar Desai de unir os siddis. Desai era uma personagem conhecida na região de Uttara Kannada; atuava como juiz, escritor e líder político que se preocupava tanto com os trabalhadores urbanos quanto com os pequenos camponeses sem-terra. Inspirado em ideias socialistas, lançou uma campanha contra os grandes proprietários de terra, e chegou a ser preso em 1940 pela administração colonial. Em 1953, Desai fundou o Kanara Welfare Trust que tinha como objetivo principal facilitar a populações carentes no norte de Karnataka

254 ANDREAS HOFBAUER

o acesso ao ensino, e beneficiou, indiretamente, também grupos como os siddis. Hiremath não dá maiores detalhes sobre o tipo de intervenção que Desai planejava junto aos siddis. Houve um encontro perto de Ankola em 1958, mas os esforços não teriam trazido nenhum resultado relevante, nem unidade entre os siddis.

A interação entre Vinoba Bhave e a população local, poucos anos depois, parece ter sido mais intensa. De acordo com Lambi, o advogado, líder espiritual e lutador pela Independência do país apareceu em Ramnagar (perto de Yellapur) em 1961. Admirador e amigo de Gandhi, abraçou suas formas de luta e se tornou uma espécie de sucessor espiritual do grande mestre.[118] Vinoba Bhave ficou conhecido por um movimento (Bhoodan Movement ou Land Gift Movement) que havia iniciado em 1951: seguindo os ideais de Gandhi acerca de ações de não violência, partiu de uma pequena vila (Bhoodan Pochampally) do interior do então estado de Andhra Pradesh numa campanha em prol da redistribuição das terras. Durante cerca de vinte anos, cruzou a Índia a pé, buscando convencer, com até notável sucesso, grandes proprietários a doarem um sexto das suas terras a pessoas pobres e sem-terra (esse ativismo ficou conhecido também como Sarvodaya Movement). As descrições superficiais de Lambi não nos possibilitam ter maior precisão acerca dos contatos e diálogos que se estabeleceram entre Vinoba Bhave e os siddis; elas, porém, deixam claras algumas das dificuldades que o líder político-espiritual enfrentou quando incentivava os siddis a se juntar numa luta comum e, dessa forma, a superar suas divisões religiosas internas. Se houve certa adesão da parte dos siddis cristãos e hindus, os muçulmanos teriam majoritariamente rejeitado a proposta de participar de um movimento unificado. Nas palavras de Lambi (1963, p.59):

> Todos os siddis, muçulmanos, cristãos e hindus tinham vindo ao lugar [Ramnagar]. Vinoba Bhave convenceu os siddis a abandonar sua religião e formar apenas um grupo siddi. Hindus, cristãos e alguns poucos siddis muçulmanos concordaram prontamente em se unir uns aos outros. Mas a maioria dos

---

118 Gandhi escolheu Vinoba Bhave como seu primeiro *satyagrahi*, a pessoa que fielmente seguia e punha em prática as concepções filosófico-espirituais defendidas por Gandhi e que apoiava ativamente o movimento de resistência não violenta: *satyagraha* é um termo hindi (सत्याग्रह) composto por duas palavras: *satya*, que pode ser traduzida como verdade; *agraha*, que significa firmeza, constância.

DIÁSPORA AFRICANA NA ÍNDIA 255

siddis muçulmanos não se apresentou. Bhave tentou convencê-los de muitas maneiras, mas eles não concordaram. Por fim, ele teve que desistir de sua tentativa. (Lambi, 1963, p.59)

Para o pesquisador da Universidade de Karnataka, essa resistência estava vinculada diretamente ao poder dos "líderes religiosos" sobre "suas" comunidades. A reação do padre de Haliyal foi especialmente dura. Após a tentativa fracassada de mobilização articulada por Bhave, o Father of the Church foi de Haliyal às aldeias pregando contra qualquer tentativa de agregação com siddis de outras religiões. Ao basear sua argumentação em supostas diferenças fundamentais entre os grupos que, o padre deixou claro, deviam ser mantidas, proibiu os siddis cristãos de estabelecer qualquer contato com outros grupos sem sua permissão:

> quando Vinoba Bhave foi embora daquele lugar, o Pai da Igreja de Haliyal foi às aldeias Siddi e disse-lhes furiosamente para não se unirem a nenhum outro grupo religioso. Ele também lhes disse que 'os siddis cristãos são diferentes dos siddis muçulmanos e os siddis muçulmanos também são diferentes dos hindus ou cristãos. Vinoba Bhave queria tirar proveito de sua ignorância. Os siddis cristãos não devem ir a lugar nenhum sem sua [do padre] permissão'. Isso é o que o Pai da Igreja [Father of the Church] disse aos siddis cristãos. Assim, estes casos mostram que os siddis vivem sob diferentes forças religiosas e não estão prontos para ir além dessas forças. (Lambi, 1963, p.59-60)

É no início da década de 1980 que foram, finalmente, dados os primeiros passos em direção à fundação das primeiras organizações políticas que buscavam representar todos os siddis. O que motivou a formação dessas entidades era, desde o princípio, a busca por estratégias que, por um lado, permitissem combater tratamentos discriminatórios e diversas formas de exploração, e, por outro, possibilitassem o acesso a benefícios dos programas governamentais de ação afirmativa. A construção dessas associações e, assim, de uma nova forma de interagir e se relacionar com os demais grupos da região e, acima de tudo, com as instituições do Estado não teria sido possível sem a participação ativa de agentes de fora da comunidade. Figura central nesse despertar do ativismo político siddi foi o antropólogo-jesuíta Cyprian Lobo. Segundo seus relatos, em meados de 1979, poucas semanas depois de ter sido ordenado padre, Lobo teve o primeiro contato com as comunidades siddis. Durante sua formação teológica em Mangalore, Lobo deparava-se com o profundo envolvimento da Igreja Católica com a cultura ocidental e começou a criar formas de se rebelar contra aquilo que entendia como "ocidentalização". Deixou crescer o bigode tal qual a maioria dos homens indianos, o que provocou uma polêmica na escola cristã onde ensinava, resultando em sua demissão. Já naquele momento pensava em mudar seu nome, que lhe soava muito "ocidental",[119] e mais tarde assumiu, de fato, um tipicamente hindu, Kiran Kamal Prasad.

A curta mas intensa vivência com os siddis só fez aprofundar seus questionamentos: sensibilizou-o para a questão das diferenças culturais e religiosas e o motivou a fazer mestrado em antropologiana Universidade de Karnataka (1981-1983). Quando foi chamado para atuar na missão de Mundgod, onde já existia um projeto jesuíta voltado para o trabalho socioeducacional – Loyola Vikas Kendra, implementado pelo padre Claude D'Souza em meados da década de 1970[120] –, ficou muito contente e decidiu instalar-se, em junho de 1983, numa pequena aldeia siddi, Mainalli, a cerca de 20 quilômetros de Mundgod. A maior parte da população de Mainalli era de siddis cristãos. Havia ainda algumas poucas famílias de siddis muçulmanos e uma família dalit, termo preferido por Prasad (2005, p.123) para designar a população que é excluída pelo sistema dos varnas. De acordo com as memórias de Prasad, sua intenção era desde o início unir missão religiosa com intervenção sociopolítica. Conquistar para o povo siddi o *status* de *Scheduled Tribe* era seu objetivo.[121] E o jovem padre-cientista sabia que, para reivindicar a inclusão dos siddis na lista de STs, era necessário fazer um extenso estudo sobre a condição de vida deles. A fim de executar

---

119 Cyprian Lobo é um dos muitos nomes que remontam à presença portuguesa secular na Índia. Até hoje, nomes portugueses são muito comuns em Goa. Como anteriormente comentado, a maioria dos siddis cristãos tinha, e aqueles que não trocaram seus sobrenomes por "Siddi", ainda tem sobrenomes de origem portuguesa.

120 Diversos outros padres jesuítas trabalharam no projeto Loyola Vikas Kendra:, por exemplo, os frades Francis Guntipilly, Ambros Fernandes e Robert Cutinha, além do assistente social Shivappa Poojari.

121 Lobo não foi o primeiro a propor este caminho de luta. A ideia de incluir os siddis na lista de *Scheduled Tribes* ou *Scheduled Castes* já tinha sido articulada num dos trabalhos dos estudantes de Dharwad (cf. Dayanand, 1963, p.4).

o plano, Prasad (Lobo)[122] teve de, num primeiro momento, superar a resistência da cúpula de sua ordem – da qual ouvia, por exemplo, o argumento de que lutar pelo reconhecimento dos siddis como uma ST seria contrário aos princípios do cristianismo, que prega unidade e não divisão entre os seus seguidores (Prasad, 2005, p.118-21).

Tendo conseguido finalmente a permissão para efetuar uma pesquisa (*survey*), Prasad se reuniu logo com líderes siddis, expondo suas ideias e os projetos que seriam aprovados por eles. Os pontos centrais, segundo o próprio pesquisador, eram: "desenvolver sua capacidade de liderança [*leadership*] e fortalecer todos os esforços coletivos que eles propuserem para a melhoria de suas vidas e colaborar para todas as atividades que tenham apoio da comunidade, buscando o máximo de suporte de projetos e programas governamentais" (Prasad, 2005, p.122).[123] Refletindo algumas décadas depois sobre esse período, Prasad afirma não ter tido uma ideia clara naquele momento sobre o "desenvolvimento" que queria promover junto aos siddis. "Eu queria compartilhar a vida deles da forma mais completa possível. Não tinha um plano grandioso para o seu desenvolvimento. Tudo que eu queria fazer era estar com eles" (ibid., p.122). Essa atitude encontrava respaldo nas convicções religiosas de Prasad, por um lado, e no aprendizado antropológico, por outro. Para ele, atuar como padre jesuíta significava "disseminar a mensagem do amor e construir fraternidade entre as pessoas", além de "trabalhar em prol de transformações sociais, posicionando-se do lado dos marginalizados" (ibid., p.122). As perspectivas e os métodos antropológicos serviam-lhe como instrumentos mais ajustados nessa missão (ibid., p.123).

Prasad não apenas se sentia atraído pelas propostas e pela atuação da Teologia da Libertação na América Latina, mas também era admirador de Paulo Freire, cuja obra – principalmente *Pedagogia do oprimido* – tinha estudado no colégio. Uma das primeiras atividades de Prasad junto aos siddis foi a de promover cursos de alfabetização para adultos, seguindo o método elaborado pelo importante pedagogo brasileiro.

---

122 Daqui em diante adotarei o sobrenome Prasad, mesmo para épocas em que o padre-antropólogo ainda usava o sobrenome Lobo.

123 "Os líderes concordaram com minhas propostas e me convidaram a ficar com eles e providenciaram uma pessoa, Dumgi Mami, para me fornecer comida" (Prasad, 2005, p.122).

258 ANDREAS HOFBAUER

Com a ajuda de vinte assistentes sociais ligados ao Conselho Diocesano de Desenvolvimento de Karwar, Prasad conseguiu finalmente realizar o estudo num prazo de dois meses. A equipe chegou a visitar 153 comunidades[124] e levantou grande número de dados referentes aos mais variados aspectos da vida dos siddis: renda familiar, tipos de construção de casa, posse de utensílios domésticos, escolaridade, atividade profissional, modalidades de parentesco, características fenotípicas, organização política, ciclo de vida, língua e religião fizeram parte dos questionários. Terminados os levantamentos, a intenção de Prasad era permanecer na região durante mais alguns anos e aprofundar seu trabalho religioso, acadêmico e político. Seu pedido, encaminhado ao Superior Provincial da ordem, não foi, porém, atendido, e o padre teve de se mudar para o estado de Bihar. Porém, fez questão de processar os dados do estudo com o objetivo de produzir um relatório que, para além de seu importante conteúdo acadêmico, teria grande importância política. O texto, que possui características de um estudo antropológico e sociológico, termina com um capítulo dedicado à defesa da atribuição do *status* de *Scheduled Tribe* aos siddis. Uma vez que esse relatório foi encaminhado às autoridades indianas, ainda no ano de 1984,[125] e se tornou peça-chave nessa conquista, vale a pena olharmos mais de perto para a argumentação do autor, que aparentemente conseguiu "convencer" os representantes da burocracia estatal.

Ao longo das suas análises antropológicas apresentadas no relatório, Prasad busca, em diversos momentos, argumentar que não apenas as condições socioeconômicas, mas, acima de tudo, as práticas culturais siddis apresentam características típicas de sociedades tribais. Já no prefácio do relatório lê-se: "Na minha primeira visita a eles, tive a forte impressão de que os siddis têm muitas características tribais. Esta impressão foi confir-

---

124 Devido às chuvas das monções, algumas habitações e aldeias não podiam ser alcançadas pelos pesquisadores.

125 O relatório foi encaminhado, entre outros representantes políticos, ao presidente da República, ao primeiro-ministro, ao ministro-chefe do estado de Karnataka, ao presidente da Karnatak Backward Classes Commission e ao Comissário para assuntos de *Schedule Castes* e *Tribes*. Em 2005, Prasad reeditou seu relatório histórico de 1984, acrescentando dois capítulos nos quais reflete sobre o processo histórico e seu envolvimento pessoal com a luta pelo reconhecimento dos siddis como *Scheduled Tribe*. Este novo livro já foi assinado com o nome de Kiran Kamal Prasad.

mada pelo presente estudo" (Lobo, 1984, p.II). Crenças animistas, ritos dedicados aos ancestrais, organização política que segue o modelo segmentário e um espírito de vida despreocupado com o amanhã são, para Prasad, alguns indícios que lhe permitem defender sua tese principal: os siddis são uma sociedade tribal e seu estilo de vida não se distingue substancialmente de outras castas inferiores da região.[126] A primazia dada no estudo a equiparar os siddis a milhares de outras tribos e castas inferiorizadas na Índia – e, dessa forma, preparar o caminho para uma luta dentro das instituições políticas do país – aparentemente desestimulou o pesquisador a sondar se existem relações entre padrões culturais siddis e tradições de seus antepassados africanos. Ao contrário, Prasad (ibid., p.13) fez questão de negar continuidades desse tipo quando afirmou categoricamente que "uma característica comum de todos os siddis encontrados em Karnataka, como também daqueles em Gujarate, Maharashtra e Goa, é que eles não retiveram nada de sua cultura original". A condição de escravo doméstico teria feito com que eles não pudessem "manter sua vida comunal". "Como resultado, foram compelidos a sacrificar sua cultura e idioma e a aprender o idioma local para a comunicação e cultura, para assim dar sentido e organização a suas vidas" (ibid., p.16). Até as tradições rítmicas, que mais recentemente se tornaram símbolos da "africanidade siddi", são citadas por Prasad como mais uma peça que se encaixa no mosaico da categoria genérica de tribalidade:

> Os siddis têm uma propensão natural para música e dança. Tanto homens quanto mulheres gostam de cantar e de dançar em grupo. Isso, novamente, pode ser um traço tribal típico. As tribos são conhecidas por dar vazão aos seus

---

126 "Embora os siddis de religiões diferentes sigam práticas religiosas diferentes, notamos uma crença animista comum em espíritos e ancestrais e várias práticas de acordo com essa crença. Essas práticas também são semelhantes às dos grupos de castas inferiores da região e são típicas de um grupo tribal" (Lobo, 1984, p.97). E acrescenta: "Mas notamos elementos de continuidade com as castas dominantes da região em vários rituais do ciclo de vida. Os siddis tomaram emprestados muitos rituais desses grupos dominantes" (ibid., p.97). "Na ausência de uma organização supralocal [overall], cada povoado forma uma unidade, havendo alguns líderes para orientar os mais variados assuntos do povoado e resolver as disputas entre seus membros. Esse padrão se aproxima do tipo segmentário de organização de uma típica tribo" (ibid., p.II). "Pode-se dizer que os siddis possuem um tipo segmentário de organização política com relações predominantemente igualitárias. Este tipo de organização social/política é novamente típica das tribos primitivas" (ibid., p.30).

260 ANDREAS HOFBAUER

sentimentos em grupo, fazendo movimentos rítmicos de seus corpos e cantando melodias simples. (Ibid., p.64)

No último capítulo do relatório ("The Siddis in Karnataka a tribe? A Scheduled Caste?"), Prasad enfrenta a questão da definição da categoria *tribo*. Relembra que o conceito *Scheduled Tribe* se consolidou após a Constituição indiana ter entrado em vigor em 1950. E explica que a prática de identificar grupos que viviam em situação de extrema miséria com o objetivo de conceder-lhes certos benefícios remonta a épocas pré-Independência. Assim, já antes da promulgação da Constituição, em 1935, o India Act tinha classificado, pela primeira vez, alguns grupos como *backward tribes* e, no censo de 1931, algumas comunidades tinham sido reconhecidas como *primitive tribes*, outras como *backward classes* (ibid., p.89).

Prasad chama a atenção para o fato de a Constituição, nos artigos 341 e 342, ter atribuído ao presidente o poder de incluir populações residentes na Índia na lista de *Scheduled Tribes*. Se o texto constitucional não definiu, em nenhum momento, critérios específicos para a identificação de uma comunidade como ST, Prasad indica que o presidente tem seguido certas orientações contidas no *Handbook of Scheduled Castes and Scheduled Tribes*, editado, em 1968, pelo Comissário governamental para assuntos *Scheduled Castes e Scheduled Tribes*. Entre elas, quatro características ganham destaque: "As principais características comuns a todas as STs são (a) origem tribal (b) modo de vida primitivo (c) povoações em áreas remotas e de difícil acesso e (d) atraso geral [*general backwardness*] em todos os aspectos" (India, 1968, p.27-8, apud Lobo, 1984, p.90).[127]

---

127 Uma orientação emitida pela Secretaria de Governo do Bem-Estar Social das SCs e STs e Departamento de Trabalho do estado de Karnataka repete diversos pontos abordados no *Handbook*, além de realçar, como critérios, características culturais específicas, péssimas condições de vida e ocupações profissionais tidas como "impuras", seguindo aparentemente o "catálogo" de valores do sistema das castas. "No caso das STs, a maioria das comunidades tribais e grupos raciais enumerados vive em matas e colinas isoladas do resto da sociedade. Por causa das diversas dificuldades impostas às SCs e do lugar inacessível onde vivem as STs, elas levam uma vida subumana e primitiva. Seu local de moradia é pobre e árido. Eles seguem ocupações impuras. A educação está quase totalmente extinta. Para descrever sua vida em resumo, eles não são melhores do que animais [*they are no better than animals*]. O atraso dessas classes é conhecido por todos". E: "As tribos devem manifestar indícios de traços primitivos, cultura distinta, isolamento geográfico, timidez no contato com a comu-

DIÁSPORA AFRICANA NA ÍNDIA **261**

Em seguida, Prasad mostra que não há consenso entre os antropólogos no que diz respeito àquilo que constitui uma tribo; nenhum dos diversos critérios definidores ventilados seria satisfatório. Dessa forma, nem mesmo a diferenciação entre tribo e casta na Índia podia ser feita com clareza absoluta. A suposição de que tribos não são estratificadas internamente e não se encaixam na hierarquia dos varna não se confirmaria em todos os casos: "Existem intercasamentos entre tribos e castas e há até tribos que possuem subdivisões hierárquicas internas [...]", explica Prasad (Lobo, 1984, p.93).

Na medida em que é difícil encontrar um critério válido inquestionável, Prasad recorre à concepção de *continuum* para, com ela, corresponder às ambiguidades encontradas no mundo empírico. O autor orienta-se em dois modelos: um *continuum* elaborado por Bailey a respeito de sistemas políticos, que vai de formas de organização social igualitária até sociedades marcadas por dependências sociais internas, e outro *continuum* desenhado por Béteille, que abre um espectro entre sociedades baseadas no parentesco e sociedades com marcantes diferenciações e especializações profissionais. Prasad afirma que "muitos grupos que são reconhecidos como tribos compartilham, com os membros da sociedade majoritária, muitas características, tais como língua, práticas religiosas, condições econômicas e nível de vida". Neste caso, "o conceito de continuum ajuda a transcender a dificuldade" é a resposta pragmática do antropólogo-religioso-militante à complexidade empírica encontrada (ibid., p.95). Seguindo as reflexões de Béteille, de acordo com o qual na Índia os grupos tribais apresentam "em graus distintos, elementos de continuidade com a sociedade mais ampla", Prasad (ibid., p.93) chega à conclusão de que uma linha que separa tribos de grupos não-tribais só pode ser traçada por meio de um ato, em última instância, arbitrário. E, mesmo assim, curiosamente, o autor não deixa de elencar, no final do capítulo, "critérios principais" que, de acordo com ele, "ajudam a determinar um grupo particular como uma tribo":

a) uma certa identidade social que diferencia este grupo de outros grupos da região, em termos de língua, organização social, regras de casamento, organização política, certos costumes e crenças e características étnicas. Quando

---

nidade em geral e atraso [*backwardness*]" (Alexander J., "Issue of Caste Certificates to STs", n.SWL 264 SET 81, Bangalore 89 June, 1981, apud Lobo, 1984, p.90).

262 ANDREAS HOFBAUER

identidades claras não são visíveis em nenhum desses aspectos, os antecedentes históricos imediatos lançarão luz sobre a identidade específica da população; e b) atraso geral e modo de vida primitivo [*general backwardness and primitive way of life*]. (Lobo, 1984, p.96)[128]

Nas palavras finais, Prasad enfatiza tanto a importância da integração dos siddis no projeto nacional quanto a necessidade de fortalecer o grupo local, e afirma que a prosperidade dos siddis contribuirá para o floresci-mento da nação:

> Os siddis em Karnataka não são assim tão numerosos. São cerca de 6.000. Mas construir uma pequena parte marginalizada da humanidade e fortalecer e preservar sua identidade e, ao mesmo tempo, ajudá-la a se integrar na corrente principal [*mainstream*] da vida nacional só contribuirá para a diversidade e a riqueza que é a Índia. (Lobo, 1984, p.102)

Veremos que as concepções elaboradas por Prasad terão repercussão sobre a luta e certas autorrepresentações que os siddis vêm desenvolvendo desde o final do século XX. Chama a atenção o fato de existirem algumas semelhanças entre as "definições" clássicas de quilombo e as noções de *Scheduled Tribe* – por exemplo, comunidades isoladas e de difícil acesso – com que mentores indianos e brasileiros das propostas legais vêm ope-rando. No entanto, diferentemente do Brasil, não se articulou no debate indiano algo parecido com o chamado processo de *ressemantização* da ideia de quilombo que, no caso brasileiro, introduziu concepções antropológicas fundamentais a respeito da compreensão das identidades. Dessa forma, as discussões na Índia em torno da definição de populações, tais quais os siddis, como *Scheduled Tribes* têm passado ao largo de reflexões sobre "sub-jetividades" ou "posicionamentos contextuais e políticos".

---

128 O livro termina com recomendações ao governo para implementar medidas concretas em prol das comunidades siddis. Prasad (Lobo, 1984, p.102) refere-se a diversas obras de in-fraestrutura que visam a melhorias nas áreas da saúde e educação: construção de estradas, escolas e postos de saúde. Ele faz forte apelo para regulamentar os títulos de terra e propõe projetos que possam garantir o desenvolvimento de pequenas manufaturas nas aldeias, tais como a produção de cestas e de tecidos, usando materiais locais.

DIÁSPORA AFRICANA NA ÍNDIA **263**

A feitura do relatório seria apenas o primeiro passo em direção à conquista do *status* de ST, que culminaria na publicação da emenda "The Scheduled Castes and Scheduled Tribes Orders (Amendment) Act, 2002, nº 10 of 2003", no dia 7 de janeiro de 2003, que constituiu os siddis como a 50ª *Scheduled Tribe* de Karnataka.[129] A figura mais importante da política institucional que deu respaldo aos projetos siddis foi Margaret Alva, do Partido do Congresso, que, na década de 1980, ocupava o cargo de *Union Minister of the State* e, posteriormente, atuou no Ministério para Desportes e Juventude. Não foi, portanto, nenhum acaso que seu apoio constante às reivindicações dos siddis tenha sido lembrado nas comemorações de dez anos de conquista do *status* de *Scheduled Tribe*, em 2013, quando, então governadora do estado de Rajastão, Alva foi a homenageada principal (até o cartaz oficial das comemorações trazia seu retrato).

Desde o início da luta política, os trabalhos de base e as mobilizações locais foram executados, evidentemente, pelos próprios siddis e por alguns colaboradores importantes que conviviam diretamente com eles. Incentivados por Prasad, dois outros padres, J. B. D'Silva e Koima, e o assistente social Shivappa Poojari fundaram, em 1984, com líderes das comunidades siddis, a All Karnataka Siddi Development Association (AKSDA). O objetivo era unir os siddis de todas as religiões e organizar uma luta conjunta por melhores condições de vida e pela inclusão dos siddis na lista de *Scheduled Tribes*. Os mentores do projeto tiveram o cuidado de eleger representantes dos três subgrupos para a diretoria da primeira representação política siddi.[130] Prasad

---

129 A primeira etapa importante que levou à edição da emenda foi a inclusão dos siddis de Karnataka na lista das *Backward Classes* sob a categoria de *Backward Tribes* em 1986. Além dos estudos de Prasad (Lobo), o relatório solicitado pelo Departamento de Bem-Estar (Social Welfare Department) e elaborado pelo professor dr. Kaedthotad, da Universidade de Karnataka, serviu ao legislador como base para esta decisão. Segundo os termos do texto legal: "O governo tem o prazer de incluir a comunidade 'siddi' de Karnataka *como um todo, independentemente da religião e do local de residência* na lista das Classes Atrasadas [*Backward Classes*] sob a categoria *Tribos Atrasadas* [*Backward Tribes*]" (apud Prasad, 2005, p.104, grifo nosso). A emenda de 2003 beneficiou os siddis de Uttara Kannada, o que significa também que os pequenos grupos de siddis que vivem nos distritos de Belgaum (mais de 30 famílias) e Dharwad (mais de 125 famílias) continuam não sendo considerados *Scheduled Tribes* e não podem, portanto, contar com o apoio dos programas de ação afirmativa previstos pela legislação.

130 A diretoria da AKSDA contava com os seguintes membros: Bastao Simao Siddi (presidente), Cajetan F. Siddi, Ghorisab R. Siddi, Manuel P. Siddi, Krishna Tamasya Siddi e Anthony Fernandes Siddi.

conta que, num dos primeiros encontros, precisou esforçar-se para convencer os membros a assumir "siddi" como autodenominação da organização, já que o termo provocava associações pejorativas na maioria das pessoas.[131]

Desde o início, a questão da terra acirrava os ânimos dos siddis que se engajavam na AKSDA. Uma reclamação recorrente dizia respeito ao fato de que eles tinham aberto a área ao cortar as árvores, possibilitando, dessa forma, o cultivo da terra; no entanto, deparavam-se com a perda do direito, de quase todos os siddis, sobre a terra, na maioria das vezes por terem sido enganados pelos grandes proprietários da região.[132] Uma das propostas apresentadas por Prasad foi a de lutar por um pedaço de terra para poder promover um projeto de reassentamento de 232 famílias. Houve apoio das lideranças siddis; no entanto, a ideia nunca foi levada a cabo (Prasad, 2005, p.109). Um grande encontro (*sammelan*) organizado pela AKSDA ocorreu em fevereiro de 1988 em Kirvatti, reunindo cerca de 3 mil siddis e contando com a participação dos líderes mais importantes de cada subgrupo – Krishna Siddi (hindu), Bore Sab (muçulmano) e Diyog Siddi (cristão) –, além do presidente da organização, Bastao Simao Siddi. As resoluções elaboradas neste evento salientaram os objetivos centrais da organização: fortalecer o movimento suprarreligioso, investir em projetos educativos – "dentro de dois anos, certifique-se de que todas as crianças siddis frequentem a escola [...]"; "faça que os mais velhos sejam alfabetizados por meio de aulas especiais de Educação para Adultos" – e pressionar o governo a emitir títulos de terra e a conceder o *status* de *Scheduled Tribe* aos siddis (cf. Obeng, 2007, p.152).

No bojo da fundação da AKSDA, emergiram diversas atividades de cunho cultural e político que contaram com o apoio pontual de outras or-

---

131 Escreve Prasad: "Nas primeiras reuniões e encontros da AKSDA, o autor chamou a atenção para a etimologia de 'Siddi', explicando que significa mestre, e apontou que eles não tinham nada de se envergonhar do seu nome, mas deveriam usá-lo com orgulho. A tendência de substituir siddi por alguns outros nomes foi efetivamente combatida" (Prasad, 2005, p.106). O autor baseou-se numa derivação etimologia apresentada por Enthoven, em 1922, e comparou o significado original de siddi (no norte da África) ao uso do termo *sahib* na Índia (cf. Lobo, 1984, p.71).

132 No seu relatório, Prasad (Lobo, 1984, p.28) transcreveu uma das reclamações que ouviu numa reunião da AKSDA: "Nós desbravamos florestas e cultivamos a terra. Depois, por uma necessidade ou outra, tomamos um empréstimo de um havig [brâmane]. Geralmente acontece que não conseguimos devolver o empréstimo no prazo estipulado. Em seguida, somos solicitados a hipotecar nossa terra. Não podemos resgatá-lo, pois os enormes juros continuam subindo ano após ano. Finalmente, somos obrigados a nos separar da terra".

ganizações, tais como: Karwar Diocesan Development Council (KDDC); Loyola Education Center, situado em Yellapur, Loyola Vikas Kendra (LVK) e Loyola School and Pre-University College, localizados em Mundgod; Green India Trust, de Dandeli; e as freiras do convento de Holy Cross, instalado em Mainalli. Foram fundadas pequenas cooperativas em diversos lugares, desde projetos de marcenaria, artesanatos com materiais locais (por exemplo, bambu), até pequenas oficinas de tear (Prasad, 2005, p.109; Obeng, 2007, p.53).[133] A maior e mais importante delas é a Large Area Multipurpose Cooperative Society (Lamps), que possui duas sedes: em Haliyal e em Yelapur. Essa cooperativa tem incentivado os siddis a colher mel de abelhas selvagens e se responsabiliza pela venda do produto na região. Além de mel e cera – que são, de longe, os produtos mais significativos –, a Lamps organiza também a produção e a comercialização de algumas sementes, pimenta, tamarindo e sabonetes naturais.

Outras atividades que chamaram a atenção, além de reuniões e das primeiras manifestações políticas públicas, foram pequenas apresentações performáticas no estilo teatro de rua e exibições de peças teatrais. Por exemplo, um drama popular apresentado em todo o norte de Karnataka, *Sangya Balya*, que foca o rompimento de normas sociais e morais, bem como temas de amor, sexo, pobreza, lealdade, traição e revanche, foi encenado por siddis de Mainalli. Sobretudo grupos siddis católicos começaram a apresentar-se em eventos regionais, nacionais e até fora da Índia. O organizador principal de muitos destes projetos foi Eric Ozario, cantor popular de músicas konkani e fundador do centro cultural konkani em Mangalore (Prasad, 2005, p.111). Percebe-se que muitas atividades culturais dos siddis cristãos seguiam vinculadas a iniciativas de "líderes" konkani, fossem eles artistas, assistentes sociais ou representantes da Igreja Católica. Prasad registrou que diversos "grupos culturais siddis" (*Siddi cultural troupes*) apresentaram-se regularmente nos "festivais culturais konkani", na cidade de Karwar. Não há dúvida de que os jesuítas de origem konkani – geralmente de Mangalore ou de Goa – continuam até hoje imprimindo seus valores nas comunidades siddis católicas, mesmo quando alguns padres incluem em suas estratégias missionárias a proposta da "inculturação" com o objetivo

---

133 Uma das cooperativas mais recentes foi incentivada pelo pesquisador norte-americano Drewal, o qual tem mediado, desde 2001, a comercialização de mantas de retalhos produzidas por mulheres em Mainalli Drewal, 2004, p.141.

266 ANDREAS HOFBAUER

de valorizar algumas especificidades culturais dos siddis até dentro da igreja durante a celebração da eucaristia.[134]

Em 1984, outra apresentação teatral fez muito sucesso entre os siddis. Sob orientação de Chidambara Rao Jambe, ativista do projeto de teatro Ninasam, sediado na pequena cidade de Heggodu, trinta siddis do povoado Manchikere encenaram a peça *Kappu Janara Kempu Neralu*, adaptação do romance de Chinua Achebe *O mundo se despedaça*, de 1958. Tido como uma das mais importantes obras literárias africanas do século XX – tornando-se, inclusive, uma importante referência para a crítica pós-colonial –, conta como a intervenção colonial britânica transformou violentamente, inclusive por meio das missões cristãs, as vidas nas aldeias igbo na Nigéria. A semelhança entre a história contada por Achebe – e reelaborada por Jambe – e a realidade vivida pelos siddis não deixou de ter fortes impactos sobre os atores e seus familiares. Parashuram Siddi, que tinha desempenhado o papel de Okonkwo, herói trágico da peça – que, para enriquecer, deu as costas às tradições musicais e religiosas que seu pai tanto valorizava –, lembrar-se-ia 25 anos depois daquele momento e destacaria os diversos impulsos que as apresentações dessa peça deram a ele e a tantos

---

134 No artigo, "Aliens and Homelands: Identity, Agency and the Arts among the Siddis of Uttara Kannada", publicado na coletânea *Sidis and Scholars*, Drewal analisa, em tom crítico, o *workshop* Arts and Culture, organizado por jesuítas da LVK e por E. Ozario em Mundgod, que durou cinco dias em 2001, com a presença de trinta representantes das comunidades siddis. Drewal comenta que após décadas em que os padres tinham se concentrado, nos seus trabalhos com os siddis, em aspectos socioeconômicos – "temas econômicos e de classe social" –, começaram a voltar-se para assuntos culturais. A avaliação do antropólogo dos esforços presenciados não é, porém, muito positiva: "Desde o início do workshop, eu senti que os siddis – tanto alunos quanto os mais velhos – eram geralmente passivos em vez de ativos na formação do workshop. Eles ouviram e responderam aos organizadores que, apesar de suas melhores intenções, trataram os siddis como se fossem pessoas 'atrasadas' [*backward*] e, assim, reforçaram um daqueles estereótipos que estavam tentando mudar" (Drewal, 2004, p.148). Na mesma coletânea, Obeng relata as comemorações em torno do centenário da canonização de Sta. Rita em Mundgod (2001). A missa começou com o toque do tambor *damam* e houve apresentações performáticas de nove dançarinos siddis. O padre Guntipilly e Ozario defenderam esta performance como um ato de "enculturação" que estaria de acordo com a realização da encíclica Evangelii Nuntiandi (1969), e por meio da qual o Papa Paulo VI teria encorajado a incorporação dos problemas, esperanças e ansiedades do povo comum na liturgia. Nem todo mundo reagiu de forma positiva a esta inovação. Houve quem – pessoas pertencentes aos grupos linguísticos kannada e marati – reclamassem junto ao padre que a celebração teria dado preferência aos siddis falantes da língua konkani (Obeng, 2004, p.123-7; cf. tb. id., 2007, p.86).

DIÁSPORA AFRICANA NA ÍNDIA   267

outros siddis: contribuíram para os siddis se fortalecerem como um grupo e os incentivaram a se abrir para um diálogo com o "mundo lá fora".

> Foi somente depois de encenarmos a peça dirigida por Jambe [...] é que o mundo lá fora nos viu como seres humanos. A peça construiu uma ponte entre nós e o mundo exterior. As pessoas de fora nos aceitaram após a peça. Antes nós também tínhamos complexo de inferioridade dentro de nós, mas com a encenação da peça e o amor que recebemos depois da peça, apagamos o complexo de inferioridade e abrimos o caminho para uma interação mais livre com o mundo exterior. (apud Samvartha, 2010, p.6)

Os filhos de Parashuram Siddi, Girish e Girija Siddhi referiram-se, em entrevista concedida em 2009, a outro efeito importante que o sucesso de *Kappu Janara Kempu Neralu* provocou: a partir das apresentações teatrais, seu pai teria começado a olhar de outra maneira para as tradições musicais, tais como a dança *phoogidi* e os toques de *damam*, e teria buscado formas de poder mostrá-las fora das comunidades a um público não-siddi: "Antes, a dança pugudi [sic] não tinha uma forma e uma estrutura própria. As pessoas dançavam como seu coração as fazia dançar. Mas o pai deu-lhe uma forma e uma estrutura e pediu às pessoas que dançassem em coordenação e assim ele preparou nossa dança para o palco" (ibid., p.6). Se os siddis tinham, desde sempre, a consciência de que seus antepassados não eram originários da Índia, mas vieram de um lugar distante chamado *África*, tal consciência trazia poucas implicações para seu cotidiano e para a maneira como se representavam em espaços públicos ou diante das autoridades estatais. No processo de luta contra inferiorizações e pela conquista de direitos que, como vimos, envolveu diversos agentes, inclusive não-siddis, e fez emergir diferentes estratégias de interação com os vizinhos e com organismos estatais, referências à África começaram, então, a tornar-se mais frequentes e ganharam, aos poucos, cada vez mais importância nos discursos dos líderes.[135]

---

135 Além do grupo de Manchikere, surgiram diversos outros que começaram a apresentar-se em muitos lugares do país e a participar de festivais culturais em Bangalore e em cidades de outros estados, inclusive, em Délhi. Parte da imprensa reconheceu positivamente o valor das danças e músicas siddis, atribuindo sua força artística à origem africana. Um jornalista do periódico local de Yellapur, *Talk of the Town*, comentou uma apresentação siddi: "Tal como ocorria com seus ancestrais da África, a música e a dança estão em seu sangue" (apud Obeng, 2007, p.137).

268 ANDREAS HOFBAUER

Outro tipo de investimento que recebeu apoio político pela então ministra de desportes e juventude, M. Alva, foi iniciado em 1987 com o primeiro encontro de jovens atletas siddis. Cento e cinquenta jovens siddis compareceram em Yellapur para os treinamentos esportivos; durante as competições finais, catorze foram selecionados para serem formados atletas em diversos centros esportivos da Índia. Ano a ano, crescia o interesse entre os jovens em participar do processo seletivo[136] e, já em 1988, uma moça siddi ganhou, na sua categoria, medalha de prata na competição nacional de corrida de 200 metros. Sucessos em campeonatos nacionais e internacionais – os maiores foram conquistados nas modalidades corrida e salto – não apenas ajudaram os(as) jovens vencedores(as) a obter reconhecimento no seu meio social (escolas, aldeias), mas também tiveram impacto sobre a maneira como a imprensa local se pronunciava sobre os siddis (Prasad, 2005, p.112-6).[137] Os comentários elogiosos, tanto da imprensa, quanto do próprio treinador, associavam os ótimos resultados nas atividades desportivas a uma suposta propriedade inata dos siddis: força e agilidade física. Essas mesmas qualidades são valorizadas pelos siddis quando falam, com orgulho, das suas características. Força, resistência física, habilidade de subir em árvores altíssimas sem nenhum apoio aparecem recorrentemente em conversas com jovens quando querem marcar a diferença diante de populações não-siddis. Um siddi corredor de 100 e 200 metros, atleta do exército que treina no estado de Uttar Pradesh e visita sua aldeia natal, Wada, somente uma ou duas vezes por ano, explicou-me que os siddis teriam uma capacidade física extraordinária que os distinguiria dos demais: "Eles são naturalmente bons atletas. Você só tem que poli-los" (conversa com Au. B., Cadernos de campo, 25/12/2013). O problema seria o fato de o governo não investir devidamente na formação dos jovens siddis. O projeto do atletismo, que foi, para Prasad, o com maior repercussão, formou jovens siddis de todas as regiões. Muitos conquistaram medalhas esportivas até que, em 1995, Ravanan, treinador principal e coordenador do projeto, teve morte trágica.

---

136 No ano de 1988, cerca de quatrocentos jovens compareceram ao evento.

137 Cf. artigo publicado no jornal *Prajavani*, de Karnataka, do dia 30 de outubro de 2000: "Cerca de duas décadas atrás, Karnataka testemunhou o surgimento repentino de vários movimentos [...]. Mas os ventos desses movimentos não sopraram sobre o povo siddi. Mas o 'movimento esportivo' que ocorreu na década anterior conseguiu trazer à tona suas capacidades. É uma pena que esse 'movimento' não tenha atingido as alturas esperadas e tenha perdido a força no meio do caminho" (apud Prasad, 2005, p.112).

DIÁSPORA AFRICANA NA ÍNDIA   **269**

Apenas mais recentemente as iniciativas esportivas foram retomadas, com um grande evento em Yellapur em janeiro de 2014 – além de provas de atletismo, houve também treinamentos de vôlei e kabaddi –, que reuniu mais de 250 crianças e adolescentes, dos quais 40 foram selecionados.

Discordâncias internas e má gestão parecem ter levado ao fim da AKSDA. Em 1990, teve início nova tentativa de se criar uma plataforma siddi abrangente que, mais uma vez, dependia de financiamentos externos e teria sua sede em Yellapur. Camara salienta o fato de seus líderes – Lawrence Kaitan Siddi, Imam Siddi e Krishna Tamasya Siddi – serem formados por uma nova geração que, diferentemente de figuras-chave da AKSDA, sabiam ler e escrever. Uma das primeiras ações do Siddi Development Project (SDP), que posteriormente (1995) seria rebatizado de Siddi Development Society (SDS), foi organizar uma grande manifestação. Esta, ainda de acordo com Camara (2004, p.109), teria mobilizado cerca de 6 mil siddis – homens, mulheres e crianças –, que caminharam pelas ruas da pequena cidade de Yellapur reivindicando que fossem "tratados como seres humanos". Além de pequenas performances que encenaram situações discriminatórias enfrentadas pelos siddis, houve debates com representantes do governo, da polícia e do departamento florestal, em que se buscava debater ideias e elaborar estratégias que pudessem melhorar a relação entre os siddis e a população não-siddi.[138]

Na sequência, diversas medidas foram tomadas não somente para garantir educação escolar básica às crianças siddis – foram criados quatro pensionatos que permitiam a meninas e meninos siddis, com dificuldade em acessar instituições escolares, frequentar escolas primárias), mas também para incentivar a criação de cooperativas (de produtos agrícolas, florestais e de pescaria) e de pequenas manufaturas de tijolos e de artesanato, além de projetos de perfuração de poços. As ações e os discursos dos líderes apontavam agora para uma lenta reestruturação de relações e tensões que

---

138   Camara (2004, p.109) descreve as reivindicações dos siddis: "Os siddis exigiam, entre outras coisas, que os donos de lojas, condutores de ônibus e donos de casas de chá parassem de discriminá-los, que proprietários e empregadores os pagassem de forma justa, que o governo concedesse aos siddis os direitos sobre as terras que cultivam como posseiros e, por fim, que os siddis recebessem o status de Scheduled Tribe [...]". O resultado dessa manifestação foi sentido como um sucesso: "O comício foi bem-sucedido na medida em que, depois disso, os casos de discriminação diminuíram significativamente e as relações com a polícia e outras autoridades que representam o estado melhoraram" (ibid., p.109).

tinham marcado as vidas dos siddis havia muito tempo: na medida em que se buscava fortalecer a ideia de que os siddis eram um único grupo, deslegitimava-se implicitamente os poderes dos padres, mulás e brâmanes sobre a população. E, nesse processo, o marcador de diferença "África" ganharia papel fundamental. Segundo Camara (2004, p.111), a estratégia discursiva dos coordenadores da SDP visava convencer os siddis de que pertenciam a uma e mesma *zat* (Camara aparentemente usa uma variante da palavra urdu para jati, termo derivado do sânscrito para designar subcasta), independentemente de filiações religiosas diferentes, já que todos eles tinham origem no continente africano. Mesmo que o pesquisador avalie que as ideias dos líderes a respeito do espírito de união com base numa "africanidade comum" não encontravam o desejado respaldo no meio da população siddi, ele não deixou de registrar certa intensificação nas interações entre os subgrupos, que teria se manifestado até num pequeno aumento de intercasamentos.[139]

Com o fim do financiamento de uma agência estrangeira, as atividades do SDP cessaram após oito anos de funcionamento. Ficou a frustração da dependência de agentes externos que vêm marcando todos os esforços siddis de constituírem entidades políticas de autorrepresentação. Posteriormente, surgiram diversos pequenos grupos, a maioria deles ONGs; foi, aliás, por meio do contato com uma delas – Siddi Jana Vikas Sangha (Associação para o Desenvolvimento Integrado da Comunidade Siddi) – que consegui "entrar" no mundo dos siddis de Karnataka em 2013.

---

139 "A administração do SDP não está preocupada com o fato de que os siddis contemporâneos, ou melhor, seus ancestrais, tenham origens culturais e linguísticas diferentes tanto na África quanto na Índia antes de se estabelecerem em Uttara Kannada. No entanto, desde a sua fundação, uma série de projetos foram iniciados pelo SDP para unir os siddis dispersos de modo a imbuir os sentimentos de que, para progredir, é necessário estar unido e cooperar tanto dentro dos povoados particulares quanto na população siddi como um todo. Esta é uma ideologia que o SDP desejava conscientemente elaborar e exibir. Em contraste com essa visão, muitos siddis comuns que não são membros regulares do SDP me disseram que essa ideologia era estranha a eles e que não se consideram pertencentes a um grupo homogêneo ou zat" (Camara, 2004, p.111). Ao olhar para a história da luta política que resultou na conquista do *status* de *Scheduled Tribe*, Prasad (2008, p.210) fez a seguinte avaliação: "Várias lutas empreendidas pelos siddis para serem reconhecidos como uma *Scheduled Tribe* os fizeram pensar em si mesmos, antes de tudo, como um só povo para além das fronteiras estreitas das três religiões que professavam. Até agora, suas diferentes filiações religiosas os tinham mantido em grande medida segregados".

III.9. África: símbolo, inspiração e agenciamento

Pelo exposto acima, não é portanto um acaso que, já na época da SDP, os líderes começassem a se interessar pelas atividades de personagens africanos mundialmente conhecidos: iniciavam-se as primeiras tentativas de estabelecer contato com africanos e seus descendentes fora do país e incentivavam-se identificações com o objetivo de conseguir suporte às reivindicações políticas locais. Quando Nelson Mandela visitou a Índia em 1997,[140] um clube de jovens siddis foi rebatizado com o nome do ícone político, e um dos líderes do SDP escreveu uma carta, solicitando ajuda aos siddis, ao então presidente da África do Sul – que seria respondida, aliás, por um secretário de Mandela.[141]

As lembranças de Diyog Siddi desse episódio gravadas por Camara revelam que, naquele momento, mesmo as poucas informações que os líderes tinham sobre a África e suas personagens importantes eram mediadas por pessoas de fora da comunidade:

> Você não pode imaginar como eu e meus companheiros siddis ficamos felizes quando recebemos esta carta. Veja, esta foi a primeira vez que nós siddis contatamos outro africano na África e o Presidente ficou sabendo da nossa existência. Agora ele já se esqueceu de nós, mas pelo menos está registrado em seu escritório que nós siddis existimos na Índia e que nós o contatamos. Esta é uma carta muito preciosa para nós e a guardamos em um lugar seguro. Na verdade, só fiquei sabendo do Presidente Nelson Mandela depois que vi uma foto dele apertando a mão do Presidente da Índia. Não sabia quem ele era, mas percebi que deve ser uma pessoa importante porque está apertando a mão do Presidente da Índia. Eu pensei por mim mesmo 'quem é este siddi'? Quando perguntei a um amigo meu de cabelo comprido [expressão que os siddis usam para descrever uma pessoa que não é siddi], ele me contou sobre a visita do Presidente Mandela. Então soube que ele é o presidente da África [sic]. Então, conversei com outros líderes siddis e decidimos ir a Délhi, encontrá-lo pessoalmente e

---

140 Durante sua visita a Nova Délhi, Mandela assistiu a uma apresentação especial de músicos e dançarinos sidis de Gujarate que o governo tinha organizado (Van Kessel, 2011, p.5).

141 Houve também atos comemorativos nas aldeias siddis quando da morte de Mandela, em 2013.

contar-lhe sobre nós. Mas já era tarde, ele já tinha retornado à África [sic], por isso escrevemos para ele. De qualquer forma, se ele voltar à Índia, com certeza tentaremos encontrá-lo. (apud Camara, 2004, p.110)

Quinze anos depois, em 2012, o líder Diyog Siddi enviou carta semelhante[142] a Obama, parabenizando-o por sua reeleição nos Estados Unidos. Foi organizada uma grande festa em Golehalli que contou com uma passeata pelo povoado e a apresentação de dança tradicional *phoogidi*.[143] Diyog, para quem a figura de Obama deveria ser motivo de orgulho para todos os siddis, pediu ao governo indiano que encaminhasse ao presidente norte-americano, como presente dos siddis, uma garrafa de mel por eles produzida. Sua solicitação, porém, não foi respondida (cf. Khan, 2012, p.2-3). Hoje, retratos de Mandela podem ser encontrados em diversos lugares: nas paredes internas das sedes de entidades siddis e também em algumas casas particulares.

Num passado não muito remoto, referências à África e à vida naquele continente não pareciam fazer muito sentido para a maioria dos siddis – e, para aqueles não diretamente envolvidos nas atividades das associações políticas, tais referências continuam, aparentemente, sendo um assunto que não faz parte de suas preocupações cotidianas. Devido ao relativo isolamento e à inserção dos siddis nos três grupos religiosos e no sistema social predominante na Índia, perguntas de pesquisadores curiosos sobre esse tema podem provocar reações que revelam certa estranheza e incompreensão. No videodocumentário *Voices of the Sidis* (2005), produzido por Shroff com os sidis de Gujarate e Mumbai, uma mulher sidi residente em Mumbai afirma não ter tempo para pensar sobre a África, uma vez que trabalha doze horas por dia; já outros deixam claro que não gostam de ser identificados como africanos porque "como negros ('Negroes')" teriam menores chances de conseguir um emprego (Van Kessel, 2011, p.2). E quando Camara se inte-

---

142 O conteúdo da carta – à qual o líder siddi, que veio a falecer em agosto de 2021, deu-me gentilmente acesso – resume-se, após curta congratulação ao presidente Obama pela reeleição, à apresentação de alguns dados referentes aos siddis de Karnataka. Ela contém seis subitens: etimologia, história, religião, culto de hiriyaru, demografia e *status* social e reabilitação.

143 Na sua obra *African Diaspora in India*, a historiadora Bhatt (2018, p.117-8) descreve mobilizações semelhantes que ocorreram em diversas comunidades sidis em Gujarate na ocasião da eleição de Obama a presidente dos Estados Unidos. Ela cita diversos depoimentos de sidis que expressaram orgulho de e identificação com o recém-eleito.

DIÁSPORA AFRICANA NA ÍNDIA **273**

ressou por influências linguísticas africanas na fala dos siddis de Karnataka, viu-se confrontado com a seguinte resposta de uma siddi católica:

> Você está me perguntando se eu falo alguma língua africana? Nem sei onde fica a África e que língua fala o povo de lá. O konkani é uma língua africana? Como pode ser quando é falado em Goa, que fica em Bharat [Índia]? Não sei a resposta e não me preocupa. (apud Camara, 2004, p.106)

Num vídeo (*African Indians: Siddis of Wada*) Ma. S., siddi cristão de 32 anos, tenta explicar a constatada "amnésia" referente às origens pelo fato de os mais antigos não quererem se lembrar do passado marcado pela experiência da escravidão e de muitos sofrimentos. Ao mesmo tempo, Ma. S. deixa claro, nas muitas conversas que tive com ele, que os siddis prezam, sim, tradições culturais que, na leitura dele, são originárias da África. A tendência de se ver a África por trás das tradições siddis continuaria, porém, ainda restrita aos discursos de alguns (jovens) líderes. Se a maioria dos siddis de Karnataka concebe seus costumes e práticas cotidianas como diretamente relacionados àqueles de grupos vizinhos com os quais continuam mantendo relações hierárquicas, emerge agora, em meio à nova geração, sobretudo aqueles chamados, por Ma. S., de *educated* e que viveram um tempo fora das aldeias, um interesse cada vez maior em saber mais sobre o passado, a África e a cultura africana.

Outro dos meus interlocutores principais, que igualmente constatou que os mais velhos não sabem nada sobre o passado dos siddis, chamou a minha atenção para o momento em que a TV chegou às aldeias[144] e a velha geração viu pela primeira vez imagens de populações que vivem no continente africano. A surpresa foi grande e a identificação imediata. Naquele momento, disse-me R. Siddi, com então 29 anos de idade, eles se deram conta de que não eram os únicos "siddis" neste mundo (Cadernos de campo, 05/10/2013). Aliás, durante muito tempo os siddis de Karnataka não tinham conhecimento da existência de outros afrodescendentes em Gujarate e Hyderabad, assim como as populações destas localidades tam-

---

144 Se em algumas aldeias no *taluk* Haliyal foram instaladas TVs coletivas já no final do último milênio, na região de Yellapur, muitas casas tiveram acesso à televisão somente a partir dos anos 2010.

274 ANDREAS HOFBAUER

bém desconheciam o fato de existirem siddis em Karnataka. Foi a partir da histórica conferência sobre diáspora africana na Índia, realizada em Goa, em 2006, que essa informação foi se espalhando aos poucos. Em 2008, Obeng, que tinha participado do congresso, incentivou dois líderes da ONG Siddi Jana Vikas Sangha a viajar a Gujarate para estabelecer os primeiros contatos com os siddis.

Atualmente, siddi é o termo mais usado para falar de si próprio, mas os autodenominados siddis usam-no também para se referir aos africanos e seus descendentes que possuem características fenotípicas semelhantes. Assisti a diversas situações em que jovens siddis lembravam e enalteciam os feitos de astros africanos ou afrodescendentes do mundo do esporte, entre eles os jogadores norte-americanos de basquete Michael Jordan e Mychal Thompson, o corredor jamaicano Usain Bolt, ou, ainda, jogadores de futebol como Didier Drogba, da Costa do Marfim. É também significativo o fato de alguns jovens terem, como alcunha, um nome desses esportistas – por exemplo, Lashley, inspirado no famoso lutador de artes marciais mistas[145] norte-americano Franklin "Bobby" Lashley. Para os siddis, todos esses nomes representam força, habilidade e reconhecimento mundial de pessoas com as mesmas características físicas que as suas: trata-se de qualidades que "funcionam" como marcadores de diferença e que, no contexto local, sinalizam pertencimento a uma *zat* (jati) e/ou tribo que ocupa lugar subalterno na hierarquia social indiana.

Sentir-se siddi e colocar esse sentimento de pertença "acima" da identificação com o grupo religioso (católico, muçulmano ou hindu) é uma tendência mais consolidada entre os jovens *educated*. No bojo da luta pelo *status* de *Scheduled Tribe*, cujos mentores enfatizavam a união de todos os siddis, investia-se, como vimos, na melhoria do ensino das novas gerações. Muitas crianças e adolescentes siddis foram estudar fora das aldeias, não somente nas pequenas cidades próximas, como Haliyal e Yellapur – onde moravam em pensionatos, muitas vezes financiados pela Igreja Católica –, mas também em cidades maiores e mais distantes, como Dharwad, Mangalore, Bangalore (Karnataka) ou Pune (estado de Maharasthra). Lá

---

145 Diversos homens da velha geração participavam na sua juventude de campeonatos de luta livre (*wrestling*), e não poucos ganharam prêmios; trata-se de uma tradição que ainda existe, mas perdeu prestígio.

conheceram outros mundos e tiveram experiências que, para seus pais, continuam inacessíveis e, por vezes, dificilmente compreensíveis. Nos lugares e nas escolas onde estudavam, eram frequentemente os únicos siddis que, como já falamos, costumam ser vistos pela maioria dos indianos com estranhamento, como "estrangeiros africanos". No entanto, o ensino mais prolongado permitiu-lhes refletir, de um outro lugar, sobre suas vidas nas aldeias e fora delas. Aqueles que seguiram estudando em colégios tiveram, por vezes, a oportunidade de entrar em contato com pessoas (professores, pesquisadores) que se interessavam pela vida e pela história dos siddis. Foi nesses contextos e diálogos que alguns deles aprenderam sobre os "reis africanos" na Índia, sobre Janjira e sobre a existência de siddis em outros estados indianos. Ao mesmo tempo, muitos deles tornavam-se, aparentemente, muito sensíveis com relação às discriminações e inferiorizações que sofriam nesse "outro mundo", em que era quase impossível identificar-se e ser identificado como membro de mais uma *Scheduled Tribe*, de modo que a adscrição como africano, estrangeiro, negro se impunha.

Caso exemplar é o de A. S., a moça de Wada, que foi levada aos 9 anos por uma família goesa a Mumbai para trabalhar como babá e que teve a "sorte" de a família ter cumprido o compromisso de lhe conceder boa educação escolar. Concluiu o colégio em Mumbai, mas encontrou muitas dificuldades para conseguir um bom emprego na metrópole. Parece que o estranhamento com o qual se via confrontada cotidianamente aguçou sua sensibilidade em relação às diversas formas de discriminação, contra as quais acabou se revoltando. Num tom de crítica e com certa raiva, condenou as agressões verbais que enfrentava nas ruas: "Eles pensam que somos da África, nigerianos, traficantes de droga; não podem acreditar que somos daqui, da Índia [...] Não conseguimos bons empregos, mesmo aqueles siddis que têm boa formação. Só nos dão 'jobs' ruins, lavar o chão etc. Estou muito desiludida" (entrevista de A., Cadernos de campo, 26/12/2013).

Au. B. tinha igualmente saído, anos atrás, da mesma aldeia para se tornar um promissor corredor nacional. Quando lhe fiz uma pergunta genérica sobre como tem sido sua vida no norte da Índia, onde reside treinando como atleta do exército, ele direcionou imediatamente a conversa para o tema "discriminação". Reclamou bastante da forma como vinha sendo tratado por colegas e superiores; contou que mais de uma vez foi chamado de "macaco preto" (*black monkey*). Havia, sim, discriminação, sobretudo no norte do país, onde vivem muitas pessoas de castas superiores que maltratam as de castas inferiores e os indianos do sul, de cor de pele mais escura. Existe, sim, racismo na Índia, disse Au. B., o que chamou a minha atenção, já que foi a primeira vez que ouvi um siddi usar esse termo (Cadernos de campo, 25/12/2013). Não se trata de uma palavra muito disseminada na Índia – nas minhas conversas, em inglês, com jovens siddis, percebi que a maioria deles desconhece as palavras *race* e *racism* –, já que – como argumenta também a antropóloga alemã Basu (2005, p.3) – não se constituiu na Índia um discurso moral sobre a discriminação racial comparável ao da intocabilidade, proibida pela Constituição em 1950.

Há, portanto, fortes indícios de que as múltiplas experiências decorrentes do deslocamento dos jovens siddis das suas aldeias e da tentativa de se inserir em outros lugares, juntamente à competição por posições menos inferiorizadas no mundo do trabalho e na sociedade como um todo, vêm propiciando não apenas um fortalecimento da ideia de uma identidade siddi para além das subdivisões religiosas, mas também um fortalecimento de laços imaginários com a África e os africanos. Pode soar paradoxal, mas parece que não apenas o contexto em torno da luta pelo *status* de *Scheduled Tribe*, mas também a cada vez mais intensa dispersão de jovens siddis à procura de educação e trabalho tem contribuído para consolidar a ideia de união de todos os siddis baseada numa origem comum. Paralelamente, constata-se que as aldeias ficam cada vez mais esvaziadas: durante a maior parte do ano são habitadas por pessoas mais idosas e apenas durante as férias enchem-se com a chegada dos dispersos e emigrados que vêm visitar seus familiares e amigos.

Nesse lento processo de recriação identitária, em que a africanidade começa a tornar-se uma referência cada vez mais explícita, a atuação de dois agentes externos tem tido um papel importante. Em 1995, o ugandês Bosco Kaweesi chegou à Índia com o objetivo de estudar administração no Spicer Memorial College, em Pune, uma instituição de ensino universitário gerenciada pela Igreja Adventista do Sétimo Dia. Ao conhecer a situação de vida dos afrodescendentes em Karnataka, sensibilizou-se com os muitos problemas sociais que enfrentavam e resolveu fixar-se em Haliyal. Se num primeiro momento certo compromisso com a evangelização da comunidade esteve também presente nas suas intervenções – Bosco levou vários missionários para a região –, em pouco tempo passou a concentrar-se na promoção de projetos socioeducativos, já que ficou chocado com a péssima situação do ensino e, especialmente, com o fato de os alunos siddis serem educados apenas na língua do estado, o kannada. Para Bosco, tratava-se de uma medida que mantinha os siddis sob domínio dos grandes proprietários de terra da região. A fim de combater essa submissão, empenhou-se em enviar jovens siddis para o colégio de Pune, em que a língua de estudo e de comunicação era o inglês – o que, na avaliação de Bosco, abrir-lhes-ia novas oportunidades, sobretudo em termos de formação profissional. Sessenta e oito jovens foram estudar em Pune com bolsas pagas pela Igreja Adventista (a grande maioria eram siddis cristãos, mas no grupo havia também 2 siddis hindus e 6 siddis muçulmanos). De acordo com um dos ex-alunos que estudou no colégio entre 2004 e 2009, regras rigorosas determinavam a vida no pensionato: havia horários para as refeições e para as orações. Se não fossem cumpridas, multas tinham de ser pagas. "Não éramos obrigados a convertermo-nos no sentido estrito", disse-me o jovem siddi hindu, "mas tínhamos de acompanhar as atividades religiosas da casa". Como tantos outros jovens *educated* dessa geração, R. Siddi elogia o esforço de Bosco e faz questão de dizer que, sem a iniciativa do ativista adventista ugandês, ele não teria tido a chance de se abrir ao mundo (Cadernos de campo, 12/06/2017, 06/06/2018).

Além de apoiar a disseminação de valores cristãos, Bosco se empenhava em mostrar aos siddis que existem conexões históricas e culturais entre eles e as populações que vivem no continente africano – em 2005, por exemplo, visitou, na companhia de dois pastores adventistas afro-americanos, diversas aldeias siddis para apresentar aos moradores o filme *Roots* (inspirado no romance de Alex Haley), que conta a história do mandinga Kunta Kinte que foi levado como escravo para a América do Norte, lutou contra a escravidão e para manter as tradições culturais africanas vivas. Os projetos de Bosco incluíram ainda a criação de uma escola na entrada da aldeia Gadgera, não muito distante de Gardolli, tida como a comunidade siddi mais antiga da região de Haliyal. Era previsto que nessa escola, financiada por entidades ligadas à Igreja Adventista da Áustria e da Noruega,[146] as aulas fossem ministradas pelos siddis formados em Pune. Problemas de ordem

---

146 A missão dos adventistas começou nos anos de 2007 e 2008, e levou diversos missionários dos Estados Unidos para as aldeias siddis.

legal com a construção do prédio e a prisão de Bosco durante seis meses no ano de 2006 devido a um problema de visto foram responsáveis pelo cancelamento do projeto. O engajamento da Igreja Adventista na região, que inclusive levou missionários estrangeiros às aldeias, fez com que diversos siddis se convertessem; o fracasso da missão, porém, também resultou em numerosas reconversões.

Foi em 1998 que Pashington Obeng, pastor da Wellesly Hills Congregational Church e especialista em estudos religiosos, teve o primeiro contato com as aldeias siddis de Uttara Kannada, as quais desde então segue visitando regularmente.[147] Nascido em Gana, radicou-se nos Estados Unidos, atuando, durante décadas, no departamento de Estudos Étnicos do Wellesly College, perto de Boston, antes de retornar ao seu país natal. Obeng se envolveu profundamente com a vida dos siddis e tem elaborado os estudos mais importantes nas últimas décadas sobre o tema. Junto ao interesse acadêmico, Obeng iniciou uma série de atividades que visam não apenas a apoiar o combate a todas as formas de inferiorização em nível local, mas também, e sobretudo, a fortalecer uma forma de empoderamento que permita aos siddis reconhecer sua luta como parte de um movimento mais abrangente, que ele entende como afrodiaspórico global. O pesquisador-religioso chegou também a financiar, com o apoio de sua igreja, a formação de alguns jovens siddis. Prestou auxílios importantes à promissora ONG Siddi Jana Vikas Sanga, fundada em 2010, em Yellapur, por dois jovens líderes siddis hindus (ambos formados pelo colégio Spicer; um em assistência social, outro em pedagogia) e que se manteve ativa até 2015, ano em que cessou o suporte financeiro da ActionAid India. Doou não apenas motocicletas – veículo fundamental para se locomover na região e alcançar tanto aldeias afastadas, bem como habitações isoladas dentro da mata fechada em encostas de morros –, mas também computadores, que deveriam facilitar a implementação dos projetos educativos da ONG, além de possibilitar um contato virtual com jovens afrodescendentes no país norte-americano.

Em janeiro de 2014, Obeng mediou a participação de três jovens líderes siddis no 8º Congresso Pan-Africanista, que ocorreu em Johannesburgo,

---

147 Obeng tem promovido um programa de intercâmbio estudantil em que pequenos grupos de estudantes de sua universidade se hospedam, durante cerca de um mês, em Mainalli, no Convento de freiras do Holy Cross, e elaboram pequenos projetos de pesquisa junto às comunidades siddis.

África do Sul. Foi a primeira vez que representantes siddis estiveram presentes num evento desse tipo e foi também a primeira vez que esses jovens viajaram para fora da Índia.[148] Logo depois, os representantes foram encorajados a encontrar-se, mais uma vez, com os sidis de Gujarate. Desde então, ocorrem contatos esporádicos entre alguns representantes das comunidades de Karnataka, Hyderabad e Gujarate. Em 2016, um dos líderes siddis foi convidado por Obeng a passar um período de alguns meses junto ao Colégio Wellesly, onde teve a possibilidade de conviver com alunos e professores da instituição e de promover *workshops* sobre a vida dos siddis. Vivências como essa contribuem, evidentemente, para incentivar fluxos e trocas de conhecimentos e, neste caso, também para estimular a criação e a consolidação de laços afrodiaspóricos. No nosso primeiro encontro após a viagem aos Estados Unidos, R. Siddi contou as coisas que mais o impressionaram: destacou uma visita que fez ao National Museum of African American History and Culture, em Washington D.C.; ficou extremamente tocado com uma representação que mostrava a venda de escravos, em que um filho é separado dos seus pais; fez questão de comentar que, nesse momento, sentiu que há uma história comum terrível que liga o destino dos siddis ao dos afro-americanos (Cadernos do campo, 12/06/2017).

Os jovens *educated* que fundaram em 2010 a ONG Siddi Jana Vikas Sanga deram novos impulsos às lutas históricas dos siddis. Novamente se buscou juntar representantes de todos os três subgrupos. Na prática havia, porém, predominância de siddis hindus – os dois coordenadores – e de siddis cristãos, pois existia certa dificuldade de envolver jovens siddis muçulmanos no projeto. Embora se tenha buscado também algum equilíbrio em termos de gênero, a presença feminina era bem menor e os papéis de destaque estavam em mãos masculinas. A ONG se propôs a elaborar atividades concretas em 51 aldeias de um total de 150 vilarejos estimados nos quais vivem siddis. Os objetivos eram múltiplos. Um dos pontos principais era o de lutar pela implementação dos direitos decorrentes da conquista do *status* de *Scheduled Tribe*. Para isso, tornava-se necessário, em primeiro lugar, informar a população local que, na sua maioria, desconhecia os direitos formalmente adquiridos. Quando visitei as aldeias na minha primeira

---

148 Em junho do mesmo ano, um membro do comitê organizador do 8º Congresso Pan-Africanista fez, pela primeira vez, uma visita aos siddis de Karnataka. Esta iniciativa foi também estimulada e mediada por Obeng.

viagem, em 2013, encontrei siddis que ainda não possuíam o *ration card*, com o qual os siddis podem solicitar subsídios previstos pelo Estado.[149]

De qualquer modo, educação foi outro grande tema nos planejamentos e nas atividades desses jovens. Se os líderes mantinham vivo o sonho de criar na região uma escola gerenciada por siddis e para siddis, suas ações visavam acompanhar e atenuar as dificuldades dos alunos nas escolas[150] e promover intervenções tais como a organização de diversos programas socioeducativos. Fortalecer uma "identidade siddi" positiva e afirmativa comum foi outro objetivo destas iniciativas. Para isso, os ativistas visitavam, todo mês, uma das muitas aldeias para falar sobre o que entendiam serem as tradições culturais siddis, promovendo, por exemplo, *workshops* de dança, especialmente para as crianças (Cadernos de campo, 12/05/2016). Num grande evento em 2013, em Haliyal, as crianças tiveram a oportunidade de conhecer melhor e praticar "a cultura tradicional siddi", além de receber informações sobre seus direitos. No programa desse evento – "Ciente dos

---

149 Muitos reclamavam também do fato de a entrega dos alimentos não funcionar ou acontecer apenas de forma irregular. Além disso, ouvi reclamações de os alimentos concedidos pelo Estado não serem suficientes.

150 Um dos líderes tentou levantar o número das desistências dos alunos siddis (*dropout rates*) e buscou, em diversos casos, conversar com alunos e pais para descobrir quais eram as dificuldades enfrentadas, e tentar superá-las. A razão principal para o fracasso estaria no fato de os professores não estimularem as crianças siddis a estudar. Entendem que elas não teriam capacidade de aprender e que não faria sentido para a vida delas ter formação escolar completa. R. Siddi vê ainda outro problema: os próprios alunos siddis se isolam nas escolas e tendem a não "interagir" (*mingle*) e "competir" com as outras crianças. Para ele, é necessário promover um trabalho junto aos pais para incentivar os siddis a se abrirem e a se ajudarem mais e, desta forma, combater as tendências à autoinferiorização. Seria este um passo importante na direção de melhorar o desempenho das crianças siddis nas escolas (Cadernos de campo, 21/12/2013).

No que diz respeito às desistências, R. Siddi percebeu diferenças significativas entre os subgrupos. O pior cenário foi encontrado entre os siddis muçulmanos: de 69 alunos siddis que abandonaram a escola, 45 eram muçulmanos e, entre estes, predominavam as meninas; 17 siddis cristãos; e 7 hindus. R. Siddi explica a situação pelo fato de os muçulmanos valorizarem, acima de tudo, atividades comerciais. Ocorre com frequência que as meninas não são enviadas pelos pais às escolas públicas (Kannada Medium School), sendo educadas em escolas religiosas (Urdu Medium Schools), que preparam as moças para suas futuras tarefas como esposas, mães e mantenedoras das tradições religiosas. De acordo com R. Siddi, predomina entre os muçulmanos a opinião de que os meninos devem adquirir o conhecimento necessário para exercer um trabalho fora de casa, já as meninas devem ser preparadas para o casamento e para tarefas domésticas. Um efeito colateral desta atitude seria o de que as meninas muçulmanas aprendem mais sobre as tradições muçulmanas do que os meninos que frequentam escolas do Estado (Cadernos de campo, 21/12/2013).

direitos da criança e dos valores tribais" [*Aware of Children's Rights and Tribal Values*] –, que teve duração de uma semana, constavam atividades como "Explicação do significado tribal", "Significado e benefícios das *Scheduled Tribes*", "Debates sobre a dança cultural siddi", "Ensino de dança cultural, *Damam*".[151] Para os líderes, intervenções como essas foram fundamentais para que eles próprios conhecessem as diferentes comunidades, seus hábitos e costumes. Um deles me confessou, numa das nossas conversas, que antes do trabalho da ONG ele não sabia quase nada sobre a vida dos dois outros subgrupos siddis.

Uma questão fundamental para todas as organizações políticas siddis, incluindo a ONG Siddi Jana Vikas Sanga, tem sido, evidentemente, a luta pelos títulos de terra. Foram lançadas diversas tentativas (até por meio de ações judiciais) que buscavam fazer valer o direito previsto pela legislação; o saldo dessa luta, porém, não foi muito satisfatório devido às adversidades comentadas no início deste capítulo.

III.10. Formar-se fora das comunidades siddis e combater a discriminação

Como outra frente importante de atuação da ONG Siddi Jana Vikas Sanga também podemos mencionar os esforços e as estratégias para combater as diferentes formas de discriminação e violências sofridas pelos siddis. A entidade – assim como outras ONGs – era frequentemente procurada quando aconteciam atos de violência e discriminação. Ma. S., um dos colaboradores da ONG Siddi Jana Vikas Sanga e ligado também à ONG Insti-

---

151 Os primeiros três objetivos do evento eram: "1) criar espaço para estimular a união entre os alunos siddis de diferentes partes do distrito de Uttara Kannada, reunindo-os sob o mesmo teto durante sete dias para que eles possam se conhecer; 2) fazer que eles entendam e aprendam sobre os valores tribais e os direitos das crianças; 3) avaliar e praticar a cultura tradicional siddi pensando nas gerações futuras". As atividades a serem desenvolvidas num ponto do programa ("Significado das tribos") foram descritas com as seguintes palavras: "Atividades: dividir em grupos menores e pedir-lhes que discutam as 'características tribais' (estilo de vida, culinária, vestimenta, celebração, dança cultural, questões legais, caça, Deus e adoração, crenças, devoção, conexão com a natureza e a terra, relacionamento com outras pessoas, obedecer, e amar e cuidar) e apresentá-las em forma de performances" (cf. Siddi Jana Vikas Sangha, out. 2013). Os organizadores contaram com a presença de cerca de cem crianças neste evento.

282 ANDREAS HOFBAUER

tute of Human Rights Advocacy, continua até hoje dando suporte às vítimas de agressões e tenta levar os casos graves a advogados que atuam em prol dos siddis.[152] Com sua moto, em cuja carenagem frontal encontra-se a inscrição Human Rights, Ma. S. anda de aldeia em aldeia. Passei com ele dois dias, ao longo dos quais me contou sobre seu trabalho. Tive também a oportunidade de conhecer de perto alguns casos e pude, inclusive, conversar com algumas das vítimas de agressões. A base das intervenções de Ma. S. é o Scheduled Caste and Scheduled Tribe (Prevention of Atrocities) Act, de 1989, que estabelece duras penas (indenizações e reclusão prisional) para agressões e ofensas contra membros de *Scheduled Castes* e *Scheduled Tribes*.[153]

Um caso emblemático que ele acompanhou e que resultou na prisão do agressor aconteceu na zona da feira de Haliyal. Em maio de 2013, J. B., um siddi cristão de cerca de 30 anos queria comprar *gutkha* numa pequena loja cujo dono era um hindu de casta superior. *Gutkha* é uma mistura de noz de areca, tabaco, cera e outros extratos vegetais muito apreciada na Índia; ao mastigá-la e colocá-la entre a gengiva e a bochecha, as propriedades do produto, que, aliás, têm efeito levemente estimulante, provocam a produção de saliva avermelhada. Quando J. B. percebeu que os pacotes à venda estavam com data de validade vencida, desistiu da compra e fez um comentário crítico a respeito de os pacotes não terem sido retirados da prateleira. Imediatamente, sofreu um ataque por trás: sua cabeça foi atingida por uma barra de ferro lançada pelo empregado da loja. O siddi caiu na sarjeta e ficou desacordado durante cerca de quinze minutos. A situação ficou mais tensa quando um grupo de siddis se juntou e quis revanche. Por acaso, Ma. S. se encontrava na cidade, perto do local onde tinha ocorrido a agressão, e tentou mediar o conflito. No entanto, o agressor se recusava a pedir desculpas, dizendo que repetiria o ato caso outro siddi fizesse a mesma coisa. Nem a polícia conseguiu convencer o vendedor muçulmano de que tinha cometido um ato abominável. J. B. foi internado no hospital de Haliyal por três dias. Quando a vítima e Ma. S. decidiram levar o caso para a corte, um grupo

---

152 Os jovens líderes siddis sabem da importância da representação jurídica. Por isso também, alguns dedicaram-se ao estudo do direito.

153 A ideia da lei Atrocities Act é proteger membros de grupos vulneráveis e historicamente discriminados. Busca punir crimes contra membros de SC e ST e prevê a implementação de cortes judiciais para tratar casos denunciados. O texto legal apresenta uma lista de 22 ofensas que são consideradas "atrocidades" e são, portanto, sujeitas a serem punidas com base na lei.

de muçulmanos tentou subornar o líder da ONG, pressionando-o – sem sucesso – a retirar o processo. Finalmente, o vendedor foi condenado, ficou preso durante seis meses e teve de pagar uma indenização de 3 *lakh*[154] rúpias (*Cadernos de campo*, 05/05/2016).

No mesmo ano, ocorreu um incidente muito parecido, também numa loja em Haliyal. Houve uma discussão entre um siddi e um muçulmano, o qual acabou agredindo e lesionando fisicamente o primeiro. As ofensas verbais que o siddi teve de ouvir foram significativas e revelam como parte da população não-siddi continua vendo os afrodescendentes: "Você não deve passear na feira. Você não deve falar inglês. Você deve ficar na selva". Para Ma. S., tais reações derivam também do fato de os siddis terem sido obrigados, até pouco tempo atrás, a trabalhar em condições subumanas para essas pessoas de castas superiores, que seguem até hoje se recusando a tratar os siddis como seres humanos. O desfecho desse caso foi também o de prisão e pagamento de indenização (Entrevista com Ma. S., Cadernos de campo, 03/01/2014).

Num outro caso, uma mulher siddi moradora do *taluk* Mundgod protestava contra o costume de um grupo de pessoas pertencente a uma casta superior (lingayat) de depositar lixo na pequena horta ao lado de sua casa. Como resposta à reclamação da senhora siddi, um grupo de quatro homens armados com facas e facões foi à casa dela e a feriu de tal modo que a senhora teve de ser hospitalizada. Quando a mulher siddi procurou a polícia, o plantonista se recusou a registrar o ocorrido. Foi mais uma situação em que Ma.S. interveio e teve êxito no encaminhamento do processo.

Desfechos desse tipo não são, porém, a regra. É ainda pouco comum que os siddis consintam em abrir um processo jurídico em decorrência de uma agressão sofrida. E, se concordam, pode ocorrer que recuem ao longo do processo. O medo de sofrer represálias, as ameaças sofridas e a baixa autoestima dos siddis são alguns dos fatores que podem inviabilizar a luta jurídica.

Outras transgressões da lei em que a ajuda de Ma. S. é solicitada dizem respeito a fraudes: há, por exemplo, o caso de um homem siddi que assassinou um senhor de uma casta superior e teve de passar doze anos na prisão. Quando o senhor siddi finalmente saiu do presídio, percebeu que o título de sua propriedade de terra tinha sido repassado para a família do assassi-

---

154 A unidade *lakh* é igual a 100 mil. Em 2016, 100 rúpias valiam cerca de 5 reais.

nado – infração grave, já que a lei determina que a posse de terra dos membros de *Scheduled Tribes* tem de ser respeitada e protegida. Ma. S. também me mostrou uma longa lista de siddis que ainda não recebem os benefícios previstos por lei e chamou a minha atenção para um caso em que um lingayat se declarou membro de uma ST e vem usufruindo os direitos especiais há mais de quinze anos (Cadernos de campo, 05/05/2016).

Certa novidade no que diz respeito às estratégias de luta elaboradas pelas lideranças são as tentativas de estabelecer contato com comunidades siddis que vivem em outras regiões da Índia, especialmente as de Gujarate e Hyderabad. Em 2016, tive a oportunidade de acompanhar um pequeno grupo de siddis de Karnataka em visita aos siddis de Hyderabad. Apenas o líder da atualmente extinta ONG Siddi Jana Vikas Sanga já tinha tido um curto contato no ano anterior com tal grupo. Após uma viagem de mais de dez horas de trem, chegamos à metrópole de Hyderabad (antiga capital do estado de Andhra Pradesh e hoje capital de Telangana, estado criado em 2014) – uma cidade de mais de 7 milhões de habitantes, cuja história medieval até a Independência da Índia foi fortemente marcada por reinos muçulmanos (desde 1719 reinava a dinastia Asaf Jah, cujos regentes tinham o título de Nizam). Os siddis de Hyderabad, cujos antepassados compunham a prestigiosa guarnição particular do Nizam, African Cavalry Guards (Guardas de Cavalaria Africanos), vivem atualmente em miséria absoluta numa favela deplorável no meio da metrópole. Com a capitulação do Nizam VII, que tinha resistido fortemente a integrar seu reino a uma Índia unificada independente, a estrutura de poder antigo, da qual fazia parte a guarda pessoal do regente, colapsou. A maioria dessa população, que não deve exceder 4 mil pessoas (cf. Yimene, 2004, p.138),[155] continua sendo muçulmana, mas há também uma minoria cristã.

Depois de termos atravessado a cidade em dois *auto rickshaws* – não sem parar diversas vezes, já que ninguém conhecia o caminho –, chegamos ao local. O encontro foi cheio de emoções. Não demorou muito até que um tambor fosse sacado e os siddis de Karnataka, com os siddis de Hyderabad, iniciassem uma roda de dança, comemorando esse momento, que tinha ares de reencontro. Os tambores de Hyderabad, no estilo *bombo* e toca-

---

155 Yimene (2004, p.138), em estudo publicado no início do século XXI, apresentou um número um pouco acima de 3 mil pessoas. Para saber mais sobre os siddis de Hyderabad, cf. Khader (2020).

DIÁSPORA AFRICANA NA ÍNDIA **285**

dos por uma pessoa em pé, são diferentes do *damam* de Karnataka, feito de um tronco de madeira e tocado por uma pessoa sentada; a língua urdu falada pelos siddis de Hyderabad, na sua maioria muçulmanos, tampouco é a mesma falada pela comitiva composta por siddis hindus e cristãos. Há ainda outras diferenças notáveis entre os grupos de Karnataka e os de Hyderabad, não somente de ordem linguística, religiosa e fenotípica. O primeiro grupo vive num *slum* da quarta maior cidade da Índia, já o segundo vive numa área rural, não raro na mata fechada. As histórias de seus ancestrais também contêm muitas divergências. Não poucos afirmam que parte dos antepassados dos siddis de Hyderabad veio à cidade por livre e espontânea vontade para servir ao Nizam (governante do reino local) como membros da renomada African Cavalry Guards, que seria dissolvida somente com a incorporação do reino Hyderabad à Índia independente em 1948. Os siddis dessa localidade guardam, com muito orgulho, fotos do tempo em que a guarda desfilava, montada a cavalo, com os rifles nas mãos, acompanhando o Nizam sobre um elefante, numa espécie de camarote. Já a memória coletiva dos siddis de Karnataka carece de semelhantes momentos gloriosos.

Num estudo recente, Khatija Khader (2020) aponta para a complexa situação identitária do grupo intrinsecamente ligada a contextos históricos que divergem substancialmente daquela dos siddis de Karnataka. De acordo com a cientista política indiana, a vinda dos siddis deu-se num momento de movimentos migratórios de árabes do Hadramaute (Iêmen) para Hyderabad que acabavam se fixando na cidade. Vários deles levaram seus escravos africanos (ou trouxeram escravos, inclusive de forma clandestina, quando retornavam de suas peregrinações a Meca). Outros africanos que viviam já como livres no Hadramaute, devem ter acompanhado o movimento migratório; estes estavam aparentemente integrados à comunidade árabe-muçulmana. Se os hadramis e siddis continuam se constituindo como grupos separados, houve também não poucos intercasamentos, inclusive, com outros grupos, de maneira que a maior parte dos siddis de Hyderabad não se diferencia substancialmente – em termos fenotípicos – dos moradores indianos vizinhos,[156] embora haja também algumas pessoas com traços

---

156 No relatório sobre a Tadia Conference de 2006, Van Kessel (2011, p.4) descreve o fato: "Muitas das meninas permanecem solteiras, pois os meninos sidis tendem a preferir as meninas de pele mais clara do Decão. Em poucas gerações, os sidis de Hyderabad terão se fundido totalmente com seu entorno indiano". E segundo Yimene (2004, p.264-5): "Atual-

286 ANDREAS HOFBAUER

físicos parecidos com os siddis de Karnataka e a maioria da população do continente africano.

Khader (ibid., p.5) chama também a atenção para o fato de que seus interlocutores evitavam o tema "escravização". Não que se negasse completamente a "ideia de migração involuntária ou forçada ao subcontinente", mas o que estaria "ausente nas suas narrativas é uma ideia de vitimização [*victimhood*]". O que predomina entre eles seria a ideia de que pertencem a uma comunidade muçulmana ampla (*umma*) e não a afirmação de uma "identidade racial" ou de "um passado tribal" idealizado. Isso explicaria também por que os siddis de Hyderabad, diferentemente das comunidades em Gujarate e Karnataka, não se organizaram para reivindicar o *status* de *Scheduled Tribe*.

Mesmo assim, essas histórias e contextos diferentes não impediram que, naquela favela de Hyderabad, ocorresse imediatamente um reconhecimento mútuo que se baseava em outras experiências e memórias que têm marcado os dois grupos e que podiam ser destacadas nesse momento: a subjugação a um regime de trabalho forçado – mesmo que as formas de dependência e exploração possam ter divergido –, a pobreza e a discriminação sofridas nos tempos contemporâneos e, acima de tudo, a vinda dos antepassados de um continente distante, a África – mesmo que as origens geográficas e étnico-linguístico-culturais possam ser diferentes. É o signo *africanidade* que se torna, portanto, no meio de muitas dessemelhanças, o marcador de diferença central e possibilita processos de identificação mútua.

Antes do nosso regresso, os líderes trocaram algumas ideias sobre estratégias que visavam àquilo que poderia ser caracterizado por "empoderamento". R. Siddi explicou a Y. S., um dos líderes anciãos dos siddis de Hyderabad, as vantagens do *status* de *Scheduled Caste* ou de *Scheduled Tribe*, já que Y. S. afirmava não ter informações sobre os programas de ação afirmativa ligados à classificação oficial. Na despedida, convidou Y. S. e os outros siddis de Hyderabad a participar da grande festa anual Siddi Nas – o

---

mente, muitos siddis são somaticamente indistinguíveis da população geral indiana ou árabe como resultado de anos de intercasamentos contínuos [...]. Como resultado, os casamentos entre siddis e pessoas dos grupos Pathan e Khan os fará perder sua população". (O nome Khan deriva do título dos líderes mongóis do século XIII; posteriormente tornou-se, em diversas regiões islamizadas da Ásia, o título mais alto da nobreza e, como sobrenome popular, continua até hoje expressando certo prestígio social entre populações muçulmanas.)

mesmo convite já tinha sido levado por outro jovem líder siddi de Karnataka aos sidis de Gujarate. A falta absoluta de recursos até hoje impediu a concretização de um encontro desses, que, para a nova geração de líderes siddis de Karnataka, teria grande valor simbólico (Cadernos de campo, 20/04/2016).

Tive outra experiência emocionante que expressa o desejo de criar novos nexos ou recriar supostos velhos laços entre descendentes de um mesmo continente quando acompanhei M. Siddi numa viagem para Janjira. Conversávamos sobre a história dos afrodescendentes na Índia quando ele comentou que não sabia nada sobre Janjira antes de iniciar seus estudos em Pune. Só a partir desse conhecimento que visitar o local se tornou um dos seus sonhos, que combinamos que iríamos realizar juntos. A ilha Janjira, hoje parte do estado de Maharashtra, pode ser alcançada com um barco a vela. Nos finais de semana, é muito visitada por turistas indianos, inclusive, de outros estados.[157] A fortificação de pedra que circunda toda a ilha impressiona. Dentro dela, os visitantes encontram dois lagos de água doce e alguns velhos edifícios, a maioria deles em ruínas, que apontam para um passado glorioso – relativamente bem conservados estão uma mesquita e um santuário dedicado a Bava Gor. M. Siddi ficou maravilhado e tocado com aquilo que viu: "Precisamos contar aos nossos familiares e amigos em Karnataka que existiu na Índia um lugar em que os siddis não eram escravos, mas imperadores importantes. Havia aqui um rei siddi", disse, com sorriso nos lábios e em tom de brincadeira – o que não abafou, no entanto, aquela pitada de seriedade. Acrescentou: "o nosso rei" (Cadernos de Campo, 08/12/2013).

Durante nossa visita, em dezembro de 2013, conhecemos uma senhora idosa vestida de preto que era bastante comunicativa. "Antigamente, tudo aqui era bem cuidado", disse-nos, olhando com desgosto para os prédios em pedaços tomados pela vegetação tropical e pelos lagos cheios de algas, "aqui não faltava água potável". Explicou ainda que sua irmã tinha frequentado uma escola muito boa – em que o ensino era dado "em todas as línguas" – que existia no interior dos muros antes da Independência. A senhora se apresentou como siddi e, quando meu companheiro de viagem lhe

---

157 Desde 1972, o forte está sob a administração do Departamento Arqueológico Indiano, mas poucos trabalhos de conservação foram realizados até o momento.

288 ANDREAS HOFBAUER

disse que ele também era e que os siddis vieram da África, a anciã, cuja tez era relativamente clara, reagiu com estranhamento: "mas esses são outros siddis". Não conseguimos descobrir se ela era parente dos *nawabs* (título dos governantes da ilha, descendentes diretos dos habshis)[158] ou se ela se via como siddi por ter vivido sob o regime dessa dinastia com a qual, porventura, se identificava. As três pessoas que a acompanhavam e guiavam se sentiram visivelmente incomodadas com o teor da conversa; puxaram a senhora pelo braço, dando fim ao nosso diálogo.

Já de volta ao continente, comprei no guichê da empresa que organiza os transportes de barco para Janjira um pequeno livro sobre a história da ilha. Nele, há um retrato de um dos últimos *nawabs* poderosos, Sir Siddi Ahmed Khan (1862-1922), que eu já conhecia de um artigo de Faaeza Jasdanwalla (2006). O governante siddi é apresentado como um verdadeiro *raja* indiano; as feições do rosto e a cor de pele clara espelham os ideais das elites locais com as quais os *nawabs* conviviam e se misturaram ao longo do tempo. A aparência física dos *nawabs*, na segunda metade do século XIX, pode ser vista, portanto, como reflexo da política de casamento que seguia os padrões da nobreza muçulmana à qual se sentiam pertencentes (cf. Capítulo I, p.64). McLeod analisou os casamentos da família dos *nawabs* entre 1850 e 1930 e conseguiu identificar 23 parceiros de casamentos, dos quais 11 eram, com certeza, de famílias que pertenciam à nobreza indiana não--sidi. Para o pesquisador, este dado aponta para uma sintonia com padrões encontrados em outras famílias principescas indianas.

> No entanto, a ocorrência desses casamentos com famílias principescas nunca pôs em xeque a ocorrência de casamentos com sidis, indicando assim que a identidade principesca suplementava (ou complementava) a identidade sidi em ambas as famílias, mas não a substituía. Além disso, casamentos com a elite urbana, famílias rurais de proprietários de terra e nobres de outros estados principescos apontam para a existência de uma terceira identidade, a da classe alta muçulmana. (McLeod, 2008, p.268)

McLeod mostra que não havia laços históricos entre os sidis de Janjira e de Sachin (outra dinastia de habshis que se fixou em Gujarate), de um lado,

---

158 Janjira era conhecida também como Habasian ou Habshan, terra dos habshis.

DIÁSPORA AFRICANA NA ÍNDIA **289**

e os siddis que vivem espalhados no interior do país, de outro, e que apenas recentemente ocorreram os primeiros contatos entre algumas lideranças.

Desde o início, a palavra "sidi" tem sido um elemento de seus nomes [das famílias reais] e [...] eles sempre estiveram cientes de sua ancestralidade africana. Historicamente, os sidis de Janjira e Sachin não tinham nenhum senso de identidade com outras comunidades sidis na Índia, embora isso esteja mudando: em 2000, o falecido *nawab* de Sachin participou da conferência Rajpipla que reuniu pela primeira vez sidis e estudiosos (Catlin-Jariazbhoy; Alpers 2004, p.3), e dois membros da família Janjira participaram da conferência de Goa em 2006, onde foram o centro das atenções tanto dos acadêmicos quanto dos sidis. (Ibid., p.268)[159]

Quando meu companheiro de viagem viu a imagem de Siddi Ahmed Khan reproduzida no livro *History of Janjira State*, ficou descrente e desconfiado, já que tinha ouvido falar que os *nawabs* tinham cabelo crespo. Suspeitou que a representação da cor de pele de Siddi Ahmed Khan era fruto de manipulação consciente, da mesma forma como a tez de Ambedkar é retratada geralmente muito mais clara do que, de fato, era, conforme me disse M. Siddi (Cadernos de campo, 08/12/2013).

Buscar conexões com o passado e estabelecer contato com outras comunidades siddis na Índia ou, ainda, com afrodescendentes em outros continentes e com os próprios africanos são, porém, preocupações de um

---

159 Numa entrevista concedida à antropóloga francesa Péquinot em 2018, o atual *nawab* de Sachin expõe suas ideias em torno de questões identitárias siddis, confirmando, em boa parte, as reflexões de McLeod (cf. 2006, 2008): "Em nossa família existem apenas siddis. Todas essas pessoas [começa a falar sobre os siddis que não pertencem à família real] me admiram porque, no *status* socioeconômico da Índia, estou acima das pessoas comuns. Tenho uma interação limitada com eles. Por exemplo, se eu quiser me casar, não vou conseguir uma garota da comunidade siddi porque sou educado [*educated*] e pertenço à família governante [*ruling family*]. [Nossa] conexão familiar é apenas com siddis de Janjira e Sachin porque eles são pessoas de *status*. [...] Os siddis geralmente se casam entre si, por isso eles preservaram aquelas feições [*features*] escuras e cabelos cacheados. [...] Se alguém me visse, diria: 'você não é um siddi de forma alguma'. Mas se você vir meus antepassados, descobrirá que eles são siddis puros [...] Na medida em que nossa família se casava com Pathans, todos eles pessoas muito bonitas, obviamente nossas características [*features*] mudavam" (Péquinot, 2020, p.4). O nome Pathan (ou Pashtun) refere-se ao maior grupo étnico do atual Afeganistão que liga suas origens aos descendentes de Alexandre, o Grande, ou a população árabes, judias, turcas ou persas.

grupo muito seleto de lideranças siddis de Karnataka. Já mencionamos que o interesse pela África é mais forte entre os que adquiriram maior formação escolar. Há, claro, cada vez mais siddis que se dedicam aos estudos, uma vez que percebem que, para conseguir um emprego, é preciso ter escolaridade básica. Apostar na educação tem sido também uma estratégia eficaz para escapar – se não total, pelo menos parcialmente – do poder local dos brâmanes, lingayats e maratas e dos seus métodos de exploração. Mesmo assim, são ainda poucos siddis que conseguem se formar em colégios.[160] Os líderes contaram-me, com certo orgulho, que havia nove advogados siddis que atuavam em Bangalore, além de um número um pouco maior – cerca de dez – jovens siddis que trabalhavam como professores no ensino médio, inclusive em diferentes estados da União.[161]

A maioria dos siddis *educated* prefere viver e trabalhar numa das grandes cidades de Karnataka (Bangalore, Mysore) ou de outro estado. Mesmo se preferissem não migrar, é difícil sobreviver nas aldeias, já que não há empregos para pessoas com ensino técnico ou universitário. Alguns perseguem a ideia de investir em algum empreendimento ao retornar, após anos na emigração, para a aldeia, como P. G., siddi cristão de 25 anos, que sonha em abrir uma loja de *fast-food* em Haliyal. Uma minoria sente forte compromisso com a luta social e política dos siddis e tem se dedicado ao desenvolvimento de projetos socioeducativos. São apostas bastante arriscadas, pois as ONGs às quais os trabalhos são geralmente vinculados dependem de financiamentos externos e costumam ter sobrevida limitada. Muitos acabam desistindo desse árduo caminho, que exige muita dedicação e não conta com garantia para consolidar uma carreira profissional com uma mínima estabilidade econômica.

Outros reinventam suas lutas fora da área habitada por siddis. Um exemplo é o primeiro advogado siddi que começou a trabalhar em Karwar com muitas dificuldades. Quando percebeu que na pequena cidade de

---

160 Em 2013, um dos líderes estimou que apenas de 25 a 30 siddis estariam estudando em colégios universitários (Cadernos de campo, 10/12/2013); na minha estadia de 2018, ouvi de outro siddi a estimativa de cinquenta jovens siddis matriculados em colégios, todos eles situados em grandes cidades (Cadernos de campo, 06/06/2018).

161 Um dos jovens professores siddis que dá aulas em Mysore disse-me que existem atualmente sete jovens siddis que trabalham como professores no ensino médio (Cadernos de campo, 22/04/2013).

pouco mais de 150 mil habitantes e relativamente próxima da área siddi nunca conseguiria consolidar-se como advogado, resolveu mudar-se para Bangalore. Lá, acabou tornando-se a principal referência jurídica para os imigrantes africanos que vivem nessa metrópole.[162] Ainda assume um ou outro caso que envolva conflitos de terra ou demais injustiças com relação aos siddis, mas seu olhar e sua mensagem para os jovens vai na direção de incentivá-los a se desvencilhar da vida nesses rincões. Numa conversa durante as cerimônias de um casamento, numa casa no meio da floresta perto de Ramanguli, Ge. me disse que não vê nenhum futuro para os jovens da região: eles deveriam deixar a mata e as aldeias e começar a construir suas vidas nas cidades. Os que batalham por mudanças no local não concordam, e até se irritam com posições como essa, vendo nelas certo desvio de um projeto sociopolítico em prol da comunidade que, como entendem, sua própria formação escolar lhes possibilitou vislumbrar (Cadernos de campo, 07/06/2017).

A grande maioria dos jovens siddis, que mal consegue cumprir o direito garantido por lei de frequentar a escola até a idade de 14 anos,[163] encontra-se numa outra situação. Suas perspectivas de vida e de trabalho continuam bastante limitadas. Para as meninas siddis, optar pelo caminho da educação pode significar ter de enfrentar obstáculos ainda maiores do que os dos meninos. Encontrei moças siddis que queriam dar continuidade aos seus estudos numa grande cidade, mas os pais não permitiram. Diante da proibição, P. resolveu, em vez de estudar computação em Bangalore – seu grande desejo inicial –, fazer um curso de enfermagem em Haliyal, mais perto de casa. E já comentamos a "defasagem" dos muçulmanos, especialmente das meninas muçulmanas, no que diz respeito à formação educacional oferecida pelo Estado. Entre os sonhos profissionais mais citados, que ouvi dos moços siddis, estão profissões como policial, militar, motorista de

---

162 Ge. contou que os mais de 20 mil africanos (a maioria deles provenientes da Nigéria, Somália e Etiópia) vivem em Bangalore e enfrentam uma série de problemas, inclusive, o de discriminação explícita. Comentou ainda que é frequentemente solicitado por causa de problemas com a documentação (visto), e citou casos de envolvimentos com a venda de drogas. Ge. acredita que o fato de ele ser de uma comunidade afrodescendente ajudou-o a ganhar a confiança dos africanos radicados na Índia.

163 Se hoje a grande maioria das crianças frequenta a escola até os 12 anos, na faixa etária acima dos 14 anos a cota de desistência chega a 60% (informação de R. Siddi, Cadernos de campo, 05/06/2018).

caminhão; mais raramente, professor de ginástica e dançarino; e há ainda aqueles que querem investir numa formação técnico-profissional, como técnico em informática. Já as meninas cultivam, entre os sonhos realistas, atividades profissionais como as de enfermeira, professora de escola primária e, eventualmente, atendente de *call center*. Além disso, seguir uma carreira de esportista continua sendo muito prestigiada entre os jovens siddis.

Aqueles que estudam em colégios passam longos períodos fora da comunidade e voltam apenas durante as férias para as aldeias. A vivência em cidades distantes, em que às vezes precisam aprender outra língua para poder acompanhar os estudos, traz o risco de um "distanciamento das raízes" em múltiplos sentidos. Nas conversas com os jovens, esse conflito interno esteve frequentemente presente. Muitos esperam, com ansiedade, pela chegada das férias, sentem-se felizes quando reencontram os familiares e vizinhos, mas, em pouco tempo, começam a sentir falta da vida urbana à qual acabaram se acostumando. Junto a esse dilema pessoal, abre-se um hiato entre as gerações que tende a se agravar quanto maior for o investimento na formação dos(as) filhos(as). Os(as) filhos(as) começam a dominar discursos, assimilam valores e adquirem saberes aos quais os mais velhos não tiverem acesso; ao mesmo tempo, deixam de aprender saberes e costumes locais, o que os(as) afasta da "vida tradicional" nas aldeias.

O uso de vestimentas pode ser significativo nesse contexto. Quando Ma. S. voltou dos seus estudos em Pune, disse-me que chegou com tênis caros, *saggy pants* ("calças caídas") e um corte de cabelo estilo iroquês. Sentindo-se estranho e buscando desenvolver um trabalho social nas aldeias, resolveu em pouco tempo se readaptar aos padrões locais. Alguns poucos rapazes, quando vão a festas, usam óculos escuros e boné, que remetem a uma estética inspirada na moda afro-norte-americana. Ainda mais raro é um corte de cabelo que segue o "modelo afro" e acentua os cachos. Entre as meninas, a força dos padrões indianos é ainda mais perceptível, de maneira que os diversos estilos de "cabelo afro" conhecidos também nas Américas não são, até agora, usados pelas siddis.

Na Índia, expor o cabelo liso e comprido, geralmente ornado com pétalas de flores, é um costume disseminado entre mulheres de todos os grupos e castas. É parte fundamental de uma estética feminina altamente valorizada. Na medida em que as mulheres siddis, na sua grande maioria, assimilaram os valores estéticos da sociedade em que foram inseridas, percebe-se que elas têm elaborado estratégias para adaptar o seu cabelo crespo ao modelo hegemônico. O alisamento é, portanto, uma prática fundamental, complementada pelo uso da *turuba* (coque de cabelo), uma maneira de amarrar as madeixas de cabelo, com uma presilha, que dá a impressão de que as mulheres siddis possuem também um rabo de cavalo liso e comprido. Além disso, há mulheres que utilizam apliques de fios artificiais.

Seguindo os padrões predominantes de estética indiana, os siddis – especialmente as mulheres – recorrem também a diferentes métodos para branquear a cor de sua pele. É uma prática muito comum em toda a Índia. Se, em épocas mais remotas, a aplicação de pó de arroz era popular, podemos encontrar hoje nas mais distantes aldeias o uso de cremes branqueadores (*whitening creams*). Vi também diversas vezes as mães passarem cremes branqueadores no rosto de suas filhas pequenas antes de saírem de casa para uma festa ou algum evento importante. Numa festa natalina, no ano de 2013, presenciei a outra faceta da valorização de tezes claras: numa espécie de presépio vivo – performance apresentada por crianças siddis – organizado e supervisionado pelas freiras católicas da Ordem Holy Cross nas dependências do convento na aldeia Mainalli, a personagem Maria foi representada por uma menina cuja cor de pele clara se destacava nitidamente da das outras crianças.

Todas as mulheres siddis, com raríssimas exceções, usam os trajes longos tradicionais coloridos da região, inclusive o sari. Encontrei uma moça de Wada, D. Y., que me disse não gostar de sari. Prefere usar jeans, embora admita usar sari nas grandes festas. Professora de escola primária, de 24 anos, D. Y. é também exceção no que diz respeito às expectativas matrimoniais: declarou, com muita convicção, que pretende não se casar (Cadernos de campo, 26/12/2013). As tensões entre as atitudes desses jovens e os padrões tradicionais podem se manifestar num verdadeiro conflito entre as gerações – por exemplo, em relação aos casamentos, que tradicionalmente são arranjados pelos pais. As transformações em curso, iniciadas pelo investimento em educação e profissionalização que possibilitam a alguns jovens o acesso a melhores empregos e salários, permitem vislumbrar algo até pouco tempo quase inimaginável: o fator "classe social" pode em breve se tornar um diferenciador interno na comunidade siddi. Hoje, as diferenças sociais na comunidade são ainda pequenas: menos da metade dos siddis

294 ANDREAS HOFBAUER

pode dizer-se proprietária de terras; apenas alguns poucos possuem dez *acres* (cerca de oito hectares) de terra – a média é de dois a três *acres* –; além disso, não deve passar de 20 ou 30 famílias que são proprietárias de carros.

III.11. O impacto do enaltecimento das africanidades: reorientando vivências e percepções das diferenças

O autor daquele projeto fundamental que propôs a concessão do *status* de *Scheduled Tribe* aos siddis de Uttara Kannada avaliou, anos depois dos seus primeiros estudos, que todo o processo que levou a esse reconhecimento repercutiu fortemente sobre as comunidades em questão, uma vez que as induziu a se repensar como partes de um único grupo, trespassando, assim, velhas fronteiras marcadas pelos diferentes pertencimentos religiosos (Prasad, 2008, p.210). Pude registrar uma tradução emblemática dessa afirmação durante uma visita a uma casa siddi hindu, numa densa floresta perto de Varjalli (distrito de Yellapur). Depois de um relato detalhado sobre a dura vida como escravo – *maneyalu* e *jitadalu* – de todos os familiares mais velhos, num passado não tão remoto, na casa de brâmanes, a conversa se voltou em pouco tempo para a questão da proveniência dos siddis. "Viemos todos da África", disse N. B. Siddi, 58 anos. O que inquietava os moradores daquela casa solitária era a seguinte pergunta: como se deu, então, o fato de sermos divididos em três religiões? Reconhecia-se certa melhora de vida em decorrência da lei de 2003: "se, hoje, nossa sobrevivência [alimentação básica] já não depende totalmente dos brâmanes, continuamos ainda enfrentando o problema da discriminação". Admitia-se também que ocorreram certas alterações nas inter-relações entre os subgrupos siddis: "Antigamente, era impossível se casar com um siddi cristão ou siddi muçulmano. Nem sabíamos que existiam siddis cristãos e muçulmanos", enfatizou N. B. Siddi. Mesmo que esta siddi hindu tivesse plena consciência de que casamentos inter-religiosos continuam representando atos que transgridem uma regra implícita, sentiu uma mudança de atitude entre os siddis que ela apoiava, entusiasticamente, empregando as seguintes palavras: "Siddi kesa gurth"[164] – que meu companheiro de viagem, N. Siddi,

---

164 *Gurut(h)u* (ಗುರುತು) em kannada: sinal, símbolo, identidade, marca; *kesa* (ಕೆಶ): cabelo.

DIÁSPORA AFRICANA NA ÍNDIA **295**

traduziu como "o cabelo crespo é nosso símbolo" (entrevista, Cadernos de campo, 12/10/2013).[165]

Depoimentos como esse indicam que os discursos dos líderes, que têm frisado cada vez mais a origem africana comum com o objetivo de incentivar e consolidar o sentimento de união, ao mesmo tempo que restringem os poderes dos brâmanes, padres e mulás, estão encontrando ressonância: têm estimulado, aparentemente, diversos siddis a olhar de outra maneira para suas práticas e seus costumes cotidianos – o que, como veremos, resultou, em alguns casos, em ressignificações, reformulações e até inovações de costumes e hábitos.

Pretendo, então, a seguir, averiguar, a partir de algumas práticas socioculturais, se e até que ponto e de que maneira o tema da diferença tem ganhado novas conotações na vida dos siddis. Quero começar com os casamentos (arranjos matrimoniais), uma vez que se trata de um fenômeno fortemente vinculado à lógica das castas – enraizada em toda a sociedade indiana – que, devido às subdivisões históricas entre os siddis, apresenta características específicas. O objetivo de tal análise é identificar permanências e descontinuidades, além de eventuais padrões que marcaram os processos de transformação.

III.11.a. Os casamentos e as velhas linhas divisórias

O fato de que o sistema de castas tem sido criticado em público por cada vez mais pessoas como um entrave para o futuro do país e que governos começaram a incentivar, com gratificações em dinheiro, casamentos intercastas (com muito pouco sucesso, porém) mostram que algo está se alterando

---

165 Há indícios de que não há muito tempo o cabelo encaracolado não era visto com tanta positividade por boa parte dos siddis; foi a luta política recente que contribuiu para que os siddis olhassem de outro modo para esta sua característica física. Péquignot (2020, p.2-3) registrou, durante suas pesquisas em Karnataka, uma conversa entre anciãos siddis cristãos em que um deles associou o cabelo crespo a uma punição divina: "Muito tempo atrás, um siddi roubou uma ovelha para poder se alimentar. Deus puniu então todos os siddis dando-lhes este tipo de cabelo". Esta "explicação" provocou uma reação de uma pessoa que respondeu, rindo, em tom de brincadeira: "foi para que nós possamos nos reconhecer que Deus nos deu este tipo de cabelo". Esta história e o fato de que as mulheres continuam se preocupando em prender seu cabelo com a *turuba* sugerem que este importante marcador de diferença continua tendo significado ambíguo para os(as) siddis.

na Índia com relação a essa forma de sociabilidade. No entanto, pode-se perceber que as castas continuam ainda funcionando como uma espécie de diretriz moral, social e econômica última – como um tipo de "segurança social" –, sobretudo no interior do país, em regiões que mal chegam a ser beneficiadas pelas políticas de Estado.

Nesse sentido, também no caso dos siddis, o fenômeno dos intercasamentos já não provoca o horror presente na década de 1960, quando foram elaborados os primeiros estudos na região. Mesmo assim, continua sendo a exceção. Para examinar essa questão, é preciso diferenciarmos, em primeiro lugar, intercasamentos que envolvem siddis e não-siddis de intercasamentos "internos" entre os subgrupos siddis. Em geral, pode-se afirmar que o primeiro caso é bem mais raro e, quando acontece, as probabilidades de "não dar certo" são muito grandes. Apenas os casamentos entre muçulmanos não-siddis e siddis têm certa tradição e maior possibilidade de êxito. Nesses casos, é um noivo de fora da comunidade que, geralmente, se casa com uma siddi muçulmana. Seguindo a "regra patrilocal", após as núpcias, o casal se fixa num local distante da região, lugar de residência do marido. Na medida em que as três comunidades seguem o modelo patrilinear de parentesco, a recém-casada e seus futuros filhos integrar-se-ão na linhagem do marido, perdendo, consequentemente, o *status* de *Scheduled Tribe*, juntamente com os benefícios previstos por lei.

Assisti a dois casamentos desse tipo: um ocorreu em 2016, num grande salão de Yellapur, em que um filho de um abastado comerciante de Hubli (cidade próxima a Dharwad) esposou a filha de um dos mais renomados líderes siddis muçulmanos. Era uma cerimônia imponente que, como a maioria dos casamentos desse porte, deve ter custado entre 5 e 8 *lakh* rúpias. O evento, que contou com a presença de alguns políticos locais, foi acompanhado por mais de seiscentas pessoas. Disseram-me que o noivo tinha um emprego numa fábrica em Pune e que o casal mudar-se-ia para lá. Dois detalhes chamaram a minha atenção. I. L., o noivo, tinha uma cor de pele relativamente escura e não muito diferente da da noiva, cuja tez era mais clara do que a dos demais siddis. "Ela não parece uma siddi", disse-me meu companheiro siddi com quem fui à festa, não sem acrescentar outro detalhe interessante sobre a noiva: a mãe de A. N. é uma muçulmana não-siddi, o que, para R. Siddi (meu acompanhante), explicava o fato de os traços fenotípicos e a cor de pele da noiva serem diferentes da maioria dos siddis.

O segundo caso tinha características semelhantes. Foi durante a viagem a Hyderabad que acompanhei também um casamento entre um jovem muçulmano e uma descendente de siddis. No fundo, de acordo com as normas patrilineares, a moça já não era uma siddi, uma vez que sua mãe (siddi) tinha se casado com um muçulmano de Hyderabad. Parecia, porém, que a moça tinha muito apreço para com os siddis de Karnataka e cultivava certa identificação com eles, já que ela queria – esta foi a informação que meus companheiros de viagem me deram – casar-se com um siddi de lá. No entanto, seu pai, um agente imobiliário relativamente próspero, escolheu para ela um muçulmano de Hyderabad, dono de uma loja de celulares. A cerimônia oficial para a qual saímos à noite foi ainda mais pomposa e teve um público maior do que a de Yellapur.

Devido à sua ascendência – pai muçulmano não-siddi –, as características fenotípicas da noiva destoavam igualmente da média das mulheres siddis de Karnataka (a pele de sua mãe, aliás, também é mais clara do que a tez da maioria dos siddis): provavelmente nem em Karnataka ela seria vista como siddi. Um dia antes da minha chegada, houve um incidente que os meus companheiros de Karnataka comentaram em tom de indignação. Foi no primeiro momento em que as duas partes, os parentes do noivo e os parentes da noiva, se encontraram. A casa alugada para esse fim enchia-se de pessoas e, num determinado momento, o noivo olhou para a comitiva de Karnataka, pedindo-lhe que recuasse alguns passos, para que se abrisse um espaço para os dignitários e convidados. O mal-estar foi instaurado, e a mãe da noiva se sentiu obrigada a intervir a fim de apresentar os siddis de Karnataka como seus parentes e convidados da cerimônia (Cadernos de campo, 28/04/2016). De qualquer forma, parece que a força do ideal da *"umma islâmica"* cria – mais do que nos dois outros grupos siddis – a precondição que permite, em alguns casos, superar a fronteira siddi, possibilitando, então, "passar" um descendente (geralmente uma filha) para um grupo não--siddi da mesma religião. Tais casamentos não deixam de ter, na maioria das vezes, características de uma estratégia bem-sucedida de ascensão social, do ponto de vista da noiva de origem siddi (geralmente famílias um pouco mais bem situadas buscam esse caminho). Há, porém, restrições e impedimentos: além da tonalidade da cor de pele e das características fenotípicas da moça siddi, o *"status* social" do homem muçulmano é fator decisivo. Muçulmanos que se consideram pertencentes às velhas elites dificilmente casariam um dos seus filhos com uma moça pertencente a uma *Scheduled Caste* ou uma *Scheduled Tribe*.

No que diz respeito aos casamentos entre os três subgrupos siddis, as resistências parecem diminuir, e tudo indica que estão sendo estabelecidos padrões de relacionamentos, entre os quais alguns são mais aceitos e, portanto, "mais factíveis" do que outros. Localizei um espectro de posicionamentos que vai desde a rejeição total – por exemplo, a anciã H. B., de Sambrani, para a qual um casamento inter-religioso continua sendo um ato pecaminoso – até a preferência por casamentos com um(a) parceiro(a) siddi de outra religião por motivos e ideais de ordem política. Esse é o caso de Ma.S., católico de Wada. Numa conversa em 2013, disse-me que tinha a intenção de se casar com uma siddi que não fosse católica com o objetivo de contribuir para o fortalecimento da união do grupo; de fato, quando o reencontrei, em 2017, Ma. S. estava casado com uma siddi hindu, irmã de um amigo seu e ativista da mesma ONG na qual ele atuava.

Os casamentos na Índia – e também entre os siddis – são tradicionalmente arranjados pelos pais e costumam ocorrer dentro dos limites de uma jati (subcasta). São celebrados com festas grandes de três dias de duração que reúnem parentes, amigos e vizinhos do novo casal. Há uma primeira parte, que tem lugar na casa do noivo – e, paralelamente, na casa da noiva – na véspera da cerimônia religiosa principal: à noite, dentro de um quarto ou numa espécie de pátio em frente à casa, o(a) noivo(a) fica sentado(a) numa banqueta de madeira, enquanto os convidados em fila pegam um pouco de um líquido pastoso de *turmeric* (cúrcuma), posto numa bacia em frente à banqueta, e o passam no rosto, nos braços e nas pernas daquele(a) que vai se casar. Com essa tradição, conhecida como *haldi ceremony* e muito disseminada na Índia, os presentes desejam saúde e fertilidade ao novo casal. No dia seguinte, os cristãos deslocam-se, num carro alugado, para a igreja; os muçulmanos, para um grande salão de uma cidade próxima, ou seja, Yellapur ou Haliyal (enquanto os convidados são geralmente transportados para lá em carrocerias puxadas por tratores). Já no caso dos siddis hindus, esta parte ritualístico-religiosa pode acontecer na própria casa do noivo com a presença de um brâmane. Depois dessa cerimônia, centenas de convidados – muitas vezes, mais de quinhentos – precisam ser alimentados, o que ocorre em enormes salões especialmente alugados pelo pai do noivo. Nesses três dias há muito tempo para: reencontrar e conversar com parentes e velhos amigos; fazer novas amizades; informar-se sobre novidades em outras comunidades e acontecimentos fora da área siddi; fazer fofocas, mas também debater problemas sérios que afligem a vida dos siddis; e, evidentemente, divertir-se, comer bem, dançar, cantar, rir e descansar.

As festas dos siddis hindus são as mais ricas em termos de vestimenta e de tradições. Há diversos jogos e brincadeiras que têm, como uma de suas funções, aproximar os recém-casados. É que num casamento que segue os costumes tradicionais, os noivos se veem pela primeira vez somente no segundo dia da festa, durante a cerimônia oficial (às vezes, esse momento é marcado por um ato cerimonial em que uma espécie de cortina, que separa o jovem casal, é levantada). Numa dessas brincadeiras, o jovem casal se senta frente a frente, separados apenas por uma bacia cheia de água pastosa de cúrcuma; nela, dois anéis estão escondidos e a tarefa dos recém-casados é encontrá-los no líquido turvo com as suas mãos. Tudo isto ocorre diante de uma multidão que os cerca e se diverte muito, na medida em que a "briga" subaquática das quatro mãos faz salpicar o líquido amarelo por todos os lados. Num outro jogo, pequenas pedras são escondidas no corpo do noivo e da noiva e o parceiro tem de localizá-las. As músicas cantadas por mulheres dão dicas sobre a localização das pedras. É mais uma brincadeira que envolve todos os presentes e permite, sob os olhares curiosos dos parentes, que o jovem casal inicie os primeiros contatos corporais.

No final da tarde e à noite, os jovens tomam conta da parte musical. Muitas vezes, anexo à casa do noivo, é montado um enorme gazebo, abrindo uma área protegida que é usada como "pista de dança", além de abrigo da aparelhagem de som (geralmente alugada de uma loja na cidade por um valor entre 10 e 15 mil rúpias). A frequentemente "sofrível" qualidade de som, cuja potência costuma ser estridente, não diminui, porém, o ânimo dos jovens, que dançam ao som das suas músicas preferidas – geralmente, música *pop* internacional cantada em língua inglesa; mas toca-se também uma ou outra música indiana e, em 2013, cheguei até a ouvir um *hit* brasileiro, do gênero musical sertanejo. Perto da meia-noite, os tambores *damam* entram em cena. Alguns homens, mas também mulheres, revezam-se no toque do instrumento e entoam cânticos, enquanto as pessoas dançam e cantam com os rostos e corpos virados para o *damam*. É um grande divertimento para todos. As sessões de *damam* podem durar horas, até o dia raiar. Em todos os casamentos que presenciei houve toque de *damam*; informaram-me, no entanto, que sua presença atualmente não é mais garantida – sobretudo em algumas aldeias de Haliyal –; já o uso de um sistema de som se tornou uma "obrigação" para a celebração de um "casamento moderno" e é especialmente apreciado pelos jovens siddis.

No último dia, depois de uma noite mal dormida, as pessoas se juntam mais uma vez para aplicar uma nova sessão de cúrcuma (*haldi ceremony*), só que agora com o casal unido na casa do jovem marido. Conversas, comidas e ensaios de música e dança ocupam o resto do dia, ao longo do qual os convidados vão se despedindo e a casa fica mais vazia, salvo pelos muitos presentes que os convidados trouxeram no dia anterior.

Geralmente, os casamentos acontecem nos meses de abril e maio (os mais quentes do ano), período de férias antes da chegada das monções, em que os siddis costumam retornar do trabalho (nos casos dos emigrados) e das escolas à sua terra natal. Os eventos são bem planejados. É comum que o noivado, ele mesmo precedido por uma sondagem, seja fixado um ano antes do casamento. No final de 2013, participei de um desses momentos, em que uma pequena comitiva foi à casa vizinha daquela em que eu estava hospedado. Cedo de manhã, três mulheres apareceram em Wada e se dirigiram à casa de um dos meus interlocutores-amigos siddis. Entraram e logo se sentaram no chão do quarto principal; os moradores da casa fizeram a mesma coisa, criando uma fila de corpos sentados junto à parede oposta. O espaço próximo à parede lateral seria ocupado por amigos e conhecidos – não parentes – dos moradores que assumiriam uma espécie de papel de testemunha. Foi a este grupo que me juntei. Iniciaram-se as conversas e as trocas de ideias entre os dois lados. Disseram-me que um dos objetivos importantes de tal visita é o de que os pais que pretendem casar seu filho possam ver, com seus próprios olhos, a noiva "em potencial" e avaliar se ela está em boas condições físicas. O fator "beleza" costuma ser observado e registrado também.

A certa altura e em conformidade com o costume, D. G., a filha de 23 anos e irmã de meu interlocutor P. G., apareceu do fundo da casa com uma bandeja na mão, oferecendo chá a todos os presentes. Ao mesmo tempo, os visitantes apresentaram o noivo potencial com algumas palavras. Quem falava era, acima de tudo, a mãe, que chamava a atenção para o fato de seu filho ter uma profissão: ele era motorista de caminhão. Onde? Na Arábia Saudita. A princípio parecia ser uma boa referência. Uma voz curiosa do outro lado da parede se atreveu a jogar uma pergunta inusitada na roda: "Como ele é?". "Ele é um tanto gordo", admitia a mãe, que sabia que – diferentemente da situação das moças, cujas chances de se casar dependem também, em grande medida, de questões estéticas –, no caso dos moços, a "boa aparência" costuma ser um fator relativamente pouco relevante. "Facebook. He is on Facebook", lembrou a irmã do noivo em potencial, retirando um celular do bolso a fim de mostrar a foto do irmão. As tecnologias digitais estão transformando também essas tradições, pensei comigo (Cadernos de campo, 26/12/2013).

"Quais serão os próximos passos?", perguntei a P. G. depois de a comitiva ter se retirado e voltado para a respectiva aldeia. Haveria uma visita na casa da família do noivo e, se os dois lados concordarem, seria fixado o noivado, que duraria cerca de um ano. O noivo continuaria morando e trabalhando na Arábia Saudita, e a irmã de P. G. mudar-se-ia em algum momento – provavelmente meses depois do casamento – para lá, caso consiga visto de entrada para este país.

Três dias depois, passei a noite na mesma aldeia, assistindo a uma grande competição de *kabaddi* que se iniciou após as 22h e viria a terminar somente no dia seguinte, por volta das 7h30. Dias antes, um terreno tinha sido preparado e um sistema de iluminação, instalado, a fim de que pudesse acontecer esse evento, que contaria com a presença de 26 times – cada um composto por sete jogadores – de diferentes lugarejos da região.[166] *Kabaddi*, um esporte indiano antigo, muito popular sobretudo no sul do subcontinente, é jogado por dois times. O objetivo básico é o de capturar e, com isso, eliminar o jogador "enviado" do outro lado (chamado *rider*), que, por sua vez, tem como "missão" atravessar a linha do meio da quadra, tentar tocar um adversário e voltar, sem ser pego, para o "seu lado". Um grupo de 250 a 300 visitantes-torcedores se juntou em volta da quadra desse pequeno povoado, cuja população não deve ultrapassar 250 pessoas, para assistir ao torneio.

Acompanhando, em meio ao público, os jogos – que não careciam de duras cenas de esforço físico e de pelejas –, não apenas aprendi as regras do

---

166 Alguns times eram compostos por jogadores não-siddis (de povoados onde não residem siddis), outras equipes eram mistas e havia também aqueles times (como de Wada) que contavam com jogadores exclusivamente siddis. O time vencedor da competição foi da aldeia Gundolli, que não contava com nenhum siddi; o vice-campeão era de Gardolli, uma equipe mista.

jogo. Tive também a sorte de descobrir mais sobre o encontro de "sondagem" que tinha presenciado dias antes, quando uma jovem siddi de 19 anos, originária de Wada, que eu já conhecia de outros eventos, ofereceu-me um assento ao seu lado. Muito descontraída, So. G., que estuda atualmente em Dharwad e sonha em se formar no curso de contabilidade para um dia trabalhar num escritório (embora o que realmente goste é de esporte e dança), dirigiu diversas perguntas nada fáceis a mim: por exemplo, sobre como era o mundo em que eu vivia; o que eu pensava da vida dos siddis; e, depois de eu ter lhe falado da existência de negros, descendentes de africanos no Brasil – fato que ela desconhecia –, interessou-se em saber de que maneira a vida dos "siddis" brasileiros se distinguia da dos siddis de Karnataka. "Em troca" das minhas respostas – confesso – um tanto precárias, ousei aproveitar o momento em que D. G., a noiva "em potencial", apareceu e se agachou ao lado de So. G. a fim de indagar o que esta sua amiga pensava sobre a "oferta" de casamento. Nessa conversa mediada por So. G. fiquei sabendo que D. G. não estava muito feliz com a proposta, já que, no fundo, tinha como prioridade dar continuidade aos seus estudos. Portanto, não queria se comprometer nesse momento. "O que ela poderia fazer, então?", eu quis saber. Ela poderia, sim, tentar influenciar seu pai para não aceitar a "proposta". O problema era, porém, que tal resposta logo correria todas as aldeias próximas, disse-me So. G. Além disso, as pessoas seriam ainda capazes de "acrescentar" outros elementos à "história", e D. G. poderia vir a se tornar, aos olhos dos aldeões, uma "moça difícil", "complicada" – o que implicava que, futuramente, D. G. poderia enfrentar sérios problemas para encontrar um pretendente. Ciente da situação delicada e embaraçosa, D. G. ainda não tinha clareza sobre como deveria agir e se deveria falar com seu pai – foi também aparentemente por isso que procurou sua amiga para conversar. (Não pude acompanhar subsequentes conversas, negociações ou reconsiderações que podem talvez ter ocorrido dentro e/ou entre as famílias. O desfecho deste drama descobriria quase cinco anos depois, em junho de 2018, quando um amigo de D. G. me informou que ela se casara com o motorista – em maio daquele ano – e que os dois moravam agora em Dandelli, lugar de origem do marido.)

So. G. parecia ser uma moça mais decidida em vários aspectos. Criticava a desigualdade de gênero. Falou, em forte tom de reprovação, da questão da violência que assola as mulheres na Índia. Chegou a reclamar, inclusive, do fato de os organizadores do evento terem se esquecido de incluir no torneio os times femininos de *kabaddi*. Como D. Y., So. G. destaca-se também da maioria das mulheres pela sua vestimenta: costuma usar calças e, naquela noite fria de dezembro – uma das mais frias que passei na região –, vestia uma jaqueta e um capuz na cabeça. Preferia igualmente excluir o matrimônio dos seus objetivos futuros mais próximos. Talvez mais tarde, depois de ter concluído os estudos; mas, mesmo nesse caso, seria ela a escolher o marido. Ademais, teria de ser um siddi, um siddi cristão como ela. So. G. fez questão de salientar que não aceitaria um "casamento arranjado" (Cadernos de campo, 28/12/2013). São depoimentos como esses que nos dão alguma ideia sobre certas incompreensões, tensões e conflitos de interesse que podem vir a se estabelecer entre a velha geração – que sempre lutou na terra pela sobrevivência, inclusive a dos seus filhos –, e a nova geração – que vem adquirindo outros conhecimentos e saberes, longe das aldeias, ligados a valores distintos e outras formas de organizar a vida.

Não obstante atitudes como essas, pode-se dizer que os "casamentos arranjados" continuam sendo um padrão muito consolidado. São os pais que costumam fixar a data do evento, geralmente com um ano de antecedência, e são eles que iniciam as sondagens. Sucede, porém, com cada vez mais frequência, que os jovens *educated* buscam, de alguma maneira, "negociar" com seus progenitores, de modo a influenciar as indicações que muitas vezes acabam sendo aceitas pelos pais. Via de regra, as fronteiras religiosas continuam sendo respeitadas; ou seja, busca-se um(a) parceiro(a) pertencente ao mesmo grupo religioso, embora haja cada vez mais siddis que não veem um grande problema na transgressão dessa linha divisória. Contudo, há ainda muitos casamentos – assisti a vários deles – em que os noivos não se conheciam antes das cerimônias. Encontrei, inclusive, siddis *educated* que disseram, com muita convicção, que acham os "casamentos arranjados" "mais seguros", isto é, mais estáveis e duradouros. Provavelmente não apenas porque acreditam que os pais sabem fazer a escolha certa, mas também porque esse tipo de casamento garante amplo apoio social, na medida em que consegue conectar grupos de parentesco e fortalecer alianças e solidariedades.

Se olharmos para os três subgrupos, podemos também perceber pequenas diferenças concernentes à relação entre os casamentos arranjados e os chamados *love marriages*. Se a velha tradição dos casamentos arranjados continua praticamente inabalada entre os muçulmanos, é entre os siddis cristãos que podemos encontrar o maior número de uniões em que os próprios jovens buscam e conseguem interferir na escolha dos seus parceiros. O grupo dos siddis hindus, por sua vez, assume uma posição intermediária no quesito "casamentos arranjados" *versus* "casamentos escolhidos pelos noivos".[167] Essas diferenças, às quais dois de meus interlocutores siddis também chamaram a minha atenção (Caderno de campo, 14/06/2018), parecem ter certa correlação com os desníveis de escolarização entre os subgrupos.

Relacionamentos sexuais e os chamados *love marriages*, que ignoram as escolhas dos pais e podem atravessar fronteiras religiosas e de casta, não são, porém, uma inovação do século XXI. Há diversos registros de relacionamentos sexuais "proibidos" já nos estudos da década de 1960. Diziam respeito, evidentemente, a uma pequena minoria e enfrentavam ferrenha repressão, sobretudo da parte dos líderes religiosos (como vimos na Seção III.1). Em diversos casos, os envolvidos conseguiram converter seu "relacionamento ilegítimo" numa união matrimonial "abençoada" e socialmente aceita. Mas, para que isso pudesse acontecer, a noiva teve de se converter à religião do noivo, e tal "regra" continua vigorando, com raríssimas exceções, até hoje.

De maneira geral, pode-se dizer que a frequência dos *love marriages* vem crescendo lentamente; essa forma de casamento, no entanto, continua se defrontando com uma série de obstáculos, sobretudo quando envolve parceiros de fora da comunidade siddi. De acordo com R. Siddi, um dos meus interlocutores-amigos siddis, existem cada vez mais casos em que jovens siddis que foram para a cidade estudar e/ou trabalhar se apaixonam por uma moça não-siddi. Ele inclusive vê, nas investidas de jovens siddis de se aproximar de moças *long hair* e de querer se casar com uma delas, uma aposta de ascensão social. No entanto, geralmente os pais da moça não-siddi não aceitam a união matrimonial. Aparentemente, a grande maioria dessas tentativas teve final pouco feliz.

R. Siddi contou-me o caso de seu primo, também siddi hindu, que tinha ido para Bangalore, onde trabalhava como professor de ginástica, quando se

---

167 Mesmo nos *love marriages*, os jovens costumam geralmente buscar o consentimento e o aval dos pais; caso não o consigam, eles têm como alternativa desistir de seu plano e continuar a viver em paz com seus familiares, ou arriscar e correr o risco de romper com suas famílias.

apaixonou por uma moça hindu, também pertencente a uma casta inferior, e propôs a ela que se mudassem para a casa dele no *taluk* Yellapur. Segundo R. Siddi, os siddis não tiveram nenhuma restrição à chegada de uma não-siddi à sua comunidade. Ela, no entanto, não teria aguentado a vida *backward* nas aldeias. Quando resolveram voltar a Bangalore, os parentes da moça foram atrás do primo de R. Siddi, que teve a sorte de escapar de um atentado. O casal mudou-se, então, para um lugar distante, e a moça não teve mais contato com seus familiares: a expulsão de seu grupo de parentesco foi o preço pela manutenção desse relacionamento (Cadernos de campo, 19/04/2016). Num outro caso, uma moça chegou a morar durante algum tempo numa das aldeias siddis, mas teria ficado igualmente chocada com as condições de vida que encontrou. Sem conseguir se adaptar, num belo dia, mesmo sendo oficialmente casada, fugiu. Ao relatar esse caso, R. Siddi lamentou que falta aos jovens siddis uma formação intelectual mais sofisticada que lhes permita lidar melhor com situações difíceis como esta (Caderno de campo, 12/06/2017).

"E as moças siddis, quando vão para a cidade, não se apaixonam por rapazes que encontram por lá?", indaguei, já que meu interlocutor tinha falado somente sobre a experiência dos homens siddis, "Elas não buscam também um casamento com um moço de 'cabelo liso'?". *"No chance"* foi a resposta lapidar de R. Siddi, sem sequer se esforçar para apresentar explicações. Ficou subentendido que para as moças siddis a junção entre os fatores tribo/casta inferior, características físicas e cor de pele escura – historicamente desvalorizados também na Índia – cria uma barreira quase insuperável para um eventual relacionamento com um não-siddi (Cadernos de campo, 19/04/2016).

Uma situação à parte são os relacionamentos entre siddis e africanos imigrantes que podem ocorrer numa grande cidade, como Bangalore. Ge., aquele advogado siddi que conhece bem a vida dos imigrantes de lá, afirma que os africanos se sentem atraídos pelas mulheres siddis – as quais, como ele diz, "são vistas na Índia como feias". No entanto, faz logo um alerta: a maioria dos siddis não tem boa opinião a respeito dos africanos imigrantes, que possuem a fama de serem pouco confiáveis, ludibriadores ou, ainda, traficantes de drogas; ademais, acredita-se que os homens africanos não se contentam com uma única mulher. Se um homem siddi casa com uma africana e a leva para casa, não há problema, afirma Ge.; mas o contrário –

um africano casando com uma siddi – não dá certo. A própria comunidade siddi não aceita. Disse-me não conhecer um único caso em que tal casamento trouxe felicidade ao casal, no entanto, logo depois corrigiu essa sua afirmação. Lembrou-se, sim, de um matrimônio entre um homem africano e uma mulher siddi, que vivem juntos há cerca de dez anos. Mas, imediatamente após ter feito essa correção, um sorriso se formou nos lábios de Ge. e ele deixou escapar um comentário final: "Ninguém sabe se ele não voltará em breve para a África" (Cadernos de campo, 07/06/2017).

Num trabalho recente, Almeida e Obeng (2020, p.8, 10) comentam um caso particular em que Zaebunbi, uma mulher siddi muçulmana, se casou com um africano muçulmano imigrante. Depois de ter vivido junto em Bangalore, onde se conheceram, o casal foi morar no Chade, país de origem do marido. No entanto, a jovem siddi de 24 anos, que tinha acumulado experiência profissional com vendas em lojas da capital do estado de Karnataka, não se adaptou à vida de lá; depois de seis meses decidiu voltar. A vida na África impunha-lhe muitas restrições; a família com a qual convivia não queria que ela trabalhasse fora da casa. Foi com a descrição de um cenário de convivência difícil numa terra estranha que a siddi Zaebunbi explicou seu retorno. Se a maioria dos casamentos entre africanos imigrantes e siddis pode ser descrito como *love marriages*, que, como mostra este caso, pode confrontar o casal com circunstâncias de vida complexas e inesperadas, os pesquisadores apontam ainda para algumas situações em que o desejo de facilitar um processo de naturalização pode constituir motivo adicional para a decisão do casal (é preciso ser residente registrado durante doze anos para que um imigrante consiga a cidadania indiana).

No que diz respeito aos casamentos entre os siddis que "cruzam velhas fronteiras", é possível também observar alguns padrões. Casamentos entre siddis muçulmanos e siddis cristãos são praticamente inexistentes, exceto por um ou outro caso de *love marriage* que, inevitavelmente, acarreta sérios conflitos com os parentes das duas comunidades religiosas. Uma das razões para essa rejeição mútua pode ser encontrada nas próprias estruturas religiosas do islã e do cristianismo – ambos fundamentados em livros sagrados que pregam, como verdade absoluta, a existência de um único deus. Tal crença torna inadmissível a incorporação de um segundo deus também supostamente onipotente. Trata-se de dois monoteísmos que compartilham longas histórias de proselitismo expansionista e de disputas por adeptos, que não carecem de enfrentamentos graves, inclusive bélicos.

Mais factíveis são casamentos entre cristãos e hindus e entre muçulmanos e hindus. Dessas duas formas excepcionais de casamento, a primeira é mais frequente que a segunda. Tentarei argumentar que há razões e certos padrões nesses "desvios" da "regra original" de casamento. Antes de mais nada, continua valendo, nesses casos, a "regra" segundo a qual a noiva há de se converter à religião do noivo.[168] De modo geral, pude perceber que há mais interação entre siddis hindus e siddis cristãos, que pode ser explicada com a maior proximidade da língua compartilhada, a konkani. Outro fator me parece estar vinculado ao sistema escolar.

Comentei que os muçulmanos têm, por vezes, certas restrições com relação às escolas estatais e tendem a valorizar menos a formação em colégios ou instituições universitárias. Essa postura se reflete tanto em piores taxas de analfabetismo quanto em certa ausência de jovens líderes muçulmanos. "Não há jovens muçulmanos que se envolvam na luta política", disse-me, num tom de crítica, um dos mentores da ONG Siddi Jana Vikas Sanga. O que pode explicar esse quadro, pelo menos em parte, é a inserção conflituosa do islã na Índia: há, de fato, uma tendência de os muçulmanos se conceberem como uma minoria ameaçada pelo avanço do "hinduísmo", que, mais recentemente, na forma ideologizada da *hindutva*,[169] tem ganhado força dentro do jogo político-partidário. Além disso, percebe-se o avanço de letrados islâmicos de correntes ortodoxas e fundamentalistas, que chegam até as aldeias nos mais longínquos rincões do país: eles buscam combater quaisquer práticas religiosas que fogem à ortodoxia e, evidentemente, crenças hinduístas, de modo a assim fortalecer a comunidade islâmica *umma*. Qualquer problema identificado como social ou político por uma mente

---

168 Assisti a um casamento em que o noivo hindu tinha se convertido à religião (católica) da noiva para poder casar-se com ela. Neste caso muito excepcional – evidentemente, um *love marriage* –, ambos, noivo e noiva, eram siddis com ensino superior e – o que é totalmente fora do comum – foi o próprio noivo, um líder siddi respeitado, que entrou em contato com o pai da moça, "conversando" e "negociando" com ele durante cerca de um ano. O pretendente dispôs-se a fazer um curso de catequese antes da proclamação do noivado. Posteriormente, ouvi falar de outro caso similar.

169 *Hindutva*: termo usado para designar o fundamentalismo e nacionalismo hindu, cujas raízes ideológicas remontam, no mínimo, ao século XIX (cf. Capítulo II). O termo foi popularizado por Vinayak Damodar Savarkar (cf. *Hindutva: Who is a Hindu?*, 1928).

308 ANDREAS HOFBAUER

secularizada (por exemplo, por um cientista social) pode e deve, para um fundamentalista religioso, ser resolvido por meio do "repertório teológico" e não pela formação de uma organização política que se pretende secular.

A princípio, não é proibido a um homem muçulmano se casar com uma mulher não-muçulmana. O Alcorão contém passagens que estimulam casamentos com "mulheres infiéis", inclusive com escravas, sob a condição de educá-las previamente na fé islâmica (cf. Hofbauer, 2006c, p.51); em última instância, essa prática visava também à ampliação da *umma* islâmica. Já um casamento entre uma mulher muçulmana e um homem de outra religião é visto como apostasia, a perda de uma fiel. Numa conversa com um siddi hindu sobre formas de casamento que fogem ao padrão, este confirmou que é extremamente raro uma siddi muçulmana esposar um siddi de outra religião. A pressão da comunidade seria enorme – esse casamento prejudicaria a reputação de toda a família na comunidade muçulmana, explicou P. G. (Cadernos de campo, 16/06/2016).

No cristianismo também há fortes tradições históricas que tratam os rituais hinduístas como atos de "paganismo" que deveriam ser extirpados (cf. posicionamento do padre de Gardolli, Seção III.I, p.228).[170] Ao mesmo tempo, surgiram, dentro do catolicismo e da Igreja Adventista, tendências a partir das quais seus mentores começaram a se preocupar com assuntos de ordem social e política, para além das questões estritamente religiosas. Vimos que foi dessa forma que surgiram impulsos importantes para a fundação das primeiras associações políticas siddis. Diversos padres e pastores têm tido papel importante na valorização do ensino, incentivando os siddis a investir na formação escolar dos seus filhos. Há instituições de ensino financiadas pelas igrejas que recebem somente crianças de seu credo religioso – por exemplo, a Rosary School em Yellapur, que abriga os(as) alunos(as) numa moradia própria –; mas existem também escolas confessionais que não selecionam as crianças de acordo com seu pertencimento religioso – como a Loyola School de Mundgod, que também oferece moradia para os jovens. Tornou-se comum que, nestas escolas e suas pousadas

---

170 Sabe-se que a Igreja Católica tem cultivado ao longo de sua história milenar uma política eclesiástica que consegue reunir interpretações bastante diversas da Bíblia, o que torna possível que encontremos na instituição desde padres que combatem a ferro e fogo "paganismos" até clérigos que se envolvem com projetos que propõem a "inculturação" dessas mesmas tradições.

anexas, siddis cristãos convivam com siddis hindus e, em número menor, também com siddis muçulmanos não ortodoxos – para os muçulmanos ortodoxos, frequentar uma escola confessional cristã seria inconciliável com os fundamentos de sua fé.

A fama de boa qualidade educacional oferecida pelas escolas confessionais vem atraindo crianças de toda a região. As experiências de vida nesses espaços devem ter também contribuído para aproximar jovens siddis cristãos de siddis hindus, os quais, nessas escolas, se veem confrontados com valores e ensinamentos religiosos diferentes daqueles que conheciam e praticavam em casa. Dependendo da instituição escolar, a pressão doutrinária pode variar. Se o ensino oferecido pela Loyola School de Mundgod, administrada por jesuítas, evita uma doutrinação confessional explícita, o colégio adventista de Spicer, em Pune, impõe regras cotidianas rígidas, incluindo rezas tanto pela manhã quanto à noite (não há obrigatoriedade de conversão, mas os ritos diários têm de ser seguidos por todos os alunos).

R. Siddi, que frequentou o colégio adventista em Pune, disse-me que as meninas siddis hindus cediam ao proselitismo promovido pela instituição com mais facilidade que os rapazes (Cadernos de campo, 30/04/2016). Crítico à doutrinação e às intervenções históricas e contemporâneas das igrejas nas comunidades siddis, R. Siddi reconhece, porém, que foi o colégio adventista que lhe possibilitou a convivência com muitas pessoas diferentes (indianos de outros estados, estrangeiros, pesquisadores). Ali, cresceu nele a vontade de se empenhar na luta contra a desigualdade e as mais diversas formas de discriminação e inferiorização que afligem os siddis. Foi a partir dessa experiência que ele e outros colegas começaram a esboçar a ideia de fundar uma ONG em prol da comunidade siddi.

R. Siddi se entende como não-religioso. Se deixou de cultuar as divindades hindus, acredita nas forças que sente provir da natureza, das árvores e dos rios. Ele relaciona tais forças vitais àquilo que chama de "vida tribal" (*tribal life*). Já seu pai é devoto fervoroso de Ganesha. Logo na entrada da nova casa que a família construiu, encontra-se um nicho com imagens desta e de outras divindades hindus, junto ao qual o pai realiza cotidianamente suas orações e rituais. Sabendo que uma das irmãs tinha se casado, recentemente, com um siddi cristão, perguntei a R. Siddi se ela foi obrigada a se converter ao catolicismo. Ela havia frequentado uma escola cristã no estado de Tamil Nadu e lá teria assimilado crenças e valores cristãos – "ela acredita

310 ANDREAS HOFBAUER

no cristianismo [*Christianism*]", foi a resposta de R. Siddi. No entanto, como foi justamente nessa casa que presenciei um culto aos ancestrais pela primeira vez em 2013, no qual percebi a importância desse ritual para toda a família, quis ainda saber se a irmã continuaria a participar dessas cerimônias. Minha pergunta provocou certa incompreensão. O ritual para os *jante* (ancestrais) nada teria a ver com religião: "é parte da 'vida tribal'", esclareceu meu interlocutor, que diz conversar com os ancestrais e guarda um coco não descascado em seu cômodo (Cadernos de campo, 30/04/2016).

No grande evento em comemoração aos dez anos da conquista de *status* de *Scheduled Tribe*, que aconteceu em outubro de 2013 em Yellapur, reencontrei uma parente de R. Siddi que também tinha participado do ritual aos ancestrais meio ano antes. Quando encontrei Sh., ela tinha acabado de voltar de Old Goa, onde trabalhou cerca de dois anos como cozinheira e onde aprendeu relativamente bem o inglês e até algumas palavras portuguesas ("Como está?"; "Obrigada"). Ao cumprimentá-la, perguntei-lhe sobre as novidades da sua vida. Sh. respondeu que, finalmente, seu pai marcou o casamento dela para o ano seguinte. Já em abril eu tinha percebido que, devido à sua idade – mais de 25 anos –, estava ansiosa para se casar. "Quem é o escolhido?", inquiri. "É alguém de Mundgod", disse-me. Ela não o conhecia. Sendo de lá, imaginei que ele pudesse ser cristão. "Sim, é cristão", confirmou. Não consegui esconder minha curiosidade e lhe fiz mais uma pergunta atrevida: "E o que você pensa disso?". Ela respondeu que opinar sobre isso não seria da alçada dela, e se apressou em acrescentar, com voz bem descontraída: "Eu também acredito em Jesus!" (Cadernos de campo, 11/04/2013, 01/10/2013).

Parece-me, portanto, que há uma série de fatores que podem explicar uma maior proximidade e permissibilidade nas relações entre siddis cristãos e siddis hindus. Além das questões linguísticas e experiências escolares, é mister lembrarmos a força e as características da cosmovisão hinduísta, que segue uma lógica diferente da dos monoteísmos exclusivistas e que permite posicionamentos como o de Sh., sem provocar contradições: incluir, fundir ou agregar outras divindades não é incompatível com essa tradição, que já foi chamada de panteísta ou politeísta (cf. Capítulo I, p.46).

De qualquer forma, nesses ainda raros casos de casamentos entre siddis cristãos e siddis hindus pode-se também perceber que os noivos são geralmente cristãos, enquanto as noivas costumam ser da comunidade hindu.

DIÁSPORA AFRICANA NA ÍNDIA **311**

Esse fato provoca, de certo modo, a ira dos líderes siddis hindus, entre eles R. Siddi: "Somos nós que damos nossas mulheres aos outros grupos [siddis cristãos e muçulmanos], mas eles não retribuem; não casam suas filhas com nossos homens" (Cadernos de campo, 19/04/2016).[171] As críticas aos muçulmanos costumam pesar mais do que as dirigidas aos cristãos. Ouvi diversos comentários que expressam o incômodo que certos hindus sentem diante de atitudes e práticas que entendem como enclausuramento da comunidade muçulmana. É um costume apreciado, quando se caminha pelas aldeias, ser convidado a entrar nas casas para uma pequena conversa, receber água e, por vezes, até algum salgadinho picante; já nas casas muçulmanas, isso aconteceria somente quando o dono da casa está ausente – quando este se encontra em casa, as mulheres se calam e não podem sequer aparecer. Outro alvo de reprovação é com relação ao uso da burca,[172] que, para muitos siddis hindus, visa "proteger" suas mulheres; os homens muçulmanos, no entanto, não tratariam as mulheres de outras religiões com o mesmo respeito. Essa crítica que ouvi diversas vezes soava como uma condenação de comportamentos fortemente reprováveis. "Não gosto daquelas tradições", resumiu um ancião hindu seu sentimento diante dessas práticas (Cadernos de campo, 08/05/2016).

O fato de os siddis hindus tenderem a assumir, na relação matrimonial intra-siddi, o papel de "fornecedores" de mulheres, enquanto os siddis cristãos e muçulmanos atuam como "receptores" de mulheres hindus, pode ser lido também como um reflexo de um sentimento de superioridade que vem sendo gestado tanto pelas tradições muçulmanas quanto pelas tradições cristãs em relação a formas religiosas não monoteístas.[173] Essa tendência apresenta características que poderiam também ser descritas como "hipergâmicas".

---

171 Ao indagar se não existem casos contrários, em que mulheres dos grupos vizinhos se casam com siddis hindus, R. Siddi lembrou-se de uma viúva cristã que se casou com um siddi hindu e, na sequência, deixou de praticar os ritos cristãos (Caderno de campo, 07/06/2018).

172 A burca é usada somente quando as mulheres saem da aldeia para fazer compras ou visitar alguém numa cidade. Nas aldeias, a vestimenta das siddis muçulmanas não se distingue substancialmente daquela das siddis cristãs e hindus.

173 Outro argumento que explicaria uma frequência levemente mais alta de casamentos entre mulheres siddis hindus e homens siddis cristãos ouvi de um siddi cristão, cujas palavras não deixam de ter um caráter de autoelogio: os homens hindus explorariam e maltratariam suas mulheres; já os costumes dos siddis cristãos garantiriam maior "liberdade" a elas. Seria este fato que estimularia mulheres hindus a buscarem um casamento com siddis cristãos (Cadernos de campo, 16/06/2016).

312 ANDREAS HOFBAUER

Ao analisar todo esse quadro com preocupação, R. Siddi acabou por fazer um prognóstico fortemente pessimista, à medida que projetava o desaparecimento de seu próprio grupo: "Apenas os siddis cristãos vão sobreviver".

Se as avaliações deste jovem líder não deixam de expressar um ponto de vista siddi hindu, revelam também certa frustração em relação ao resultado de seu engajamento político e angústia com a qual olha para o futuro das populações siddis: mesmo quando os jovens cristãos saem das aldeias e vão trabalhar nas cidades, continuam buscando preferencialmente como parceira de casamento uma siddi de sua religião (Cadernos de campo, 30/04/2016).[174] Já entre os siddis muçulmanos haveria a tendência de se inserir na *umma* muçulmana, uma atitude que, em última instância, põe em xeque os esforços políticos que visam superar as fronteiras internas e fortalecer um espírito de solidariedade entre os subgrupos. Por isso, R. Siddi não vê grandes avanços no projeto político de unir todos os siddis a partir da *Scheduled Tribe*. A união prossegue fraca e se expressa apenas nos grandes eventos públicos. "Devemos deixar de nos orientar pelas religiões que nos dividem", continua sendo a mensagem desse jovem líder siddi (Caderno de campo, 12/06/2017).

III.11.b. A força integrativa do *damam*[175]

Todo o processo de combate à discriminação e de luta por direitos específicos, que envolveu contatos com aliados não-siddis sensibilizados pela

---

174 Casamentos entre siddis cristãos e cristãos não-siddis são raros. Ao assistir a um casamento entre dois siddis hindus, soube de um caso raro em que uma siddi cristã casou-se com um cristão não-siddi. Sem que eu tenha pedido explicações, o jovem siddi que me contou do ocorrido apressou-se a comentar: "ela tem a pele bastante clara e ele não é educado" (*"she is quite fair and he is not educated"*); além disso, ele teria também uma tez bastante escura (*"quite black"*). É mais um caso que revela que casamentos entre siddis e não-siddis continuam sendo exceção e que, neste caso, outros fatores, tais como fenótipo e formação educacional, podem pesar nos "arranjos matrimoniais" (Cadernos de campo, 30/04/2016). Para um dos líderes siddis, M. Siddi, casamentos deste tipo podem ocorrer quando um homem cristão não-siddi não consegue encontrar uma esposa na sua comunidade: M. Siddi fez referência a um caso em que um homem goês, com certas debilidades psíquicas, apareceu à procura de uma moça siddi (Cadernos de campo, 01/05/2016).

175 O nome do instrumento musical deriva provavelmente de um tambor de madeira de dupla face – *dammam* (árabe: الدمام) – que é tocado por xiitas no Iraque e no Irã, especialmente no festival *Muharram*. Este instrumento é menor do que aquele usado pelos siddis; o tocador carrega-o amarrado no pescoço, e toca-o caminhando, usando, na mão direita, uma baqueta curvada. Em Bushehr (Golfo Pérsico, sudoeste do Irã), o *dammam* é usado também por grupos afrodescendentes.

DIÁSPORA AFRICANA NA ÍNDIA **313**

situação do grupo, repercutiu também sobre a maneira como as lideranças locais passaram a olhar para a sua realidade e a sua história: gerou-se um – novo – interesse pelas tradições locais e os líderes se sentiram instigados a reinterpretá-las e, até mesmo, transformá-las. Foi, portanto, incentivado um processo de revisão e revalorização daquelas práticas e costumes que, tal qual avaliado, tinham o potencial de sinalizar união e solidariedade para além das divisões religiosas internas. Não é por acaso que o tambor *damam* seria, nesse processo, escolhido como símbolo máximo da ansiada identidade siddi suprarreligiosa, tornando-se uma espécie de símbolo étnico.[176] O *damam* é um elemento cultural que faz parte da vivência dos três subgrupos e não é usado pelos seus vizinhos. No entanto, chama a atenção o fato de que Palakshappa, cujo objetivo explícito era o de elaborar uma monografia abrangente sobre os siddis de Karnataka, não tenha destinado sequer uma palavra a ele. Certamente, naquele momento, o toque do *damam* ainda não expressava o valor simbólico de união do grupo – caso contrário, teria feito o devido registro.[177]

O *damam* é composto de um tronco oco, em cujas laterais é esticado um couro que, de acordo com a tradição, deve ser de cervo. Com a proibição da caça desse animal, houve quem começasse a usar couro de cabra, que, no entanto – criticam os siddis tocadores de *damam* –, não consegue reproduzir o som tradicional apreciado. Para tocar o instrumento, a pessoa se senta no chão e coloca o tronco horizontalmente sobre seus pés. É com as duas mãos que o tocador faz vibrar as duas membranas concomitantemente. Nas reu-

---

176 Há ainda danças populares – como, o *phoogidi* e o *sigmo* – que são apresentadas, porém com menor frequência, em eventos dos quais participam siddis. Existem também outros instrumentos musicais usados pelos siddis – *dolki*, por exemplo, um tambor parecido com o *damam*, no entanto de menor dimensão, que é usado exclusivamente pelos siddis muçulmanos em cerimônias religiosas, ou ainda o pequeno tambor *gumta*, feito de barro e com couro de pangolim, que acompanha frequentemente os toques de *damam*. O *gumta* é tocado também por diversos grupos vizinhos não-siddis.

177 Entre todas as dissertações escritas pela turma de antropólogos da Universidade de Karnataka que promoveu as pesquisas históricas em 1962, encontrei um único estudo que faz referência ao uso de tambores, no entanto, sem mencionar o nome de *damam*: Phoolbhavi (1963, p.39) chama a atenção para o fato de que os siddis usam tambores somente nas suas próprias festas: casamentos, cerimônias e rituais; e, implicitamente, o autor dá a entender que ele via nessas práticas uma herança cultural cujos dias podiam estar acabando: "Eles tocam música em seus casamentos. É digno de nota que os siddis costumavam tocar seu tambor e seus instrumentos musicais apenas em seus próprios ritos e cerimônias. Raramente dançam em outro lugar. Os siddis de Bokkankop e Kamatikoppa ainda conservam seus tambores".

314   ANDREAS HOFBAUER

niões e festas, usa-se geralmente apenas um tambor; mas, num casamento, cheguei a ver e ouvir dois *damam* em ação ao mesmo tempo – caso aparentemente excepcional.

Antigamente, disse-me R. Siddi, o tambor era tocado não somente em todas as festas que reuniam um grupo maior de siddis – casamentos, funerais, cerimônias em homenagem aos ancestrais etc. –, mas também no cotidiano das pessoas – no fim de um dia de trabalho, nas casas, sobretudo quando vinha alguma visita. O toque do *damam* tinha várias funções, conforme afirmou meu interlocutor em sua explicação: era, acima de tudo, um grande divertimento numa época em que não existia, na região, nem gravador de música, nem televisão; agregava as pessoas, promovia conversas e troca de ideias. Chamou a minha atenção o fato de aparentemente nenhuma das muitas cantigas de *damam* versar sobre o período anterior à ida dos siddis para as florestas no noroeste do estado de Karnataka: não ouvi nenhuma palavra sobre outro tipo de vivência na África ou sobre os sofrimentos da escravidão sob o domínio de senhores portugueses ou muçulmanos. De qualquer modo, as letras musicais são muito significativas, como meu interlocutor conseguiu me mostrar, ao traduzir algumas delas. As cantigas falam da vida dos siddis, de coisas que aparentemente nunca mudam; várias delas abordam os afazeres cotidianos e a maneira como devem ser executados. Por exemplo, há uma música que conta todo o processo e os possíveis perigos que podem surgir durante a "colheita" de uma espécie de formiga vermelha (*savali*), que é encontrada e retirada pelos siddis dos troncos e galhos de algumas árvores e serve para preparar um *curry* extremamente picante e muito prestigiado por eles. Outras músicas falam da caça, da pesca ou ensinam como se deve dançar. E há aquelas canções, especificou R. Siddi, que buscam traduzir os "sentimentos íntimos" (*inner feelings*) das pessoas; assim, por exemplo, a letra de uma das músicas expressa a angústia de uma noiva siddi que gostaria de ver o rosto de seu futuro marido, mas sabe que só o verá no dia do casamento. Dor, sofrimento, alegria, felicidade, mas também problemas no trabalho e de saúde são tópicos recorrentes nas cantigas acompanhadas pelo *damam*.[178]

---

178 Numa conversa durante minha última estadia na região, R. Siddi chamou a minha atenção para uma cantiga de *damam* curiosa: a música cantada por siddis cristãos faz uma espécie de homenagem a Bava Gor, referindo-se a este santo muçulmano como Deus ("Bava Gor, Bava

Parece, portanto, que, por meio do toque do *damam*, certos costumes e normas coletivas são relembrados e afirmados, ao mesmo tempo que algumas músicas abrem espaço para a articulação das desgraças cotidianas e, inclusive, daqueles sentimentos pessoais que não podem ser mostrados abertamente no dia a dia. O fato de esta sociedade não ter tido contato com a escrita até pouco tempo atrás aumenta ainda mais a importância social de letras como aquelas comentadas anteriormente (Cadernos de campo, 05/06/2018). Algumas cantigas podem ainda conter críticas e referências sarcásticas; assim, acontecimentos e problemas atuais podem ser articulados e, de alguma forma, processados. Há músicas conhecidas (por todos os subgrupos) que são tocadas em todos os eventos em que os siddis se reúnem; outras são "menos famosas"; há sempre muita improvisação e as performances provocam, não raramente, risadas.

O líder R. Siddi, para quem o *damam* carrega um grande valor simbólico, contou-me que aprendeu a tocar quando tinha somente 6 anos de idade. Era comum ele ficar sozinho com suas duas irmãs menores em casa, localizada no meio da floresta, pois os pais saíam frequentemente no fim da tarde para colher mel.[179] O crepúsculo costumava também ser o período em que os tigres se aproximavam das casas. Sempre que seus rugidos ecoavam pela floresta – naquela altura, havia ainda muitos desses felinos –, R. Siddi pegava o *damam* para que suas irmãs não ouvissem a ameaça e não se assustassem. É por causa dessa experiência que, para esse líder siddi, o *damam* significa também "proteção" – um aspecto simbólico importante que a nova geração infelizmente não mais atribui ao instrumento, lamenta R. Siddi (Cadernos de campo, 30/04/2016).

Na sua infância, continuou R. Siddi suas explicações, cada lugarejo tinha pelo menos um *damam* – a tradição dos toques seguia viva, tal como descrita por meu interlocutor, até cerca de duas décadas atrás.[180] Nos últi-

---

Deva"); após esta evocação a letra desta cantiga muda, porém, totalmente e foca o tema da pesca. R. Siddi acredita que os siddis cristãos não sabem qual é o significado de Bava Gor para os muçulmanos (05/06/2018).

179 Após o escurecer é o momento mais adequado para subir nas árvores a fim de realizar a colheita, diminuindo o risco de ser atacado pelas abelhas. Heddi, belsasara, satano e burla são os nomes locais das árvores onde as abelhas constroem suas colmeias.

180 Os siddis hindus e siddis cristãos cantam até hoje praticamente as mesmas músicas; só alguns toques (ritmos) podem variar – de acordo com R. Siddi, os siddis cristãos conhecem mais ritmos do que os hindus –; as músicas dos siddis muçulmanos são cantadas em urdu.

mos tempos, a tradição vem, porém, sofrendo algumas alterações. O número dos tambores nas comunidades siddis começou a decrescer, constata R. Siddi, relacionando esse fato não somente à proibição da caça (a qual põe em xeque a fabricação do *damam* tradicional, que exige o uso do couro de cervo), mas também à disseminação da televisão na região. As pessoas já não se reúnem nas suas casas em torno do tambor quando recebem visitas; assim, seu toque não cumpre mais parte fundamental de suas funções tradicionais, que seria a promoção do convívio coletivo e o fortalecimento dos laços comunitários. Hoje, as pessoas preferem, como lazer, assistir a algum programa de TV – o *damam* é lembrado e solicitado apenas quando há uma grande festa coletiva.

Em Haliyal, já ocorrem, inclusive, casamentos sem o *damam*; a presença de uma aparelhagem de som, que os siddis costumam alugar numa loja em Haliyal ou Yellapur, tornou-se cada vez mais popular. Mas há também resistência por parte dos mais velhos e contrarreações de jovens que enaltecem o que entendem ser as tradições siddis.[181] Num casamento a que assisti, ocorreu repentinamente uma pane no aparelho de som, que os presentes não conseguiram consertar. Instaurou-se um silêncio imprevisto, que foi rompido em relativamente pouco tempo, assim que alguns jovens conseguiram arrumar, em uma comunidade vizinha, um *damam*. Em vez de movimentar os corpos seguindo os ritmos da música *pop*, os siddis passaram a dançar ao ritmo do tambor.

Em mais de uma ocasião, vi os siddis, ao fim de uma festa, se juntarem em torno do tambor. Na primeira noite do primeiro dia de um casamento em Tattawamgi, tive a oportunidade de assistir a uma dessas sessões de *damam*, que ocorreu num cômodo abarrotado de convidados. Começou depois da meia-noite e terminou quando os primeiros raios de sol vieram "bater" à porta da casa. Só de vez em quando o toque parava por alguns minutos, sempre que era necessário esquentar o couro no calor de uma fogueira, afinando, assim, o instrumento. Espremidas, sentadas junto às paredes, as pessoas formavam uma roda e, de tempos em tempos, duas pessoas se levantavam, encenando uma espécie de disputa de coreografia. Houve

---

181 Se há um grupo de jovens que aparentemente preferem músicas *pop* de influência norte-americana, há também aqueles – incentivados pelos *educated* preocupados com o reavivamento das tradições – que são entusiastas do toque do *damam*.

momentos em que o jogo dos corpos me fez lembrar a elegância da capoeira de Angola. Houve outros em que um corpo se agachava diante do tambor, iniciando um diálogo com o *damam*. Já outra cena, quando as batidas aceleraram e seu volume aumentou, me fez lembrar um momento ritualístico do candomblé. Semelhante ao efeito produzido pelo ritmo *adarrum*, tocado no candomblé para convocar todos os orixás a se manifestarem, os movimentos dos corpos dançantes passaram a rodar mais rápido. No entanto, nunca vi o fenômeno "possessão" numa "sessão de *damam*" – que é, acima de tudo, um grande entretenimento desprovido de simbolismos religiosos explícitos.

A princípio, homens dançavam com homens, e mulheres "desafiavam" mulheres; mas observei também uma situação em que uma velha senhora dividia o círculo de dança com um ancião siddi. O público em volta batia palmas, cantava e se divertia bastante; o alto volume dos cânticos e das batidas do *damam* não impediam que as crianças dormissem em algum canto do cômodo ou no colo da mãe ou irmãs (Cadernos de campo, 17/04/2013).

Em diversas outras ocasiões que presenciei, a dança ocorria de forma mais solta, não tão restrita a um círculo, o que permitia que um grande número de pessoas dançasse ao mesmo tempo; a maioria com a face voltada para o tambor e sempre disposta a improvisar e experimentar novos movimentos corporais. O *damam* é tocado por homens, mas também – com menor frequência – por mulheres; não apenas os mais velhos – os maiores apreciadores dessa tradição –, mas também os jovens se revezam no toque do instrumento.

Se o instrumento era e ainda é primordialmente tocado em festas particulares e em espaços de certo modo reservados, hoje aparece também, e cada vez mais, em outras circunstâncias. Sempre que os siddis se afirmam em público como um grupo coeso e defendem seus direitos, o *damam* está presente. Ele não poderia ter faltado no dia 1º de outubro de 2013, quando cerca de 4 mil siddis festejaram dez anos da conquista do *status* de *Scheduled Tribe* em Yellapur. Na ocasião, alguns foram carregados sobre os ombros de manifestantes numa longa passeata que atravessou a pequena cidade e teve como ponto de chegada um grande campo aberto no centro de Yellapur, local das comemorações oficiais. Houve discursos (inclusive da convidada especial, Margaret Alva) e um "programa cultural" com danças, várias das quais acompanhadas pelo toque do *damam* (Cadernos de campo, 01/10/2013).

É emblemático também que o tambor venha se tornando um dos elementos simbólicos centrais da festa de Siddi Nas. Esse festival ocorre todo ano, em abril ou maio, e reúne mais de quinhentas pessoas pertencentes aos três subgrupos siddis. O evento, que cada vez mais vem sendo visto pelos próprios siddis como a mais importante manifestação política que expressa a união e a solidariedade de todos os siddis, é celebrado no interior de uma densa floresta, numa minúscula clareira ao lado de um riacho, na região de Sathumbail.[182]

Os preparativos para a festa começam pela manhã e se prolongam até a tarde: as comidas – arroz e *curries* – são preparadas em tachos enormes; uma ou duas vendinhas são levantadas e um pequeno palco é montado. As mulheres moem e socam, com grandes pilões de pedra, os alimentos picantes, enquanto os homens cortam a lenha para as fogueiras e erguem a estrutura do palco. Aos poucos as pessoas surgem – a maioria delas pelo fim da tarde – por entre as árvores, e se aglomeram nesse estreito espaço limpo de vegetação. A parte religiosa que deu origem à festa ocorre, geralmente, no fim da tarde, num canto da clareira; na sequência, as pessoas formam uma longa fila para receber o seu jantar. Depois do anoitecer, têm início, no palco situado no canto oposto ao espaço reservado para as cerimônias sagradas, o "programa político" e o "programa cultural". As centenas de siddis presentes acompanham os discursos e as apresentações sentadas no chão. No ano de 2016, antes de os líderes iniciarem suas falas, o palco se encontrava praticamente vazio: havia ali apenas um *damam*, que tinha sido colocado no centro do cenário. Em determinado momento, os velhos líderes se aproximaram e se posicionaram atrás do tambor, formando, ao seu redor, um semicírculo. A seguir, cada um deles deu alguns toques, sinalizando o início da parte política do evento. Ao homenagear o *damam*, os líderes implicitamente convocavam os siddis a se unir e se apoiar mutuamente (Cadernos de campo, 13/05/2016).

A festa de Siddi Nas não só conta com a presença dos líderes da comunidade siddi: é comum que políticos locais e até do governo do Estado compareçam e aproveitem o momento para falar à audiência. A origem africana comum dos siddis é um elemento sempre relembrado e repetido diversas

---

182 Na medida em que o local se situa no *taluk* Yellapur, perto de Gullapur, há, entre os participantes, uma predominância de siddis hindus. Já os muçulmanos são o grupo menos representado no evento.

vezes nos discursos que costumam enfatizar a importância da união para fortalecer a luta pela implementação dos direitos específicos. Às vezes, entoam-se palavras de ordem, tais como "viva Siddi Nas" e "rei Siddi Nas" (*jai Siddi Nas; Maharaj Siddi Nas*), que são ecoadas pela plateia.[183]

A parte religiosa do festival – para alguns, o auge do evento – está imbuída em rituais que são percebidos pela maioria das pessoas da região como semelhantes, senão idênticos, a padrões ritualísticos hindus. Um ativista ambientalista de Bangalore, amigo pessoal de um dos meus interlocutores que acompanhou a cerimônia em 2013, revelou-me, durante uma conversa no local, suas impressões das práticas ritualísticas. Crítico do hinduísmo, que este jovem indiano entendia como intrinsecamente ligado ao sistema das castas, via neste cenário religioso um exemplo daquilo que Srinivas tinha definido, na década de 1950, como processo de "sanscritização". Lamentou especialmente o fato de o sacerdote siddi e sua família "reproduzirem" diversos aspectos do *habitus* dos brâmanes (Cadernos de campo, 20/04/2013).[184]

O espírito (deus) Siddi Nas[185] é representado por duas pedras (do meio das quais brota uma *tulasi*, sagrada para os hindus), que são encaixadas em um espaço retangular delimitado por um muro bem baixo: é nesse local que os principais rituais são promovidos.[186] Os preparativos da cerimônia se estendem por toda a tarde. No início, o sacerdote siddi (chamado de *mirasi* ou ainda *poojari*)[187] ornamenta as duas pedras com uma guirlanda

---

183 Obeng (2007, p.127) transcreveu algumas frases do discurso proferido pelo líder Krishna Siddi na festa em abril de 2005: "Já que somos reconhecidos como uma população ST (*Scheduled Tribe*), é importante que façamos reuniões como esta para podermos nos informar sobre nossos direitos como cidadãos da Índia [...] Nós viemos da África. Somos um só povo".

184 Incomodou a este "visitante" de Bangalore, entre outras coisas, o fato de a família do sacerdote ter-se sentado num lugar distante dos outros participantes, fazendo questão de preparar sua própria comida.

185 Para alguns, Siddi Nas é uma divindade, para outros, um espírito. Não há consenso sobre o nome e grafia "corretas" deste deus/espírito: alguns chamam-no de Siddi Nas, outros, Siddi Nysa ou Siddi Nash. O próprio *mirasi* prefere o nome Siddi Nas.

186 Num espaço menor, não muito distante de onde Siddi Nas é assentado, dois espíritos (ou divindades) complementares são cultuados: um masculino, denominado Bhanta e descrito como servo de Siddi Nas, outro feminino, chamado de Achakane. Um dos meus interlocutores referiu-se a estes espíritos complementares (*servants of Siddi Nas*) como *kil* (Cadernos de campo, 06/06/2018).

187 Há quem se refira a este sacerdote como *poojari* – termo usado para designar os sacerdotes máximos da casta dos brâmanes. Foi me explicado que, diferentemente dos *poojaris*, o *mirasi*

320 ANDREAS HOFBAUER

de flores amarelas e brancas. A cor de "açafrão" (laranja) – a cor mais sagrada no hinduísmo relacionada com noções de sacrifício e salvação – está muito presente nas roupas usadas pelo sacerdote e seus ajudantes (vários deles usam *dhotis* – tangas – e lenços de cor laranja). A seguir, diferentes comidas (arroz, *curry* de frango e pão *roti*), colocadas em cima de folhas de bananeira, são oferecidas a Siddi Nas, de forma muito parecida com o ritual que ocorre durante a festa dedicada aos ancestrais; há ainda oferendas de grande quantidade de cocos, bem como de bananas, jacas, abacaxis, incensos, além de sacrifícios de animais (galinhas, ovelhas). Siddis de todos os credos e de diferentes povoados levam oferendas, e o *mirasi* distribui a eles, entre outras, água sagrada. Durante o ritual em 2013, houve um momento – já após o anoitecer – em que o *mirasi* incorporou a entidade Siddi Nas: pela força da possessão, foi logo jogado ao chão, deu algumas cambalhotas na terra empoeirada e se movimentou em direção ao riacho; depois de ter se banhando na água, o sacerdote ressurgiu e deu continuidade aos rituais. Perguntei a alguns jovens siddis cristãos, que eu conhecia das minhas andanças no *taluk* de Haliyal, o que pensavam do ritual. Achavam-no interessante; no entanto, não deixaram de transparecer certo estranhamento, revelando que nunca tinham participado de algo parecido (Cadernos de campo, 20/04/2013).

No seu estudo sobre os siddis, Palakshappa descreveu, com poucas palavras, a celebração de Siddi Nas (Siddhi Nysa) como um festival (ritual) executado por brâmanes (havig brâmanes), em que os siddis teriam assumido papel secundário: ao assistir ao sacerdote brâmane, teriam oferecido flores e cocos.[188] Palakshappa apresenta duas narrativas divergentes sobre a história desses ritos:

---

não possui os conhecimentos literários dos brâmanes e não pode, portanto, promover certos rituais, tais como casamentos e funerais; trata-se muito mais de um especialista religioso inserido numa tradição local relacionada à veneração de uma divindade (espírito) familiar. Alguns *mirasis* podem atuar também como *ghadis*, ou seja, dominam também a arte oracular (Cadernos de campo, 06/06/2018). O termo *mirasi* deriva do árabe (ميراث, herança) e está relacionado com a execução de certas práticas e tradições, tais como música e dança.

188 Palakshappa (1976, p.86) aponta dois espaços separados, um dedicado a Nysa, descrito como uma divindade masculina feroz, e o outro menor reservado para cultos a Bhanta: "Em torno desses símbolos do deus Nysa [sic], as cerimônias [*pooja*] são executadas pelos 'havig brâmanes', sendo que os siddis assumem um papel de coadjuvante oferecendo cocos e flores. A poucos metros de Nysa, eles têm outra pedra para Bhanta, o servo de Nysa". O autor

DIÁSPORA AFRICANA NA ÍNDIA 321

Minhas indagações junto aos siddis anciãos mostram que seus antepassados a [divindade] trouxeram com eles e a implantaram aqui, mas os brâmanes agora a reivindicam como seu por direito. Minhas investigações junto aos 'havig brâmanes' indicam que eles a cultuam há gerações e que faz parte do panteão local sob seu controle há muito tempo. Nos últimos 25 anos, os siddis pararam de convidar o sacerdote havig brâmane a presidir suas cerimônias de casamento. Isso indica que eles reivindicam agora 'Nysa' como *seu* Deus e começaram, eles próprios, a cultuá-lo. Ambos os argumentos têm credibilidade. (Palakshappa, 1976, p.84)

É provável que Palakshappa tenha se referido à mesma tradição, mas não podemos afirmá-lo com toda a certeza. Afinal, ouvimos que há outros grupos não-siddis que celebram cerimônias às quais dão o nome Siddi Nas.[189] De qualquer forma, o ritual que ocorre anualmente em Sathumbail é promovido, hoje, por um sacerdote siddi e, para ele, Siddi Nas é um espírito (não uma divindade) que veio da África.[190]

Baseado em narrativas de líderes siddis, como a fala desse *poojari* (*mirasi*), e nas suas convicções pan-africanistas, Obeng se opõe à análise de Palakshappa, que tinha descrito a festa como uma cerimônia fundamentalmente hinduísta: para o estudioso ganês-norte-americano, Siddi Nas

---

descreve dois tipos de rituais: as cerimônias feitas em torno da divindade Nysa, sem sacrifícios de animais (somente flores e frutas eram usadas como oferendas) e aqueles rituais, para Bhanta, que envolviam sacrifícios de animais e que o autor classificava como "non-Brahminic" (ibid.).

189 Hiremath (1993, p.181), por exemplo, escreve que "semelhante a outras populações hindus, Nyasa, que é considerado uma divindade ancestral e protetora do campo, também é cultuado pelos siddis". Na minha viagem à Índia em 2018, o siddi hindu R. Siddi me informou que na aldeia Idagundi-Gunjekumbri ocorre todo ano, no dia 23 de maio, uma festa em homenagem a Siddi Nas. Esta festa, que é também celebrada numa clareira no meio da mata, estaria igualmente inserida numa tradição familiar (Cadernos de campo, 06/06/2018).

190 A vida deste *mirasi* tem sido extremamente dura. Sa. S., que hoje tem 53 anos de idade, começou a trabalhar aos 6 anos, pastoreando o gado para um brâmane. Durante mais de vinte anos viveu como um *jitadalu*, sem salário, sofrendo pela falta de comida, e sem possibilidade de frequentar uma escola. Não possuía nem roupa própria e quando resolveu fugir e procurar outro brâmane para o qual trabalharia, usou folhas de cartolina para cobrir seu corpo. A noção que Sa. s. tem dos brâmanes é, evidentemente, marcada por suas experiências: "Posso garantir-lhe, os brâmanes tratam-nos como escravos. Não desenvolvem ninguém! Não querem que os siddis vão à escola". Apenas mais recentemente, sua vida melhorou; hoje executa trabalhos temporários, mas remunerados. Os benefícios da conquista do *status* de *Scheduled Tribe* também ajudam um pouco (Cadernos de campo, 14/10/2013).

322 ANDREAS HOFBAUER

(Siddi Nash) não é uma divindade hindu. Obeng vê esse festival muito mais como uma espécie de revitalização da africanidade do grupo que tinha sido reprimida durante séculos, uma celebração e reencenação de tradições que caíram no esquecimento. Essa interpretação reflete hoje, também, a visão de um número crescente de siddis.

Obeng admite que Siddi Nas pode ter representado, em algum momento anterior, uma "divindade bramânica", mas a disposição atual dos espaços sagrados indicaria uma profunda reorganização de acordo com modelos e padrões africanos.[191] Para o autor, "a construção e devoção de Siddi Nash dão forma e substância à 'rememoração' [*rememory*] [...], na qual os participantes reivindicam e trazem à superfície aquilo que 'é mais profundo do que a memória [*memory*] dos eventos reivindicados' [...]" (Obeng, 2007, p.118). Operando implicitamente com uma concepção substancialista de diferenças culturais, que – nesse caso – poderiam ser detectadas por trás de um verniz de falsa ou menor autenticidade,[192] Obeng busca fazer comparações entre elementos culturais encontrados nas comunidades siddis e tradições culturais africanas. Lembra que Siddi Nas, como uma divindade da natureza, não é "esculpido numa forma antropomorfa", seguindo a tradição hinduísta, mas sim representado por duas pedras – o que apontaria para "um sonho revelador de um antepassado afro-indiano" (ibid.).[193] Outra semelhança entre siddis, africanos e outras populações afrodiaspóricas espalhadas pelo mundo, que Obeng salienta e interpreta como vínculo cultural-religioso, é o fenômeno da possessão.[194] O pesquisador chega à

---

191 Escreve Obeng (2007, p.118): "Mesmo que Siddi Nash/Nysa tenha representado anteriormente uma divindade brâmane e parte reservada a Bhanta tenha recebido sacrifícios de vegetais e frutas como tal, as partes masculina e feminina do atual santuário de Siddi Nash refletem a transformação religiosa que ocorreu quando os afro-indianos deixaram sua marca no culto de Siddi Nash".

192 Por exemplo, "As pedras [*rocks*], a planta *tulasi*, os locais sagrados fazem parte da iconografia religiosa, cujo significado alcança maior profundidade e é mais rico [*reach deeper and richer*] do que a mera afirmação de que eles se assemelham a uma divindade hindu" (Obeng, 2007, p.128).

193 Obeng tem, certamente, razão quando diz que pedras sagradas são encontradas em diversos rituais africanos, ao mesmo tempo, é mister admitir que há representações não antropomórficas na tradição hinduísta. Assim, uma das formas mais comuns de simbolizar a presença da divindade Shiva nos templos hindus é o *linga* (ou *lingam*), uma pedra em forma de pênis.

194 Durante o ritual presenciado por Obeng em 2005, a divindade Siddi Nas, incorporado pelo *poojari* (*mirasi*), dirigiu-se ao público presente, transmitindo mensagens de ordem moral, religiosa e política: "[...] Siddi Nash exortou todos os afro-indianos a seguirem os passos

conclusão de que "os devotos africanos de Siddi Nash *usam* seu culto para relembrar e reencenar aspectos de seu passado durante o festival de Siddi Nash" (ibid., p.118, grifo nosso). E:

> Como resultado da minha pesquisa sobre as formas de arte cultural dos afro-indianos, argumento que alguns de seus estilos de dança e os **propósitos por trás de suas apresentações** têm ressonância simbólica [*symbolic resonance*] nas antigas formas de arte culturais da África oriental. Entre essas apresentações simbólicas, incluo as várias formas do *ngoma* (um ritual de cura, bem como um tambor usado para danças na África Oriental, Central e do Sul), canções, danças e batuques próprios de populações de língua bantu.[195] (Obeng, 2007, p.132, negrito nosso)

Existem várias narrativas em torno da história de Siddi Nas que revelam disputas grupais internas e, acima de tudo, apontam para posicionamentos

---

de seus antepassados, tornando-se devotos de Siddi Nash. Ao promoverem o culto juntos, eles poderiam se unir como um só povo e formar uma frente unida" (Obeng, 2007, p.123-4). Diferentemente de outros festivais de Siddi Nyas, naquele ano um espírito muçulmano manifestou-se enquanto os sacerdotes rezavam para Siddi Nash, exclamando o nome de Allah. Na sua análise, Obeng traça um paralelismo entre esta "possessão de múltiplos espíritos" com fenômenos de possessão em diversos países africanos (por exemplo, Gana) e em outros contextos afro-diaspóricos. "O fenômeno aponta para o fato de que o médium pode servir como porta-voz de diferentes espíritos. [...] Esse fenômeno de usar palavras, frases e nomes que vêm de outras religiões também se assemelha às práticas ritualísticas promovidas por afro-brasileiros, afro-cubanos e por surinameses africanos" (ibid., p.125). Sem querer pôr em xeque possíveis continuidades entre as possessões praticadas pelos siddis contemporâneos e seus ancestrais africanos, é mister lembrarmo-nos que possessão de espíritos é também um fenômeno bastante disseminado em toda a Índia.

195 "Siddi Nash, portanto, forneceu um caminho para educar os jovens e velhos, afirmando e honrando talentos; também proporcionou uma oportunidade para as pessoas relaxarem e se divertirem. O festival Siddi Nash representa um contexto condensado para o encontro anual de afro-indianos de todas as idades e religiões, e o espaço ritual permite que os reunidos exibam aspectos de sua identidade uns para os outros e, ao fazê-lo, se empoderem [*empower themselves*]. [...] Os afro-indianos *usam* [*use*] *as* paisagens religiosas [*religious landscapes*] e instituições sociais indianas para se redefinir, moldar as paisagens religiosas e de culto da Índia e contribuir para o nosso entendimento do *reposicionamento diaspórico* de experiências e criatividade pessoais e coletivas" (Obeng, 2007, p.128-9, grifo nosso). "Os afro-indianos *usam* [*use*] *apresentações* de dança, música e teatro para reafirmar seus valores religiosos e desenvolver um forte senso de segurança. Na África Oriental e em outras partes da África continental, a dança e a música marcam tanto a vida individual quanto a vida coletiva, e cada função tradicional sempre é acompanhada de algum elemento musical ou de dança" (ibid., p.134, grifo nosso).

324 ANDREAS HOFBAUER

conscientes que emergiram no contexto de uma luta coletiva; ganharam destaque aqueles que acabaram influenciando os processos de reestruturação e ressignificação da tradição. Para alguns, Siddi Nas existe há quatrocentos anos (Sanu Shiva Siddi), para outros, há duzentos anos (Krishna Siddi e Shiva Siddi) (cf. Obeng, 2007, p.110, 118). Diz-se que esse espírito, ou deus, viveu inicialmente na região de Yana, em que teria sido cultuado por um grupo menor (até o fim do século XX, por não mais de 60 ou 100 pessoas).

Já o dirigente da ONG Green India Foundation que tem apoiado as *Scheduled Tribes* da região vangloriou-se, numa conversa comigo, de que teria sido ele quem deu a ideia de transformar essa festa num evento maior.[196] Dois dos meus interlocutores principais se lembravam de que, na infância deles, a festa ocorria somente de três em três anos: ela consistia num ritual exclusivamente religioso. Não havia discursos políticos, nem leilões de produtos oferecidos a Siddi Nas. Tampouco havia apresentações de danças ou toques de *damam* e, portanto, nada parecido com um palco: a única estrutura precária que existia no meio da floresta era uma palhoça de bambu, na qual o *poojari* (o avô do sacerdote atual) executava os rituais – o auge era a incorporação de Siddi Nas. As pessoas frequentavam a cerimônia para rezar e fazer pedidos, e o espírito incorporado pelo *poojari* respondia, dando conselhos a todos que buscavam ajuda. De acordo com R. Siddi, as sessões de possessão duravam várias horas e, no final, o *poojari* entrava na água do riacho. R. Siddi lembrou-se de um caso em que um homem pediu a Siddi Nas que recuperasse sua vaca fugida – teria dito que lhe ofereceria duas galinhas em troca – e no caminho para a sua casa, reencontrou o animal fujão. "Toda essa tradição foi perdida", lamentou R. Siddi (Cadernos de campo, 30/04/2016).

Meus interlocutores confirmaram também que, na virada do milênio, o dirigente da Green India Foundation se reuniu com os velhos líderes e o

---

196 M. K. explicou-me que foi o culto a Siddi Nas que deu origem a esta festa. As duas pedras que simbolizam a divindade teriam sido trazidas da África, interpretação que não foi confirmada por um dos meus interlocutores principais, um líder siddi hindu. Para o representante da Green India Foundation, Siddi Nas e o *damam* têm sido os elementos fundamentais da festa. São eles que permitiram consolidar o evento anual, na medida em que demonstram que a população siddi possui uma tradição própria. Ao salientar que foi desta forma que se tornou possível conquistar o *status* de *Scheduled Tribe*, M. K. explicitou os nexos entre as reinterpretações conscientes e os objetivos políticos dos mentores do festival (Cadernos de campo, 13/05/2016).

mirasi (*poojari*), e que o grupo concordou em transformar essa cerimônia, celebrada até então em âmbito familiar, numa festa mais ampla. Foi a partir de 2001 que a comemoração de Siddi Nas ganhou outra dimensão: o ritual religioso foi inserido numa programação maior, englobando discursos políticos e apresentações de música e dança – também passaria a ocorrer, doravante, todos os anos. As narrativas dos siddis deixam claro que as reformulações construídas por meio de (re)posicionamentos em torno de uma tradição local fizeram com que uma divindade (espírito) de uma casa particular fosse transformada(o) numa divindade/espírito de uma "tribo em construção": passou a representar todos os siddis, independentemente de seu pertencimento religioso. De acordo com M. Siddi, surgiu também, nos debates em torno das "reformas" do ritual, a proposta de sediar Siddi Nas num templo: as várias tentativas foram, porém, frustradas, as paredes do templo caíram e outros infortúnios aconteceram, contou-me este jovem siddi hindu, não sem sublinhar que, para ele, estes fatos eram indício de que Siddi Nas ama a natureza e quer ficar no meio da floresta (Cadernos de campo, 20/04/2013).

O festival de Siddi Nas assumiu, como já comentamos, uma estrutura básica de três partes: à cerimônia religiosa seguem os discursos políticos e, finalmente, a sessão do "programa cultural".[197] Nesta última, diversos grupos, que geralmente representam uma aldeia particular, sobem ao palco para apresentar músicas e danças; uma performance segue a outra e o público as acompanha com atenção até de madrugada. Se muitos grupos fazem uso, nas suas performances, do *damam*, há também apresentações – apreciadas por jovens siddis – que incorporam elementos que lembram a música *pop* e a dança *break*.

Desde a reformulação da festa, diversas apresentações de *Siddi Damam Dance* (danças e cantigas acompanhadas pelo *damam*)[198] constituem componente fixo do programa cultural. Há uma variante dessas performances que vem chamando a atenção devido a algumas características peculiares que destoam das tradições locais: nela, os jovens dançarinos amarram fo-

---

197 Frequentemente ocorre ainda, antes do início das danças, uma seção em que as oferendas trazidas pelos participantes são leiloadas.

198 Chama também a atenção o fato de, aparentemente, não existir nenhum nome konkani ou urdu para esta dança.

lhas de manga[199] e de *neem*[200] na cintura e pintam o rosto e corpo – uma estética que contrasta com os trajes habituais dos siddis e da maioria das populações indianas, que buscam geralmente cobrir o corpo. No rosto, os jovens costumam aplicar traços de cor branca. No ano de 2016, observei o uso de outras cores também: amarelo e vermelho e, num caso, até um pequeno traço preto. Um grupo de rapazes se apresentou, inclusive, com um osso estilizado pintado nas bochechas. No mesmo ano registrei ainda que, diferentemente de 2013, os dançarinos tinham aplicado sobre os corpos um pó feito de carvão, deixando-os ainda mais escuros. Alguns usaram ainda cocares com penas de galinha. Se em 2013 houve uma única apresentação deste tipo, em 2016 foram três.

Ao toque do *damam*, os jovens dançam, cantam e, por vezes, imitam gestos de "guerreiros africanos", encenando o que imaginam ser uma "tribo africana". Se o número de grupos compostos por rapazes aparentemente vem crescendo nos últimos anos, as moças também começaram a fazer – sempre separadamente – suas próprias interpretações de *Siddi Damam Dance*;[201] e já existem, inclusive, grupos formados por crianças. É também significativo que a velha geração não participe desse tipo de apresentação (nunca vi nenhum(a) siddi acima de 35 anos fazer parte de um desses grupos); para os mais velhos, mostrar-se seminu entra em choque com os valores e as tradições aprendidos – que não deixam de trazer marcas dos ensinamentos dos líderes religiosos.

No ano de 2013, fui diretamente envolvido na apresentação: os jovens dançarinos do grupo Amazing Siddi Voice (Incrível Voz Siddi) desceram do palco, me cercaram, me "prenderam" e me fizeram sentar no centro do palco. Desempenhando o papel de "guerreiros selvagens", "armados" com alguns pedaços de pau de madeira, dançavam a minha volta, olhando com curiosidade e desconfiança para mim e minha máquina fotográfica; suas

---

199 As folhas de manga simbolizam, na tradição hindu, vida nova, fertilidade, prosperidade e alegria (cf. Obeng, 2007, p.127).

200 *Azadirachta indica* é o nome científico desta árvore, uma espécie de amargoseira.

201 Na festa de 2005, Obeng (2007, p.127) registrou somente dançarinos masculinos. Se em 2013 não registrei nenhum grupo feminino na festa de Siddi Nas, em 2016 um grupo de moças siddis subiu ao palco para apresentar uma *Siddi Damam Dance*. Já durante as comemorações de dez anos da conquista do *status* de *Scheduled Tribe* (2013), tive a oportunidade de acompanhar uma destas performances executadas por mulheres siddis que usavam por cima de suas longas roupas coloridas folhas de manga.

expressões faciais buscavam expressar incompreensão e estranhamento. Com a minha câmera nas mãos, acabei fazendo o papel de um intruso numa "comunidade tribal africana": o exótico era eu. A plateia deu muita risada. A apresentação foi um grande sucesso e recebeu muitos comentários positivos depois.

Agachado no meio do palco, olhando para cima, vendo corpos seminus pulando ao meu redor, senti minha mente sendo invadida por imagens e ideias que conhecia dos estudos da história da antropologia e de velhos gibis que hoje classificamos como racistas ou, no mínimo, politicamente incorretos. Esse cenário carregado de símbolos, do qual me tornei parte, evocou em mim associações com teses que tinham sido elaboradas nos primórdios do pensamento antropológico e com noções de alteridade disseminadas por discursos coloniais e raciais. Era como se eu estivesse sendo levado "de volta" a um velho universo de imagens e significados que, como críticos pós-coloniais vêm argumentando, contribuiu fundamentalmente para negar aos "outros não ocidentais" o *status* de sujeito, de cidadão, e, com isso, o direito à igualdade. Ao mesmo tempo, senti claramente que essa representação suscitou na plateia significados de outra ordem que, neste momento, aparentemente têm, para os siddis, importância muito maior. A representação de si como uma "tribo primitiva", que esteve na origem da conquista do *status* de *Scheduled Tribe*, lhes permite criar um sentimento de solidariedade e de identidade coletiva (Cadernos de campo, 20/04/2013).

Nesse sentido, tal variante da *Siddi Damam Dance* pode também ser lida como uma exibição performática daquele conceito que teve papel essencial na conquista de direitos especiais. A apresentação, que busca conjugar a noção de tribalidade com a de africanidade, parece agradar cada vez mais siddis, sobretudo os mais jovens. Não comprometida com nenhum simbolismo religioso específico, ela possui o potencial de estimular e consolidar um sentimento de solidariedade e de identidade grupal para além das divisões religiosas internas.

No caso dessa dança, é possível, portanto, observarmos o processo de invenção de uma tradição. Tal inovação cultural responde tanto às exigências legais que garantem a obtenção dos benefícios de uma *Scheduled Tribe* (os critérios usados por órgãos governamentais – "traços primitivos, cultura distinta, isolamento geográfico, timidez no contato com a comunidade em geral e atraso [*backwardness*]" (cf. a nota 127 deste capítulo) – são exibidos performaticamente), quanto às necessidades políticas internas de unir o grupo. Diferentemente do toque do *damam* nas casas, a *Siddi Damam Dance* é encenada apenas em "eventos oficiais": visa, em primeiro lugar, ostentar, em público, a "originalidade do grupo", e, no caso do festival Siddi Nas, também afirmar a coesão e a unidade da população siddi. Obeng (2007, p.137) registrou que na histórica conferência sobre diáspora africana na Ásia em Pangim (Goa), em 2006, houve a apresentação de três grupos de performance, dois de Karnataka e um de Gujarate.

Sabe-se que esse tipo de representação foi desenvolvido primeiro pelos sidis de Gujarate. De acordo com um dançarino entrevistado por Shroff (2004, p.172), um artista profissional de Udaipur (Rajastão) sugeriu aos sidis que usassem em suas apresentações uma vestimenta "no estilo exótico africano", o que viria a se tornar um costume. Às vezes, os dançarinos da chamada *Goma*[202] *Music/Dance* – nome dado a esta performance dos sidis de Gujarate – ainda acrescentam à sua indumentária penas de pavão, pássaro-símbolo da Índia. Um dos meus interlocutores me contou que, na virada do milênio, alguns jovens siddis de Karnataka viram na internet uma apresentação dos sidis de Gujarate; gostaram da ideia e resolveram imitar a performance. "Nós precisávamos mostrar que somos tribais (*tribals*)", comentou meu companheiro de muitas e longas conversas (Cadernos de campo, 30/04/2016).

Num outro encontro, dois anos mais tarde, o mesmo líder siddi se mostrou muito incomodado com a "comercialização" que tem moldado cada vez mais as características desse tipo de performance. A remuneração das apresentações (no festival Siddi Nas, cada grupo recebe 10 mil rúpias do

---

202 *Goma* deve derivar da palavra *ngoma*, usada em muitas línguas bantus (por exemplo, kikongo) para designar tambor. Em suaíli, significa tanto o tambor quanto as músicas e danças apresentadas junto ao seu som. No artigo "Malungu, Ngoma vem! África coberta e descoberta no Brasil" (1992), Robert Slenes lembra o uso desta mesma palavra no Brasil do século XIX. O historiador cita, por exemplo, o médico, botânico e desenhista austríaco Johann Emanuel Pohl, que, no relato de sua viagem do Rio de Janeiro para Juiz de Fora em 1817, se refere a uma "noma", descrevendo-a como um tambor feito de um "tronco de árvore escavado". Slenes comenta ainda que, em kimbundu *ngoma* denota um tambor "feito de comprido pau oco". No mesmo artigo, recorre a uma passagem do romance *Til* (1872), de José de Alencar, em que este faz menção a uma cantiga dos escravos numa fazenda de café no oeste paulista: a expressão "ngoma vem" teria funcionado como um código usado pelos escravos para avisar os parceiros de que o feitor ou o senhor se aproximava. Até hoje, os tambores nos candomblés que seguem a tradição bantu – nação Angola – são chamados também de *engoma*.

governo local) tem incentivado a formação de grupos, que começaram a se apresentar em diversas localidades fora da área siddi (inclusive em grandes cidades, como Bangalore), em uma série de eventos para os quais são convidados. R. Siddi reclama que os membros desses grupos não se preocupariam com o coletivo, com a construção de uma identidade comum, interessando-se somente por questões pecuniárias e pela promoção pessoal. A possibilidade de ganhar algumas rúpias não apenas fez surgir diversos grupos (existem aldeias – por exemplo, Mainalli e Wada – em que há mais de um grupo performático);[203] também fez com que vários aspectos e elementos do "modo antigo" do toque do *damam* – a maneira como se tocava nas casas – começassem a sofrer alterações. R. Siddi chama a atenção para o fato de alguns grupos terem introduzido palavras em kannada a fim de tornar as músicas mais atraentes para o público não-siddi; mais recentemente, uma música *pop* que fez muito sucesso nas rádios de Karnataka foi incorporada por um grupo siddi em seu repertório de performances: o grupo reproduziu a letra (em kannada), mas adaptou a música aos ritmos do *damam*.[204]

Também há de se constatar que a proliferação dos conjuntos performáticos deu novo impulso à produção dos tambores que, como já apontado, tinha diminuído. No entanto, a exigência da mobilidade – a necessidade de se viajar para lugares por vezes distantes – tem chegado até mesmo a induzir modificações no instrumento. Não apenas o couro do tambor é substituído (cabra no lugar de cervo), mas o próprio corpo do *damam* (tronco) começa a ser produzido de forma mais leve para facilitar o transporte, surgindo, assim, tambores menores (Cadernos de campo, 05/06/2018, 06/06/2018).[205]

---

203 No caso de Gujarate, grupos musicais que promovem a chamada dança *dhamal* ou dança *goma* existem há bastante tempo: vários deles vêm fazendo turnês artísticas, apresentando-se, inclusive, fora do país, como no Zanzibar Festival of the Dhow Countries. Grupos semelhantes podem ser encontrados também em Karachi (Paquistão). Um deles se apresentou, em 1979, em Washington D.C. no Festival of American Folklife (Bhatt, 2018, p.119, 129).

204 O nome da música é "Naveeluri nalli nine balu cheluve", o que significa algo como "você é a mais bonita no povoado Naveelur".

205 Os *damam* costumam ser bastante pesados; na minha última estadia entre os siddis, disseram-me que alguns grupos de performance começaram a usar tambores construídos com metal. Os "tradicionalistas" rejeitam o couro de cabra – uso incentivado a partir da proibição da caça de cervo –, uma vez que alegam que altera o som do instrumento. Geralmente os grupos performáticos são compostos por ou homens ou mulheres, o que é relacionado, por R. Siddi, também à exigência das viagens de apresentação. Um "grupo misto" dificultaria

O que deve ser apresentado como "tradição siddi" e de que forma, especialmente no emblemático festival Siddi Nas, sempre foi e continua sendo objeto de disputas entre os líderes mais jovens e mais velhos. Como não há um grupo fixo responsável pela organização desse evento, ocorrem anualmente pequenas mudanças e readaptações que refletem também diferentes posicionamentos dos siddis, revelando as visões dos líderes a respeito da maneira como eles devem se representar não apenas internamente, mas sobretudo também para fora do grupo. Também há discussões sobre se e até que ponto o festival deve assumir uma característica mais religiosa ou mais política; ou, ainda, se e até que ponto deve se tornar um grande divertimento cultural-folclórico.

Nos debates em torno da festa ouvi uma série de críticas. Alguns jovens líderes *educated* se mostraram bastante preocupados com o que entendiam como "perda das tradições" ou "perda das raízes". Apesar de a maioria dos "tradicionalistas" admitir que a transformação da cerimônia religiosa num evento para todos os siddis tem uma finalidade nobre que merece ser defendida, alguns demonstram saudosismo em relação às cerimônias religiosas de sua infância. E há quem entenda que o uso do *damam* no palco traz consigo inovações que contribuem para desvirtuar essa tradição extremamente valorizada: "o verdadeiro *damam* não é aquele tocado num palco diante de um público", soou um desses questionamentos.

As reclamações mais recorrentes se voltam, no entanto, contra os leilões (por causa de seu aspecto comercial), e, ainda, contra discursos explicitamente políticos, sobretudo os de convidados de fora da comunidade siddi. Performances de *modern dance* também são rechaçadas por alguns líderes, que veem nelas práticas culturais estranhas às tradições siddis: "Devemos parar com essas apresentações", disse-me um dos líderes mais críticos. "A nossa cultura está se perdendo", continuou o siddi hindu, que também acrescentou, questionando: "Como podemos defender a manutenção do *status* de *Scheduled Tribe* se assimilamos tudo o que vem de fora e não temos mais nada que seja particularmente nosso?" (Cadernos de campo, 30/04/2016).

---

a organização das viagens e aumentaria os custos sobretudo das hospedagens, já que na Índia vigora a separação dos sexos em diversas situações e circunstâncias, inclusive, na vida pública.

Já as inovações da *Siddi Damam Dance* são contestadas apenas por uma minoria de tradicionalistas, que começa a ver nelas uma exotização e folclorização "da verdadeira tradição". A realidade é que, a cada festival, mais conjuntos performáticos sobem aos palcos para fazer suas apresentações. Boa parte dos siddis – especialmente a nova geração – parece aprovar essa "nova tradição" e, de certo modo, já começou a identificar as "apresentações exóticas" como um dos símbolos unificadores centrais da comunidade. As lideranças siddis afirmam estar conscientes de que é preciso ter cuidado com o que é promovido durante o festival Siddi Nas. Essa preocupação tem também a ver com a defesa de direitos que, pelo menos formalmente, já foram conquistados. Um dos líderes me explicou que, diferentemente do *status* de *Scheduled Caste*, o de *Scheduled Tribe* pode ser perdido se as autoridades, em seus relatórios anuais, avaliarem que o grupo já superou sua *backwardness*. É mais um argumento usado por alguns contra a imitação de músicas e danças associadas ao "estilo de vida urbano moderno" e contra atitudes e hábitos que buscariam ostentar um bem-estar que, de fato, não existe (Cadernos de campo, 13/05/2016).[206] "Precisamos ter e manter nossas próprias comidas, nosso costume de pescar nos rios e lagos, a prática de subir nas árvores para colher mel e também nossas danças e músicas", ouvi de um dos mentores da ONG Siddi Jana Vikas Sangha (Cadernos de campo, 30/04/2016).

Chamou a minha atenção ainda outra linha de interpretação relacionada, de certo modo, com esse discurso articulado por lideranças siddis hindus: a de que teriam sido os siddis hindus os que, mais do que outros, preservaram as tradições que remontam à África. A explicação dada para tanto consiste no fato de os hindus, diferentemente dos cristãos e dos muçulmanos, prescindirem dos sacerdotes máximos (brâmanes) para a execução da maioria dos seus rituais cotidianos (Cadernos de campo, 11/04/2013).[207]

---

206 Por exemplo, a presença de cada vez mais motocicletas no evento do Siddi Nas. No entanto, as motos não seriam da propriedade dos jovens, que costumam pagar as primeiras parcelas do crediário, mas acabam se endividando junto aos bancos.

207 "Atualmente, porém, devido ao novo nível de consciência que os afro-indianos conquistaram, eles passaram a acreditar que seus próprios *poojaris* também podem aspergir água benta para limpar ou purificar suas casas. Eles não convidam mais os brâmanes ou bhatts [espécie de subcasta dos brâmanes] para ministrar os rituais de morte e nascimento, embora alguns afro-indianos ainda chamem brâmanes para ministrar suas cerimônias de casamento" (Obeng, 2007, p.164).

Encontramos novamente aqui – nesta afirmação da "africanidade siddi" – associações entre práticas hinduístas e práticas africanas que também insinuam que estas "se esconderiam" por trás daquelas ou se expressariam por meio delas. Sabemos que os sacerdotes cristãos e muçulmanos têm combatido quaisquer tradições tidas como pagãs, sejam elas hinduístas ou de origem africana. Vimos que, no "mercado de casamento contemporâneo", que pode ser visto como uma espécie de medidor em relação ao posicionamento de cada subgrupo nas redes de poder, os siddis hindus são os mais subvalorizados. Tentamos ainda mostrar que a valorização da ideia de africanidade recebeu fortes impulsos por parte de agentes cristãos não-siddis e de jovens siddis (católicos e hindus) que frequentaram e foram formadas em instituições de ensino cristãs. São tendências e forças que não deixam de ter uma dimensão paradoxal.

Poderíamos ainda apontar para outro fator que se expressa nessa dinâmica de relacionamento e emaranhamento entre tradições e que, acredito, possa ter contribuído para processos de inclusão e de exclusão por meio dos quais os agentes sociais remodelaram e recriaram sua visão de africanidade. Mesmo me entendendo como opositor vigoroso de concepções estruturalistas clássicas e de qualquer essencialismo, seja cultural ou de outra ordem, não há como negar que existe maior proximidade entre cosmovisões africanas, que lidam com forças da natureza e com múltiplos espíritos ou divindades, e concepções de mundo baseadas no "hinduísmo", do que entre os monoteísmos (cristãos e muçulmanos)[208] e o hinduísmo. Se os monoteísmos têm mostrado grande empenho em combater qualquer mistura de crenças (com menos sucesso, aliás, do que por eles desejado), buscando estabelecer uma relação de oposição total às tradições locais, no caso da relação entre tradições hinduístas e africanas não monoteístas, ao contrário, parece ter se aberto um espectro amplo para reinterpretações mútuas; isto é, o contato entre esses dois mundos parece ter favorecido o estabelecimento de um jogo dinâmico e de grande fluidez de trocas e intercomunicações. A maneira como as tradições – as quais proponho conceber como estruturas estruturantes (cf. Capítulo IV) – são relacionadas, aproximadas, fundidas ou colocadas em oposição depende, no entanto, da sua atualização, a qual é promovida por agentes sociais concretos, portadores de interesses específi-

---

208 Excluem-se aqui evidentemente as tradições sufis ligadas ao Islã.

cos. É, portanto, com a aplicação prática de partes do mundo simbólico – a qual ocorre dentro de um jogo constante de relações de poder – que se dão, por meio da criação de narrativas explicativas, as disputas discursivas em torno da definição da "africanidade" ou "não africanidade" de determinados hábitos, costumes e ideias. Conclui-se, portanto, que africanidade pode ser mais bem entendida como mais um disputado marcador de diferença, que possui a potencialidade de incluir ou excluir pessoas e/ou práticas socioculturais.

Capítulo IV
Sobre diásporas, racismos e castismos

IV.1. A ideia da "diáspora africana" e os siddis

O foco central de análise do livro consiste em uma reflexão sobre diferença e desigualdade, tomando como exemplo as experiências e lutas de uma população específica, os siddis de Karnataka. O tema *diáspora* ganhou destaque até agora somente nas análises de dois pesquisadores que estudam afrodescendentes na Índia, Campbell e Obeng. Embora o conceito não apareça com frequência, é possível perceber, no entanto, nas entrelinhas do texto, um debate constante com a ideia de "afrodiáspora" que gostaria de explicitar aqui.

Vimos que G. Campbell (cf. "Apresentação") opõe-se claramente a associar as populações siddis ao conceito de "diáspora", ao passo que Obeng as inclui enfaticamente em sua concepção de comunidade afrodiaspórica transnacional. Para entendermos estas avaliações tão divergentes, é preciso olharmos um pouco para a genealogia do conceito *afrodiáspora* (ou *diáspora negra*), para suas transformações históricas e para as disputas semânticas em torno da palavra. É sabido que o próprio termo *diáspora* vem do verbo grego διασπείρειν (*diaspeirein*), que significa dispersar e tinha, inicialmente, conotação pejorativa (Mayer, 2005, p.8): sugeria noções como perda de contato, desaparecimento e até esquecimento. Na tradução daqueles textos hebraicos (para o grego) que ficaram conhecidos como *septuaginta*, e, posteriormente, como Velho Testamento, a palavra hebraica גלות (*galut*, exílio), que descrevia a situação dos judeus que viviam fora da Palestina histórica, foi vertida como *diáspora*. Como *diáspora* entendia-se tanto o processo quanto o resultado da dispersão dessa população. Passariam muitos séculos até que a palavra fosse usada para descrever traumas coletivos semelhantes sofridos por outras populações.

Foi sobretudo a partir das discussões sobre práticas racistas nos Estados Unidos que o conceito *diáspora* foi aos poucos sendo associado à experiência dos africanos e seus descendentes que foram escravizados e levados para outro continente. Chama a atenção o fato de que os primeiros intelectuais e políticos negros norte-americanos que condenaram a discriminação racial no país lembravam recorrentemente, nos seus discursos, a história bíblica dos judeus. Assim, os precursores do pan-africanismo e do nacionalismo negro, como Edward Wilmot Blyden (1832-1912), inspiraram-se na experiência histórica dos judeus para interpretar a situação da população negra que foi levada como escrava à América. Recorriam conscientemente à analogia detectada entre o destino dos judeus e o sofrimento dos escravos negros, inclusive, para fundamentar projetos políticos de retorno à África. Até o movimento sionista era visto, por personagens como Blyden, como modelo para unir e organizar os descendentes dos africanos dispersos nos Estados Unidos. No entanto, a elite militante negra daquele momento histórico não assumiu o termo *diáspora*; Blyden preferia falar de "exílio" quando se referia à situação dos negros nas Américas. Nem os pan-africanistas clássicos, nem os representantes do movimento francófono Négritude usaram o conceito *diáspora*.

Termos como *African Diaspora* e *Black Diaspora* começaram a entrar no vocabulário de acadêmicos e militantes somente na segunda metade do século XX. Um primeiro impulso foi dado no Congresso Internacional de História Africana em Dar es Salaam (1965), em que o historiador George Shepperson apresentou o *paper* "The African Diaspora – or the African Abroad".[1] Joseph Harris participou como presidente e debatedor daquela histórica sessão, e foram essas discussões em torno do texto de Shepperson que o motivaram a elaborar o primeiro estudo aprofundado sobre a história dos descendentes de africanos na Ásia. No prefácio do livro, no qual, aliás,

---

1 Shepperson entendeu que o conceito *diáspora africana* devia focar as experiências de escravidão, coerção e exploração causadas por intervenções coloniais europeias, embora não tenha excluído outras formas de migração e dispersão de africanos, inclusive, na própria África (cf. Alpers, 2001, p.5).

muito raramente usa o termo *diáspora* – curiosamente, ele preferiu intitular a obra *The African Presence in Asia* (A presença africana na Ásia) –, confessa não ter tido inicialmente conhecimento de que existiam comunidades de descendência africana naquele continente (Harris, 1971, p.VIII).[2]

O sociólogo francês Dufoix chama a atenção para o papel central que o conceito *diáspora* desempenharia na implementação dos *African American Studies* e dos Departamentos de *Black Studies* nas universidades estadunidenses a partir do final da década de 1960: deu visibilidade àquilo que tinha sido encoberto ou "disperso" nas reflexões acadêmicas até então, a saber, "a história africana, a história dos negros no Novo Mundo, suas culturas e lutas" (Dufoix, 2017, p.259). Segundo Joseph Harris (1982), o conceito *diáspora africana*" emerge e ganha força explicativa exatamente no contexto da criação e legitimação destes novos campos de estudos: "diáspora africana" assumiria papel essencial na elaboração de uma nova historiografia da África, a qual permitia questionar concepções enraizadas e discriminatórias a respeito deste continente e de tudo associado a ele.

Já para a americanista alemã Ruth Mayer (2005, p.79), a introdução do conceito *diáspora* no debate acadêmico e militante abriu a possibilidade de desenvolver uma perspectiva capaz de criar uma alternativa aos modelos pan-africanistas e suas concepções identitárias essencialistas que tinham marcado os discursos políticos de então. Esta mudança não se deu, porém, de forma imediata; assim, por exemplo, Harris preocupava-se, em sua obra, em apontar para "continuidades africanas" – pensadas nos planos tanto fenotípicos quanto culturais – no subcontinente indiano. Foi sobretudo a partir do final da década de 1980 que as alterações no enfoque analítico tornaram-se mais perceptíveis. Inovações teóricas ligadas à chamada *virada linguística*, que ganharam força nos estudos culturais e pós-coloniais, fizeram com que se começasse a questionar os essencialismos que orientavam as concepções clássicas de alteridade, tanto no que dizia respeito à ideia de raça quanto à de cultura.

---

2 Em obra posterior, Harris (1982, p.3-4) definiu a diáspora africana: "O conceito de diáspora africana compreende o seguinte: a dispersão global (voluntária e involuntária) dos africanos ao longo da história; a emergência de uma identidade cultural fora do continente com base na origem e condição social; e o retorno psicológico ou físico à terra natal [*homeland*], à África. Visto desta maneira, a diáspora africana ganha o caráter de um fenômeno dinâmico, contínuo e complexo que se estende através do tempo, da geografia, de classe e gênero".

Este deslocamento teórico-conceitual está inserido num contexto histórico marcado pela intensificação de processos migratórios. Foram evidentemente transformações de ordem econômica, política e social atiçadas por inovações tecnológicas – sistemas de transporte e sobretudo mídias eletrônicas – que fizeram com que o próprio fenômeno da "migração" assumisse novas características. Hoje, migrar não significa mais obrigatoriamente deixar seu país de origem para nunca mais voltar; cada vez mais pessoas migram temporariamente e, inclusive, sucessivamente para mais de um lugar. Para além disso, as mídias eletrônicas permitem aos emigrados manter um contato instantâneo, no espaço cibernético, com seus locais de origem, seus amigos e familiares e possibilita-lhes também tecer novas redes de contato que transcendem velhas fronteiras. Este dinamismo não deixa de ter impacto sobre os laços sociais e os sentimentos de pertencimento dos migrantes; constitui um desafio para o velho ideal do Estado-Nação e expressa-se também fortemente no(s) modo(s) como as sociabilidades humanas são percebidas, representadas e analisadas. Não é por acaso que a ideia do "transnacionalismo" entrou no vocabulário de alguns cientistas políticos na década de 1960 e tornou-se um termo muito usado nas ciências sociais a partir dos anos 1990 e que, em diversas análises, conceitos como migração, transnacionalismo e diáspora são aproximados e até (con)fundidos.[3] Transnacionalismo como forma de vida, como um tipo de sociabilidade, pode agora ser visto como um ideal que se expressa na maneira como alguns teóricos começam a olhar para a experiência dos descendentes de escravos africanos espalhados pelas Américas (ibid., p.14-8).

A reformulação do conceito *diáspora* neste contexto pode ser lida também como uma resposta à "detecção" da "condição pós-moderna", que, de acordo com teóricos como Lyotard (1979), estaria impregnando cada vez mais as formas de sociabilidade humana. A adesão a premissas teóricas pós-modernas, mas também pós-estruturalistas que orientam algumas das novas abordagens tem provocado diversos deslocamentos: afirma-se não buscar mais origens e continuidades; o foco das preocupações volta-se

---

3 Na perspectiva de Tölölyan (1996, 2012), a ideia da diáspora torna-se um "emblema do transnacionalismo". Este intelectual armênio-norte-americano, autor de trabalhos importantes sobre diáspora, associa ao sujeito diaspórico um estilo de vida cosmopolita moderno: flexível, móvel e aberto ao mundo.

DIÁSPORA AFRICANA NA ÍNDIA   **339**

agora para as redes, trocas e recriações nas zonas de contato. A diferença já não é vista como uma fronteira entre duas entidades, pensadas como substâncias separadas; o tratamento das diferenças incorpora agora as críticas ao essencialismo elaboradas por Derrida nas suas reflexões em torno do neologismo *différance*.

Diáspora tornar-se-ia, de certo modo, um termo em voga e viria a ser incorporado a discursos identitários e reivindicatórios de diversos grupos migratórios, não se restringindo apenas àqueles de descendentes de escravos africanos. O sociólogo norte-americano Brubaker constata uma explosão do interesse pelo tema a partir da década de 1980; a vinculação da ideia *diáspora* a diferentes agendas intelectuais, culturais e políticas teria sido responsável por sua "dispersão" e, consequentemente, teria contribuído para a ampliação e pluralização do seu significado. Assim, a noção de diáspora se propagou não somente entre as mais diversas disciplinas das humanidades; ela foi também usada e disseminada cada vez mais pela grande "mídia e pela cultura popular" (Brubaker, 2005, p.1-4).

O historiador malawiano Paul Zeleza (2005, p.39), que publicou diversos textos importantes sobre diáspora africana, constata que o termo *diáspora* vem sendo usado, em muitos trabalhos, de forma imprecisa, inconsistente e a-histórica. Há uma série de autores que têm procurado estabelecer tipologias de diáspora, tentando diferenciar, por exemplo, entre diásporas de vitimados, de trabalho, de comércio, imperiais, culturais (Cohen, 1997), enquanto outros têm criado listas de características (critérios) básicas que uma população deve preencher para poder ser denominada diaspórica (Safran, 1991).[4] Uma outra estratégia analítica, que me parece mais profícua, é conceber – tal qual Zeleza – as várias dimensões que compõem o fenômeno que podemos chamar de diáspora. Para este estudioso, *diáspora* "refere-se simultaneamente a um processo, uma condição, um espaço [*space*] e um

---

4   Cf. a lista elaborada por Safran (1991, p.83-4): 1) dispersão de um centro original; 2) preservação de uma memória ou mito sobre a terra de origem [*homeland*]; 3) crença de que o grupo não é aceito completamente no país onde vive; 4) ideia de que a terra ancestral é um possível lugar de retorno; 5) comprometimento com a preservação ou restauração desta *homeland*; 6) consciência e solidariedade do grupo formadas e definidas pela relação continuada com a *homeland*. Kim Butler (2001, p.195), por sua vez, propôs um esquema para estudos de diásporas que mira cinco focos investigativos: as razões para e as condições da dispersão; as relações com a "terra natal" (*homeland*); as relações com o "país hospedeiro" (*hostland*); as inter-relações dentro das comunidades da *diáspora*; estudos comparativos entre diferentes *diásporas*.

340 ANDREAS HOFBAUER

discurso. [...] Implica uma cultura e uma consciência, às vezes difusa e às vezes concentrada, de um 'aqui' separado de um 'lá', um 'aqui' que é frequentemente caracterizado por um regime de marginalização e um 'lá' que é invocado como uma retórica de uma autoafirmação, de um pertencimento a um 'aqui', embora numa condição diferente [*belonging to 'here' differently*]" (Zeleza, 2005, p.41).[5]

Nem sempre todas as quatro dimensões destacadas por Zeleza são contempladas nas reflexões dos especialistas; nem sempre lhes são atribuídos pesos iguais. Há trabalhos que focam mais as transformações históricas ("processo"), enquanto outras abordagens, frequentemente de teor sociológico, preocupam-se, acima de tudo, com o fenômeno da (falta de) integração, da exclusão e inferiorização enfrentadas pelos grupos identificados como diaspóricos ("condição"). Dependendo da orientação teórica, as subjetividades podem também ganhar importância maior nas análises. A ideia do espaço aparece, evidentemente, como outra referência importante na maioria dos estudos: o espaço/lugar é tratado em diversos trabalhos quase exclusivamente na sua dimensão geográfica concreta e, de certo modo, pragmático – Zeleza (2005, p.44), por exemplo, declara que "minha África é a África da União Africana" –;[6] mas há também aquelas abordagens que exploram as ideias, isto é, o imaginário das populações pesquisadas acerca do "aqui e do lá". Pode-se observar, de fato, que em vários estudos acadêmicos, sobretudo nos imaginários das "populações identificadas como diaspóricas", a noção de África não é reduzida a uma ideia de espaço/lugar

---

5 "A diáspora é simultaneamente um estado de ser e um processo de tornar-se, uma espécie de viagem que engloba a possibilidade de nunca chegar ou retornar, uma navegação de múltiplos pertencimentos" (Zeleza, 2005, p.41). Para Zeleza (2010, p.5), as relações entre o fenômeno da dispersão de pessoas e o processo que chama de *diasporização* são complexas e têm de ser entendidas a partir dos contextos históricos específicos: "Diásporas emergem de processos que envolvem movimento, migração de 'cá' para 'lá', de uma terra natal [*homeland*], real ou imaginada, para outro lugar [*hostland*], amado ou odiado. Mas a relação entre dispersão e *diasporização* é complicada, pois pessoas dispersas podem 'retornar' ou 'desaparecer' por meio da assimilação. Em resumo, diásporas nascem, se desenvolvem e podem morrer, e elas inclusive podem sofrer reencarnação ou ressurreição em gerações futuras".

6 Zeleza (2009, p.34) comenta quatro formas mais comuns de conceber a África: "África como biologia, como um espaço, como memória e como uma representação". Seria também por causa destas diferentes concepções que identidades e culturas africanas são "mapeadas" de maneiras distintas: em termos raciais, geográficos, históricos ou discursivos.

geográfico, mas aparece relacionada também a práticas culturais e/ou características fenotípicas específicas.

A dimensão "discurso" aponta, evidentemente, para as perspectivas subjetivas mencionadas anteriormente. Neste ponto, vale a pena discernirmos entre os discursos daquelas pessoas identificadas pelo analista (ou por elas próprias) como seres diaspóricos e os discursos dos próprios analistas, os quais podem – ou não – identificar-se como parte de um grupo diaspórico e, não raro, estar envolvidos na afirmação e no fortalecimento de uma "identidade diaspórica".

Mas há ainda uma outra dimensão que a noção de discurso pode evocar. São reflexões teóricas ligadas a ela e que conferiram novos impulsos à análise científica e à ação política em torno da temática *diáspora*. Em abordagens inspiradas em modelos pós-estruturalistas, não somente as relações entre discurso, poder e saber, mas sobretudo a ideia da diferença ganha conotações que transformaram profundamente a própria noção de diáspora. Trata-se de uma mudança epistêmica. É esta perspectiva de diáspora africana que tem ganhado força com as obras de Gilroy, Hall, Clifford e tantos(as) outros(as) autores(as) comprometidos(as), de uma ou outra forma, com a construção de um pensamento que se convencionou chamar de pós-colonial. Diferentemente das análises que não problematizam a existência de unidades grupais e "se contentam" em acompanhar seus deslocamentos, as perspectivas pós-coloniais – e também decoloniais[7] – focam a própria criação de fronteiras. Procuram mostrar que foram os discursos (europeus) hegemônicos disseminados por meio das intervenções coloniais que impuseram classificações e fronteiras, as quais, entendem os pós- e decoloniais, devem ser questionadas, descontruídas, para abrir espaço aos colonizados a fim de que articulem novas formas de identificação, alianças e sociabilidades.

---

7 Não se nega aqui as diferenças entre as correntes pós- e decoloniais e as críticas que os últimos fazem aos primeiros. Há, no entanto, também, consensos fundamentais no que diz respeito à crítica colonial que se perdem nas disputas entre os(as) pesquisadores(as), como a questão da relação entre intervenção colonial e imposição de sistemas classificatórios discriminatórios. Olhando para as análises críticas a partir de um ângulo que busca unir as forças anti-hegemônicas, ao invés de desuni-las (cf. Varela; Dhawan, 2015, p.325), é possível, como faz Kerner (2016, p.169), conceber o "pensamento decolonial" como "um segmento das perspectivas pós-coloniais que emergiu com um foco explícito sobre a história e experiências latino-americanas".

342 ANDREAS HOFBAUER

São os diferentes tratamentos da noção de fronteira que, de acordo com a análise de Brubaker, criaram uma forte tensão no debate contemporâneo sobre diásporas que raramente é explicitada pelos autores(as). Se as análises "clássicas" se preocupavam em entender como as fronteiras são mantidas, uma nova "contracorrente" enfatizaria o contrário: a erosão das fronteiras, isto é, fenômenos descritos como hibridismo, fluidez, crioulização e sincretismo (Brubaker, 2005, 6).[8]

Há certo consenso entre os especialistas (cf. Zeleza, 2005; Alpers, 2001; Patterson; Kelley, 2000) de que a obra *O Atlântico negro*, de Gilroy, deu um impulso fundamental para desestabilizar "narrativas unitárias acerca dos deslocamentos" (Patterson; Kelley, 2000, p.31), pondo em xeque "abordagens nacionalistas ou etnicamente absolutas" (Gilroy, 2001 [1993], p.57). Este intelectual negro britânico propõe desviar o foco de interesse acadêmico e militante das raízes (*roots*) africanas para a construção e manutenção das rotas (*routes*) que, segundo ele, conectam e unem aquelas comunidades e que formariam o por ele chamado *Atlântico Negro*. "Em oposição às abordagens nacionalistas ou etnicamente absolutas, quero desenvolver a sugestão de que os historiadores culturais poderiam assumir o Atlântico como uma unidade de análise única e complexa em suas discussões do mundo moderno e utilizá-la para produzir uma perspectiva explicitamente transnacional e intercultural", escreve Gilroy na sua já clássica obra *The Black Atlantic* (ibid.).

Para este cientista, a razão de os "negros" no mundo inteiro sentirem-se parte de uma comunidade (transnacional) não está numa suposta essência africana (cultural ou biológica), mas muito mais numa experiência histórica compartilhada marcada pela escravização, repressão, exclusão e exploração. Afirma-se aqui a existência de uma população negra transnacional; esta, porém, deve ser entendida acima de tudo como um produto de ideologias e forças sociais transnacionais, isto é, do racismo, mas também de oposições, de certo modo, mecanicistas provocadas por ele. Com este argumento, o autor contorna discussões espinhosas sobre concepções identitárias que

---

8 Brubaker destaca três elementos fundamentais que são vistos, na maioria dos trabalhos, como constitutivos do fenômeno diáspora: a dispersão no espaço; a orientação a uma *homeland*; a manutenção de uma fronteira. Ele próprio prefere relacionar a ideia da diáspora a práticas, projetos, idiomas e reivindicações, e critica, portanto, aquelas abordagens que a vinculam a entidades ou fatos étnico-culturais fixos (Brubaker, 2005, p.12-3).

DIÁSPORA AFRICANA NA ÍNDIA 343

divergem da maneira como ele implicitamente delimita o grupo dos negros e reivindica, ao mesmo tempo, que seu modelo analítico seja uma crítica aos diversos essencialismos (raciais, culturais) passados e contemporâneos.

É com base nestas ideias também que, já em 1987, Gilroy (1987, p.155) propôs o uso do termo *diáspora* como alternativa às diferentes formas de absolutismo que "confina[ria]m culturas a essências 'raciais', étnicas ou nacionais". Fiel a este pensamento, Gilroy começou também a articular críticas às históricas estratégias identitárias da militância negra (Négritude, Pan-Africanismo e, sobretudo, as teses do Afrocentrismo), sem deixar de reconhecer seu papel histórico na luta contra o racismo.

No pequeno artigo intitulado "Diáspora", o cientista abre suas reflexões com a constatação de que o conceito precisa ser libertado das históricas "associações autoritárias" para que possa ser usado não somente para desenvolver uma forma alternativa de escrever a história, mas sobretudo para abrir novos caminhos para a organização política. Gilroy (1994, p.207) aposta no poder criativo e principalmente subversivo dos constatados hibridismos que marcariam as práticas culturais do Atlântico Negro, as quais, segundo o autor, nunca deixaram de cortar fronteiras nacionais e têm assegurado a manutenção de uma comunidade transnacional.

Ao inspirar-se na noção de rizoma elaborada por Deleuze e Guattari para se opor aos discursos que celebram autenticidades raciais e culturais, Gilroy criou um modelo analítico que joga luz sobre trocas e fluxos culturais e exalta implicitamente a formação de hibridismos culturais no espaço do chamado *Atlântico Negro*.[9] De modo similar a Hall[10] e Clifford,[11] Gilroy

---

9 Cf. também Yelvington (2006), que diferencia entre três modelos paradigmáticos que teriam marcado teorizações em torno da ideia "diáspora africana": uma primeira geração que operava com uma concepção reificada de cultura; o modelo da crioulização (Gilroy) que foca a formação das identidades baseadas em relações dialéticas entre locais diaspóricos e *homeland*; e uma terceira perspectiva, desenvolvida a partir do novo milênio, que enfatiza relações que pesquisadores como Matory têm chamado de dialógicas.

10 Stuart Hall (1990, p.231, 235) entende "identidades culturais" como "pontos instáveis de identificação ou suturas" que lidam necessariamente com experiências de "heterogeneidade e diversidade". Trata-se de uma concepção de identidade, que, nas palavras de Hall, "vive com e por meio – não apesar – da diferença; por meio do hibridismo" e que marca também a experiência diaspórica.

11 Nas reflexões de James Clifford (1997, p.9), a diáspora torna-se uma metáfora-chave para uma nova política de identidade. O cientista norte-americano atribui à noção de diáspora um "potencial subversivo", uma vez que entende que os vínculos plurais criados e mantidos

já não aborda a diáspora, em primeiro lugar, como um processo de deslocamento físico de um grupo de pessoas, mas, acima de tudo, como uma formação específica de identidade. Não como a afirmação e defesa de uma suposta essência cultural ou pureza étnico-racial, mas muito mais como um posicionamento. Assim, a noção de diáspora não se refere mais exclusivamente a um contexto e um grupo específico, mas torna-se também uma metáfora-chave para uma nova política de identidade, à qual é atribuído um "potencial subversivo", exatamente porque pensadores como Gilroy (1987, p.155) entendem que os vínculos plurais criados e mantidos pelos sujeitos diaspóricos poriam em xeque todas as formas de absolutismos (culturais, raciais, étnicas e nacionais). Percebe-se que, nesta perspectiva, diáspora desvincula-se do compromisso de olhar para o passado e compromete-se cada vez mais, com a realização de projetos futuros e utopias.

Stéphane Dufoix (2017, p.282), que escreveu uma minuciosa obra sobre a história da palavra *diáspora*, constata dois polos nos debates em torno do conceito: para o primeiro grupo de autores, a ideia da diáspora pressupõe a existência de um centro originário para o qual a população dispersa anseia voltar; já o segundo grupo cultiva a noção da "descentralização" e insiste em argumentar que a identificação cultural pode sobreviver sem uma ideia de origem e o desejo de retorno. Outra visão de polarização argumentativa pode ser encontrada num artigo de Gordon e Anderson (1999, p.288): os dois antropólogos veem uma oposição entre diáspora como instrumento conceitual para descrever e avaliar um grupo humano específico e diáspora

---

pelos sujeitos diaspóricos põem em xeque nacionalismos ao cultivarem laços com mais de um lugar e praticarem "formas não-absolutistas de cidadania". Consequentemente, Clifford (1997, p.269; cf. 1994, p.304-7) critica, de forma explícita, concepções de diáspora que focam supostas continuidades e o desejo de um retorno a supostas origens: "A centralização das diásporas em torno de um eixo de origem e retorno sobrepõe-se às interações locais específicas [...] necessárias para a manutenção das formas sociais diaspóricas. O paradoxo empoderador [*empowering*] da diáspora é que morar aqui pressupõe solidariedade e conexão com ali. Mas não há necessariamente um único lugar ou uma nação exclusiva". O que caracteriza, de acordo com Clifford (2000 [1992], p.68), a condição diaspórica são "diálogos históricos não resolvidos entre continuidade e ruptura, essência e situação, homogeneidade e diferenças (cortando transversalmente 'nós' e 'eles') [...]. Essas culturas de deslocamento e transplantação são inseparáveis de histórias específicas, amiúde violentas, de interação econômica, política e cultural, histórias que geram o que poderia ser chamado de cosmopolitismos discrepantes". Ideias como essas, juntamente à metáfora de "cultura como viagem", podem ser reencontradas na obra de Paul Gilroy (os dois intelectuais têm se inspirado mutuamente).

DIÁSPORA AFRICANA NA ÍNDIA   345

como um tipo específico de formação identitária, ou seja, um sentimento de pertencimento a uma comunidade que transcende fronteiras nacionais.

Vimos que o leque de inspiração teórico-conceitual nas diferentes visões de diáspora estende-se de premissas racial-biológico deterministas, via posicionamentos culturalistas, a teses pós-modernas[12] (ou ainda pós-estruturalistas) que buscam superar explicações biologizantes e culturalistas denunciadas como essencialistas. Podem-se localizar ainda tensões entre análises propositalmente analítico-descritivas e outras com propostas assumidamente normativo-transformativas, as quais Dufoix (2017, p.497) caracteriza da seguinte forma:

> Seu uso é então geralmente *formativo*, trazendo à existência, ou pelo menos contribuindo para fazer surgir aquilo que se pretende descrever, seja pelo seu poder positivo, permitindo que seja dado um nome a si próprio, seja pela negação, e neste caso proporcionando a exclusão de determinadas ações, grupos, territórios, distinguindo-os de outras ações, grupos, territórios [...].

Se aplicarmos o conceito *diáspora* de forma meramente descritiva – e, portanto, analiticamente despretensiosa – para comparar as linhas gerais entre a experiência dos descendentes de africanos no Oceano Índico com os processos históricos vivenciados pelos africanos que foram levados às Américas, podemos destacar, além de semelhanças, algumas diferenças marcantes entre as quais valem menção as seguintes:[13] nem todos os africanos chegaram como escravizados na Índia; inexistia o uso de mão de obra escrava em grande escala (o modelo *plantation*); a forma de escravidão predominante era a escravidão doméstica; nos territórios dominados por grupos islamizados havia o fenômeno da chamada *escravidão de elite*; existiram governantes africanos na Índia; processos de inclusão e exclusão foram influenciados, desde muito cedo, não somente pelo critério "cor/raça", mas também pela lógica das castas, o que, inclusive, explica o fato de os descen-

---

12 Uma das posições mais radicalmente antiessencialistas de diáspora pode ser encontrada nas análises de teor pós-moderno de Mercer (1994), que valoriza, acima de tudo, a mistura criativa de tradições como característica fundamental do fenômeno diáspora, além de tratar *blackness* como um significante aberto.

13 Cf. tb. as análises históricas comparativas de Campbell, 2008b, p.21-9.

346 ANDREAS HOFBAUER

dentes dos escravos – os siddis de Karnataka – conceberem-se como um grupo posicionado acima dos *intocáveis* na hierarquia social.

Para além destas diferenças históricas inegáveis, colocam-se – como vimos anteriormente – questões espinhosas de ordem teórico-conceitual. Entendo que para analisar o fenômeno da diáspora de forma acurada, é preciso avaliarmos processos estruturantes, agenciamento e jogos de poder numa perspectiva integrada. É preciso mostrar como processos de inclusão e exclusão são afirmados, questionados e/ou modificados não somente por meio de discursos (falas conscientes), mas também por meio de ações (hábitos). Assumo, portanto, uma posição crítica em relação a explicações baseadas em categorias-chave naturalizadas/essencializadas. Ao mesmo tempo, vejo como problemático transformar o conceito de diáspora em uma categoria cuja aplicação tem, para além de uma função analítica, um objetivo político previamente definido.

Concordo, neste sentido, com as críticas de Gordon e Anderson (1999) dirigidas às perspectivas normativas detectadas, inclusive, nas análises de Gilroy. Nestas, não há uma distinção clara entre diáspora como ideal identitário (proposto pelo analista) e diáspora como instrumento analítico; ao contrário, o ideal mistura-se e até tende a sobrepor-se à noção de diáspora como categoria analítica.[14] "Ao invés de atribuir identidades e postular como as pessoas devem participar na construção e reconstrução da diáspora", escrevem os dois antropólogos norte-americanos (ibid., p.284), "devemos investigar como se comportam de fato". Nos seus estudos empíricos em Honduras e Nicarágua, Gordon e Anderson apontam para a existência de múltiplos posicionamentos: mostram que, dependendo do contexto, "raízes" (*roots*) ou "rotas" (*routes*) podem ganhar mais importância nas construções identitárias diaspóricas. Os posicionamentos identitários podem não ter o caráter político subversivo e anti-hegemônico desejado

---

14 Para Gordon e Anderson (1999, p.288) é importante que diferenciemos duas dimensões de diáspora:"1) como um instrumento conceitual ou termo de referência para caracterizar uma população específica e 2) como um termo que caracteriza uma formação específica de identidade, o sentimento de pertencimento a uma comunidade que transcende fronteiras nacionais". Os dois antropólogos criticam Gilroy por ele fundir estas duas dimensões e por privilegiar, nas suas análises, aqueles aspectos da prática diaspórica e de identificação que dão sustentação ao seu projeto político contra nacionalismos e absolutismos étnicos (ibid., p.289).

DIÁSPORA AFRICANA NA ÍNDIA **347**

pelos teóricos pós-coloniais.[15] Reivindica-se aqui, portanto, o reconhecimento de uma orientação antropológica básica – a de diferenciar entre categorias nativas (plano êmico) e categorias e perspectivas tidas como trans- ou supraculturais (plano ético). O artigo termina com um apelo em prol de trabalhos empíricos sólidos, um posicionamento que defende princípios analíticos que servem também como orientação para minhas análises:

> Uma etnografia da formação da identidade diaspórica nos permite focar a maneira como as identidades são construídas e mobilizadas, em vez de forçar as pessoas [a caberem] em noções preconcebidas de como elas devem se identificar ou agir com base em nossas próprias ideias sobre o que é significativo em seu passado ou em seus genes. Essa etnografia é um primeiro passo crítico na elaboração de políticas que levam a sério as próprias conceituações dos negros sobre seus mundos e seu lugar dentro deles. (Ibid., p.294)

Ao longo do tempo surgiram outras críticas importantes à abordagem de Gilroy. Brubaker (2005, p.11), por exemplo, chama a atenção para o fato de que Gilroy não deixa de relacionar a ideia de diáspora com uma comunidade específica; ao mesmo tempo, não explica como "tais comunidades e identidades podem emergir se tudo é híbrido, fluido, crioulizado e sincrético". Já o antropólogo negro norte-americano Lorand Matory questiona a utilidade da noção de rizoma que fundamenta o modelo de Gilroy. A inspiração biológica do rizoma – tipo de caule que cresce horizontalmente – apontaria para um organismo e não para um processo. Desta forma, Gilroy acaba descrevendo "a história cultural da diáspora africana, acima de tudo, como uma troca cultural descontínua – como se fosse transmitida por um navio sem âncora – movendo-se entre diversas populações afrodiaspóricas" (apud Matory, 2012, p.107). Matory julga esta noção inadequada, uma vez que "cultura não se manifesta em unidades delimitadas em termos temporários, geográficos ou populacionais" (Matory, 2012, p.106).

Percebe-se consequentemente que o modelo de Gilroy não oferece um instrumental analítico apropriado para entender os processos em que in-

---

15 Com suas críticas ao afrocentrismo e a certas tendências no movimento *hip-hop*, Gilroy reconhece, aliás, que há formas de "protesto negro" que constituem um empecilho para a realização do seu projeto político utópico: superar o legado da "raciologia" e construir um "humanismo planetário pós-racial".

divíduos e grupos "negociam seu pertencimento" àquele mundo que é proposto como Atlântico Negro; não se abre, por exemplo, espaço para entender os dilemas que se colocam para diversas comunidades nos interiores do Brasil, quando se envolvem em debates sobre qual estratégia identitária devem coletivamente assumir: "permanecer" uma comunidade ribeirinha, "tornar-se" indígena ou definir-se como quilombola (cf. Boyer, 2015, p.21) e, assim, integrar-se – associar-se – eventualmente a uma rede de agentes que articulam projetos identitários diaspóricos que transcendem o plano local e até nacional.

Diversos autores, como Zeleza e Alpers, constatam ainda, em tom crítico, que a perspectiva analítica desenvolvida por Gilroy tem se tornado o modelo norteador para a grande maioria dos estudos sobre diásporas africanas. O padrão criado ligaria o fenômeno da dispersão unicamente ao comércio de escravos, além de estabelecer uma conexão umbilical entre diasporização e racialização (Zeleza, 2008, 2010); este padrão refletiria uma parte importante, mas ao mesmo tempo não toda a história das diásporas africanas. Ao privilegiar-se o mundo anglófono, focando os processos históricos ocorridos sobretudo nos Estados Unidos, peculiaridades de outros contextos – diasporizações na América do Sul e no Oceano Índico, e movimentos e processos diaspóricos no continente africano para os quais Shepperson já tinha apontado (cf. Alpers, 2001, p.5) – teriam sido negligenciadas e implicitamente silenciadas. À parte destas críticas, há um amplo reconhecimento da enorme importância do modelo do Atlântico Negro para a fundação de um novo campo de estudos que coloca em xeque velhos vícios analíticos – nacionalismo metodológico e diversas formas de essencialismo.

Concordo, no entanto, com Zeleza, Patterson e Kelley quando chamam a atenção para as limitações deste modelo e o perigo de impor um único padrão de análise, inclusive, a contextos que apresentam diferenças substanciais no que diz respeito tanto às intervenções coloniais quanto às respostas desenvolvidas pelos colonizados. A aposta destes estudiosos é intensificar as pesquisas fora do mundo norte-americano anglófono, buscando, desta forma, libertar "os estudos e discursos sobre diásporas africanas de seu tropo e de suas armadilhas racializados"[16] (Zeleza, 2008, p.5; cf. Patterson;

---

16 No artigo "African Diasporas: Toward a Global History" (2010), Zeleza distingue não apenas três conjuntos ("modelos históricos") de diásporas africanas – as diásporas oceânicas

Kelley, 2000, p.31-2). Contribuir para este debate, jogando alguma luz sobre contextos regionais e temáticos menos conhecidos, levantando questionamentos e criando estímulos para a elaboração de novas ideias referentes às bases teórico-conceituais que orientam as reflexões sobre diásporas africanas, foi também uma inspiração para este trabalho.

As diversas considerações e discussões antes apresentadas ajudam a iluminar tanto os posicionamentos opostos de Campbell e Obeng quanto minha posição crítica em relação a ambos. Nenhum dos dois autores debruça-se sobre as discussões teóricas em torno do conceito *diáspora* – ambos ignoram as reflexões dos autores pós-coloniais –, se bem que o primeiro busca, em alguns textos, explicitar sua compreensão do fenômeno. A argumentação de Campbell deixa clara sua sintonia com autores clássicos do debate sobre diáspora que, como Wilhelm Safran, operam com uma espécie de *checklist* para avaliar se um grupo pode ou não ser considerado diaspórico. O modelo é primordialmente descritivo e orienta-se por critérios previamente definidos. Assim, para Campbell (2008c, p.37), os siddis

---

transindianas, as diásporas transmediterrânicas e as diásporas transatlânticas, mas diferencia também diásporas antigas de diásporas novas. No caso das comunidades diaspóricas mais recentes (por exemplo, as formadas por africanos que migraram nas últimas décadas para a Europa), as identidades nacionais (por exemplo, a "diáspora ganesa" nos Estados Unidos e na Europa) competiriam com as identidades continentais; essas novas comunidades mantiveram também "vínculos mais fortes com a África do que as antigas diásporas". De todo modo, destaca Zeleza (2010, p.15), "cada comunidade da diáspora tem seus próprios compromissos e imaginações da África". O historiador menciona, neste contexto, a situação na França onde localiza quatro grupos de diásporas africanas: comunidades antigas de ascendência africana, negros das Antilhas, africanos da África Ocidental e Central e africanos do Norte da África. O autor enfatiza que a dinâmica das relações complexas entre as comunidades (e entre elas e o Estado francês e a sociedade em geral) é marcada por antipatias e solidariedades de raça, religião, região e por fatores como nacionalidade, classe e gênero. "Assim, muitos(as) africanos(as) ocidentais, por exemplo, identificam-se racialmente com os(as) antilhanos(as), religiosamente com os(as) norte-africanos(as) e subregionalmente com os(as) centro-africanos(as)" (ibid., p.10). Desta forma, Zeleza chega à conclusão de que o modelo afro-atlântico não serve como orientação analítica para entendermos "as histórias muito mais antigas e complicadas das interações africanas com [...] a Europa e a Ásia" e reivindica que "precisemos desatlantizar e desamericanizar as histórias das diásporas africanas." (ibid., p.5). Pode-se perceber também que a crescente complexidade dos contextos vivenciadas pelas comunidades diaspóricas africanas no mundo contemporâneo fez emergir novos conceitos: "nova" diáspora africana (Zeleza, 2010; Elabor-Idemudia, 1999; Konadu--Agyemang et al., 2006), diásporas no plural e diásporas sobrepostas (*overlapping*) e/ou de múltiplas camadas (*multi-layered diaspora*) (Lewis, E., 1995; Patterson; Kelley, 2000; Byfield, 2000; Oyěwùmí, 2016).

não devem ser entendidos como um grupo diaspórico, uma vez que não identifica neles várias características do catálogo que, na sua visão, definem o conceito *diáspora*: por exemplo, esforços para manter laços com a terra de origem e nela melhorar a vida; o desejo de um retorno permanente a esta *homeland*.

Já a argumentação de Obeng afasta-se nitidamente deste modelo de diáspora. Questionamentos de essencialismos não estão no centro de suas reflexões, como ocorre nos textos de Mercer, Clifford, Hall e Gilroy. Ao contrário, as análises de Obeng enfatizam a importância das continuidades (nos planos tanto cultural quanto racial-biológico); ao mesmo tempo, incorporam também a perspectiva normativa e política presente nos trabalhos que pode ser encontrada em estudos pós- e decolonial. O objetivo declarado é contribuir para "compreender e fortalecer os laços internos entre os africanos na Índia e a comunidade pan-africana mundial" (Obeng, 2007, p.206): dar impulsos a pesquisas sobre posicionamentos contra-hegemônicos que demonstrem que alianças podem ser forjadas em planos regionais, nacionais e globais (id., 2008, p.249).

Se olharmos para a história e a experiência de vida dos siddis de Karnataka, podemos afirmar que estes "afrodescendentes" nunca perderam a consciência de que seus ancestrais vieram de um lugar distante, mas aparentemente esta memória teve, durante muito tempo, pouco impacto sobre a vida cotidiana das comunidades. Ao mesmo tempo, tentei mostrar, tal como ocorre no Brasil, foram as experiências acumuladas ao longo da luta contra inferiorização e por direitos específicos que fizeram com que o tema África começasse a ganhar importância, sobretudo nos discursos dos líderes siddis. Houve, portanto, um contexto histórico específico em que foram articuladas e reivindicadas redefinições identitárias. Revela-se aqui, portanto, que identificar(-se), rememorizar e posicionar-se são procedimentos intimamente interligados e, por isso, entendo que merecem estar no centro das nossas análises sobre diásporas africanas.

As discussões teórico-conceituais comentadas anteriormente ensinam que há muitas e diversas possibilidades e perspectivas para abordar o tema diáspora africana. Ao explorar diferentes ângulos analíticos, reconhecendo a validade de várias perspectivas teóricas – buscando, assim, desenvolver uma espécie de abordagem multifocal –, acredito ser possível iluminar as mais diversas faces de um único fenômeno. Desta forma, tentei mostrar, por exemplo, que diferenças em termos de identificação, rememorização e posicionamento são moldadas não somente por momentos históricos e localizações geográficas específicas, mas podem ser encontradas também dentro de cada uma das comunidades identificadas como "descendentes de africanos". Há disputas, jogos de poder que permeiam e marcam a construção e reconstrução das múltiplas fronteiras. Comentamos que as relações entre escravidão, cor, raça e casta têm variado ao longo da história, fato que tem implicações sérias e confere uma complexidade extraordinária à questão das identidades, e consequentemente, também ao tema diáspora africana na Índia.

Se quisermos entender os modos de vida dos habshis e siddis na Índia, é fundamental analisarmos as formas de exploração e inferiorização sofridas por eles, e as estratégias políticas, econômicas e, portanto, identitárias, isto é, os posicionamentos que os grupos e indivíduos assumiram em cada contexto. Apenas desta forma é possível compreendermos, por exemplo, as preferências matrimoniais, a valorização da cultura persa na corte de Malik Ambar, o qual, ao mesmo tempo, fazia questão de aumentar a presença de outros habshis – isto é, privilegiá-los – em posições políticas importantes. Ou seja, para fundamentar e consolidar sua posição de poder, Malik Ambar apostava na construção de redes com a elite local marcada por tradições culturais persa e árabe-muçulmana sem deixar, no entanto, de identificar-se com todos aqueles que, como ele próprio, vieram de outro continente e eram identificados e discriminados pela população local por traços fenotípicos específicos.

Vimos que, recentemente, entre os siddis contemporâneos, o signo *África/africanidade* tornou-se um fator de mobilização política importante exatamente no momento em que foi preciso criar um espírito de união para além das divisões religiosas internas e que, neste processo, velhos hábitos e costumes adquiriram novos significados. Novos símbolos emergiram e até novas tradições foram inventadas. Comentamos que no chamado *Siddi Damam Dance* o uso do tambor, tocado tradicionalmente para reunir as pessoas num fim de tarde e, sobretudo, em dias de festa, ganha uma conotação política. A "ousadia" de expor, em apresentações públicas, corpos pintados e seminus – estética que rompe com aquela marcada pelos longos sáris e calças e mangas compridas que "envolvem os corpos" – funciona, neste contexto e acima de tudo, como um *statement identitário*. À dimensão identitária vem se juntando, mais recentemente, outro aspecto, o da comercialização e folclorização: em diversas aldeias se formaram grupos de jovens que, de tempos em tempos, viajam para cidades fora da área siddi com o objetivo de apresentar este tipo de performance em troca de dinheiro. Esta inovação revela, inclusive, divergências, senão um conflito implícito, entre gerações, na medida em que, para os mais velhos, esta nova estética entra em choque com os valores e as tradições aprendidos – que não deixam de trazer as marcas dos ensinamentos dos líderes religiosos.

A emergência das reinterpretações culturais e redefinições identitárias esboçadas anteriormente não teria sido possível sem as novas tecnologias (celulares, internet) e sem a dinâmica de deslocamentos que têm tirado cada vez mais siddis do seu relativo isolamento nas últimas décadas. Enquanto a maioria dos jovens *educated* acaba fixando-se nas grandes cidades de Karnataka ou de estados vizinhos, muitos outros siddis, sem qualificação profissional, vêm engrossando os fluxos de emigração laboral. A falta de emprego na região faz com que as aldeias tendam a ficar cada vez mais vazias durante a maior parte do ano. As discriminações sofridas fora da área da comunidade, onde são vistos pela maioria dos indianos com estranhamento, isto é, como "estrangeiros africanos" e sofrem diversos tipos de discriminação, vêm contribuindo para reposicionamentos identitários. Atos de inferiorização que ocorrem nestas circunstâncias já não podem ser entendidos como decorrências exclusivas da lógica das castas. Fica evidente aqui a força de sistemas classificatórios racistas de proveniência ocidental disseminados desde a ocupação colonial britânica, os quais se entrelaçaram com os esquemas de hierarquização de origem indiana, um fortalecendo o outro e, dependendo do contexto, uma lógica discriminatória "pesando" mais que a outra.

Se analisarmos as estratégias discursivas elaboradas pelos líderes siddis usadas no combate às discriminações (cf. Capítulo III), podemos perceber que têm apresentado certa sintonia com as análises produzidas no mundo acadêmico. Vimos que, na medida em que as instituições (representantes) do Estado indiano foram a única instância à qual os siddis podiam recorrer para reclamar e encaminhar suas reivindicações, as avaliações das discriminações sofridas e, inclusive, as categorias identitárias utilizadas (autorrepresentação) pelos líderes seguiram, até pouco tempo atrás, basicamente, os padrões culturais locais e nacionais: a reivindicação era a de ser reconhecido como uma casta ou tribo. Aos poucos, na medida em que alguns líderes tiveram a oportunidade de conhecer pensamentos críticos que põem em xeque a delimitação da luta às fronteiras nacionais, referências à africanidade começaram a competir com identificações com determinadas religiões, e nos discursos dos líderes a noção de tribo e casta vem sendo fundida com a da africanidade. O fato de jovens líderes terem, pela primeira vez em 2014, participado de um congresso pan-africanista tem grande valor simbólico e aponta para um fortalecimento de estratégias de luta transnacionais. Não é, portanto, improvável que futuramente discursos mais ajustados a posições pan-africanistas venham a ser articulados pelas lideranças e que noções como raça e racismo se tornem referências analíticas e de denúncia;[17] no entanto, hoje (ainda) não o são.[18]

Comentamos que impulsos importantes para as recentes "transformações identitárias" vieram de contatos e da convivência direta com influentes personagens africanos na região (Bosco Kaweesi, Pashington Obeng), mas também da articulação de redes de contato fora da comunidade siddi. Sobretudo os autodenominados jovens *educated*, a primeira geração que conseguiu formar-se em colégios fora da área siddi foi "descobrindo coisas" das quais ninguém na comunidade tinha conhecimento: por exemplo, que no século XVII, numa região situada a cerca de apenas 500 quilômetros ao norte de suas residências, havia um reino governado por um africano chamado Malik Ambar, que a ilha Janjira (70 quilômetros ao sul de Mumbai) foi controlada por descendentes africanos e que, além dos siddis de Karnataka, existem na Índia de hoje outras populações denominadas siddis.

É sobretudo para alguns desses jovens *educated* que já viveram fora da área siddi que temas como África e africanidade têm ganhado mais importância. Eles, diferentemente dos que permanecem nas aldeias, precisam orientar-se e posicionar-se em mundos que em geral desconhecem a exis-

---

17 Cf. as estratégias discursivas assumidas pelos líderes dalits em eventos internacionais apresentadas no Capítulo II.

18 Os termos usados em konkani, tanto por siddis hindus quanto por siddis cristãos, para se referir a um ato discriminatório são: *bayr gaylani* (literalmente, ser mandado embora) e *saffet kelani* (ser separado) (Cadernos de campo, 05/06/2018). Atualmente, nem raça, nem racismo são categorias usadas nos discursos das lideranças. Um dos jovens líderes, que participou do congresso pan-africanista e teve contato com alguns acadêmicos não indianos, deixou claro que, para ele, discriminação por casta difere substancialmente do que ele entende ser racismo. Seu argumento principal refere-se ao fato de as castas, diferentemente das raças, não serem compostas por pessoas idênticas em termos de fenótipo e cor (Cadernos de campo, 01/05/2016).

354 ANDREAS HOFBAUER

tência dos siddis. Tais circunstâncias e experiências de vida agem evidentemente sobre imaginários, autorrepresentações e discursos. Constata-se ao mesmo tempo que as mobilizações periódicas em torno dos signos *tribo* e *africanidade*, apoiadas por estes jovens, têm tido relativamente pouco impacto sobre o cotidiano – condições socioeconômicas, costumes e hábitos – daqueles siddis que preferem não sair das aldeias. Duas mudanças merecem ser lembradas: o recebimento de alguns benefícios em decorrência da conquista do *status* de *Scheduled Tribe* e certa intensificação das relações de convivência com os siddis vizinhos de outras denominações religiosas.

Comentei que, recentemente, diversas inovações tecnológicas – acima de tudo, celulares e mídias sociais – aumentaram bastante o potencial de criar e intensificar novas formas de dialogar e trocar ideias e informações. É impossível vislumbrar todas as consequências do uso dessas tecnologias para a sociabilidade siddi, e podemos já encontrar algumas avaliações divergentes sobre eventuais reorganizações socioculturais e reposicionamentos identitários neste contexto. A antropóloga francesa Péquignot (2020, p.10), que tem desenvolvido pesquisas de longa duração tanto em Gujarate quanto em Karnataka, chama a atenção para o papel do Facebook e do WhatsApp nas tentativas de estabelecer contatos com siddis de outras regiões. Ela comenta que no grupo de WhatsApp chamado Say it Loud, I am Black[19] não somente siddis de Karnataka e Gujarate, mas também sheedis do Paquistão conversam hoje sobre os mais diversos assuntos, inclusive, sobre suas ideias de africanidade. Até relacionamentos amorosos (e casamentos) entre siddis de diferentes regiões começam a ser encaminhados via mídias sociais, embora estes sejam casos ainda muito excepcionais.

Péquignot (2020, p.11) sugere que, por detrás desse fenômeno, existe um movimento maior que pode estar levando à construção de uma *Afro--Jati*.[20] Este movimento, ao qual se refere também como *sidismo*, apresen-

---

19 "Say it Loud, I'm Black and I'm Proud" ("Diga-o em voz alta, sou negro e tenho orgulho de sê-lo") é o nome de uma canção *funk* de James Brown e Alfred "Pee Wee" Ellis, de 1968, que fala do preconceito contra os negros nos Estados Unidos e da necessidade de fortalecimento da luta contra essa situação.

20 Péquignot (2020, p.8, 10) chama a atenção para as visitas de jovens líderes de Karnataka a comunidades de sidis em Gujarate e Hyderabad logo após sua participação no Congresso Pan-Africano na África do Sul. Estas atividades receberam o incentivo e apoio de Obeng e de membros do comitê organizador do Congresso. A antropóloga francesa registrou ainda outros contatos e diálogos recentes: uma viagem, em março de 2020, de um grupo de siddis muçulmanos de Karnataka a Gujarate para lá acompanhar uma grande festa religiosa (Urs) em homenagem ao santo muçulmano Bava Gor e algumas poucas visitas esporádicas (2018,

taria sinais de seguir a mesma lógica que a da ideologia pan-africanista. Se estudiosos como Obeng e Péquignot apoiam ativamente essas tendências, há também vozes que levantam dúvidas e críticas. Nos seus estudos sobre os siddis de Hyderabad, Khader (2020, p.5) enfatiza que os siddis de Hyderabad se entendem, acima de tudo, como parte de uma comunidade muçulmana (*umma*) e não buscariam afirmar "uma identidade racial baseada num discurso de vitimização ou numa noção a-histórica de um passado tribal". A pesquisadora indiana chama, assim, a atenção para o fato de terem se desenvolvido, no Oceano Índico diaspórico, diferentes "modos de acomodação identitária" que não se encaixam facilmente em modelos ocidentais. A propagação de uma consciência siddi pan-africanista uniforme, na sua visão, obra de intelectuais, ativistas e da mídia, tende, portanto, a ignorar tanto os vários padrões migratórios, com suas longas histórias no Oceano Índico, quanto os distintos contextos locais contemporâneos, com suas múltiplas diferenciações internas. Khader credita a ideia de "um passado autêntico baseado numa concepção linear de enraizamento e identidade" não somente a uma – compreensível – estratégia política no contexto da globalização, mas também a um mercado que incentiva o consumo de "exotismos africanos" e estimula a criação de culturas e identidades reificadas.[21] Estas análises divergentes apontam também para ênfases distintas na maneira como os analistas lidam com a noção de identidade em si: identidade como posicionamento político e, ao mesmo tempo, "meio" de transformação social (perspectiva que não deixa de incorporar uma dimensão normativa) *versus* identidade pensada como "mero" instrumento analítico que busca iluminar sentimentos de pertença e processos de identificação concebidos como contextuais e negociados.

Acredito que os processos de identificação e a construção de alianças e redes em que indivíduos e grupos estão envolvidos são múltiplos e apontam, geralmente, para mais de uma direção, embora haja entre as identificações e alianças sempre algumas que ganham mais força do que outras em cada um dos

---

2019) de africanos às comunidades siddis. Identificando-se com o destino de afrodescendentes espalhados pelo mundo, estes últimos buscariam contribuir para o fortalecimento de uma identidade afrodiaspórica ou africana global.

21 Para Khader (2020, p.11), a afirmação de um "ser africano" a-histórico e essencializado relaciona-se intrinsecamente a noções orientalizadas e monocrômicas de África. A assunção de tal identidade levaria os siddis a se orientalizarem e se autoexotizarem (2020, p.11).

contextos. Neste processo, autoidentificações e heteroidentificações podem não coincidir, de maneira que nossas análises devem estar atentas às dinâmicas e influências mútuas entre posicionamentos assumidos no grupo e classificações e atribuições "vindas de fora". A emergência de redes translocais e até transnacionais – imaginárias (por meio de reposicionamentos identitários), virtuais (via mídias sociais) e também não virtuais (via contatos pessoais) – é um fato novo importante que faz com que as ações e a autorrepresentação de pelo menos uma pequena parcela da população siddi se encaixem agora em concepções acadêmicas "clássicas" de diáspora, cujos critérios não abarcavam integralmente as realidades vividas pela maioria dos siddis até pouco tempo atrás (Safran, 1991; Campbell, 2008a, 2008c). Os maiores "entusiastas" destas inovações são um grupo pequeno de jovens *educated* que já não tem mais a vida nas aldeias como referência única e primordial para seus projetos e vislumbra, ao mesmo tempo, a possibilidade de articular a luta siddi num patamar que transcende o plano local. Um fator que não deve ser subestimado neste processo é o aprendizado da língua inglesa, que abre aos jovens *educated* portas que permanecem fechadas à maioria dos siddis. Eles próprios têm plena consciência do "potencial inerente" ao domínio deste idioma e, portanto, são também os maiores incentivadores do ensino do inglês.

Futuramente, dois fenômenos podem ocorrer paralelamente: um aumento da dispersão dos siddis na Índia (e para além das fronteiras nacionais) e, ao mesmo tempo, um fortalecimento de sua autoidentificação como parte de uma diáspora africana global. De qualquer modo, tudo indica que o signo *África/africanidade* continuará agindo como uma referência identitária que terá de conviver e competir com outras; a importância e o significado da africanidade evocada sempre dependerão dos contextos, dos jogos de poder e dos projetos estratégicos elaborados pelos próprios indivíduos e subgrupos.

IV.2. Debates sobre desigualdades e inferiorizações: horizontes nacionais *versus* horizontes afrodiaspóricos globais

Boa parte do livro é dedicada a análises de diversos aspectos do fenômeno da desigualdade e da discriminação e às reações e estratégias desenvolvidas pelos grupos inferiorizados. No debate acadêmico referente ao nosso

DIÁSPORA AFRICANA NA ÍNDIA   357

caso, pudemos perceber uma polarização histórica. De um lado, temos aqueles – poucos – estudiosos que negaram ou tenderam a negar que os siddis fossem vítimas de discriminação ou inferiorização. Nesta linha de argumentação, a divisão da sociedade em castas tende a ser naturalizada, isto é, aparece aos autores como um fenômeno "natural" que remonta a um passado imemorial e incontornável, já há muito sedimentado e "incorporado", que não precisa – ou não tem como – ser questionado ou problematizado. A referência da análise é a sociedade indiana baseada, desde sempre, em castas que tendem a ser descritas, portanto, como categorias fixas e a-históricas. Baseando-se neste raciocínio, Dayanand (1963, p.7) escreveu que

> Os siddis são bem tratados, pelas castas hindus em ocasiões de festas e festivais, nas famílias brâmanes e maratas, os siddis são convidados para comer [...] Os siddis são autorizados a entrar livremente nos restaurantes. Nenhum estigma social está associado a eles. [...] O próprio fato de os siddis serem tratados de uma maneira melhor do que os intocáveis revela que eles são considerados como grupo de castas. Embora sejam classificados racialmente como negros [*negroes*], suas relações sociais com outras castas são muito próximas.[22]

Afirmações semelhantes podem ser lidas na *The Siddhis of North Kanara*. Na conclusão desta obra influente, Palakshappa (1976, p.104) afirma: "Portanto, uma pessoa de fora não seria capaz de distinguir os siddhis de outros grupos, exceto por suas características raciais. Os siddhis não sofrem qualquer tipo de preconceito, seja racial ou cultural". O autor vincula esta constatação a outras interpretações: diferentemente de outros grupos – por exemplo, os judeus –, os siddhis não teriam se esforçado para preservar "suas próprias características" ("não há nenhuma tentativa por parte dos siddhis, seja agora ou no passado, de manter [*retain*] suas características distintas"). Esta visão autoriza o pesquisador ainda a confirmar as teses de Srinivas acerca da força das castas dominantes: "Aceitando os valores da área local, os siddhis tiveram diante de si as castas dominantes – havig brâmanes, ma-

---

22 Entre os pesquisadores que participaram dos estudos promovidos pela Universidade de Karnataka em 1962, houve também quem fosse "mais sensível" em relação ao tema da discriminação: "O povo comum dessas aldeias hoje despreza os siddis como uma população incivilizada, [trata-os como] [*somewhat like*] uma casta inferior na hierarquia social", escreveu Phoolbhavi (1963, p.2).

358   ANDREAS HOFBAUER

ratas – para imitar e avaliar seu comportamento" (ibid., p.104). Ao defender explicitamente a tese da aculturação, vendo-a realizada no modelo indiano das castas, Palakshappa dá mais um passo: aponta para o caminho que seria capaz de promover a ascensão dos siddis no sistema hierárquico das castas.

> Em geral, pode-se assinalar que o reconhecimento da impureza e da pureza [vistas por Palakshappa como características fundamentais da sociedade hindu] é um processo de aculturação ou, nas palavras de Srinivas: faz parte do processo de sanscritização. Por meio da aculturação, os siddhis estão reivindicando status dentro do sistema hindu. (Palakshappa, 1976, p.81-2)

Do outro lado, temos os autores em cujos trabalhos desigualdade e discriminação aparecem como tema central. Mesmo estas reflexões são marcadas e permeadas frequentemente pelo nacionalismo metodológico (Wimmer; Schiller, 2002). Vimos, no Capítulo III, que Prasad (Lobo) se esforçava no relatório de 1984 para definir os siddis como uma tribo, buscando, inclusive, harmonizar sua análise com critérios formulados em manuais usados pelo governo. O autor tinha um objetivo claro: criar uma argumentação científica que permitisse ao Estado reconhecer os siddis como uma *Scheduled Tribe*. A unidade de referência da análise continuava sendo a Índia, mais especificamente, o Estado indiano e seu poder de conferir direitos específicos a populações inferiorizadas (definidas como *Scheduled Tribes* ou *Scheduled Castes*). Este fato explica, em boa medida, a total ausência – ou até negação – de influências africanas (estranhas à "cultura indiana") na avaliação de Prasad naquele momento histórico.

Vimos que o relatório faz questão de chamar a atenção para a quase total "perda cultural", o que possibilita ao autor concluir que a população siddi já havia se integrado à "vida nacional" e, com o apoio de programas governamentais, poderia dar contribuições importantes para a "diversidade e riqueza" do país (Lobo, 1984, p.102). "A única característica que separa siddis de todos os outros grupos na região são as características étnicas distintas [*possession of distinct ethnic features*]",[23] (ibid., p.97). De modo

---

23 "Os siddis pertencem ao grupo negroide [*Negroid stock*] da África Oriental", afirma Prasad (Lobo, 1984, p.12). Ele tende, no seu texto, a não diferenciar claramente entre a ideia de etnia e a de raça.

semelhante à visão de Palakshappa, os siddis são apresentados como um grupo que se distingue dos demais basicamente pelas características físicas ("raciais").[24] No entanto, Prasad refere-se a estes marcadores de diferença também como um dos fatores, ao lado das miseráveis condições de vida, da sua inferiorização: "A imagem negativa que os siddis têm entre os hindus de castas altas deve-se principalmente a seus traços raciais e ao padrão su-bumano de suas condições de vida" (ibid., p.33).

Mais recentemente, Prasad (2008, p.214) fez apelos para que a discriminação por casta fosse reconhecida como um aspecto da "discriminação racial": "a discriminação de casta tem de ser considerada uma parte da discriminação racial". Um artigo (Prasad, 2008), que seria integrado à coletânea produzida como ata da I Conferência sobre Diáspora Africana em Terras Asiáticas,[25] ocorrida em Goa, em 2006, reflete, de certo modo, um reposicionamento do autor por meio do qual reatualiza sua análise e a luta acadêmico-política, colocando-a num novo patamar. O texto apresentado neste evento internacional pode ser lido como resposta às diversas tentativas fracassadas por parte de representantes de castas inferiores de conseguir fazer valer suas reivindicações junto a fóruns supranacionais (cf. Capítulo II). De um lado, Prasad não nega que haja diferenças entre casta e raça e formas de discriminação distintas relacionadas a estas duas categorias. De outro, procura argumentar que a noção de casta incorpora elementos definidores das raças[26] e acaba criticando o fato de definições assumidas por organismos internacionais, acima de tudo, a Convenção Internacional sobre a Eliminação de Todas as Formas de Discriminação Racial (elaborada pela ONU em 1965), serem ambíguas em relação a formas de discrimina-

---

24 Num outro texto, Prasad (2008, p.211) escreve: "A hipótese é que, embora os siddis pertençam a uma raça diferente da maioria dos indianos, ao serem os mais recentes ingressantes na sociedade indiana, são de certa forma estranhos a ela, mas foram cooptados para o sistema de castas [coopted into the caste system]".

25 Foi o próprio Prasad quem organizou, juntamente com Jean-Pierre Angenot, esta coletânea.

26 "É necessário aceitar as distinções sutis entre discriminação racial e de casta. A discriminação racial, como característica da sociedade ocidental, fez-se sentir de forma marcante a partir do século XV, mas teve origem no início da era cristã ou mesmo antes. É baseada na cor e no físico; mas também engloba atitudes psicológicas e traços culturais. A casta é principalmente um fenômeno cultural; mas tem uma base também na cor e no físico" (Prasad, 2008, p.214). E adiante: "Embora a população não admita abertamente que o tipo ocidental de discriminação racial exista na Índia, o sistema de castas na Índia possui, evidentemente, algumas características de preconceito racial" (ibidem).

360 ANDREAS HOFBAUER

ção que atingem grupos que não são explicitamente definidos como raças, "de cor" ou étnicos.[27]

Prasad (ibid., p.212) é enfático em afirmar que existe um forte preconceito de cor (*strong colour prejudice*) entre os indianos, que até hoje favorecem pessoas de cores de pele claras. Ele chama a atenção para o fato de as lutas de grupos oprimidos nos Estados Unidos e na Europa – especificamente, as dos negros – terem ofuscado, nas discussões e reflexões internacionais, formas de discriminação semelhantes que ocorrem em outros continentes. Ao reproduzir as palavras de Thorat e Umakant, que editaram uma coletânea que se propôs a refletir sobre a Conferência Mundial contra Racismo, Discriminação Racial, Xenofobia e Intolerância Correlata, organizada em Durban (2001), Prasad defende também a ideia de que "esta negação das reivindicações de populações despojadas no Sul da Ásia é parcialmente responsável pela omissão de casta e de outras categorias sociais idênticas à raça e cor na Declaração Universal dos Direitos Humanos" (ibid., p.214).

Percebe-se aqui que Prasad, de forma parecida com a adotada pelos líderes dalits (cf. Capítulo II), procura aproximar casta à raça, e discriminação por casta à discriminação racial. O objetivo do autor é claro: conquistar o reconhecimento das lutas e das reivindicações de grupos inferiorizados em fóruns supranacionais. Ao mesmo tempo, ao buscar "encaixar" o castismo no paradigma de racismo, subjugando o modelo das castas ao das raças, subscreve-se aqui, em última análise, a visão hegemônica ocidental – fortemente influenciada pelas experiências anglo-saxãs coloniais e pós-coloniais – a respeito da discriminação racial e evita-se uma discussão epistemológica mais abrangente sobre processos de inclusão e exclusão que promovem o fenômeno da inferiorização. Tanto raça quanto casta conti-

---

27 "A Convenção Internacional sobre a Eliminação de Todas as Formas de Discriminação Racial, adotada em dezembro de 1965, definiu o termo 'discriminação racial' como qualquer distinção, exclusão, restrição ou preferência baseada na raça, cor, descendência, nacionalidade ou etnicidade que tenha o propósito ou efeito de anular ou prejudicar o reconhecimento, gozo ou exercício, em pé de igualdade, dos direitos humanos e das liberdades fundamentais no campo político, econômico, social, cultural ou em qualquer outro campo da vida pública. [...] Estas declarações são claras no que diz respeito às discriminações associadas à descendência em termos de raça-cor-etnia-nacionalidade [*race-colour-ethnicity-nationality descent*], mas não são explícitas no que diz respeito a identidades grupais não baseadas em raça-cor-etnia [*non race-colour-ethnic group identities*] como discriminações em forma de intocabilidade fundamentadas no sistema de castas que se baseiam também na descendência e, embora não totalmente, na raça e na cor" (Prasad, 2008, p.213-4).

DIÁSPORA AFRICANA NA ÍNDIA **361**

nuam sendo tratadas aqui como categorias que têm uma existência para além dos processos históricos e das disputas políticas.

Neste mesmo texto, Prasad arrisca-se ainda a fazer uma previsão sobre as mudanças na percepção da problemática que, acredita, aproximará os discursos locais daquele "modelo de análise" (inclusive, quanto ao "uso de conceitos") que vigora nos organismos inter- e transnacionais: "À medida que os siddis são cada vez mais bem formados [*get educated*], podemos ouvir suas vozes sobre suas experiências de discriminação racial. Os siddis em Karnataka experimentam definitivamente um preconceito de cor dos não-siddis" (ibid., p.216). O reconhecimento da "discriminação racial" ganha aqui ares de descoberta de algo mais real e mais verdadeiro "por detrás" do sistema das castas.

Na obra de Obeng, este modo de relacionar casta com raça torna-se ainda mais nítido, já que este autor faz questão de apresentar sua análise como uma visão oposta àquela que vê os siddis como um grupo assimilado e integrado à cultura hindu. Obeng questiona as abordagens que tendem a explicar a inferiorização dos siddis unicamente por sua inserção subalterna na lógica indiana das castas, que ele localiza na maioria dos estudos feitos por pesquisadores indianos, por exemplo, Palakshappa.

> Os estudiosos frequentemente enquadram seus estudos sobre os asiáticos africanos e outras minorias dentro da concepção limitada de que eles constituem um grupo vinculado a um território com características e práticas facilmente identificáveis localizadas em espaços geossociais bem definidos do subcontinente indiano. [...] tais noções limitadas de fronteiras espaciais e pertencimento tendem a não considerar as interligações [*linkages*] dos afro-indianos [*African Indians*] dentro de sua comunidade transnacional. [...] [tais trabalhos e rótulos acadêmicos] refletem uma conceituação que os apresenta como grupos isolados vivendo em aglomerados [*clusters*] e não presta atenção à sua interconexão pan-espacial e metaespacial dentro de uma comunidade social global. (Obeng, 2007, p.205-6)

Ao opor-se a esta perspectiva, o pesquisador ganês-americano realça *raça* tanto como critério de discriminação quanto como fator de identificação, e busca, desta forma, trazer à tona aquelas experiências que todos os africanos e seus descendentes teriam em comum. Em vez do Estado nacio-

362   ANDREAS HOFBAUER

nal, o que é salientado e afirmado aqui como unidade de referência é a ideia de uma comunidade africana e afrodiaspórica global – esta perspectiva está também em sintonia com o uso generalizado da categoria analítica *raça* que, subentende-se, abrange esta unidade (comunidade) global proclamada.

Logo no início de seu livro, Obeng (2007, p.2) apresenta os siddis como uma das muitas comunidades afrodiaspóricas que fazem parte do mundo pan-africano: "Como parte de uma sociedade maior de africanos da diáspora, eles [os siddis] compartilham a história de outros africanos que emigraram ou voluntariamente ou à força para fora da África". As diferentes práticas religiosas e costumes locais tendem a ser interpretados, nesta perspectiva, como um "meio" pelo qual os "afro-indianos" expressam e reatualizam sua africanidade. Chama a atenção o fato de Obeng recorrer diversas vezes ao verbo *usar*,[28] que embute em seu significado certa agência consciente, para explicar a relação entre os "afro-indianos" e as tradições culturais e religiosas, muitas das quais se aproximam, ao menos na sua forma, de padrões locais e/ou são marcadas por influências muçulmanas ou cristãs. Desenha-se aqui implicitamente uma relação instrumental entre uma suposta identidade profunda da população siddi e grande parte dos costumes e símbolos culturais que o grupo teria incorporado à sua essência africana.

> No esforço de desenvolver e transmitir sua compreensão de sua herança, os afro-indianos [*African Indians*] se expressaram por meio de sua própria música e dança, dentro de um ritual católico em homenagem a Maria, a Mãe de Deus. [...] Semelhante a outros africanos diaspóricos ao redor do mundo, os afro-indianos *usaram* sua expressão cultural para desenvolver estratégias que atravessassem [*cut across*] barreiras de castas e religiosas. [...] Aqueles que participam de tais cerimônias tendem a se conectar com pessoas de outras comunidades de afro-indianos e, assim, formam uma rede de comunidades translocais. (Obeng, 2007, p.140, grifo nosso)

---

28 "Os afro-indianos *usam* suas atividades religiosas públicas e rituais do ciclo de vida baseados na família como ocasiões para cantar, dançar e encenar performances que redefinem suas identidades e servem como comentários sobre as condições socioeconômicas e políticas em que vivem." [...] Os afro-indianos *usam* essas performances para afirmar suas identidades complexas e para transcender os estereótipos impostos pela sociedade em geral" (Obeng, 2007, p.208, grifo nosso).

DIÁSPORA AFRICANA NA ÍNDIA **363**

O reagrupamento de pessoas de múltiplos credos [*multifaith*], como os afro-
-indianos, lhes permite revitalizar suas comunidades porque *usam* santuários,
dargahs e outros locais sagrados para canalizar suas esperanças e aspirações
como um povo da diáspora [...] Os afro-indianos *usam* as paisagens [*landscapes*] religiosas e instituições sociais indianas para se redefinir, moldar as paisagens religiosas e culturais da Índia e contribuir para o nosso entendimento do
reposicionamento diaspórico de experiências e criatividade pessoais e coletivas.
(Obeng, 2007, p.129, grifo nosso)

Obeng reconhece que os siddis viveram muito tempo em comunidades
isoladas, mas acredita que a organização dos – ainda recentes – grandes festivais mudou este o cenário e abriu caminho para esta população integrar-se
às redes afrodiaspóricas e interagir, com mais intensidade, com as demais
populações afrodiaspóricas. "Atualmente, os rituais e festivais públicos
translocais passaram a simbolizar e fomentar o coletivo [*corporateness*]
dos afro-indianos e seu *vínculo racial comum* [*common racial bond*]" (ibid.,
p.140, grifo nosso).

O conceito *raça* ganha um valor explicativo que vai além daquele (mais
descritivo) que lhe foi atribuído pelos autores anteriores. Ao operar com
o termo *raça* como uma categoria analítica a-histórica, Obeng detecta semelhanças essenciais profundas entre diversas comunidades espalhadas
pelo mundo; o uso desta categoria, vinculando-a a uma dimensão epistêmica muito além de uma mera identificação (descrição) de diferenças de
ordem física permite-lhe também sustentar um discurso que apela para o
fortalecimento de um espírito de união em torno de certas características
fenotípicas, que ao mesmo tempo minimiza outras diferenças ou tende a
subjugá-las às "diferenças raciais" tidas como primordiais. Fundamental
ainda é o fato de a raça tornar-se, neste tipo de abordagem, aquela categoria
que é capaz de desvendar a lógica mais profunda da discriminação.

IV.3. Discutindo paralelismos: raça e racismo em perspectiva comparada

Entendo que existem paralelismos entre os posicionamentos acadêmicos
esboçados anteriormente e linhas de análise e argumentação que têm mar-

cado o debate sobre o fenômeno da discriminação no Brasil, por exemplo, na maneira como certos autores norte-americanos e brasileiros têm buscado avaliar as formas de discriminação locais, a partir de um modelo racial supostamente mais coerente e/ou mais desejável. Pode-se verificar, neste aspecto, certa continuidade analítica desde Robert Park (1950), que afirmava não existirem no Brasil "relações raciais", uma vez que aos brasileiros faltaria a devida consciência em relação às diferenças,[29] até autores contemporâneos, como Michael Hanchard, que igualmente localiza um problema de baixa consciência racial, atribuindo-lhe uma das razões pela relativamente fraca mobilização da população afro-brasileira em torno do combate à discriminação.[30] Como unidade de comparação servem a estes autores os Estados Unidos e, às vezes, também a África do Sul e a Grã-Bretanha, ou

---

29 Segundo Park (1950, p.81), "relações raciais [...] são relações que existem entre povos que se diferenciam por marcas de descendência racial, sobretudo quando estas diferenças raciais entram na consciência dos indivíduos e dos grupos". Relações raciais, neste sentido, não são tanto as relações que existem entre indivíduos de raças diferentes, porém, são muito mais relações entre indivíduos que têm consciência destas diferenças. Assim, Park (ibid.) chega à conclusão de que não há relações raciais no Brasil, porque não há uma, ou quase nenhuma, consciência racial. "Falamos de relações raciais quando existe um problema racial [...] e não há problema racial no Brasil, ou, se existe, é muito pequeno [...]" (ibid., p.82). Sabe-se que na elaboração do projeto de pesquisa solicitado pela Unesco, Roger Bastide e Florestan Fernandes (1951) aderiram, mesmo que com certas dúvidas, às premissas conceituais elaboradas por Park (cf. Hofbauer, 2006c, p.270-2).

30 O que orientou a pesquisa de Hanchard foi a tentativa de encontrar uma resposta à seguinte pergunta: "Por que não existiu nenhum movimento social afro-brasileiro sistemático no Brasil, comparável ao movimento pelos direitos civis nos Estados Unidos ou às insurreições nacionalistas da África subsaariana [...]?" (Hanchard, 2001, p.19). Na medida em que as lutas dos negros norte-americanos são tratadas como parâmetro de comparação e, implicitamente também, como modelo a ser seguido, o pesquisador encontra uma série de ausências: ele relaciona a não existência de "hospitais nem instituições de ensino superior afro-brasileiros" à falta de "consciência racial coletiva" que, por sua vez, teria implicações políticas importantes, entre as quais destaca a falta de candidatos políticos negros com plataformas "negras" (ibid., p.35). O pesquisador norte-americano avalia ainda que grande parte do ativismo da militância negra brasileira se limitou a "práticas culturalistas", ou seja, reproduziu, de certa maneira, "tendências culturalistas encontradas na ideologia da democracia racial da sociedade brasileira em geral", o que, para Hanchard, constitui um "empecilho a certos tipos de atividade política contra-hegemônica" (ibid., p.37). Esta avaliação gerou, aliás, irritação no meio da militância brasileira e estimulou Luiza Bairros, importante liderança histórica do Movimento Negro Unificado (MNU) e posteriormente (2011-2014) ministra-chefe da Secretaria de Políticas de Promoção da Igualdade Racial (Seppir), a escrever uma resenha bastante crítica à obra de Hanchard (cf. Bairros, 1996).

DIÁSPORA AFRICANA NA ÍNDIA **365**

seja, as experiências coloniais e escravistas da tradição anglo-saxônica bem como as respostas e resistências desenvolvidas nestes contextos.

Já na tradição dos estudos das relações raciais no Brasil, que desde seus primórdios se inspiraram nas reflexões produzidas nos Estados Unidos, diversos autores têm argumentado que os numerosos termos de cor utilizados no cotidiano brasileiro (moreno claro, moreno escuro, moreninho, marrom etc.) têm o efeito de encobrir a essência do fenômeno que, de fato, estaria em questão.[31] Para A. S. Guimarães (1999, p.43-4), por exemplo, "cor" não passa de uma espécie de "representação metafórica", uma "imagem figurada" do conceito clássico de raça. O sociólogo (id., 2002, p.53) chega a qualificar a "noção nativa de 'cor'" como "falsa", já que entende que "a categoria 'cor' é informada pela ideia de 'raça':[32] "alguém só pode ter cor e ser classificado num grupo de cor se existir uma ideologia em que a cor das pessoas tenha algum significado. Isto é, as pessoas têm cor apenas no interior de ideologias raciais" (id., 1999, p.44). Novamente, busca-se aqui encaixar e, de certo modo, subordinar categorias usadas localmente (êmicas) a conceitos e esquemas analíticos supostamente mais explicativos que, em outros lugares e contextos, são usados pelas pessoas no seu cotidiano como referenciais êmicos, neste caso, o modelo racial bipolar anglo-saxônico, "raça negra" *versus* "raça branca".[33]

---

31 A divisão da população brasileira em "brancos" e "não-brancos" para fins analíticos perpassa toda a tradição dos Estudos das Relações Raciais (cf., por exemplo, Fernandes, 1978 [1964]; Hasenbalg, 1979). Outra característica comum que marca os estudos desta tradição sociológica diz respeito ao fato de eles não diferenciarem claramente "categorias êmicas" (discursos nativos) de "categorias éticas" (plano analítico), precondição fundamental para analisar, de forma mais acurada, a dimensão ideológica contida nos diferentes usos (locais, grupais e individuais) das categorias identitárias (de inclusão e exclusão). Para um aprofundamento desta análise, cf. Hofbauer (2006a, p.11-26).

32 Omite-se, ou ignora-se, aqui o fato de que a concepção das cores passa obrigatoriamente por critérios culturais de classificação (desde Boas – 2004 [1888] –, diversos estudos antropológicos têm apontado para este fato). Os sistemas classificatórios e, portanto, a identificação de determinadas cores, podem estar ou não permeados por associações positivas ou negativas (julgamentos de ordem moral; valorizações ou desvalorizações); desta forma, podemos ter classificações e hierarquizações de características físicas e de cores que se baseiam não em ideologias raciais, mas em critérios de outra ordem. Aliás, como é sabido, foi este o caso também na história do Ocidente durante muito tempo.

33 A contraposição a esta corrente foi assumida, no Brasil, por autores (na sua maioria, antropólogos) que, de uma ou outra maneira, se inspiraram em G. Freyre (1992 [1933]), o qual, baseado em premissas boasianas, tinha elaborado e consolidado a ideia de que existe, de fato,

366 ANDREAS HOFBAUER

Quero argumentar a seguir que esta estratégia analítica tem se revelado bem sucedida, isto é, tem conseguido denunciar discriminações, na medida em que se ajusta às definições de discriminação racial (racismo) que foram inscritas em documentos internacionais; no entanto, ela, simultaneamente, simplifica e até "dificulta" uma compreensão mais acurada daqueles fenômenos e tradições de discriminação que fogem ao padrão que se estabeleceu como paradigma de discriminação racial.[34] Ao mesmo tempo, como já indicado antes, podemos observar que a incorporação desta leitura hegemônica pelas lideranças locais aos discursos reivindicatórios, tem, inclusive, o potencial de transformar práticas e atitudes diante das constatadas formas de discriminação.

É bom lembrarmo-nos, neste contexto, de que o termo *racismo* tem servido muito mais como um "conceito de luta" do que um "instrumento analítico" (Taguieff, 1998, p.227) e que, como qualquer outro conceito, tem uma história própria. Estudiosos como Taguieff (ibid.), Miles (1992, p.59) e Fredrickson (2004, p.137-8) chamam a atenção para o fato de que, com o termo *racismo*, que emergiu na primeira metade do século XX, bus-

---

uma "cultura brasileira", produto de um amalgamento de diferentes "raças" e "culturas", que constituiria a "essência" de uma nova nação. Partindo da noção de *"ethos* brasileiro", diversos autores defenderam a existência de um sistema classificatório próprio – diferente do norte-americano – que privilegia os meios-tons e as ambivalências e que rejeita fronteiras rígidas entre "branco" e "negro" (cf. Maggie, 1996, p.231-2; Da Matta, 1997, p.71-2; Fry, 1995-1996, p.131). Na medida em que não se procura estabelecer relações (funcionais ou causais) entre "estruturas" e/ou "sistemas classificatórios" de um lado, e outros dados importantes – tais como relações econômicas e de poder – da vida social, torna-se difícil desenvolver uma análise da discriminação racial que não esteja diretamente vinculada ou permeada pelo imaginário contido nos "mitos sociais" – inclusive no mito da "democracia racial" (cf. Hofbauer, 2006a, p.40). Pode-se perceber aqui certa sintonia de análise – em termos teóricos e, até certo ponto, também em termos de posicionamento político – com a abordagem de Palakshappa (1976) e, em menor grau, com o relatório elaborado por Prasad (Lobo, 1984).

34 Já defendi em outro momento que, no caso do Brasil, mais especificamente na história do debate brasileiro sobre a "questão racial", marcada pelo ideário do branqueamento e pelo mito da "democracia racial", a introdução de concepções essencializadas (naturalizadas) das diferenças humanas serviu como um mecanismo para questionar os discursos hegemônicos. Esta estratégia (analítica e militante) tornou possível "desmascarar os mitos"; no entanto, não oferece pistas teórico-metodológicas para interpretar, de forma adequada, a complexa questão dos processos identitários – e da disseminação daqueles ideários que divergem do ideal binário racial – e, desta forma, tende a simplificar e distorcer o fenômeno do racismo em si (cf. Hofbauer, 2006a, p.18).

DIÁSPORA AFRICANA NA ÍNDIA   367

cava-se inicialmente denunciar conteúdos biologizados e deterministas atribuídos à categoria *raça* que ganhavam cada vez mais importância na elaboração de políticas públicas de regimes autoritários (cf. Hirschfeld, 1938 [1933/1934]; Barzun, 1937; Benedict, 1940; Montagu, 1997 [1942]). O alvo do uso deste conceito foi, num primeiro momento, a política nazista do Estado alemão.

Nas ciências sociais, tanto as projeções evolucionistas lineares quanto as hierarquias raciais baseadas em supostas essências biológicas distintas já tinham sido questionadas naquele momento. Os estudos de Boas, os quais reconfiguraram a noção de culturas humanas como mundos simbólicos próprios que existem independentemente das diferenças fenotípicas, fundamentaram um novo modo olhar para as diferenças humanas, que pôs em xeque o conteúdo determinista da categoria *raça*. Enquanto alguns (Barzun, 1937; Montagu, 1997 [1942]) começaram a atacar o conceito *raça* como uma concepção errônea da realidade ("falácia"), outros (Boas, 1911; Benedict, 1940) restringiram a validade científica da noção de raça a um âmbito meramente descritivo que permitia ao cientista falar de "características hereditárias", dados genéticos, realidades fenotípicas que, segundo eles, não podiam ser negadas.

Com o holocausto e a implosão dos projetos políticos autoritários fundamentados em concepções raciais biologizantes e hierarquizantes, depois da Segunda Guerra Mundial, a comunidade internacional empenhou-se em reagir a esta catástrofe histórica e em combater o que era chamado de "ódio racial". Foi neste contexto que a Unesco convocou cientistas de diversos lugares do mundo para debater o conceito *raça*; estes elaboraram o documento histórico Statement on Race (1950) no qual não apenas criticaram mais uma vez o conteúdo determinista e implicitamente hierarquizante de raça, mas, diante dos usos políticos desastrosos, fizeram um apelo em favor do abandono do conceito e pela substituição por "grupo étnico".[35]

Diferentemente do conceito *racismo*, a palavra *raça* é bem mais antiga e tem, portanto, uma longa história no "pensamento ocidental". Vamos relembrar algumas "etapas" das suas transformações semânticas mais marcantes: num primeiro momento, raça era usada na Europa para destacar a

---

35 Hirschfeld (1933-1934), Huxley e Haddon (1935) e Montagu (1997 [1942]) já tinham feito apelos semelhantes antes da edição desse documento.

368 ANDREAS HOFBAUER

"linhagem pura" de famílias nobres, sem nenhuma referência a características fenotípicas específicas.[36] A partir do século XVIII, raça "alarga-se" aos poucos e passa a ser aplicada também a grupos humanos maiores, entre os quais não há mais relações diretas de parentesco e que já não pertencem exclusivamente às elites políticas. Neste momento, em que a ânsia de elaborar métodos e critérios de classificação tomava conta dos pensadores naturalistas, a maioria deles atribuía a origem das diferenças humanas a influências climáticas e geográficas que eram associadas, em última instância, (ainda) à Providência Divina. Deste modo, os cientistas na virada do século XVIII para o XIX entendiam as diferenças raciais, em primeiro lugar, como resultantes das condições externas – climáticas e geográficas –, não as concebendo, até o momento, portanto, como imutáveis: eram o clima e a geografia que determinavam as raças humanas e nelas provocavam transformações.[37]

Apenas a partir do momento em que a causa das diferenças começou a ser projetada para dentro dos corpos humanos (concepção biológica)[38] é que puderam ser desenvolvidos os clássicos determinismos raciais biológicos – tal como foram articulados pelo pensadores e cientistas A. Gobineau (1967 [1853-1855]), R. Knox (1969 [1850]), L. Agassiz (1869) e tantos outros a

---

36 Quando os nobres falavam de "sua raça", ou ainda de seu "sangue puro", não se referiam à nobreza como um todo, mas tinham como objetivo valorizar a integridade e perseverança de sua linhagem, mais especificamente de sua "patrilinhagem". "Ser de boa raça significa[va] pertencer a uma boa família, mas não a um grupo étnico ou racial no sentido moderno do termo. [Era] o conjunto das boas raças que [fazia] a nobreza", escreve o historiador italiano Venturino (2003, p.30; cf. Hofbauer, 2006c, p.101).

37 É famoso o experimento cogitado pelo naturalista G. L. de Buffon que tinha como objetivo estudar quanto tempo seria necessário para "branquear" pessoas pertencentes à raça negra: "para fazer o experimento referente à mudança de cor na espécie humana, seria preciso transportar alguns indivíduos dessa raça negra do Senegal para a Dinamarca [...]" (apud Blanckaert, 2003, p.138). Buffon contava que o intenso frio na Dinamarca faria com que "seus descendentes fossem, na sua oitava, décima ou décima segunda geração, muito menos negros que seus ancestrais e talvez tão brancos quanto os povos originários do clima frio onde viveriam". O estudioso francês partiu da premissa de que as diferenças entre os seres humanos se devem a transformações de um "modelo originário"; as constatadas alterações – chamadas por Buffon de "variedades" ou "raças" – seriam "efeitos de causas exteriores e acidentais" e, portanto, perfeitamente reversíveis: "é muito provável que elas desapareçam também pouco a pouco com o decorrer do tempo [...], tão logo fiquem sob influência de outras circunstâncias e outras combinações" (Buffon, 1839, p.336).

38 Cf. o papel importante de Kant nesta mudança de enfoque e, neste sentido, na reavaliação da noção de raça como um todo (cf. Hofbauer, 2006c, p.122-4).

DIÁSPORA AFRICANA NA ÍNDIA **369**

partir de meados do século XIX –, que posteriormente seriam denunciados como "racismo científico". Para estes autores, absolutamente todas as diferenças – físicas, comportamentais, psíquicas – podiam ser explicadas a partir da categoria *raça*. "Raça é tudo: a literatura, a ciência, a arte, ou seja, a civilização, dependem dela" [...] é ela [a raça] que impregna o caráter do ser humano", escreveu Knox (1969 [1850], p.7, 13). Depois do fim da Segunda Guerra Mundial, o uso da categoria sofreu, de fato, certo constrangimento no mundo acadêmico[39] – em algumas disciplinas mais do que em outras. Assim, em decorrência da valorização da concepção boasiana de uma pluralidade de culturas, a ideia da "raça" perdeu completamente a força explicativa e chegou a ser praticamente eliminada do repertório das categorias analíticas da disciplina da Antropologia. Devido ao holocausto, nos países de língua alemã, a palavra *raça* seria fortemente tabuizada e seu uso associado a ideologias da extrema-direita. Até hoje, aqueles que preferem manter distância de ideários fascistas e nazistas evitam falar em "Rasse" (chama, por exemplo, a atenção de o eminente sociólogo brasileiro radicado na Alemanha, Sérgio Costa, que editou sua livre-docência em 2004, em duas línguas, usar, na versão alemã, o termo inglês *race* no lugar da palavra alemã *Rasse*).

Não é, evidentemente, meu intuito aqui reacender a polêmica que emergiu em torno do artigo "Sobre as artimanhas da razão imperialista", de Bourdieu e Wacquant (2002 [1998]). Quero, sim, chamar a atenção para o fato de que as categorias *raça* e *racismo* não são termos locais comuns – popularmente usados – na Índia para falar de diferenças humanas e para caracterizar formas de discriminação relacionadas às diferenças socialmente construídas (marcadores de diferença). Ao mesmo tempo, os dois conceitos paradigmáticos fazem, sim, parte – em outros lugares do mundo, especialmente, no mundo anglo-saxão e, dentro dele, sobretudo, nos Estados Unidos) – daquele repertório de categorias nativas relevantes por meio das quais, durante séculos, diferenças humanas e processos de discriminação têm sido conceituados. E mais do que isso: foi por meio destas categorias que, a partir de meados do século XX, os grupos inferiorizados conseguiram conquistar direitos dentro de um Estado democrático constitucional –

---

39 Na década de 1970, a área da genética, que num primeiro momento resistiu a descartar o conceito *raça*, acabou proclamando também sua invalidade e inutilidade para descrever diferenças genéticas entre seres humanos (cf. Lewontin, 1972; Jacquard, 1978).

fato que se destaca na história humana das discriminações. Em terceiro lugar, pode-se constatar que o uso desses conceitos se disseminou em grande parte do mundo entre aqueles que estudam e combatem processos de discriminação relacionados a determinadas características fenotípicas. O termo *racismo* tornou-se, inclusive, modelo que orienta não somente a compreensão, mas também a elaboração de políticas públicas de combate a formas de inferiorização que não vinham sendo associadas à categoria *raça*, isto é, ao critério "características físicas específicas"; exemplo disso é a decisão do Supremo Tribunal Federal do Brasil que, em 2019, criminalizou atos de homofobia e de transfobia como forma de racismo, enquadrando-os na Lei nº 7.716/1989.

Concordo com o posicionamento crítico de Sérgio Costa no debate em torno do artigo de Bourdieu e Wacquant que, de certo modo, tem também validade para o nosso contexto. Costa rejeita a ideia do "imperialismo" que os dois sociólogos franceses usam para caracterizar a relação entre cientistas sociais e movimentos sociais do Norte e do Sul em torno das questões conceituais; eu acrescentaria apenas que o fato de raça e racismo terem conquistado tanta importância nos fóruns internacionais pode ser entendido como fruto de múltiplas redes e alianças que cruzam diversas barreiras físicas e imaginárias, inclusive, a da divisória Norte-Sul, a qual – e este fato não pode ser negado – não deixa, porém, de estar marcada por assimetrias estruturais de longa duração.

Parafraseando as afirmações de Costa, quero destacar o seguinte ponto: quando o conceito *raça* é usado nas análises e discursos sem levar em consideração a maneira como as populações locais leem (interpretam, decodificam) as diferenças e desigualdades, raça tende a funcionar como um substituto ruim da categoria *classe* na sociologia marxista, na medida em que esta propõe-se a subsumir todas as outras adscrições sociais. Como afirma Costa (2002, p.50): "O problema teórico que se detecta aqui é o de tomar a realidade social como um reflexo unilateral da estrutura socioeconômica, não levando em conta a forma como os agentes sociais decodificam as estruturas e constroem os significados que orientam seus comportamentos e escolhas". É, certamente, também um alerta válido para as tentativas de equiparar casta a raça e castismo a racismo. É um alerta contra simplificações analíticas e um estímulo para que nos sensibilizemos com as múltiplas relações e os vários planos que envolvem processos de diferenciação e discriminação.

DIÁSPORA AFRICANA NA ÍNDIA **371**

De qualquer modo, chama a atenção o fato de *raça*, que já sofreu tão fortes questionamentos, ter sobrevivido nos fóruns internacionais e até ter ganhado novo fôlego no final do século XX. Faz algum tempo que a noção de raça conseguiu estabelecer-se – na literatura de uma ciência social que se enxerga como renovada – como um dos principais marcadores de diferença. O problema é que mesmo abordagens que anunciam usar a categoria raça como marcador de diferença não se limitam sempre a tratar as diferenças raciais como meras características fenotípicas; ao associar a determinado "grupo racial" comportamentos e ideários particulares ("epistemes"), acabam deslizando para um uso essencializado de raça. Diante de toda a "complexa" história ligada à elaboração da ideia de raça, profundamente comprometida com diversos aspectos daquilo que os pós-coloniais chamam de episteme colonial, não me parece desacertado fazer uma comparação com os históricos debates sobre sexo e gênero na literatura feminista, e ouso perguntar: não teria sido talvez mais profícuo, como ocorreu no âmbito das lutas das mulheres, buscar ou criar um conceito que rompesse com o legado da biologização e dos determinismos vinculados a ele?[40] O conceito *gênero*, cunhado para distinguir concepções culturalmente variáveis de masculinidade e feminilidade do sexo biológico (Oakley, 1985, p.16), permite que nos desgarremos daquelas associações valorativas que permeiam o conceito *sexo* e abre um campo analítico dentro do qual é possível refletir, de forma crítica – e sem que nos tornemos reféns dos conteúdos e imagens históricas umbilicalmente ligadas ao "sexo", geralmente assumido como um "dado biológico" – sobre os papéis sociais que são construídos em torno de diferenças biológicas.

---

40 Sigo, de certo modo, ideias e preocupações levantadas pela antropóloga alemã V. Stolcke (1993), no clássico ensaio "Is Sex to Gender as Race is to Ethnicity?". Entendo, no entanto – assim como a antropóloga alemã Beer (2002, p.15) –, que, com a mudança paradigmática principal que ocorreu na virada do século XIX para o século XX no pensamento antropológico, por meio da qual os cientistas buscavam desacreditar explicações de ordem biológica, substituindo-as por análises que focavam e valorizavam a "força" das "culturas" (pensadas como sistemas simbólicos e funcionais), a disciplina da Antropologia foi abandonando a reflexão sobre diferenças físicas e fenotípicas – tornava-se quase um assunto-tabu –, e a maioria dos antropólogos preferiu conceber o tema raça como uma questão superada (*no-race-position*). Simultaneamente a esta tendência, o racismo, tema caro a diversos antropólogos clássicos – Boas e Benedict, por exemplo –, foi sendo "entregue" a áreas de conhecimento vizinhas: sociologia e ciência política.

Reflexões críticas levantadas recentemente pelo sociólogo alemão W. Hund, especialista em pesquisas sobre racismo, dão-nos outro estímulo para que nos deixemos inspirar nas discussões feministas avançadas sobre a noção de gênero e tentemos transpor suas propostas desessencializantes para repensarmos o modo de olhar para e categorizar aparências e formas distintas de corpos humanos. Hund (2018) reconhece que a grande maioria dos estudiosos entende, atualmente, raças como uma construção social; no entanto, localiza em muitas abordagens um problema sério, na medida em que o essencialismo intrínseco a este conceito continua sendo ignorado ou insuficientemente discutido. "Este fato faz com que não se distinga claramente raça como conceito político-identitário de raça enquanto conceito que descreve características biológicas", escreve Hund (ibid., p.33). O autor insiste em diferenciar categorias que visam analisar estruturas sociais das que são usadas nos debates sobre movimentos políticos. Para ele, é fundamental termos em mente que lutar contra o racismo não é a mesma coisa que lutar por uma identidade específica (ibid., p.122-3).[41] Se uma luta não exclui a outra, elas não são necessariamente idênticas.[42]

Em maio de 2020, em reação a mais um assassinato de um negro por um policial branco nos Estados Unidos – o estrangulamento brutal de George Floyd em Minneapolis –, e com o propósito de fortalecer as mobilizações antirracistas mundiais, o partido alemão Bündnis 90/Die Grünen (Aliança 90/Os Verdes) lançou uma ampla campanha (petição *online*) que visa retirar a palavra *raça* daquele artigo da Constituição da Alemanha que proíbe as

---

41 Crítica semelhante foi articulada, de certa maneira, por L. Sansone na parte final do livro *Negritude sem etnicidade* (2004. p.293-7): ao pôr em xeque a "celebração da etnicidade a qualquer preço, como solução para a desigualdade e a injustiça", busca implicitamente separar a luta do antirracismo da afirmação da criação de um grupo étnico-racial.

42 Cf. também as reflexões que levaram Gilroy a criticar o afrocentrismo (2001, p.357), a propor conceitos como "convivialidade" e a elaborar ideias utópicas que visam abrir um caminho em direção à construção de um mundo pós-racial e de um "humanismo planetário" (2004, IX, p.4): "Reconhecer o papel da raça na especificação da lógica do tipo e da natureza da diferença deve nos levar (...) não a um envolvimento cada vez mais profundo com a 'raça' ou com conflitos raciais – entendidos como fenômenos naturais, imunes aos efeitos de conflitos históricos ou políticos –, mas a um afastamento completo da 'raça' e a um confronto com o poder duradouro dos racismos" (2004, p.9). As preocupações do filósofo camaronês Achille Mbembe seguem a mesma linha de raciocínio, quando escreve: "(...) enquanto o racismo não tiver sido eliminado da vida e da imaginação do nosso tempo, será preciso continuar a lutar pelo advento de um mundo para além das raças. (...) A celebração da alteridade só tem sentido se ela se abrir para a questão crucial do nosso tempo, a questão da partilha, do comum e da abertura à exterioridade" (2018, p.305).

mais diversas formas de discriminação – "Ninguém pode ser discriminado ou receber tratamento preferencial em razão de sexo, descendência, raça, língua, país e origem, credo, opiniões religiosas ou políticas". A proposta apresentada por um partido que tem mostrado, ao longo de décadas, comprometimento com o combate das múltiplas formas de discriminação – especialmente das sofridas por imigrantes –, prevê a substituição do termo *raça* pela expressão "[pessoa] tratada de forma racista" [*rassistisch benachteiligt*]. No texto da petição, que não esconde influências de ideias pós-coloniais, argumenta-se que "racismo não começa com atos de violência e terror", mas "lá onde pessoas são transformadas em 'estranhos', 'convidados' [*Gäste*][43] e em 'outros', com base em certas características e atribuições". E: "As pessoas na Alemanha sofrem discriminação racial todos os dias, às vezes verbalmente, às vezes fisicamente. O racismo está em toda parte, é estrutural e foi internalizado ao longo dos séculos. Portanto, temos que desaprender o racismo juntos!" (Bündnis 90/Die Grünen, [s.d.]).[44] A iniciativa de mudar o texto da Carta Magna contou não somente com o apoio de eminentes representantes dos grandes partidos alemães (União Democrata-Cristã, Partido Social-Democrata, Partido Democrático Liberal), mas também da mais importante entidade da militância negra na Alemanha, a Iniciativa de Pessoas Negras na Alemanha (Initiative Schwarzer Menschen in Deutschland). Quem protestou contra este projeto foi o partido populista Alternativa para a Alemanha, de extrema direita.

No Brasil, o pensamento *mainstream* no campo antirracista assume um posicionamento diferente: as linhas argumentativas hegemônicas continuam girando em torno da afirmação da ideia de raça. Em dezembro de 2020, A. S. Guimarães, um dos mais importantes expoentes dos estudos de relações raciais, publicou uma "Carta aberta aos antirracistas" em que

---

43 O termo *Gäste* (literalmente, convidados) faz referência ao conceito *Gastarbeiter* (trabalhadores convidados). Foi esta palavra usada para atrair, num momento em que faltava mão de obra, nas décadas de 1960 e 1970, pessoas da Itália, Grécia, ex-Iugoslávia, mas também da Turquia, para irem trabalhar na Alemanha e Áustria. O próprio termo sugere que havia a expectativa de que os "convidados" retornariam aos seus países de origem depois de terem prestado os serviços solicitados.

44 Em alguns países – França, Finlândia, Suécia e Áustria –, houve iniciativas semelhantes que resultaram na retirada do conceito raça das respectivas constituições. Ao propor substituir raça por "discriminações" ou "atribuições racistas", busca-se uma saída ("pós-categorial") que afasta o perigo de naturalizar conceitos identitários (raça, grupo étnico, religião), sem ao mesmo tempo deixar de reconhecer o fato de diferenças fenotípicas continuarem tendo um papel central em boa parte dos processos discriminatórios racistas.

faz uma pequena retrospectiva da luta contra a discriminação racial no país. Nela, o sociólogo celebra o fato de no final do século XX, "um patamar importante no antirracismo brasileiro" ter sido atingido, à media que "[foi ultrapassada] a noção ingênua e romântica de que o racismo poderia desaparecer pela nossa negação da 'raça' enquanto categoria de análise ou de identidade". E continua: "A quebra do colorismo e a afirmação da raça como categoria de resistência – ela, que oprimia, deveria ser usada para libertar – foi o raciocínio que se revelou correto" (Guimarães, 2020, p.1-2).

Se a ideia das castas indianas nunca foi determinada totalmente por biologismos – com exceção de tentativas acadêmicas como as de Risley –, como ocorreu, em boa medida, com a ideia da raça no mundo ocidental no século XIX e início do século XX, há, no entanto, certo consenso de que os ideários e valores sedimentados na noção de casta não são livres de associações físico-corporais. Não há como negar certo *entanglement* (entrelaçamento) entre valorização de algumas castas e preferências de determinadas características fenotípicas; estas associações não são, porém, tão estreitas e vinculantes como no caso da ideia de raça. Para além disso, no "mundo indiano das castas", o critério do "pertencimento a uma jati" tende, "tradicionalmente", a se sobrepor a outros critérios de inclusão e exclusão e de hierarquização, inclusive, àquele que hierarquiza características fenotípicas.

Não se nega aqui que, com a expansão colonial europeia, visões e esquemas de classificação específicos – os quais se cristalizaram, a partir do final século XVIII, em torno do conceito raça – tenham se espalhado e ganhado enorme importância em grandes partes do globo. Tais esquemas classificatórios constituem um importante fator, perceptível em todas as regiões que sofreram processos de colonização; o que recuso é concebê-los como um modelo único – como aparece nas análises dos que advogam o uso generalizado da noção de raça e/ou de racialização –, uma vez que entendo que tal concepção inibe e, de certo modo, bloqueia nossa sensibilidade em relação à descoberta de outras concepções e sistemas classificatórios que porventura existam e talvez até estejam competindo ou se imbricando com os esquemas impostos pelos colonizadores, os quais, aliás, nunca foram totalmente homogêneos, mas também objetos de disputa.

Deste modo, inclusive, seria possível reconhecer formas classificatórias que fujam ao binarismo negro e branco como uma expressão de sistemas (tradições) próprios de diferenciação e discriminação. No caso do Brasil, por exemplo, abriria caminho para não atribuirmos usos de categorias identitárias – como morenão, moreninho, mestiço, mulato, café, jambo, azul, bronzeado etc.[45] – unicamente a uma "falta de consciência", sem perdermos de vista a carga ideológica e discriminatória embutida nestas classificações e sem negarmos que sua articulação expressa um posicionamento no jogo político das identidades.

Como hipótese que pode explicar, pelo menos em parte, a contínua força analítica e política do binarismo racial e, mais especificamente, do conceito de raça em si, aponto para a história singular do sucesso das lutas dos negros norte-americanos, Civil Rights Movements, e a implementação de programas e departamentos de African and Black Studies.[46] Sabe-se que nos Estados Unidos, as leis segregacionistas, que dividiam a sociedade em dois grupos raciais (negros e brancos), baseavam-se em concepções teóricas acerca das diferenças humanas praticamente idênticas àquelas que orientavam a política de genocídio praticada pelo Terceiro Reich. Não é por acaso que a primeira dilatação do conceito *racismo* passou a incluir, além do regime nazista alemão, as políticas segregacionistas norte-americanas (cf. Barzun, 1937). Se a Alemanha pós-Segunda Guerra Mundial passou por um período de profundo questionamento do seu passado histórico, que atingiu também os discursos e conceitos usados pelos governantes nazistas (resultando, entre outras coisas, na tabuização do conceito *raça*), nos Estados Unidos, um dos principais responsáveis pela queda do regime fascista hitleriano, a maneira como a sociedade se confrontaria com seus mecanismos (legado histórico) de inferiorização e exclusão internos, foi outra.[47]

Um fator importante foi certamente a emergência do movimento pelos direitos civis que deu impulsos decisivos para uma das mais importantes transformações sociais do país. Sabemos que as conquistas da militância negra – acima de tudo, o fim do segregacionismo – foram promovidas por meio de discursos que apostaram na afirmação (positiva) de uma "identidade racial negra", como ilustra também o famoso slogan *black is beautiful* – postura que, de acordo com uma análise de teor pós-colonial, busca atribuir novos valores à "raça negra" ou até inverter ou subverter a ordem hierár-

---

45 Cf. os 136 termos levantados pela *Pesquisa Nacional por Amostra de Domicílios*, realizada pelo IBGE em 1976.

46 Não é a minha intenção, porém, aprofundar ou defender uma tese em torno desta hipótese.

47 Na Alemanha, não houve, depois da Segunda Guerra Mundial, um movimento social baseado no conceito de raça para reivindicar direitos ou combater discriminações. Não existiu uma comunidade de afro-alemães; só mais recentemente, com a chegada de migrantes do norte da África, consolidou-se um grupo de africanos e descendentes naquele país.

376 ANDREAS HOFBAUER

quica entre brancos e negros, mas não visa romper com a episteme colonial tida como responsável pela classificação racial em si.

Nunca houve – e continua não havendo – consenso sobre a definição do que deve ser entendido como racismo, aliás, o mesmo pode ser dito em relação à categoria *raça*. Diversos autores, sobretudo de orientação marxista, associam o surgimento do racismo à expansão colonial europeia e, mais especificamente, à conquista das Américas.[48] Ou seja, para muitos especialistas contemporâneos, o surgimento do racismo está diretamente ligado à história do Ocidente[49] e pode, portanto, ser datado na história do mundo ocidental: 1492. Já outros pesquisadores entendem que as formas de discriminação praticadas na Antiguidade poderiam ser chamadas de protorracismo (cf. Geiss, 1988). Há divergência também sobre se o racismo deve ser visto e abordado como doutrina, ideologia ou se as práticas cotidianas devem estar no foco das reflexões e análises. O psiquiatra e filósofo Frantz Fanon (1952) focava outra dimensão do fenômeno: os efeitos da construção da raça sobre o corpo e a psique dos colonizados ("epidermização da inferioridade") deviam ser ponto de partida para uma reflexão crítica sobre o racismo que permita combatê-lo de forma adequada.

Diferentemente das primeiras definições (cf., por exemplo, Hirschfeld, 1938 [1933-1934]; Benedict, 1940), que viam um nexo intrínseco entre racismo e raça,[50] conceituações mais contemporâneas prescindem da referência à categoria *raça*. Tentando responder a discursos discriminatórios "mais modernos", que evitam o conceito *raça* e o substituem por concepções essencializadas de cultura e identidade – por exemplo os discursos xenó-

---

48 Também autores ligados à corrente decolonial veem um vínculo direto entre implantação do regime colonial ("colonialidade") e imposição das classificações raciais e, portanto, do racismo (cf. Quijano, 2014).

49 Cf. as críticas de Bettina Beer que argumenta terem ocorrido fenômenos parecidos também fora da influência ocidental. Para ela, existem concepções "êmicas" semelhantes que foram desenvolvidas em diversas sociedades fora da Europa (por exemplo, nas Filipinas, em Papua-Nova Guiné e China): "imaginários, convicções que sustentam existir uma relação intrínseca entre pertencimento a um grupo humano específico e determinadas capacidades psíquicas, mentais, culturais – e que visam ainda fundamentar e justificar a existência de relações hierárquicas"; esta é também a definição de racismo defendida por Beer (2002, p.46).

50 Para alguns autores, como Roger Sanjek (1996), racismo existe, *stricto sensu*, apenas naquelas sociedades em que as pessoas acreditam na existência de "raças biológicas", onde há, portanto, uma ideologia que divide os seres humanos em grupos biologicamente diferentes. Para alguns autores, portanto, o fenômeno do racismo está diretamente vinculado à ideia da raça (cf. Beer, 2002, p.54).

fobos de populações europeias majoritárias frente aos imigrantes –, alguns autores criaram neologismos que podem ser lidos também como uma nova investida no sentido de dilatar a concepção clássica do racismo: Balibar criou o conceito de "racismo sem raças", e usa também o termo *neorracismo*; Hall fala em "racismo cultural"; e Taguieff propôs o conceito de "racismo diferencial" (apud Zerger, 1997, p.84).

Nos fóruns internacionais, tais como a Conferência Mundial contra o Racismo Discriminação Racial, Xenofobia e Intolerâncias Correlatas, organizada pela Unesco, pode-se perceber que o velho paradigma marcado pelas experiências anglo-saxãs continua exercendo um papel hegemônico. Tentativas de classificar fenômenos discriminatórios e, desta forma, conseguir sua condenação como uma forma de racismo parecem ter maior chance de êxito quando a "configuração" do grupo inferiorizado confirma o imaginário ocidental clássico sobre "raças humanas". Há ainda outra relação que me parece inconteste: na medida em que representantes de diversos grupos inferiorizados procuram comprovar, nas plataformas internacionais, o vínculo entre práticas e estruturas discriminatórias racistas, de um lado, e emergência de raças (racialização), de outro lado, terminam por contribuir também para a perpetuação deste paradigma.

Não há dúvida de que – como afirmam os/as decoloniais –, com a expansão do colonialismo ocidental, as concepções do mundo do colonizador e, com isso, mecanismos e critérios de inclusão e exclusão específicos foram se espalhando pelo mundo. Estes têm, inclusive, influenciado os sistemas classificatórios dos colonizados, sobrepondo-se ou mesclando-se com eles. Este fato não significa, porém, que tenham suprimido e extinto totalmente, de uma vez por todas, todas as outras formas locais de viver em sociedade e seus esquemas de classificar diferenças humanas e quiçá de hierarquizá-las.

O sociólogo Hund localiza, em estudos contemporâneos sobre a discriminação racial, uma tendência disseminada: a dilatação excessiva do conceito *racialização*.[51] O uso inflacionário desta categoria e a ligação umbilical do racismo ao conceito de raça fariam com que outras formas de discriminação – que Hund qualifica igualmente como racistas – fossem obscurecidas e/ou renegadas ou ainda tratadas em analogia à compreensão ocidental

---

51 Como exemplo, Hund (2016, p.540) cita análises sobre o crescente anti-islamismo no mundo ocidental, que em algumas análises aparece como "uma expressão de um processo de racialização".

dos processos de racialização. Como exemplo, Hund (2016, p.540) cita análises sobre o crescente anti-islamismo no mundo ocidental, que em algumas análises aparece como „uma expressão de um processo de racialização". Consequentemente, boa parte das análises críticas ao fenômeno do racismo ficariam emaranhadas naquilo que o sociólogo entende como "armadilha da raça" (*Rassenfalle*): transformariam a raça no único foco de sua análise. Para Hund, a aplicação generalizada da ideia *racialização* impede, em última instância, que se indague se, em determinado contexto, mais de uma forma de racismo está "atuando", se eventualmente vários esquemas discriminatórios se encontram, se sobrepõem e/ou se mesclam e se fortalecem mutuamente (Hund, 2016, p.539, 541).

IV.4. Em busca da superação de essencialismos e discursivismos

Na minha análise, busco evitar essencialismos, acima de tudo, aqueles ligados às categorias paradigmáticas clássicas de constituição de coletivos humanos, tais como nação, raça, etnia-cultura e identidade. Igualmente, tento traçar um caminho analítico que escape daquelas abordagens que tendem a tratar crenças e práticas religiosas – o islã, o catolicismo e o hinduísmo – como "entidades próprias", cujas existências e cujos significados podem supostamente ser compreendidos independentemente de contextos históricos específicos. Para enfrentar esta problemática teórico-conceitual inspirei-me, de um lado, nas críticas pós-coloniais e, de outro, nas teorias da prática que procuram integrar, num único corpo teórico, noções como estrutura (estruturante), agência, poder e transformações históricas.

Um dos pontos de convergência entre teorias antropológicas e estudos pós-coloniais é a preocupação com as diversidades/diferenças. Os trabalhos pós-coloniais referentes aos processos de inclusão e exclusão realçam, acima de tudo, os efeitos da ação colonial. Assim, estes estudos têm dado contribuições importantes para uma melhor compreensão da dominação colonial: apontam para a consolidação de uma episteme colonial, revelando a força dos discursos hegemônicos responsáveis pela criação de categorias classificatórias que têm justificado hierarquizações entre seres humanos (Said, 1978; Bhabha, 1994). Deste modo, foi possível revelar que as intervenções coloniais foram decisivas na disseminação de concepções "ocidentais" a respeito de grupos, etnias e tribos – pensadas como unidades homogêneas, com fronteiras bem acabadas – em contextos onde as solidariedades e os pertencimentos eram múltiplos e fortemente contextuais (incluíam não raramente sobreposições).

Tema central nesta perspectiva analítica são, portanto, os processos de *othering*, ou seja, os processos históricos concretos que foram e são responsáveis pela construção de um "outro" (um ser diferente do ocidental). Busca-se entender como, neste contexto, marcadores de diferença são escolhidos e usados para justificar a diferenciação, para além dela, os atos e as políticas de discriminação e inferiorização. Análises pós-coloniais têm, portanto, dado atenção especial àquelas ações das administrações coloniais, tais como registros e censos oficiais, que, de acordo com esta visão crítica, eram usados como instrumento de controle e normalização das populações colonizadas e impunham simultaneamente novos modelos e "tecnologias sociais" para delimitar e classificar grupos.

Ao mesmo tempo, pode-se constatar que os estudos inspirados nas diretrizes pós- e decoloniais desenvolveram pouco interesse em investigar as relações que se estabeleceram entre o sistema classificatório imposto e sistemas classificatórios locais (Hofbauer, 2017, p.51). As pesquisas pós-coloniais têm o mérito de mostrar que incluir e excluir (identificar e identificar-se) envolve, sempre, um "posicionar-se" dentro de um jogo de relações de poder. Nesta perspectiva, o campo da cultura acaba sendo tratado como o campo da disputa por hegemonia, como propusera A. Gramsci nos anos 1920 e 1930. Esta preferência por análises discursivas faz com que a cultura deixe de ser concebida – como na antropologia clássica – como fonte de cognição e de valores societais e tenda a tornar-se um marcador de diferença e efeito do poder (cf. Sahlins, 1997, 43-4; Ortner, 2006, p.50-8).

No caso da Índia, há estudos recentes de inspiração pós-colonial, como o de Chandra (cf. 2013, p.140), que têm argumentado que a divisão classificatória entre castas e tribos deve-se ao regime colonial britânico, cujas ações políticas locais se apoiavam fundamentalmente no saber antropológico da época. A denominação de grupos como "tribos" teria sido aplicada, em primeiro lugar, a populações concebidas como não-arianas (os supostos habitantes originários da Índia) que viviam em áreas de difícil acesso. Classificações coloniais, tais como "pouco civilizado" – *backward*, *primitive* –, serviram, de acordo com o cientista político indiano Chandra, para justi-

380 ANDREAS HOFBAUER

ficar a subjugação dos grupos assim definidos e de suas terras ao domínio direto (*direct rule*). "Primitivismo" teria funcionado – e este é o argumento central do autor – como uma ideologia imperial de governança que infanti-lizou as "tribos" (qualificando seus membros também como "selvagens") e submeteu-as a um controle direto com o argumento de "civilizá-las" e, ao mesmo tempo, protegê-las.

Análises como esta podem elucidar de que maneira a diferenciação entre casta e tribo funcionou como um instrumento de dominação colonial e como os princípios coloniais ordenadores continuam tendo presença, inclusive, nas políticas públicas contemporâneas – por exemplo, nos critérios usados para definir grupos como ST ou SC. Assim, Chandra é capaz de desnudar a lógica do chamado *primitivismo*, revelando-a como uma ideologia perniciosa que tem legitimado formas injustas de dominação política. Coerentemente com sua postura pós-colonial, o autor termina sua reflexão com um apelo para desconstruirmos esta herança colonial: a desconstrução da ideologia do primitivismo teria de ser o primeiro passo para fundamentar uma sociedade mais democrática (ibid., p.162).[52]

O que é também característico desta análise rigorosamente desconstru-tivista é o fato de Chandra não se interessar pela perspectiva dos que são definidos e se autodefinem hoje como tribo: não indaga até que ponto os próprios "classificados" têm contribuído para a consolidação de categorias como *Scheduled Tribes* e para eventuais processos de sua ressemantização. Para entendermos esta dimensão, é preciso não limitar a análise aos dis-cursos hegemônicos (dos legisladores, políticos e cientistas). Precisamos entender também os interesses políticos e econômicos daqueles que são identificados como tribais e, sobretudo, os significados que são atribuídos por eles a esta classificação. Nosso exemplo da *Siddi Damam Dance* mostra como a noção de "primitivismo", originária de uma episteme colonial, está sendo lida e retrabalhada por um grupo que luta contra discriminação e por direitos; minha análise revela que, no caso dos siddis, este fruto da "ideo-

---

52 Para Chandra (2013, p.140, 161), as políticas pós-Independência, que visavam superar discriminações históricas, não se libertaram da herança colonial, nem mesmo na linguagem usada para referir-se aos grupos vistos como tribos. Teriam ocorrido certas reformulações – no lugar de "civilizado", por exemplo, usa-se atualmente "desenvolvido" –, no entanto, "a contradição entre a lógica do desenvolvimento [*improvement*] e a da proteção" – na qual o autor vê um entrave para a construção de relações democráticas e para o reconhecimento dos *tribals* como cidadãos verdadeiros (*equal citizens*) – continuaria, praticamente, inalterada.

logia imperial de governança" (Chandra, 2013, p.137) foi ressemantizado e transformado pelos jovens líderes num instrumento agregador – num instrumento de identificação – que visa estimular o fortalecimento de uma nova unidade societal.[53]

Diferentemente do pós-colonialismo, a antropologia clássica interessou-se, desde muito cedo, por sistemas classificatórios que fossem diferentes dos ocidentais. Seu estudo era encarado também como um meio para se ter acesso a diferentes dimensões profundas dos pesquisados (parentesco, formas de pensar o mundo, cognição). Nos primórdios da disciplina, a análise dos sistemas classificatórios não envolvia nenhum interesse específico por conflitos sociais ou relações discriminatórias, nem por aqueles internos ao grupo, e muito menos por aqueles entre o grupo e forças externas que também influenciavam a organização social em questão. Tampouco se investia em saber como "sistemas classificatórios nativos" (dos colonizados) se relacionavam com "sistemas classificatórios" dos colonizadores (episteme colonial): o objetivo declarado era entender a lógica do sistema ao qual se atribuía uma "vida própria". Na medida em que os estudos clássicos pressupunham a existência de uma coincidência entre fronteiras culturais e fronteiras grupais, eles contribuíram também para a consolidação de uma noção essencializada de grupos e culturas, tão criticada – com razão – por diversos autores pós-coloniais (cf. Hofbauer, 2017, p.49, 50).

Concepções antropológicas mais recentes, que incorporam as premissas teórico-metodológicas das teorias da prática (cf. Sahlins, 1997; Ortner, 2006), não negam a existência de "tradições",[54] mas sem tratá-las como essências estáticas supostamente não afetadas por interesses particulares e

---

53 A importância de ressemantizações de conceitos e reavaliações de hábitos e narrativas históricas (memórias) no contexto da luta por direitos tem sido registrada também por estudiosos brasileiros que vêm pesquisando quilombos contemporâneos (cf. Arruti, 2006; Mattos, 2006; Rios; Mattos, 2005).

54 Uso a noção de tradição de forma que possa ser ajustada a uma perspectiva orientada pelas teorias da prática. As seguintes palavras de Grünewald (2012, p.186), formuladas num texto com características de verbete sobre o tópico "tradição", podem servir como referência básica: "As tradições se sustentam por uma memória coletiva, requerem atualização prática (geralmente ritualizada) e organizam o passado em relação ao presente, tornando o primeiro não primariamente preservado, mas sim continuamente reconstruído. Por intermédio de sujeitos que zelam por sua eficácia social, as tradições têm ainda conteúdo normativo ou moral que lhes proporciona caráter de vinculação". E adiante: "Ademais, o fenômeno da produção de tradições em geral se refere à criação de substância histórica ou cultural a ser operada por um grupo social em sua afirmação política. Trata-se de uma geração de símbolos que fornecerão ao grupo substratos culturais, com os quais os membros se identificarão" (ibid., p.191).

disputas de poder. Com base numa tal perspectiva teórico-conceitual, torna-se possível reconhecermos e investigarmos as forças sociais que "emanam" de fenômenos denominados *nação, raça, cultura* e/ou *identidade*, ou ainda *islã, catolicismo* e *hinduísmo*. Os assim chamados fenômenos precisam, no entanto, ser avaliados dentro de seus devidos contextos. Não podem, portanto, ser tratados separadamente dos agentes sociais que os põem em ação, de maneira que, na análise, "tradição", agência e poder tornem-se aspectos (dimensões) diferentes, porém, profundamente interligadas e entrelaçadas da ação humana, isto é, da articulação de símbolos e significados. Por este ângulo, identificar(-se), posicionar-se e também "rememorar" podem ser vistos como processos entre os quais há certa sintonia, há articulação. Afinal, atos de identificação implicam sempre escolhas mais ou menos conscientes em que partes das tradições – símbolos e significados aprendidos – são "rememoradas", isto é, "atualizadas" por meio de discursos e/ou práticas concretas. Não se nega aqui o fato de que a própria reatualização contextual motivada por interesses particulares dos agentes possa contribuir para transformar o modo "tradicional" como os símbolos e significados encontram-se constituídos. As reavaliações e atualizações contextuais podem, de fato, impulsionar transformações das tradições, como meus estudos empíricos mostram (cf. Sahlins, 1990, p.179-88).

Na medida em que entendo que tanto as abordagens antropológicas quanto as pós-coloniais têm pontos cegos, tenho buscado neste trabalho aproveitar-me dos lados fortes de cada uma destas vertentes analíticas com o objetivo de torná-las complementárias uma à outra. Mesmo que tenha consciência de que certas premissas teóricas possam não coincidir, busco trabalhar com estas duas referências paralelamente: uma que acentua a perspectiva de fora para dentro (força impositiva dos discursos hegemônicos – episteme colonial – sobre as populações colonizadas); e outra que privilegia as análises de dentro para fora ("reconstrução" ou tentativa de compreender as lógicas societais internas das populações colonizadas) (cf. Hofbauer, 2017). Minhas reflexões sobre as discussões em torno das "diásporas africanas" são também tributárias desta estratégia analítica.

Um dos temas centrais nos dois primeiros capítulos do livro foi a questão da cor/fenótipo na escravização de africanos na Índia. Buscou-se abordar esse tema, mas também as diversas tradições religiosas e disputas em torno dos seus significados e suas fronteiras a partir de diferentes perspectivas ("de fora" e "de dentro"), para, desta forma, também, iluminar distintos

DIÁSPORA AFRICANA NA ÍNDIA **383**

posicionamentos dos agentes históricos. O quadro histórico-conceitual para a parte central do livro foi completado no Capítulo II, no qual o foco da análise foi colocado sobre as relações entre casta, cor/fenótipo e o processo do *nation-building* na Índia. O Capítulo III analisou o tema da desigualdade e diferença nas comunidades siddis no noroeste de Karnataka. Pretendeu-se entender, ao longo desse percurso, acima de tudo, as formas de discriminação e as estratégias para combatê-las que foram e têm sido desenvolvidas pelos siddis, e de que maneira, nesta luta, processos de diferenciação são reafirmados ou transformados.

Os meus estudos revelaram que os critérios de inclusão e exclusão mais importantes na história recente dos siddis têm sido o pertencimento religioso, a concepção de tribo/casta e a da cor/fenótipo. Tentei mostrar que religião, tribo (casta) e cor (fenótipo) não agem somente como marcadores de diferença, mas que a (re)atualização da sua validade e eficácia na vida cotidiana ocorre por meio de práticas e discursos que promovem frequentemente também processos de inferiorização. Vimos que o recorte religioso tem agido como um fator que dividiu internamente uma população que vinha sendo percebida, pelos seus vizinhos, em muitas circunstâncias,[55] como uma única comunidade, como uma casta inferior. Em muitos discursos, inclusive, naqueles articulados pelos próprios siddis, a cor/fenótipo aparece diretamente associada, senão fundida, à condição de casta/tribo inferior. É o tipo de cabelo – liso ou encaracolado – que é usado no cotidiano como critério principal para marcar a diferença entre dentro e fora.

Mas vimos também que, em outros contextos, quando os siddis se deslocam de sua região, o critério cor/fenótipo pode sobrepor-se àqueles marcadores de diferença – pertencimentos a uma determinada religião, pertencimento à tribo/casta siddi – que localmente costumam ter importância maior. É mais um daqueles casos em que a autoidentificação e as classificações atribuídas por outros ("de fora") podem divergir. A percepção dos siddis como africanos pode estar na raiz de atitudes de estranhamento e, frequentemente, de atos discriminatórios. Comentamos também que, dentro das comunidades religiosas monoteístas – catolicismo e islã – às quais os

---

55 Nos momentos em que o pertencimento religioso ganha primazia sobre outros fatores identitários – por exemplo, em festas religiosas cristãs, muçulmanas ou hinduístas –, as diferenças internas dos siddis são evidentemente também reparadas pelos não-siddis; cerimônias religiosas são capazes de promover também certas aproximações entre siddis e não-siddis do mesmo credo.

384 ANDREAS HOFBAUER

siddis aderiram, o pertencimento a uma casta inferior – no caso dos siddis, associada ainda a uma "aparência física" desvalorizada e inferiorizada durante séculos tanto pelo cristianismo, quanto pelo islã e hinduísmo –, fez com que a igualdade prometida pela ortodoxia das teologias monoteístas não tenha se realizado plenamente. Pode-se constatar, portanto, que nem a força da lógica das castas, nem a longa tradição da desvalorização da cor de pele preta/negra foram superadas, mesmo neste contexto peculiar.

Vimos ainda que uma das estratégias de luta contra a discriminação, cuja elaboração contou com a contribuição importante de diversos agentes não-siddis (padres, pesquisadores, assistentes sociais etc.), visava à conquista do reconhecimento dos siddis como uma *Scheduled Tribe*. Com a fundação das primeiras associações políticas siddis, fortaleceu-se um discurso promovido pelas lideranças que enfatizava a união de todos os siddis. Em sintonia com a linha de argumentação contida nas solicitações de reconhecimento dos siddis como ST (cf. as atuações de Prasad e Alva junto aos órgãos governamentais), propagava-se a ideia de que os siddis eram uma tribo e foi neste contexto que se iniciou e ganhou força um processo de "re-descoberta" de uma africanidade que resultou na construção de novos significados e começou a conferir outro peso ao critério cor/fenótipo. Desta maneira, foi incentivado um processo de reinterpretação e revalorização daquelas práticas e costumes que tinham o potencial de sinalizar união e solidariedade.

É perceptível que a complexidade das relações de afinidade, responsáveis pelo surgimento de múltiplos sentimentos de pertencimento, tem aumentado, mais recentemente, com o fortalecimento das lutas políticas. Em alguns casos, velhos parâmetros identitários são postos em xeque e tendem a ser substituídos; em outros, estabelecem-se novas formas de inclusão e exclusão paralelamente às antigas. Vimos, portanto, que as disputas em torno dos marcadores de diferença – quais devem ter mais peso?; qual conteúdo deve ser atribuído a eles? – continuam presentes e se tornaram mais intensas e melindrosas.

Na Seção III.2, busquei avaliar de que maneira e até que ponto, estas reformulações dos critérios de inclusão e exclusão propostos pelos líderes têm repercutido nas práticas cotidianas. Podemos perceber que os marcadores de diferença casta e cor/fenótipo estão entre os que continuam tendo grande peso tanto como critério de autoidentificação quanto como critério (usado por não-siddis) de exclusão e discriminação. A exemplo dos casamentos, tentei analisar a força das barreiras religiosas e de casta e pude constatar que casamentos intercastas e inter-religiosos continuam sendo exceções entre os siddis. Chamei também a atenção para um padrão que parece estabelecer-se em casamentos que rompem com as regras endogâmicas relacionadas à lógica tradicional das castas: na medida em que o hinduísmo tem sido tratado pelas religiões monoteístas como uma religiosidade inferior (ou como uma forma de paganismo), há forte resistência da parte dos siddis cristãos e muçulmanos em relação a casamentos de suas filhas com siddis hindus. De forma semelhante, o critério cor/fenótipo pode tornar-se fator muito importante quando o intercasamento diz respeito a um noivo/noiva não-siddi (vimos que a tez escura é um obstáculo maior para mulheres do que para homens no "mercado matrimonial"). O exemplo "casamento" aponta, assim, para a contínua força da lógica das castas e da (des)valorização de determinados fenótipos.[56] Ambos os fenômenos – classificar seres humanos de acordo com esquemas de castas e de acordo com cores/fenótipos – podem ser entendidos como tradições de longa duração, as quais continuam exercendo forte pressão sobre posicionamentos individuais que se arriscam a pôr em xeque fronteiras "pré-configuradas" pelos padrões "tradicionais".

No entanto, mesmo nestes casos, existe a possibilidade de resistência, negociação e de transformação da(s) tradição(ões) estruturante(s). Assim, o ato de não seguir o padrão dos casamentos arranjados dentro das fronteiras religiosas e casar-se com um(a) siddi de outra religião aponta para um rompimento com a lógica das castas incorporada, inclusive, pelas religiões monoteístas. Esta postura pode, de fato, fortalecer um espírito de união para além das divisões religiosas; ao mesmo tempo tem também o potencial de reafirmar a lógica das castas num outro patamar, no da consolidação da "tribo siddi". Da mesma forma, a participação de siddis cristãos e muçulmanos numa festa religiosa junto a um santuário de um santo muçulmano (*dargah* ou *chilla*) pode ser lida pelos próprios siddis tanto como a reafir-

---

56 Revela-se aqui que a noção de casta continua agindo não somente como importante sinal diacrítico (marcador de diferença), mas também como uma espécie de padrão de comportamentos e práticas sociais que "produz pertencimento", gera processos de inclusão e exclusão. No fundo, para entendermos de forma minimamente adequada a realidade vivida pelos siddis, é preciso sofisticarmos o instrumental analítico: exige que estejamos atentos aos diversos processos identitários e às diversas lógicas que produzem diferença e desigualdade e que podem coexistir e competir uma com a outra.

386 ANDREAS HOFBAUER

mação de uma tradição cultural compartilhada com diversos outros grupos da região (inclusive, vizinhos não-siddis), quanto pode ser vista como um ato de rebeldia contra os padres e mulás (não-siddis), que buscam controlar a ortodoxia de suas religiões, opondo-se, assim, a "sincretismos" e intercasamentos.

No caso do *damam*, vimos como, no contexto de uma luta coletiva por direitos e contra discriminações, uma tradição local vem sendo ressaltada e enaltecida. Mas vem ocorrendo também um processo de transformação que é conscientemente induzido pelos líderes, na medida em que estes começam a atribuir novos significados a uma prática cultural compartilhada por todos. Este deslocamento de significados está vinculado, de certo modo, também, a "novos usos" do *damam* em "novos contextos": assim, o toque do tambor em eventos públicos (em palcos), que tem objetivo político claro, o de fortalecer a solidariedade e união de todos os siddis, tem contribuído para tornar o *damam* uma espécie de símbolo étnico de um grupo em fase de autoafirmação e consolidação.

Além de reinterpretações de tradições já existentes, pode se constatar também que são criadas "novas tradições", por exemplo, o caso das performances da *Siddi Damam Dance*, que vêm assumindo uma "função social" bem distinta da do "tradicional" toque do *damam*. Estas performances são executadas por jovens siddis exclusivamente em eventos públicos em que buscam representar-se, seja diante da própria "comunidade siddi unida" (cristãos, muçulmanos e hindus) seja diante de um público não-siddi; vimos que nestas ocasiões, aspectos político-identitários começaram a conviver e a mesclar-se cada vez mais com motivações monetárias e comerciais. Nem por isso as performances de *Siddi Damam Dance*, que seguem o padrão de estética desenvolvido pelos sidis de Gujarate, deixam de ser também um sinal de que a nova geração começou a interessar-se por estabelecer diálogos e relações com os afrodescendentes da região, e, para além disso, por inserir-se, de alguma maneira, em redes afro-diaspóricas mais amplas.

Os exemplos empíricos esboçados anteriormente ilustram diferentes modos da relação entre tradição e negociação – possibilitada pelo agenciamento e concomitante posicionamento dos agentes –, e, ao mesmo tempo, apontam para diferentes relações entre prática (comportamentos) e discurso (fala). Vimos que o enaltecimento das identidades siddis suprarreligiosas continua tendo pouca repercussão sobre a prática dos casamentos. Já no caso das performances da *Siddi Damam Dance*, o discurso político visando ao fortalecimento da união de todos os siddis pode ser entendido como fonte inspiradora (origem) da própria tradição. Os exemplos empíricos apontam, portanto, para a existência de diferentes "profundidades" de tradições e para diferentes "qualidades" de marcadores de diferença. Sabemos que todas as tradições e marcadores de diferença são passíveis de manipulação pelos agentes na ação. Alguns demonstram-se, porém, nitidamente mais persistentes, mais impositivas e mais estruturantes do que outras.

Hobsbawm e Ranger (1983) nos ensinaram que todas as tradições são inventadas; no entanto, algumas são mais conscientemente inventadas e manipuláveis do que outras. Este fato vale também para as "tradições que afirmam diferenças" – processos de inclusão e exclusão. As performances da *Siddi Damam Dance* podem servir, certamente, como exemplo de uma tradição que foi conscientemente inventada; se as identificações produzidas por esta prática podem, num primeiro momento, não ser tão "profundas" – já que se trata de exibições criadas para atos públicos –, este fato não significa que a tradição inventada deixe de trazer em si o potencial de semear germes de sentimentos de identidade mais profundos, sobretudo na nova geração.

A *Siddi Damam Dance* é um reflexo da luta pelo status de *Scheduled Tribe* e traduz as estratégias identitárias numa linguagem performática. Foi por meio da ressemantização da noção de tribo, fundindo-a com uma ideia mítica de africanidade, que os jovens começaram a buscar construir conscientemente uma identidade grupal "para além" de divisões históricas internas, restringindo implicitamente o poder dos padres, mulás e brâmanes sobre suas comunidades. Essas performances servem também como instrumento por meio do qual os siddis, especialmente os mais jovens, vêm buscando não somente reconhecimento diante da sociedade à sua volta, mas também aumentar sua autoestima.

Estas análises podem encontrar sustentação nas reflexões teóricas de antropólogos como T. H. Eriksen e Jenkins sobre a noção de identidade, e M. Carneiro da Cunha sobre a ideia de cultura com e sem aspas. Com os conceitos "identidades imperativas" e "situacionais", Eriksen (2004, p.161), especialista no tema da etnicidade, busca destacar diferentes modos que detectou nos processos identitários. Se, no caso das primeiras, os processos de identificação – que geralmente dizem respeito aos laços de parentesco, à identificação com a língua materna, mas não raramente também

388 ANDREAS HOFBAUER

ao pertencimento a uma comunidade religiosa –, tendem a impor-se aos indivíduos, no caso das segundas, os sujeitos têm uma margem de negociação bem maior.[57] Entendo que minhas reflexões sobre diferentes "profundidades" de tradições e diferentes "qualidades" de marcadores de diferença detectadas nos processos identitários dos siddis seguem esta linha de raciocínio aberta por Eriksen. Já Jenkins (2003 [1997], p.81) chama ainda a atenção para o fato de que as autoidentificações (identidades autogeradas) não coincidem necessariamente com as categorizações criadas e atribuídas por outros (identidades impostas / heteroidentificação).[58] É sabido, como vimos em relação aos afrodescendentes na Índia, que esta distinção pode ter grande relevância em contextos coloniais e pós-coloniais.

Além disso, Eriksen (2004, p.163-8) ressalta outra característica nos processos de diferenciação e identificação no mundo contemporâneo. De acordo com este antropólogo norueguês, vivemos um momento em que está se desenvolvendo uma espécie de "gramática comum" que se torna cada vez mais globalmente padronizada (*standardised*) e que rege a articulação das "diferenças". De um lado, Eriksen localiza uma ânsia cada vez maior de enfatizar e de destacar diferenças; de outro, o "agenciamento das diferenças", isto é, a maneira como as diferenças são articuladas, seguiria

---

57 No entanto, de acordo com Eriksen (2004), há sempre no "pacote identitário", isto é, no conjunto de processos de identificação que o indivíduo vive, algumas "identidades" que admitem mais possibilidades de manipulação do que outras. O autor entende que, na maioria das situações, há alguma margem de negociação nos processos de inclusão e exclusão. Portanto, para ele, não existe imposição total no caso das "identidades imperativas", da mesma maneira que seria utopia acreditar na existência de uma escolha totalmente livre nos processos identitários.

58 "Assim, embora a etnia *possa* ser uma identidade social primária, sua saliência, força e manipulabilidade são situacionalmente contingentes [...]. A identificação interna ou autoidentificação – seja por indivíduos ou grupos – não é [...] o único 'mecanismo' de formação da identidade étnica. As pessoas nem sempre estão em condições de 'escolher' quem são ou o que sua identidade significa em termos de suas consequências sociais. Níveis diferentes de poder são importantes aqui. [...] a categorização externa contribui substancialmente para a etnicidade, durante a socialização primária, mas também em uma série de outros contextos" (Jenkins, 2003, p.47). Jenkins (ibid., p.77) faz questão de diferenciar, neste contexto, entre etnicidade (identidade étnica) e raça: "Se a identidade étnica é fundamental para a condição humana [...], a 'raça' não é. E se a etnicidade é indiscutivelmente uma faceta básica e universal do repertório cultural humano, as ideias sobre a 'raça' não o são. As categorias 'raciais' são criações ou noções culturais de segunda ordem; são abstrações, corpos explícitos de conhecimento que são muito mais filhos de circunstâncias históricas específicas, tipicamente de expansão territorial e de projetos de dominação imperial ou colonial. A categorização 'racial' tem uma história mais curta e irregular do que a identidade étnica".

DIÁSPORA AFRICANA NA ÍNDIA **389**

cada vez mais o mesmo padrão. O antropólogo mostra ainda que a assunção deste padrão – desta gramática específica – pode até levar à transformação de algumas das "características fundamentais" que "originalmente" constituíam "traços distintivos" do grupo. Trata-se de um paradoxo que Eriksen associa, em última instância, à expansão do capitalismo global.[59]

Para Eriksen (ibid., p.168), existem atualmente algumas maneiras estandardizadas de expressar "unicidade" e "diferença" que são globalmente reconhecidas e aceitas e tornam os diferentes grupos "comparáveis" uns aos outros. A preocupação com a "comparabilidade", da qual nos fala Eriksen, tem como referência principal o plano legal: isto é, o plano dos direitos nacionais e internacionais, as obrigações dos Estados nacionais em relação aos Organismos Internacionais – por exemplo, ONU –, especialmente no que diz respeito ao tratamento das chamadas *minorias*. Ou seja, para poderem ser reconhecidos como grupo, pessoas e coletivos tenderiam a assumir um mesmo "padrão de reconhecimento" (Hofbauer, 2009, p.112-3).

No caso dos dalits, percebemos como as estratégias de representação nos fóruns internacionais têm buscado aproximar-se de padrões de diferença e discriminação que trazem a marca de experiências e histórias locais (mundos anglo-saxônicos) que, no entanto, se tornaram globalmente hegemônicas. Chamei também a atenção para os primeiros sinais de incorporação de estratégias de luta semelhantes no meio dos siddis.

Manuela Carneiro da Cunha (2009, p.359) distingue entre cultura sem aspas (modos de pensamento, estilos de vida etc.) e cultura com aspas, uma espécie de metadiscurso autorreflexivo sobre a própria cultura que, de acordo com ela, ganha importância sociopolítica num momento de intensificação das relações interétnicas ("regime de etnicidade"): "As pessoas [...] tendem a viver ao mesmo tempo na 'cultura' e na cultura. Analiticamente, porém, essas duas esferas são distintas, já que se baseiam em diferentes princípios de inteligibilidade. A lógica interna da cultura não coincide com a lógica interétnica das 'culturas'".

A antropóloga brasileira chama ainda a atenção para o fato de que cultura (sem aspas) e "cultura" se afetam mutuamente: "O que estou sugerindo aqui

---

59 Os esforços em torno da implementação de políticas identitárias surgem, portanto, de acordo com Eriksen (2007, p.145-6), como uma tendência complementar ou ainda como uma consequência direta (*trueborn child*) dos processos de globalização.

é que a reflexividade tem efeitos dinâmicos tanto sobre aquilo que ela reflete – cultura, no caso – como sobre as próprias metacategorias, como 'cultura'" (ibid., p.363). É mais uma reflexão teórico-conceitual pertinente que nos ajuda a iluminar alguns aspectos da invenção e (re)atualização das tradições siddis – tanto a transformação do *damam* em símbolo "étnico-tribal", quanto a emergência do fenômeno da performance *Siddi Damam Dance*.

Chamei a atenção também para a importância dos estudos pós-coloniais, na medida em que revelam o poder da episteme colonial, inclusive, sobre o modo (critérios usados) de classificar grupos locais e de traçar fronteiras entre eles – enfoque negligenciado pela antropologia clássica. No entanto, a incorporação de concepções teóricas emprestadas das teorias literárias e da linguística no repertório analítico pós-colonial faz com que muitas destas pesquisas tenham desviado nosso olhar das forças estruturantes presentes nas tradições culturais particulares: têm dado mais atenção ao jogo de poder em torno de diferentes formas de representação da alteridade, e menos à compreensão dos "cotidianos vivenciados" (cf. Ortner, 2006).[60] Concepções muito abrangentes de discurso, fundamentadas em noções como "prática discursiva", borram em diversos estudos, sobretudo nos mais marcados pelo chamado *linguistic turn* (cf. Bhabha, 1994), o limiar entre ação (comportamentos) e fala (articulação verbal de ideias).[61] Tal postura pode, inclusive, encontrar sustentação em reivindicações como a de

---

60 Sherry Ortner localiza certo paradoxo nos estudos que seguem a orientação pós-colonial. De um lado, esses estudos pretenderiam abrir espaço para a articulação de formas de resistência contra as grandes narrativas e projetos hegemônicos; de outro, recusar-se-iam a conhecer de perto e a falar sobre os mundos daqueles que resistem. Para a antropóloga norte-americana, a atitude dos pós-coloniais desestimula a prática etnográfica e enfraquece as culturas, tende a torná-las ralas (*thinning culture*). A dissolução do sujeito em "efeitos subjetivos" não pode ser a única resposta aos questionamentos válidos a respeito da reificação dos sujeitos, argumenta Ortner. Em vez de desconstruir os sujeitos, dever-se-ia mostrar como os agentes sociais são social e culturalmente construídos e como "cada cultura, cada subcultura e cada momento histórico constrói sua própria forma de agenciamento [*agency*], seus próprios modos de implementar o processo de refletir sobre o self e o mundo. [...] *Agency* não é uma entidade que exista à parte da construção cultural [...]" (Ortner, 2006, p.57).

61 Para autores de orientação marxista – por exemplo, Dirlik e Eagleton –, a excessiva concentração no campo semiótico, inclusive, na análise das formas de resistência anticolonial, diminui a relevância das lutas físicas concretas por sobrevivência (cf. Varela; Dhawan, 2015, p.296). San Juan Jr. (1996) critica igualmente o "textualismo" da perspectiva pós-colonial, que não distingue entre "informantes indígenas e construção etnográfica, de um lado, e mímica subalterna e portadores históricos da prática insurrecional, de outro" (apud Varela; Dhawan, 2015, p.294).

Hall (2003, p.119), de não fazer diferenciação entre "colonização enquanto sistema de governo, poder e exploração e colonização enquanto sistema de conhecimento e representação".

Não é que se defenda aqui uma separação radical entre as duas esferas (ação e discurso);[62] nem quero reerguer uma fronteira entre corpo e mente. Acredito, porém, como tentei mostrar, que existem modos e qualidades diferentes de incluir e excluir e de vivenciar tradições de símbolos e significados: alguns revelam-se mais estruturantes (no nosso caso, a lógica das castas, papéis de gênero, a valorização/desvalorização de determinadas(os) cores/fenótipos), outros são mais maleáveis e facilmente manipuláveis; alguns impregnam e orientam, de forma mais impositiva, as ações e as percepções dos agentes; outros parecem conceder aos agentes (ou, pelo menos, parte deles) maior poder sobre os arranjos e rearranjos dos símbolos e significados, o que faz com que, nestes casos, intervenções conscientes consigam produzir mais facilmente o resultado esperado. Trata-se de uma distinção que os estudos pós-coloniais costumam não fazer ou – poder-se-ia criticar – tendem a ignorar ou negar. Tampouco distinguem entre diferentes dimensões da prática cultural, tal como apontadas por Carneiro da Cunha com os termos "cultura sem aspas" e "cultura com aspas", nem diferenciam, como Eriksen (2004, p.161), identificações "imperativas" de "situacionais" nos processos que marcam o que Hall e outros pós-coloniais entendem como "posicionamentos".[63]

"Nada surge a partir de nada", escreve Eriksen, parodiando Parmênides, para salientar que as identificações são guiadas ou, ao menos, media-

---

62 Não discordo das reflexões de uma posição, de certo modo, pós-moderna como a de Appadurai (2003, p.31), que defende que, no mundo contemporâneo, "a imaginação se tornou central para todas as formas de agenciamento"; que a imaginação pode ser tratada, portanto, como ação social. No entanto, acredito que, dependendo dos contextos e dos fenômenos sociais em questão, os pesos e as forças da imaginação como agenciamento continuam dependendo de – ou, no mínimo, continuam sendo impregnados por – tradições culturais que orientam e estruturam um largo espectro de comportamentos humanos.

63 Escreve Hall (1990, p.226): "Identidades culturais são pontos de identificação, os pontos instáveis de identificação ou suturas, que são construídas dentro dos discursos da história e da cultura. Não são uma essência, mas um posicionamento". Hall e outros pós-coloniais argumentam que são os discursos que produzem um lugar para o sujeito, abrem espaço para um posicionamento e reposicionamento do sujeito. No fundo, o sociólogo de origem jamaicana entende que sujeitos e discursos constituem-se simultaneamente; ou melhor, que indivíduos e coletivos só podem se articular por meio de discursos.

das por símbolos e significados que fazem parte da vivência cotidiana dos sujeitos. O antropólogo opõe-se, desta forma, àquelas análises que tendem a subestimar as forças culturais – frequentemente inconscientes aos agentes sociais –, as quais se manifestam nos processos identitários:

> Podemos optar por não falar de tais particularidades do cotidiano e da realidade social em termos de "cultura", mas elas não são nem mais nem menos inventadas ou reais do que qualquer outra coisa. As pessoas não escolhem seus parentes, não podem optar por livrar-se de sua infância e de tudo que aprenderam numa idade tenra. Estes são aspectos da identidade que não são escolhidos; são incorporados e implícitos. (Eriksen, 2002, p.5; cf. Hofbauer, 2017, p.47)

Acredito que perspectivas desconstrutivistas elaboradas pela crítica pós--colonial que focam as influências estruturantes das intervenções coloniais, de um lado, e análises antropológicas que articulam lógicas estruturantes com usos estratégicos delas (agência), de outro, são capazes de iluminar a processualidade da produção sociocultural e, desta forma, também a dos mecanismos de inclusão e exclusão.[64] São ainda capazes de revelar processos de discriminação sem essencializar um padrão cultural ou um grupo humano específico. Se um enfoque pós-colonial direciona nosso olhar para as forças sociais transformadoras desencadeadas com a introdução (imposição) de sistemas classificatórios alheios que podem incentivar práticas discriminatórias – e indiretamente também contradiscriminatórias –, o enfoque antropológico alerta-nos para o fato de que os processos de identificação e, portanto, de inclusão e exclusão, são guiados também por tradições valorativas locais mais ou menos conscientes aos agentes sociais e que são passíveis de serem manipuladas e transformadas por meio da ação social.

---

64 A antropóloga alemã C. Lentz, por exemplo, propõe uma noção de cultura que foque os processos de diferenciação, sem perder de vista bases valorativas particulares, que dê conta não apenas dos processos de "enclausuramento social" (*social closure*), mas também do congelamento de certas distinções em forma de "configurações culturais" estáveis. Escreve Lentz (2016, p.17): "Ambos os campos, o social e o cultural, exigem atenção não tanto no que diz respeito a unidades circunscritas, mas no que diz respeito à contingência do processo de construção de fronteiras, isto é: processos de emergência, estabilização e fechamento como também de desestabilização e dissolução. A antropologia precisa, portanto, indagar como as diferenças são construídas, isto é, estudar processos de diferenciação e não somente assumir diferenças como fatos ontológicos".

Penso que uma articulação criativa e construtiva entre estas duas formas de análise possa contribuir para preencher os "pontos cegos" de cada uma das tradições acadêmicas. Quero crer que esta estratégia analítica ajude também a contornar os "becos sem saída" que as análises clássicas "unidimensionais" – as quais privilegiavam o tema da diferença em detrimento do da desigualdade ou vice-versa (cf. Gandhi *versus* Ambedkar no caso indiano, e Freyre *versus* Fernandes,[65] no caso brasileiro) –, criaram e cujos legados continuam tendo impactos significativos tanto sobre as produções acadêmicas quanto sobre as políticas públicas.

---

65 É sabido que nas análises de Freyre prevalece a preocupação com a compreensão ("construção") de uma nova formação sociocultural nos trópicos, em detrimento do reconhecimento de conflitos e discriminações internos. Já os estudos clássicos de Fernandes operam, com base em argumentos socioeconômicos, com uma oposição analítica entre brancos e não-brancos e tendem a tratar outras classificações identitárias como um não reconhecimento da realidade, ou melhor, como expressão de uma falta de "consciência (racial)".

BIBLIOGRAFIA

AFRICAN INDIANS: SIDDIS OF WADA. Vídeo (12m19s), 2018. Disponível em: https://www.youtube.com/watch?v=Gct82p8pfYo. Acesso em: 16 mar. 2018.

AGASSIZ, Jean Louis Rodolphe e Agassiz, Elisabeth Cabot Cary. *Voyage au Brésil*. Paris: Librairie de L. Hachette, 1869.

ALDERMAN, Bob. Paintings of Africans in the Deccan. In: ROBBINS, Kenneth X; MCLEOD, John (Orgs.). *African Elites in India*. Ahmedabad: Mapin Publishing, 2006. p.107-23.

ALENCASTRO, Luiz Felipe de. *O trato dos viventes*: formação do Brasil no Atlântico Sul XVI e XVII. São Paulo: Companhia das Letras, 2000.

ALI, Omar H. *Malik Ambar*: Power and Slavery across the Indian Ocean. Oxford: Oxford University Press, 2016.

ALI, Shamshad. Afro-Indians from Slavery to Statemanship. *Asian Mirror – International Journal of Research*. v.2, n.1, p.38-47, 2015.

ALI, Shanti Sadiq. *The African Dispersal in The Deccan*: From Medieval to Modern Times. Hyderabad: Orient Longman, 1996.

ALLEN, Richard B. *European Slave Trading in the Indian Ocean, 1500-1850*. Athens: Ohio University Press, 2014.

ALMEIDA, Fiona Jamal; Obeng, Pashington. Siddi Marriage: Re-Signifying Contract, Transactions and Identities. *South Asian History and Culture*, p.1-12, out. 2020.

ALPERS, Edward A. Defining the African Diaspora. In: CENTER FOR COMPARATIVE SOCIAL ANALYSIS WORKSHOP, 25 out. 2001. *Paper...* Los Angeles: 2001. p.1-28.

AMBEDKAR, Bhimrao Ramji. Annihilation of Caste: Speech prepared for the Annual Conference of the Jat-Pat-Todak Mandal of Lahore. Bombaim: Kadrekar 1944 [1936]. p.1-69.

_____. *Buddha or Karl Marx*. [S.l.]: Dr. Babasaheb Ambedkar International Association for Education, Japan, 1956.

AMBEDKAR, Bhimrao Ramji. Castes in India: Their Mechanism, Genesis and Development. In: PRITCHETT, Frances W. (Org.). *Dr. Babasaheb Ambedkar*: Writings and Speeches, v.1. Bombaim: Education Department, Government of Maharashtra, 1979 [1916]. p.3-22.

_____. Untouchables or the Children of India´s Ghetto: *Dr. Babasaheb Ambedkar Writings and Speeches*, v. 5, editado por MOON, Vasant, Nova Delhi: Dr. Ambedkar Foundation, 2014 [1935], p.1-516.

_____. Who Were The Shudras? How They Came to be the Fourth Varna in the Indo-Aryan Society. *Dr. Babasaheb Ambedkar Writings and Speeches*, v. 7, editado por MOON, Vasant, Nova Delhi: Dr. Ambedkar Foundation, 2014 [1947], p.1-227.

_____. The Untouchables: Who Were They and Why They Became Untouchables? *Dr. Babasaheb Ambedkar Writings and Speeches*, v. 7, editado por MOON, Vasant, Nova Delhi: Dr. Ambedkar Foundation, 2013 [1948], p.231-382.

_____. What Path to Salvation? [1936]. Disponível em: http://www.columbia.edu/itc/mealac/pritchett/00ambedkar/txt_ambedkar_salvation.htm. Acesso em: 11 nov. 2021).

ANDREWS, Charles Freer. *Mahatma Gandhi*: His Life and Ideas. New Delhi: Radha Publication, 1996.

APPADURAI, Arjun, Right and Left Hand Castes in South India. *Indian Economic and Social History Review*, v.11, n.2-3, p.216-59, 1974.

_____. *Modernity at large*. Minnesota: University of Minnesota Press, 2003.

ARRUTI, José Maurício. *Mocambo*: Antropologia e história do processo de formação quilombola. Bauru: Edusc, 2006.

ASAD, Talal. The Construction of Religion as an Anthropological Category. In: ASAD, Talal. *Genealogies of Religion:* Discipline and Reasons of Power in Christianity and Islam. Baltimore: The Johns Hopkins University Press, 1993. p.27-54.

AVELAR, Pedro. *História de Goa*: de Afonso de Albuquerque a Vassalo e Silva. Alfragide: Texto, 2012.

BAIRROS, Luiza. Orfeu e poder: uma perspectiva afro-americana sobre a política racial no Brasil. *Afro-Ásia*, n.17, p.173-86, 1996.

BAMSHAD, Michael et al. Genetic Evidence on the Origins of Indian Caste Populations. *Genomic Research*, v.11, n.6, p.994-1.004, 2001.

BANERJEE-DUBE, Ishita. Caste, Race and Difference: The Limits of Knowledge and Resistance. *Current Sociology*, v.62, n.4, p.512-30, 2014.

BANO, Shadab. The Acquisition and Trade of Elite Slaves in the Thirteenth Century. In: INDIAN HISTORY CONGRESS, 59, 1998. *Proceedings...* New Delhi: Indian History Congress, 1998. p.229-36.

BAPTISTE, Fitzroy André; Mcleod, John; ROBBINS, Kenneth X. Africans in the Medieval Deccan. In: ROBBINS, Kenneth X.; MCLEOD, John (Orgs.). *African Elites in India*. Ahmedabad: Mapin Publishing, 2006. p.31-43.

BARZUN, Jacques. *A Study in Modern Superstition*. New York: Harcourt, Brace and Company, 1937.

DIÁSPORA AFRICANA NA ÍNDIA   397

BASAVANTHAPPA, B. *Leadership and Social Control among the Siddi*. Dharwad: Karnatak University, 1963.

BASTIDE, Roger; FERNANDES, Florestan. *O preconceito racial em São Paulo* [projeto de pesquisa]. São Paulo: Publicações do Instituto de Administração, 1951.

_____; Fernandes, Florestan. *Brancos e negros em São Paulo*. São Paulo: Editora Nacional, 1971 [1955].

BASU, Helene. *Habshi Sklaven, Sidi-Fakire*: Muslimische Heiligenverehrung im westlichen Indien. Berlim: Das Arabische Buch, 1995.

_____. Africans in India. Past and Present. *Interantionales Asienforum*, v.32, n.3-4, p.253-74, 2001.

_____. Slave, Soldier, Trader, Faqir: Fragments of African Histories in Western India (Gujarat). In: JAYASURIYA, Shinan de Silva; PANKHURST, Richard (Orgs.). *The African Diaspora in the Indian Ocean*. Trenton: Africa World Press. 2003. p.223-50.

_____. Redefining Boundaries: Twenty Years at the Shrine of Gori Pir. In: CATLIN-JAIRAZBHOY, Amy; ALPERS, Edward A. *Sidis and Scholars*: Essays on African Indians. Délhi: Rainsbow Publishers, 2004. p.62-85.

BATES, Crispin. Race, Caste and Tribe in Central India: The Early Origins of Indian Anthropometry. *Edinburgh Papers in South Asian Studies*, n.3, p.1-35, 1995.

BAYLY, Susan. *Caste, Society and Politics in India from the Eighteenth Century to the Modern Age*. Cambridge: Cambridge University Press, 2001 [1999].

BEER, Bettina. *Körperkonzepte, interethnische Beziehungen, Rassismustheorien*. Berlim: Dietrich Reimer Verlag, 2002.

BELLIAPPA, P. K. *Migration and Settlement Pattern of the Siddis*. Dharwad: Karnatak University, 1963.

BENEDICT, Ruth. *Race*: Science and Politics. New York: Modern Age Books, 1940.

BERG, Dag Erik. Sovereignties, the World Conference against Racism 2001 and the Formation of a Dalit Human Rights Campaign. *Questions de Recherche / Research in Question*, n.20, 2007. Disponível em: https://dx.doi.org/10.2139/ssrn.2283287. Acesso em: 18 jan. 2011.

BÉTEILLE, André. *Caste, Class, and Power*. Berkeley: University of California Press, 1965.

_____. Race and Descent as Social Categories in India. *Daedalus*, v.96, n.2, p.444-63, 1967.

_____. Caste and Reservations: Lessons of South Indian Experience. *The Hindu*, 20 out. 1990a.

_____. Race, Caste and Gender. *Man*, v.25, n.3, p.489-504, 1990b.

_____. Caste in Contemporary India. In: FULLER, Christopher J. (Org.) *Caste Today*. New Delhi: Oxford University Press, 1996. p.150-79.

_____. Race and Caste. *The Hindu*, 10 mar. 2001. Disponível em: https://frontline. thehindu.com/the-nation/article30251084.ece. Acesso em: 5 mar. 2011.

BÉTEILLE, André. Tribe and Peasantry. In: *Anti-Utopia*: Essential Writings of André Béteille. Editado por Dipankar Gupta. Oxford: Oxford University Press, 2005 [1987]. p.115-35.

BETHENCOURT, Francisco. *Racismos*: das cruzadas ao século XX. São Paulo: Companhia das Letras, 2018.

BHABHA, Homi. *The location of culture*. London: Routledge, 1994.

BHATT, Purnima Mehta. *The African Diaspora in India*: Assimilation, Cultural Change and Survivals. London: Routledge, 2018.

BHATTACHARJEE, Anuradha. Muslim-Jewish Relations in *Sidi* Janjira. In: TOLEDANO, Ehud R. (Org.). *African Communities in Asia and the Mediterranean*: Identities between Integration and Conflict. New Jersey: Africa World Press, 2012. p.105-17.

BHATTACHARYA, Nath Jogendra. *Hindu Castes and Sects*. Calcutá: Thacker, Spink and Co., 1896.

BLACKBURN, Robin. *The Making of New World Slavery*. London: Verso, 1997.

BLANCKAERT, Claude. Les conditions d'émergence de la science des races au début du XIXe siècle. In: MOUSSA, Sarga (Org.). *L'idée de 'race' dans les sciences humaines et la littérature (XVIIIe – XIXe siècles)*. Paris: L'Harmattan, 2003. p.133-49.

BLOCH, Esther; KLEPPENS, Marianne; HEDGE, Rajaram. *Rethinking Religion in India*: The Colonial Construction of Hinduism. London: Routledge, 2010.

BOAS, Franz. Sobre sons alternantes. In: *A formação da antropologia americana*: 1883-1911. Rio de Janeiro: Editora UFRJ, 2004 [1888]. p.98-104.

_____. *The Mind of Primitive Man*. Nova York: The Macmillan Company, 1911.

BOYER, Véronique. Énoncer une "identité" pour sortir de l'invisibilité. La circulation des populations entre les catégories légales (Brésil). *L'homme*, n.214, p.7-36, 2015.

BÖCKELMANN, Frank. *Die Gelben, die Schwarzen, die Weißen*. Frankfurt: Eichborn Verlag, 1998.

BOURDIEU, Pierre; WACQUANT, Loic. Sobre as artimanhas da razão imperialista. *Estudos Afro-Asiáticos*, v.24, n.1, p.15-33, 2002.

BOURDIEU, Pierre. *Esquisse d'une théorie de la pratique, précédée de trios études d'ethnologie kabyle*. Genebra: Librairie Droz, 1972.

BOXER, C. R. *A Igreja e a expansão ibérica (1440-1770)*. Lisboa: Edições 70, 1981.

_____. *Relações raciais no Império colonial português*: 1415-1825. Porto: Afrontamento, 1988.

BRUBAKER, Rogers. The "diaspora" diaspora. *Ethnic and Racial Studies*, v.28, n.1, p.1-19, jan. 2005.

BUFFON, George Leclerc de. *Oeuvres complètes de Buffon*. t.3: De l'Homme. Paris: Bazouge-Pigoreau, 1839.

BUTLER, Judith. *Gender Trouble*: Feminism and the Subversion of Identity. New York: Routledge, 1990.

BUTLER, Kim. Defining Diaspora, Refining a Discourse. *Diaspora*, v.10, n.2, p.189-219, 2001.

DIÁSPORA AFRICANA NA ÍNDIA **399**

BÜNDNIS 90/DIE GRÜNEN. Rasse aus dem Grundgesetz streichen. Jetzt unterzeichnen! *Die Grünen*, [s.d.]. Disponível em: https://www.gruene.de/aktionen/den-begriff-rasse-aus-dem-grundgesetz-streichen. Acesso em: 29 dez. 2020.

BYFIELD, Judith. Introduction: Rethinking the African Diaspora. *African Studies Review*, v.43, n.1, p.1-19, 2000.

CAMARA, Charles. The Siddis of Uttara Kannada: History, Identity and Change among African Descendants in Contemporary Karnataka. In: CATLIN-JAIRAZBHOY, Amy; ALPERS, Edward. *Sidis and Scholars*: Essays on African Indians. Delhi: Rainbow Publishers, 2004. p.100-14.

CAMPBELL, Gwyn. Islam in Indian Ocean Africa Prior to the Scramble: a New Historical Paradigma. In: SIMPSON, Edward; KRESSE, Kai (Org.). *Struggling with History*: Islam and Cosmopolitianism in the Western Indian Ocean. New York, Columbia University Press, 2008a. p.43-92.

_____. Slave Trades and the Indian Ocean World. In: HAWLEY, John C. (Org.). *India in Africa, Africa in India. Indian Ocean Cosmopolitanisms*. Bloomington: Indiana University Press: 2008b. p.17-51.

_____. The African-Asian Diaspora: Myth or Reality? In: JAYASURIYA, Shihan de Silva; ANGENOT, Jean-Pierre (Orgs.). *Uncovering the History of Africans in Asia*. Leiden: Brill, 2008c. p.37-56.

CARDOSO, Fernando Henrique. *Capitalismo e escravidão no Brasil meridional*: o negro na sociedade escravocrata do Rio Grande do Sul. São Paulo: Difel, 1962.

_____; IANNI, Octavio. *Côr e mobilidade social em Florianópolis*. São Paulo: Editora Nacional, 1960.

CARNEIRO DA CUNHA, Manuela. *Cultura com aspas e outros ensaios*. São Paulo: Cosac Naify, 2009.

CATLIN-JAIRAZBHOY, Amy; ALPERS, Edward A. (Orgs.). *Sidis and Scholars:* Essays on African Indians. Délhi: Rainsbow Publishers, 2004. p.159-77.

CEREJEIRA, M. Gonçalves. *O Renascimento em Portugal*: Clenardo e a sociedade portuguesa do seu tempo. Coimbra: Coimbra, 1949.

CHAKRABARTY, Dipesh. *Provincializing Europe*: Postcolonial Thought and Historical Difference. Princeton: Princeton University Press, 2000.

CHÁIREZ-GARZA, Jesús Francisco. B.R. Ambedkar, Franz Boas and the Rejection of Racial Theories of Untouchability. *South Asia: Journal of South Asian Studies*, v. 41, n.2, p.281-296, 2018.

CHANDRA, Uday. Liberalism and its Other: The Politics of Primitivism in Colonial and Postcolonial Indian Law. *Law & Society Review*, v.47, n.1, p.135-68, 2013.

CHANDRASEKHARAIAH, B. M. *Kinship system among the Siddi*. Dharwad: Karnatak University, 1963.

CHATTERJEE, Partha. *The Nation and its Fragments*. Princeton: Princeton University Press, 1993.

CHATTERJEE, Sarajit Kumar. *Scheduled Castes in India*. v.1. New Delhi: Gyan Prakashan,1996.

CHAUDHURI, Nirad. *Scholar Extraordinary*: The Life of Professor the Rt. Hon. Friedrich Max Müller. London: Catto and Windus, 1974.

CHAUHAN, R. R. S. *Africans in India*: From Slavery to Royalty. New Delhi: Asian Publication services, 1995.

CHAVES, María Eugenia. Race and Caste. Other Words and Other Worlds. In: TORRES, Max S. Hering; MARTÍNEZ, María Elena; NIRENBERG, David (Orgs.). *Race and Blood in the Iberian World*. Münster: Lit-Verlag, 2012. p.39-58.

CHITNIS, Sharad. *History of Janjira State*. Mumbai: Mouj Printing Bureau, 2009.

CHOUDHRY, Roy. Anthropometry of the Siddis – the Negroid population of North Kanara India. *Bulletin of the Department of Anthropology*, v.VI, n.I, p.49-60, 1957.

CHOUKIMAT, G. B. *Rituals and beliefs*. Dharwad: Karnatak University, 1963.

CLIFFORD, James. Diasporas. *Cultural Anthropology*, v.9, n.3, p.302-38, 1994.

_____. *Routes*: Travel and Translation in the Late Twentieth Century. Cambridge: Harvard University Press, 1997.

_____. Culturas viajantes. In: ARANTES, Antonio Augusto (Org.). *O espaço da diferença*. São Paulo: Papirus, 2000 [1992].

COHEN, Robin. *Global Diasporas. An Introduction*. Seattle, University of Washington Press: 1997.

COHN, Bernard. S. *Colonialism and Its Forms of Knowledge*: The British in India. Princeton: Princeton University Press, 1996.

COLLINS, Robert O. The African Slave Trade to Asia and the Indian Ocean Islands. In: JAYASURIYA, Shihan de Silva; ANGENOT, Jean-Pierre (Orgs.). *Uncovering the History of Africans in Asia*. Leiden: Brill, 2008. p.57-79.

COSTA, Sérgio. A construção sociológica da raça no Brasil. *Estudos Afro-Asiáticos*, v.24, n.1, p.35-61, 2002.

_____. *Vom Nordatlantik zum "Black Atlantic"*: Sozialtheorie, Antirassismus, Kosmopolitismus. Berlim: Habilschrift; Freie Universität Berlin, 2004.

COX, Oliver C. Race and Caste: a Distinction. *American Journal of Sociology*, v.50, n.5, p.360-8, 1945 (p.360-368).

_____. *Race, Caste and Class*. New York: Monthly Review Press, 1948.

DA MATTA, Roberto. Notas sobre o racismo à brasileira. In: SOUZA, Jessé (Org.). *Multiculturalismo e racismo*. Brasília: Paralelo 15, 1997. p.69-74.

DAS, Purba. "Is Caste Race?" Discourses of racial Indianization. *Journal of Intercultural Communication Research*, v.43, n.3, p.264-82, 2014.

DAVIS, David Brion. *Slavery and Human Progress*. Oxford: Oxford University Press, 1984.

DAYANAND, N. *Life cycle of an individual*: From Adulthood to Old Age and Death. Darwhad: Karnatak University, 1963.

DELACAMPAGNE, Christian. *Die Geschichte der Sklaverei*. Düsseldorf: Artemis & Winkler, 2004.

DELLA VALLE, Pietro. *Viaggi di Pietro della Valle, il pellegrino*: la Turchia, la Persia, e l'India. Brighton: Gancia, 1843.

DESAI, Ashwin; Vahed, Goolam. *The South African Gandhi*: Stretcher-Bearer of Empire. Stanford: Stanford University Press, 2016.

DESAI, D. T. *Daily routing*: With Brief Reference to "Training and Education" among Siddis. Dharwad: Karnatak University, 1963.

DIRKS, Nicholas B. *Castes of Mind*: Colonialism and the Making of Modern India. Princeton: Princeton University Press, 2001.

DOLLARD, John. *Caste and Class in a Southern Town*. New Haven: Yale University Press, 1937.

DREWAL, Henry John. Aliens and Homelands: Identity, Agency and the Arts among the Siddis of Uttara Kannada. In: CATLIN-JAIRAZBHOY, Amy; ALPERS, Edward A. *Sidis and Scholars*: Essays on African Indians. Délhi: Rainsbow Publishers, 2004. p.140-58.

DUFOIX, Stéphane. *The Dispersion*: A History of the Word Diaspora. Brill: Leiden, 2017.

DUMONT, Louis. *Homo hierarchicus*: o sistema das castas e suas implicações. São Paulo: Edusp, 1992 [1966].

DURKHEIM, Émile; MAUSS, Marcel. De quelques formes de classification: contribution à l'étude des représentations collectives. *Année sociologique*, v.6, p.3-46, 1903.

EATON, Richard M. Malik Ambar and Elite Slavery in the Deccan, 1400-1650. In: ROBBINS, Kenneth X.; MCLEOD, John (Orgs.). *African Elites in India*: Habshi Amarat. Ahmedabad: Mapin Publishing, 2006a. p.44-67.

_____. The Rise and Fall of Military Slavery in the Deccan, 1450-1650. In: CHATTERJEE, Indrani; EATON, Richard M. *Slavery and South Asian History*. Bloomington: Indiana Univ. Press, 2006b. p.115-35.

ELABOR-IDEMUDIA, Patience. Gender and the New African Diaspora: African Immigrant Women in the Canadian Labour Force. In: OKPEWHO, Isidore; DAVIES, Carole Boyce; MAZRUI, Ali (Orgs.). *The African Diaspora*: African Origins and New World Self-Fashioning. Bloomington: Indiana University Press, 1999. p.234-53.

ERIKSEN, Thomas Hylland. Confessions of a Useful Idiot, Or, Why Culture Should be Brought Back. *LBC Newsletter* (Uppsala University), p.1-8, 2002.

_____. *What is Anthropology?* London: Pluto Press, 2004.

_____. *Globalization*: The Key Concepts. Oxford: Berg, 2007.

FANON, Frantz. *Peau noire, masques blancs*. Paris: Les Éditions du Seuil, 1952.

FARIA, Patrícia Souza de. Mateus de Castro: um bispo "brâmane" em busca da promoção no império asiático português (século XVII). *Revista eletrônica de História do Brasil*. v.9, n.2, p.30-43, 2007a.

_____. Nascer sem mácula na Índia Portuguesa: clérigos indianos convertidos e a inserção subordinada na ordem imperial. In: SIMPÓSIO NACIONAL DE HISTÓRIA, XXIV, 2007, São Leopoldo. *Anais...* São Leopoldo: Anpuh, 2007b. p.1-8.

FARIA, Patrícia Souza de. O sangue e a fé: escrita e identidade de franciscanos nascidos em espaços coloniais ibéricos (Lima e Índia Portuguesa, século XVII). *Estudos Ibero-Americanos*, v.37, n.1, p.27-45, 2011.

_____. O Pai dos Cristãos e as populações escravas em Goa: zelo e controle dos cativos convertidos (séculos XVI e XVII). *História*, n.39, p.1-30, 2020.

FERNANDES, Florestan. *A integração do negro na sociedade de classes*. v.1-2. São Paulo: Ática, 1978 [1964].

FINLEY, Moses I. *Die antike Wirtschaft*. München: Deutscher Taschenbuch Verlag, 1977.

FITZGERALD, Timothy. Who Invented Hinduism? Rethinking Religion in India. In: BLOCH, Esther; KLEPPENS, Marianne; HEDGE, Rajaram. *Rethinking Religion in India*: The Colonial Construction of Hinduism. London: Routledge, 2010. p.114-34.

FLORVIL, Tiffany. Traçando rotas e comunidades da diáspora africana. *Afro-Ásia*, n.46, p.265-77, 2012.

FREDRICKSON, George M. *Racismo*: uma breve história. Porto: Campo das Letras, 2004.

FREIRE, Paulo. *A pedagogia do oprimido*. New York: Herder and Herder, 1970.

FREYRE, Gilberto. *Casa grande & senzala*. Rio de Janeiro: Record, 1992 [1933].

FRY, Peter. O que a Cinderela negra tem a dizer sobre a "política racial" no Brasil. *Revista USP*, n.28, p.122-35, São Paulo, 1995-1996.

FULLER, Christopher J. Caste. In: DAS, Veena. *The Oxford India Companion to Sociology and Social Anthropology*. Oxford: Oxford University Press, 2003. p.477-501.

GANDHI, Mohandas Karamchand. Caste v. Class. *Young India*, p.3, 29 dez. 1920.

_____. *The essential writings of Mahatma Gandhi*. Oxford: Oxford University Press, 1991.

_____. The Law of Varna. *Young India*, p.390-1, 24 nov. 1927.

_____. Fourfold Division of Society and Four Stages of Life. *Harijan*, n.28-9, p.260-1, 1934.

_____. *The Collected Works of Mahatma Gandhi* (Electronic Book). v.XXII: Nov 15, 1920-Apr 5, 1921; v.XXIII: Apr 6, 1921-Jul 21, 1921; v.XXXIII: Sep 25, 1925-Feb 10, 1926; v.LXIX: May 16, 1936-Oct 19, 1936. New Delhi: Publications Division Government of India, 1999. Disponível em: https://www.gandhiashramsevagram. org/gandhi-literature/collected-works-of-mahatma-gandhi-volume-1-to-98.php.

GEISS, Imanuel. *Geschichte des Rassismus*. Frankfurt: Suhrkamp, 1988.

GHOSH, Palash. Murder Of Nigerian in Goa Uncovers Ugly Racialist Attitudes of Indians Against Black Africans. *IBTimes*, 6 nov. 2013. Disponível em: http://www. ibtimes.com/murder-nigerian-goa-uncovers-ugly-racialist-attitudes-indiansagainst-black-africans-1458578. Acesso em: 15 dez. 2013.

GHURYE, Govind Sadashiv. *Caste and Race in India*. Londres: Kegan Paul, Trench, Trübner, 1932.

_____. *The Scheduled Tribes*. Bombay: Popular Book Depot, 1959. [1ª ed.: *The Aborigines So-Called and Their Future*, 1943.]

GHURYE, Govind Sadashiv. Untouchable Classes and Their Assimilation in Hindu Society. In: GHURYE, Govind Sadashiv. *I and Other Explorations*. Bombaim: Popular Prakashan, 1973, p.316-25.

GILROY, Paul. *There Ain't no Black in the Union Jack*. London: Routledge, 1987.

_____. *The Black Atlantic*: Modernity and Double Consciousness. London: Verso, 1993.

_____. Diaspora. *Paragraph*, v.17, n.3, 1994. p.207-12.

_____. *O Atlântico negro*. São Paulo: Editora 34, 2001 [1993].

_____. *After Empire. Melancholia or Convivial Culture?* Abingdon: Routledge, 2004.

_____. *Entre Campos*: nações, culturas e o fascínio da raça. São Paulo: AnnaBlume, 2007.

GLASER, Eduard. *Die Abessinier in Arabien und Afrika*. München: Lukaschik, 1895.

GOBINEAU, Arthur de. *Essai sur l'inégalité des races humaines*. Paris: Éditions Pierre Belfond, 1967 [1853-1855].

GOODY, Jack. *Domestication of the Savage Mind*. Cambridge: Cambridge University Press, 1977.

_____. *The Logic of Writing and the Organization of Society*. Cambridge: Cambridge University Press, 1986.

_____. *The Interface Between the Written and the Oral*. Cambridge: Cambridge University Press, 1987.

_____. *Renascimentos*: um ou muitos? São Paulo: Editora Unesp, 2011.

GORDON, Edmund T.; ANDERSON, Mark. The African Diaspora: Toward an Ethnography of Diasporic Identification. *The Journal of American Folklore*, v.112, n.445, p.282-96, 1999.

GORDON, Murray. *Slavery in the Arab World*. New York: New Amsterdam Books, 1989.

GRÜNEWALD, Rodrigo de Azeredo. Tradição. In: LIMA, Antonio Carlos de Souza (Org.). *Antropologia e direito*: temas antropológicos para estudos jurídicos. Rio de Janeiro: Contra Capa Livraria, 2012. p.186-97.

GUIMARÃES, Antonio Sérgio. *Racismo e anti-racismo no Brasil*. São Paulo: Edições 34, 1999.

_____. *Classes, raças e democracia*. São Paulo: Editora 34, 2002.

_____. Carta aberta aos antirracistas. *Afro*: Núcleo de Pesquisa e Formação em Raça, Gênero e Justiça Racial, 16 dez. 2020. Disponível em: https://pp.nexojornal.com.br/opiniao/2020/Carta-aberta-aos-antirracistas. Acesso em: 29 dez. 2020.

GUPTA, Dipankar. *Interrogating Caste*: Understanding Hierarchy & Difference in Indian Society. New Delhi: Penguin Books, 2000.

_____. The Politics of "Caste is Race" The Impact of Urbanisation. In: PIXTON, Rik; PRECKLER, Ellen. *Racism in Metropolitan Areas*. New York: Berghahn Books, 2006. p.40-62.

_____. Caste, Race, Politics. In: THORAT, Sukhadeo; UMAKANT (Orgs.). *Caste, Race and Discrimination*: Discourses in International Context. New Delhi: Indian Institute of Dalit Studies, 2013.

HALL, Stuart. Cultural Identity and Diaspora. In: RUTHERFORD, Jonathan (Org.). *Identity*: Community, Culture, Difference. London: Lawrence & Wishart, 1990. p.222-37.

_____. Quando foi o pós-colonial? Pensando no limite. In: HALL, Stuart. *Da diáspora*: identidades e mediações culturais. Belo Horizonte: Editora UFMG, 2003. p.101-28.

HAMBLY, Gavin. A Note on the Trade in Eunuchs in Mughal Empire. *Journal of the American Oriental Society*, v.94, n.1, p.125-30, 1974.

HANCHARD, Michael George. *Orfeu e o poder*: movimento negro no Rio e São Paulo. Rio de Janeiro: Editora Uerj, 2001.

HANNAFORD, Ivan. *Race*: The History of an Idea in the West. Baltimore: The John Hopkins University Press, 1996.

HARRIS, Joseph E. *The African Presence in Asia*: Consequences of the East African Slave Trade. Evanston: Northwestern University Press, 1971.

_____. Introduction. In: HARRIS, Joseph (Org.). *Global Dimensions of the African Diaspora*. Washington D.C.: Howard University Press, 1982.

HASENBALG, Carlos A. *Discriminações e desigualdades raciais no Brasil*. Rio de Janeiro: Graal, 1979.

HIREMATH, R. S. *Life, Living and Language among Sidis of North Kanara District*. Dharwad: Karnatak University, 1993.

HIRSCHFELD, Magnus. *Racism*. London: Gollancz, 1938 [1933-1934].

HOBSBAWM, Eric; RANGER, Terence (Orgs.). *The invention of tradition*. Cambridge: Cambridge University Press, 1983.

HOFBAUER, Andreas. Ações Afirmativas e o debate sobre o racismo no Brasil. *Lua Nova*, n.68, p.9-56, 2006a.

_____. Estudos das relações raciais: um legado da Escola Paulista. *Revista Versões*, v.2, p.143-62, 2006b.

_____. *Uma história de branqueamento ou o negro em questão*. São Paulo: Editora da Unesp, 2006c.

_____. Entre olhares antropológicos e perspectivas dos estudos culturais e pós-coloniais: consensos e dissensos no trato das diferenças. *Antropolítica*, v.2, n.27, p.99-130, 2009.

_____. Criulidade *versus* africanidade: percepções da diferença e da discriminação. *Afro-Ásia*, v.43, p.91-127, 2011.

_____. Racismo na Índia? Cor, raça e casta em contexto. *Revista Brasileira de Ciência Política*, n.16, p.153-91, 2015.

_____. Antropologia e pós-colonialismo: focando as castas na Índia. *Ilha*, v.19, n.2, p.37-71, 2017.

HUND, Wulf D. *Rassismus und Antirassismus*. Köln: PapyRossa Verlag, 2018.

_____. Rassismusanalyse in der Rassenfalle. Zwischen "raison nègre" und "racialization". *Archiv für Sozialgeschichte*, n.56, p.511-48, 2016.

HUXLEY, Julian; HADDON, Alfred C. *We Europeans*: A Survey of Racial Problems. London: Cape, 1935.

IANNI, Octavio. *As metamorfoses do escravo*. São Paulo: Hucitec, 1988 [1962].

IBN KHALDÚN, Abu Zaide Abdal Ramane ibn Maomé. *The Muqaddimah*. Princeton: Princeton University Press, 1989.

IBGE. *Pesquisa Nacional por amostra de domicílios*. Rio de Janeiro: 1976.

IMMERWAHR, Daniel. Caste or Colony? Indianizing race in the United States. *Modern Intellectual History*, v.4, n.2, p.275-301, 2007.

INDIA. *Handbook of Scheduled Castes and Scheduled Tribes*. New Delhi: Office of the Commissioner for Scheduled Castes and Scheduled Tribes, 1968.

INDIA. Lokur Committee. *The Report of the Advisory Committee on the Revision of the Lists of Scheduled Castes and Scheduled Tribes*. New Delhi: Lokur Committee, 1965.

_____. *The Constitution of India*. Part III: Fundamental Rights; Part IV: Directive Principles of State Policy. 1977. Disponíve em: https://www.india.gov.in/sites/upload_files/npi/files/coi_part_full.pdf

INTERNATIONAL DALIT SOLIDARITY NETWORK; Human Rights Watch; National Center for Deaf Health Research (Org.). *Durban Review Conference and Caste-Based Discrimination*. 2009. 2f. Disponível em: http://idsn.org/wp-content/uploads/user_folder/pdf/New_files/UN/Durban_and_caste_-_joint_position_paper.pdf. Acesso em: 19 jul. 2018.

JACQUARD, Albert. *Éloge de la différence*: la génétique et les hommes. Paris: Seuil, 1978.

JAFFRELOT, Christophe. *Religion, Caste and Politics in India*. New Delhi: Primus, 2010.

JASDANWALLA, Faaeza; MCLEOD, John; BHANDARE, Shailendra. The Sidi Kingdom of Janjira. In: ROBBINS, Kenneth X.; MCLEOD, John (Orgs.). *African Elites in India*. Ahmedabad: Mapin Publishing, 2006. p.177-217.

JAYASURIYA, Shihan de Silva; PANKHURST, Richard (Orgs.). *The African Diaspora in the Indian Ocean*. Trenton: Africa World Press, 2003.

_____. *African Identity in Asia*: Cultural Effects of Forced Migration. Princeton: Markus Wiener Publishers, 2009.

_____; ANGENOT, Jean-Pierre (Orgs.). *Uncovering the History of Africans in India*. Leiden: Brill, 2008.

JENKINS, Richard. *Rethinking Ethnicity*: Arguments and Explorations. London: Sage Publications, 2003 [1997].

JONES, William. Third Anniversary Discourse, on the Hindus, delivered 2d of February, 1786. In: *The Works of Sir William Jones*. v.3. London: Stockdale, Picadilly, Walker, Paternoster-Row, 1807. p.24-46.

JOHANNSEN, Wilhelm. The Genotype Conception of Heredity. *The American Naturalist*, v.45, n.531, p.129-59, 1911.

JORDAN, Winthrop D. *White over black*. Kingsport: The University of North Carolina Press, 1968.

KALYAN, J. L.; DESAI, Bhavana; WAGHMODE, R. H. Life Style among Siddis: With Special Reference to Gardolli-Wada in Haliyal Taluka of North Canara District, Karnataka. *Indian Streams Research Journal*, v.3, n.4, p.1-7, 2013.

KASHINAT, M. *Law and Justice among the Siddis*. Dharwad: Karnatak University, 1963.

KENOYER, Mark; BHAN, Kuldeep K. Sidis and the Agate Industry of Western India. In: CATLIN-JAIRAZBHOY, Amy; ALPERS, Edward. *Sidis and Scholars*. Delhi: Rainbow Publishers 2004.

KERNER, Ina. La teoría postcolonial como teoría crítica global. *Devenires*, v.XVII, n.34, p.157-85, 2016.

KETKAR, Shridhar Venkatesh. *The History of Caste in India*. New York: Taylor & Carpenter, 1909-1911.

KHADER, Khatija Sana. Translocal Notions of Belonging and Authenticity: Understanding Race amongst the Siddis of Gujarat and Hyderabad. *South Asian History and Culture*, v.11, n.4, p.1-16, 2020.

KHALIDI, Omar. The Habshis of Hyderabad. In: ROBBINS, Kenneth X; MCLEOD, John (Orgs.). *African Elites in India*. Ahmedabad: Mapin Publishing, 2006. p.245-53.

KHAN, Abrar Ahmed. Siddhis of Uttara Kannada Seek Obama Legacy for a Makeover. *Coastal Digest*, p.1-8, 14 maio 2012. Disponível em: http://www.coastaldigest.com/column/39949-siddhis-of-uttara-kannada-seek-obama-legacy-for-a-makeover. Acesso em: 15 mar. 2018.

KING, Richard. Colonialism, Hinduism and the Discourse of Religion. In: BLOCH, Esther; KLEPPENS, Marianne; HEDGE, Rajaram. *Rethinking Religion in India*. The Colonial Construction of Hinduism. London: Routledge, 2010. p.95-113.

KIVISILD, Toomas et al. The Genetic Heritage of the Earliest Settlers Persists Both in Indian Tribal and Caste Populations. *The American Journal of Human Genetics*, v.72, n.2, p.313-32, 2003.

KNOX, Robert. *The Races of Men*. Miami: Mnemosyne Publishing, 1969 [1850].

KONADU-AGYEMANG, Kwadwo; Takyi, Baffour K.; Arthur, John A. *The New African Diaspora in North America*: Trends, Community Building, and Adaptation. Lanham: Lexington Books, 2006.

KOSTER, Henry. *Viagens ao nordeste do Brasil*. São Paulo: Editora Nacional, 1942.

KOTRAPPA, K. *Health and Sanitation, Diseases and Their Treatment among the Siddis*. Dharwad: Karnatak University, 1963.

KUSUR, Veerappa Mallikarjunappa. *Family Life among the Siddis*. Dharwad: Karnatak University, 1963.

LAMBI, S. C. Social Differentiation among the Siddi. Dharwad: Karnatak University, 1963.

LENTZ, Carola. The Making and Unmaking of an Anthropological Concept. *Working papers of the Deparment of Anthropology and African Studies*, n.166, p.1-26, 2016.

LEWIS, Bernard. *Race and Color in Islam*. New York: Harper & Row, 1971.

LEWIS, Laura A. Between "Casta" e "Raza". The Example of Colonial Mexico. In: TORRES, Max S. Hering; MARTÍNEZ, María Elena; NIRENBERG, David. *Race and Blood in the Iberian World*. Münster: Lit-Verlag. 2012. p.99-123.

LEWONTIN, Richard C. The Apportionment of Human Diversity. *Evolutionary Biology*, n.6, p.391-8, 1972.

LEWIS, Earl. To Turn as on a Pivot: Writing African Americans into a History of Overlapping Diasporas. *American Historical Review*, v.100, n.3, p.765-87, 1995.

LINSCHOTEN, Jan Huygen van. *Itinerário, viagem ou navegação de Jan Huygen van Linschoten para as Índias Orientais ou portuguesas*. Edição de: Arie Pos e Rui Manuel Loureiro. Lisboa: CNCDP, 1997 [1596].

LINSCHOTEN, Jan Huygen van. *Voyage to Goa and Back, 1583-1592, with His Account of the East Indies. From Linschoten´s Discourse of Voyage in 1598 (Vol. II)*. New Delhi: Asian Educational Services, 2004

LOBO, Cyprian Henry. *Siddis in Karnataka*: A Report Making Out a Case that They Be Included in the List of Scheduled Tribes. Bangalore: Centre for Non-formal and Continuing Education Ashirvad, 1984.

LODHI, Abdulaziz. African settlements in India. *Nordic Journal of African Studies*, v.1, n.1, p.83-6, 1992.

LOOMBA, Ania. Race and the Possibilities of Comparative Critique. *New Literary History*, v.40, p.501-22, 2009.

LORENZEN, David. N. Hindus and others. In: BLOCH, Esther; KLEPPENS, Marianne; HEDGE, Rajaram. *Rethinking Religion in India*: The Colonial Construction of Hinduism. London: Routledge, 2010. p.25-40.

LOUIS, Prakash. *Casteism is Horrendous than Racism*: Durban and Dalit Discourse. New Delhi: Indian Social Institute. 2001.

LOUREIRO, Rui. O encontro de Portugal com a Ásia no século XVI. In: ALBUQUERQUE, Luís de; FERRONHA, Antonio Luís; HORTA, José da Silva; LOUREIRO, Rui (Orgs.). *O confronto do olhar*: o encontro dos povos na época das Navegações portuguesas. Lisboa: Caminho, 1991. p.155-211.

LOVEJOY, Paul E. (Org.). *The Ideology of Slavery in Africa*. London: Sage Publications, 1981.

_____. *Transformation in Slavery*: A History of Slavery in Africa. Cambridge: Cambridge University Press, 1983.

LYOTARD, Jean-François. *La condition postmoderne*: rapport sur le savoir. Paris: Minuit, 1979.

MACDONELL, Arthur Anthony; KEITH, Arthur Barriedale. *Vedic index of names and subjects*. 2v. London: John Murray, 1912.

MAGAVI, M. V. *Consumption and Exchange among Siddis*. Dharwad: Karnatak University, 1963.

MAGGIE, Yvonne. "Aqueles a quem foi negada a cor do dia": as categorias cor e raça na cultura brasileira. In: MAIO, Marcos Chor; SANTOS, Ricardo Ventura. *Raça, ciência e sociedade*. Rio de Janeiro: Fiocruz; CCBB, 1996. p.225-34.

MAHMOOD, Bea. The Injustice of Fairness: Is Fair Skin Really an Indication of Attractiveness? *Entouraaj*, 31 ago. 2013. Disponível em: http://entouraaj.com/the-injustice-of-fairness. Acesso em: 3 set. 2013.

MANN, Michael. *Sahibs, Sklaven und Soldaten*. Geschichte des Menschenhandels rund um den Indischen Ozean. Darmstadt: Wissenschaftliche Buchgesellschaft, 2012.

MARTINI, Marco. Die Fusion von Kaste und Rasse in Britisch-Indien: Der koloniale Diskurs und seine Implikationen. *Elektronische Veröffentlichungen zur Geschichte Südasiens*, Schrift Nr. 8, p.1-25, 2008.

MATORY, Lorand J. The Homeward Ship: Analytic Tropes as Maps of and for African-Diaspora Cultural History. In: HARDIN, Rebecca; CLARKE, Kamari Maxine (Orgs.). *Transforming Ethnographic Knowledge*. Madison: University of Wisconsin Press, 2012. p.93-225.

MATTOS, Hebe. "Remanescentes das comunidades dos quilombos": memória do cativeiro e políticas de reparação no Brasil. *Revista USP*, n.68, p.104-39, 2006.

MATOS, Paulo Teodoro. Imaginar, contar e descrever as populações coloniais portuguesas, 1776-1875. *Revista Brasileira de Estudos de População*, v.34, n.3, p.635-48, 2017.

MAYER, Ruth. *Diaspora. Eine kritische Begriffsbestimmung*. Bielefeld: [transcript], 2005.

MBEMBE, Achille. *Crítica da razão negra*. São Paulo: n-1 edições, 2018.

MCLEOD, John. The Nawabs of Sachin. In: ROBBINS, Kenneth X; MCLEOD, John (Orgs.). *African Elites in India*. Ahmedabad: Mapin Publishing, 2006. p.219-33.

_____. Marriage and Identity among the Sidis of Janjira and Sachin. In: HAWLEY, John C. (Org.). *India in Africa, Africa in India*: Indian Ocean Cosmopolitanisms. Bloomington: Indiana University Press: 2008. p.253-71.

MERCER, Kobena. Diaspora Culture and the Dialogic Imagination: The Aesthetics of Black Independent Film in Britain. In: MERCER, Kobena. *Welcome to the Jungle*: New Positions in Black Cultural Studies. New York: Routledge, 1994. p.53-68.

MIERS, Suzanne; KOPYTOFF, Igor. *Slavery in Africa*. Madison: The University of Wisconsin Press, 1977.

MIGNOLO, Walter. Desobediência epistêmica: a opção descolonial e o significado de identidade em política. *Cadernos de Letras da UFF*, n.34, p.287-324, 2008.

MILES, Robert. *Rassismus*: eine Einführung in die Geschichte und Theorie eines Begriffs. Hamburg: Argument, 1992.

MIURA, Toru; PHILIPS, John Edward. *Slave Elites in the Middle East and Africa*: A Comparative Study. London; New York: Kegan Paul International, 2000.

MONTAGU, Ashley. *Man´s Most Dangerous Myth*: The Fallacy of Race. London: Altamira Press, 1997 [1942].

MONTEIRO, John. *Tupis, tapuias e historiadores*: estudos de história indígena e do indigenismo. 2001. Tese (Livre-docência em Antropologia) – Instituto de Filosofia e Ciências Humanas, Universidade de Campinas.

MOURA, Clóvis. *Rebeliões da senzala*. São Paulo: Livraria Editora Ciências Humanas, 1981.

MÜLLER, Max Friedrich. On the Relation of Bengali to the Arian and Aboriginal Languages of India. *Report of the British Association for the Advancement of Science*, p.319-50, 1847.

MÜLLER, Max Friedrich. *The Language of the Seat of War in the East, with a Survey of the Three Families of Language, Semitic, Arian, and Turanian.* London: Williams and Norgate, 1855.

_____. *Biographies of Words and the Home of the Aryas.* London: Longmans, Green, and Co.,1888.

MUNANGA, Kabengele. *Rediscutindo a mestiçagem no Brasil:* identidade nacional versus identidade negra. Petrópolis: Vozes, 1999.

MYRDAL, Gunnar. *An American Dilemma:* The Negro Problem and Modern Democracy. New York: Harper & Bros, 1944.

NIJAGOMNNAVAR, Manjula. *Anthropological demography of Siddi of Uttara Kannada District, Karnataka.* 2008. Tese (Doutorado) – Departament of Anthropology, Karnatak University, 2008.

O ALCORÃO. Tradução de: Mansour Challita. Rio de Janeiro: Associação Cultural Internacional Gibran, s. d.

OAKLEY, Ann. *Sex, Gender and Society.* London: Temple Smith, 1985 [1972].

OBENG, Pashington. African Indian Culture Articulation: Mediation and Negotiation in Uttara Kannada. In: CATLIN-JAIRAZBHOY, Amy; ALPERS, Edward A. *Sidis and Scholars:* Essays on African Indians. Delhi: Rainsbow Publishers, 2004. p.115-39.

_____. *Shaping Membership, Defining Nation:* The Cultural Politics of African Indians in South Asia. New York: Lexington Books, 2007.

_____. Religion and Empire. Belief and Identity among African Indians of Karnataka, South India. In: HAWLEY, John C. (Org.). *India in Africa, Africa in India.* Indian Ocean Cosmopolitanisms. Bloomington: Indiana University Press, 2008. p.231-51.

ODDIE, Geoffrey A. Hindu Religious Identity with Special Reference to the Origin and Significance of the Term "Hinduism", c. 1787-1947. In: BLOCH, Esther; KLEPPENS, Marianne; HEDGE, Rajaram. *Rethinking Religion in India:* The Colonial Construction of Hinduism. London: Routledge, 2010, p.41-55.

OKA, Rahul C.; KUSIMBA, Chapurukha M. Siddi as Mercenary or as African Success Story on the West Coast of India. In: HAWLEY, John C. (Org.). *India in Africa, Africa in India.* Indian Ocean Cosmopolitanisms. Bloomington: Indiana University Press, 2008. p.203-39.

OMVEDT, Gail. *Cultural Revolt in a Colonial Society:* The Non-Brahman Movement in Western India: 1873 to 1930. Bombay: Scientific Socialist Education Trust, 1976.

_____. Caste and Hinduism. *Countercurrents.org,* 29 nov. 2003. Disponível em: https://www.countercurrents.org/dalit-omvedt291103.htm. Acesso em: 9 ago. 2014.

_____. *Ambedkar:* Towards an Enlightened India. London: Penguin, 2004.

_____. Nation and Civilisation. *Round Table India,* 13 out. 2010. Disponível em: https://roundtableindia.co.in/index.php?option=com_content&view=article&id =2675:nation-and-civilisation&catid=118&Itemid=131. Acesso em: 7 ago. 2014.

ORTNER, Sherry. *Anthropology and social theory*: Culture, Power, and the Acting Subject. London: Duke University Press, 2006.

OYĚWÙMÍ, Oyèrónkẹ́. *What Gender is Motherhood?*: Changing Yorùbá Ideals of Power, Procreation, and Identity in the Age of Modernity. New York: Macmillan, 2016.

PAIVA, Eduardo França. *Dar nome ao novo*: uma história lexical da Ibero-América entre os séculos XVI e XVIII. Belo Horizonte: Autêntica, 2015.

PALAKSHAPPA, Tumkur Channaveerappa. *The Siddhis of North Kanara*. Delhi: Sterling Publishers, 1976.

PARACHA, Nadeem F. Smokers' corner: Sindh's African roots. *Dawn*, p.1-5, 26 ago. 2018. Disponível em: https://www.dawn.com/news/1428950/smokers-corner-sindhs-african-roots. Acesso em: 07 out. 2018.

PARK, Robert Ezra. *Race and Culture*. New York, The Free Press, 1950.

PATEL, Sujata Patel. Towards Internationalism: Beyond Colonial and Nationalist Sociologies. In: KUHN, Michael; YAZAWA, Shujiro (Orgs.). *Theories about Strategies against Hegemonic Social Sciences*. Lisboa: Fundação Calouste Gulbenkian, 2013. p.213-32.

PATIL, Prakash V. *A Biomedical Sutdy of Siddis of Karnataka*. 1998. Tese (Doutorado) – Karnatak University, Dharwad, 1998.

PATTERSON, Orlando. *Slavery and Social Death*. Harvard: Harvard University Press, 1982.

PATTERSON, Tiffany Ruby; KELLEY, Robin D. G. Unfinished Migrations: Reflections on the African Diaspora and the Making of the Modern World. *African Studies Review*, v.43, n.1, p.11-45, 2000.

PAVATE, Prabhakar *Morpho-genetic Study of the Siddhis of Karnataka*. 1985. Tese (Doutorado) – Karnatak University, Dharwad, 1985.

PÉQUIGNOT, Sofia. From "Afro-Indians" to "Afro-Global" Networking: Contemporary Identification and Unification Processes Among Siddis. *South Asian History and Culture*, p.1-16, out. 2020.

PEREIRA, José. *Konkani – A Language*: A History of the Konkani Marathi Controversy. Dharwad: Karnatak University, 1971.

PHILLIPS, William D. *Slavery from Roman Times to the Early Transatlantic Trade*. Minneapolis: University of Minnesota Press, 1985.

PHOOLBHAVI, S. S. *Siddis and Their Neighbours*. Dharwad: Karnatak University, 1963.

PHULE, Jotirao Govindrao. *Slavery (in the Civilised British Government under the Cloak of Brahmanism)*. Bombaim: Education Department, Government of Maharashtra, 1991.

PINHEIRO, Cláudio. No governo dos mundos: escravidão, contextos coloniais e administração de populações. *Estudos Afro-Asiáticos*, v.24, n.3, p.425-57, 2002.

PINNEY, Christopher. Colonialism and Culture. In: BENNETT, Tony (Org.). *The Sage Handbook of Cultural Analysis*. London: Sage Publications, 2008. p.382-405.

DIÁSPORA AFRICANA NA ÍNDIA   **411**

PINTO, Celsa. *Trade and Finance in Portuguese India*: A Study of the Portuguese Country Trade. 1770-1840. New Delhi: Concept Publishing House, 1994.

PINTO, Jeanette. *Slavery in Portuguese India (1510-1842)*. Delhi: Himalaya Publishing House, 1992.

_____. The African Native in Indiaspora. In: JAYASURIYA, Shihan de S.; ANGENOT, Jean-Pierre. *Uncovering the History of Africans in Asia*. Boston: Brill, 2008. p.139-54.

PINTO, Luiz Maria da Silva. *Diccionario da língua brasileira*. Ouro Preto: Typhographia de Silva, 1832.

PRASAD, Kiran Kamal. *In Search of an Identity*: An Ethnographic Study of the Siddis in Karnataka. Bangalore: Elegant Printing Works, 2005.

PRASAD, Kiran Kamal. Race, Caste and Class Dynamics among the Siddis in Karnataka. In: PRASAD, Kiran Kamal; ANGENOT, Jean-Pierre (Orgs.). *Tadia. The African Diaspora in Asia*. Bangalore: Jana Jagrati Prakashana, 2008. p.209-21.

PRASHAD, Vijay. Afro-Dalits of the Earth, Unite! *African Studies Review*, v.43, n.1, p.189-201, 2000.

PURIFICAÇÃO, Miguel da. *Relação defensiva dos filhos da Índia Oriental*. Barcelona: Sebastião e João Matheus, 1640.

QUIJANO, Aníbal. ¡Qué tal raza! *ALAI – América Latina en Movimiento*, n.320, p.1-6, 2000.

_____. Colonialidad del poder y clasificación social. In: *Cuestiones y horizontes*: de la dependencia histórico-estructural a la colonialidad/descolonialidad del poder. Buenos Aires: *Clacso*, 2014. p.287-326.

RAJSHEKAR, Vontibettu Thimmappa. *Apartheid in India*. Bangalore: Dalit Action Committee, 1979.

RASHIDI, Runoko (Org.). *African Presence in Early Asia*. New Brunswick: Transaction Publishers, 1985.

_____. The African Presence in India. *An Ethiopian Journal*, 24 ago. 2008. Disponível em: http://tseday.wordpress.com/2008/08/24/the-african-presence-in-india-by-runoko-rashidi/. Acesso em: 16 ago. 2014.

RAY, Shantanu Guha. India's Unbearable Lightness of Being. *BBC News*, 23 mar. 2010. Disponível em: http://news.bbc.co.uk/2/hi/8546183.stm. 2010. Acesso em: 1 fev. 2012.

REDDY, Deepa S. The Ethnicity of Caste. *Anthropological Quarterly*, v.78, n.3, p.543-84, 2005.

RIOS, Ana Lugão; Mattos, Hebe. *Memórias do cativeiro*: família, trabalho e cidadania no pós-abolição. Rio de Janeiro: Civilização Brasileira, 2005.

RISLEY, Herbert Hope. The Study of Ethnology in India. *The Journal of the Anthropological Institute of Great Britain and Ireland*, v.20, p.235-63, 1891a.

_____. *The Tribes and Castes of Bengal*. v.1. Calcutta: Bengal Secretariat Press, 1891b.

_____. *The People of India*. New Delhi: Munshiram Manoharlal Publishers, 1908.

RODRIGUES, Raimundo Nina. *Os africanos no Brasil*. São Paulo: Ed. Nacional, 1977.

RODRIGUES, Valerian. Social Inequality and Democracy: The Good Society in Low Caste Voices in Modern India. In: REHBERG, Karl-Siegbert (Org.). *Soziale Ungleichheit, kulturelle Unterschiede*. Frankfurt: Campus Verlag, 2006.

ROTTER, Gernot. *Die Stellung des Negers in der islamisch-arabischen Gesellschaft bis zum XVI. Jahrhundert*. Bonn, 1967. Tese (Doutorado) – Faculdade de Filosofia, Rheinisch Friedrich-Wilhelms-Universität.

SAFRAN, William. Diasporas in Modern Societies: Myths of Homeland and Return. *Diaspora: A Journal of Transnational Studies*, v.1, n.1, p.83-99, 1991.

SAHLINS, Marshall. *Historical Metaphors and Mythical Realities*: Structure in the Early History of the Sandwich Islands Kingdom. Ann Arbor: University of Michigan Press, 1981.

SAHLINS, Marshall. *Ilhas de história*. Rio de Janeiro: Zahar, 1990.

_____. O "pessimismo sentimental" e a experiência etnográfica: por que a cultura não é um "objeto" em via de extinção (parte I). *Mana*, v.3, n.1, p.41-73, 1997.

SAID, Edward. *Orientalism*. New York: Vintage, 1978.

SAMVARTHA, B. A. Siddhi Community. *A Crazy Mind's Eye*, p.1-10. 3 nov. 2010. Disponível em: https://acrazymindseye.wordpress.com/2010/11/03/siddhi-community/. Acesso em: 12 jul. 2018.

SAN JUAN Jr., Epifanio. Über die Grenzen "postkolonialer" Theorie. Kassiber aus der "Dritten Welt". *Das Argument*, v.38, n.3, p.361-72, 1996.

SANJEK, Roger. Race. In: BARNAARD, Alan; SPENCER, Jonathan (Orgs.). *The Routledge Encyclopedia of Social and Cultural Anthropology*. London: Routledge, 1996. p.462-5.

SANSONE, Livio. *Negritude sem etnicidade*. Salvador: Pallas, 2004.

SARASWATI, Dayananda Maharishi Swami. *The Light of Truth*. Delhi: Ram Gopal Shalwale,1984.

SAVARKAR, Vinayak Damodar. *Hindutva*: Who is a Hindu? Nagpur: Bharat Publications, 1928.

SAYCE, A. H. The Primitive Home of the Aryans. *Science*, v.14, n.337, p.38-42, 1889.

SHROFF, Beheroze. Sidis and Parsis. A filmmaker´s note. In: CATLIN-JAIRAZBHOY, Amy; ALPERS, Edward A. (Orgs.). *Sidis and Scholars*: Essays on African Indians. Delhi: Rainsbow Publishers, 2004. p.159-77.

SIDDI JANA VIKAS SANGHA. Samuha Siddi Jana Vikas Project, Haliyal. In: AWARE OF CHILDREN´S RIGHTS AND TRIBAL VALUES, out. 2013, [s.l.].

SIKAND, Yoginder. Shared Hindu-Muslim Shrines in Karnataka: Challenges to Liminality. In: AHMAD, Imtiaz; REIFELD, Helmut (Orgs.). *Lived Islam in South Asia*: Adaptation, Accommodation and Conflict. New Delhi: Social Science Press, 2004. p.166-86.

SILVA, Vagner Gonçalves da. *Candomblé e umbanda*: caminhos da devoção brasileira. São Paulo: Ática, 1994.

SILVÉRIO, Valter. Raça, etnicidade e ciência(s) na luta contra o racismo. In: HITA, Maria Gabriela (Org.). *Raça, racismo e genética em debates científicos e controvérsias sociais*. Salvador: Edufba, 2017. p.113-38.

SLENES, Robert. Malungu, Ngoma vem! África coberta e descoberta no Brasil. *Revista USP*, n.12, p.48-67, 1992.

SLATE, Nico. Translating Race and Caste. *Journal of Historical Sociology*, v.24, n.1, p.62-78, 2011.

SOLINAS, Pier Giorgio. Beyond the Fingerprints. From Biometric to Genetics. *Anuac*, v.9, n.2, p.121-39, 2020.

SOUSA, Francisco de. *Oriente conquistado a Jesus Cristo pelos Padres da Companhia de Jesus da Província de Goa*. 2v. Lisboa: Officina de Valentim da Costa Deslandes, Impressor de Sua Magestade, 1710. Disponível em: https://nenotavaiconta.wordpress.com/tag/padre-francisco-de-sousa/. Acesso em: 5 fev. 2016.

SOUZA, Teotonio R. de. *Medieval Goa*: A Socio-economic History. New Delhi: Concept Publishing House, 1979.

_____. Slave Trade in Goa. *Parmal*, v.29, n.3, p.43-9, 2004.

_____. Manumission in Goa During 1682 to 1760 as Found in Codex 860. In: PRASAD, Kiran Kamal; ANGENOT, Jean-Pierre. *TADIA*. The African Diaspora in Asia. Bangalore: Jana Jagrati Prakashana, 2008. p.167-81.

SPIVAK, Gayatri. Can the Subaltern Speak? In: NELSON, Cary; GROSSBERG, Lawrence (Orgs.). *Marxism and the Interpretation of Culture*. Chicago: University of Illinois Press, 1988, p.271-313.

SRINIVAS, Mysore Narasimhachar. *Religion and Society among the Coorgs of South India*. Coorg: Asia Publishing House, 1952.

_____. A Note on Sanskritization and Westernization. *The Far Eastern Quarterly*, v.15, n.4, p.481-96, 1956.

SRINIVASAN, Sheela. *Goa, a Social History (1640-1750)*. Panaji: Rajhauns Vitaran, 2012.

STOLCKE, Verena. Is Sex to Gender as Race is to Ethnicity? In: DEL VALLE, Teresa (Org.). *Gendered Anthropology*. London: Routledge, 1993. p.17-37.

SUBRAHMANYAM, Sanjay. *The Portuguese Empire in Asia 1500-1700*. Oxford: Wiley-Blackwell, 2012.

TAGUIEFF, Pierre-André. Die Metamorphosen des Rassismus und die Krise des Antirassismus. In: BIELEFELD, Ulrich (Org.). *Das Eigene und das Fremde*. Hamburg: Hamburger Edition HIS, 1998.

TAMBIAH, Stanley Jeyaraja. *Magic, Science, Religion, and the Scope of Rationality*. Cambridge: Cambridge University Press, 1990.

THAPAR, Romila. The Theory of Aryan Race in India: History and Politics. *Social Scientist*, v.24, n.1-3, p.3-29, 1996.

_____. *Early India*: From the Origins to AD 1300. Berkeley: University of California Press California, 2002.

THE GUARDIAN. More than 63 million Women "missing" in India, statistics show. *The Guardian*, 30 jan. 2018. Disponível em: https://www.theguardian.com/world/2018/jan/30/more-than-63-million-women-missing-in-india-statistics-show. Acesso em: 7 maio 2018.

THOMAS, Hugh. *The Slave Trade*. New York: Simon & Schuster, 1997.

THORNTON, John. *Africa and Africans in the Making of the Atlantic World, 1400-1800*. Cambridge: Cambridge University Press, 1998.

TÖLÖLYAN, Kachig. Rethinking Diaspora(s). Stateless Power in the Transnational Moment. *Diaspora*, v.5, n.1, p.3-36, 1996.

_____. Diaspora Studies. Past, Present and Promise. *Working Paper n. 55*, International Migration Institute (IMI), Oxford, 2012.

TORRES, Max S. Hering. Purity of Blood: Problems of Interpretation. In: TORRES, Max S. Hering; MARTÍNEZ, María Elena; NIRENBERG, David. *Race and Blood in the Iberian World*. Münster: Lit-Verlag, 2012. p.11-38.

TRAUTMANN, Thomas R. *Aryans and British India*. Berkley: University of California Press: 1997.

UPADHYA, Carol. The Hindu Nationalist Sociology of G.S. Ghurye. In: NATIONAL WORKSHOP ON KNOWLEGDE, INSTITUTIONS, PRACTICES. 19-21 Apr. *The Formation of Indian Anthropology and Sociology*. Delhi: Institute of Economic Growth, 2000. p.1-35.

_____. The Hindu Nationalist Sociology of G.S. Ghurye. *Sociological Bulletin*, v.51, n.1, p.27-56, 2002.

UPADHYAY, R. Politics of Race and Caste: We do not Need the UN to Solve our Internal Problem. *South Asia Analysis Group*, n.308, p.1-8, 5 set. 2001. Disponível em: http://mail.linas.org/mirrors/www.saag.org/2001.10.13/papers4/paper308.html. Acesso em: 20 jan. 2001.

VAN DER VEER, Peter. *Imperial Encounters*: Religion and Modernity in India and Britain. Princeton: Princeton University Press, 2001.

VAN KESSEL, Ineke Conference Report: Goa Conference on the African Diaspora in Asia. *African Affairs*, v.105, n.420, p.461-4, 2006.

_____. The African Diaspora in India. *Awaaz Magazine*, 1 nov. 2011. Disponível em: http://www.awaazmagazine.com/index.php/archives/item/158-the-african-diaspora-in-india. Acessado em: 5 fev. 2012.

VARELA, María do Mar Castro; DHAWAN, Nikita. *Postkoloniale Theorie*: Eine kritische Einführung. Bielefeld: Transcript, 2015.

VENTURINO, Diego. Race et histoire: le paradigme nobiliaire de la distinction sociale au début du XVIIIe siècle. In: MOUSSA, Sarga (Org.). *L'idée de "race" dans les sciences humaines et la littérature (XVIIIe – XIXe siècles)*. Paris: L'Harmattan, 2003.

VERNANT, Thomas. Slave trade and slavery on the Swahili coast (1500-1750). In: MIRZAI, Behnaz Asl; MONTANA, Ismael Musah; LOVEJOY, Paul. *Slavery, Islam and Diaspora*. Trenton: Africa World Press, 2009. p.37-76.

VIDYUT. Nigerian Murdered in Goa and Aftermath. *AamJanata*, 8 nov. 2013. Disponível em: https://aamjanata.com/nigerian-murdered-goa-aftermath/. Acesso em: 15 dez. 2013.

VIVEKANANDA, Swami. *The Complete Works of Swami Vivekananda*. Organização de: Advaita Ashrama. Calcutta: Ramakrishna Math & Ramakrishna Mission, 2006.

WADE, Peter. "Race", Nature and Culture. *Man*, v.28, n.1, mar. 1993.

WALKER, Timothy. Abolishing the Slave Trade in Portuguese India: Documentary Evidence of Popular and Official Resistance to Crown Policy, 1842-60. *Slavery and Abolition*: A Journal of Slave and Post-Slave Studies, v.25, n.2, p.63-79, 2004.

_____. Slaves or Soldiers? African Conscripts in Portuguese India, 1857-1860. In: CHATTERJEE, Indrani; EATON, Richard. M. *Slavery and South Asian History*. Bloomington: Indiana University Press, 2006. p.234-61.

WARNER, W. Lloyd. American Caste and Class. *American Sociological Review*. v.42, n.2, p.234-7, 1936.

WILKERSON, Isabel. *Caste*: The Origins of Our Discontents. New York: Random House, 2020.

WILSON, Carlton. Conceptualizing the African Diaspora. *Comparative Studies of South Asia, Africa and the Middle East*, v.17, n.2, p.118-22, 1997.

WIMMER, Andreas; Schiller, Nina Glick. Methodological Nationalism and beyond: nation-state building, migration and social sciences. *Global Networks*, v.2, n.4, p.301-34, 2002.

WINK, André. *Al-Hind: The Making of the Indo-Islamic World*: Early Medieval India and the Expansion of Islam 7th-11th Centuries. Leiden: Brill, 1990.

XAVIER, Ângela Barreto. "Nobres per geração": a consciência de si dos descendentes de portugueses na Goa seiscentista". *Cultura*, v.24, p.89-118, 2007.

_____. Purity of Blood and Caste. Identity Narratives among Early Modern Goan Elites. In: TORRES, Max S. Hering; MARTÍNEZ, María Elena; NIRENBERG, David. *Race and Blood in the Iberian World*. Münster: Lit-Verlag. 2012. p.125-49.

_____. Fr. Miguel da Purificação, entre Madrid y Roma. Relato del viaje a Europa de un franciscano português nacido en la India. *Cuadernos de Historia Moderna*, v.XIII, p.87-110, 2014.

_____; ŽUPANOV, Ines G. Ser brâmane na Goa da época moderna. *Revista de História*, n.172, p.15-41, 2015.

XAVIER, P. D. *Goa, a Social History (1510-1640)*. Panaji: Prabhakar Bhide, 1993.

_____. *Goa, a Social History (1510-1640)*. Panaji: Rajhauns Vitaran, 2010.

YELVINGTON, Kevin A. (org.). *Afro-Atlantic Dialogues*: Anthropology in the Diaspora. Oxford: James Currey, 2006.

YIMENE, Ababu Minda. *An African Indian Community in Hyderabad*: Siddi Identity, Its Maintenance and Change. Göttingen: Cuvillier Verlag, 2004.

ZELEZA, Paul Tiyambe. Rewriting the African Diaspora: Beyond the Black Atlantic. *African Affairs*, v.104, n.414, p.35-68, 2005.

416 ANDREAS HOFBAUER

ZELEZA, Paul Tiyambe. The Challenges of Studying the African Diasporas. *African Sociological Review*, v.12, n.2, p.4-21, 2008.

_____. Diaspora Dialogues: Engagements between Africa and its Diasporas. In: OKPEWHO, Isidore; NZEGWU, Nkiru (Orgs.). *The New African Diaspora*. Bloomington: Indiana University Press, 2009. p.31-57.

_____. African Diasporas: Toward a Global History. *African Studies*, v.53, n.1, p.1-19, 2010.

ZELLIOT, Eleanor. *Dr. Babasaheb Ambedkar and the Untouchable Movement*. New Delhi: Blumoon Books, 2004.

_____. India's Dalits: Racism and Contemporary Change. *Global Dialogue*, v.12, n.2, p.1-10, 2010. Disponível em: http://www.worlddialogue.org/content.php?id=490. Acesso em: 21 dez. 2011.

ZERGER, Johannes. *Was ist Rassismus?* Göttingen: Lamuv, 1997.

ZEUSKE, Michael. The Names of Slavery and Beyond: the Atlantic, the Americas and Cuba. In: SCHMIEDER, Ulrike; FÜLLBERG-STOLBERG, Katja; ZEUSKE, Michael (Orgs.). *The End of Slavery in Africa and the Americas*: A Comparative Approach. Münster: LIT-Verlag, 2011. p.51-80.

ZEUSKE, Michael. *Sklaverei. Eine Menschheitsgeschichte von der Steinzeit bis heute*. Stuttgart: Reclam, 2018.

Cadernos de campo[1]

2013: fev.-abr.; set.-dez.
2014: janeiro
2016: abr.-maio
2017: maio-jun.
2018: junho.

---

1 Anotações da pesquisa de campo e registro das entrevistas elaboradas no período.

SOBRE O LIVRO

Formato: 16 x 23 cm
Mancha: 27,5 x 49 paicas
Tipologia: Horley Old Style 11/15
Papel: Off-white 80 g/m² (miolo)
Cartão Triplex 250 g/m² (capa)

1ª edição Editora Unesp: 2021

2ª edição Editora Unesp: 2024

EQUIPE DE REALIZAÇÃO

Capa
Marcelo Girard

Imagens de capa
Capa: Ikhlas Khan, primeiro-ministro africano de Bijapur, c.1650.
Contracapa: Toque de damam em uma casa de siddis hindus (2013).
Acervo do autor.

Edição de texto
Maísa Kawata (Copidesque)
Carmen T. S. Costa (Revisão)

Editoração eletrônica
Eduardo Seiji Seki

Assistente de produção
Erick Abreu

Assistência editorial
Alberto Bononi
Gabriel Joppert

Camacorp Visão Gráfica Ltda

Rua Amorim, 122 - Vila Santa Catarina
CEP:04382-190 - São Paulo - SP
www.visaografica.com.br